狮子楼

阳谷年鉴

（2017）

阳 谷 县 人 民 政 府 主办
阳谷县地方史志办公室　编

方志出版社
Publishing House of Local Records

图书在版编目（CIP）数据

阳谷年鉴. 2017 / 阳谷县地方史志办公室编. --北京：方志出版社，2017.11
ISBN 978-7-5144-2767-7

Ⅰ. ①阳… Ⅱ. ①阳… Ⅲ. ①阳谷县—2017—年鉴
Ⅳ. ①Z525.24

中国版本图书馆CIP数据核字（2017）第296792号

阳谷年鉴（2017）

编　　者：阳谷县地方史志办公室
责任编辑：王　品

出 版 人：冀祥德
出 版 者：方志出版社
地址　北京市朝阳区潘家园东里9号（国家方志馆4层）
邮编　100021
网址　http://www.tzph.org
发　　行：方志出版社图书经销中心
电话（010）67110500
经　　销：各地新华书店
印　　刷：济南黄氏印务有限公司

开　　本：889×1194　1/16
印　　张：32.5印张
字　　数：745千字
版　　次：2017年11月第1版　2017年11月第1次印刷
印　　数：0001～1500册

ISBN 978-7-5144-2767-7　定　价：218.00元

阳谷县地方史志编纂委员会

主　任　毕黎明

副主任　崔福臻

委　员　陈广强　冀永申　贺洪贵　张克雷　范怀宇　侯现彬
商素伟　王会盼　孟庆灿　韩学斌　柴春和　张　勇
国金耀　周凤举　王　勇　孙瑞柱　王占元　訾士勇
魏绪洪　王庆森　徐向东　王志军　张　丽

《阳谷年鉴（2017）》编审人员

主　审　崔福臻

主　编　韩学斌

副主编　许广录　范怀宇　曹　淼　岳　坤　张祥伟　徐玉昌
王世义　朱　朔

编　辑　康艳霞　张玉娟　贾　茹　訾　刚　翟继禹　苏　彤

摄　影　李　健　肖明磊　宋国珠　王尚斌

阳谷印记

YANG GU YIN JI

- 全国法制宣传教育先进县
- 全国国土资源节约集约模范县
- 全国法治宣传教育先进县和省旅游强县
- 省级卫生县城
- 省知识产权试点县
- 省双拥模范县
- 省计生优质服务先进县
- 全省司法体制改革试点县
- 全省县级现代预算管理制度改革试点县
- 全市综合行政执法体制改革试点县
- 2016 年度聊城市人口和计划生育目标完成优秀奖
- 全省残疾人工作先进县

编纂说明

一、《阳谷年鉴》是阳谷县地方史志办公室按照《地方志工作条例》《山东省地方史志工作条例》以及地方史志工作规范、要求，由中共阳谷县委领导，阳谷县政府主办，县地方史志办公室具体承办，各乡镇（办事处）、县直各部门、各企事业单位协办的地方性、综合性、资料性志书。旨在及时汇集、辑存地方史料，全面系统地记载阳谷县各级党委、政府的施政措施和突出政绩，反映境内各行各业的发展变化和取得的新成就，更好地为阳谷县“经济强县、文化强县、生态强县”建设服务。是全县各级领导了解乡情、县情，实施科学决策的依据，是全县各行各业查询资料、吸取经验、总结教训、认识阳谷、宣传阳谷、研究阳谷的系统工具书。同时，也是为续修《阳谷县志》储备资料。

二、本年鉴为《阳谷年鉴》“一年一鉴”的第二卷，也是《阳谷年鉴》系列的第七卷。

三、《阳谷年鉴》第七卷分设19个栏目，设：特载、大事记、全县概况、政党·政务、军事、法制、综合经济管理、农业、工业和信息化、交通·邮政、建设·环保、商业·贸易、财税·金融、教育·科技、文化·旅游、体育·卫生、社会管理、园区·乡镇·街道、人物等。主要内容划分为栏目、分目、条目3个层次。栏目下设置分目，分目之下列若干条目，栏目为最大单元，条目为最小单元，条目为年鉴内容的基本单元。各条目尽可能多地使用了相关的数据、图表等，以增强该年鉴的资料性和可读性，也便于读者作纵向和横向的对比。

四、《阳谷年鉴》第七卷收录的是2016年发生在阳谷行政区域内的大事、要事、新事。有些资料为保证其完整性，部分条目内容适当上溯或下延。如“机构人员更迭情况”条目，原则上是：2016年度内任职时间无变化的，不再显示任职时间；2016年度内有变化的，“2016年×月～”表示开始任职，“～2016年×月”表示任职结束。但个别人员由于各方面的原因，其任现职时间未明确注释过，为尽量反映出这些人员的任职时间变化情况，故本部年鉴加以明确注释。

五、《阳谷年鉴》第七卷主要资料由县直各部门、各企事业单位、各乡镇街道及上级驻阳单位提供，部分资料由阳谷县地方史志办公室撰写，主要数据以县统计部门公布的为准，个别数据县统计部门不作统计的，以单位提供为准。因个别供稿单位统计口径不同等原因，有的数据在不同条目中不尽一致，使用时请注意出处。

六、在本年鉴的编纂过程中，各编辑人员付出了艰辛的劳动和不懈的努力，个别单位或人员的材料，经反复征集未能如愿，实为本志书的缺憾，敬请谅解。

七、为方便读者查阅，在卷首将全部栏目编制有详细的目录，各栏目、分目、条目均用不同字体或加粗标示。针对个别分目或条目中的内设机构，为明确其层次，均在该条目前加有“•”。

八、本年鉴的编辑、出版承蒙全县各有关单位的大力支持和帮助，在此谨表诚挚谢意。因时间仓促，任务繁重，水平有限，纰漏与舛误在所难免，敬请读者批评指正。

——编者

二〇一七年十月

中国共产党阳谷县第十三次党代会会场

中共阳谷县委书记、县第十七届人大常委会主任田中俊作工作报告

阳谷县第十八届人民代表大会会场

中共阳谷县委副书记、县长毕黎明
作政府工作报告

阳谷县第十八届人大常委会主任周素霞
作人大常委会工作报告

政协阳谷县第十二届委员会会场

阳谷县政协主席朱炳立作政协工作报告

与会政协委员

紫汇湖新貌

金水湖风光

大美金堤河

目录
Contents

特 载
Special Issue

大 事 记
Chronicle of Major Events

全县概况
General Situation of the County

政党・政务

Parties and Political Affairs

军　事

Military Affairs

法　治

Rule by Law

综合经济管理

Economic Management

农　业

Agriculture

工业和信息化

Industry and Information

交通·邮政

Transportation and Post

建设 · 环保

Construction and environmental protection

商业·贸易

Trade and Business

财税·金融

Taxation and Finance

教育·科技

Education and Science

文化·旅游

Culture and Tourism

体育·卫生

Hygiene and Sports

社会管理

Social Administration

园区·乡镇·街道

Park Township Street

金水湖风光

阳谷

TE ZAI

特载

陽穀年鑑

阳谷

TE ZAI

特载

坚持从严治党　聚力创新转型
为全面建成小康社会而努力奋斗
——在中国共产党阳谷县第十三次代表大会上的报告（审议稿）

（2017 年 1 月 16 日）

田中俊

中国共产党阳谷县第十三次代表大会的主要任务是，认真总结县第十二次党代会以来的工作，研究确定今后五年的奋斗目标和主要任务，选举产生中共阳谷县第十三届委员会、纪律检查委员会和出席市第十三次党代会的代表，动员各级党组织和广大党员干部团结带领全县人民，锐意进取、扎实工作，为全面建成小康社会而努力奋斗。

一、过去五年工作回顾

过去的五年，是我县应对严峻挑战、经受重大考验的五年，也是经济社会发展取得重大突破的五年。五年来，全县各级党组织在中央和省委、市委的坚强领导下，全面贯彻落实党的十八大和十八届三中、四中、五中、六中全会精神，深入学习贯彻习近平总书记系列重要讲话精神，按照“五位一体”总体布局和“四个全面”战略布局，坚持全面从严治党，全力推进“两城一带一区六园”建设，圆满完成了县第十二次党代会提出的目标任务。

五年来，我们突出科学发展、跨越发展，综合实力明显增强。面对经济发展新常态，我们牢牢把握稳中求进的总基调，在做大总量中优化结构，在加快发展中提高效益，经济发展实现了新跨越。全县生产总值由 2011 年的 198.79 亿元，增长到 2016 年的 315.28 亿元，年均增长 9.96%；一般公共预算收入由 5.14 亿元增长到 13.45 亿元，年均增长 21.22%；社会消费品零售总额由 85.85 亿元增长到 166.8 亿元，年均增长 13.27%；城镇居民人均可支配收入由 16975 元增长到 21812 元，年均增长 10.32%；农村居民人均可支配收入由 7600 元增长到 11301 元，年均增长 11.59%；金融机构存贷款余额分别达到 329.44 亿元和 205.93 亿元，比 2011 年分别增加 38.21 亿元和 21.67 亿元。

五年来，我们突出转型升级、提质增效，经济结构显著优化。

2016 年，服务业增加值完成 98.99 亿元，比 2011 年翻了一番，三次产业比例由 16.4∶59.9∶23.7 调整为 14.1∶54.5∶31.4。

突出产业集聚，工业经济优化升级。规模以上工业企业由 2011 年的 191 家，发展到目前的 326 家；主营业务收入由 626.2 亿元增长到 1030 亿元，年均增长 10.47%。主导产业的支撑作用进一步凸显，铜精深加工、光电信息、塑料化工、绿色食品加工、轻纺和汽车饰品等五大产业主营业务收入占规模以上企业的 76.98%。新凤祥集团、金蔡伦集团、电缆集团等一批骨干龙头企业加速崛起。深入实施质量强县战略，创建中国驰名商标 4 个、山东省名牌产品和著名商标 24 个，荣获省长质量奖、市长质量奖11项。在国内同行业率先制定了汽车坐垫、振动软管企业联盟标准。祥光铜业荣获全国首个生态原产地保护产品。

突出提质增效，农业现代化步伐加快。全县粮食总产达到7.25亿公斤，连续三年被评为全国粮食生产先进县。农村土地确权登记颁证顺利完成。规模以上农业龙头企业达到73户，农民专业合作社1517家、家庭农场220家。“三品一标”认证农产品达到174个，无公害畜产品认证企业39户。全国现代畜牧业建设工作会议对凤祥集团智能化、无害化肉鸡养殖模式给予高度评价。建立了农产品质量安全监管追溯体系，县乡村三级监管机构实现全覆盖。

突出地方特色，三产服务快速崛起。宝福邻购物中心、新世界广场、澳林商贸博览城等商业综合体投入使用。蚩尤陵、刘邓大军渡河战役纪念园对外开放，景阳冈旅游区扩建规划正在加紧修编。京杭大运河(阳谷段)成功入选世界文化遗产名录。五年接待游客486万人次，实现旅游产业收入15.69亿元，我县被评为山东省旅游强县。房地产开发稳步发展，五年开发面积303万平方米，住宅小区建设规模、档次、品位逐年提升。金融业稳健运行，沪农商村镇银行、潍坊银行等19家银行、保险公司落户阳谷。首信高分子等10户企业在“新三板”和齐鲁股权交易中心挂牌，融资租赁、股权质押、公司债券等直接融资方式得到推广。电子商务蓬勃发展，澳林电子商务产业园、阿里巴巴农村淘宝、“云书网”等电子商务运营中心投入运行。

五年来，我们突出项目拉动、创新驱动，发展活力日益增强。项目建设强势推进。实施省市县重点项目269个，完成投资630.4亿元，祥光铜业二期电解、凤祥集团现代化养殖基地、太平洋光纤光缆生产等一批重大项目成为推动阳谷经济发展的新动力。园区建设成效明显。园区面积由2011年的33平方公里，发展到目前的63平方公里，入园企业由146家增长到232家，主营业务收入年均增长17.18%。祥光经济开发区在省级开发区综合排名中位列第32名，比2012年前移23个位次；祥光生态工业园发展成为国家级生态工业示范园区。阳谷光电信息产业园初具规模，建成区面积达到2.7平方公里。对外开放稳步攀升。五年实现进出口总额136亿美元，利用外资4.98亿美元，我县被确定为国家级出口食品农产品质量安全示范区。祥光铜业境外投资1.2亿美元，初步建立了铜矿供应基地。金良羽绒、昊泉机械等9户企业在境外设立了分支机构，“海外阳谷”建设初见成效。招商引资成果丰硕。五年实现招商引资到位资金423亿元，佰安瑞生物制药、澳林商贸博览城等11个投资过10亿元项目投入运营。法国耐克森、瑞典阿特拉斯等世界500强企业和新希望集团、武汉长飞等国内知名企业落户阳谷。科技创新步伐加快。市级以上高新技术企业发展到29家，高新技术产业产值比重达到28%。拥有国家级工程技术研究中心1个、企业技术中心1个，祥光铜业“双旋浮”铜冶炼技术荣获国家科技进步二等奖、中国专利金奖。新增授权发明专利157件，我县被列为山东省知识产权试点县。

五年来，我们突出统筹协调、互动并进，城乡环境不断优化。编制了新一轮城市总体规划、土地利用总体规划。城市框架不断拉大，建成区面积达到25.53平方公里，城镇化率41.65%。城市品质不断提高。新修改建成区道路62公里，形成了“十纵十二横”的交通网络。新建金水湖公园、紫汇湖公园、谷山公园，规划建设了城市水系。城中村、棚户区改造步伐加快，改造完成了张楼、城角孟等36个城市片区，城市日保洁面积674万平方米，公共绿化面积483万平方米，集中供热能力达到400万平方米，城市面貌有了明显提升。祥光新城初具规模。以祥光铜业为载体，规划建设了祥光新城，目前居住、学校、路网框架已经完成，医疗、商业服务等配套设施已开工建设，产城融合发展初见成效。小城镇建设不断提升。完成了石佛、西湖等9个乡镇的小城镇提升工程，乡镇驻地集聚功能和吸纳能力不断增强。农村新型社区建设扎实推进，高庙王仓上、郭屯姜邢等34个农村新型社区基本建成。交通网络不断完善。齐南路、聊位路、聊阳路完成大修改造。阳谷至黄岛港、日照港集装箱货运班列开通运行。新建农村公路860公里，通车里程达到2360公里。路域环境提升工程扎实推进，打造了“畅安舒美”的道路通行环境。农村环境显著改善。建立了城乡环卫一体化长效机制，生活垃圾实现了“户集、村收、镇运、县处理”。启动了农村旱厕改造工作，探索建立的改厕“阳谷模式”在全省推广。

五年来，我们突出思想建设、价值引领，文化事业繁荣发展。高度重视思想文化建设，大力加强意识形态工作，研究制定了《阳谷县党委（党组）意识形态工作责任制实施细则》，意识形态工作健康发展。理论武装稳步提升。党委（党组）中心组学习扎实深入，学习型党组织建设不断加强。不断强化对党校工作的领导，确保党校姓党，基层理论阵地建设进一步巩固。优秀传统文化得到弘扬。通过开展“最美阳谷人”评选表彰、道德模范人物和“四德”示范点的培育选树等活动，弘扬了文明新风，激发了社会正能量，我县被评为山东省四德工程示范县。公共文化设施不断完善。新建的县图书馆、文化馆、展览馆即将投入使用，农家书屋、村级文化广场、文化大院实现全覆盖。消夏文艺晚会、送文艺下基层等文化活动丰富多彩，有效满足了群众精神文化需求。

五年来，我们突出以人为本、惠民利民，群众生活显著改善。

积极落实各项惠民政策，财政用于民生方面的支出达到93.66亿元，年均增长14%，广大群众得到更多实惠。教育事业优先发展。学前教育三年行动计划成效明显，新启用城区幼儿园4处、乡镇中心幼儿园16处，在建11处。扩建了阳谷一中、阳谷二中，建设了阳谷三中新校区，化解城区学校大班额、“全面改薄”等工作成效显著。社保体系逐步完善。城镇居民医保和新农合顺利并轨，社会保险实现“一票征缴”。城乡居民基础养老金连续5年上调，企业退休人员养老金连续12年上调，城乡低保、农村五保基本实现应保尽保。卫生体系日益健全。荣获全国基层中医药先进单位，通过省级卫生县城复审。县医院、中医院晋升“二甲”。县医院第二病房楼、中医院综合楼和7处乡镇卫生院门诊病房楼建成使用。平安阳谷建设扎实推进。继续保持严打高压态势，推进网格化服务管理，完善“天网工程”，立体化治安防控体系初步形成。大力实施“一乡镇一团队、一村居一顾问”工程，基层干部群众在法律服务中的“获得感”明显提升。积极开展县级领导公开接访活动，妥善化解了一批信访积案，我县荣获全省信访工作先进单位。建立健全了县乡村三级食品药品监管网络。强化“打非治违”专项整治，安全生产形势持续稳定。扶贫攻坚成效显著。深入实施“百千帮扶”工程，通过产业扶贫、部门帮包、危房改造、基础设施建设和“雨露计划”等措施，到2016年底，已有2.61万贫困人口成功脱贫。

五年来，我们突出党要管党、从严治党，党的建设全面加强。以开展党的群众路线教育实践活动、“三严三实”专题教育、“两学一做”学习教育为抓手，充分发挥县委常委会的引领作用，深刻学习领会习近平总书记系列重要讲话精神和治国理政新理念、新思想、新战略，全面落实党要管党、从严治党的各项任务，牢固树立了政治意识、大局意识、核心意识、看齐意识。坚持问题导向。对省委巡视、市委巡察中发现的问题积极整改，并建立了相应的规章制度，扎紧织密了制度“笼子”，取得明显成效。压实党建责任。牢固树立“抓好党建就是最大政绩”的理念，夯实各级党组织书记管党治党责任，对党建工作实行“一票肯定”。实施农村党员积分管理办法，全员轮训村级党组织书记和村“两委”干部。强化基层基础保障，逐年加大投入，全县所有村、城市社区运转经费分别达到5万元和6万元。2012年以来，新建村级活动场所163处、改造城市社区办公用房10处。坚持正确的用人导向，认真执行干部选拔任用工作条例，选优配强领导班子，有序推进干部轮岗交流，圆满完成村“两委”换届选举和县乡换届人事安排工作。扎实推进党风廉政建设和反腐败工作。全面落实“两个责任”，建立了党政班子成员向同级纪委述责述廉制度，强化了党内监督。支持纪检机关落实“三转”，集中精力抓好主业主责。持续开展群众身边不正之风和腐败问题专项治理活动，重点查处加重群众负担、随意摊派费用、克扣群众钱款等突出问题。2012年以来，共查处发生在群众身边的不正之风和腐败问题案件219件，处分244人。全面落实中央八项规定精神，全力支持纪检监察机关查处违纪违法行为，严厉查处公款吃喝、滥发奖金补贴、公车私用、吃空饷等问题，五年来，共处理处分党员干部252人。对乡镇和县直部门单位开展巡察工作，加强对各级领导班子和领导干部的监督，保证了党的路线方针政策和上级党委政府重大决策部署的贯彻执行。

充分发挥县委统揽全局、协调各方的领导核心作用，大力支持人大履职职能，高度重视发挥政协作用，积极推进双拥共建和军民融合发展，认真做好统战、宗教和对台工作，工会、共青团、妇联、科协、工商联、残联等群团工作稳步发展，党史、档案、老干部、机要保密等工作取得新成绩，全县上下呈现出加快发展、政通人和、风清气正、社会和谐的良好局面。

各位代表、同志们，五年拼搏奋进，我们取得了丰硕成果。先后荣获全国粮食生产先进县、国家级出口食品农产品质量安全示范区、国家新型工业化产业示范基地、农田水利产权改革国家级试点县、全国国土资源节约集约模范县、全国法制宣传教育先进县、山东省双拥模范县、山东省土地执法模范县等一批含金量高、有影响力的“国”字、“省”字头招牌。成绩的取得，是上级党组织坚强领导的结果，是在历届县委工作的基础上，各级党组织和广大党员干部群众同心同德、奋力拼搏的结果，是广大老同志和社会各界共同参与、热情支持的结果。在此，我谨代表中共阳谷县第十二届委员会，向所有关心、支持、参与阳谷改革发展的同志们、朋友们，表示衷心的感谢和崇高的敬意！

奋斗蕴含艰辛，经验弥足珍贵。五年的发展启示我们，推动事业继往开来，开拓创新，我们必须坚持：

坚定理想信念，锤炼坚强党性。五年来，我们突出理想信念教育，引导广大党员干部筑牢信仰之基、补足精神之钙、把稳思想之舵，自觉在思想上政治上行动上同以习近平同志为核心的党中央保持高度一致。切实做到思想上充分信赖、政治上坚决拥护、组织上自觉服从、感情上深刻认同。坚决落实中央和省、市委决策部署，不做选择、不打折扣、不搞变通，切实把上级要求落到实处。

牢记发展要务，提升发展理念。我们始终把发展作为第一要务，将加快发展作为解决一切问题的根本，不断抬高发展标杆，创新发展思路。按照中央提出的“五大发展理念”，围绕市委、市政府“作风引领、团结实干、争先进位、科学发展”的工作要求，立足阳谷实际，确立了“两城一带一区六园”的发展思路，拉开了阳谷新一轮大发展序幕，并连续几年在全市科学发展考核中取得优异成绩。

改革推动发展，创新造就优势。面对各种困难和挑战，实现大发展，我们只有锐意改革，以体制改革和制度创新增创发展新优势。几年来，我们建设了政务服务大厅，精简行政审批事项，提升服务效能；建立了县级领导干部联系帮包乡镇、企业制度，变“被动服务”为“主动服务”。在司法、卫生、教育、科技创新等领域的改革事项，均取得明显成效。

民生第一责任，发展造福百姓。五年来，我们倾心最多的是惠及全县人民的“大民生”，倡导最多的是公平正义下维护人民群众的合法权益，解决最多的是群众最关心、最直接、最现实的利益问题。关心关注民生工作，持续提升了群众的幸福感和满意度，各项工作也得到了人民群众的充分理解和广泛支持。人民群众对美好生活的向往，就是我们的奋斗目标。我们必须把为人民谋幸福作为一切工作的出发点和落脚点，将发展更多地转化为民生福祉，在共建共享中凝聚起共识共为的强大合力。

持续改进作风，务实担当实干。一个地方的工作作风关乎事业的成败，必须把改进作风作为加强干部队伍建设、推动工作落实的重要内容。只有过硬的作风，才能全面激发各级干部抓发展、敢担当的内生动力。只有干部队伍作风的转变，才能全面提升各级党组织和广大党员干部的战斗力凝聚力，为全面建成小康社会提供坚强保障。

成绩鼓舞人心，不足鞭策未来。在肯定成绩的同时，我们更要清醒的认识到工作中的差距和不足。一是面对中央全面从严治党的要求，有的单位党组织党的领导弱化，主体责任落实不到位，有的党员干部党的意识不强，缺乏担当精神。“四风”问题时有发生，党风政风转变还不到位。基层组织建设和干部队伍建设还存在薄弱环节。二是面对经济发展的新常态，加快发展、转型发展的措施办法还不多，重大项目的支撑力和产业聚集度还不够，无论是经济总量还是产业结构，与周边先进县（市区）相比还有差距。三是面对人民群众对幸福生活的新期待，优质的教育、医疗、养老、文化、体育等公共服务供给不足，部分城乡群众生活还比较困难，环境治理压力比较大，社会治理任务仍十分繁重。这些虽然是发展中的问题、转型中的矛盾，但我们必须高度重视，以改革的精神、创新的勇气和扎实的工作认真加以解决。

二、今后五年工作指导思想和经济社会发展奋斗目标

当前及今后一个时期，从宏观看，我国经济发展潜力巨大，长期向好的基本面没有改变，尤其是供给侧结构性改革等一批重大战略举措的实施，将不断拓展经济增长和改革发展新空间。从周边态势看，今后几年，各地会掀起新一轮发展热潮，科学发展、创新发展的氛围会更加浓厚。从自身实际看，通过多年来的发展，阳谷在产业培育、载体打造、服务环境和生态建设等方面都打下了良好的基础，形成了自己的发展优势。可以说，今后五年，是阳谷科学发展、转型发展、全面建成小康的关键时期。全县上下必须牢记时代赋予的历史使命，坚定发展信心，抢抓发展机遇，厚植发展优势，奋力实现新跨越，努力再创新辉煌。

今后五年，全县工作的指导思想是：高举中国特色社会主义伟大旗帜，全面贯彻党的十八大和十八届三中、四中、五中、六中全会精神，深入学习贯彻习近平总书记系列重要讲话精神，按照“五位一体”总体布局和“四个全面”战略布局，自觉践行“五大发展理念”，全面落实从严治党的各项要求，始终坚持发展第一要务，以项目建设为主抓手、以改革创新为主动力、以质量效益为主方向、以群众幸福为主目标，坚决打赢精准扶贫攻坚战，统筹推进经济建设、政治建设、文化建设、社会建设、生态文明建设和党的建设，全力打造实力强、结构优、百姓富、生态美的新阳谷，谱写全面建成小康社会新篇章！

今后五年全县经济社会发展的主要奋斗目标是：

——综合实力再上新台阶。扎实推进“两城一带一区六园”建设，保持经济平稳增长，全县生产总值、一般公共预算收入、规模以上固定资产投资年均分别增长8%、8%、15%左右；二、三产业比重提高4个百分点左右。

——深化改革实现新突破。全面落实中央和省委、市委改革部署，在多个领域和关键环节改革上取得明显成效，在全面深化改革中走在前列。现代治理体系和治理能力扎实推进，政府治理更加有效，公平正义得到保障，社会大局和谐稳定。

——城乡统筹迈出新步伐。城乡发展空间进一步优化，县城区和祥光新城综合服务功能更加完善，辐射和支撑带动作用明显增强。继续实施小城镇提升工程，新型城镇化建设走出一条特色发展之路，常住人口城镇化率达到50%，逐步形成城乡发展一体化新格局。

——民生保障得到新加强。城乡居民持续增收的保障机制更加健全，城镇、农村居民可支配收入年均分别增长8%和9%左右；精准扶贫取得显著成效，全面完成脱贫任务；社会就业更加充分，社会保障更加有力，教育、文化、医疗、住房等公共服务体系更加完善，人民群众幸福感持续提升。

——生态建设取得新成效。环境治理不断优化，绿色发展水平持续提升，污染物排放总量明显下降，能源资源利用效率逐步提高，生态环境和人居环境加速改善，全社会环境保护意识显著增强，建成国家森林城市和省级园林城市。

——社会文明呈现新风尚。中国梦和社会主义核心价值观更加深入人心，群众思想道德、科学文化、法治思维等素质明显提高，社会更加文明和谐有序；文化事业和文化产业繁荣发展，公共文化服务体系更加完善，群众精神文化生活更加丰富。

全县上下要紧紧围绕这一总体目标，始终保持艰苦奋斗的工作作风，进一步振奋精神、鼓舞斗志，勇于担当、敢于突破，不断凝聚发展新动力、聚集发展新优势，朝着全面建成小康社会的宏伟目标阔步迈进。

三、坚持党要管党，全面提升党的建设科学化水平

实现今后五年奋斗目标，关键在党。各级各部门必须深入把握全面从严治党的各项要求，坚持“抓党建、促发展”的工作思路，各级党组织要切实树立“抓好党建是最大政绩”的工作理念，通过加强党的建设，激发全县广大党员干部的创造力和战斗力，凝聚起更加强大的发展合力。

（一）夯实党员干部思想基础。思想是行动的先导，理论是行动的指南，干好事业，必须用先进的理论武装头脑。要补足精神之“钙”。健全完善党委（党组）中心组学习制度，推动全县党员干部认真学习马列主义、毛泽东思想、邓小平理论、“三个代表”重要思想、科学发展观，深入学习领会习近平总书记系列重要讲话精神，认真学习党章党规，切实增强“四个意识”，特别是核心意识、看齐意识。巩固群众路线教育实践活动成果，践行“三严三实”要求，深化“两学一做”学习教育成果，坚持知行合一、学以致用，自觉用党的先进理论武装头脑、指导实践，把理论学习的成果转化为推动改革发展、服务人民群众的实际成效。要筑牢党性之魂。全体党员要进一步强化党的意识、党员意识，坚定永远听党话、永远跟党走的信念，做到在任何时候、任何情况下都忠诚于党的信仰、党的宗旨、党的组织，忠诚于党和人民的事业。要严格遵守党内政治生活准则，认真落实民主生活会、组织生活会等党内政治生活制度，经常性开展严肃认真的批评和自我批评，增强党内政治生活的政治性、时代性、原则性、战斗性。要常修为政之德。党员干部特别是领导干部要重视加强道德修养，始终保持共产党人的高风亮节。要带头践行社会主义核心价值观，带头弘扬传统美德、恪守社会公德、遵从职业道德、培育家庭美德、修炼个人品德，做社会的道德楷模。

（二）全面落实从严治党责任。各级党组织要切实担负起全面从严治党的主体责任，加强组织领导，完善工作机制，确保全面从严治党各项要求落地生根。要聚焦主业主责。各级党组织书记要切实把管党治党的政治责任扛在肩上、抓在手中、落到实处，把管党治党当成自己的第一责任，真正成为从严治党的书记。领导班子其他成员要认真履行“一岗双责”，抓好分管范围内党的建设。纪检、组织、宣传、统战等部门要结合职责分工，抓好任务落实，努力形成一级抓一级、层层抓落实的党建工作格局。要健全责任体系。完善各级党委抓党建工作的责任清单，细化刚性要求，逐级传导责任，层层压实责任。健全党建工作考核机制，常委会定期研究党建工作，推动党建工作各项任务落到实处。要加强督促问责。加大责任追究力度，对管党治党思想重视不到位、不认真履职尽责的领导干部，及时跟踪问责、限期纠错整改。对责任不落实、顶风违纪问题突出或接连发生腐败案件的单位，严格实行“一案双查”，以刚性问责倒逼责任落实。

（三）全力打造高素质干部队伍。以高的标准、实的措施、严的纪律选好、用好，管好干部。要选好干部。牢固树立正确的用人导向，坚持德才兼备、以德为先的原则，按照习近平总书记提出的“20字”好干部标准选好干部，真正把能干事、干成事的干部选出来、用起来。严格执行干部选拔任用工作条例，强化党委的领导和把关作用，切实杜绝选人用人上的不正之风。要加强后备干部队伍建设，形成合理的干部梯队。要用好干部。干部用当其时、用当其位，才能最大程度发挥干部资源的效益。要知人善任、以事择人，努力做到人岗相适、才位相当。要根据每个干部的性格、特点，力求做到人尽其才、才尽其用。要管好干部。强化干部监督管理，以认真的态度从严管理干部。坚持抓早抓小，抓苗头抓预防，对干部时时、处处、事事都要严格要求，让其始终感到头上有利剑、心中有戒尺、耳边有警钟。要把对干部的关爱寓于严格管理中，严字当头、情在其中，管好干部是对干部最大的关爱。

（四）抓牢抓强基层组织。基础不牢、地动山摇。贯彻党要管党、从严治党方针，必须把抓基层、打基础作为长远之计和固本之策。建强基层组织。适应新形势新要求，进一步加强农村、社区、“两新”组织和机关单位等各领域党的建设，加大软弱涣散党组织整顿力度，力争各基层单位都有健全的组织、过硬的队伍，使基层党组织真正成为推动发展、凝聚人心、促进和谐的坚强战斗堡垒。配强基层干部。选好用好管好农村基层党组织带头人，努力建设一支个人素质高、服务意识强、能够带领群众发家致富的村干部队伍。加强村级后备干部培养教育，优化村居干部结构。采取灵活多样的培训方式，切实加大基层党组织书记的教育培训力度。加强基层保障。完善基层干部报酬待遇稳定增长机制，引导各方力量向基层党建聚焦。切实解决好基层党组织经费保障和活动场所等问题，推动形成人往基层走、钱往基层投、政策往基层倾斜的新局面。

（五）深入推进党风廉政建设和反腐败工作。严格落实全面从严治党党委主体责任和纪委监督责任，拿出踏石留印、抓铁有痕的劲头，切实做到管党治党不放松、正风肃纪不停步、反腐惩恶不手软。要把纪律和规矩挺在前面。进一步强化党员干部的纪律意识、规矩意识，真正使纪律立起来、严起来，立“明规矩”，破“潜规则”。加强党纪党规教育，系紧守纪“扣子”，使严守党纪党规成为全体党员内在的自觉行动。各级党员干部要切实做到政治上讲忠诚，组织上讲服从，行动上讲纪律。要保持惩治腐败高压态势。严查违纪违法案件和发生在群众身边的不正之风，以坚决的态度减少腐败存量，用果断的措施遏制腐败增量。加大执纪问责力度，使执纪的“利剑”始终高悬，严肃查办发生在领导干部中的各种违纪违法案件，加大对群众身边腐败问题的查处力度，积极构建不敢腐、不能腐、不想腐的长效机制，以反腐倡廉实际成效取信于民。要强化监督问责。全面落实中央颁布的《准则》《条例》，坚持有责必问、问责必严，以强有力的问责倒逼“两个责任”和报备工作的落实。强化县委政治巡察，提高巡察质量，发挥巡察“利剑”作用，实现巡察全覆盖。要持之以恒改进作风。把落实中央八项规定精神和省委、市委、县委实施办法作为改进作风、明纪守规的“硬杠杠”，巩固当前作风向好的态势，紧盯不正之风新动向，深挖细找、坚决查处各种隐形变异的“四风”问题，做到寸土不让、一抓到底。各级党员干部尤其是领导干部要进一步增强崇尚实干、雷厉风行的作风，坚决纠正敷衍塞责、弄虚作假、急功近利等不良风气，切实杜绝“不作为”“慢作为”等庸政懒政行为。要建立容错免责机制，把推动发展的无意过失与谋取私利的违纪违法区分开来，为敢担当的干部担当，对敢负责的干部负责，切实形成聚精会神谋发展、一心一意抓落实的浓厚氛围。

四、突出工作重点，奋力开创经济社会发展新局面

按照“以稳强基、以进向好”的工作总基调，围绕既定的目标和任务，满怀激情干事业，信心百倍谋发展，在更高层次上开创全县经济社会科学发展的新局面。

（一）全力推进主导产业发展，不断提升经济综合实力

产业是发展的基础，要以特色产业为方向，坚持工业主导地位，努力打造特色鲜明、布局合理、效益显著的现代产业体系。

1、举全县之力培植主导产业。坚持工业强县战略不动摇，以骨干企业为载体，以重点项目为支撑，通过加大优质高效投入和创新驱动等措施，全力培植技术先进、竞争力强、市场占有率高的产业集群。

全力建设重大项目。以新凤祥集团、电缆集团、金蔡伦集团、华泰化工、华信塑胶等现有骨干企业为载体，认真研究上级产业政策和投资导向，科学谋划大项目，全力支持大项目建设。加快推进电缆集团光纤预

制棒、太平洋光纤拉丝二期、新凤祥集团熟制品加工、华泰化工不熔性硫磺等项目建设，争取尽快投产达效。积极争取华能祥光2×66万千瓦热电机组项目尽快开工建设。积极支持配合京九高铁（阳谷段）建设。

聚焦聚力招商引资。坚持开放引领战略，围绕铜精深加工等重点产业，瞄准国内外500强、大型央企和行业领军企业，积极引进一批投资强度大、产业链条长、经济效益好的大项目，提升产业的集聚效应和规模优势。充分利用专题招商、驻点招商、委托招商等方式，推进招商工作多元化、立体化。注重招商引资实效，强化招商项目的精准率、签约项目的落地率、竣工项目的成活率，实现招商引资的新突破。

培植优质企业集群。积极支持本地现有企业引进先进技术，扩规模、上水平，鼓励企业增资扩股、技改扩能，及时解决企业发展中的困难和问题，加快培植一批主业突出、核心竞争力强的骨干企业，创建一批全国知名、省内一流的品牌产品。完善激励政策，加快培植铜精深加工、塑料制品加工、汽车坐垫生产、食品加工等产业集群。加大扶持力度，鼓励企业与科研院所、科技人才进行战略合作，提升产品技术含量和市场竞争力。

建优做强园区平台。要以“一区六园”为重点，统筹谋划建设祥光经济开发区。根据发展的需要，扎实做好园区产业和空间规划修编工作，加快园区基础设施建设，全力打造一流的产业发展平台。争取把祥光经济开发区打造成为国家级经济技术开发区。

2、更大力度加快现代农业建设。坚持改革创新的精神，突破传统农业发展模式，用工业理念发展现代农业，推动农业发展规模化、专业化、集约化。

把握农业结构调整方向。围绕“生态、高效、特色、现代”的发展定位，推动特色农业规模发展。通过深化农村集体产权制度改革，推动土地适度规模经营。顺应农业产业化发展趋势，因地制宜发展放心粮食、品牌蔬菜、绿色畜禽、优质林果等优势特色产业。坚持把产业链、价值链等现代产业组织方式引入农业，发展一批休闲观光基地、生态高效农业基地、高科技农业示范基地，促进一二三产业互动互融。鼓励发展网上直销、直供直销、连锁配送等现代流通方式，积极推进淘宝村建设。加快“三品一标”认证，健全农产品质量安全体系，发挥农业品牌效益，持续增加农民收入。

培育新型经营主体。扎实做好农民培训工作，全面提高农民科技文化素质和劳动就业技能。积极引导农村土地流转向种养能手集中，着力培育农民专业合作社、种养大户、家庭农场等新型农业经营主体。培植壮大凤祥集团、鲁信清真等重点龙头企业，提高农产品精深加工能力，提升企业规模化、产业化水平。

加强农业服务保障。以现代农业示范方建设为抓手，统筹整合涉农项目和资金，加快建设灌排设施配套、土地平整肥沃、田间道路畅通、农田林网健全的高标准农田。大力推进农业科技创新体系建设，探索运用新品种、新技术、新模式、新装备，为农业发展增添新动力。

3、加快发展以生态旅游为重点的服务业。立足资源优势、产业基础和市场潜力，推动服务业发展提速、比重提高、结构提优。

以突出地方特色为抓手，着力发展古运河生态旅游。围绕市委、市政府运河开发总体规划，依托我县历史文化资源，建设以运河为主轴的水系，因地制宜、突出特色，完善道路林网绿化，着力打造七级、阿城、张秋三颗“运河明珠”，带动周边乡村的特色旅游。加快实施景阳冈旅游区扩建规划，扩大景区面积，做足生态文章，以“景阳冈”品牌吸引游客，以特色生态留住游客。全力提升景阳冈景区的档次和品味，打造5A级旅游景区。

以优化消费结构为方向，着力提升生活性服务业。围绕消费升级，丰富服务产品和模式。充分发挥新世界广场、澳林商贸博览城等商业综合体的带动作用，不断繁荣消费市场，增强阳谷的吸引力和集聚力。完善农村商贸流通体系建设，新建、改建一批农产品批发市场，构建多元化、连锁化、规范化的农村现代流通网络。加强房地产业规划与管理，促进全县房地产业平稳健康发展。

以带动产业转型为方向，着力培育新兴服务业。加快发展电子商务，推进商业模式和营销网络创新。积极推广服务业新技术、新模式，大力发展文化教育、健康养老、休闲娱乐等新兴业态，更好地满足不同层次消费需求。

（二）深入推进改革创新，激发县域发展新活力

改革创新是应对经济新常态、破解发展新难题的关键，要深化经济社会各领域改革，释放改革创新的更大红利。

1、加快供给侧结构性改革。在抓好“三去一降一补”重点任务落实的基础上，加快建立有利于推进供给侧结构性改革的体制机制，为未来发展打下坚实基础。把握好改革的节奏和力度，注意防范和减少各类风险隐患，充分利用市场化、法治化手段解决问题，强化政府组织引导和政策配套，确保改革目标顺利实现。

2、推进重点领域改革。加快投融资体制改革步伐，积极推行PPP、股权融资等模式，构建多元化、可持续的投融资机制，激发市场主体投资热情。推进农村土地“三权分置”改革，加速释放农村发展活力。深化社会领域改革，巩固公立医院改革成果，统筹推进教育、文化、养老、群团等其他改革。

3、推进行政管理制度改革。以降低企业行政审批成本为目的，努力减少行政审批事项，严格实行权力运行清单。进一步放宽市场准入，最大限度减少预审和前置审批环节，全力打造审批程序最少、办理速度最快、收费标准最低的政务服务环境。

4、培育创新型企业。实施高新技术企业培育计划，选择具有发展潜力的企业精准帮扶，着力打造创新型领军企业。加强自主研发平台建设，支持骨干企业建立国家和省级技术研发中心、重点实验室等研发机构。进一步完善人才保障政策，使创新创业人才来的了、留得住、用得好，加快形成人才促发展、发展兴人才的生动局面。

（三）坚持城乡协调发展，积极稳妥推进新型城镇化

实现城乡统筹发展，是建成全面小康的内在要求，也是提升群众幸福指数的关键举措。要充分发挥规划引领作用，坚持以城市为龙头、以镇村为节点、以基础设施为纽带，全面提升新型城镇化和城乡一体化水平。

1、建设更具特色的新型城市。高起点规划城市。统筹城市总体规划和分区规划、专项规划，以规划统领城市发展，引导城区发展空间，着力建设和谐宜居、富有活力、更具特色的现代化城市。充分发挥阳谷“千年古城”的城市特征，加快建设以狮子楼、紫石街为中心的古城区，打造具有水浒文化特色的城市形貌。高品位建设城市。坚持地下与地上并重、建设与管理并重、基础设施与服务设施并重，植入海绵城市理念，规划建设地下综合管廊，配套完善水系、路网、通信、供热、供气、电力等设施，努力解决“逢雨必涝”“马路拉链”等突出问题。加快棚户区和城中村改造步伐，创新房屋征收和安置

模式。高标准管理城市。推动城管执法力量下沉，建立智能化、精细化、网格化城管模式，切实解决小区管理、市容市貌、机动车停放、违章建设等城管“顽疾”，让城市每个角落都焕发出现代文明的气息。扎实开展省级园林城市创建，努力打造“绿色生态宜居城市”。

2、加快推进祥光新城建设。坚持以产城一体化为引领，以祥光生态工业示范园为载体，以铜精深加工和绿色食品加工两大产业为依托，着力打造祥光新城，形成独具阳谷特色的产城融合发展新格局。加快鲁西南医院建设，扩大铜谷中小学办学规模，规划建设文化、商业、金融、休闲等服务设施，完善道路、管网等基础设施建设，努力做到以城促产、以产兴城，形成双引擎拉动县域发展的新格局。

3、建设充满活力的新型农村。扎实推进小城镇建设，提高乡镇驻地的规划档次和水平，把乡镇驻地建设成为功能比较完善、特色比较鲜明，具有较强辐射带动能力的新型城镇。统筹规划农村新型社区、农村公路、农村新居建设和危房改造，引导农民向乡镇驻地、各类园区或交通便利村庄集中。以美丽乡村建设为抓手，全面巩固农村环境综合整治成果，加强农村环境长效管护。大力推动公共服务资源向镇村延伸，重点抓好县乡道路、镇村公共交通、教育卫生等方面城乡衔接工作，推动金融、物流、电子商务等现代服务业向农村延伸，加快构建现代化的基础设施服务体系。

（四）紧盯全面小康目标，着力保障和改善民生

要始终坚持发展经济与改善民生的有机统一，聚焦全面建成小康社会这个奋斗目标，织密民生“保障网”，让人民群众拥有更多的获得感。

1、加快精准脱贫步伐，确保全面建成小康。扶贫脱贫是今后五年首要的工作任务，要按照“标准再提高、重点再聚集、内涵再丰富、底线再织牢”的工作要求，贯彻精准扶贫、精准脱贫的基本方略，举全县之力，打赢脱贫攻坚战。要健全完善脱贫工作机制，配齐配强脱贫工作队伍，调动全社会的力量参与到脱贫工作中来。要坚持优化社会救助体系与提高困难群众自我发展能力相结合，在加大政府投入、鼓励社会扶贫、发展慈善事业的基础上，分类施策，精准帮扶。对有劳动能力的，加大就业创业帮扶力度；对丧失劳动能力的，实施政策性兜底保障；对因病致贫、因病返贫的，增加大病报销比例和医疗救助力度，确保到2018年，全县贫困人口实现整体脱贫。对在精准脱贫工作中推诿扯皮、不负责任的人和事，要一查到底、坚决问责。

2、突出扩面提质，健全社会保障体系。加快完善与经济社会发展水平相适应、覆盖城乡、制度健全、服务优质的社会保障体系，努力实现人人享有基本社会保障的目标。稳步提高社会保障标准，推进社会保障制度城乡一体化建设。强化社会救助托底功能，完善救助联动机制，加大重大疾病救助力度，发挥好慈善等社会力量的作用，实现以社会救助为重点的兜底性保障全覆盖。

3、突出创业就业，推动居民收入增长。群众增收致富是最大的民生实事。要扩大创业就业促增收，统筹城乡就业，实现既有数量又有质量的就业，稳步提高群众工资性收入。鼓励大学生“创新创业”，扶持在外能人“返乡创业”，支持企业家“扩张创业”。通过创业，增加就业岗位，拓宽群众的致富门路。

4、突出优质均衡，增强公共产品供给。围绕教育、医疗、养老等重点领域，创新公共服务提供方式，推动城乡基本公共服务均等化。深化教育领域综合改革，加大教育投入，

不断提高办学层次和水平，加快解决“大班额”等突出问题，坚决落实好“全面改薄”措施，确保通过国家义务教育均衡县评估验收。优化医疗资源配置，鼓励社会资本兴办高端化、特色化的医疗、养老服务机构，努力构建更高水平覆盖城乡的公共卫生、医疗养老服务体系。广泛开展全民健身运动，推动人民体质持续增强。

五、更加注重文化引领，加快建设文化强县

坚持社会主义先进文化前进方向，繁荣发展文化事业和文化产业，不断提高全社会文明程度，更好的展示阳谷的文化特色、精神面貌和社会风尚。

（一）*切实强化意识形态工作*。各级党委（党组）应当从全局和战略高度，牢牢掌握意识形态工作的领导权、主动权。要定期分析研判意识形态领域情况，及时分析重大事件、重要情况、重要社情民意中的倾向性苗头性问题，有针对性地提出指导性意见，及时作出工作安排。要牢牢把握正确的舆论导向，弘扬社会正能量，凝聚全社会的共识和力量，全面提升宣传舆论引导能力。

（二）*着力提升全民文明素质*。深化中国特色社会主义和中国梦宣传教育，大力培育和践行社会主义核心价值观，用先进的文化凝聚共识、汇聚力量，用传统的美德弘扬正气、引领风尚。继续开展“最美阳谷人”评选活动，深入实施“四德工程”，动员社会各界广泛参与家庭文明建设，在全社会形成见贤思齐、崇德向善的浓厚氛围。

（三）*完善公共文化服务体系*。加快推进博物馆、体育馆等公共文化基础设施建设，盘活现有的公共文化资源，让人民群众文体活动有阵地、休闲娱乐有品位、展示身手有舞台。推动公共文化服务向基层倾斜、向公众开放，不断增强公共文化产品供给和服务能力。大力实施文化惠民工程，推进社区文化、校园文化、企业文化、家庭文化建设，广泛组织开展群众性文化体育活动，丰富群众文化生活。

（四）*大力发展文化产业*。坚持政府主导、社会参与的原则，加大对文化产业的投入，推动阳谷文化的繁荣和发展。发挥阳谷文化品牌优势，推动水浒文化、蚩尤文化、古运河文化与旅游资源开发的结合，使文化和旅游融合发展。大力发展新兴文化产业，积极培育文化创意项目，提高文化产业的科技含量和附加值。

六、实施生态优先战略，倡导绿色发展理念

建设生态文明是全面建成小康社会的必然要求，我们必须像保护眼睛一样保护生态环境，实现生态文明建设与经济社会发展高度融合。

（一）*不断优化生态环境*。以创建国家森林城市和省级园林城市为目标，以建设现代林业为抓手，重点实施路域环境绿化、水系绿化、田间绿化、村镇绿化等工程，全面提高植树造林面积，努力提升全县造林绿化效果。县域森林覆盖率达到30%以上，全面打造绿色生态的生活环境。

（二）*加强环境污染综合治理*。全力营造“绿水青山就是金山银山”的浓厚氛围，集中一切力量打好环境综合治理攻坚战。持续开展大气、水体、土壤污染防治，加强废气排放整治，强化城乡扬尘管控，持续抓好秸秆禁烧和综合利用工作。完善土壤环境监测网络，提升固体废弃物处置水平。加强水环境整治工作，建设完善城乡污水处理体系，加快推进乡镇污水处理厂建设步伐，指导农村新型社区配套建设污水处理设施。加强农业面源污染防治，推进种养业废弃物无害化处理。努力打造天更蓝、水更清、地更绿、空气更清新的生产生活环境。

（三）倡导绿色生产生活方式。加快经济发展方式转变，坚决杜绝高污染、高能耗产业项目建设。积极发展循环经济，提高工业“三废”利用率，严格管控污染物排放，推进能源和水资源消耗、建设用地、碳排放总量和强度“双控制”。围绕生活方式绿色化，引导公众树立尊重自然、顺应自然、保护自然的理念，形成节约简朴、爱护环境的社会风气。

（四）健全生态保护长效机制。构建激励约束并重、系统完整的机制体系，把生态文明建设纳入法制化、制度化轨道。完善生态建设投入机制，推动生态治理市场化，做到“谁保护谁受益、谁损害谁补偿”。严格落实环境保护“一岗双责”制度，推动生态文明建设不断取得新的成效。

七、稳步推进民主政治建设，巩固安定团结的良好局面

各级党组织和广大党员必须自觉在宪法、法律法规范围内活动，不断提高党领导民主政治建设的能力水平，进一步巩固心齐气顺、风清劲足的良好局面。

（一）深化社会治理。畅通民意诉求表达渠道，分类处理信访诉求，积极化解信访积案，有效防范非访、集体访和群体性事件发生。严格落实安全生产责任，深入开展风险隐患排查整治，有效防范各类安全事故。健全完善立体化、现代化社会治安防控体系，切实增强群众的安全感。

（二）切实加强法治。深化法治阳谷建设，突出依法行政、公正司法、全民守法三大重点。坚持依法履行政府职能，完善政府权力清单，促进权力透明规范运行。健全依法决策机制，严格落实重大决策法定程序，确保权力依法运行。保障司法机关依法独立公正行使职权。全面推行司法公开，扩大人民群众了解、参与、监督司法的渠道，构建开放、透明的阳光司法机制。繁荣法治文化，强化全民法治观念，形成尊法、学法、守法、用法的浓厚氛围。

（三）全面推进民主。发挥县委统揽全局、协调各方的领导核心作用，全力支持人大及其常委会依法行使权力，在全面推进改革和法治进程中更好地体现人民意愿、维护人民利益。发挥人民政协作为协商民主的重要渠道作用，推进协商民主广泛、多层、制度化发展。加强对统战工作的领导，全面落实统战工作条例，发挥工商联、党外人士代表及工会、共青团、妇联、科协等人民团体的作用，多层次多领域扩大公民有序政治参与。切实做好新形势下民族宗教工作，巩固发展平等、团结、互助、和谐的社会主义民族关系。更大力度推进军民融合深度发展，深入开展国防教育，切实做好国防动员和双拥共建工作，不断巩固发展军政军民团结的良好局面。

各位代表、同志们，前进的号角分外嘹亮，崭新的征程无限光明。让我们更加紧密的团结在以习近平同志为核心的党中央周围，在省委、市委的坚强领导下，牢记历史使命，不负组织重托，勇于变革、敢于创新，不忘初心、继续前进，为全面建成小康社会而努力奋斗！

政府工作报告

——2017年1月22日在阳谷县第十八届人民代表大会第一次会议上

代县长　毕黎明

一、过去五年工作回顾

2012年至2016年，是我县发展历程中极不平凡的五年。五年来，面对国内外环境复杂变化和诸多挑战，全县上下在市委、市政府和县委的坚强领导下，在县人大、县政协的监督支持下，审时度势，抢抓机遇，务实创新，砥砺奋进，圆满完成了各项工作任务。全县经济社会发展站在了新的历史起点上。

过去的五年，是发展态势稳健向好、综合实力显著提升的五年。2016年，预计实现生产总值315.28亿元，年均增长9.96%；一般公共预算收入达到13.45亿元，年均增长21.22%；社会消费品零售总额达到166.8亿元，年均增长13.27%；金融机构存贷款余额分别达到331.57亿元、209.64亿元，年均分别增长12.48%和7.01%；城镇、农村居民人均可支配收入分别达到21812元和11301元，年均分别增长10.32%和11.59%。先后荣获国家新型工业化产业示范基地、国家级出口食品农产品质量安全示范区、全国粮食生产先进县、全国国土资源节约集约模范县、全国法治宣传教育先进县和省旅游强县、省级卫生县城、省知识产权试点县、省双拥模范县、省计生优质服务先进县等荣誉称号。

过去的五年，是产业转型持续推进、创新能力不断增强的五年。三次产业比例调整为14.1∶54.5∶31.4，第三产业比重比2011年提高7.7个百分点。现代农业发展提速。规划粮食高产创建示范方42.4万亩，建成28.8万亩。粮食、瓜菜菌总产稳定增长，分别达到7.25亿公斤和20.2亿公斤。标准化现代养殖场发展到220处，畜、禽规模化饲养率分别达到61.1%和72.9%。新增农业龙头企业27户、家庭农场220家、农民专业合作社1134家，先运辣椒、润生生猪等4家合作社被评为国家级示范社。土地流转面积达到28.9万亩。“三品一标”认证产品达到174个，无公害畜产品认证企业达到39个，农产品质量安全追溯体系通过验收。创建全国绿色食品原料生产基地12万亩。建设供京蔬菜基地5处，“净菜进京”实现新突破。工业转调步伐加快。新增规模以上企业135户，达到326户，实现主营业务收入1030亿元、利税98亿元，年均分别增长13.1%和11.1%。民营经济税收13.2亿元，是2011年的2.1倍。技术改造、战略性新兴产业累计完成投资337.8亿元和61.9亿元，电线电缆、塑胶管材、食品加工等传统行业加快转型。新凤祥集团、金蔡伦集团、电缆集团、华泰化工、华信塑胶等骨干企业规模膨胀。创新驱动成效显著，实施省级以上科技项目33个，荣获国家科技进步二等奖、中国专利金奖各1项，授权发明专利157件。省级以上研发平台达到14个、博士后工作站3个。高新技术产业产值比重比2011年提高11.8个百分点。质量强县战略扎实推进。新增中国驰名商标1

个、省著名商标和名牌产品19个，荣获省长质量奖、市长质量奖7项。东信塑胶、太平洋橡缆等5户企业参与制定了国家和行业标准，我县在国内同行业率先制订了汽车坐垫、振动软管企业联盟标准。祥光铜业、景阳冈酒业获得国家生态原产地保护产品认证。全国特种光电线缆产业知名品牌创建示范区通过批筹。服务业提质扩容。实施新世界广场、澳林商贸博览城等重点服务业项目61个，完成投资127亿元。编制完成了旅游发展总体规划，蚩尤陵、刘邓大军渡河战役纪念园对外开放。京杭大运河（阳谷段）成功入选世界文化遗产名录。新增省“乡村记忆”工程4个、省级以上文物保护单位8个、省级非物质文化遗产4个。县农信社改制为农商行，沪农商村镇银行、潍坊银行、恒丰银行落户阳谷，金融保险机构达到37家。电商产业蓬勃发展，澳林电商产业园、阿里巴巴农村淘宝、邮政买卖惠、“云书网”电商中心等项目投入运营。

过去的五年，是高效投入切实加大、基础设施日臻完善的五年。完成规模以上固定资产投资1086.2亿元，年均增长18.4%。项目建设加快推进。实施省、市、县重点项目269个，完成投资630.4亿元，祥光铜业二期电解、太平洋光纤光缆产业化、凤祥现代化养殖基地、华信塑胶高档门窗等196个项目竣工投产。南水北调续建配套工程、雨洪资源利用工程赵王河水库、金堤河二期治理等重点水利项目进展顺利。设施水平明显提升。聊阳路公交车道工程基本完工，齐南路、聊位路完成大修，德商高速（阳谷段）顺利通车。阳谷至黄岛港、日照港集装箱货运班列开通运行。新建220KV变电站1座、110KV变电站3座。建设4G网络基站741个，基本实现城乡全覆盖。农田水利三年会战圆满收官，治理沟渠683条。高效节水灌溉、新增千亿斤粮食产能、中低产田改造等项目顺利实施，新增设施农田80.1万亩。全年首部县级气象雷达投入使用，监测预警能力明显增强。园区载体不断夯实。祥光经济开发区新增入区企业86户，达到232户，在全省综合排名第32位，前移了23个位次。累计完成基础设施投资10.8亿元，新建改造道路87.2公里，铺设管网119.1公里，绿化98.3万平方米。祥光生态工业园通过国家级生态工业示范园区验收。规划建设了光电信息产业园，高端项目集聚能力增强。

过去的五年，是城乡面貌显著变化、人居环境有效改善的五年。建成区面积达到25.5平方公里、城区人口18万人，比2011年分别增加7.5平方公里和3万人。城镇化率达到41.7%。城市功能更加完善。编制了新一轮城市总体规划、土地利用总体规划。新建改造城区道路62公里，形成了“十纵十二横”的交通网络。新建金水湖公园、紫汇湖公园和谷山公园。棚户区改造步伐加快，张楼、城角孟等36个城市片区、5739户居民喜迁新居。对部分老旧小区和背街小巷进行了综合整治。城市日保洁面积674万平方米、绿化面积756万平方米、集中供热面积300万平方米，分别是2011年的1.5倍、2.1倍和3倍。城市精细化管理水平明显提升，违法建设得到遏制。祥光新城加快建设，承载能力不断增强。镇村发展更具特色。石佛、西湖示范镇建设取得显著成效，七级、阎楼等7个乡镇实施了小城镇提升工程。郭屯朝阳、寿张吕街等34个农村新型社区基本建成。高庙王前仓村等4个村庄被评为山东省宜居村庄，侨润街道迷魂阵村等3个村庄被评为山东省传统村落。城乡环卫一体化成效明显，村容村貌得到较大改观。生态建设更富成效。创建国家级生态乡镇10个，省级生态乡镇11个。实施重点节能减排项目65个，万元

GDP能耗下降率、主要污染物减排量均超额完成市下达任务目标。新增湿地1591亩，森泉人工湿地被评为市级森林湿地公园。构建了“治、用、保”水污染防治体系，出境断面水质稳定达标排放，顺利通过国家海河流域水污染防治核查。大气污染防治力度加大，扎实开展了黄标车淘汰、油气回收、散煤治理和洁净煤推广等工作。大力实施路域环境提升工程，通行环境切实改善。新增造林7.5万亩，林木覆盖率提高了4.7个百分点。

过去的五年，是改革开放不断深化、发展活力日益凸显的五年。各项改革纵深推进。理顺了食品药品、市场监管、卫生计生、不动产登记等机构职能。编制公布了行政审批目录清单、权力清单、责任清单和中介服务收费项目清单，消减县级行政审批事项94项，非行政许可审批事项全面取消。农村土地确权登记颁证顺利完成，金融、司法、医疗、公务用车、公务员职务与职级并行等改革扎实推进。我县被列为全国农田水利设施产权制度改革试点县、全省司法体制改革试点县、全省县级现代预算管理制度改革试点县和全市综合行政执法体制改革试点县。要素支撑切实强化。县财政设立了“过桥资金”，组建了“助保金池”，累计为企业提供资金支持39.7亿元。不断拓宽企业融资渠道，首信高分子、中科凤祥等10户企业在“新三板”和齐鲁股权交易中心挂牌。金融服务实现县乡村全覆盖，我县被确定为全省普惠金融综合示范区试点县。积极探索节约集约用地模式，新增耕地2万亩，节约土地1.5万亩。对外开放成效明显。注重招商引资实效，引进亿元以上项目111个，其中过10亿元项目14个。法国耐克森、瑞典阿特拉斯、百盛餐饮集团、中铁电气化局、新希望六和股份等国内外500强企业到阳谷投资兴业。进出口总额连续9年稳居全市第一。“海外阳谷”建设不断加快，祥光铜业积极开发境外矿产资源，昊泉机械、清华羽绒等9户企业在境外设立了分支机构。

过去的五年，是人民生活水平提高、各项事业长足进步的五年。民生支出达到93.7亿元，广大群众得到更多实惠。教育事业优先发展。学前教育三年行动计划扎实推进，新启用城区幼儿园4处、乡镇中心幼儿园16处。新建、改扩建城区学校13个，阳谷三中新校区投入使用，实施“全面改薄”项目89个。我县被确定为全省首批教育信息化区域综合试点。综合办学条件得到改善，教育教学质量切实提升。就业形势持续稳定。新增城镇就业3.87万人，发放创业担保贷款1.2亿元。城镇登记失业率控制在3.2%以内。新建全民创业孵化基地1处、中小企业创业辅导基地3处。县乡人社基层公共服务平台建设、劳动保障监察“两网化”管理水平走在全省前列。县人社局被评为全国人社系统优质服务窗口。社保体系逐步完善。城镇居民医保和新农合顺利并轨，社会保险实现“一票征缴”。农村低保与扶贫标准“两线合一”，五保供养、优抚安置、困境儿童救助等提标政策有效落实，残疾人、慈善事业加快发展。建成高标准老年公寓5处、社区日间照料中心13处、农村幸福院64处，新增养老床位2606张。卫生体系日益健全。县医院、中医院通过二级甲等医院评审。积极推进基本公共卫生服务均等化，全面落实12大类49项服务项目。率先推行“先诊疗、后付费”服务模式，公立医院实现药品零差率销售。开通了全省首家“省县乡”三级远程会诊网络。县医院、中医院、妇幼保健院和7处乡镇卫生院门诊病房楼投入使用。建成国医堂18处，我县获批全国基层中医药先进单位。群众生活明显改善。开通了城区公交，群众出行更加便利。城区有线电视双向网络改造全面完成。农村饮水安全实现全覆盖，升级农网低电压台区 1590 处，12 个乡镇通上了天然气，新建改造农村公路 860 公里。建设保障性住房 3974 套，改造农村危房 3817 户、旱厕 3.84 万户，我县在全省农村厕所改造电视电话会议上作了典型发言。脱贫攻坚扎实推进。投入财政专项扶贫资金 8915.8 万元，发展产业项目 239 个，建设高标准瓜菜菌种植大棚 660 个、特色养殖基地 65 处、光伏发电项目 11 个、汽车坐垫等加工车间 15 处。实施财政担保扶贫小额信贷，发放扶贫贷款 5834.5 万元。推动涉农项目向贫困片区倾斜，累计整合资金 4.5 亿元，交通、水利等设施水平明显提升。创新实施“百千帮扶”活动，政府、企业、社会协同推进的“大扶贫”机制基本形成。五年实现脱贫 3.38 万户、9.3 万人。社会事业协调发展。县图书馆、文化馆、展览馆基本建成，乡镇综合文化站、村级文化大院和农家书屋实现全覆盖。为 688 个村免费安装了健身器材，老年体育活动蓬勃开展，全民健身活跃城乡。国家和山东省地掷球训练基地落户阳谷，地掷球运动成为特色体育品牌。广泛开展“最美阳谷人”和道德模范人物评选表彰、“四德”示范点培育选树、“孝道阳谷”电视宣传等活动，弘扬了时代主旋律，传递了社会正能量。“天网工程”覆盖城乡，立体化治安防控体系逐步完善。全面落实“党政同责、一岗双责、齐抓共管”责任体系，安全生产形势持续稳定。“全面二孩”政策深入实施。积极开展县级领导公开接访活动，妥善化解了一批信访积案。妇女儿童、外事侨务、民宗、史志、档案、人防、统计、物价、供销、防震等各项工作均取得长足进步。

过去的五年，是民主法治进程加快、政府建设全面加强的五年。自觉接受人大法律监督、工作监督和政协民主监督，办理人大代表建议 409 件、政协委员提案 989 件。修订完善了县政府议事规则和重大行政决策程序规定，建立了政府法律顾问、新闻发言人制度，我县被确定为全省第二批依法行政联系点。“六五”普法成效明显，“一乡镇一团队、一村居一顾问”工程深入实施，打通了法律服务群众“最后一公里”。政务信息公开和电子政务建设不断加强，政务服务中心规范运行，大督查推进机制全面推行，行政效能切实提升。扎实开展党的群众路线教育实践活动、“三严三实”专题教育和“两学一做”学习教育，认真落实中央八项规定精神，“四风”问题得到有效遏制。全面履行政府系统党风廉洁建设主体责任，营造了风清气正的从政环境。

各位代表，过去的五年，全县广大干部群众风雨同舟、携手共进，顶住了经济下行压力，经受住了严峻形势考验，充分展示了经济发展新常态下的作为和担当。这些成绩的取得，是县委统揽全局、正确领导的结果；是历届班子不懈努力、继往开来，离退休老领导关心支持、鼎力相助的结果；更是全县广大干部群众开拓创新、团结奋进的结果！在此，我代表县人民政府，向各位人大代表、政协委员，向各位老领导、老同志，向全县广大干部群众，向所有关心、支持、参与阳谷改革发展的社会各界和驻阳部队，表示崇高的敬意和衷心的感谢！

在总结成绩的同时，我们也清醒地认识到存在的问题和不足。主要表现在：经济总量偏小、产业结构不优、层次不高的现状没有根本改变，新动能培育有待加快；资金、环境、土地等要素制约日益凸显，人才、技术等创新资源集聚不足，转方式、调结构、防风险的任务依然艰巨；教育、医疗、文化等公共资源城乡配置不均，部分群众还未实现脱贫，民生改善任重道远；个别政府工作人员服务意识不强，还存在不担当、不作为、慢作为的现象，等等。对这些问题，我们一定要高度重视，采取有力措施，切实加快解决。

二、今后五年全县经济社会发展的指导思想和目标任务

未来五年，是我县全面建成小康社会的决战期、经济转型升级的关键期、全面深化改革的攻坚期。县第十三次党代会对阳谷县情做了全面审视，提出了“全力打造实力强、结构优、百姓富、生态美的新阳谷，谱写全面建成小康社会新篇章”的奋斗目标。我们必须把握总目标、抢抓新机遇，不忘初心，继续前进，走好阳谷科学发展新的长征路。

今后五年，政府工作的总体思路是：高举中国特色社会主义伟大旗帜，深入贯彻习近平总书记系列重要讲话精神，按照“五位一体”总体布局和“四个全面”战略布局，自觉践行“五大发展理念”，围绕“两城一带一区六园”发展总思路，实施“创新驱动、项目带动、品牌推动”三大战略，打好“产业转型、城乡统筹、生态文明、改革开放、脱贫攻坚、民生共享”六场硬仗，实业强县，实干兴县，努力在全面建成小康社会进程中走在全市前列。

主要发展目标是：

——*经济实力实现更高水平突破*。生产总值年均增长8%左右，一般公共预算收入年均增长8%左右，规模以上固定资产投资年均增长15%左右，社会消费品零售总额年均增长10%左右，金融机构存贷款余额分别突破500亿元和350亿元。经济总量进一步扩大，双向开放水平不断提升，综合实力明显增强。

——*产业结构实现更高层次优化*。二三产业比重提高4个百分点左右，产业深入融合不断加速。创新发展动力更加强劲，创新要素和资源配置更加有效，发展质量和效益明显提升。战略性新兴产业、高新技术产业占比持续增加。电子商务、信息技术等新业态不断培育壮大。

——*城乡建设实现更高品质发展*。城乡统筹发展更加协调，发展空间格局更加优化。中心城区辐射带动作用进一步增强，城市管理更加精细，城市功能更加完善。小城镇、中心镇培育切实加快，美丽乡村建设全面展开。新建改造农村公路1000公里。常住人口城镇化率提高到50%。

——*生态环境实现更高程度改善*。万元GDP能耗和主要污染物减排完成市下达目标。城镇生活污水集中处理率、生活垃圾无害化处理率均达到100%。大气、水、土壤环境质量进一步改善。林木覆盖率提高5个百分点。建成国家森林城市和省级园林城市。

——*社会民生实现更高质量提升*。公民文明素质和社会文明程度显著提高。教育、文化、卫生、就业创业等基本公共服务均等化不断推进。社会保险、社会救助、社会福利、社会养老等保障体系更加完善。全力打赢脱贫攻坚战，人民生活水平切实提升。城镇、农村居民人均可支配收入年均分别增长8%和9%左右。

实现上述发展目标，必须突出重点、关注焦点、破解难点，凝聚发展新共识、厚植发展新优势、培育发展新动力，努力做到“四个坚持”：

（一）坚持发展不放松，抢抓机遇、乘势而上。当前，阳谷正处于爬坡过坎、转型升级的攻坚时期，发展仍是解决一切问题的关键，是社会和谐进步的基础。我们必须牢牢抓住发展这个第一要务，进一步增强抓发展、促增长的责任意识。抢抓国家继续实施积极财政政策和稳健货币政策的有利机遇，敏锐捕捉“一带一路”“两区一圈一带”和中原城市群等重大战略释放的政策效应，争资金、上项目、优结构，夯实发展基础，增强发展

后劲，提升发展质量。

（二）坚持创新不停步，破解瓶颈、激发活力。创新是引领发展的第一动力。抓创新就是抓发展，谋创新就是谋未来。我们必须始终发挥解放思想的先导作用，以观念的更新全力引领工作的创新。坚持按照科学发展的要求，大力弘扬勇于探索的创新精神，着力破除各种阻碍改革发展的条条框框，努力破解资金、土地、环境、人才等要素制约，集聚创新资源，增强创新活力，扎实推进各项事业创新发展。

（三）坚持实干不懈怠，攻坚克难、担当有为。新的长征路上难免有坎坷、有崎岖、有风雨。我们必须传承好、发扬好“长征精神”，坚定信心、增强定力，披荆斩棘、奋勇前进。对牵动全局的重点难点工作，坚持“重点工作项目化、项目责任化、责任具体化”，找准切入点、突出关键点，明确时间表，绘好路线图。甩开膀子大胆干，撸起袖子加油干，以“踏石留印、抓铁有痕”的劲头，抓好各项工作任务的落实。

（四）坚持为民不动摇，顺应民心、尊重民意。人民对美好生活的向往，就是我们的奋斗目标。我们必须把人民放在心中最高位置，全面落实以人民为中心的发展思想。积极推动创业富民、政策惠民、生态利民、稳定安民，扎实做好精准扶贫工作，每年兴办一批民生实事。加快实施老百姓普遍关心、急需解决、直接受益的民生项目，让人民群众得到更多实惠，拥有更多“获得感”。

三、2017年全县经济社会发展目标及工作重点

各位代表，千里之行，始于足下。今年是本届政府的开局之年，是实施“十三五”规划的重要一年，也是供给侧结构性改革的深化之年。做好今年政府工作，意义重大、影响深远。主要预期目标是：生产总值增长7.5%左右，一般公共预算收入增长8%左右，规模以上固定资产投资增长15%左右，社会消费品零售总额增长10%左右，城镇、农村居民人均可支配收入分别增长8%和8.5%左右；确保完成市下达的节能减排任务。重点抓好以下九个方面的工作：

（一）坚定不移推进工业转型，实现动力转换新突破。以供给侧结构性改革为主线，做强做优实体经济，打好转型升级“组合拳”，打造产业经济“升级版”。加快发展新型工业。牢固树立工业的主导地位，旗帜鲜明地支持新凤祥集团、电缆集团、金蔡伦集团、太平洋光纤光缆等骨干企业提质增效，全力以赴地扶持电线电缆、绿色食品、汽车坐垫、塑化、纺织、钎具等传统产业改造提升，坚持不懈地鼓励新能源、新医药、新材料、新装备等战略性新兴产业发展壮大。新增规模以上企业10户，主营业务收入、利税分别增长6%和6.7%。重点实施华泰化工高性能橡胶助剂、天马新型建材预制综合管廊等22个技改项目，确保技改投入增长7%以上。深化创新驱动战略。实施省级科技项目2个，鼓励祥光铜业、华泰化工等企业不断突破核心技术，牢牢占据行业制高点。新增高新技术企业2户，授权发明专利22件。创建市级以上企业技术中心、工程技术研究中心、重点实验室等研发平台6个，加快产学研合作和科技成果转化。高新技术产业产值比重提高1个百分点。瞄准高端招才引智，积极引进高层次人才。发挥品牌引领作用。大力弘扬“工匠精神”，深入实施质量强县、名牌兴企战略。新增省名牌产品和著名商标2个。鼓励企业参与和承担国际国内行业标准制订，建立“打假扶优”执法联动机制，保护品牌合法权益。加快创建全国特种光电线缆产业知名品牌示范区。提升为企服务能力。精心组织工业运行，强化监测预警和要素保障，全力支持企业发展壮大，切实帮助企业解决实际问题。全面落实减轻税费负担政策，降低财务支出成本。高度关注资金链条安全，防范和化解流动性风险。重视企业家队伍建设。企业家是创新发展、转型升级的生力军。我们将继续尊重、关心、保护企业家，为企业家成长创造良好环境，充分激发企业家创新创业的积极性、主动性、创造性，更好地发挥企业家在推动经济发展中的重要作用。

（二）坚定不移推进农业提升，开创三农工作新局面。农业兴则百业兴，农村稳则大局稳，农民富则社会富。我们将坚持重农固本不动摇，按照“生态、安全、优质、高效”的要求，着力提升农业发展效益。优化产业结构。在确保粮食安全的基础上，积极调整农业品种结构，大力发展精致农业、现代农业。创建省级粮食高产示范方13.5万亩，推广新品种、新技术20项，深松整地30万亩。建设高效集约蔬菜温室7000个，积极培育“进京入沪”蔬菜供应基地。发展水产养殖基地400亩、名优特经济林5000亩。深化与新希望六和股份合作，带动生猪产业健康发展。

强化设施保障。治理韩庄干渠等5条县级重点河道，实施陶城铺灌区沉沙池清淤等工程，完成“井井通电”工程8170眼，进一步畅通农田灌排体系。完成高效节水灌溉、高标准农田治理、新增千亿斤粮食产能、土地综合整治等项目建设，新增设施农田6.3万亩。加快农业机械化进程，农机总动力突破155万千瓦。新建4套人工增雨防雹装置，增强气象防灾减灾能力。提升经营水平。加快市场拓展和链条延伸，鼓励发展精深加工，培育农业龙头企业5户。深入推进农民专业合作社规范化建设，积极培育种养大户、家庭农场等新型经营主体，农民组织化程度提高10个百分点。严格实施农业标准化生产，完善农产品质量监管体系。新增“三品一标”认证产品6个以上。

（三）坚定不移推进三产突破，增创服务业发展新优势。精准发力，创新举措，推进文化、旅游业深度融合，传统商贸、品牌商贸齐头并进，生产性、生活性服务业协调发展，力争服务业占比提高1个百分点。融合开发文化旅游业。阳谷文化底蕴深厚，旅游资源丰富。我们将下大气力推进文化资源整合，打响水浒文化、运河文化等特色品牌，扎实做好“文化转为产业、资源变成财富”的文章。加快编制和实施景阳冈旅游区扩建控制性详细规划，全力提升景阳冈、狮子楼等重点景区的档次和品味，建设景阳湖水上竹寨、水上渔家，对外开放武松打虎体验馆。突出抓好运河三镇开发，加快推进运河文化旅游产业带建设，启动大运河阳谷段保护与展示工程。挖掘和阐发母教、诚信、廉洁等优秀传统文化资源，创意规划青少年社会主义核心价值观培育基地。大力发展乡村旅游，抓好仓亭津休闲农庄、苏海生态园、子路休闲旅游区等项目建设。繁荣活跃商贸物流业。以专业特色优、功能定位准、辐射能力强为目标，抓好澳林商贸博览城、新世界广场等项目运营。加快澳林商贸博览城二期、泽通汽贸城等重点商贸项目建设，壮大震达仓储、金路泰达等物流企业规模。完善物流配送网络，促进快递业健康发展。培育发展新兴服务业。支持发展研发设计、信息技术服务、检验检测认证等生产性服务业，加快发展养老、健康、家政等生活性服务业。鼓励线上线下融合发展，推动优势产业、特色产品上行，培育电商示范基地和示范企业，争创省级电子商务示范县。积极发展现代金融业，鼓励支持辖外金融企业到阳谷设立分支机构。

（四）坚定不移推进高效收入，拓展经济发展新空间。坚持投速、投量、投向、投效相统一，通过持续加大投入，做强存量、做优增量、做大总量。增强园区承载能力。以创建国家级开发区为目标，修编祥光经济开发区总体规划，编制西部化工集中区控制性规划，优化功能分区和产业布局。新建改造启航路、凤祥路、光明大道等10条道路，铺设排水管网6.65公里，绿化13.2万平方米。争取华能祥光热电联产项目获得批复，尽快开工食品检测中心等项目。创新园区管理体制和市场化运作、多元化投入机制，激发园区发展活力。强力推进项目建设。全力抓好“三个十大工程”建设，涉及主导产业、新兴产业、民生事业等三大领域，每个领域扶持10个以上大项目，年度计划投资59.5亿元。坚持签约项目抓开工、在建项目抓进度、竣工项目抓投产，层层推进、环环相扣，确保凤祥千亿食品产业冻品熟食加工、太平洋光纤光缆通信光纤、联亿重工车桥箱总成等26个项目投产达效。加快推进电缆集团高性能光纤预制棒建设。密切跟踪上级政策导向，力争更多项目列入国家和省市计划“盘子”。强化基础设施支撑。实施魏阳线（S249）改线、金堤河流域扶贫大通道等工程。争取110KV蔡伦输变电工程开工建设。完成南水北调续建配套工程、雨洪资源利用工程赵王河水库等项目。支持做好京九高铁项目前期工作。

（五）坚定不移推进城乡统筹，构建协调发展新格局。坚持“全域统筹、整体提升”理念，以人的城镇化为核心，统筹推进中心城区、小城镇、农村社区、美丽乡村协同发展。完善城区功能。编制公共服务设施布局专项规划、中心城区地下管线综合规划，推进“多规合一”。新建改造谷山北路、清河路、大众路东延、紫荆街南延等城区道路10.2公里，启动黄山路、南环路等道路综合管廊建设。对污水管网进行疏通清淤，对富润城等低洼积水地段进行改造，实施西城路、黄河路泵站扩容，提升城区防洪能力。集中开展城市违法建设治理行动，年内基本完成治理任务。完善违法建设管控长效机制，促进城市规划管理规范有序。打造特色城镇。坚持突出特色、差异发展，引导各乡镇进一步明确功能定位和发展方向，培育新兴工业重镇、商贸物流强镇、旅游度假名镇、生态农业大镇。实施阿城、寿张、张秋小城镇提升工程。建设美丽乡村。按照山东省美丽乡村建设规范，因地制宜、分类推进各类村庄建设，构建“一村一品、一村一景、一村一韵”新格局。围绕基础设施、村容村貌、公共服务、产业发展等重点，启动狮子楼、西湖两大片区16个村美丽村庄建设。完成农村无害化卫生厕所改造9.49万户。巩固提升城乡环卫一体化水平，进一步改善乡村人居环境。

（六）坚定不移推进生态建设，提升美丽阳谷新水平。树立“绿水青山就是金山银山”的强烈意识，像保护眼睛一样保护生态环境。大力发展绿色产业，筑牢绿色屏障，共建绿色家园。积极开展“双城同创”。以聊城市创建国家森林城市为契机，实施路域环境绿化、水系绿化、村镇绿化、农田林网建设等八大工程。新增造林3.2万亩，新建完善农田林网5万亩，建设森林乡镇5个、森林文化小镇1个、森林村庄示范点84个。围绕创建省级园林城市，实施谷山公园二期、聊阳公园等绿化工程，推进机关单位、住宅小区、企业绿化提质扩量，新增绿化面积100万平方米以上。加大环境治理力度。实施极景节能门窗幕墙二期、森泉热电超低排放工程等6个重点节能减排项目，新增清洁生产企业5户。强化网格化环境监管，对各类环境违法行为“零容忍”。狠抓大气污染防治，深入开展工业废气、建筑扬尘、餐饮油烟等专项整治，做好秸秆禁烧、综合利用和散煤治理、洁净煤推广等工作。加强饮用水水源地保护，加大农业面源污染治理，加快推进乡镇污水处理设施建设。节约集约利用资源。落实最严格的耕地保护制度和节约用地制度，提高土地节约集约利用效率。大力发展循环经济，实施祥雨有机肥、新源新型建材等5个循环经济项目。加强建筑、交通和公共机构等重点领域节能，新增太阳能光热一体化建筑面积10万平方米。

（七）坚定不移推进改革开放，实现发展活力新增强。坚持以改革激发内力、以开放借助外力、以创新驱动活力，汇聚起推动阳谷科学发展的强大合力。推进深层次体制改革。狠抓简政放权，深化行政审批、商事制度、综合行政执法、科教文卫体等领域改革，接住、用好上级下放的审批事项。稳步推进事业单位改革，扎实推行中小学校长职级制。深化医药卫生体制改革，加快推进分级诊疗制度建设。实施国有企业混合所有制改革，加快规模企业规范化公司制改制进程，年内完成改制10户以上。实行高水平双向开放。以承接产业转移、完善产业链条为主攻方向，打好“沿海、京津”两张牌，引进产业链前端、价值链高端的优质项目，力争实现招商引资到位资金92亿元。培育食品、纺织、化工、光缆等出口品牌和营销网络，力争进出口总额稳中有升。积极对接国家“一带一路”战略，拓展东南亚、东欧、拉美、非洲等新兴市场，推动重点行业参与全球产业链布局。支持企业到境外建厂或承揽工程，参与国际产能和装备制造合作。强化多领域管理创新。创新投融资机制，推广政府和社会资本合作模式，推动民间资本进入基础设施、公共服务等领域。实施资本市场开拓计划，力争新增上市、“新三板”挂牌企业各1户。鼓励企业开展市场创新、管理创新、业态创新和商业模式创新。积极培育创业孵化新业态，吸引更多的人才创新创业。全年新增个体工商户1000户、私营企业200户，民营经济税收增长7%左右。

（八）坚定不移推进脱贫攻坚，实现全面小康新跨越。突出精准扶贫、精准脱贫，因村制宜、因户施策，集中力量攻克薄弱环节，建立稳定脱贫长效机制，确保1.2万贫困人口实现全面脱贫。强化产业造血功能。探索产业扶贫新模式，加快蔬菜种植、肉驴养殖、乡村旅游、光伏设施、坐垫加工等扶贫项目建设。完善产业发展与贫困群众利益联结机制，强化扶贫资金监管，充分发挥项目资金使用效益。抓好“雨露计划”等扶贫培训，创新扶贫信贷产品，提高贫困户自我发展能力。加快片区设施提升。统筹整合涉农资金，引导更多的社会资本参与扶贫开发，提升金堤河和沉沙池片区基础设施水平。新建灌排泵站5座，改造金堤河危桥7座，建成高标准农田8000亩，改造贫困户危房509户，完成省定贫困村绿化工程。健全扶贫工作机制。深化“百千帮扶”“企业下乡”等活动，推进扶贫攻坚与“双联共建”深度融合。强化政策兜底保障，深入实施健康扶贫、教育扶贫等扶贫行动。进一步明确部门、单位、企业扶贫责任，建立健全督查考核机制，压实主体责任和帮扶责任。

（九）坚定不移推进民生改善，实现人民福祉新提升。政府工作最大的追求，就是为广大人民群众谋求更多福祉。政府工作最好的口碑，就是赢得广大人民群众的真心点赞。今年，我们将进一步加大民生投入，全力实施十大民生工程。学有所教工程。教育是最大的民生，决定着阳谷的未来。我们将优先发展教育事业，全面提升教育教学质量。实施名校带动战略，支持名校建设分校，建立强校、弱校“帮扶”机制，逐步缩小城乡、校际差距；加快解决城区“大班额”问题，新建幼儿园23处，新建扩建第三实验小学、外国语学校等5处中小学；完成“全面改薄”项目22个，新建农村中小学运动场54处，确保通过全国义务教育发展基本均衡县验收；完善教师合理流动机制，公开招聘一批教师。业有所就工程。新增城镇就业 6000 人，扶持创业 300 人，发放创业担保贷款 4000 万元；突出重点群体帮扶，加大就业政策落实；狠抓创业带动就业，强化职业技能培训；城镇登记失业率控制在 3.2% 以内。病有所医工程。加快鲁西南医院、县医院医技综合楼和乡镇卫生院规范化、村级卫生室标准化建设；继续实施 14 岁以下儿童先心病免费救治、“两癌”筛查、免费婚前医学检查、免费孕前优生健康检查等项目。老有所养工程。新建老年公寓 1 处、社区日间照料中心 1 处、农村幸福院 5 处，新增养老床位 200 张；积极开展政府购买居家养老服务。困有所帮工程。实施困境儿童“助居、助学、助医、助困、助养、助业”六位一体救助政策，切实解决因贫失学和因学致贫问题，决不让贫困阻挡孩子求学上进的脚步。居有所宜工程。改造老旧小区 10 个、棚户区 4000 户、农村危房 300 户；新增供热面积 20 万平方米；完成中心村电网改造 20 个。行有所畅工程。规范城市公交、出租汽车运营和城乡客运市场管理；大力实施村级公路网化工程，新建改造农村公路 500 公里以上；继续提升农村公路养护管理水平。食有所安工程。落实食安、农安、公安“三安联动”监管机制，构建“从农田到餐桌”的全程监管体系；全年抽检食品药品 600 批次以上，评价性抽检合格率 98% 以上，学校食堂明厨亮灶率 80% 以上。民有所乐工程。投入使用县图书馆、文化馆、展览馆，规划建设县博物馆、档案馆、方志馆；升级改造乡镇文化站 7 个、村（社区）综合文化服务中心 260 个；送戏下乡 500 场，放映公益电影 10000 场；免费为 10 个城市社区、60 个行政村、15 个省定贫困村安装健身器材。安有所保工程。加强社会治安综合治理，推进县乡村综治中心建设；提升县公安指挥中心功能，打造全时空、信息化监管平台；狠抓重点行业领域打非治违，保障安全生产形势持续稳定；提升火灾防控和消防监管水平，确保 15 个乡镇消防站投入使用。

在做好以上民生工作的同时，统筹抓好各项社会事业。践行社会主义核心价值观，深入实施“四德”工程，弘扬中华优秀传统文化。扎实推进“七五”普法，加强公共法律服务和法律援助。健全守信激励和失信惩戒机制，严厉打击恶意逃废银行债务等行为。建设应急广播系统，完善应急处置机制。强化社会矛盾排查化解，畅通诉求表达渠道。开展全国第三次农业普查。全力做好省级卫生县城复审迎检工作。进一步优化计生服务，加强出生人口性别比综合治理。支持驻阳部队、武警和民兵预备役建设，重视妇女儿童、工会、共青团、老干部和关心下一代工作，抓好民族宗教、外事侨务、防震减灾、双拥共建、对台、人防等工作，推进社会事业协调发展。

四、加强政府自身建设

各位代表，新常态要有新担当，新发展要靠新作风。我们将牢固树立政治意识、大局意识、核心意识、看齐意识，以创新创造的精神、敢抓敢管的作风，崇尚实干，勤勉尽责，努力建设群众满意的人民政府。

（一）坚持依法行政，建设法治政府。尊崇宪法和法律权威，自觉运用法治思维、法治方式推动工作。认真执行县人大及其常委会决议，主动接受人大法律监督、政协民主监督，高度重视司法监督和社会公众、新闻舆论监督。坚持依法科学民主决策，把公众参与、专家论证、风险评估、合法性审查和集体讨论决定作为重大决策的必经程序。严格执行权责清单，做到法无授权不可为、法定职责必须为。深入推进政务公开，让权力在阳光下运行。

（二）牢记为民宗旨，建设服务政府。坚持以百姓之心为心，真正做到替百姓想、解百姓难、帮百姓富。进一步精简审批事项、简化办事流程，最大限度缩短行政审批时限。加快推进“互联网＋政务服务”，拓展完善网上办事大厅功能，让数据多跑路，让群众少跑腿。强化效能监察和行政问责，坚决纠正和查处推诿扯皮、行政不作为乱作为，坚决克服懒政、怠政，打通服务群众的“最后一公里”。

（三）强化担当意识，建设责任政府。发扬敢为人先、勇于担当精神，满怀激情，主动作为。把责任扛在肩上，把工作干在实处，正视问题不回避，勇担责任不推诿，以担当实干彰显党员干部本色。扎实推进学习型政府建设，不断提高政府工作人员知识化、专业化水平。探索建立容错纠错机制，为敢于担当的干部担当，为敢于负责的干部负责，让想干事的人有机会、肯干事的人有舞台、能干事的人受尊敬、干成事的人受重用。

（四）坚守纪律底线，建设廉洁政府。认真贯彻落实中央八项规定精神和反腐倡廉各项规定，始终把纪律和规矩挺在前面，严格落实党风廉洁建设责任制。严肃财经纪律，强化预算约束，严控“三公”经费支出。加大行政监察和审计监督力度，强化经济责任审计和重点项目审计，加强对重点领域、重点对象和关键环节的监督制约。坚持不懈纠正“四风”，全力打造清正廉洁的政府形象。

各位代表，激情成就梦想，实干创造未来。让我们紧密团结在以习近平同志为核心的党中央周围，在中共阳谷县委的坚强领导下，坚定信心、振奋精神，凝心聚力、锐意进取，为全力打造实力强、结构优、百姓富、生态美的新阳谷，谱写全面建成小康社会新篇章而努力奋斗！

阳谷

DA SHI JI

大事记

陽穀考鑒

阳谷

DA SHI JI

大事记

1 月

1 日　阳谷县正式实施全面两孩政策。

4 日　山东凤祥股份有限公司获评 2015 年度“食安山东”食品生产加工示范企业。

5 ~ 6 日　山东老区建设促进会会长、原山东省发改委主任倪永康一行，到阳谷县视察路域环境整治工作。

5 日　“水浒故里”旅游纪录片摄制组到阳谷县景区进行拍摄活动。

6 日　阳谷县金斗营乡举行撤乡设镇揭牌仪式。

6 ~ 7 日　在两岸经营者俱乐部（上海）年度论坛暨两岸企业合作大会上，阳谷先运辣椒参展。

7 日　聊城市人大常委会副主任张同村带队到阳谷县督导检查路域环境提升工程。

10 日　中共聊城市委副书记陈平、副市长洪玉振到阳谷县督导海河流域水污染防治迎检工作。

12 日　中共聊城市委副书记陈平带领全市科学发展观现场观摩会议与会人员到阳谷县观摩顺达纺织涡流纺项目、电缆集团铝合金电缆项目和紫汇湖棚户区改造项目。

12 日　阳谷县举行“贫困白内障免费复明”公益活动启动仪式。

16 日　全市被征地农民养老保险工作现场会在阳谷县阎楼镇召开。

18 日　全县科学发展观摩总结暨经济工作会议召开。

24 ~ 29 日　山东省人大代表、新凤祥集团董事局副主席、总裁刘志光参加山东省第十二届人民代表大会第五次会议。

29 日　聊城市副市长郭建民到阳谷县金堤河沿岸调研扶贫开发工作。

1 月　阳谷县作为全市扩大基层妇女组织力量工作试点县之一，于 1 月 31 日前在全县 18 个乡镇（街道）率先完成选聘妇联兼职副主席工作，18 个乡镇（街道）妇联共选聘妇联兼职副主席 23 个。

2 月

1 日　阳谷县第十七届人民代表大会第五次会议召开。

3 日　山东省委第十二巡视组专项巡视阳谷县情况反馈会召开。

6 日　国家能源局副局长张玉清到阳谷新凤祥集团调研指导。

15 日　中共阳谷县纪委十二届六次全会召开。

22 日　南水北调阳谷县续建配套工程建设推进会召开。

25 日　全县 2015 年度总结表彰大会召开。全县扶贫攻坚工作推进会召开。

3 月

1 日　县政府全体（扩大）会议暨廉政工作会议召开。

2 日　阳谷县人民政府•河南省新华书店发行集团电子商务战略合作框架协议签约仪式举行。

14 日　县检察院召开司法体制改革试点暨首批检察官遴选入额动员大会，对改革试点工作进行动员部署。

14 日　中共聊城市委副书记、市长宋军继到阳谷县到陶城铺引黄闸、金堤河张秋引水闸、北金堤张秋段加固工程等处调研。

5 ~ 15 日　全国人大代表、新凤祥集团董事局主席、党委书记刘学景在北京参加十二届全国人民代表大会第四次会议。

15 日　全市农村改厕工作现场推进会在

阳谷县召开。

16日 山东凤祥股份有限公司成为供港生鲜公共服务平台首批企业。

24日 阳谷县举办贫困母亲救助暨“巾帼脱贫行动”启动仪式。县慈善总会列支3.2万元专项救助经费，现场救助“两癌”贫困母亲和精准扶贫贫困妇女32名；全国儿童少年基金会捐资72000元，对阳谷县20名家庭贫困且品学兼优的春蕾女高中生进行资助，救助期限3年，每生每学年1200元。

31日 阳谷县召开创建全国国土资源节约集约模范县动员大会。

3月 县法院启动首批员额法官遴选改革工作，在全院94名法官中产生首批员额法官43名。

3月 中共聊城市委副书记陈平到西湖镇指导城镇化工作。

4月

1日 全县环境保护暨大气污染防治工作誓师大会召开。

1日 阳谷县举办《四德歌》广场舞、排舞《舞动中国》妇女健身骨干培训班，18个乡镇（街道）及县直各单位的妇女健身骨干共计百余人参加培训。培训班后，各乡镇(街道）妇女健身骨干深入村庄、社区，在全县推广普及《四德歌》广场舞和排舞《舞动中国》。

6日 为引导全县各级党员干部特别是领导干部加强学习，提高廉政意识，阳谷县举行廉政教育专题报告会。

7日 全县民兵应急队伍集中点验大会在红星广场举行。

8日 为加强艾滋病综合防治工作，阳谷县召开艾滋病防治工作会议。

11日 全县全民参保登记暨就业社保精准扶贫工作动员会议召开。

12～13日 中共聊城市委书记、市人大常委会主任徐景颜到阳谷县重点就扶贫开发、基层党建、工业经济、现代农业、法治建设等工作进行实地调研。

14日 为切实增强做好食品药品安全工作，全县食品药品安全监管工作会议召开。

22日 阳谷县召开农村土地承包经营权确权登记颁证工作推进会。

27日 聊城市人大常委会副主任张同村带领市人大城环委视察阳谷县小城镇提升工程和路域环境提升工程建设情况。

28日 全县“两学一做”学习教育工作培训会召开。

5月

4日 “中国卒中中心联盟挂牌仪式暨专题讲座”在县医院进行，标志着阳谷县人民医院成为中国卒中学会授牌的卒中中心联盟成员单位。

9日 山东省副省长赵润田、省扶贫办副主任张妍华一行，到阳谷县调研检查脱贫攻坚及防汛抗旱情况，先后调研了凤祥集团矮化密植苹果基地、十五里园镇精准扶贫香瓜种植示范基地、寿张镇王楼村旅游脱贫和危房改造项目等。

10日 中国老年体协副主席、省老年体协主席曹学成一行，到阳谷县视察老年人活动开展和场所建设情况，先后调研了安乐镇第二届健身舞大赛活动现场、阎楼镇辛庄村老年人活动中心、县城区健身展演活动现场、县老年人活动中心，并召开了座谈会。

11日 垦利县人大常委会党组书记、第一副主任孙海君带领考察团到阳谷县考察学习。

11日 广州市人大到阳谷县调研循环经济、湿地保护情况，调研组先后实地参观了祥光铜业、凤祥食品加工中心、森泉人工湿地、新源热电有限公司等。

16日 中科凤祥生物工程股份有限公司在全国中小企业股份转让系统（“新三板”）成功挂牌。

17日 上海市奉贤区质量安全工作小组到阳谷考察质量工作。

25日 山东省军区参谋长周月星到阳谷县堪察黄河防汛工作并实地查看陶城铺险工地段。

25日 省政府督导组一行到阳谷县督导检查“全面改薄”和义务教育均衡发展工作情况。

5月 中共聊城市委副书记、市长宋军继到西湖镇电缆集团调研。5月 阳谷农发行向南水北调配套工程陈集水库项目审批、发放

5月 PSL重大水利工程建设中长期贷款4.7亿元，期限为20年，保障南水北调工程的顺利实施。

月底 全县全面完成基层法律服务全覆盖。

6月

4日 全市路域环境提升工程现场观摩会与会人员到阳谷县观摩。

9日 台湾农特精品跨岸交流协会理事长吴锦勋一行14人到阳谷参访考察山东谷丰源科技集团有限公司。

14日 农业部对阳谷县春季重大动物防疫及有关兽医重点工作情况进行督导检查。

15日 聊城市政协主席赵庆忠，市政协副主席张广霞带领市决咨委运河旅游开发项目专家组到阳谷县调研运河旅游开发。

16日 中共聊城市委常委、常务副市长耿涛一行到阳谷县调研指导义务教育均衡县创建工作。

27日 第三届国土资源节约集约模范县表彰大会在北京举行，阳谷县被授予“全国国土资源节约集约模范县”荣誉称号。

7月

1日 全县庆祝中国共产党成立95周年暨表彰大会召开。

7日 全国人大常委会办公厅联络局副处长龙湘林到阳谷县走访全国人大代表刘学景并调研人社工作；

13～16日 阳谷县组织人员赴浙江省开展精准扶贫招商活动，参加在杭州召开的“2016聊城（杭州）特色乡镇创新发展座谈会”，在浙江台州组织召开了“2016山东阳谷（台州）汽车用品行业发展座谈会”。

20日 山东省副省长赵润田到阳谷县调研金堤河防汛工作。

25～27日 台湾晟模实业有限公司总经理叶政武、荣庆国际股份有限公司董事长黄北武到山东阳谷华壮集团实地考察。

27日 中共聊城市委常委、市纪委书记张宝泉到阳谷县调研全面从严治党主体责任与巡察工作。

27号 中共聊城市委常委、副市长张旋宇到阳谷县就重点项目建设和商务工作进行调研。

29日 山东省旅游发展委员会副主任岳滨，省旅游规划设计研究院院长牛国栋对阳谷县部分景点和乡村旅游规划进行调研。

31日 2016“百名浙商进阳谷”招商活动座谈会召开。

7月 山东省57号动物卫生监督检查站（山东省阳谷县阿城公路动物卫生监督检查站）投入使用。

7月 中共聊城市委书记、市人大常委

会主任徐景颜到西湖镇企业太平洋光缆有限公司调研。

8月

9日　中信机电制造公司党委副书记、副总经理田立新到阳谷县，与阳谷县力鸿集团洽谈合资合作意向。县委书记、县人大常委会主任田中俊陪同。

9日　阳谷县举行首批员额法官、员额检察官宪法宣誓仪式。

15日　山东省人社厅“优质服务窗口”考核组到阳谷县考核指导“优质服务窗口”创建工作。

25日　中共聊城市委副书记陈平到阳谷县调研融资增信和农村承包土地经营权融资抵押贷款“两个试点”工作。

25日　全市扶贫工作现场会在阳谷县寿张镇召开。

27日　新凤祥集团被中国企业文化建设峰会组委会授予2016年度企业文化建设典范企业。

8月　阳谷三中新校投入使用。

9月3日　中国进出口银行人力资源部总经理夏建华，中国进出口银行山东省分行行长李忠元到阳谷县参观考察。

9月8日　聊城市政协主席赵庆忠到阳谷县调研文物古迹保护工作。

9月

21日　中共聊城市委书记、市人大常委会主任徐景颜，市委副书记、市长宋军继，市政协主席、市委宣传部长赵庆忠等市四大班子领导带领全市重点项目重点工作现场调度会与会人员，就重点项目建设情况到阳谷新凤祥集团观摩指导。

23日　全县乡镇领导班子换届工作会议召开。

24日　“畅行中国　精彩聊城”采访团到景阳冈、狮子楼旅游区进行采访。

24日　聊城市“三秋”农业生产暨粮食高产创建工作现场会阳谷县阎楼镇召开。

25日　“鲁风运河”摄制组到阳谷荆门闸进行取景拍摄。

26日　聊城市人大常委会副主任孙菁带领有关人员到阳谷县对农业产业化情况进行视察。

29日　全国人大代表、新凤祥集团董事局主席、党委书记刘学景获选“2016食安山东•诚信守望影响中国人物”。

30日　阳谷县在县革命烈士陵园举行缅怀革命先烈公祭烈士仪式。

10月

1～2日　贵州省黔东南州政协副主席、丹寨县委书记袁尚勇一行，就阳谷县在“蚩尤文化”等文化旅游产业建设方面的先进经验和做法进行调研考察。

9日　景阳冈白酒被国家质检总局认定为“中华人民共和国生态原产地保护产品”。在全省白酒行业是第一家，标志着山东省白酒行业生态原产地保护产品实现“零”的突破。

9日　聊城市人大常委会第一副主任李吉增到阳谷县走访慰问养老机构和百岁老人。

12日　中共聊城市委副书记陈平，副市长郭建民带领全市农业转方式调结构现场推进会与会人员到阳谷县参观。

15日　中共阳谷县第十二届委员会第九次全体会议召开。

17日　聊城市副市长冯艺东到阳谷县督查金融扶贫日金融机构宣传活动。

18日　山东省高级人民法院院长白泉民

到阳谷县法院调研工作。

20日 山东省委农村工作领导小组副组长王军民一行，在市委书记、市人大常委会主任徐景颜陪同下，到阳谷县视察扶贫项目建设情况。

20日 聊城市政协副主席葛敬方到阳谷县调研“名校带分校”战略实施情况。

27日 鲁西黑头羊通过国家畜禽遗传资源委员会专家组的现场初审，上报国家畜禽遗传资源委员会审定。

30日 中共聊城市委副书记陈平带领全市脱贫攻坚观摩推进会与会人员到阳谷县观摩。

10月 “祥光”牌阴极铜再次被国家质检总局授予“生态原产地保护产品”。

11月

3～5日 台湾“立法委员”陈学圣办公室主任武九龄回阳谷西湖镇祭祖。

6日 阳谷县质量强县暨聊城大学景阳冈酒业质量文化座谈会召开。国家质检总局原副局长、中国检验检疫学会会长、聊城大学质量学院名誉院长魏传忠，山东省检验检疫局原局长、中国检验检疫学会副会长于桦，国家质检总局通关司副巡视员康玉燕一行出席活动。

7日 中国检验检疫学会会长、国家质检总局原副局长魏传忠，到阳谷县调研华信塑胶极景门窗项目并召开座谈会。

10日 山东省军区政委尚振贵到阳谷检查指导工作。

10日 祥光铜业荣获2016年全国实施卓越绩效模式先进企业。

15日 山东凤祥股份有限公司成为国家质检总局食品安全局公示审定的全国首批“三同”示范企业。

17日 阳谷县举行学习贯彻党的十八届六中全会精神宣讲报告会。

23日 阳谷县创建国家森林城市暨创建省级园林城市动员会召开。

24日 山东省综治办副主任李平到阳谷县调研社会治理服务中心、基层法律服务全覆盖、网格化管理、视频监控工作。

25日 阳谷县召开县、乡人大换届选举工作会议。

30日 高密市、阳谷县扶贫协作战略框架协议签约仪式举行。中共高密市委常委、副市长殷玉萍，中共阳谷县委副书记崔新乐，阳谷县副县长王守良及两地有关部门、乡镇、企业代表出席仪式。

12月

2日 中共聊城市委书记、市人大常委会主任徐景颜一行，到阳谷县调研危房集中改造和产业扶贫基地建设情况。

2日 祥光集团获得中国企业社会责任2016年度“绿色环保奖”。

5日 山东省总工会副主席李臻在市人大常委会副主任、市总工会主席朱加云的陪同下到阳谷县调研“查身边隐患、保职工安全、促企业发展”活动开展情况。

7日 中共聊城市委副书记、市长宋军继带队到阳谷祥光铜业，开展安全生产大检查，并召开安全生产工作会议。

9日 聊城市慈善总会“百村千户送温暖”扶贫物资发放仪式在阳谷县举行。

10日 召开全县领导干部会议，通报中共聊城市委决定，毕黎明同志任中共阳谷县委委员、常委、副书记，提名为阳谷县县长候选人。

12日 2016年中国品牌价值评价信息发布，祥光铜业入围榜单，居铜业第一。

15日 中共阳谷县第十二届委员会第十次全体会议召开。

17日 中共聊城市委副书记陈平到阳谷县视察谷山公园、森泉人工湿地、苏海绿化苗木基地等，调研“创森”工作。

25日 丰源现代农业科技示范园等12个乡村旅游点成功入选为2016年聊城市乡村旅游示范点。

28～30日 2016中国（阳谷）第2届汽车用品展览会在澳林商贸博览城成功举办。展会由中国汽车后市场总会主办，阳谷汽车用品行业协会和澳林商贸博览城共同承办。来自北京、新疆、上海等30个省市的5万余名参展商、采购商和专业观众汇聚阳谷参展交易，600余家参展企业提供展品上千种，现场累计成交额1.6亿元，达成意向合同额3亿元。

30日 聊城市人大常委会副主任孙菁到阳谷县督导检查县乡两级人大换届选举工作。

12月 在首次党委“建党校、办党校、管党校”考核中，阳谷县委在党校工作考核中位列聊城8县市（区）第一名。

12月 全县正式启动村（社区）妇代会改建妇联工作，全县106个行政村完成改建工作。

是年 阳谷县在全市科学发展综合考核中取得历史性突破，获得第一名。

是年 阳谷县张德宪家庭荣获全国“最美家庭”称号，孟传科家庭荣获“第十届全国五好文明家庭”称号，并与“最美阳谷人”评选表彰相结合，推荐七级镇孙义涛和石佛镇董目仁两户家庭为省第一届文明家庭。

阳

QUANXIAN GAIKUANG

全县概况

陽穀年鑑

谷

阳谷

QUANXIAN GAIKUANG

全县概况

陽穀
年鑑

地理位置

阳谷县地处鲁西平原，黄河北岸，山东省的西部，聊城市南端。东临东阿县，西毗莘县，南与河南省台前县接壤，北接东昌府区，东南隔黄河与东平县相望。版图位置介于东经115° 38′39″～116° 06′15″，北纬35° 55′15″～36° 18′15″之间，黄河北金堤呈东北西南向横亘县域的南部。县境西起西湖乡西界之金线河，东止于阿城镇东南角之黄河，东西长42.14公里；北起郭店屯镇北界之三干渠，南至寿张镇南境之金堤外，南北宽42.59公里，总面积1065平方公里。

建置区划

公元596年（隋开皇十六年），始置阳谷县，属济州。公元607年（隋大业三年）改州为郡，阳谷属济北郡。公元618年（唐武德元年）改郡为州，阳谷属郓州。公元621年（唐武德四年）重置济州，阳谷从郓州划出，再属济州。公元742年（唐天宝元年）改州为郡，阳谷属东平郡。公元754年（唐天宝十三年）济州治所为河水所没，阳谷改属河南道郓州。公元1074年（北宋熙宁七年）阳谷属京东西路郓州。公元1119年（北宋宣和二年）阳谷属东平府。公元1137年（金天会十五年）阳谷属山东西路东平府。公元1330年（元至顺元年）阳谷属山东东平路总管府。公元1582年（明万历十年）阳谷属山东布政使司兖州府东平州。公元1730年（清雍正八年）东平州升直隶州，阳谷从兖州府划出，改属东平直隶州。公元1735年（清雍正十三年）阳谷改属山东省兖州府直至清末。

1913年废府设道，阳谷属山东省东临道。1925年阳谷属山东省东昌道。1928年废道级建制，阳谷县直属于山东省。1929年全县1184个自然村，共划为6区、284乡（镇）。1936年省下设区，阳谷属山东省第六区，县内六区所辖284个乡镇合并为51个。

1939年9月，阳谷县抗日民主政府在阿城刘楼成立，由鲁西北行政委员会领导，随着抗日根据地和游击区的扩大，先后建立起11个区。1940年，改属鲁西行署第四冀鲁豫行署。1941年7月，鲁西行署并入冀鲁豫行署，阳谷属冀鲁豫行署四专署；同年8月，晋冀鲁豫边区政府重新调整区划，阳谷改属第十九专署。1942年12月，改属一专署。1945年7月阳谷全境解放后曾多次调整区划。1947年聊阳、徐翼等县建立后，县辖范围大大缩小，共划为7个区。1947年9月，改属九专署。1949年9月，改属平原省聊城专署，聊阳、徐翼两县同时撤销，原属阳谷县的村镇全部回属，重新调整为10个区。

1950年，全县共设9个区，122个乡，辖763个自然村。1952年12月，平原省撤销，阳谷改属山东省聊城地区。1958年4月，撤销区级建制，全县707个自然村，合并成为18个乡。同年12月，阳谷县建制撤销，阳谷所属村镇与东阿县之一部分村镇合并到寿张县。1961年7月，阳谷县恢复建制，所辖村镇与撤县前相同。1964年4月，寿张县撤销，金堤以北村镇并入阳谷，全县共划为12个区，79处人民公社，554个生产大队。1971年3月，撤销区级建制，合并成立19处人民公社。1984年8月，以原来的社镇为基础，重新划为6个镇，15个乡。

1998年3月，聊城撤地改市，阳谷县属聊城市至今。2001年3月2日，全县21处乡镇合并调整为16处。2004年5月，撤销阳谷镇，设立狮子楼、博济桥、侨润3个办事处。至2016年底，阳谷县总面积1065平方公里，辖侨润街道、博济桥街道、狮子楼街道3个街道办事处，阎楼镇、阿城镇、安乐镇、七级镇、石佛镇、郭店屯镇、定水镇、西湖镇、李台镇、寿张镇、十五里园镇、张秋镇、高庙王镇、金斗营镇等14个镇，大布乡1个乡，856个行政村，17个社区。年末全县总人口82.09万人，少数民族人口约3000人。

自然环境

【地形地貌】 阳谷县地处鲁西平原，属黄河冲积平原。全县土地大平小不平，地貌平稳，微地貌多变，平稳中有起伏，起伏中有差异，但总趋势中间高，东西两边低。全境地势总趋势是由西南向东北缓倾，平均坡降为1/6000～1/7000。平均海拔高度39.62米。最高点在县西南部金斗营乡斗虎店村，海拔44.75米；最低点在县东北部七级镇赫林大洼，海拔34.5米；极端高差10.25米。由于黄河多次决口、改道和泥沙淤积，逐渐形成了微度起伏的缓岗、缓平坡地和浅平洼地三种微地貌相间的现代平原地形。

缓岗占地面积517平方公里，全县总面积的49.3%，县内“三山不见山”的山，即：阳谷城的谷山，定水镇的蛇山，安乐镇的黄山，皆为缓岗。

阳谷县缓岗由三类微地貌组成。一类为河滩高地，占地面积413.7平方公里；另一类为沙质河槽岗地，占地面积61.64平方公里；再就是决口扇形地，占地面积41.7平方公里。分布为三个自成体系的大片：第一片以阳谷镇为中心，包括李台镇大部、高庙王乡、石门宋西部和大布乡的大部分区域；第二片为县中部赵王河沿岸区域。南起四棚，北至郭店屯镇的西南部；第三片为金堤河北缘区域。西南从金斗营起，东北至张秋小运河及其以西，再向北延伸到阿城镇、七级镇聊位公路以西。缓岗地区海拔高度在39～42米之间。

近年县内东部引黄所致人造缓岗，其面积逐年增加。据实地勘察，阿城镇陶城铺村西沙岗占地面积达4000亩，堆高在5～10米，为典型沙质缓岗。

缓平坡地主要分布在缓岗的下端，以河滩高地下端多见。其另一侧与浅平洼地相接，系高、洼地之间的过渡带，全县分布面积440.1平方公里，占全县总面积的40.9%，海拔高度在37～39米之间，高差较小。

浅平洼地分布在全县的几个大洼。主要为：西湖镇西湖大洼，定水镇坡里大洼，七级镇郝林大洼，阿城镇刘什庄、王营大洼等地区。面积106平方公里，占全县总面积的9.8%，海拔高度在34.5～37米之间。

【地质】 阳谷县属第四纪黄河下游冲积平原，平均海拔高度为39.62米，最高点在县西南的金斗营乡子路堤，海拔高程为44.75米，最低点在县东北部七级镇郝林村，海拔高程为34.5米，最大高低差10.25米。地势由西南向东北缓倾，平均坡降为1/6000～1/7000之间。在地质构造上属华北地台的一部分，为辽冀台向斜，原内基底断裂构造较为发育，原地质部勘探确定，全国著名的聊城—兰考断裂带纵贯阳谷南北，全长270千米，是新构造活动带。城区基本烈度为8度，为全市最高烈度，具备发生中强地震的地质背景，属国务院确定的地震重点监视防御区。

【土壤】 阳谷县所在地域为黄河冲积平原，土壤类型为潮土，质地良好，壤质土占绝大多数，经近二十年来的耕作、改造，土壤属肥力中等偏上，养分比例比较合理，适宜多种作物生长。主要包括褐土化潮土、潮土、盐化潮土和盐潮土四个亚类，四个土属，面积1552397亩，约占全县总面积的98.89%，其中：

褐土化潮土亚类分一个土属（褐土化潮土土属），面积567456亩，占全县总面积的36.2%（其中耕地面积424852亩），多由缓岗地发育而成，分布在地势高亢的博济桥办事处、大布、寿张、阎楼等乡镇和十五里园镇南部、张秋西部及安乐镇、郭店屯镇赵王河两岸。土壤质地较好，多为轻壤土，通气透水易耕作。因地势偏高，潜水位较低，无盐碱化威胁。养分含量中等，供肥能力中等，土壤缺钾和微量元素，在一定水利条件下，大力发展秸杆还田是生产能力较好的土壤。

潮土亚类分一个土属（潮土土属），面积715340亩，占全县总面积的45.5%（其中耕地面积535565亩），主要由缓平坡地发育而成。全县各乡镇均有分布，以西湖、高庙王、十五里园、张秋、石佛、阿城、安乐镇、七级、郭店屯、定水镇等乡镇分布较多。土壤质地以轻、中壤土为主，通气透水，耕性良好，保肥能力较强，地下水补给较充足，结合浇灌及培肥地力是阳谷县高产创建理想土壤。

盐化潮土亚类，分一个土属（盐化土土属），面积18.73万亩，占全县总面积的14.5%。多分布在由缓平坡地和浅平洼地发育而成，主要分布在七级、郭店屯、定水镇、阿城、高庙王、西湖等乡镇和石佛镇北部。土质以壤土为主，耕层（0～20厘米）含盐量多在0.2～0.3之间，属硫酸盐—氯化物或氯化物—硫酸盐土，俗称“二八碱”“花班碱”，耕种时易出现缺苗断垄现象，是潮土中较差的土壤类型。由于近年的农事操作，改土培肥、灌溉条件的改善等，该类土壤得到明显改善，产粮水平有了较大提高。

盐土类，分一个亚类（潮盐土亚类），一个土属（白潮盐土土属），面积19965亩。约占全县总面积的1.2%，主要分布在西湖乡的东、西聂，阿城镇的武将台，石佛乡的白碱坡、大布乡的鹅鸭坡一带。土壤含盐量高（约0.4%～1.0%），地下水矿化度大（2～10克/升），加强农田基础建设，改良耕作，产量可进一步提高。

风沙土类，全县可分为两类：一类是系河流沉积的沙土经风力搬迁而形成的沙丘。分布在赵王河和羊角河沿岸，面积很小约1200亩，需造林固沙，别一类是陶城铺灌渠的沉沙池沙土类，面积廷年增加，达2000余亩，需改造使用。

自然资源

【土地】 全县总面积1065.73公顷，其中农用地86144.24公顷（耕地72292.52公顷，园地373.53公顷，林地5925.39公顷），建设用地18921.69公顷，未利用土地面积1506.78公顷。人均土地面积0.14公顷。

【水】 2016年，年降水量为629.9毫米，较历年平均值偏多86.8毫米。一日最大降水量75.4毫米，出现在2016年7月14日。日降水量≥0.1毫米的日数为68天。最长连续降水日数7天，出现在2016年10月21～27日。最长连续无降水日数62天，出现在2016年2月14日至2016年4月15日。

2016年度，共引水4次，分别为春季、“三夏”期间、夏季引水等，累计引黄、引金1.1亿立方米。

【生物】 动物有：狐狸、獾、黄鼠狼、狸、野兔、刺猬、蝙蝠、麻雀、黄雀、山雀、白鹭、山鸡、野鸭、喜鹊、灰喜鹊、鸽子、鹌鹑、斑鸠、乌鸦、猫头鹰、黄莺、啄木鸟、布谷鸟、燕子、戴胜、白眼、鲢鱼、鳙鱼、鲤鱼、草鱼、鲫鱼、金鱼、鲶鱼、团头鲂、黄颡、乌鳢、鳝鱼、鳜鱼、鲹鲦、麦穗鱼、泥鳅、鳖、蚌、虾、蚯蚓、蟑螂、蜘蛛、蟋蟀、蝈蝈、蜜蜂、蝉（知了）、青蛙、蟾蜍、蜥蜴、蜈蚣、蛇等。

植物有：白榆、毛白杨、银白杨、箭杆杨、太青阳、旱柳、刺槐、香椿、臭椿、泡桐、侧柏、雪松、杏、苹果、柿子、桃、梨、杜梨、枣、李、山楂、石榴、核桃、樱桃、冬青、小青竹、簸箕柳、柽柳、紫穗槐、荆条、葡萄、花椒、木槿、丁香、百日红、紫荆、榆叶梅、鸡冠、凤仙、芍药、樱花、牡丹、玫瑰、月季、蔷薇、夜香、万年青、仙人掌、菊花、红瑞木、美人蕉、大金菊、小金菊、海棠、君子兰、紫罗兰、吊兰、兰草、夹竹桃、东洋菊、连翘、红叶人集、金叶女贞、珍珠梅、仙人掌类、茅草、节节草、抓地秧、水稗草、杏仁棵、三菱草、牤牛墩、蒺藜、小芙子苗、谷莠草、星星草、麦扎草、灰灰草、苦苦菜、苋菜、米蒿、臭蒿草、荠菜、面条棵等。药物有：蛇蜕、蝉蜕、全蝎、鸡内金、蟾酥、蜂房、土元、蜈蚣、龟甲及胆类、茵陈、菊花、野菊花、薄荷、荷叶、芦根、白茅、蓖麻、桑、蒲公英、车前子、小茴香、花椒、槐米、野艾、蒺藜、马齿苋、苍耳、山药、牛蒡、枸杞、杏仁、石榴皮、橘皮等。

【矿产】 阳谷县矿产资源丰富，主要矿种有煤、地热、矿泉水、砖瓦用粘土等。

气　候

阳谷县属温暖带季风性气候，气候温暖，光照充足，干湿变化明显，春秋季多干旱，夏季降水集中，多发生灾害性天气；冬季盛行西北风，天气干冷而少雨雪。

【光照】 2016年，年平均日照时数为2077.4小时，较常年偏少212.6小时。

【气温】 2016年，年平均气温为14.8℃，较历年气温平均值偏高1.2℃。年极端最高气温为37.3℃，出现在6月22日，较历年极端最高值偏低4.4℃。年极端最低气温为–17.2℃，出现在1月24日，较历年极端最低值偏高1.7℃。

【降水】 2016年，年降水量为629.9毫米，较历年平均值偏多86.8毫米。一日最大降水量75.4毫米，出现在2016年7月14日。日降水量≥0.1毫米的日数为68天。最长连续降水日数7天，出现在2016年10月21～27日。最长连续无降水日数62天，出现在2016年2月14日～2016年4月15日。

【季风】 阳谷为季风型大陆性气候。冬季盛行偏北风，12月份达到全盛期。受其影响，冬季寒冷干燥，雨雪稀少。7月份达到全盛期。受其影响，夏季潮湿，炎热多雨。

【湿度】 2016年，年平均相对湿度为65%，较常年偏小4%，日最小相对湿度为9%，月平均相对湿度以7月和8月份最大，平均为80%，2、3月份为最小，为46%。

【霜期】 2016年，初霜日为11月1日，终霜日为3月26日，无霜期219天。

灾　害

2016年6月13日16时35分至14日2时58分，阳谷县境内出现强对流天气，并伴有雷电、大风、短时强降水，部分乡镇出现冰雹。本次天气过程造成我县大部分乡镇受灾，灾害导致全县受灾人口15924人，农作物受灾面积998.2公顷，直接经济损失1225万元。

2016年7月19日17时至7月20日11

时，阳谷县境内出现强对流天气，并伴有雷电及短时强降水，区域站点最大降水量达102.3毫米。据县民政局统计，阳谷县共有9个乡镇受灾，分别为狮子楼办事处、七级镇、安乐镇、寿张镇、张秋镇、大布乡、西湖镇、金斗营乡、闫楼镇，受灾人口13992人，农作物受灾面积799.8公顷，直接经济损失347.1万元。

2016年8月25日08时至17时，阳谷县境内普降大到暴雨，并伴有雷电，区域站点最大降水量达到99.1毫米。据县民政局统计，受暴雨天气影响，阳谷县受灾人口40410人，农作物受灾面积2544.6公顷，成灾面积750公顷，损坏房屋4间，直接经济损失1367万元。

人　口

【家庭户人口】 2016年，全县户籍人口中，共有家庭户23.73万户，家庭户人口为82.08万人，平均家庭户规模为3.46人，与2015年的3.47人小了0.01。

【性别构成】 2016年，全县户籍人口中，男性为42.48万人，占总人口的51.75%；女性为39.60万人，占总人口的48.24%。总人口性别比（以女性为100，男性对女性的比例）由2015年的107.00上升为107.27。

【年龄构成】 2016年，全县户籍人口中，17岁以下（含17岁）的人口为18.41万人，占22.43%；18~34岁的人口为19.42万人，占23.66%；35~59岁的人口为28.55万人，占34.78%；60岁以上的人口为15.18万人，占18.49%；90岁以上的人口2439人，占0.30%；百岁以上老人47人，占0.006%。同2015年相比，17岁以下人口的比重比2015年的21.86%上升0.57个百分点；18~34岁的人口比重比2015年的25.07%下降1.41个百分点；35~59岁的人口比重比2015年的35.02%下降0.24个百分点；60岁以上人口的比重比2015年的18.05%上升0.44个百分点。

国民经济和社会发展综述

2016年，中共阳谷县委、阳谷县政府认真贯彻落实党的十八大和十八届三中、四中、五中、六中全会精神和习近平总书记系列讲话精神，按照市委“作风引领、团结实干、争先进位、科学发展”的工作总要求，以开展“两学一做”学习教育为契机，坚持稳中求进工作总基调，主动适应经济发展新常态，积极作为、奋勇争先，全县经济保持健康发展，城乡面貌发生显著变化，人民生活不断改善，社会保持和谐稳定。

【综合实力显著提升】 全年实现生产总值315.58亿元，增长7.7%；一般公共预算收入13.45亿元，增长12.01%；社会消费品零售总额168.53亿元，增长12.6%；金融机构存贷款余额分别达到330.26亿元、200.94亿元，较年初分别增长37.43亿元和16.67亿元；城镇、农村居民人均可支配收入分别达到21812元和11239元，分别增长8.2%和8.6%。先后荣获全国国土资源节约集约模范县、全国法治宣传教育先进县和省旅游强县、省级卫生县城、省知识产权试点县、省双拥模范县、省计生优质服务先进县等荣誉称号。

【经济结构转型步伐加快】 三次产业比例调整为14.38∶53.76∶31.86，三产比重比上年提高1.49个百分点。农业基础地位更加巩固。粮食总产实现“十四连丰”，粮食总产70.6万吨。规划粮食高产创建示范方42.4万亩，建成28.8万亩。新增高效节水灌溉农田3.48万亩，粮食、瓜菜菌总产分别达到7.25亿公斤和20.2亿公斤。标准化现代养殖场发展到220处，畜、禽规模化饲养率分别达到61.1%和72.9%。规模以上农业龙头企业3家、农民专业合作社182家、家庭农场77家。全县农村土地流转总面积达到28.9万亩。县农产品质量安全综合检验检测站通过省级验收，实现“从基地到市场”全程监控。建设供京蔬菜基地5处，“净菜进京”实现新突破。12万亩的全国绿色食品原料标准化生产基地通过验收。先运辣椒、润生生猪等4家合作社被评为国家级示范社。新增“三品一标”认证26个，认证产品达到174个。工业转调步伐加快。新增规模以上企业25户，达到326户，实现主营业务收入1025.33亿元、利税73.08亿元，分别增长1.44%和0.07%。完成工业用电量16.4亿千瓦时，增长10.8%。技改投资113.5亿元，电线电缆、塑胶管材、食品加工等传统行业加快转型。创新驱动成效显著，实施省级以上科技项目4个，荣获“第九届山东省发明创业奖”三等奖1项、市级科技奖励8项，授权发明专利41件。全县高新技术产业产值比年初增加2.39个百分点。质量强县战略扎实推进。新增省著名商标和名牌产品3个。东信塑胶、太平洋橡缆等5户企业参与制订了国家和行业标准，阳谷县在国内同行业率先制订了汽车坐垫、振动软管企业联盟标准。祥光铜业、景阳冈酒业获得国家生态原产地保护产品认证。全国特种光电线缆产业知名品牌创建示范区通过批筹。祥光经济开发区新增入区企业14户，达到232户，在全省综合排名第32位，前移了23个位次。祥光生态工业园通过国家级生态工业示范园区验收。规划建设了光电信息产业园，高端项目集聚能力增强。服务业提质扩容。实施鲁西南医院（一期）、寿张镇府前商业街等重点服务业项目11个，完成投资11.5亿元。旅游业发展势头良好，接待游客118.8万人次，实现旅游总收入3.9亿元，分别增长8%和7%。编制完成了旅游发展总体规划，蚩尤陵、刘邓大军渡河战役纪念园对外开放。新增市级非物质文化遗产6个。潍坊银行、恒丰银行落户阳谷，金融保险机构达到37家。大力支持电子商务发展，建设了“云书网”电子商务运营中心、澳林电商产业园、阿里巴巴农村淘宝等项目。房地产市场持续好转，完成投资15.73亿元，施工面积200.13万平方米，分别增长33.9%和24.8%；商品房成交面积43万平方米，成交额15.2亿元，分别增长15.7%和26.3%。

【城乡面貌显著变化】 2016年，建成区面积达到25.5平方公里、城区人口18万人，城镇化率达到41.7%。编制了新一轮城市总体规划、土地利用总体规划。改建城区快慢车道7.2公里、人行道3.7公里，县城区道路总长达到127公里，形成了“十纵十二横”的道路框架。铺设雨污分流排水管网4.6公里。南水北调续建配套工程、雨洪资源利用工程赵王河水库、金堤河二期治理等重点水利项目进展顺利。4个城市片区棚户区改造、699户居民喜迁新居。对部分老旧小区和背街小巷进行了综合整治。城市日保洁面积674万平方米、绿化面积756万平方米、集中供热面积300万平方米。祥光新城加快建设，承载能力不断增强。农田水利三年会战圆满收官，治理沟渠129条、143.53公里。七级、阎楼等3个乡镇实施了小城镇提升工程。郭屯朝阳、寿张吕街等34个农村新型社区基本建成。高庙王前仓村等4个村庄被评为山东省宜居村庄，侨润街道迷魂阵村等3个村庄被评为山东省传统村落。城乡环卫一体化成效明显，村容村貌得到较大改观。生态建设更富成效。实施重点节能减排项目6个，万元GDP能耗下降率、主要污染物减排量均超额完成市下达任务目标。森泉人工湿地被评为市级森林湿地公园。构建了“治、用、保”水污染防治体系，出境断面水质稳定达标排放。大气污染防治力度加大，扎实开展了黄标车淘汰、油气回收、散煤治理和洁净煤推广等工作。聊阳路公交车道工程基本完工，齐南路、聊位路完成大修。大力实施路域环境提升工程，建设路域林带1.07万亩，阳谷至黄岛港、日照港集装箱货运班列开通运行。通行环境切实改善。建设4G网络基站741个，基本实现城乡全覆盖。

【民生事业稳步推进】 2016年，县财政用于民生支出达到23.14亿元，广大群众得到更多实惠。教育事业优先发展。投资2.6亿元的新三中于8月份完成搬迁投入使用。北三里小学主体工程竣工，外国语学校开工建设，第三实验小学完成选址。在原三中建设九年一贯制学校，由实验中学接管，新增初中、小学学位4000余个，有效缓解城区中小学“大班额”问题；实施“全面改薄”项目32个，26处新建幼儿园项目全部完工。就业形势持续稳定。新增城镇就业6798人，发放创业担保贷款4378万元。城镇登记失业率控制在3.1%以内。新建全民创业孵化基地1处。县乡人社基层公共服务平台建设、劳动保障监察“两网化”管理水平走在全省前列。县人社局被评为全国人社系统优质服务窗口。社保体系逐步完善。城镇居民医保和新农合顺利并轨，社会保险实现“一票征缴”。2016年，征缴各项社会保险费10.58亿元，增长26.3%。农村低保与扶贫标准“两线合一”，五保供养、优抚安置、困境儿童救助等提标政策有效落实，残疾人、慈善事业加快发展。建成高标准老年公寓1处、社区日间照料中心1处、农村幸福院12处，新增养老床位360张。卫生体系日益健全。县级公立医院综合改革顺利推进，基本药物制度逐步完善。县医院门诊病房医技综合楼、鲁西南医院陆续开工建设。全县五星级数字化预防接种门诊18家，覆盖率达100%。巩固全国中医药工作先进成果，深化国医堂内涵建设，提升中医药服务能力。群众生活明显改善。城区有线电视双向网络改造全面完成。农村饮水安全实现全覆盖，升级农网低电压台区693处，12个乡镇通上了天然气。建设保障性住房1075套，改造农村危房395户、旱厕3.84万户，我县在全省农村厕所改造电视电话会议上作了典型发言。脱贫攻坚扎实推进。投入财政专项扶贫资金4639.8万元，发展产业项目64个。实施财政担保扶贫小额信贷，发放扶贫贷款5834.5万元。推动涉农项目向贫困片区倾斜，累计整合资金4.5亿元，交通、水利等设施水平明显提升。创新实施“百千帮扶”活动，政府、企业、社会协同推进的“大扶贫”机制基本形成。全年实现脱贫1.2万户、2.58万人。社会事业协调发展。县图书馆、文化馆、展览馆基本建成，乡镇综合文化站、村级文化大院和农家书屋实现全覆盖。老年体育活动蓬勃开展，全民健身活跃城乡。国家和山东省地掷球训练基地落户阳谷，地掷球运动成为特色体育品牌。广泛开展道德模范人物评选表彰、“孝道阳谷”电视宣传等活动，弘扬了时代主旋律，传递了社会正能量。“天网工程”覆盖城乡，立体化治安防控体系逐步完善。全面落实“党政同责、一岗双责、齐抓共管”责任体系，安全生产形势持续稳定。“全面二孩”政策深入实施。积极开展县级领导公开接访活动，妥善化解了一批信访积案。妇女儿童、外事侨务、民宗、史志、档案、人防、统计、物价、供销、防震等各项工作均取得长足进步。

2016年全县经济社会发展数据统计

表1

指标名称	单位	2016年	比上年 ±%
总人口	万人	82.09	0.91
男	万人	42.49	4.05
女	万人	39.6	0.76
土地面积	平方公里	1065	—
生产总值	亿元	315.58	7.7
第一产业	亿元	45.37	4.4
第二产业	亿元	169.67	7
工业	亿元	160.28	7.4
第三产业	亿元	100.54	10.4
一产比重	百分点	14.38	-0.02
二产比重	百分点	53.76	-1.46
三产比重	百分点	31.86	1.48
农业总产值	亿元	849171	4.5
粮食总产量	万吨	70.6	-2.69
夏粮产量	万吨	37.1	-2.37
秋粮产量	万吨	33.5	-3.04
蔬菜总产量	万吨	179.29	3.96
肉类总产量	万吨	7.9	4
全部工业总产值（快报数）	亿元	1142.53	7.4
规模以上工业总产值	亿元	1100.77	7.81
规模以上工业企业个数	个	326	+10个
规模以上工业主营业务收入	亿元	1025.33	1.44
规模以上工业利税总额	亿元	101.37	-3.8
规模以上工业利润总额	亿元	73.08	0.07
固定资产投资额	亿元	322.53	19.4
工业投资	亿元	219.02	15.3
社会消费品零售额	亿元	168.53	12.6
进出口总额	亿元	189.53	51.8
进口总额	亿元	58.63	122.2
出口总额	亿元	130.9	32.9

续表 1

指标名称	单位	2016 年	比上年 ±%
地方财政收入	亿元	13.45	12.01
税收合计	亿元	15.96	-0.4
国税	亿元	8.15	16.32
地税	亿元	7.81	-17.59
金融机构年末贷款余额	亿元	209.6	比年初增 25.4 亿元
金融机构年末存款余额	亿元	331.6	比年初增 38.7 亿元
个人存款余额	亿元	232.85	比年初增 26.88 亿元
居民可支配收入	元	15187	9.1
农村居民人均可支配收入	元	11239	8.6
城镇居民人均可支配收入	元	21812	8.2
全社会用电量	亿千瓦时	22.11	10.28
工业用电量	亿千瓦时	16.4	10.84

组织机构

中共阳谷县委

书　记：田中俊

副书记：毕黎明（2016.12～　）

何宪卓（　～2016.12）

崔新乐（　～2016.12）

丁洁清（女，2016.12～　）

吴　颖（女，挂职）

常　委：田中俊

毕黎明（2016.12～　）

何宪卓（　～2016.12）

崔新乐（　～2016.12）

丁洁清（女，2016.12～　）

吴　颖（女，挂职）

王守柱

王同章（　～2016.12）

王志国

刘凡成

马　颖（女）

贾天强（2016.05～　）

张玉清

李　超（2016.12～　）

郭振光（2016.12～　）

张　磊（挂职，2016.06～　）

王昌华（挂职，　～2016.06）

阳谷县人民代表大会常务委员会（十七届）

主　　任：田中俊

党组书记、第一副主任：周素霞（女）

副 主 任：赵云才　程仁国　张宪锋

万开义

阳谷县人民政府

县　长：何宪卓（　～2016.12）
代县长：毕黎明（2016.12～　）
副县长：丁洁清（女，　～2016.12）
王守柱（2016.12～　）
王同章（　～2016.12）
杨廷军
王守良（　～2016.12）
李　超（　～2016.12）
郭振光（　～2016.12）
于俊海（2016.12～　）
韩　刚（2016.12～　）
王　霞（女，2016.12～　）
周海洋（挂职2016.12～　）
宋志刚（挂职2016.12～　）
任春晓（挂职　～2016.07）
县政府党组副书记：
崔福臻（2011.11～　）
县政府党组成员、祥光经济开发区党委书记：谭福清
县政府党组成员、祥光经济开发区管委会主任：袁广斌
县政府党组成员、祥光生态工业园发展服务中心书记、主任：
李庆峨（2016.12～　）

中国人民政治协商会议阳谷县委员会（十一届）

主　席：朱炳立
副主席：潘景会　孙兰华　史晓莉（女）
阎邦一　冯继勇　魏庆银

中共阳谷县纪委

书　记：贾天强（2016.05～　）
副书记：李英华　周传光
常务委员：贾天强（2016.05～　）
李英华　周传光　高桂荣
姜立新　杨　亮　李子强

县委机关及工作单位（包括群团）

县委办公室

主　任：王守柱（　～2016.12）
郭振光（2016.12～　）
副主任：翟士秀（常务）
杨希玉（　～2016.12）
崔存龙（兼）　陈广强
杨庆军（兼）
工会主席：秦国强
副局级秘书：魏　征
副主任科员：李红伟　孙晶晶　李永亮

• 县委政策研究室
主　任：杨希玉（　～2016.12）
副主任：郑召秀

• 县委督查室
主　任：亓立伟

• 县委维稳办
主　任：陈广强（　～2016.01
秦国强（2016.01～
主持工作）
副主任：李　斌

• 县委改革办
主　任：王守柱
副主任：杨希玉（兼）　杨东福（兼）
王建英　赵丹珠

县委组织部

部　长：王志国

副部长：侯现彬（常务）　王秋正

　　　　商梦田　李　蕾（女）

县委考核办公室

主　任：张绍峰

副主任：杨世安　徐淑杰（女）

县委老干部局

局　长：商梦田

副局长：张兴仓　李　亚

• 老年大学

校　长：张绍峰

副校长：汤　建　杨忠辉　于继盛

县直机关工委

书　　记：王秋正

副 书 记：武　宏　王庆春

　　　　　商玉军（女）

纪委书记：谭丽媛（女）

机关武装部部长：武　宏

副主任科员：常志勇（　～2016.12）

县委宣传部

部　　长：马　颖（女）

常务副部长：商素伟（女）

副　部　长：魏东存（女）

　　　　　　孙　辉

主 任 科 员：孙正海　王　勇

副主任科员：崔海雷　韩秋实

县精神文明建设办公室

主　任：魏东存（女）

副主任：岳　俊

县委统战部

部　　长：马　颖

副 部 长：马先锋（常务）　王文宾

主任科员：李秋云（女）

县委党校

校　　长：田中俊

党委书记：朱宪龙

常务副校长：朱宪龙

副 校 长：杨贵洲　田一芳　魏　君

纪委书记：玄成军（女）

工会主席：杨新勇

办公室主任：周　政

教育研究室主任：常家胜

理论研究室主任：孟祥贵

业余教育室主任：张道波

后勤科科长：郭传宝

• 阳谷县行政干部管理学校

校　长：朱宪龙

副校长：杨贵洲　王　爽（女）

县委党史研究室

主　任：肖　斌

副主任：潘凡玉

副科级干部：胡玉冰（女）

县编制委员会办公室

主　任：于继光

副主任：亓立明　徐　鹏

县委台湾工作办公室（县政府台湾事务办公室）

主　任：国海宽

副主任：王宏梅（女）

县保密局

局　长：李晓峰

副局长：杨明山

副科级秘书：赵宪会

县委机要局

局　长：王广民

副局长：张兆标　汤　娟（女）

县信访局

局　　长：杨庆军

副 局 长：张传博　郭延忠（兼）
　　　　　张立秀

支部委员：李志刚

副主任科员：国金臣　李秀玲（女）

• 信访复查办公室

主　任：姜继刚

副主任：张　伟

县总工会

主　　席：马　涛

常务副主席：杜秀菊（女）

副　主　席：费思庭　高　波

经审委主任：范　辉（女）

副主任科员：王俊岭　吕　珍（女）

团县委

书　记：刘　凯

副书记：魏义阳（　～2016.12）
　　　　李　凯

县妇联

主　席：王兰英（女）

副主席：李留存（女）　汤宏伟（女）

妇儿工委办主任：杨　潇（女）

县工商联

主　　席：杨兆阁

副 主 席：于纪林　吕福存

主任科员：许书震　（2013.05～　）

县文联

主　任：空缺

副主任：杨保平　郭素彦（女）
　　　　曹爱敏（女）

县接待处

主　任：崔存龙

县机关招待所（阳谷宾馆）

所　长（总经理）：吴　震（　～2016.02）
　　　　　　　　　刘洪军（2016.02～　）

副所长（副总经理）：孟寒花（女）
　　　　　　　　　　宋改存（女）
　　　　　　　　　　王保章

纪检监察机关

正科级检查员：张月鹏　朱海亮
　　　　　　　张　铮

信访室主任：孟召勇

审理室主任：张世国（　～2016.06）

纪检监察一室主任：
　　司俊国（　～2016.06）

宣传教育室主任：刘　勇（　～2016.06）

监察综合室主任：刘如库（　～2016.06）

干部室主任：刘　泳（　～2016.06）

党风廉政建设室主任：
　　吕运留（　～2016.06）

行政投诉中心主　任：
　　姜立新（　～2016.06）

副　主　任：李贵海（　～2016.06）

案件审理室主任：
　　张世国（2016.6～2016.12）

第一纪检监察室主任：
　　司俊国（2016.06～　）
宣传部部长：刘　勇（2016.06～　）
办公室主任：刘如库（2016.06～　）
组织部部长：刘　泳（2016.06～　）
党风政风监督室主任：
　　吕运留（2016.06～　）
案件监督管理室主任：
　　陈新红（女，2016.06～　）
信息中心主任：姜立新（2016.06～　）
信息中心副主任：李贵海（2016.06～　）

• 派驻纪检组
第一组组长：周之国
副　组　长：张世信
　　　　　　陈新红（女，～2016.06）
第二组组长：侯　兵
副　组　长：费思贤
第三组组长：岳宗昌
副　组　长：王秀云
第四组组长：冉令旺
副　组　长：马英德
第五组组长：杜衍华
副　组　长：冯　峰　韩继方
第六组组长：王文跃
副　组　长：王玉涛
第七组组长：吴海军
副　组　长：张　鹏
第八组组长：楚泽刚
副　组　长：王雪芬　张广彬

监察局
局　　　长：李英华
副　局　长：冯继勇（～2016.03）
　　　　　　李福雷　杨　明

县人大机关

办公室主任：于继民
副　主　任：江绍生
代表联络工作委员会主任：李　兴
法制宣传工作委员会主任：俞正磊
教科文卫工作委员会主任：冀永申
农经工作委员会主任：周明华
城环工作室副主任：姜　颖
预算工作委员会主任：
　　谢振仁（2016.10～　）
财经工作委员会副主任：
　　舒一乐（主持工作）
老干部科科长：王广晓
信访室主任：翟长举

县政府机关及工作单位

县政府办公室
主　任：李庆峨
副主任、机要科科长：贺洪贵
副主任、应急办主任：王济强
副主任、金融办主任：王　勇
工会主席：王胜祥
• 调研室主任：洪世璞
• 督查室主任：惠庆华
• 县长公开电话办公室主任：赵利华
• 对外联络办公室主任：
　　钟玉岭（～2016.09）
党组成员、祥光生态工业园发展服务中心副主任：李连军
党组成员、信息化服务中心主任：范怀宇
党组成员、主任科员：石怀昌

县政府法制办
主　任：孟庆灿
副主任：李学清　李占华

县人社局

党组书记、局长：王　勇
党组副书记、副局长、医疗保险处主任：李韶辉
党组成员、外国专家局副局长、机关事业养老保险处主任：陈永生
党组成员、外国专家局副局长、人力资源开发中心主任：罗　明
党组成员、人才交流服务中心主任：赵宗秋
党组成员、副局长：张保才
袁朝蓬
党组成员、行政干校副校长：王　爽（女）
党组成员、企业养老保险处主任：张　雷
党组成员、城乡居民养老保险处主任：阎　光
党组成员、考试中心主任：杜存虎
党组成员、医疗保险处副主任：吕东河
党组成员：赵美勇
工会主席：于传敏
魏学良
贾忠喜
主任科员：韩　梅（女）
机关事业养老保险处副主任：李怀玺
企业养老保险处副主任：崔新宪
劳动人事争议仲裁院院长：丁锡军
人才交流服务中心副主任：赵素华
人力资源开发中心副主任：冯明现
企业养老保险处副主任：耿景亮
医疗保险处副主任：杜存伟
企业退休人员社会化管理办公室主任：孟凡文
医疗保险处副主任：李宗贤
原劳动争议仲裁院院长：于佳彬
档案管理中心主任：刘瑞光
人力资源开发中心副主任：冯明宪
机关养老保险处副主任：冯云龙
正科级干部：苗祝庆

政务服务中心

主　任：李贵民
副主任：吴玉镇

县经济合作局

局　长：杨清洁
副局长：许宏岩　李　娟
工会主席：张文青
正科级干部：孟秀华
副主任科员：王　欣

县史志办

主　任：韩学斌
副主任：许广禄

县信息服务中心

主　任：范怀宇
副主任：吴玉宝

县外侨办

主　任：王凌峰
书　记：许春生
副主任：仇玉梅

县政协机关

秘书长：郑清铭
办公室主任：孙喜臣
宣传联络科科长：李瑜林（女）
提案信访科科长：陈　玲（女）
文史科科长：杨世钟
老干科科长：潘瑞政

军事机关及工作单位

县人武部

部　长：葛克军（　～2016.07）
政　委：张玉清
副部长：韩孝功（　～2016.07）

县人防办

主　任：刘兴起
副主任：唐绍海

县公安消防大队

教导员：许　勇
大队长：姜建鲁
中队长：葛　飞（2016.06～　）
政治指导员：陈　建
副中队长：阎锦华（　～2016.12）
葛　飞（　～2016.06）
李路明
司景楠（2016.07～　）
杨新宇（2016.07～　）
魏　浩（2016.09～　）
邢同建（2016.10～　）

法治机关及工作单位

县委政法委

书　记：刘凡成
常务副书记：王会盼
副书记：岳　胜　范　巍

县综治办

主　任：李　志
副主任：王　师

县公安局

局　　长：付　坤（　～2016.06）
于俊海（2016.06～　）
政　　委：姚西栋
副 局 长：尹贻平　许传义　楚存广
李　雷
副 政 委：董长江
纪委书记：黄祥明
党委委员：阎学华
党委委员、政治处主任：陈广林
党委委员、刑警队大队长：钟希和

县交警大队

大队长：陆　军
政　委：战书民
副队长：布乃祥　刘　云　乔舰飞
工会主任：房学勤

县检察院

检 察 长：蒋文利（　～2016.12）
牛廷彪（2016.12～
代检察长）
副检察长：刘守忠　孟庆存　郭振彪
张晓辉
纪检组长：房居昆

县法院

院长（书记）：周公法
副书记、副院长：苗同中　刘洪峰
副书记：刘　伟
党组成员、副院长：王希斌　陈玉秀
张宗亭
党组成员、政治处主任：赵树峰
党组成员、执行局长：张学山
党组成员、行政审判二庭庭长：郝红军

县司法局

局　　长：李　涛
副 局 长：董存旺　赵东峰　刘春雷

纪检组长：朱红霞
普法依法治理办公室主任：吴兴光
工会主席：胡占峰

经济管理工作单位

县发改局

党组书记、局长：杨东福
党组副书记、副局长：张保祥
党组成员、副局长：吴东光　张旭东
党组成员：王福芹　陈福安　杨俊青
主任科员：杨俊青　马建国　刘兰诚
工会主席：李　浩
重点项目管理办公室主任：张保祥
重点项目管理办公室副主任：王新亭
服务业管理办公室主任：王福芹
服务业管理办公室副主任：董玉国
县域经济发展合作办公室主任：陈福安
基本建设投资公司经理：吴东光
经济协作办公室主任：闫　萍
经济协作办公室副主任：杨传兴

县物价局

局　　长：宋茂印
副 局 长：薛保柱　李建忠　曹忠州
党组成员：李维华　徐光伟
主任科员：吴法印
副主任科员：岳彩敏

县审计局

党组书记、局长：张景伟
副 局 长：杨金库　苏景红　吴广忠
党组成员：高再盈
副主任科员、工会主席：张广军
正科级干部：陈　栋
经济责任审计办公室主任：侯宪芳

县统计局

局　长：谢振仁（　～2016.10）
副局长：张祥伟　布桂芹　高文英

国家统计局阳谷调查队

队　　长：布乃君
主任科员：赵广义
副 队 长：王凤库

县国土局

局长、党组书记：费利民
副局长、主任科员、党组成员：朱国荣
土地储备中心主任、党组成员：秦保存
副局长、党组成员：马士平　张建英
纪检组长、党组成员：谭福昊
工会主席、党组成员：唐衍秀

县市场监管局

局　　长：岳彩祥
副 局 长：孟庆军　陈同华　冯明元
　　　　　陈景宝　李玉国　王立忠
党组成员：李守刚　朱景震

县检验检测中心

党支部副书记、副主任：
　　李道忠（主持工作）

县食品药品监督局

党组书记、局长：贺志民
党组成员、副局长：苏继周　吕绪森
　　　　　　　　　胡志华
党组成员、副主任科员：郝　辉
工会主席：王连杰

县安监局

局　　长：闫文涛
副 局 长：唐衍收

工会主席：赵秀君
党组成员、执法大队大队长：张玉柱
主任科员：亓庆森
正科级干部：李保革
副主任科员：刘　冰

农业工作单位

县农业局
局长、党组书记：白志宏
副局长、党组成员：马德印　贾中立
主任科员：杨文勤
工会主席：王宏伟
党组成员：王海堂　石福臣
正科级干部：王春宏

县畜牧局
局　长：李晓东
副局长：张　慧　穆春雷　魏相明

县多种经营办公室
主　任：王静波
副主任：郭宗鹏

县农业开发办
主　　任：张传勇
副 主 任：叶　勇　张继明
党组成员：李　冰

县农机局
局　　长：张校昌
副 局 长：朱国庆　郭奎霞　谷　琦
党组成员：唐衍武
工会主席：武　毅
总工程师：丁凡美
副主任科员：耿仁国　潘宗富

县林业局
党组书记、局　长：
王延峰（　～2016.12）
杨希玉（2016.12～　）
党组成员、副局长：崔　娟　赵贤民
党组成员：孙文才
副 局 长：马兴义
工会主席：郭传尧
总工程师：阎瑞义

县水务局
党组书记、局长：徐道平
党组副书记、副局长、防汛办主任：汤树国
党组成员、副局长：杨兆贤　杨广帅
工会主席：冯明旺
总工程师：牛文彬
党组成员、城乡供水总公司总经理：董长侠
党组成员、南水北调建设管理局局长：孟庆虎
党组成员、排灌处副主任：刘东全
党组成员、副主任科员：李敬国
排灌处副主任：王大光
防汛办副主任：赵　睿
南水北调建设管理局副局长：李志鸿
南水北调建设管理局副局长：王学良
水资源与水土保持办公室主任：陈明占
城乡供水总公司副总经理：韩国红（女）
主 任 科 员：燕兆启　王晓明　丁凡孔
副主任科员：孟丽华（女）　赵士海　姜红军

阳谷黄河河务局
局　　长：冯特立
副 局 长：刘双岐　姜建国
纪检组长：陈　科（2016.02～　）

工会主席：王良彬（2016.07～ ）
总工程师：张学鹏（2016.07～ ）

工业信息化工作单位

县经信局

局长（党委书记）：贾天广
副局长：宋福玉　俞存河　申洪来
县技术改造办公室副主任：王广山
宋向晖
县节约能约办公室主任：王广省
副主任科员：俞正光　布玉真

县民营局

局　　长：王守峰
副 局 长：魏荣茂（阳谷县私营经济服务中心主任）
徐明鸿　李秀宾　田思波
工会主席：徐正义

县供电公司

总 经 理：刘德善（ ～2016.03）
刘广友（2016.03～ ）
党委书记：阴泽生
副 经 理：赵　峰（ ～2016.01）
侯庆阳（ ～2016.01）
展云峰（2016.01～ ）
朱晓光
张继刚（2016.01～ ）
纪委书记：展云峰（ ～2016.01）
曹继宝（2016.01～ ）
工会主席：展云峰（兼， ～2016.01）
曹继宝（兼，2016.01～ ）

中国联通阳谷县分公司

总 经 理：乔广雨
副总经理：李铁聚（ ～2016.12）
李　坡（ ～2016.12）
总经理助理：李　鹏（ ～2016.12）

中国电信阳谷分公司

经　　理：唐绍东（ ～2016.12）
经理助理：张晓慧　张庆鸿

中国移动阳谷分公司

总 经 理：孙丽珍
副总经理：吕晓磊　贾　冰

新凤祥集团

董事局主席、党委书记：刘学景
董事局副主席、总裁：刘志光
副总裁：张传立　王长贵　钱洪胜
谭承哲

山东金蔡伦集团

董事长：陈立仁

山东谷丰源公司

董事长：朱丙臣
总经理：朱培丰

山东景阳冈酒厂

厂　　长：赵传新
党总支书记：钟玉岭（2016.9～ ）
党总支副书记：赵传新　刘进文
副 厂 长：刘进文　孙瑞忠
总　　监：辛庚池　陈明国　赵丹阳
佟永彬（ ～2016.10）

交通邮政工作单位

县交通运输局

局　长：张　勇
副局长：刘德营　吴立勤　杨国庆

阳谷公路局

局长、书记：王令虎

副 局 长：于福运 路向东 田炳云

翟 光 申占春

工会主席：董玉伦

阳谷汽车站

站 长：韩振国

副站长：张怀东

县邮政公司

总经理、支部书记：

孙林涛（ ～2016.08）

郭延霞（2016.08～ ）

副总经理、纪检委员：

杨怀杰（兼工会主席）

许杨杨（2016.02～ ）

建设环保工作单位

县住建局

党委书记、局长：国金耀

党委委员、副局长：武传文 张 静

党委委员、村镇办主任：李道恩

工会主席：李鲁兵

党委委员：王垂华 刘思元

县市政公用事业服务中心

主 任：尹振清（ ～2016.07）

王 勇（2016.07.～ ）

副 主 任：申红梅 李 强 张太芳

工会主席：高 政

县城市管理行政执法局

党组书记、局 长：王占元

副 局 长：付红英

党组成员、副局长：徐淑亮

周传攀

工会主席：唐文婷

主任科员：潘福阁

正科级干部：侯胜华

城管监察大队大队长：苏庆法

副主任科员：张 波

县城市规划局

局 长：曹振峰

副局长：冉令臻 苏永笑 谢 飞

县房管局

局 长：李贻贵

副局长：肖新涛 王德林 王新国

阳谷住房公积金管理部

主 任：丁连凯

副主任：王宪芳

县环保局

局 长（党组书记）：张克雷

副 局 长：刘士磊 李延峰 吴春忠

工会主席：梁 斌

商业贸易工作单位

县商务局

局长（书记）：张 军

副 局 长：张明刚 程红霞

韩兴华（ ～2016.11）

工会主席：张燕华

县贸易办

主 任：薛 志

副主任：国金勇 魏 明

县商业集团公司

总 经 理：赵九贵

工会主席：汪保振

副科级干部：邢继玉

县联社

理事会主任：黄祥杰

理事会副主任：牛 犇 李文良

监事会副主任：张军元

县物资（集团）总公司

总 经 理：李庆同

副总经理：王新妍（兼工会主席）

• 京九物资储运中心

党支部副书记：王建英

副 经 理：刘彩庆 张 森

县粮食局

局 长：徐淑银（2006.08～ ）

副 局 长：肖佃广

胥 力（ ～2016.08）

县烟草专卖局（营销部）

局长、书记：张国宏

副 局 长：杨 波 宋义磊

纪检委员：杨 波

县盐务局（盐业公司）

局 长：张 峰

副局长：杨开珍 关金瑞 姚贵国

财税金融工作单位

县财政局

局 长：孙瑞柱

副 局 长：任国昌 赵秀军 雷 涛

党组成员：邱宪坤（2013.05～ ）

收费管理局局长：王瑞彦

副 局 长：郑崇杰

乡镇财务管理局局长：姜军华

国有资产管理办公室主任：孙广坤

财政监督办公室主任：张国华

政府采购中心主任：杨绍波

财政投资评审中心主任：张凡高

副 主 任：张 昕

副主任科员：吕兰祥 于煜章 郎言华

丁学秋

县国税局

局 长：王春波

副 局 长：郭永泉 陈 琳 赵传彪

纪检组长：谢献华

主任科员：刘 涛

县地税局

局 长：申 伟

副 局 长：金 国 叶长锁 胥东华

纪检组长：李 峰

中国人民银行阳谷县支行

行 长：张 丽

副 行 长：刘潮洋 孟庆祝

纪检组长：张军国

聊城银监局阳谷办事处

主 任：刘广忠（2016.10～ ）

副主任：刘广忠（ ～2016.10

主持工作）

中国农业发展银行阳谷县支行

行 长：张建利

副行长：孟凡强

中国农业银行阳谷县支行

行　长：任保江

副行长：常家元　邹占忠

中国建设银行阳谷支行

行　长：李朝信

副行长：刘学晖　杨力伟

　　　　秦丕旺（2016.05～　）

阳谷县农商银行

董事长：吴士合

行　长：杨茂合

监事长：徐长林

副行长：李红生　侯　军

董事会秘书：李　勇

中国工商银行阳谷支行

行　长：李炳春

副行长：张东洲　于　泳　王成军

　　　　刘庆亮

中国银行阳谷支行

行　　长：薛瑞强

副 行 长：梁　栋（2016.06～　）

行长助理：梁　栋（　～2016.06）

　　　　　陈　阳（挂职）

齐鲁银行阳谷支行

行　长：金　萍

副行长：任广伟

中国邮政储蓄银行阳谷县支行

行　　长：郑　磊

行长助理：杨　涛　唐兴峰

中国人民财产保险股份有限公司阳谷支公司

经　理：王炳山

副经理：巩国强（　～2016.11）

　　　　张　平（　～2016.11）

　　　　王建昌（　～2016.11）

　　　　王艳青

　　　　苏继友（2016.12～　）

　　　　孙德国（2016.12～　）

中国人寿保险股份有限公司阳谷县支公司

经　　理：孙汉伟

经理助理：李正奇　赵丽宏

教育科技工作单位

县教育局

局长、书记：张文芳

副书记：朱耀庭

副局长：朱耀庭　刘兆建　李贵洲

工 会 主 席：孟宪君

正科级干部：陈希立　张庆生

副科级督学：朱家坤

主 任 科 员：楚泽华

副主任科员：袁道勇

·县政府教育督导室

主　　任：布占洲

副　主　任：许传升　周代民

阳谷一中

校　长：贺洪云

副校长：梁建华　张月贤　魏法华

　　　　颜廷俊

阳谷二中

校　长：周长正

副校长：刘传印　蒋中平　魏成亮

　　　　林　洋　左井祥　孟宪强

工会主席：席文瑞

阳谷三中

校　长：赵希强

副校长：张长旺　谢彦华　史书礼
　　　　杨传秀

县职业中专

校　长：许学良

副校长：张景魁　吴明起　高登坤

二职专

校长（书记）：陈洪震

副校长：穆　峰　刘天军

县实验中学

校　长：石福国

副校长：赵新国　孙振中　张传启
　　　　韩发民　杨怀福

县第二实验中学

校　　长：冯明杰

副 校 长：孟学锋　任保岑　李文常
　　　　　路长秀

工会主席：苏　峰

县实验小学

校　　长：杨绍凯

副 校 长：吴婷婷　朱明乐　郭晓霞
　　　　　刘桂红

工会主席：唐衍超

县第二实验小学

校　　长：吴兆斌

副 校 长：王显彬　纪玉光　陈爱红
　　　　　徐淑彪　侯典玉　张宏华

副 书 记：刘向辉（　～2016.12）

工会主席：杨传祥

县实验幼儿园

园　　长：侯　丽

副 园 长：谷克玲

县科技局

局　　长：唐　涛

副 局 长：张　淑　李海运　汪仕民

工会主席：刘有峰

主任科员：冉令文（2012.09～　）

县气象局

局　长：赵春芳

副局长：申　童

县地震局

局　长：王永华

副局长：宋景福　胥清浩

县科协

主　任：阎文渊

副主任：张爱军

文化旅游工作部门

县文化广电新闻出版局

局　长：訾士勇

副局长：张志鸿　张目军　陈美华

县广电中心

主　　任：杨先明

副 主 任：李贵谦　柳建红　胥化龙

工会主席：魏海波

电台台长：刘文龙

电台副台长：王继民　李九来

电视台台长：李贵谦

电视台副台长：刘俊华

县档案局（馆）

局（馆）长：柴春和

副局（馆）长：王保国　张明峰

副主任科员：孙培坤

新华书店

经理（书记）：吕运生

副经理：訾立新　祝月伦

县旅游局

局长、书记：纪邦安

副 局 长：刘洪军　徐保章　辛　勇

工会主席：赵燕声

主任科员：常家勇

• *旅游开发中心*

主　任：纪邦安

书　记：刘洪军

副主任：王翠琴

体育卫生工作单位

县体育局

党组书记、局长：袁　强

党组成员、副局长：董衍全

副局长：崔　敬

党组成员：薛超峰

工会主席：刘保庆

县卫计局

党组书记、局长：王庆森

党组副书记、副局长：高保金

党组成员、副局长：申洪民　魏永敏　祝月山　赵兴火

县医院

院长（书记）：杨景随

副院长：张义元　程云为

县第二医院

书　记：刘凤坤（主持工作）

副院长：魏禄浩　刘科彬

县中医院

院　长：李文刚

副院长：范月友　孟凡力　李如兵

县卫校医院

院　长：魏相道

副院长：郭继忠　朱贵峰

县疾病防控中心

主　　任：陈仁洪

副 主 任：田思涛　张道民

工会主席：汪鲁华

县妇幼保健院

院　长：刘广平

副院长：李　静　刘德峰　冉令山　魏兰金

社会管理工作单位

县民政局

党组书记、局长：魏绪洪

党组副书记：臧长达

副 局 长：于传成　李尚清　李贻刚

党组成员：李凤丽

工会主席：翟建龙

• *县慈善总会办公室主任：臧长达*

• *县低保办公室主任：潘月忠*

• *县双拥办公室主任：陈贵廷*

县民宗局

局　长：王　森

县老龄办

主　任：李秋生

副主任：廖品章　方允康

县残联

理 事 长：孙正坤

副理事长：徐玉扩　张桂秋

园区及乡镇街道

祥光经济开发区

书　记：谭福清

主　任：袁广斌

副 主 任：徐向东　付万银　袁守国

祥光生态工业园区

书记、主任：李庆峨（2016.12～　）

副主任：王志军　李连军

侨润街道

党委书记：王治国

党委副书记：杨新勇（　～2016.12）

俞　伟（2016.12～　）

党委委员：孙孟杰（　～2016.12）

俞　伟（　～2016.12）

郭　勇（　～2016.12）

谭志强

张朝然（　～2016.12）

王丽娟（　～2016.12）

办事处主任：杨新勇（　～2016.12）

张广春（2016.12～　）

办事处副主任：张金宝（　～2016.12）

田新芝

人大主任：杨　磊（　～2016.12）

孙孟杰（2016.12～　）

社会事务办副主任：

张素新（　～2016.12）

经发办副主任：王文虎（　～2016.12）

农业办副主任：张秋兰（　～2016.12）

党政办副主任：徐贵彪（　～2016.12）

主任科员：白玉庆　徐学启

武装部长：谭志强

博济桥街道

党委书记：王惠峰

办事处主任：唐恒波

党委副书记：唐恒波

张保岭（2016.12～　）

人大主任：李来振（　～2016.12）

郭贵纲（2016.12～　）

政协工委主任：张桂香（　～2016.12）

纪委书记：刘传芳（　～2016.12）

张世国（2016.12～　）

党委委员：张保岭（　～2016.12）

郭贵纲（　～2016.12）

魏汝红（　～2016.12）

张峰梅

王逸秀（2016.12～　）

牛　垈（2016.12～　）

于跃华（2016.12～　）

李　辉（2016.12～　）

副 主 任：魏汝红（　～2016.12）

李　辉

刘　峰（　～2016.12）

孙连茂（2016.12～　）

张　敏（2016.12～　）

郭　旋（2016.12～　）

狮子楼街道

党委书记：李贵才（　～2016.12）

陈广友（2016.12～　）

办事处主任：周贵鹏（　～2016.12）
　　　　李　森（2016.12～　）
党委副书记：张庆国（2016.12～　）
党委委员、纪委书记：
　　　　杨金霞（　～2016.12）
　　　　刘　峰（2016.12～　）
党委委员、副主任：
　　　　王保宏（　～2016.12）
　　　　周长勇（2016.12～　）
党委委员、武装部长：
　　　　王加伟（2011.12～　）
党委委员、组织委员：
　　　　周长勇（　～2016.12）
　　　　刘　蕊（2016.12～　）
党委委员、宣传委员：
　　　　陈春香（　～2016.12）
　　　　李旭亮（2016.12～　）
党委委员、统战委员：
　　　　张　霖（2016.12～　）
办事处副主任：刘少坤（2016.12～　）
办事处副主任：杨淑玉（2016.12～　）
办事处副主任：王　丽（2016.12～　）
人大主任：孙瑞庚（　～2016.12）
　　　　杨金霞（2016.12～　）
人大副主任：李贻阳（2016.12～　）
人大副主任：冯晓清（2016.12～　）

阎楼镇

党委书记：国金耀（　～2016.12）
　　　　陈鸿雁（2016.12～　）
党委副书记：申春青（　～2016.12）
　　　　杨　森
　　　　高传振（2016.12～　）
党委委员：国孟贵
　　　　张广猛（2016.12～　）
　　　　赵　中（2016.12～　）
　　　　刘晓丽（2016.12～　）
　　　　尚英安（2016.12～　）
　　　　李明珍（2016.12～　）
　　　　杨淑玉（　～2016.12）
　　　　张廷玉（　～2016.12）
　　　　黄继承（　～2016.09）
　　　　胡庆林（　～2016.12）
　　　　杜继博（　～2016.12）
纪委书记：张廷玉（　～2016.12）
　　　　张广猛（2016.12～　）
镇　　长：申春青（　～2016.12）
　　　　杨　森（2016.12～　）
副 镇 长：国孟贵（2016.12～　）
　　　　刘晓燕
　　　　王　伟（2016.12～　）
　　　　郭东宝（2016.12～　）
人大主任：张宪法
人大副主任：李庆元（2016.12～　）
　　　　李　宏（2016.12～　）
政协工委主任：国孟贵（　～2016.12）
武装部长：黄继承（　～2016.09）
　　　　尚英安（2016.12～　）
主任科员：马云龙　李庆金
　　　　张廷玉（2016.12～　）
　　　　胡庆林（2016.12～　）
　　　　郭　勇（2016.12～　）
副主任科员：国怀珍
　　　　王　伟（　～2016.12）
党政办副主任：徐凤娥
社会事务管理办公室副主任：洪之青
农业办副主任：李伟民
经济发展办公室副主任：徐正智

阿城镇

书　　记：胡瑞恒
副 书 记：孙新宇（　～2016.12）
　　　　张贵芳（2016.12～　）
党委委员：李贻阳（　～2016.12）

李俊彦（ ～2016.12）
张贵芳（ ～2016.12）
赵洪亮（ ～2016.12）
杨朝星（ ～2016.12）
李贵强（2011.12～ ）
杨春蕾（2016.12～ ）
王晨光（2016.12～ ）
任国刚（2016.12～ ）
孙　涛（2016.12～ ）
肖纪理（2016.12～ ）
镇纪委书记：李贻阳（ ～2016.12）
杨春蕾（2016.12～ ）
镇人大主席：李贵朋
镇经委主任：李俊彦
镇　　长：王玉鹏（ ～2016.12）
范明军（2016.12～ ）
副 镇 长：赵乐华（ ～2016.12）
李俊彦（ ～2016.12）
吕　斌
王晨光（2016.12～ ）
赵洪亮（2016.12～ ）
宋克良（2016.12～ ）

十五里园镇

党委书记：陈鸿雁（ ～2016.12）
于　哲（2016.12～ ）
党委副书记：袁　滨（ ～2016.12）
张明宾（2016.12～ ）
党委委员：李　凯
孙海成（2016.12～ ）
张　雯（2016.12～ ）
杨凤翔（2016.12～ ）
王庆霞（ ～2016.12）
杨会义（ ～2016.12）
镇　　长：范明军（ ～2016.12）
孙新宇（2016.12～ ）
副 镇 长：刘培胜（ ～2016.12）
刘景雷（ ～2016.12）
刘国玺（ ～2016.12）
郭建业（2016.12～ ）
冀永伟（2016.12～ ）
孙纪鹏（2016.12～ ）
李　凯（2016.12～ ）
纪委书记：张明宾（ ～2016.12）
赵乐华（2016.12～ ）
人大主任：李敬周（ ～2016.12）
刘景雷（2016.12～ ）
政协主席：杨会义（ ～2016.12）
武装部长：蒋泽敢
主任科员：杨玉山
农业办副主任：孙海成（ ～2016.12）
冀永伟（2016.12～ ）
综治办副主任：冀永伟（ ～2016.12）
孙海成（2016.12～ ）
经发办副主任：郭建业（ ～2016.12）
刘景雷（2016.12～ ）

张秋镇

书　　记：陈广友（ ～2016.12）
李洪波（2016.12～ ）
副 书 记：于乾芳（ ～2016.12）
李洪波（ ～2016.12）
冀艳锋（2016.12～ ）
魏义阳（2016.12～ ）
镇　　长：李洪波（ ～2016.12）
冀艳锋（2016.12～ ）
副 镇 长：杨　金（ ～2016.12）
冯修成（ ～2016.12）
宋华勇（ ～2016.12）
洪怀勇（2016.12～ ）
袁永敬（2016.12～ ）
王广磊（2016.12～ ）
郭凤娟（2016.12～ ）
纪委书记：王继勤（ ～2016.12）

魏连斌（2016.12～　）
人大主席：赵广军（　～2016.12）
王继勤（2016.12～　）
副 主 席：薛素霞（2016.12～　）
张占芳（2016.12～　）

七级镇

党委书记：张　涛（　～2016.12）
申春青 2016.12～　）
党委副书记：于　哲（　～2016.12）
王庆彬（　～2016.12）
江绍生（2016.12～　）
党委委员：孔凡坤
谷卫华（　～2016.12）
张　超（　～2016.12）
桑继元（　～2016.12）
石玉方（　～2016.12）
张　慧（　～2016.12）
唐红星
王　浩（2016.12～　）
杜汉书（2016.12～　）
李贻虎（2016.12～　）
田　雨（2016.12～　）
镇　　长：于　哲（　～2016.12）
王庆彬（2016.12～　）
副 镇 长：唐红星（2011.12～　）
郎会宇（2011.12～　）
高　波（2016.12～　）
姜彦平（2016.12～　）
人大主席：杨福明（2011.12～　）
人大副主席：何福广（2016.12～　）
张保文（2016.12～　）
政协工委主任：孔凡坤（　～2016.12）
纪委书记：张　超（　～2016.12）
王　浩（2016.12～　）
经济发展办公室主任：
唐红星（　～2016.12）
经济发展办公室副主任：
杜汉书（　～2016.12）
党政办公室主任：张　超（　～2016.12）
姜彦平（2016.12～　）
党政办公室副主任：
杨春蕾（　～2016.12）
社会事务发展办公室副主任：
高　波（　～2016.12）
农业发展办公室副主任：
李贻虎（　～2016.12）
人武部长：李贻虎（2016.12～　）
主任科员：谷卫华（2016.12～　）
桑纪元（2016.12～　）
石玉方（2016.12～　）

安乐镇

书　　记：周　青
副 书 记：刘丽平（　～2016.12）
李　森（　～2016.12）
董典政（2016.12～　）
崔　骥（2016.12～　）
党委委员：宋义春（　～2016.12）
田瑞华（　～2016.12）
孙继刚（　～2016.12）
朱佃威（正科级，
2016.12～　）
梁成慧（2016.12～　）
侯凤华（2016.12～　）
孙希洋（2016.12～　）
镇纪委书记：祝　明（　～2016.12）
杜继博（2016.12～　）
镇人大主席：杜金雨（　～2016.12）
王永嵩（2016.12～　）
镇政协工委主任：朱佃威（　～2016.12）
镇经委主任：顾学峰
镇　　长：李　森（　～2016.12）
董典政（2016.12～　）

副 镇 长：潘政敏（ ～2016.12）
王永蒿（ ～2016.12）
顾学峰
周雪莲（2016.12～ ）
王万红（2016.12～ ）
刘敬磊（2016.12～ ）
主任科员：潘政敏（2016.12～ ）
宋义春（2016.12～ ）

郭店屯镇

书 记：曹凤昌（ ～2016.12）
魏 强（2016.12～ ）
副 书 记：魏 强（ ～2016.12）
周 云
岳修展（2016.12～ ）
党委委员：王广红
岳修展
张 欣（ ～2016.12）
王庆新（ ～2016.12）
王宪辉（ ～2016.12）
李建英（ ～2016.12）
刘勇强（2016.12～ ）
申洪光（2016.12～ ）
张建新（2016.12～ ）
曹广辉（2016.12～ ）
徐磊龙（2016.12～ ）
镇纪委书记：岳修展（ ～2016.12）
刘勇强（2016.12～ ）
镇人大主席：张雪青
副 主 席：李 克（2016.12～ ）
周福云（2016.12～
镇 长：魏 强（ ～2016.12）
周 云（2016.12～ ）
副 镇 长：张 欣（ ～2016.12）
王 浩（ ～2016.12）
申洪光
朱永燕（2016.12～ ）
李建英（2016.12～ ）
镇政协工委主任：王广红

石佛镇

党委书记：崔行飞（ ～2016.12）
侯宪江（2016.12～ ）
党委副书记：侯宪江（ ～2016.12）
于乾芳（2016.12～ ）
李守忠（2016.12～ ）
张 岩（挂职）
党委委员：杨红会（ ～2016.12）
李守忠（ ～2016.12）
陈金磊（ ～2016.12）
楚凤珍（ ～2016.12）
贾 芬（ ～2016.12）
蒋庆峰（2016.12～
郭学永（2016.12～
王 丽（2016.12～
徐龙涛（2016.12～
邱 瑾（2016.12～
镇 长：侯宪江（ ～2016.12）
于乾芳（2016.12～ ）
副 镇 长：李守忠（ ～2016.12）
魏连斌（ ～2016.12）
蒋庆峰
人大主席：薛炳宏
政协工委主任：杨红会（ ～2016.12）
主任科员：王继兴
杨红会（2016.12～ ）
楚凤珍（2016.12～
纪委书记：肖 伟（ ～2016.12）
王丽云（2016.12～
农业办公室主任（正科级）：
唐庆林（ ～2016.12）
经济发展办公室主任（正科级）：
陈道祥（ ～2016.12）
经济发展办公室副主任：

柴春娇（　～2016.12）
党政办副主任：张　锋（　～2016.12）
社会事务办公室副主任：
郭学永（　～2016.12）

定水镇

书　　记：周凤举（　～2016.12）
周贵鹏（2016.12～　）
副 书 记：李继帅
柴春娇（2016.12～　）
党委委员：苏海英（　～2016.12）
王　磊（　～2016.12）
蔡鑫磊（　～2016.12）
王　宁（　～2016.12）
闫瑞鹏（　～2016.12）
柴春娇（2016.12～　）
李淑敏（2016.12～　）
李　豪（2016.12～　）
张合勇（2016.12～　）
孙纪刚（2016.12～　）
席福红（2016.12～　）
张　宇（2016.12～　）
镇纪委书记：阎瑞鹏
（2016.07～2016.12）
李淑敏（2016.12～　）
镇人大主席：王凤伟
镇经委主任：王　磊（　～2016.12）
镇　　长：李继帅
副 镇 长：王　磊（　～2016.12）
魏成秀（　～2016.12）
徐长伟（　～2016.12）
李　豪（2016.12～　）
任保标（2016.12～　）
王永霞（2016.12～　）
张　博（2016.12～　）

西湖镇

书　　记：张　涛（2016.11～　）
董信光（　～2016.11）
副 书 记：侯庆涛（2016.12～　）
王庆国（2016.12～　）
董典政（　～2016.12）
陆相锋（　～2016.12）
党委委员：刘国玺（2016.12～　）
张　超（2016.12～　）
蔡鑫磊（2016.12～　）
王红云（2016.12～　）
刘月洁（2016.12～　）
闫召辉（2016.12～　）
穆智广（　～2016.12）
王庆国（　～2016.12）
郭传俊（　～2016.12）
刘合全（　～2016.12）
张洪雨（　～2016.12）
黄继成（　～2016.12）
纪委书记：刘国玺（2016.12～　）
王庆国（　～2016.12）
人大主席：郭传俊（2016.12～　）
司孙安（　～2016.12）
镇　　长：侯庆涛（2016.12～　）
董典政（　～2016.12）
副 镇 长：张　超（2016.12～　）
刘继存（2016.12～　）
李福乾（2016.12～　）
孟宪专（2016.12～　）
郭传俊（　～2016.12）
张　慧（　～2016.12）

李台镇

书　　记：马德军（　～2016.12）
李　磊（2016.12～　）
副 书 记：李　磊（　～2016.12）
高传振（　～2016.12）

祝　明（2016.12～　）
石学阔（2016.12～　）
党委委员：樊红亚（女，　～2016.12）
杨鸿文（　～2016.12）
赵朝凯（　～2016.12）
尚英安（　～2016.12）
马德建（　～2016.12）
俞丽娟（女，2016.12～　）
王　宁（2016.12～　）
关淑艳（女，2016.12～　）
黄福才（2016.12～　）
刘希乐（2016.12～　）
李庆建（2016.12～　）
镇纪委书记：杨鸿文（　～2016.12）
王　宁（2016.12～　）
副书记：黄　凯（2016.12～　）
人大主席：马德军（　～2016.12）
樊红亚（女，2016.12～　）
镇　长：李　磊（　～2016.12）
祝　明（2016.12～　）
副镇长：赵洪民（　～2016.12）
李淑敏（女，　～2016.12）
俞丽娟（女，2016.12～　）
赵朝凯
蒋福乐（2016.12～　）
许玉平（女，2016.12～　）
主任科员：赵洪民（2016.12～　）
马德建（2016.12～　）

寿张镇

党委书记：王泽文
副书记：王太敬
常志勇（2016.12～　）
委　员：孙连茂（　～2016.12）
王　健（　～2016.12）
梁　晨
冀艳锋（　～2016.12）
张清泉（　～2016.12）
李　豪（　～2016.12）
魏宏峰（2016.12～　）
李生龙（2016.12～　）
张聚坤（2016.12～　）
蒋秀敬（2016.12～　）
白淑敏（2016.12～　）
镇纪委书记：王　健（　～2016.12）
梁　晨（2016.12～　）
镇人大主任：王　健（2016.12～　）
副主任：赵秋芝（2016.12～　）
王艳青（2016.12～　）
镇　长：王太敬
副镇长：马春华（　～2016.12）
梁　晨（　～2016.12）
魏洪峰
杨法胜（2016.12～　）
李瑞刚（2016.12～　）

高庙王镇

党委书记：张宝运
党委副书记：任立迎（　～2016.12）
王玉鹏（2016.12～　）
王　磊（2016.12～　）
党委委员：杨永存
王宪辉（2016.12～　）
李　鹏（2016.12～　）
苏传明（2016.12～　）
李艳杰（2016.12～　）
李洪珍
张广猛（　～2016.12）
刘延超（　～2016.12）
纪委书记：邵月真（　～2016.12）
王宪辉（2016.12～　）
镇　长：任立迎（　～2016.12）
王玉鹏（2016.12～　）
副镇长：李洪珍

刘怀仑（2016.12～　）
卢道振（2016.12～　）
常绍宁（2016.12～　）
李学军（　～2016.12）
王新宇
人大主席：王全同
副　主　席：李贵收（2016.12～　）
政协工委主任：杨永存

金斗营镇

书　　记：董经成
副 书 记：张广春（　～2016.12）
陈洪超
邵月真（2016.12～　）
党委委员：孙文习（　～2016.12）
张立秀（　～2016.12）
马春风（　～2016.12）
洪德生（2016.12～　）
孔繁虎（2016.12～　）
周传松（2016.12～　）
杨　雪（2016.12～　）
镇纪委书记：王丽云（　～2016.12）
魏庆波（2016.12～　）
镇人大主席：徐福臣（　～2016.12）
徐福臣（2016.12～　）
副　主　席：钟红霞（2016.12～　）
镇　　　长：张广春（　～2016.12）
陈洪超（2016.12～　）
副　镇　长：崔玉树（　～2016.12）
吴修运（　～2016.12）
石学阔（　～2016.12）
洪德生（2016.12～　）
马春风（2016.12～　）
魏汝亮（2016.12～　）
董改华（2016.12～　）
镇政协工委主任：洪雪飞（　～2016.12）
镇经委主任：王存兴

副 主 任：洪德生（　～2016.12）

大布乡

书　　记：孙德忠（　～2016.12）
卢加广（2016.12～　）
副 书 记：卢加广（　～2016.12）
韩继鹏（2016.12～　）
党委委员：岳彩青
阎红超（　～2016.12）
朱贵璞（　～2016.12）
韩继鹏（　～2016.12）
范晓鹏（　～2016.12）
丁光荣（　～2016.12）
刘仲甫（2016.12～　）
王庆新（2016.12～　）
张传坡（2016.12～　）
乡纪委书记：阎红超（　～2016.12）
田瑞华（2016.12～　）
乡人大主席：张友忠（2011.12～　）
副　主　席：苏继国（2016.12～　）
王文芬（2016.12～　）
乡　　　长：卢加广（　～2016.12）
任立迎（2016.12～　）
副　乡　长：韩继鹏（　～2016.12）
刘勇强（　～2016.12）
范晓鹏（2016.12～　）
张昭贵（2011.12～　）
李　元（2016.12～　）
乡政协工委主任：岳彩青
乡经济发展办公室主任：张昭贵（兼）
李　元（　～2016.12）
乡农业办公室主任：
韩继鹏（兼，　～2016.12）
副　主　任：秦怀远
乡党政办公室主任：
丁光荣（　～2016.12）
刘仲甫（2016.12～　）

乡计生办公室主任：

刘勇强（　～2016.12）

张　辉（2016.12～　）

乡社会事务办公室主任：

范晓鹏（　～2016.12）

李　敏（2016.12～　）

ZHENGDANG ZHENGWU

政党·政务

阳谷

ZHENGDANG ZHENGWU

政党·政务

中共阳谷县委员会

【工作综述】 2016年，中共阳谷县委认真贯彻落实党的十八大和十八届三中、四中、五中、六中全会精神和习近平总书记系列讲话精神，按照市委“作风引领、团结实干、争先进位、科学发展”的工作总要求，以开展“两学一做”学习教育为契机，坚持稳中求进工作总基调，主动适应经济发展新常态，积极作为、奋勇争先，全县经济保持健康发展，城乡面貌发生显著变化，人民生活不断改善，社会保持和谐稳定。

一、积极践行新发展理念，全县经济平稳健康发展

2016年，中共阳谷县委认真贯彻创新、协调、绿色、开放、共享的发展理念，主动适应经济发展新常态，以提高发展质量和效益为中心，着力推进供给侧结构性改革，全县经济呈现出总体平稳健康发展的态势。

综合实力持续提升 实现生产总值315.6亿元，增长7.7%，增幅居全市第2位；完成固定资产投资322.5亿元，增长19.4%，总量和增幅均居全市第1位；一般公共预算收入13.45亿元，增长9.04%；社会消费品零售额168.5亿元，增长12.6%，增幅居全市第1位；实现进出口总额189.5亿元，增长51.8%，连续9年稳居全市第一；金融机构存贷款余额分别达到331.6亿元、209.6亿元，均列全市第1位，较年初分别增加38.7亿元、25.4亿元，分列全市第3位和第2位。

经济结构转型步伐加快 三次产业比例调整为14.38∶53.76∶31.86，三产比重提高了1.49个百分点。农业基础地位更加巩固。粮食总产实现“十四连丰”，瓜菜菌总产20.2亿公斤。新增高效节水灌溉农田3.48万亩、创建粮食高产示范方9.2万亩，创建精致农业基地9100亩。新增“三品一标”认证26个、规模以上农业龙头企业3家、农民专业合作社182家、家庭农场77家。全县农村土地流转总面积达到28.9万亩。县农产品质量安全综合检验检测站通过省级验收，实现“从基地到市场”全程监控。12万亩的全国绿色食品原料标准化生产基地通过验收。工业转型升级步伐加快。新增规模以上工业企业25户、达到326户，实现主营业务收入1025亿元，增长1.44%。完成工业用电量16.4亿千瓦时，增长10.8%，增幅居全市第一。转型升级步伐加快，实施重点技改项目25个，累计完成投资103亿元，增长20%；战略性新兴产业投资增长27.9%。扎实推动大众创业、万众创新，全县新增个体工商户4420户、私营企业1227户，分别比年初增长15%和32.3%。“互联网＋工业”加速融合，150余家规模以上企业开展电商业务，交易额突破80亿元。服务业发展态势良好。完成服务业增加值100亿元，增长10.4%，高于GDP增幅2.7个百分点；完成服务业税收6.78亿元，占总税收比重达到42.5%，同比提高3.5个百分点。旅游业发展势头良好，接待游客118.8万人次，实现旅游总收入3.9亿元，分别增长8%和7%。大力支持电子商务发展，建设了“云书网”电子商务运营中心、澳林电商产业园、阿里巴巴农村淘宝等项目。房地产市场持续好转，完成投资15.73亿元，施工面积200.13万平方米，分别增长33.9%和24.8%；商品房成交面积43万平方米，成交额15.2亿元，分别增长15.7%和26.3%。

发展后劲进一步增强 重点项目建设成效显著。实施重点项目47个，完成投资80.1亿元，华信塑胶新型节能门窗幕墙、凤祥食品益生菌饮品、森泉湿地和污水处理扩建等18个项目建成投产，电缆集团光纤预制棒、太平洋光纤光缆通信光纤、鲁西南医院工程

等项目正在紧张施工中。祥光新城建设快速推进，新开工建设了雨洪资源利用工程赵王河水库、鲁西南医院、凤栖湾四期五期、祥光新城幼儿园等项目，配套设施逐步完善。质量品牌建设成效明显。东信塑胶荣获市长质量奖，全国电线电缆产业知名品牌示范区获准创建，省级电线电缆检测中心即将投入运行，农产品质量安全监管追溯体系基本建成，县乡村三级监管机构实现全覆盖。招商引资成果丰硕。组织各类招商活动77次，签约项目71个，青岛暖洋洋羽绒及家纺制品等15个过亿元项目成功落户，招商引资到位资金92亿元，全市考核第二位。县级领导带队开展招商活动26次，小团组赴外招商51次，接待来访客商400余人次，推进在谈项目110个。成功举办了“百名浙商进阳谷”招商活动座谈会，得到市领导的充分肯定。对外贸易逆势上扬，全县有进出口实绩的企业达到42家，完成进出口总额189.5亿元、出口58.6亿元、进口130.9亿元，分别增长51.8%、122.2%和32.9%。进出口总额、出口总额和进口总额均居全市第一位。对外合作加快推进，实际利用外资1052万美元。祥光铜业出资3708万美元认购EMED矿业公司股权，成为该公司第一大股东。

二、加大城乡建设力度，城市功能进一步完善

2016年，实施重点市政工程25项，新修改造狮子楼北路、博济桥路等9条道路，铺设排水管网6.7公里，改造人行道3.1公里，县城区道路总长达到127公里，形成了“十纵十二横”的道路框架。持续提升水环境质量，森泉人工湿地建成投入使用并被评为市级森林公园；污水处理厂一期提标改造及二期扩建工程投入运营，初步形成了“人工湿地+循环水系”的生态框架。大力开展路域环境提升工程，加大对县域内高速公路、国道、省道及城乡结合部的村镇节点等区域综合整治力度，拆除改造废弃建筑物2.5万平方米，安装及维修交通标志牌880个，绿化苗木70公里，新增绿化面积46万平方米，创建了“畅、安、舒、美”的道路通行环境。全力整治扬尘污染，重点开展了道路扬尘、工程施工扬尘、料场堆场扬尘防范治理工作。严格实施道路保洁、施工现场围挡、进出道路硬化、工地物料蓬盖、密闭运输等全部100%工作标准，对主要道路两侧料场、堆场进行集中整治，全县空气质量得到有效改善。阎楼、七级、安镇三个镇的小城镇提升工程成效明显，启动了农村旱厕改造工作，探索建立的改厕“阳谷模式”在全省推广。

三、着力保障改善民生，群众幸福指数明显提高

坚持以人民为中心的发展思想，县财政用于民生方面的支出达到23.14亿元，群众得到更多实惠。脱贫攻坚扎实推进。投入4639万元财政专项扶贫资金，用于实施扶贫产业项目、金融扶贫和“雨露计划”工作。为80家企业、新型经营主体及农户发放金融扶贫贷款5158.8万元。投入资金2233万元，对全县942户D级危房进行了改造建设。创新实施“百千帮扶”活动，政府、企业、社会协同推进的“大扶贫”机制基本形成。通过产业扶贫、“百千”帮扶、社会救助等措施，全县2.61万人口实现了脱贫。就业形势持续向好。新增城镇就业6798人，失业人员再就业1563人，发放小额担保贷款4650万元，城镇登记失业率控制在3.2%以内。教育事业较快发展。实施中小学“解决大班额”“全面改薄”等项目32处，建筑面积9.87万平方米。阳谷三中新校区投入使用，北三里小学主体工程竣工，外国语学校开工建设，第三实验小学完成选址。社保水平稳步提高。征缴各项社会保险费10.58亿元，增长26.3%。连续

12年提高企业退休人员养老金。社会养老服务体系加快建设，新建老年公寓2处、日间照料中心2个，新增养老床位460张。居民生活环境有效改善。县图书馆、文化馆主体基本建成，乡镇综合文化站、村级文化大院和农家书屋实现全覆盖。新建改造农村公路230公里，农村危房改造1912户。卫生计生事业健康发展。鲁西南医院、县医院门诊病房医技综合楼开工建设，中医院晋升“二甲医院”。二孩政策得到全面落实，人口自然增长率控制在11.7‰以内。平安阳谷建设扎实推进。认真落实安全生产责任制，着力排查隐患，安全生产形势持续稳定。加大食品安全监管力度，有效保障了群众饮食用药安全。社会治安环境明显改善，平安阳谷建设取得新成效。妇女儿童、民族宗教、外事侨务、双拥共建、广播电视、新闻出版、人防、气象、老龄、消防、防震减灾等各项事业全面进步。

四、加强民主政治建设，巩固发展团结和谐局面

县委坚持党的领导、人民当家作主、依法治国有机统一，大力加强社会主义民主政治建设，凝聚起团结共进、干事创业的强大力量。

进一步加强人大工作 支持县人大及其常委会行使法定职权，尊重人大代表主体地位，重视发挥人大代表作用，加强和改进人大监督，取得明显成效。2016年以来，县人大依法履行监督职责，重点对全县项目建设、招商引资、民营经济、园区产业集聚和园区建设等工作进行了视察，及时提出意见和建议，促进了全县经济持续健康发展。

进一步加强政协工作 大力支持县政协依据宪法法律和政协章程履行职能、参政议政、民主监督。县政协围绕“法治阳谷”建设、城区供水水源地保护、城市总体规划编制、“十三五”规划实施、精准扶贫等12项重点工作，组织开展专题协商议政，向县委、县政府提出了大量有价值有分量的意见建议，有力推动了相关工作的落实。

进一步加强统战工作 整合各方面资源力量，充分发挥统一战线在促进科学民主决策、推动全县重点工作等方面的作用。制定出台了《中共阳谷县委贯彻落实〈中国共产党统一战线工作条例（试行）〉的实施意见》文件，巩固和发展了全县最广泛的爱国统一战线，充分发挥了统一战线的法宝作用，不断提高各界人士协商的质量和水平。

进一步加强群团、党管武装和双拥工作 支持工会、共青团、妇联等人民团体依法按照章程开展工作、履行职能，最大限度地凝聚共识和力量。民族、宗教和外事、对台等工作都取得新的进步。坚持党管武装，深入开展双拥共建活动，军民融合式发展成效显著。

五、坚持全面从严治党，锻造发展坚强保障

牢固树立“抓好党建就是最大政绩”的理念，不断强化“第一责任人”的责任，切实把管党治党政治责任扛在肩上、抓在手中、落到实处。

压实基层党组织书记管党职责 县委明确了乡镇（街道）党委、部门党组书记党建工作的目标任务，厘清了三张清单并签订了责任状，层层传导压力，督促基层党组织书记履职尽责。研究出台了《中共阳谷县委关于2016年度乡镇（街道）党建工作考核的实施意见》，党建工作单独考核、单独表彰，并实行“一票肯定”。

深入扎实推进基层党建工作 县委常委会每月至少研究一次党建工作，对市委党建领导小组安排的工作及时分解落实。创新推行“3+5”农村党建管理模式，细化岗位职责，严格考核评价，全面打造过硬支部和合格党

员。对全县村支部书记、社区书记进行了轮训，逐步提升了大家的党性觉悟、服务意识、规矩意识。在非公企业着重发挥好新凤祥集团党委的示范带动作用，推动了“两新”组织党建工作的提升。

扎实开展“两学一做”学习教育 县委常委会带头集体学习，带头集中研讨，带头到所在党支部或基层联系点讲授了专题党课。组织县“两学一做”学习教育宣讲团开展“送党课下基层”活动50余次。全县基层党组织共查摆问题2281项，已完成整改2028项。组织党员到刘邓大军强渡黄河战役纪念园、新凤祥集团党群活动中心党史展厅和河南林州红旗渠学习先辈先烈，接受党性、党史教育。

全面落实从严治党主体责任 县委常委会坚持定期研究党风廉政建设工作，与各乡镇（街道）、县直各部门党委（党组）书记签订了从严治党责任书。各级党委（党组）与下属党组织层层签订了责任状，并抓好督促落实，切实传导责任压力。在全县范围内开展了为期3个月的反腐倡廉警示教育活动，在各乡镇（街道）举办党员干部廉洁从政专题讲座，4000多名基层党员干部接受了廉政教育。进一步完善巡察工作办法，制定2016年巡察方案和巡察计划，分三批对县直部门进行了巡察，进一步加强对各级各单位领导班子和领导干部的监督。全年共查处各类违纪案件365件，给予党政纪处分378人，其中处理科级干部36人，保持了惩治腐败的高压态势，营造了风清气正的良好环境。

县委办公室

【机构设置】 县委办公室设有综合科、信息科、调研科、秘书科、行财科、保卫科、车管科等内部科室，督查室、维稳办、机要局、保密局、台办为其直属行政机构，政策研究室、改革办与其合属办公。至2016年底，共有工作人员43人。

【工作概况】 2016年，县委办公室以开展“两学一做”学习教育为契机，以“做一流工作，创和谐机关”为目标，立足“忠诚、高效、规范”要求，着力强化“主人翁意识、奉献意识、创新意识、协作意识”，服务领导、服务机关、服务群众、服务基层，圆满完成了各项工作任务。2016年，县委办公室被评为“全省党委系统信息工作先进单位”和“全市党委系统信息工作先进单位”。

【文稿起草】 围绕县委中心工作，严把关口，创新思路，文稿起草做到严谨、规范、快捷。高质量完成2015年度总结表彰大会、县委十二届十次全会等20余次重要会议、活动的文字服务工作。办理县委文件、办公室文件147件；撰写总结、情况汇报、领导讲话等文稿267件；编发《情况交流》10期，上报情况采用量居全市前列。

【信息报送】 紧紧围绕大局反映情况、报送信息，特别是把阳谷县经济社会发展各方面新情况新问题、贯彻落实上级方针政策的意见和建议、干部群众关注的热点焦点问题等及时收集、整理，第一时间报送上级党委，为各级党委科学决策提供了重要依据。全年共编发《阳谷信息》20期，向省、市党委报送各类信息320余篇。其中，被中央办公厅采用1篇，被省委办公厅采用28篇，被市委办公室采用108篇。

【调查研究】 围绕县委中心工作和教育信息化、中医药发展等热点难点问题，积极深入基层开展调查活动，撰写高质量的调研报告，及时总结宣传全县各项工作的好经验、好做法，为领导科学决策提供参考。全年开展各类调研活动 20 次，编发《阳谷调研》12 期，在《聊城通讯》发表 11 篇，在省委《调查与研究》发表 1 篇。

【督查工作】 重点围绕县“两会”、经济工作会、县委常委会等重要会议部署的重点工作及议定事项的贯彻落实情况开展督查，及时跟踪进展情况，共编发《督查通报》8 期。围绕环境卫生、道路交通、教育入学、治安管理等方面问题开展了 5 次专项督查活动，总结上报 6 期《督查专报》。其中上报的《阳谷县精准发力高效推进棚户区拆迁改造》被市委办公室《今日信息》采用。严格领导批示件办理流程，坚持快查快办、及时反馈，快速高效。全年共办理市领导批示件 3 件，县领导批示件 25 件，全部按时保质办结，办结率达到 100%。

【办会办事和接待】 会务工作坚持提前准备、分工负责、层层把关，做到会场布置整洁庄严，会场服务细致周到，会议材料齐备无错。先后组织和协调各类会议、活动、接待 407 次。圆满完成全县经济工作会议、阳谷县 2015 年度总结表彰大会、中共阳谷县委十二届十次全体会议等大型会议；组织县委常委集体学习 17 次，县委办公室集中学习 26 次。成功承办副省长赵润田到阳谷视察等重大接待活动 27 次；承办其他各类接待活动 30 次。接收并办理传真电报 35 份，公文传输系统文件 102 份，转发领导批示件 220 份，办理保密文件3600余份，收发机要件500余份，发放《阳谷简报》50 期约 1 万份，县委、县委办公室文件 147 件约 2 万份，无一错发、漏发。坚持 24 小时昼夜值班制度，确保了上传下达有序，政令畅通。

【维稳工作】 出台《关于进一步落实领导干部信访维稳“一岗双责”责任制和强化基层信访机制建设的意见》，将信访维稳责任制落实到位。县级领导定期接访，定期到部门、乡镇（街道）带案约访、专题调研。全年受理群众来县上访 206 起 2055 人次，来信 251 件，网信 249 件，化解积案 17 件，信访数量明显减少，秩序明显好转。深入开展矛盾排查化解、重点人员教育稳控等工作，确保阳谷县大局持续稳定。在党的十八届六中全会召开等重要敏感时期，阳谷县没有发生一起越级上访事件，受到上级充分肯定。围绕全县维稳大局，撰写了一批有对策、有建议的高质量调研成果，县维稳办获全市维稳调研活动组织奖，省二等奖一篇，市二等奖一篇、三等奖两篇。

【深化改革】 认真学习研究中央、省、市关于全面深化改革的决策部署，制定并印发《中共阳谷县委全面深化改革领导小组 2016 年工作要点》，将工作要点细化为 163 项具体改革任务，制定改革任务台账，明确协调单位、成果形成和完成时限，推动改革任务落实到位。围绕各项改革试点任务开展调查研究，总结经验做法，向市委改革办上报典型案例 6 篇，在市委《改革情况交流》发表文章 4 篇。按照市委季度监测，年中总结、年末盘账的要求，及时上报有关改革情况，全年报备文件 36 件。

【后勤服务】 加强财务管理，严格执行公务卡制度，按照财务管理规定做好财务工作，各类账目做到日清月结。机关内实现全天保洁，环境卫生质量明显提升。健全门岗登记、安全保卫、车辆停放工作制度，完善安全保卫工作流程，为县委机关创造了良好的工作环境和治安环境。制定来访群众门岗首接责任制，对来县委上访人员按照上访类别，及时规范做好信访人与接访单位结合工作。加强用车管理，严格落实公车改革要求，规范公车使用。工会、计划生育、妇联等工作正常有序开展。

【队伍建设】着重从忠诚、规范、高效等方面加强机关和干部队伍建设，进一步提升办公室服务水平。坚持每周五集中学习制度，努力打造学习型机关，塑造学习型干部。以“两学一做”学习教育为契机，努力提升党建工作水平，积极发挥党组织战斗堡垒作用和共产党员的先锋模范作用，组织开展争创“共产党员先锋岗”活动，调动了全体党员工作积极性和主动性。扎实开展脱贫攻坚工作，抽调11名同志，对郭屯镇西朱村等8个村43户贫困户进行帮扶。

县委组织部

【机构概况】2016年，县委组织部内设办公室、研究室、干部科、干部监督科、知工干训科、组织科、“两新”办，代管县委组织员办公室、县委党员干部现代远程教育管理中心、县委老干部局、县委考核办公室，共有工作人员42名。2016年2月被中共聊城市委授予“2015年度聊城市党建工作考核一等奖”荣誉称号。

【基层党组织建设】2016年，继续坚持党要管党、从严治党，各级党组织书记严格履行管党职责，围绕发展抓党建、抓好党建促发展，在全市党建工作考核中取得第二名。坚持问题导向，抓好“两学一做”学习教育。4月29日，“两学一做”学习教育顺利开局。县委理论中心组开展4次专题集中研讨，县级党员领导干部带头讲党课，各级党组织书记讲授专题党课1552场次，3万余名党员接受教育。成立宣讲团赴各单位开展宣讲50场次，22000余人接受教育，营造了浓厚的舆论氛围。注重加强分类指导。根据农村、城市社区、“两新”组织、机关事业和教育文化等不同领域和行业特点，分别研究制定工作方案，分别确定活动载体，在全县党员中开展“践行‘四讲四有’立足岗位作奉献”“侵害群众利益的不正之风和腐败典型问题集中警示教育”活动，使党员党性意识、警示意识、服务意识进一步提高。抓严抓实领导机关党员干部学习教育管理。认真落实“三会一课”、民主评议党员、党员领导干部双重组织生活制度，健全领导干部学习教育制度，形成了党员领导干部学习教育的长效机制。开展庆祝建党95周年纪念活动，推荐受省委表彰优秀共产党员1名、先进基层党组织1个；推荐受市委表彰优秀共产党员6名、优秀党务工作者2名、先进基层党组织10个；县委命名表彰优秀共产党员103名，优秀党务工作者22名、优秀村居党支部书记10名、先进基层党组织98个。推选产生出席省第十一次党代会代表候选人3名，出席市第十三次党代会代表44名，出席县第十三次党代会代表280名。严肃开展党代表和党员违纪违法排查清理。加强与人大、政协、纪检、公检法司等部门联系协调，按照稳妥审慎的原则，严格标准，规范程序，认真甄别，及时排查清理，对违法违纪的党代表按程序终止代表资格，对受刑事责任追究和行政处罚的党员给予相应的党纪处分。积极开展基层党组织按期换届专项检查。按照分级负责的原则，全县各级党组织对所属基层党委、党总支、党支部按期换届情况进行全面排查，建立台账，明确完成时限，实行销号管理，全县40个未按期换届基层党组织全部完成换届。扎实开展乡镇（街道）党委书记抓基层党建工作述职，并进行现场评议。实行县级领导干部分别帮包贫困村和贫困户，科级干部帮包1～2户贫困户。加大“第一书记”管理培训，4月19～20日，举办全县“第一书记”培训班。制定《阳谷县“第一书记”管理办法》，启用“云之家”手机签到考勤管理平台。2016年，县派“第一书记”走访党员4002名，走访群众12536户，发放调查问卷3972份，召开座谈会962次，发展和培育致富产业项目88个，累计投入项目资金2123.92万元，争取社会资金545.75万元用于农村生产及生活设施建设，极大地改善了帮包村贫困落后的面貌，为脱贫攻坚打下了坚实基础。继续压实各级党组织书记管党职责。重点落实好乡镇（街道）、县直和村（社区）党组织书记管党职责实施意见，研究出台了“两新”组织、学校和医疗机构等领域党组织书记管党职责实施意见，做到党建工作落实无缝隙。实行“3+5”农村党建管理模式，即推行“支部评星、书记定级、党员积分”三个管理考评办法，实施“一章、一徽、一证、一档、一卡”规范党员教育管理，推动全县农村党支部全面提升、全面过硬。加大软弱涣散党组织整顿，按照“一村一策”的思路，分类实施、对症下药。建立县、乡领导联系点制度，领导带头抓整顿，确保全部完成整顿。加大投入，夯实基层保障，新建组织活动场所60处、修缮85处，改造社区服务用房9处。确保村级运转经费平均达到5万元，城市社区运转经费平均达到6万元。农村党支部书记人均年工资平均达到22160元，其他“两委”干部平均达到每人每年5000元，累计满10年以上正常离任的村主职干部按照每任职1年每月20元的标准落实了生活补贴。大力推进“两新”组织党建。全县共建立非公有制企业党组织244个，社会组织党组织78个，重点打造了新凤祥集团党委、电缆集团党委、金蔡伦集团党委三大非公企业党建示范点。研究出台了《关于2016年度乡镇（街道）党建工作考核实施意见》，细分为7大项、23项指标，实行千分制量化考核，并对党建工作单独考核、单独表彰，实行“一票肯定”，考核结果第一名的乡镇（街道），县委直接授予“全县科学发展综合考核一等奖”。

【党员队伍建设】 严把“入口关”，认真做好党员发展工作。2016年，阳县新发展党员390人。加大对老党员和困难党员的帮扶力度。对全县建国前老党员情况重新进行排查，并及时按照新标准向符合发放条件的发放了生活补贴。2016年春节前，对1348名困难党员进行走访慰问，共计发放慰问金42.72万元；6月份，在建党95周年到来之际，开展走访慰问困难党员和老党员活动，走访慰问对象279人，发放慰问金55.8万元，市委主要领导和县级党员领导干部带头走访慰问。全面做好组织关系集中排查工作，共核查党员33687名，全部理顺了组织关系。做好党费专项检查工作。6月份，阳谷县启动党费收缴专项检查，逐人逐月核查2008年4月至2016年6月的党费收缴情况，共核查21个基层党（工）委，1469个支部，33839名党员。加强党员档案室建设。按照农村党员档案室建设要求，建设高标准党员档案室18处，设立档案室和阅档室35间，配备档案橱217个，整理党员档案23215份，并进行电子扫描存档，规范了农村党员档案管理。规范因私出国（境）管理。整理因私出国（境）档案和领导干部因私出国（境）护照，更新人员数据库，与公安机关协调配合，实现了人员信息全国联网。抓好组织员队伍建设。2016年，全县共配备专兼职组织员93名，其中专职组织员54名，兼职组织员39名。

【党员教育培训】 2016年3月，先后在县委党校举办2期全县农村、城市社区“两委”成员培训班，培训人员785名；举办2期全县优秀农村（城市社区）党员示范培训班，培训人员148名；举办3期农村（城市社区）党支部书记培训班，对全县889名村（居）党支部书记进行了集中教育培训，县委书记、县人大常委会主任田中俊，县委副书记崔新乐，县委常委、组织部长王志国分别上党课。组织144名优秀农村党组织书记赴苏州农村干部学院、潍坊市委党校参加10期全市“千名农村党组织书记培训工程”培训班。5月29日～6月2日，在河南省濮阳县农村党支部书记学院举办1期全县优秀农村党支部书记培训班，培训50人。4月底前，各乡镇（街道）举办农村、城市社区党员培训班54期，培训人员22000名。成立阳谷县党员干部教育“三上”工作领导小组，制定党员干部教育“三上”工作若干规定，县委领导通过阳谷党建栏目讲党课2次，县、乡各级网站也普遍开办“网上便民服务大厅”“网络课堂”“网上党校”等。联合县电视台在阳谷新闻综合频道开设了《阳谷党建》栏目，在智慧阳谷手机台开通了《手机党校》栏目。

【领导班子和干部队伍建设】 2016年，坚决贯彻落实全面从严治党、从严管理干部原则，找准定位，强化担当，切实加强领导班子和领导干部队伍建设。积极开展年度考核和优秀干部日常调研，围绕干部队伍建设，强化综合分析研判，对干部队伍建设现状、优秀干部情况深入摸底，为县委选人用人打下坚实基础。配合市委组织部做好县级领导班子换届考察工作，严格组织程序，做好县党代会、人代会、政协会人事换届选举。抓好乡镇领导班子换届考察工作，超前谋划，周密部署，充分发挥党委领导和把关作用，严格考察程序，多方征求意见，选优配强新一届乡镇（街道）领导班子，并指导开好乡镇党代会、人代会，圆满完成乡镇领导班子换届工作。坚持从严管理干部，切实做好领导干部企业兼职任职清理整顿、党组清理规范等工作，转发关于认真贯彻落实《山东省贯彻〈推进领导干部能上能下若干规定（试行）实施细则〉的通知》，推进干部能上能下，推进从严管理干部常态化、日常化。落实从严管理干部档案意见，严格开展干部档案专项审核工作，对档案存在问题的干部进行组织处理，重新审核认定了“三龄二历一身份”，切实增强干部档案管理意识。严格按照上级规定，扎实做好了公务员日常登记、因公出国审批、干部到龄退休审批、挂职干部服务管理、干部档案管理等日常工作。

【干部管理和工资工作】 加强干部监督管理。在2016年县乡换届工作中，认真落实中纪委、中组部“九严禁”换届纪律要求，切实做到教育在先、预防在先、警示在先，实施全程监督、全面覆盖，把严肃换届纪律贯穿到换届每个环节。制定下发《关于认真做好乡镇领导班子换届工作的通知》《关于加强乡镇换届风气监督的实施方案》等文件，把中央、省、市有关换届纪律的文件，特别是中组部下发的《严肃换届纪律文件选编》纳入县委理论中心组学习计划，全县乡镇、县直单位组织学习《选编》及换届政策规定307场次，观看警示教育片《镜鉴》118场次，学习观看人数6300余人次。按照“四必谈”要求，制定《严肃换届纪律谈心谈话工作方案》，县委书记、纪委书记、组织部长、人大政协党组书记、统战部长分别和县级领导干部、乡镇党政正职、县直主要部门负责人和换届工作人员进行谈心谈话，县乡两级共开展谈心谈话1100余人次。全市换届宣传工作协调会议召开后，县换届工作领导小组下发《关于做好换届宣传和舆论引导工作的通知》，指导相关部门加大正面宣传力度，加强网络舆情监控和引导。2016年，组织县市管干部填报个人有关事项38人。抓好党政主要领导干部经济责任审计工作。根据县委《关于加强对领导干部审计监督的意见》，不断完善细化工作措施，改进审计监督办法，前移监督关口，切实防止干部“带病提拔”，对1名离任领导干部进行了离任审计，对县直单位7名正职领导干部进行了任中审计。建立完善信访联席、查核制度和举报网站、举报电话受理制度，加强和维护好信访举报平台建设，安排专人24小时值守“12380”举报电话和举报网站，2016年共受理信访举报11件，全部按规定进行了调查处理。对县委管理干部的工资进行了晋升，为公检法部门调整了警衔津贴。严格落实职务职级并行工作，安排专人负责，严格审查资格条件，对符合职务职级条件的15人进行了工资套改，确保按规定落实干部的经济待遇。

【干部教育培训】 认真落实《干部教育培训工作条例》，积极贯彻省委五年干部教育培训规划，进一步完善干部教育培训制度。继续实施学风建设年活动，突出对干部德的教育，完善干部在培训期间德的考察。年初在党员干部中开展教学需求调查，围绕县委、县政府中心工作，科学制定《2016年全县干部教育培训计划》，并扎实做好落实工作。不断创新培训方式，落实领导干部上讲台制度，落实组工干部跟班制度，把党章党纪、增强党员干部理想信念作为主要学习内容，有针对性地开设主题、专题培训班次，扎实做好培训工作。4月，在县委党校举办3期全县科级干部培训班，培训科级干部1077人，全面提高领导干部为民服务、发展经济和依法行政的能力。统筹协调相关部门举办全县基层党组织书记培训班3期，培训990人，全县农村（城市社区）“两委”成员培训班、优秀党员示范培训班4期，培训820人，全县攻坚脱贫培训班3期，培训990人。在实施高端培训方面，先后在济宁市委党校政德教育基地举办1期组工干部培训班，培训35人，在河南省林州市委党校举办2期全县领导干部党性教育培训班，培训107人，在青岛海洋大学举办非公企业党建和企业转型创新发展培训班、人才工作者培训班各1期，培训87人。全年共举办各类培训班（专题辅导、报告会）38期次，培训各级党员干部6111人次。积极完成上级调训任务，做好参训干部的联系服务和协调工作，全年完成上级调训26期次，调训45人次，圆满完成工作任务。利用“名师送教”活动，邀请5名省市名师进行授课，提高了培训质量。

【人才工作】 认真贯彻落实中央和省、市人才工作精神，坚持党管人才原则，不断健全完善人才工作体制机制。县委常委会、县长办公会多次研究人才工作，落实党委联系专家等制度。召开全县人才工作座谈会，与人才代表进行交流探讨。发放阳谷乡村之星、阳谷英才津贴，组织19名阳谷优秀人才进行健康查体。制定《阳谷县2016年人才工作要点》《阳谷县人才工作领导小组成员单位目标责任制考核细则》等文件。认真落实人才工作联席会议、领导干部联系专家等制度，并给县人才工作领导小组成员订阅《中国人才》。完成县级重点人才工程19项。加强人才工作投入，在县财政预算中列支60万元作为人才工作专项经费。摸清人才工作底数，扎实开展“聚焦企业转型升级，百题破解人才强企”活动，组织人社局、经信局、统计局等单位和乡镇（街道）工作人员，深入全县120多家规模以上企业调研，摸清了企业人才需求和人才底数，梳理总结50余条代表性问题，由相关部门认领整改。稳步推进高端人才引进，围绕“两城一带一区六园”建设，选择10家县重点企业作为引进高层次创新创业人才的基地，实施高端人才引进计划，引进各类高层次人才20余人。积极组织县内重点企业参加各类洽谈会、产学交流会10余场。邀请20余所高校院所的50余名专家教授到阳谷县与企业进行对接，签订科技合作项目4项，签订合作协议2项，柔性引进高层次人才1人。加强研发平台建设，围绕全县产业发展规划，积极帮助企业申报建设科技研发中心等创新平台。2016年5月，华泰化工博士后科研工作站正式挂牌，新增1家省级农业科技园，1家市级产业技术创新战略联盟，2家市级工程实验室，协助1家企业完成科技部和省科技厅绩效评估，获得省科技厅资助。加大科技研发的力度。2016年，先后获市科技进步5项，市科技成果转化促进奖1项，技术发明二等奖2项，其中2个项目获省级科技计划批准。申请发明专利137件，授权34件，1家企业获“山东省知识产权示范企业”荣誉称号，1家协会被中国科协、财政部授予“全国科普惠农兴村计划先进单位”荣誉，技工学校获批成为聊城市金蓝领高级工培训基地。发挥人才市场作用，组织“春风行动”系列招聘会18场，提供各类岗位3700余个，达成就业意向3300人次。4月，组织2家企业赴四川大学参加“山东省一名校人才直通车”成都站活动。完善大学生创业孵化基地建设，建成面积1.1万平方米的综合孵化楼2座，生产厂房3个，可容纳创业实体110家，现已引入3家创业实体。加大人才工作宣传力度，将人才工作宣传纳入《全县2016年新闻报道工作实施意见》，在《人才山东》《聊城日报》等媒体发表人才宣传稿件90余篇。在县电视台开设人才专栏，实施优秀人才宣传。新增高级工以上技能人才320人，推荐2支技能队伍参加全国技师大赛，新增市“首席技师”2人。2人荣获市“科技创新之星”，1人荣获“第九届山东省发明创业奖”三等奖，1人被中国科协、财政部授予“国家级科普示范带头人”荣誉称号。

【信息调研与宣传工作】 围绕全县组织工作重点，总结推介和宣传特色亮点、做法经验、典型事迹，信息调研与宣传工作的质量和水平持续提高。深入开展调查研究，形成具有一定价值的调研报告8篇。认真撰写综合文稿，高标准完成领导讲话、工作总结等综合材料30余件。精心编写组工信息，报送组工信息18则，其中《聊城党建》采用5篇，《聊城通讯》采用1篇；编发《阳谷组织工作》10期，《阳谷组织工作》特刊5期。切实做好对外宣传，撰写党建、人才等宣传稿件百余篇，其中《中国组织人事报》采用1篇，《领导科学报》采用4篇，《党的生活》采用1篇，《聊城日报》等市级媒体采用40余篇。扎实做好其他工作，更新维护阳谷组工网。

县委考核办公室

【机构概况】 阳谷县委考核办公室成立于1987年，原名为阳谷县机关岗位责任制领导小组办公室。1997年2月更名为阳谷县目标管理责任制办公室；2011年4月更名为中共阳谷县委考核办公室，为正科级单位，设主任1人，副主任2人。

【职责范围】 根据县委、县政府总体部署，结合省市委考核精神，起草制订年度考核工作实施意见、实施细则和县直单位业务工作目标；组织实施半年和年终集中考核，并根据考核结果确定受奖惩乡镇（街道）、县直单位、金融部门和规模以上企业；做好各项工作任务的日常监督调控和年终迎接市对县考核的沟通协调工作。

【主要工作】 2016年，紧紧围绕全县工作大局，在全县乡镇（街道）、县直单位、金融部门以及规模以上工业企业中实施综合考核工作，进一步完善了责任制、考核制、奖惩制“三位一体”的综合考核体系。促进了乡镇（街道）和县直单位各项工作的顺利开展，极大地调动了全县各级各单位及其工作人员的积极性，促进县经济社会又好又快发展发挥了重要的作用。

紧紧围绕县委县政府中心工作部署，制定和下达年度目标任务　为了使综合考核工作发挥应有的作用，每年都根据县委、县政府的总体部署，围绕中心工作，参照省市考核重点，结合县实际，拟定全县各项工作的具体目标和分数方案，经县委常委扩大会反复研究后，下发到各乡镇（街道）和县直各单位执行。考核指标的制定过程中，县考核办通过书面征求意见、到各乡镇（街道）和县直部门座谈等方式，广泛征求对考核工作的意见和建议，使考核指标的设置更加科学合理，简便易行。在考核内容的设置和赋分权重方面，坚持既贯彻省市考核要求，又突出阳谷实际的原则。乡镇（街道）的考核分为定量指标和定性指标两类，定量指标主要设置了创新发展、协调发展、绿色发展、开放发展、共享发展五个方面的内容，另外，还设置了现场观摩评比和动态考核。定性指标主要考核法治建设、统一战线、社会稳定等工作。县直单位的考核，主要包括业务工作、县委县政府重点工作、党的建设、社会评价和动态考核五个方面的内容。其中，业务工作，根据县直各单位的主要业务，结合当年县委县政府重点工作分工确定；县委、县政府重点工作包括脱贫攻坚、争取无偿资金、行政效能、法治建设、宣传思想工作，计划生育、综合治理、社会保障、安全生产、信访维稳工作；党的建设由县纪委、组织部、宣传部、县直机关工委共同制定考核目标，实施考核；社会评价由县领导评议、乡镇（街道）科级以上干部评议、“两代表一委员”评议、规模以上企业和外来投资企业主要负责人评议、中小企业和个体工商户代表评议等组成。各乡镇（街道）和县直各单位还结合本单位的实际情况，将各项工作目标层层分解落实，形成了“纵向到底，横向到边，上下贯通，左右联系”的综合考核体系，收到了非常好的效果。

加强检查督导，有效地控制目标运行　为了使综合考核工作有条不紊地进行，县考核办采取切实可行的措施，认真搞好各项目标的控制、检查和督导，形成了较为完善的检查督导机制。一是集中组织半年和年终考核。每年7月份，对目标完成情况进行半年总结，开展初评，发现问题，及时调控；每年12月份至下年元月份实施年终总评，对全县各项工作目标进行检查评比，划定分数，综合汇总，排列名次，为县委、县政府实施奖惩提供准确依据。二是加强日常督导检查。首先是考绩档案制度。为了全面、真实地反映被考核单位的工作情况，避减轻基层负担，要求担负考核任务的县直单位都要建立健全考绩档案，随时记录被考核单位的工作进展情况，使考核工作既能节省人力物力，又能准确地反映被考核单位的实际工作情况。其次是重点工作定期督导。在建立考绩档案的基础上，对重点工作进行定期督导检查，随时进行掌握工作进度，了解存在的问题和不足，有效督促了各项工作任务的落实。

完成迎接市对县年终考核的各项工作　在市对县考核工作中，县考核办承担了考核目标的分解印发发督促协调工作，将各项考核任务，根据考核内容和单位工作职现，按照上下对口的原则将每项考核指标落实到具体责任部门，并做好了协调督促工作。同时积极与市委考核办公室进行沟通联系，在2016年度全市年终考核工作中，阳谷县取得了历史性突破，获得了第一名的优异成绩。

严格实施奖惩 县委、县政府始终把严格奖惩作为一项重要工作来抓，每年都根据全县各乡镇（街道）和县直各单位的考核成绩，确定获奖单位和受惩戒单位，专门组织召开隆重的总结表彰大会，对先进单位授予荣誉称号，颁发奖牌和奖金，对后进单位进行黄牌警告。2016年，表彰先进单位128个，获奖企业40个，记三等功14人，3个单位被黄牌警告。

县委老干部局

【机构概况】 阳谷县委老干部局位于阳谷县大众路8号，共有干部职工9人，下设办公室、福利室和医疗管理科、离退休干部工作委员会办公室、退休干部管理科，管理和代管老干部党校、老年大学、老干部活动中心、关工委办公室、干休所。至2016年底，共管理离休干部200人，其中享受地专级待遇的1人，任过县级实职的4人，享受副县级待遇的46人。

【落实老干部“两项待遇”】 2016年，县委老干部局坚定不移地贯彻执行党中央对老干部“政治待遇基本不变，生活待遇略为从优”的原则，较好地落实了老干部的“两项待遇”。

认真落实老干部政治待遇 及时向老干部传达上级的新文件、新精神。每年至少两次向老干部通报全县政治经济社会发展情况及组织、老干部工作情况。组织县级实职老干部参加县里的人代会、政协会、党代会等重大会议。每年至少两次组织任过县级实职的老干部参观考察。每年春节前对老干部普遍开展走访慰问工作。每年免费对全县离休干部进行一次健康查体。每年对异地安置老干部进行走访慰问。

认真落实老干部经济待遇 完善离休干部离休费保障机制，确保离休费正常发放，建立企业离休干部离休费与机关事业单位离休干部离休费同步增长机制，使全县所有离休干部共享改革发展成果。健全完善医疗费保障机制，离休干部报销所需门诊费和住院费全部由县财政列入预算，定期按需拨付。做好病故离休干部的抚恤金发放工作。2011年，建立了离休干部特困帮扶机制，按照申请、核实、审批、发放的程序，为特困离休老干部发放救助资金，切实解决他们的实际困难。自2012年5月起，实行“先治病、后交钱”的服务模式，提升了离休干部的医疗服务水平，为老干部开通生命“绿色通道”，确保了老干部在第一时间内能得到及时有效治疗。健全完善财政支持机制，由财政拨付专项资金，开展为县级实职老干部送鲜花、送蛋糕祝贺生日活动，让老干部切实感受到党和组织的关怀与温暖。

【离退休干部党组织建设】 县离退休干部党工委成立于2013年3月，至2016年底，全县已建立离退休干部党总支和党支部96个，其中乡镇（街道）离退休干部党总支18个，老年社团趣缘离退休党总支2个，县直单位离退休干部党支部23个，“趣缘”党支部34个。结合实际，在老年社团党组织建设方面创造性地开展工作，建立了“趣缘离退休党支部”，把党支部建在老年社团上，并由此组织引导离退休干部和广大老年人开展活动、发挥作用，取得了较为显著的成效。做好了网上党支部建设工作，组织离退休干部开展网上传播正能量活动。

【老年大学工作】 县老年大学成立于1998年，下设办公室和教务科。至2016年底，大学开设有书法艺术、电子琴、绘画艺术、戏曲音乐等4门课程，在校学员290人。西校区有教学办公场所10间，建筑面积300平方米。2016年，新建立老年大学东校区，东校区有办公场所65间，建筑面积2700余平方米。老年大学配备有较好的教学办公设施，保证了各项教学活动的顺利开展。全年共完成教学120课时，办黑板报12期。外出交流学习2次，举办文艺汇演10余场，教学成果展2次，到各乡镇敬老院进行义务演出10余场，学员创作的书画、诗词、摄影等作品获奖达30余人次。

【关心下一代工作】 围绕县委、县政府的中心工作，坚持以“急党政所急，想青年所需，尽关工委所能”的工作方针，注重发挥“五老”主力军作用，为青少年健康成长积极开展工作。抓好了“五老”队伍建设。全县有1000多名“五老”人员活跃在关心下一代第一线，为促进青少年健康成长发挥着独特的作用。抓好了基层组织建设。建立、调整、充实关工委组织，初步形成了覆盖全县的关工委网络。50家企事业单位、18个乡镇（街道）、51所中小学校全部建立有关工委组织。围绕社会主义核心价值观这一主题，丰富深化“感恩教育”“中华经典诗文诵读”“才艺培养”等三项活动，对青少年进行革命传统、爱国主义、法制教育。重点开展了党史国史进校园、网吧义务监督、关爱留守儿童、帮扶青少年等活动，均取得了明显成效。

县直机关工作委员会

【机构概况】 中共阳谷县委县直机关工作委员会位于阳谷县大众路8号，于2002年8月由县直机关党委改称现名。2016年，县直机关工委设有办公室、组织科、宣传科、县直机关纪律检查工作委员会四个职能机构和县直机关武装部、机关党支部，机关行政编制7名，工勤人员编制1名；配备工委书记1名，副书记3名；纪委书记1人（副科级）；武装部长1人（副科级）；股级领导职数1人。2016年，有机关工作人员10名。

【思想建设】 *加强县直党员干部的理论学习* 在县直单位党组织中大力推进学习型党组织建设，认真组织县直单位党组织和广大党员学习党的十八届六中全会精神，要求县直党员人人建立学习笔记，撰写学习心得，切实增强了党员干部的政治理论水平和责任使命感。

加强对党员干部的现场教育和培训教育 6月6日，在县委党校举办县直单位入党积极分子培训班。6月28日，组织县直单位预备党员及入党积极分子代表到县烈士陵园进行集体入党宣誓。10月27～28日，组织县直部分单位专职副书记、党建办主任到肥城、高密参观学习党建工作。11月30～12月1日，在县委党校举办县直机关党组织书记“两学一做”第二期学习教育培训班，县直机关的130多个单位共计200余名党务干部接受了党建业务培训。

加强党建信息交流 完善落实《党建信息报送制度》，编发《县直党建》简报12期，宣传党建典型20个，工作动态7个，推出特刊1期。加强“阳谷机关党建”网站的建设，及时充实《机关工委党建》网共21条信息，

促进了党建工作信息推广和交流。

阳谷县直机关工委被评为“2016年度山东省机关党建调查研究与实践创新先进单位”；撰写的调研报告《关于加强机关党员队伍教育管理的研究》被评为“2016年度全省机关党建调研成果二等奖”。

【学习教育】 2016年，机关工委认真学习党的十八大和十八届六中全会精神和习近平总书记系列讲话精神，紧紧围绕县委、县政府的中心工作和“两学一做”学习教育，着力抓好县直机关党建工作，取得显著成绩，为建设幸福和谐新阳谷提供了坚实的思想和组织保证。根据上级安排，机关工委组成“县委巡回指导二组”，由机关工委书记王秋正为组长，副书记为副组长，其他同志为组员，制定了指导和督导实施方案并及时对县直单位进行督导。

开展争创“共产党员先锋岗”主题实践活动。机关工委在县直机关党组织中开展争创“共产党员先锋岗”主题实践活动，激励党员干部创先争优，发挥模范带头作用。4月8日，在县人社局召开县直机关党建工作会议，对2015年度“共产党员先锋岗”进行表彰，授予18个党组织优秀组织奖、23个集体岗位、568名个人岗位为“共产党员先锋岗”。

继续深入推进“在职党员进社区”活动。以县直机关在职党员为主体，以城区三个街道办事处为依托，共同创建和谐社区。

组织开展“两学一做”学习教育主题演讲比赛。5月份，机关工委下发《关于在县直开展“忠诚与信仰”“两学一做”学习教育主题演讲比赛的通知》。6月23日，在县广电中心五楼演播大厅举办演讲比赛决赛，20名决赛选手演讲紧扣活动主题，深刻诠释了共产党人的忠诚与信仰，起到了积极作用。

举办县直机关“两学一做”学习教育知识竞赛。历时两个多月，有70支参赛队伍报名参加，经过10场预赛，最终10支参赛队伍进入决赛。10月14日上午，在县广电中心演播大厅成功举办了知识竞赛决赛。

【组织建设】 加强党务干部队伍建设。6月29日，组织召开县直单位庆七一党建工作座谈会，部分县直单位的党建工作负责同志、专职副书记参加座谈。开展“评先树优”活动，在全县七一表彰大会上，对县直先进基层党组织、优秀党务工作者及优秀党员进行了表彰。7月23日，聊城市县（市、区）机关工委书记座谈会在阳谷召开，聊城市委市直机关工委书记袁炳臣对阳谷县的机关党建工作给予肯定。8月份和11月份，阳谷县直机关工委两次作为聊城机关党建的先进代表参加全省机关党建工作会议。

县直机关工委对县直每个基层党组织的设置情况进行统计，建立县直机关党组织台帐，对县直所有党组织的基本情况，包括成立时间、批复文号、组织班子配备情况都及时进行了详细的梳理和登记，对到期需要换届的党组织及时电话通知提醒，督促按期换届。县直基层党组织换届选举时，机关工委派员参加，并与党员代表和群众代表进行座谈，选举结果报机关工委进行审批。同时，根据党员分布情况和方便活动的原则，指导一些党组织设置不够科学的县直单位重新规范了党组织设置。2016年，新建机关党委1个，党支部14个，更名党组织4个。撤销党总支部3个，党支部30个。全年机关党委换届5个，党总支部换届11个，党支部换届94个，调整党组织书记8个。

机关工委全程参与县直单位党组织的换届选举会议，进一步严格会议程序，严肃党内组织生活，使县直各单位对党建工作的重视程度进一步提高。

县直基层党组织建设情况表

表 2　　　　单位：个

年度	基层党组织总数	党委	党总支部	党支部	年内新建党组织	年内充实调整改选党组织
2016	393	14	33	336	15	110

【**制度建设**】2016年，狠抓党组织作风建设。建立健全党的“三会一课”制度、民主生活会制度、民主评议党员制度等一些党内制度。县直单位党员领导干部较好地坚持了“一岗双责”和“双重”组织生活制度，促进了党内政治生活的正常化。

健全完善机关党风廉政建设工作责任制。年初制定了2016年度党风廉政建设和反腐败工作计划，实行“一把手”负总责，分管领导具体负责，层层签订责任状。认真查找工作中存在的廉政风险点，建立廉政风险预防机制，分包到具体责任人。

改进工作作风。县直机关工委工作人员严格执行党风廉政建设责任制的各项规定，廉洁从政，深化责任监督，提高办事效率，注重自身建设，树立单位形象。制订了《县直机关工委工作制度汇编》，并组织进行深入学习，确保严格落实各项规章制度，提高了工作质量和效率。

【**党员队伍建设**】2月19日，机关工委召开专题会议，安排部署党员排查工作，要求县直基层党组织采取党支部自查、“两学一做”工作组核查等方式，对县直基层党组织党员在册、交纳党费、参加组织生活等情况进行全面排查和核实。

6月30日，召开县直单位党组织学费收缴工作专项检查动员会，圆满完成党费专项核查工作。

严格实行“两推一公示”和“票决制”，共发展新党员81人，并及时做好预备党员特别是复退军人和毕业大中专生预备党员的转正工作，全年预备党员共转正116人。

县直党员队伍建设情况统计表

表 3　　　　单位：名

年度	党员总数	培养入党积极分子	发展新党员	预备党员转正
2016	8483	247	81	116

【**机关武装部工作**】重视自身建设，积极参加上级军事机关的各类专武干部集训。4月17日至30日，机关专武干部、县直机关工委基干民兵连连长在县民兵训练基地进行封闭式集训，进一步提高了全县民兵军事素质和应急能力。

认真做好民兵整组工作、扎实整顿民兵队伍。2016年，县直单位有民兵X人，其中基干民兵X人，普通民兵X人。基干民兵建制共编X大类、X小类、X支基干民兵队伍。管辖内的供水设施抢修排、供电设施抢修排和燃气设施抢修排等民兵应急队伍参加了集合点验。

建立健全组织机构，确保兵役登记工作扎实有效。全县兵役登记工作会议后，及时召开县直机关兵役登记工作会议，对兵役登记工作进行扎实安排。

依法征兵，高质量完成征兵任务。做到早发动、早宣传，加强对应征青年家长的宣传教育工作。2016年，机关武装部共为部队输送高素质兵员×人，圆满完成征兵任务。

县委宣传部

【机构概况】 2016年，县委宣传部下设：办公室（研究室）、新闻科、宣传科、理论教育科、学校教育科、对外宣传科、文明办（正科级），代管县文学艺术界联合会（正科级），共有工作人员17名。县委宣传部被省委宣传部评为“全省理论教育工作先进单位”“全省舆情信息工作先进单位”。

【理论武装】 制定出台《2016年全县党委（党组）理论学习安排意见》等指导性文件，进一步健全和完善各级党委（党组）中心组学习制度，创新学习载体，丰富学习内容，坚持学以致用，推动理论学习实践化。为全县各级各部门党委（党组）理论学习提供《习近平总书记系列重要讲话读本》《改革热点面对面》等理论学习书籍25000余册，积极组织理论骨干撰写理论文章，先后在市级以上报刊发表文章40余篇次。进一步加大理论培训，全年共选派出20余名理论骨干参加市级以上理论培训和研修班，使理论骨干的理论素养不断增强。结合“两学一做”学习教育，深入推进理论惠民工程，组织宣讲团开展“两学一做”集中宣讲50余场，直接听众1万余人次。举办十八届六中全会精神集中宣讲32场，直接听众9000余人次。选派优秀选手参加了市委宣传部、讲师团组织的全市百姓宣讲比赛，获得二等奖1名，优秀奖1名。侨润街道城角徐居民区被授予山东省社会科学普及教育基地，景阳冈酒厂被授予聊城市社会科学普及教育基地。县财政局等4个单位分别被评为全市先进党委（党组）中心组和理论教育工作先进单位。

【舆论引导】 **新闻宣传** 围绕县委、县政府的中心工作，精心组织主题宣传活动。2016年，围绕全面深化改革、法治阳谷、精准扶贫、城乡建设、民生事业、“两学一做”专题教育等工作开展了一系列特色鲜明、主题突出、内容丰富的主题宣传报道活动，为全县经济社会科学发展营造强劲舆论氛围。全年共在市级以上党报党刊发表各类文章2423篇，其中在国家级党报党刊发稿162篇，居全市第一名，在《聊城日报》发稿2145篇，版面头条189篇，居全市前列。被评为《大众日报》新闻报道先进集体、《农村大众》新闻报道先进集体、《聊城日报》新闻报道先进集体，《贫苦户入股 领薪又分红》被评为山东新闻奖二等奖，《阳谷：找准穷根子 开对药方子》被评为市新闻宣传优秀作品。全市两会期间，在《聊城日报》刊发专刊《铿锵五年结硕果 风鹏正举启新航》，全方位宣传了阳谷县五年来经济社会发展的巨大成就。

加强新闻宣传宏观管理和业务培训。年初下发《全县新闻报道工作实施意见》，制定考核办法，进一步完善新闻通报制度，确保新闻报道工作扎实有序开展。继续加强新闻队伍建设，通过举办全县新闻舆论工作专题培训班、开展新闻汇稿座谈会、参加大众日报新闻培训班等方式，培训新闻通讯报道员300余人次。全面提升全县通讯报道员的新闻采写水平与用稿率。同时，积极配合中央、省、市做好2017年度党报党刊征订发行工作。

对外宣传 积极创新宣传方式方法，对外宣传工作取得新突破。先后组织邀请“风从运河来”大型媒体采风活动组、“百家媒体齐鲁行”活动组等到阳谷县采风，先后发表宣传稿件及宣传短片等60篇（部），对阳谷县传统文化、旅游特色、风土人情进行了卓有成效的宣传，有力地促进了阳谷县旅游业的发展。五月份，凤凰网先后对凤祥集团莘安耶果种植基地、谷丰源现代农业基地进行实地采访，并通过凤凰网网站、新浪微博、微信等多种宣传手段对阳谷县在现代农业方面的发展成果进行积极对外推介，起到良好的宣传效果。

舆情调研　不断完善舆情信息员队伍，注重对全县舆情信息员的培训和日常指导，努力提高全县舆情信息和调研工作队伍的业务水平，2016年舆情信息工作成绩稳步提升。全年共被中宣部采用信息66篇，省委宣传部采用信息504篇，其中8篇被领导批示，完成省委宣传部约稿5篇，阳谷县名列全省舆情信息直报点第16名。报送的信息《习近平总书记主持召开党的新闻舆论工作座谈会并到中央新闻单位实地调研舆论反响强烈》《全国两会境内外舆论情况》等信息被省委宣传部评为2016年度“优秀稿件”，县委宣传部被评为全省舆情信息工作先进单位。全年共撰写调研文章十余篇，其中8篇被省市委宣传部采用，调研成果位居全市各县市区前列。

【宣传活动】 社会宣传　积极培育和践行社会主义核心价值观，推动四德工程建设，做好了农村（社区）善行义举四德榜的更新和维护工作，扶持更新村（社区）高标准善行义举四德榜69个，全县各机关、企业、学校等广泛建立善行义举四德榜。在大众路建立四德一条街，打造街头正能量。通过开展第二届“最美阳谷人”评选活动、道德模范人物和“四德”示范点的培育选树，以点带面，使四德工程建设得以全面推进，公民道德素养不断提高。2016年9月，聊城市“善行天下·德耀聊城”践行核心价值观基层行大型直播采访活动两次走进阳谷县，就阳谷县政务服务中心、侨润街道西八里营村“四德工程”建设方面的好经验、好做法进行了宣传报道。

2016年，以“永远跟党走 共筑中国梦”为主题，组织各乡镇（街道）、县直各部门（单位）、各文艺协会积极开展各种文艺活动，丰富群众的精神文化生活。6月27日，成功举办阳谷县庆祝建党95周年暨2016消夏文化艺术活动启动文艺演出，拉开全县消夏文化艺术活动的序幕，举办主题书画展；青少年声乐、器乐、舞蹈大赛；健身舞大赛等形式多样、内容丰富的群众文化活动100余场。送文艺下基层演出120余场次，开展“送戏下乡村村到”活动500余场，免费电影放映1万余场。

学校教育　2016年，县组织了“传承中华文化 共筑精神家园”青少年爱国主义读书教育活动。通过开展中小学生征文、演讲、讲故事比赛，选出优秀选手参加全市比赛，县荣获演讲比赛二等奖1名、三等奖3名；讲故事比赛二等奖1名，三等奖2名，通过读书教育活动，增强了广大青少年学生的民族文化自信和价值观自信。9月，开展以“传承红色基因 共建巩固国防”为主题的“国防教育进校园”活动，引导青少年增强国防意识、常怀报国之志。

文化产业　2016年，组织参加山东省第六届文博会，阳谷木雕等艺术作品受到了广泛关注。为景阳冈陈年酒庄建设项目申请省级文化产业发展专项资金80万元，为景阳冈戏曲艺术团申请文化产业发展专项资金10万元。山东阳谷千秋文化实业有限公司、阳谷丰源现代农业科技有限公司、聊城贵和包装有限公司、阳谷文状元木雕文化艺术有限公司入选省级“重点文化企业项目库”。

撰稿人：王守兴

县精神文明建设办公室

【机构概况】 2016年，县精神文明建设办公室共有工作人员2名。

【文明单位创建】 严格按照《聊城市文明单位考核办法》对全县省、市级文明单位进行考核，实行末位淘汰动态管理，促进了全县精神文明创建工作的提升。2016年，创建全国文明村镇1个，省、市级文明村镇（社区）33个，省、市级文明单位46个。

【公民道德建设】 按照省、市文明办要求，组织动员全县各省、市级文明单位、各乡镇（街道）推荐上报“中国好人榜”群众，保质保量完成推荐上报任务。组织参加全省首届文明家庭评选活动，石佛镇董目仁、王玉娥家庭和七级镇孙义涛、田淑珍家庭荣获全省首届文明家庭荣誉称号。

【乡村学校少年宫】 加强对乡村学校少年宫的管理，举办全县乡村学校少年宫“青春旋律”器乐比赛 和“羽毛球大赛”等系列活动，丰富学生的课外生活。

【乡村文明行动】 组织申报省级“乡村文明行动”示范村一个。在县委党校举办了“新农村新生活”培训班两期，邀请有关专家对全县各乡镇（街道）文明办主任、妇联主席和农村妇代会主任共计700余人进行了授课。

【城乡环卫一体化】 联合县城市管理行政执法局等单位，加强城乡环卫一体化的日常管理、督导，实现长效化、规划化运行。

【移风易俗】 扎实开展了移风易俗工作，先后印发移风易俗宣传画2万余份，积极倡树喜事新办，丧事简办的文明新风。迎接了省民政厅移风易俗督导组来县大布乡和安乐镇督导检查工作。

县委统战部

【机构概况】 2016年，统战部下设办公室、党外干部科、工商经济科等三个业务科室，共有工作人员7人。县委统战部深入学习贯彻党的十八大、十八届历次全会和中央、省市县统战工作会议精神，紧紧围绕县委、县政府中心工作，立足实际，扎实推进，各方面工作再上新台阶，为阳谷县的经济社会建设提供了人才支持和力量支撑。

【统一战线政治共识】 坚持把思想政治工作放在首位，继续在统战干部、无党派人士和非公有制经济人士中开展中国特色社会主义学习实践活动，通过理论学习及实践锻炼，力求统战干部和统战成员在思想上有新境界、理念上有新突破、素质上有新提高。认真开展“两学一做”学习教育。教育活动期间，扎实开展了16次集中学习和4次专题研讨，征求到6个方面的意见建议22条，对征求到的意见制定了整改措施，召开开诚布公、见人见事见思想、整改方向明确的民主生活会。通过举办培训班、座谈会等方式，加强对党外人士的思想引领。在县委党校举办科级干部培训班一期，36名党外科级干部参加了培训。引导统战成员参与扶贫攻坚，在实践中坚定理想信念。通过开展“智力扶贫”“送岗扶贫”“借力扶贫”等方式，安置全县300多名贫困人员就业或创业，救助贫困生160名，救助金额达110万元。

【非公经济服务】 2016年，围绕非公有制经济健康发展和非公有制经济人士健康成长的"两个健康"主题，坚持团结、服务、引导、教育的方针，不断加强非公经济领域统战工作。指导工商联发展新会员 30 名，切实壮大工商联会员队伍。引进总投资 1.2 亿元的山东中海塑胶有限公司项目一个，并促使该项目落户县开发区。引导工商联协会积极发挥作用，指导阳谷汽车饰品行业协会成功举办中国（阳谷）汽车座垫展览会、2016 百汇皮业产业升级新品推荐会，现场成交额达 3 亿元。对非公经济人士进行了综合评价。按照"一个入口，一套标准，凡进必评"的要求，牵头组织 14 家评价单位，对 213 名非公有制经济人士进行了综合评价。

【党外代表人士队伍建设】 认真贯彻落实中央、省、市关于加强新形势下党外人士队伍建设的意见精神，按照德才兼备、以德为先的用人标准，以提高素质、发挥作用为目标，不断探索完善党外人士工作机制，努力推进党外代表人士队伍建设。完善了由统战部牵头负责、党政有关部门参加、社会有关团体参与的联席会议制度，形成了工作合力。健全完善民主推荐机制，注重从政府机关、企事业单位、学校、新的社会阶层等领域发现党外代表人士和优秀人才，全年新储备党外人士 71 名。健全完善合作共事机制，建立党外代表人士情况通报制度，召开党外人士通报会 4 次，分别就全县经济社会发展大计、政协换届人选等问题征求党外代表人士意见建议。健全完善选拔任用机制，推荐党外干部担任重要职务。配备党外副县长 1 名，党外人大副主任 1 名，党外政协副主席 4 名，党外科级干部 33 名。在新一届县人大、县政协换届选举中，安排党外人大代表 79 名，党外政协委员 165 名，分别占人大代表、政协委员总数的 30.5% 和 60.5%。

【民族宗教】 民族宗教无小事。认真做好民族工作，不折不扣落实民族政策，足额发放穆斯林农户牛羊肉补贴款 20.16 万元，为凤祥集团有限公司、六和清真食品有限公司争取少数民族特需用品生产企业贴息贷款 6.5 亿元，为全县 27 名少数民族考生办理了加分审核；抓好民族团结进步宣传教育，开展好民族团结进步宣传月活动；关注少数民族贫困人口脱贫，举办少数民族实用技术培训班 1 期；及时足额发放清真寺教职人员的生活补助。做好宗教工作。按照国家、省、市宗教部门的统一部署和要求，举办"宗教政策法规学习月"启动仪式暨宗教政策法规培训班 1 期；组织开展"宗教慈善周"活动，引导宗教界开展慈善捐赠，并逐步将慈善捐助常态化。

县委党校

【机构概况】 中共阳谷县委党校成立于 1949 年 10 月。因辖区变更原因，1958 ～ 1961 年 7 月更名为"中共寿张县委党校"。1983 年冬，由寿张镇迁至现址。1992 年 8 月批准为副县级单位，中专体制，正式列编 5 个副科级科室，分别为办公室、教学研究室、理论研究室、业余教育室、行政后勤科。2000 年 2 月，在党校成立阳谷县行政干部学校，与县委党校两块牌子，一套人马，合署办公。至 2016 年，党校有在岗在编教职工 28 人，其中领导班子 6 人，高级讲师 9 人，中级讲师 9 人。

2016 年，阳谷县委党校以邓小平理论、"三个代表"重要思想、科学发展观为指导，深入贯彻习近平总书记重要讲话精神，紧紧围绕县委县政府中心工作，紧密结合县党员干部教育培训的实际，认真贯彻落实《中国共产党党校工作条例》和省委实施意见，高标准要求，高质量建设，坚定信念，开拓创新，在主体班次培训、教学科研、队伍建设、业余函授、行政后勤服务等方面做了大量工作，取得显著成绩，各项工作迈上新的台阶。2016年，阳谷县委党校被评为2014～2016年度山东省党校系统先进党校、聊城市理论宣教基地、2015～2016年度全市理论教育工作先进单位、阳谷县文明单位、全县工会工作先进单位、优秀普法办公室等荣誉称号。在2016年首次党委“建党校、办党校、管党校”考核中，阳谷县委在党校工作考核中位列聊城8县市（区）第一名。

【主体班次培训】 始终坚持“党校姓党”的办学方向，充分发挥党校主渠道作用，紧紧围绕主体班次培训这个中心工作，做到思想上重视，行动上自觉，措施上得力。

突出培训重点 根据《党校工作条例》要求，把党的十八大、十八届六中全会精神、“两学一做”学习教育作为教学的主要内容。在突出抓好中国特色社会主义理论体系和党性教育。

创新培训方法 深化教学改革，“引进来”与“走出去”相结合，提升培训效果。2016年，聘请省委、市委党校和聊城大学专家教授讲课15人次，县委书记带头走上讲台，县委副书记、纪委书记、组织部长等多名县级干部结合阳谷实际讲学授课15人次，乡镇科局领导授课20人次；改革教学方法，大胆尝试案例式、研究式等新教学方法，实现了教学方式的两个转变，即变“被动灌输”为“互动教学”、变“以教师为中心”为“以学员为中心”；积极探索现场教学和异地教学模式，全县农村（城市社区）优秀党员示范班采取现场教学模式，组织学员到阳谷新凤祥党建活动中心、谷丰源现代农业基地、沙河崖刘邓大军渡河指挥部、高庙王前仓村新农村建设点进行现场参观学习。组织部分优秀农村支部书记、领导干部分批次到濮阳、林州进行异地培训。现场教学和异地培训开阔了视野，解放了思想，增强了培训效果；另外，采取观看录像、大会交流、撰写心得体会等多种形式开展培训活动，有力推进了教学质量和培训水平的提高。

办学规模和质量的双提升 2016年，县委党校按照全县干部培训计划，举办了基层党组织书记、全县科级干部两个主体培训班次6期，培训党员领导干部2100人次。同时，充分挖掘培训资源潜力，举办农村优秀党员示范班、全县入党积极分子、县直党务干部、攻坚扶贫、农村基层两委成员、计划生育、新知识新生活等部门专题培训7个班次23期，培训学员达4300人次。由县纪委牵头组建“两项法规”宣讲团，县委宣传部牵头组建党的十八届六中、“两学一做”学习教育宣讲团，开办“流动党校”，选派骨干教师到乡镇（街道）、县直部门、企事业单位宣讲近100场次，受教育党员干部达15000余人次，实现办学规模和质量的双提升。

【教学改革】 教学的核心是质量，质量是立身之本。根据新时期县级党校发展需要，坚持以邓小平理论、“三个代表”重要思想和科学发展观为指导，坚持质量立校，积极推进培训理念、教学模式、管理机制的创新。教学改革扎实推进，教学质量稳步提升。

内强素质 2016年，党校实行演讲会、读书会、理论研讨会，课件教学观摩比赛“三会一课”制度，切实提高教师素质。全年共进行演讲会4次、读书会5次、理论研讨会4次和课件教学观摩比赛3次。

外出培训 选派骨干教师到省委党校、市委党校和人民大学、复旦大学、潍坊、林州等地外出学习，全年培训进修30人次，教师解放了思想、开阔了眼界，素质得到明显

提升，为发挥好党校主阵地作用提供根本保证。

强化任务 校委会以职定责、明确任务，教师每月至少写出一篇理论文章，每年至少在市级以上刊物刊发一篇理论文章，推出一堂精品课。

制度保障 党校实行课前授课选拔和课后学员评议制度，根据教学需要组织教学观摩比赛，进行竞争上课，择优推向课堂。活动的开展，为教师搭建自我提高、相互学习交流平台，有效促进教学水平整体提升。培训结束后，向参训学员发放教学质量评议表，对授课教师教学质量进行评议，并及时反馈给教师，利于教师整改和提高。

【科研工作】 为充分发挥党校为党委政府决策服务的智库作用、科研为提高教学质量服务的作用，县委党校进一步整合科研力量，聚焦党委、政府的重大决策部署，加强对重大现实问题尤其是县情调研的研究，大力提升科研水平。

调查研究 2016年，组织全体教师深入基层调查研究，撰写调研报告多篇。县委党校有5项科研成果得到县委常委的批示，为县委、县政府的决策部署提供了重要参考；省委党校科研课题结项4个、市委党校科研课题结项2个，另有3篇课题研究已获县委主要领导签批等待省委党校结项。

理论研讨 县委党校参加全市党校系统理论研讨会3次，26人次获奖，其中获一等奖8人次，校级理论研讨会4次；编辑《学习与收获》4期。2016年，阳谷党校被市委宣传部挂牌为“聊城市理论教育基地”。

教材编写与电视访谈 2016年，有1人受邀参与完成山东省农村和城市社区基层干部学历教育系列教材《农村基层党务管理实务》的编写工作，并担任本课程网络课程主讲人；有1人受邀参加阳谷电视台“阳谷经济报道”栏目做“供给侧改革”访谈。

【业余函授教育】 在函授教育办学过程中坚持党性教育，狠抓学员的考风考纪，培养良好的教风、考风和学风。配合省委组织部和山东省广播电视大学，实施山东省农村人才素质提升工程，继续抓好优秀村两委干部中120名学员的学习、考试和管理，至2016年底，在校生规模保持在200余人；为切实提高函授教育办学质量，按照上级院校的要求对在校生管理严格，确保了面授考试、论文答辩等各个环节严格把关，树立了阳谷县委党校良好的形象。

【队伍建设】 按照“建设一流县级党校”的要求，建设了一支高素质的党校干部和教师队伍。采取授课选拔制度、课后评议制度、教师定任务等措施，通过教职工集体学习、理论科研、等多种方式，提高现有教师队伍的政治素质和业务素质，促进教职工队伍的成长。充分利用宣讲远程教学网络，组织教师收看、学习。加大教师外出学习力度。2016年，有计划地选送骨干教师30人次到省委党校、人民大学、复旦大学、聊城市委党校、潍坊、林州、濮阳等地进行培训提高，进修深造，培育出一批明星教师、学科带头人和教学能手。

【行政后勤管理】 党校不断强化服务意识，为教学、科研等各项工作的正常开展提供坚强保障。

严格管理 加强对党校的固定资产和后勤工作的有效管理，完成培训班次20余期的后勤保障工作，并公布后勤服务电话和24小时值班调度电话，方便学员联系，保证了食宿安排合理。

改善办公条件 2016年，教师办公室安装空调6台，方便了教师的学习备课，把党校庭院硬化、绿化、美化纳入市政统一规划，“绿化、硬化、美化”近4000平方米。成立“全县党员干部教育培训中心”，投入60余万元，购置远程教育视频直播系统设备，全县十八个乡镇(街道)可双向同步收看课堂直播，扩大了党校课堂覆盖面。

撰稿人：周 正

县委党史研究室

【机构概况】 阳谷县委党史研究室成立于1982年1月，前身是中共阳谷县委党史资料征集研究委员会办公室（简称县委党史办公室），2005年12月21日改为现名，为正科级参照公务员法管理的事业单位，负责全县党史资料的征集研究、党史宣传教育、党史资政、党史教育场馆建设和有关出版物的审查等工作。至2016年底，单位共有工作人员7人。2016年，县委党史研究室紧紧围绕建设“经济强县、文化强县”、构建幸福和谐新阳谷的总体目标，充分发挥党史“存史、资政、育人”的作用，深入开展“两学一做”学习教育，开拓创新，扎实工作，圆满完成全年业务工作，各项工作取得了显著成绩。

【党史征集研究】 县委党史研究室始终坚持把党史资料征集研究作为工作的重中之重。完成省市党史研究室安排的《改革开放实录》（阳谷卷）有关专题撰稿任务。根据县委领导安排，阳谷县专门成立了由县委党史研究室牵头，县农业局、县畜牧局、县林业局、县多办、县民营局、县旅游局为成员的课题组。5月24日，县委副书记崔新乐专门召开协调会，督促检查各单位撰稿工作进度。8月9日，按时完成《阳谷县改革开放的探索、发展与成就综述》《阳谷县调整优化农村产业结构、推进农业产业化进程的实践与经验》《阳谷县民营经济发展的历程、成就及经验》《阳谷县旅游产业发展的历程、成就及经验》4篇论文的撰写上报任务。完成《中共阳谷历史大事记》（1999～2015）初稿。阳谷县具有光荣的革命斗争传统，是革命老区、党史大县。党史研究室把1999～2015年间发生的重要活动、重大事件进行了系统整理，已经形成《中共阳谷历史大事记》（1999～2015）的初稿。搞好革命老区调研，形成调研报告。根据市委组织部、市委党史研究室、市民政局、市革命老区建设促进会聊组通字〔2015〕9号文件的要求，对阳谷县老区的基本情况进行了调查摸底，经过近一年的时间，完成全部调研工作，形成了调研报告。通过这次调研，摸清了阳谷县1949年9月2日之前全县存有党组织的数量，在摸清老区村底子的基础上，确定了重点老区村，摸清了阳谷县参军支前人数、烈士、牺牲人数，摸清了南下北上干部的底子，于2016年7月出版了《阳谷县革命老区基本情况资料汇编》一书。

【党史宣传教育】 县委党史研究室始终坚持把党史宣传教育作为工作的重要内容。举办庆祝建党95周年党史展览。七一前夕，县委党史研究室举办了“阳谷县庆祝建党九十五周年”为主题的党史图片展，共制作展板32块，展出图片200余幅，内容分为三大部分：旭日东升 革命实现；艰难探索 曲折发展；改革开放 谱写新篇，全面反映了中国共产党带领阳谷人民推翻三座大山走向新时代的艰难曲折的光辉历程。7月1日，在阳谷县委办公楼前举行了开展仪式。后陆续在县政府大院、县招待所、县人社局等单位巡回展览。协助县文广新局做好阳谷县文化展厅党史部分的布展工作。阳谷县文化展厅位于阳谷景阳冈酒厂院内，由县文广新局负责总体规划布展。县委党史研究室提供了大量的历史图片和详实的文字材料，协助文广新局布展其中的红色文化部分。目前，阳谷县文化展厅的布展工作已圆满结束。编纂出版了《阳谷老区建设》刊物1期。

【党史资政育人】 县委党史研究室始终坚持把党史资政育人作为工作的根本任务。在部分中小学校开展党史知识讲座，组织中小学生参观革命遗址。为配合县委、县政府建党九十五周年系列活动，阳谷县委党史研究室发挥自身优势，10月21日，组织阳谷县实验中学部分学生到刘邓大军强渡黄河战役纪念馆参观。学生团员面向团旗重温了入团宣誓仪式。11月24日，在阳谷县实验中学举办了党史知识讲座，以《阳谷党史知识读本》为基础，对阳谷党史上的大事进行了讲解，近400名中学生听取了讲座。

撰稿人：孟凡鹏

县机构编制委员会办公室

【机构概况】 2010年12月，县机构编制委员会办公室（简称县编办）单独设置（原与县人事局合署办公），列入党委机构序列。2012年9月，县事业单位登记管理局更名为县事业单位监督管理局，为正科级行政机构，隶属县编办。2012年12月，设立县机构编制电子政务中心，为副科级财政拨款事业单位，隶属县编办。2014年4月，设立阳谷县人民政府行政审批制度改革办公室，为正科级行政机构。至2016年底，编办共有工作人员12名，设4个职能科室，分别为综合科、行政机构编制科、事业机构编制科、监督检查科，办公地点为振兴路11号县政府院内。

【行政审批制度改革、政府职能转变】 按照党中央国务院、省委省政府、市委市政府关于深化行政体制改革，加快转变政府职能的部署要求，进一步简政放权、放管结合、优化服务，创新政府管理方式，提高依法行政质量和效率，营造公平竞争的发展环境，推动了大众创业、万众创新。削减行政审批事项，认真承接落实上级取消、下放行政审批事项，进一步清理规范行政审批中介服务。今年分两次以阳政字〔2016〕33号、74号文件削减县级行政审批事项35项，3项中介服务项目不再纳入行政审批中介服务收费项目清单管理；创新监管方式，加强事中事后监管。在去年印发《阳谷县加强行政审批事中事后监管实施方案》，加强行政审批事项的事中事后监管的基础上，按照上级要求，全面实施“双随机，一公开”监管工作，进一步创新了政府管理方式，规范市场执法行为，营造公平竞争的发展环境；统筹推进各领域改革。县政府办公室下发了《2016年简政放权放管结合优化服务转变政府职能工作方案》（阳政办字〔2016〕33号），明确任务分工和进度安排表，统筹推动行政审批、投资审批、职业资格、收费管理、商事制度、教科文卫体等领域改革，按时间节点完成了改革任务；开展了简化优化公共服务流程试点工作。2016年，市政府选取阳谷县开展简化优化公共服务流程试点工作，5月6日，召开了有关单位会议进行了安排部署。7月底，编制完成了公共服务事项目录、服务指南，对证明盖章类材料进行了清理，极大地方便群众办事创业；对行政审批制度改革落实情况开展了阶段性“回头看”。根据省市审改办文件要求，安排部署全县行政审批制度改革阶段性“回头看”工作，各有关部门认真对照文件，结合部门工作进行自查自纠，按时完成此项工作；清理规范了省级行政许可事项县级审核环节。按照省政府审改办文件要求，对阳谷县相关单位的审核环节进行了清理规范。

【事业单位分类改革】 细致划分事业单位类别。2016年，阳谷县按照省市要求，扎实做好事业单位分类改革各项调研，积极稳妥推进事业单位分类工作。全县367家事业单位调整划分如下：从事生产经营活动事业单位7家，公益一类事业单位321家，公益二类事业单位18家，公益三类事业单位14家，另外，有4个单位存在异议暂不分类，有3个单位按照上级有关文件规定暂缓分类。下一步将按照省市事业单位分类意见和要求，进一步完善事业单位分类目录，提出暂缓分类事业单位的分类意见；积极稳妥推进公立医院人员控制总量备案工作。6月13日，县编办印发了《关于阳谷县公立医院人员控制总量备案的批复》（阳编办发〔2016〕7号），对公立医院人员控制总量进行备案。同时，为做好新旧制度的衔接配套，编办会同人社局联合制定了《关于深化公立医院编制管理和人事制度改革的建议函》（阳编办函〔2016〕1号），就深化公立医院编制管理和人事制度改革提出了建议措施；分类推进事业单位改革。研究出台了《阳谷县事业单位改革领导小组关于印发〈2016年分类推进事业单位改革重点任务分工〉的通知》（阳事改发〔2016〕1号），并召开全县分类推进事业单位改革暨中小学校长职级制改革工作会议，对贯彻落实各项改革任务进行了安排部署，要求进一步认清形势，明确任务，切实负起责任，狠抓工作落实，让人民群众享受更多改革成果。

【乡镇监管机构】 5月，根据《关于加强乡村安全生产、建设工程质量安全、环境保护、道路交通安全监管工作的通知》（鲁政办发〔2016〕6号）精神，为切实做好全县乡村安全生产、建设工程质量安全、环境保护、道路交通安全等方面的监管工作，印发了《关于加强乡村安全生产、建设工程质量安全、环境保护、道路交通安全监管工作的通知》（阳编发〔2016〕1号），通知规定按照"属地监管与分级监管相结合、以属地监管为主"的原则，健全乡镇（街道）有关监管机构，明确了相关职责，要求乡镇配备与工作任务相适应的人员编制。

【综合行政执法体制改革试点】 3月，阳谷县被确定为全市综合行政执法体制改革试点县后，在县委、县政府和县编委的高度重视下，迅速成立了县综合行政执法体制改革试点工作领导小组（阳发〔2016〕48号），统筹推进改革试点各项工作，主要开展了以下几项工作：市编办、县编办、县城管执法局有关人员到试点市进行了调研学习，学习了成功经验和做法；对县直32家部门（单位）行政执法情况开展了调研摸底，基本摸清了相关职能部门的执法内容、执法机构和执法队伍等基本情况；县纪委、县委组织部、县编办、县监察局、县财政局、县人社局联合出台了《关于严明综合行政执法体制改革试点工作期间纪律的通知》（阳纪发〔2016〕42号）；研究拟定了《阳谷县综合行政执法体制改革试点工作方案》（征求意见稿），并征求了28家县直部门（单位）、5个乡镇、3个街道的意见建议，对方案进行了修改完善；按照省市编办领导反馈的审理意见对《阳谷县综合行政执法体制改革试点工作方案》认真修改完善后按时上报市编办；市编委批复了《县综合行政执法体制改革试点工作方案》；根据《关于〈阳谷县综合行政执法体制改革试点工作方案〉的批复》（聊编〔2016〕17号）精神，向市编办呈报改革试点工作中拟调整设立的机构事项，批复后实施。

【事业单位监督管理】 做好2015年度事业单位法人年度报告公开工作，已登记的法人事业单位每年的1～3月份都要将上年度的情况进行公开。各部门单位通过山东省事业单位监管系统提交电子版材料，由事业单位监督管理机构对其进行审核；探索开展事业单位法人治理结构试点工作。根据中央和省关于建立和完善事业单位法人治理结构试点改革的精神，为贯彻落实《山东省事业单位法人治理结构建设试点工作实施意见》，2015年，阳谷县坚持试点先行，探索开展事业单位法人治理结构试点工作，联合教育部门通过调研走访，选取了社会关注度高、公益服务性质强的的阿城镇联校作为阳谷县事业单位法人治理结构的试点，2016年正在跟进市编办拟定相关方案和实施意见；根据中央、省、市编办统一部署，理顺代码管理体制机制，编办指派业务骨干参加省编办举行的培训，吃透相关文件精神，明确事业单位监督管理局为赋码机构，刻制阳谷县机构编制委员会办公室统一社会信用代码赋码专用章。按时完成“统一社会信用代码证书”征订工作，主动加强与有关部门和单位联系，整理完善党政群机关信息数据，对机构名称、性质、地址、负责人和组织机构代码等情况进行补充核实，切实提高信息填报的真实性、准确性。并在网上登记管理系统上完成了赋码、换证等程序的试运行。2016年8月，已全部完成全县61家党政群机关单位统一社会信用代码证书的换发工作。新的证书取代了之前的组织机构代码证书，实现了二证合一。

县委台湾工作办公室（县政府台湾事务办公室）

【概况】 中共阳谷县委台湾工作办公室、阳谷县人民政府台湾事务办公室的前身是中共阳谷县委对台工作办公室、阳谷县人民政府对台事务办公室，成立于1989年7月。2006年4月，台湾工作办公室单设，从县委统战部划出，隶属县委办公室，列县委序列正科级单位，设正、副主任各一名。2016年底，县委台办共有工作人员6名。阳谷县委台办紧紧围绕祖国统一和全县经济发展的大局，深入贯彻落实党的十八届四中、五中、六中全会精神，以科学发展观为统领，真抓实干，加压奋进，认真开展“两学一做”学习教育活动，大力推动阳台交往交流和经贸合作深入发展，进一步加强台联会建设，努力推动全县对台工作再上新台阶。

【对台交流交往】 2016年，共接待台胞、台商95人次，其中5人以上团组5个，赴台探亲、招商38人次。

积极联络，努力扩大阳台两地交流交往 2016年，向新生代台胞、台湾各界知名人士和重点台商发送邮件86封，介绍阳谷的人文景观，投资环境和资源优势，积极邀请台商台企来阳参观考察。台湾晟模实业有限公司总经理叶政武、荣庆国际股份有限公司董事长黄北武、台湾农特精品跨岸交流协会参访团等来阳进行了实地考察，并和阳谷县相关企业深入洽谈。

重视来阳台胞的接待工作，增强台胞对阳谷的了解和认同 为切实做好来阳台胞的接待工作，县台办坚持《阳谷县台胞、台商接待工作制度》，要求全县各乡（镇、街道）、县直有关部门对来阳的台商在食宿、考察、

探亲等方面提供全方位服务。重要团组、重点台商和上层人士来阳请县领导出面会见。

积极参加聊城市举办的各项对台交流活动 坚持以推进对台交往交流为主线，各项交流活动明显活跃，对台交流大幅增多，特别是积极参加2016两岸经营者俱乐部（上海）年度论坛暨两岸企业合作大会、第22届鲁台经贸洽谈会，赴苏州市昆山台商聚集区开展招商对接活动及现代农业赴台交流培训等。为扩大阳台交往交流规模发挥了积极作用。

做好“齐鲁风韵”两岸网络媒体来阳的采访拍摄工作 2016年12月22日，“齐鲁风韵”两岸网络媒体记者团一行十人到阳谷县景阳冈、狮子楼景区采访拍摄。县委台办与县旅游局等有关部门协调，认真做好服务工作，安排好景区拍摄场地、导游、交通、食宿，使摄制工作进展顺利，圆满完成任务。

【对台经贸】 至2016年，阳谷县共批准台资项目13个，成立台属企业5家，实际利用台资1210.57万美元。至年底，共实现利税1.86亿元人民币。始终坚持“服务台商、服务招商”的方针，加大对台资企业的服务力度，密切关注企业动态，优化服务质量，及时采取有效措施，帮助企业排忧解难，为台资企业营造良好的投资环境，促进台企健康平稳发展。

坚持每月走访制度。每月到台资企业进行走访，了解企业的经营状况和台商在生产、生活中的情况，及时交流，帮助台企、台商解决实际问题，在全社会形成台企发展、阳谷振兴的良好氛围，吸引更多的台商来园区发展。

坚持台资企业联系制度。对重点台资企业建立定人联系跟踪服务制度，经常听取他们的意见和建议，切实做到想台商所想，急台商所急，增强了台商投资阳谷的信心。

【对台宣传】 利用中华民族传统节日，向台胞、台商和广大台属邮发贺卡和慰问信，对辖区内台商和重点台属进行走访慰问，了解他们的需求，解决生活和生产经营中的困难，宣传党的对台方针政策。2016年元旦、春节期间，先后走访慰问了李明信、游煌棋、赵文斌等5名常驻台胞，山东太平洋橡缆股份有限公司、丰格饲料厂等5家重点台资台属企业和30余户重点台属，将党的对台方针政策送到家中，鼓励他们在阳谷安居乐业。

搞好赴台人员的行前教育。严格执行中台发〔2008〕1号、鲁台发〔2008〕6号、聊台发〔2008〕5号文件“关于严禁党员、干部违规赴台旅游和交流的通知”精神。加强对赴台人员的行前教育，确保阳谷县没有出现一个违规赴台的党员、干部。

【台联会工作】 坚持每季度召开一次台联座谈会。由台属联谊会会长、副会长、理事参加。通过带领大家学习党的对台方针政策，通报近期对台工作，全体人员畅所欲言，交流思想、交流信息、交流致富经验，增进了友谊，加深了感情，增强了发挥台属优势勤劳致富的信心和决心。同时也为台办今后的工作提出建议和意见，进一步促进了对台工作的开展。

做好台属的接待工作。热情接待每一位台属，努力为台属解难事、办实事。针对今年赴台探亲的台属比较多，县台办为每名台属详细介绍赴台探亲手续步骤，并主动提供赴台指南，包括涉台政策法律法规、赴台常识、台湾风情、宗教信仰、礼貌用语、民俗禁忌等一系列知识。在对赴台人员进行常规教育外，对一些赴台探望年老台胞的人员，侧重做好重亲情、轻钱物，遵守台湾地方法规和风俗习惯的教育。

【综合工作】 *“两学一做”学习教育活动* 县

台办高度重视，制定了工作方案和学习研讨计划，领导班子成员带头讲专题党课，采取集中学习、自主学习、研讨交流等多种方式学习有关书籍及文件精神，围绕专题开展学习研讨交流，并开展了侵害群众利益的不正之风和腐败典型问题集中警示教育活动。

【党建工作】 坚持党员学习制度，2016 年台办党支部组织理论学习 48 次，全体党员干部撰写学习心得及学习笔记 23 余篇。加强党支部建设，以台办党组织建设为核心，全面加强台办党员干部的思想建设、组织建设、制度建设、作风建设和廉政建设。组织落实生活制度，坚持落实好“三会一课”制度，开好组织生活会和民主生活会，坚持做好党务公开，自觉接受党员群众的监督。加强党的作风建设，提高拒腐防变和服务改革发展的能力。

【扶贫帮扶】 扶贫“百千”帮扶活动开展之后，县台办高度重视，将扶贫工作列入台办重点工作，成立了以台办主任任组长的结对帮扶工作领导小组，明确一名分管领导主抓此项工作，并安排专人负责日常联络，责任落实到人。县台办帮扶的 8 户贫困户，2016 年底预脱贫 2 户。

供稿人：王宏梅

县保密局

【机构概况】 阳谷县保密局成立于 1991 年 4 月，与县委保密委员会“一个机构，两个牌子”，列党委序列正科级行政单位，现有人员 3 人。工作职责：贯彻执行中央、省委、市委保密委员会有关保密工作的方针、政策、指示、决定；依照《中华人民共和国保守国家秘密法》及其他规定，督促、检查保密法律、法规的贯彻实施、咨询和解释工作；开展《中华人民共和国保守国家秘密法》及其配套法规知识的宣传教育工作；依法开展保密检查，督促有关单位、部门对泄密事件进行查处，参与或协调有关部门查处重大泄密案件；根据国家保密技术工作方针、政策，负责本行政区域内涉密信息系统的监督检查；做好重大活动，重要会议的保密工作，特别是全国高考期间的考试保密工作，确保国家秘密安全。

【工作综述】 2016 年，阳谷县保密局严格按照中央、省、市上级保密部门的要求和部署，积极探索新形势下保密工作的新思路、新举措，紧紧围绕县委、县政府工作中心，认真贯彻实施《中华人民共和国保守国家秘密法》，严格执行党的保密工作方针、政策，以开展“两学一做”专题教育活动为契机，认真履行职能，扎实做好保密法制宣传、保密信息化管理、保密技术防范、保密队伍建设等各项工作，圆满完成全年工作任务并取得了显著成绩。2016 年度被国家保密局评为《保密工作》通联工作先进单位。

【保密宣传】 扎实做好保密法制宣传，提高干部群众的保密意识。阳谷县保密局始终坚持把保密法制宣传作为一项基础工作来抓，按照保密普法教育规划的具体要求，2016 年利用纪念《中华人民共和国保守国家秘密法》宣传周活动期间，印制、散发保密宣传单 4000 余份，在党政机关及公共场所张贴保密法制宣传图版，并购置发放宣传图册及宣传光盘，创新了保密宣传形式，丰富了保密宣传手段，有力的促进保密法制宣传工作扎实开展，提高了全县领导干部群众的保密意识。

【监督管理】 扎实做好保密技术防范工作 2016 年度，保密局对重点涉密单位的网络使用情况进行了保密检查，严格涉密网络的建设使用，落实身份鉴别、访问控制、审计监控和密码保护等保密技术防护措施；进一步对全县81个县直机关单位、12家规模以上企业的门户网站进行细致再摸排、再确认，掌握了全县机关单位、规模以上企业门户网站的基本情况，明确了各单位门户网站信息发布员、信息审查员及分管领导，建立完善信息发布审查制度并签订保密承诺书，确保县直各单位门户网站不出现失密、泄密事件。

严格规范涉密计算机及其互联网络和单位办公设备的保密管理 2016年，保密局对重点涉密单位的网络使用情况进行细致摸查，严格涉密网络的建设使用，落实了身份鉴别、访问控制、审计监控和密码保护等保密技术防护措施，确保县直各单位计算机及互联网络和单位内部办公设备不发生失密、泄密案件。

提升保密技术防控管理能力 按照保密工作要求，阳谷县保密局积极争取财政资金建立并安全运行县级政务内网信息监控平台，监控平台将对全县所有单位门户网站信息进行实时监控，在技术上确保我县政务信息安全，确保单位门户网站不出现失密、泄密事件的发生。2016年，监控平台共过滤涉密嫌疑信息达109185余条，其中过滤高危嫌疑信息429条，从技术层面上大大提升了涉密信息防控能力。

加强对失、泄密案件的查处力度 保密局始终坚持有法必依、执法必严、违法必究，不断健全保密、公安、信息等部门的协调配合机制，对失、泄密案件做到发现一件查处一件，并将查处结果及时上报，起到了很好的警示作用。

做好重大活动，重要会议的保密工作 保密局一直以来都高度重视重要敏感时期的保密工作，在工作中积极采取各项有效措施，确保不发生失密泄密事件。6月份高考期间，保密局以试卷保密安全为核心，坚持预防为主、积极防范的方针，与教育、公安、信息等部门密切配合，强化保密安全工作，确保高考安全、顺利、圆满的进行。考前对高考保密室进行细致检查，及时排查保密设施、应急设备、防盗设施的泄密隐患，考中对高考试卷的运送、保管、发放、回收等环节的保密管理提出了明确细致的要求，落实了各个涉密岗位的保密管理责任，切实做到从考前检查到考中督查，从考完装订到入库保管均有保密人员跟踪，坚决杜绝高考试卷失密、泄密事件的发生，维护国家秘密安全。

【队伍建设】 加强保密队伍建设，增强保密组织能力。保密局扎实做好年度保密普查，细致完成全县101个单位的保密信息统计工作。为进一步健全完善保密工作建设，保密局在全县县直各重点部门均成立了保密领导小组或配备了兼职保密干部，各乡镇（街道、办事处）均明确了党委秘书或政府文书为兼职保密干部，截至目前，全县共成立保密领导小组43个，专、兼职保密干部105人。

县委机要局

【机构概况】 机要局原称机要科，1984年5月组建，副科级单位，隶属县委办公室。1985年3月，开通市委、省委、中央的密码通信。1989年10月，升格为正科级单位，列党委序列，由县委办公室代管，同时成立党支部。1994年3月，成立县委密码工作领导小组，县委机要科同时称密码工作领导小组办公室，一个机构，两块牌子。2004年12月，更名为中共阳谷县委机要局，更名后性质、规格、隶属关系不变。2010年4月，加挂“密码管理局”牌子。2016年底，共有工作人员6人，全部具有大学学历。其主要职能是：承担县委密码工作领导小组的日常工作，负责县密码通信和密码管理；翻译、传输、办理县委、县政府及县直各部门的密码电报、内部普通电报；对全县普通密码使用单位和上级部门延伸至县直部门的普通密码通信进行业务指导和检查。

【思想建设】 为确保机要通信使用优质高效、管理安全可靠，针对机要工作的特殊性，机要局把思想建设放在首位。认真学习邓小平理论、“三个代表”重要思想、科学发展观和习近平总书记系列重要讲话及党的路线、方针、政策，贯彻落实党的十八大精神，开展“聆听机要故事，弘扬优良传统”教育活动，按照大纲开展机要业务练兵活动。通过学习教育和开展活动，调动全体机要人员积极性，译传办机要业务协调配合，提高综合服务保障能力，完成了年度密码通信任务。

【机要通信】 为确保机要通信质量，坚持严格目标管理，岗位责任明确、任务目标分解到人，各项工作逐步实现科学化、制度化、规范化。2004 年 6 月，与各乡镇建立计算机通信网络。2009 年 3 月，开通县乡商业密码通信网，各种信息传输更加安全、快捷。

县信访局

【机构概况】 中共阳谷县委、阳谷县人民政府信访局为中共阳谷县委、阳谷县人民政府党政合一的工作机构，由县委办公室、县政府办公室管理，以县委办公室管理为主。其主要职责为贯彻落实上级关于信访工作的方针、政策和规定；受理本县和上级领导机关交办的来信来访任务，维护日常的群众来县信访秩序；定期分析、综合群众来信来访中反映的重要情况和带倾向性的问题，及时向有关领导反映，作为决策，指导工作的依据；直接调查处理一些信访问题；建立健全信访工作制度。局内设办公室、接访科、督查科等 3 个职能科室和机关党支部，在县委、县政府机关分别设立人民来访接待室。2016 年，共有机关工作人员 15 人。

【工作概述】 2016 年，县信访局认真贯彻落实党的信访工作精神，紧紧围绕县委、县政府的中心工作，与时俱进，开拓创新，踏踏实实地为群众解决实际问题，进一步强化领导责任，不断提高信访工作水平，妥善处理了群众关注的热点问题，化解了大量社会矛盾，为密切党群干群关系，促进全县经济发展和社会稳定做出了积极贡献。

全年共受理群众来县上访 206 起 2055 人；县网上投诉平台受理投诉件 505 件；到市上访共 36 起 265 人；赴省上访共 56 起 111 人；进京正常访共 60 起 87 人；受理信件 103 件，国家、省、市网上投诉平台投诉 249 件，实现了上级“让数据多跑路，让群众少跑腿”的信访总体要求。

坚持矛盾纠纷排查　按照“发现得了、控制得住、化解得好”的要求，充分发挥县、乡、村三级信访排查网络的作用，在坚持长年每月排查一次的基础上，结合重要活动和敏感时期，深入开展全覆盖、拉细网式排查活动。对排查出的各类矛盾纠纷全部建立台账，责令相关单位采取切实可行的措施，限期销号化解，对重大信访苗头性问题，全部落实单位一把手包保责任制，做到一个不稳定人员，一个稳控领导小组，一套人马，包乡镇（街道）、分管口县级领导亲自督导稳控情况，确保信访问题处理在基层，人员稳控在当地。

畅通信访渠道　千方百计破解信访渠道不畅和“告状难、申诉难”等问题，确保信访渠道畅通。继续实行县级领导接访活动，确保每个工作日有一名县级领导在人民来访接待室接待群众来访，面对面听取群众反映问题，能答复或能解决的当场答复解决，对群众反映的重大共性问题提交县委常委会或县长办公会研究解决。建立并顺利运行了信访网络系统，实现了与省、市的连接，使群众足不出户就可以反映问题。

强化信访积案化解 围绕“事要解决”，相关单位集中精力、财力、物力，采取感化、帮扶、救助、县级领导包案等一系列措施，因案施案，综合治理，确定的17件信访积案得到彻底化解，有的尽管问题没有得到彻底解决，但都找到了解决问题的结合点，使他们回归了理性并能够配合我们的维稳工作。

做好依法治访及敏感时期的信访稳定工作 对极个别串联上访、非访、闹访、缠访人员，县信访局配合公安机关及时锁定证据，妥当处置，起到打击一个，震慑一批的作用。2016年，共警告拘留非访、闹访、缠访人员24人次，判刑2人。继续坚持了驻京值班工作长效机制，全年安排驻京值班人员12批次。驻京值班人员在上级部门统一领导下，与其他县市默契配合，协调工作，充分发扬不怕苦、不怕累的精神，积极做好阳谷县进京上访人员的劝返工作，避免造成不良影响，筑牢最后一道防线。特别是全国两会、十八届六中全会等敏感期间，阳谷县“稳控钢丝网”布控到位、不稳定人员稳控到位、群体性挑头上访人员疏导教育到位、对无序上访人员处理到位、坚持原则不错位“五位一体”工作措施，期间未发生一人进京上访，为维护北京的社会稳定和阳谷县良好形象做出了应有贡献。

撰稿人：赵玉晖

县总工会

【机构概况】 2016年，阳谷县总工会内设办公室、组织部、生产保障部、宣教部、经费审查委员会办公室、女工部、法工部、财务部。下属事业单位有工人文化宫和职工业校。至年底，阳谷县总工会共有工作人员21名，其中干部15名，工人6名。2016年，县总工会被省总工会评为“齐鲁文化大道”建设先进县，“全省工会财务先进单位”“全省职工维权法律服务示范单位”荣誉称号。

【组织建设】 加强企业工会组织建设工作，使企业工会基本做到了“十有”，即：有组织、有人员、有牌子、有印章、有档案、有场所、有制度、有图板、有活动、有经费。至2016年底，全县共有基层工会组织1749个，覆盖单位4362个。其中：乡镇（街道）工会18个，系统工会工作委员会14个，基层工会委员会87个，私营企业工会1335个，外商投资企业工会3个，国有企业工会11个等，拥有工会会员127856人。

2016年，联合县委组织部印发了《关于加强新形势下基层党建带工建工作的意见》文件，建立健全了党建带工建工作制度，并将工会组织建设、厂务公开民主管理、工资集体协商等内容纳入党建带工建的目标考核。按照省总开展“基层工会建设落实年活动”统一要求、开展“双亮、双争、双述、双评”活动，全面激发工会组织活力，职工入会率和企业建会率达到95%以上。县总工会积极推动职工之家建设，打造了“职工之家建设三年计划”。专门下发《阳谷县总工会关于开展建设职工之家活动的实施意见》。严格按照全国总工会的基层工会六有标准，结合市总工会制定的建家标准，制定了阳谷县基层工会建设“十有标准”。2016年，建家活动已经在全县各级单位全面推开。10月27日，省总工会组织部副部长许春荣带领省督查组到阳谷县对工会组织建设工作进行了督导考核，随机抽查了太平洋光缆有限公司、金蔡伦集团、侨润街道三个单位，督察组充分肯定了阳谷县工会组织建设工作。

【厂务公开和民主管理】 2016年，以学习贯彻《山东省企业职工代表大会条例》和《山东省厂务公开条例》为契机，推进厂务公开管理制度化、规范化建设，健全企业民主管理体系。全县企事业单位全部建立健全了厂务（院务、校务）公开民主管理制度，建制率达100%。在全市对县年度考核中，厂务公开民主管理、工资集体协商两项工作取得最好成绩。

【宣教工作】 充分发挥工会“大学校”作用，抓好“中国梦•劳动美”重大主题宣传活动。着重抓好“职工书屋”建设和职工教育示范点建设，县总工会职工教育培训中心被全国总工会命名为全国职工教育培训优秀示范点。县总工会除了积极参与市总工会组织的各种活动以外，还开展了全县职工篮球比赛、羽毛球比赛、地掷球培训班、第九套广播体操培训推广、太极项目比赛等丰富多彩的文体活动。4月份，开展了全县职工第二届环金水湖徒步大会，共有有来自全县各条战线的万名余名职工参与，取得了良好的社会效果。县总工会积极开展“水城工匠”信息报送工作，专门开会研究这个问题，明确两名懂媒体、懂技术的人员负责这项工作，和各基层单位工会建立了信息报送制度，并和县电视台联系，开设了工会专题栏目，并及时把优秀节目及时上报市总工会，确保这项工作做到有声有色，风风火火。

【生产保障】 县总工会把“查保促”工作作为“一把手”工程，我们在全县企业推广了“一七三”工作法，切实保证了职工安全，促进了企业的发展，3月份，省总副主席魏丽到阳谷县对这项工作进行了督导检查，并给予了高度评价。全县各级工会组织带领全县广大职工广泛开展群众性地经济技术创新活动，大力开展岗位练兵和技能竞赛。大力弘扬创新精神，广泛开展“创新标兵”“创新示范岗”“金牌工人”评选活动，倡导“工匠精神”。县总工会评选表彰了“十大杰出职工”“十佳金牌职工”。各基层工会结合自身工作开展了一系列的技能比武活动，如县卫计局在卫计系统开展了业务技能竞赛等系列活动；人民银行开展了全县金融系统“点钞技术比武活动，国税局开展了税务技能大赛等活动。据统计，2016年全县竞赛活动达300多项，提合理化建议万余条，采纳实施9000多条，创新经济效益6000余万元。通过竞赛活动的开展，激发了全县职工干事创业的热情。“五一”期间，评选了100名阳谷县“富民兴阳”劳动奖章。成功向全总推荐1名全国“五一”劳动奖状获得者。进一步落实了劳模待遇，给各级劳模发放了津贴，把党和政府对劳模的关爱落到实处，目前全县已有600多名劳模领取劳模津贴，规范了劳模电子档案录入，劳模“三金”发放，提高管理服务劳模工作水平。

【阳谷县职工服务中心】 阳谷县职工服务中心成立以来，打造救助、维权、服务三位一体的综合型服务平台。依托“工友创业园”太平洋光缆有限公司给职工提供就业岗位；开展法律服务，调解劳动争议，依法维护职工的合法权益；开展公益性文化活动，丰富职工文化生活，提高职工文化素质，为广大职工提供直接、快捷、方便的服务。同时，积极协助党和政府做好职工的就业工作，切实为困难职工解难事、办实事。

法律维权 构建和谐劳动关系，扩大创

建活动覆盖面。贯彻落实《中共中央国务院关于加强和谐劳动关系的意见》，推动建立规范有序、公正合理、互利共赢、和谐稳定的新型劳动关系。积极构建党委领导、政府支持、工会运作、三方推进，部门配合、企业职工参与的工作格局，推动了创建活动在新的起点上得到新的发展。推动集体协商提制增效。大力推进了行业性、区域性工资集体协商，至2016年底，全县规模以上企业全部开展了工资集体协商工作，签订工资集体合同达100%。阳谷县职工服务中心聘请专业律师为法律顾问，免费为职工进行法制宣传教育、解答法律询问、提供法律援助。在法律维权服务工作上全县工会会员持会员证代理费减免60%，困难职工代理费减免80%，特困职工无偿提供法律援助，免交代理费，凭阳谷县总工会特困职工证明向法院申请后起诉费缓交。

“温暖工程” 相继开展了大学生金秋助学、困难职工救助及单亲困难女职工救助“六一”帮扶送教育等活动。据不完全统计，全县共发放救助金80万元，累计慰问帮扶困难职工1752人。七月份，安排专项资金，为酷暑下坚守岗位的环卫工人送上“夏日清凉包”等慰问品。10月26日环卫节上，县总工会为全县400名环卫工人每人送去了面粉和食用油等慰问品。

“健康工程” 县总工会启动“三项查体”工作：全县机关事业单位职工进行健康体检；部分企业一线职工进行免费健康体检，县总工会给予一定的补贴；农民工体检，开展“健康行动”。总工会与住建局、乡镇街道总工会等单位联合对全县所有农民工每年进行免费健康体检。2016年，为了做好以上三个查体工作，切实维护好全县职工的身体健康，县总工会启动了阳谷县职工体检服务中心。职工体检中心的优势有：医疗设施先进，新进核磁共振、CT、四维全身数字彩超等设备齐全，中心设有心脏远程监护、远程会诊中心，可直接享受省级医院专家诊疗；注重队伍建设，与齐鲁医院、泰安医学院常年技术会诊，成立远程会诊中心；县工会从工会经费中拿出专项资金用于体检补贴，最大限度地降低职工体检费用。六月份举行揭牌仪式，职工体检服务中心投入使用后，得到全县广大干部职工的普遍赞誉，大大降低了广大干部职工的健康查体费用，为全县干部职工办了一件实事和好事。9月份，县总工会对43户精准扶贫对接户共计60余人在阳谷县职工体检服务中心进行免费健康体检，得到了群众的一致好评。同时，县总工会将阳谷县职工体检服务中心向省总推荐为创新服务项目。

“惠员工程” 县总工会把实施惠员优惠服务活动作为全县工会工作创新工程来抓。成立了专门班子，一把手亲自抓，分管领导靠上抓，出台了专门的文件，采取明确职责、坚持原则、协商洽谈、签订协议、以点代面、全面推开、扩大宣传、“回头看”等措施，至2016年底，会员优惠服务活动合作定点单位已有19家，包含了医疗、餐饮、超市、宾馆、法律援助等各种与职工群众生活息息相关的十几个行业。与各合作定点单位签订了服务承诺书，颁发了标牌，阳谷县总工会专门定制了工会会员证10万本，活动以来，为基层单位补发了新会员证8万余本，发放优惠条款宣传页10000余份。

【财务经审】 县总工会加大工会经费收缴力度，充分发挥各级工会经费审查委员会的作用，强化工会资产监督管理，确保工会资产保值增值，使工会经费的收、管、用切实达到法制化、制度化、规范化。在全市率先实行了乡镇（街道）工会经费由县总工会统一管理，实现了乡镇（街道）工会经费管理的新突破。目前，企业工会经费由地税部门代收工作、行政事业单位工会经费实行财政划拨工作进展顺利。

【女工工作】 全县凡有女会员10人以上的单位，全部按要求建立了女职工组织，配备了专兼职女职工委员会主任，女职工组织组建率达100%。2016年，全县女职工委员会全面贯彻落实《女职工劳动保护规定》，积极为女职工办实事、办好事。积极开展推行女职工权益平等协商制度签订女职工特殊权益保护专项集体合同工作，全县规模以上企业全部签订了女职工专项集体合同。通过专项集体合同的签订，从根本上维护了女职工的合法权益和特殊利益。县总工会完善困难女职工档案，坚持每年开展关爱行动，帮助单亲、大病、困难女职工，在“六一”期间开展帮扶送教育活动，救助困难女职工儿童。

团县委

【机构概况】 共青团阳谷县委是在阳谷县委领导下的先进青年的群众组织，是阳谷县各级团组织的领导机关，其机关的主要职责是领导全县共青团工作。至2016年底，共青团阳谷县委设办公室、组织部、学少部、宣传部、工农青年部、权益部6部室，共有工作人员7人，其中干部6人，工人1人。2016年，阳谷县共青团范围内共获得山东省五四红旗团支部1个（阳谷县执法局团支部）、优秀共青团干部一名（阳谷县广电中心团支部书记苏帅）、省乡村文明青年志愿者在行动公益墙绘大赛中优秀奖一处（寿张镇王楼村二十四孝墙绘）。

【直接联系青年】 落实共青团中央“1+100”直接联系青年、机关开放日等制度，召开“1+100”团干部直接联系青年线下交流座谈会，专职团干部实现人均联系100人，实现与联系青年线上线下双沟通，开展机关开放日活动，面对面与青年交流，面对面建立微信群，倾听青年诉求并进行现场解答。召开阳谷县五四表彰大会，隆重表彰了在2015年工作突出的先进集体和先进个人。圆满完成2015～2016年高校团干部到县级团委挂职工作，积极协助挂职干部深入基层，开展校地合作。积极整合资源，统筹共建，2016年经团省委审核认定1省级“青年之家”。

【组织建设】 巩固机关事业单位、国有企业、学校团建，加强了新经济组织、新社会组织、社区等领域团建工作。2016年，新建阳谷县义工协会团支部、阳谷县电缆集团基层团委、阳谷县潍坊银行团支部基层组织。工作资源向基层倾斜，团县委为入团团员配备团员档案袋和团徽，团员发展严格控制数量、保证质量，按照初中、高中、职专毕业年级30%、60%、30%的要求保持队伍合理规模和结构，督促各学校抓好入团教育、团队衔接、规范团员发展流程；提高团员档案管理水平，实施团员档案集中存档的管理办法，严格转入转出手续，保障档案安全。组织全县39名团队干部参加省级层面培训。

【青少年发展】 清明节、五四、六一、入学、入团、建党95周年、红军长征胜利80周年的时间节点开展主题团、队宣传教育活动，举办“我们是共产主义接班人”“红领巾相约中国梦”“学党史、感党恩、跟党走”“与信仰对话”主题活动，举办了“新三好”学生评选、少先队鼓号队操比赛、青少年读书朗诵大赛、少儿口才秀大赛、少儿文化艺术节活动，让红色思想根植青少年心中。开展“小手拉大手　共筑碧水蓝天”活动，组织全体队员收看公益宣传片，开展了“垃圾分类减量活动”“抵制燃放烟花爆竹活动”“绿色出行齐步走活动”“低碳生活我先行活动”“植树护绿”活动、“向社区报到”和“雏鹰假日小队”活动。

【新媒体引导】 占领舆论阵地，针对重大事件集体发生，引导正确舆论，凝聚正能量，加强团属网络志愿队伍和青年网宣员的建设培训，打造清朗网络环境，利用“阳谷团委”微信公众号、新浪官方微博等新媒体，提升正面力量传播力，覆盖面。围绕“四个融合”要求，重点做好共青团中央“青年之声”平台宣传推广工作，平台组织设有下级组织18个，共邀请专家286名，涵盖了教育、卫生、公检法司等多个部门专家学者以及青联青企协会员、青年志愿者等人才资源，各类青年在平台留言、提问、答复均达到四千次以上。组织山东大学、潍坊医学院等高校的大学生广泛深入农村开展支教、支医、送文化等活动。

【志愿服务】 投身青春扶贫。组织阳谷县域内的聊城市青联委员积极进行扶贫活动，目前每名青联委员均结对帮扶一名精准扶贫户青年；开展了“全国扶贫日”志愿宣传活动，志愿者进村入户为群众宣传讲解政策，向群众发放倡议书，营造全民参与的社会扶贫氛围；组织全县174个“青年文明号”的结对扶贫工作；推进“鲁青基准贷”青春创业资金扶持项目；促成对接扶贫村——薛庄村成为山东农业大学种植试验点，实现一年三茬种植，且已被县农业局认证为无公害绿色蔬菜，每亩每年增收一万元左右，成立薛庄村胜发合作社，与山东新富瑞农业科技有限公司合作，村民集体入社，引进九诺座垫为驻村企业，解决八户贫困户工作困难。

牵手关爱行动。全县共筛选上报贫困留守儿童267名，团县委按一对一模式征集志愿者，并对志愿者进行了专门培训，团县委筹款72090元，按照每对志愿者和儿童270元标准，由乡镇团委统一组织开展活动，为每一个志愿者和儿童购买意外保险，满足孩子一个小心愿、感受一天城市。全县所有团干部均作为志愿者参加志愿服务活动，在活动中彰显团干部价值，推动公益事业发展。

【未成年人保护】 联合政法委、关工委、司法局、教育局开展“一学校一法制副校长”活动，每个学校配备一名法制副校长，下发关于进一步加强青少年法制宣传教育的实施方案；依托公安、交管、消防、司法等有关单位重点开展了青少年假期自护教育活动，向青少年及其家长宣传普及青少年自护常识，集中向青少年教授自我保护的基础知识和技能。

【青年岗位练兵】 新老青年文明号单位中开展技能比赛、岗位建功活动，在全县银行业金融机构和邮政储蓄机构中开展点钞技能大赛，在全县国税系统内进行“岗位大练兵、业务大比武”活动。

县妇联

【机构概况】 阳谷县妇女联合会成立于1949年3月。至2016年底，县妇联机关内设办公室、组宣部、儿童部、权益部、发展部，县妇女儿童工作委员会办公室（副科级）设在县妇联，承担县妇女儿童工作委员会日常工作。在职工作人员10人。设乡镇（街道）妇联18处、社区16个，县直机关妇委会59个，村级妇代会853个。

【“巾帼建功”活动】 2016年，县妇联更好地履行服务大局、服务妇女双重使命，积极搭建平台，激发妇女活力，引领全县妇女在更广领域、更多行业创新创优、建功成才。阳谷县新增市级巾帼建功先进集体6个、巾帼文明岗8个、大姐工坊7个、大姐农家乐5个，县级巾帼文明岗20个、巾帼示范基地20个；新增市级巾帼建功标兵17名、县级巾帼建功标兵149名。被省、市妇联评为城乡妇女岗位建功先进集体。

组织城乡妇女做好联动扶贫 举办贫困母亲救助暨“巾帼脱贫行动”启动仪式，现场救助32名贫困妇女,20名女高中生。同时，号召各级妇女组织、巾帼文明岗、三八红旗集体、妇字号企业行动起来，开展联动帮扶活动，共有85个巾帼文明岗、15个三八红旗集体、3个妇字号企业与阳谷县11个贫困村和154个贫困户实现对接，进行创业培训、生产帮扶、提供岗位、法律援助、家庭教育、健康教育等服务，帮助贫困妇女尽快脱贫致富；有针对性的开展精细化扶贫，为30余名有创业就业愿望的城乡贫困妇女提供为期一周的免费家政技能培训；积极组织张平、张娜、谷英梅、丁秀梅、孙淑秀6名女企业家加入市女企业家扶贫协会，为她们参与扶贫攻坚搭建平台。

促进农村妇女积极创业增收 认真实施“三个对接”行动，与财政、人社、金融部门协调沟通，积极向上级争取贴息企业数量，经努力为阳谷县的妇字号企业阳谷华康食品有限公司争取到省财政贴息5万元，为狮子楼钢球有限公司、双阳食品有限公司、风华粮食种植专业合作社分别争取到市贴息资金共计11.19万元，继续实施新型女农民培训工程，从全县女农民种植、养殖大户中选拔出33人参加全国新型职业女农民培育；组织推荐女企业家刘新华和汪凤华参加第三届山东省妇女创新创业大赛，组织阳谷县6名优秀女企业家参加山东省创业齐鲁训练营，帮助女企业家向更高层次发展；实施全县村妇代会主任电商培训，将各乡镇（街道）妇联主席、村妇代会主任共计771人纳入电商创业培训计划，进行电商创业基本入门知识及实战演练。

【精神文明建设】 县妇联精心串联政府民生工作和妇女群众需求，扎实推进家庭道德和文化建设，努力提升妇女文明素质，促进家庭文明和睦、社会和谐稳定。县妇联荣获全省“四德”健身广场舞展示大赛优秀组织奖、2016年度全县科学发展综合考核三等奖。

加强妇女儿童思想道德教育 召开全县庆祝“三八”妇女节表彰大会，评选表彰全县优秀妇女组织、“三八”红旗集体、“幸福进家”活动先进单位等先进集体59个和全县优秀妇联干部、“三八”红旗手、巾帼创业带头人等先进个人207名及61户最美家庭，为全县广大妇女比学赶超树立良好榜样；组织各级妇女组织开展系列“三八”节宣传庆祝活动，营造浓厚节日氛围；举办庆“三八”中医学与医疗保健知识讲座，从中医学角度对疾病的预防治疗、日常保健做了深入浅出的辅导；举办新农村新生活培训班，邀请市、县专家分别围绕卫生健康和交通安全问题开展专题知识讲座，传播生活知识，推动乡村文明建设；招募成立县妇联公益讲师团，13名优秀讲师被聘为首批公益讲师团成员，免费宣讲家庭教育、卫生保健、婚姻和家庭等相关知识和文明礼仪，服务广大妇女群众。

深化家庭文明和谐创建活动 举办《四德歌》广场舞、排舞《舞动中国》妇女健身骨干培训班，18个乡镇（街道）及县直各单位的妇女健身骨干百余人参加培训。培训班后，妇女健身骨干对基层妇女群众进行再动员、再普及，使《四德歌》广场舞和排舞《舞

动中国》深入人心、全员覆盖。同时，开展“四德”健身舞的编排和展示，组织专门人员创编“四德”健身广场舞《中华美德》，多次组织演练，并参加省“四德”健身广场舞海选暨展示大赛荣获一等奖；在全县继续启动“最美家庭”寻找活动，共向省市推荐最美书香家庭7户，最美孝德家庭13户。其中，张德宪家庭荣获全国“最美家庭”称号，孟传科家庭荣获“第十届全国五好文明家庭”称号，并与“最美阳谷人”评选表彰相结合，推荐七级镇孙义涛和石佛镇董目仁两户家庭为省第一届文明家庭。县妇联与市、县电台、聊城日报等新闻媒体结合，对阳谷县孟传科等家庭进行采访报道，以榜样的力量影响带动更多的家庭培育最美家风；召开“优化家居环境，共建美丽家园”活动启动会，在全县范围内集中治理农村家庭的居家环境，活动效果显著。

【**儿童工作**】 县妇联坚持以关爱儿童、促进儿童发展为主题，立足基层，突出重点，不断深化实践活动，努力为儿童健康发展创造良好的社会氛围，帮助少年儿童更好的成长、成才。县妇联荣获省儿童少年“美德在我家”书画摄影大赛优秀组织奖、省“我的感恩故事”征文活动优秀组织奖。

实施儿童帮扶救助 举行庆六一“大手拉小手”巾帼志愿服务活动，组织全县30名巾帼志愿者与30名贫困儿童结成一对一帮扶对子，开展“六个一”活动，进行一次走访、捐赠一套励志书籍、赠送一个书包、共同游玩一次狮子园、看一场电影、共进一顿午餐，拉近志愿者和结对儿童心的距离；做好“音乐之声”助学行动，在张秋镇、七级镇、十五里园镇各小学选取50名小学生录入救助系统，连续三年每年每人将得到400元的救助；开展关爱留守儿童活动，为十五里园镇中心小学留守（流动）儿童活动站中30名贫困家庭的留守儿童每人送去书包、铅笔盒、本子等文具；救助贫困春蕾女高中生，争取儿基会资金72000元，对20名家庭贫困且品学兼优的春蕾女高中生进行每生每学年1200元的三年资助；开展特困初中生救助行动，深入学校调查、核实，补录41名特困初中生进入救助行列，对2016年度确定救助的63名特困初中生进行每人每年2000元，共计12.29万元的救助。

促进儿童全面发展 组织开展“感恩母亲”征文活动，围绕“我的感恩故事”主题，通过文字形式感念母恩，回报母爱，共征集征文245篇，并积极推荐参加省征文活动，20余篇作品荣获山东省“我的感恩故事”征文活动三等奖；开展儿童少年书画摄影作品评选活动，征集作品百余幅，选出优秀作品55幅，积极推荐参加省儿童少年书画摄影大赛；开展征集“倾听花开的声音——希望”春蕾女童作品活动，共征集涉及摄影、书法、故事征文等作品20余个，充分展现阳谷县春蕾女童勤奋乐观、立志成才的精神风貌。

【**维护妇女儿童合法权益**】 县妇联坚持源头维权与实事化维权相结合，推动解决妇女儿童最关心、最直接、最现实的利益问题，切实有效的维护妇女儿童合法权益。

开展源头化维权 抓住《反家庭暴力法》颁布实施有利契机，做好法律宣传和培训，抓住“三八”妇女节、“11•25”国际反家暴日等有利契机，利用张贴宣传标语、悬挂条幅、印发宣传资料、关注微信平台、转发朋友圈等形式组织全县各级妇女组织开展主题鲜明、形式多样的宣传活动，共悬挂标语横幅100余幅、下发宣传资料4000余份，解答群众法律咨询600余人次，举办讲座20余次；开展主题为“尊重女性 反对家暴 美丽女

人 绿色出行”的赠送免费公交车票活动，共向40个单位的职业女性发放印有宣传“尊重女性、反对家暴”宣传标语的免费公交车票万余张，在全县营造出尊重女性、反对家暴、文明生活的良好氛围。

开展实事化维权 选派妇联维权干部，参加省妇联举办的维权干部培训班，不断提高妇联干部的专业维权能力；开展以“反对家庭暴力，建设和谐家园”为主题的法律知识培训班，详细解读首部《反家庭暴力法》的亮点、立法过程及相关法律知识，提升基层妇女干部反家暴维权业务能力；始终如一做好信访工作，认真为妇女群众答疑解惑、分忧解难，今年共处理信访案件31件，处结率和满意率均达到100%。

【基层组织建设】 县妇联以建设“坚强阵地”和“温暖之家”为目标，以改革创新为动力，积极加强自身建设，逐步扩大组织覆盖，努力提升妇联组织建设的科学化水平。

扩大基层妇女组织力量 阳谷县作为全市扩大基层妇女组织力量工作试点县之一，在全县18个乡镇（街道）率先完成选聘妇联兼职副主席工作，18个乡镇（街道）妇联共选聘妇联兼职副主席23个。在此基础上，启动村（社区）兼职妇女干部选聘工作，全县853个行政村、16个社区，选出853个村兼职妇代会副主任、16个社区妇联兼职副主席；大力推进村妇代会改建妇联工作，召开专题工作会议，下发改建工作流程，提出改建具体要求，改建工作稳步推进。截至2016年12月15日，阳谷县已有106个行政村完成村（社区）妇代会改建妇联工作。

夯实基层妇女组织阵地 积极做好妇女儿童家园项目建设工作，争取到市第二批妇女儿童家园扶持建设项目资金22万元，在侨润街道西八里营村、侨润街道景阳社区以及博济桥街道博济社区新建3个妇女儿童家园。同时，坚持对全县已建成的3个省级和4个市级妇女儿童家园建设及活动情况进行定期督导，发现问题及时督促整改，确保家园稳步有效运行，更好的为周边妇女儿童群众提供服务。

【实施《妇女儿童发展“十二五”规划》】 县妇联积极作为，全力推动“两个规划”目标落实，构建社会各界合力为妇女儿童办实事，推动妇女儿童共享发展成果。

推动妇女儿童发展规划实施 做好妇女儿童“十二五”规划终期监测评估工作，形成科学详实的数据报表和监测评估报告。终期监测评估显示，481项指标，有470项指标达到规划终期目标，达标率97.7%，全县妇女儿童事业呈现全面、协调、可持续发展的良好态势。在认真总结上一期规划的基础上，结合阳谷县妇女儿童发展实际，聚集各部门的智慧，并多次征求意见，形成《阳谷县妇女儿童发展“十三五”规划》（草稿）；坚持为妇女儿童办实事的备案、通报制度，“十二五”期间，各成员单位共落实为妇女儿童要办的62件实事。2016年，县妇儿工委各成员单位又分别制订了本部门“十三五”期间为妇女儿童要办的3～5件实事。经深入调研，确立了“十三五”期间要办的实事好事。

开展“两癌”贫困母亲关爱行动 继续实施农村妇女“两癌”免费检查项目，加大妇女“两癌”免费检查宣传力度，制作、发放“两癌”防治知识光盘、手册、明白纸等8000余册。三次召开全县“两癌”筛查推进会，安排部署免费检查工作。与卫计局继续做好结合，逐步扩大范围，将“两癌”免费筛查工作拓展到石佛、安镇两个乡镇，县妇幼保健院做好技术保障，推动“两癌”检查工作

顺利开展。至2016年底，共免费检查18820名农村妇女，切实保障妇女健康；继续实施女性安康工程，举办“两癌”健康知识讲座暨女性安康工程推进会，为全县353名妇女提供低保费高保额的女性安康保险；与县民政局协调沟通，将贫困妇女救助纳入全县慈善总会救助范围，建立救助贫困母亲“她基金”，县慈善总会列支3.2万元专项救助经费，县妇联举办发放仪式，现场救助“两癌”贫困母亲和精准扶贫贫困妇女32名。同时，通过争取省市专项资金、组织基层妇女组织结对帮扶、发动社会各界捐赠等多种渠道，今年共筹集资金14.14万元，救助贫困妇女105名。

撰稿人：张　晓

县工商联

【机构概况】 阳谷县工商业联合会（简称工商联）成立于1952年6月；1966年，“文化大革命”后停止活动；1989年12月，恢复组织活动，召开第四届会员代表大会；工商联领导机构设主任委员、副主任委员、执行委员等职；1996年，工商联又称总商会，负责人称会长；1997年4月，工商联建立乡镇分会基层组织；1997年7月，召开第五届会员代表大会，实现工作职能和会员结构调整，非公有制经济成份达到70%以上；2002年4月，召开第六届会员代表大会，同期，中共阳谷工商联党组成立；2006年，设立“四科一室”，即经济联络科、会员科、组织科、宣传科及办公室。2007年7月17日，召开第七届会员代表大会，成立新领导班子。2016年底，全县工商联会员共计1160个，其中团体会员5个，企业会员907家，个人会员248个。

【工作综述】 2016年，县工商联深入学习贯彻落实党的十八届三中、四中、五中、六中全会精神，紧紧围绕县委、县政府高点定位、跨越赶超的总体要求，大力发展会员、服务会员，切实加强经济联络和招商引资，积极开展宣传调研和建言献策等项工作，有效地促进了全县非公有制经济持续、健康、快速发展。由于成绩突出，阳谷县工商联被中华全国工商联授予“五好”县级工商联荣誉称号。另外，向省联推荐了侨润街道、石佛和张秋商会等三家“五好 ”商会以及县工商联机关两名先进工作者。

【学习培训】 1月6日，带领市工商联常委、执委以及县工商联企业会员代表20余名，参加了市工商联组织的“工商联大讲堂”活动。活动邀请了清华大学公共管理学院经济学教授韩廷春作专题讲座。韩教授以“新常态下的宏观经济形势分析”为题，深入浅出地讲述了近年来中国宏观经济走势及政策选择，并对当前的热点宏观经济问题进行讲解。讲座观念新颖，思路清晰，对企业发展具有很好的指导性，企业家们纷纷表示受益匪浅。4月6日，带领工商联全体人员和有融资及新三板上市需求的会员企业家20余名，参加了市工商联组织的第二期“工商联大讲堂”活动。活动邀请新三板上市辅导专家张永福先生作了以“企业新三板上市”为主题的讲座，为有融资及新三板上市需求的会员企业作专题辅导。张永福先生通过全面分析公司进入全国股份转让系统的好处、新三板挂牌条件、投资新三板的方式、新三板分层等内容，讲解了企业新三板上市的准备工作、流程、方法等，讲座既紧密结合实际，联系具体事件，又有充实的数据，直观深入的解读了新三板上市中的问题。6月1日，带领山东德海友利带业有限公司董事长蒋德海、阳谷张平汽车用品有限公司总经理张平等会员代表参加了市联举办的“聊城市民营经济发展环境主题座谈会”。阳谷县参会代表围绕全市民营经济发展的政策环境、政务环境、融资环境、市场环境等，讲真话、诉真情，提出了有针对性、可操作性的意见建议。6月5日，县工商联帮助阳谷汽车坐垫协会在阳谷狮子楼大酒店会议室组织召开了“品牌建设与市场营销专题座谈会”，100余家协会会员企业参加。活动邀请蓝鳄中国营销咨询机构首席顾问戴维老师针对阳谷中小汽车坐垫企业转型，从产品差异化，品牌化、品牌价值链三个方面做了系统的讲解。与会企业家纷纷表示阳谷汽车坐垫企业处在行业的中下档次，比价格没有河北企业的优势，比品牌影响力不及浙江和郑州产业集群，处在市场两难的地步，必须转变思维，迎难而上，创新发展，由低价、低质向品牌化和品质化方向发展。6月30日，组织金蔡伦集团董事长陈立仁、电缆集团董事长高宪武、阳谷汽车饰品总经理张平等企业家，积极参加市委召开的“学习习近平总书记在政协民建工商联联组会上重要讲话精神座谈会”，大家踊跃发言，畅谈心得体会，纷纷表示：要牢牢记住总书记的指示，坚定理想信念，全力抓住这个好时机，奋发作为，为聊城发展再立新功。7月23日，带领阳谷顺达纺织有限公司董事长范宪鸣等10余名市联执委以上企业负责人，参加了市委统战部在东昌宾馆大礼堂举办的“全市统一战线大讲堂”活动，市委统战部副部长、市工商联党组书记徐文华作了有关非公经济专题辅导。7月28日，市工商联举办了第三期大讲堂，由天津京一财务管理有限公司李申学总经理讲授“营改增”后对企业的影响和机遇。县工商联组织了来自建筑业、金融业、服务业等行业的10家企业参加了培训，取得了良好的培训效果。9月19～23日，带领阳谷县谷丰源生物科技集团副总李守虎、县金园商贸有限公司总经理布占坤等年轻的非公有制经济代表人士，参加了聊城市工商联在武汉大学举办的“青年企业家质量管理培训班”，并撰写了学习心得体会。12月16日，带领阳谷顺达纺织有限公司董事长范宪鸣、阳谷亨博尔有限公司董事长臧爱民、阳谷恒泰实业有限公司董事长杨传省等15名企业家，参加了市联举办的第四期“工商联大讲堂”，认真学习了浙江大学法学院讲师、律师沈志坤的精彩报告，深入了解了企业发展过程中存在的法律风险。通过不同渠道、不同方式的培训学习，切实提高了一个县工商联领导班子及非公有制经济人士的综合素质和能力水平。

【组织建设】 县工商联始终把会员发展工作作为一项基础性工作任务，常抓不懈。2016年，按照广泛性和代表性相结合的原则，年初制定了会员发展计划，重点吸收经济领域内具有一定代表性、影响力、号召力和凝聚力的优秀企业家，经济专家和相关热心人士入会，在积极发展区域经济和行业领军企业入会的同时，积极吸收小微企业入会。全年新发展会员32个，其中个人会员26个、企业会员6个，切实壮大了阳谷县工商联会员队伍。

【经济服务和对外联络】 积极帮助阳谷汽车饰品会员企业举办了2016中国（阳谷）第一届汽车坐垫展览会，来自北京、河南、河北、浙江、江苏、安徽、上海等三十个省市的2000余家参展商、采购商，汇聚阳谷澳林商贸城参展、洽谈、交易。全县450余家知名坐垫生产企业分别在八个展馆展出了上千种款式新颖、质优价廉的手编垫、机编垫、四季垫、养生垫等系列产品，共吸引专业观众达3万人次，现场累计成交额近亿元；6月6日，帮助阳谷汽车饰品行业协会在阳谷狮子楼大酒店成功举办了2016百汇皮业产业升级新品推荐会，现场气氛热烈，新品销售火爆，共实现订货560余万元；协助张平车饰率山东博达、天龙、鲁冰花、九诺、巧夺天工、驰达、博文、康嘉、鑫之源、华兴、多乐多、鑫欧尚、鑫百溢等14家阳谷产业基地品牌坐垫企业组团参加了6月18日～20日，在武汉召开的2016第十三届中国（武汉）国际汽车后市场博览会（点金展）。指导帮助阳谷县汽车用品行业商会，12月28～30日，在阳谷奥林博览城隆重举办“第二届阳谷汽车用品展览会”。通过举办这些展览会和培训会等系列商贸活动，切实扩大了阳谷汽车饰品行业系列产品在国际、国内市场的影响，提高了其知名度和美誉度，助推了阳谷县汽车饰品行业的转型升级和品牌建设，为行业健康、快速发展奠定了基础。协同县委统战部做好了迎接省委调研检查组到阳谷调研检查的相关工作。6月6日，省委统战部副部长、省工商联党组书记李法信一行在市委常委、统战部长蔡同民、县委副书记崔新乐、县委常委、统战部长马颖以及县工商联主席杨兆阁的陪同下，重点调研了阳谷汽车坐垫协会工作开展情况、新凤祥集团非公党建等多项工作。听取了县工商联积极开展经济统战工作汇报。认真做好了全国工商联2016年第十二次全国私营企业调查统计工作。做好2016年“山东省民营企业与科研单位技术项目对接洽谈会”征集科技项目需求工作。山东省工商联十二届九次常委会在聊城市召开，省工商联、省科技厅、聊城市委、市政府联合举办2016年“山东省民营企业与科研单位合作对接会”。县工商联征集了10余家民营企业的技术需求，有效对接技术难题共15项，切实解决了企业发展过程中遇到的技术难题。根据上级工商联“走出去”的战略部署要求，经县工商联牵头联络，6月14日，在阳谷金园商贸有限公司二楼会议室召开了以金园商贸为代表的十余家阳谷县工商联会员企业与中粮集团、西班牙露松集团对接洽谈会。大家欢聚一堂，畅所欲言，初步建立了一个与央企、国企洽谈对接、合作双赢的平台。

【宣传报道】 县工商联多措并举，力促宣传、信息报道和理论调研工作规范化和制度化。上报《齐鲁工商》《联合日报》《聊城工商联信息》等刊物信息45条。撰写了《如何创新县级工商联工作》《忘我奉献干事创业，科学发展谱写华章》等经验交流文章4篇，有力地宣传了阳谷县非公有制经济发展的良好态势，提高了阳谷的知名度和美誉度。联合山东广电网络有限公司聊城分公司为太平洋光缆、顺达纺织、张平汽车饰品有限公司等6家会员企业在有限电视开机页面免费宣传推广，提升了企业品牌的知名度、美誉度，受到企业一致好评。

【参政议政】 深入非公有制企业，组织开展“关于制造业民营企业发展状况调研”“2015年度全国工商联上规模民营企业调研”和“阳谷县民营企业知识产权保护调研”等调研活动，组织填报“关于促进民间投资第三方评估调查问卷”，撰写了《阳谷县非公有制经济党建工作调研报告》《阳谷县乡镇商会调研报告》《阳谷县非公有制经济代表人士年轻一代工作调研报告》《阳谷县民营企业知识产权保护调研报告》等5篇有分析、有数据、有份量的调研报告，受到了上级有关领导的重视和好评。通过提案积极表达会员企业的诉求和建议，撰写了县工商联团体提案《营造良好法治环境，助推全市非公有制经济健康快速发展》以及《加强民营企业家队伍建设的提案》《关于开展濒临倒闭破产企业土地储备情况调研的建议》等 5 个提案。

【招商引资】 成功引资滨州市山东中海塑胶有限公司在阳谷投资建厂，项目坐落在祥光经济开发区，总投资 1.2 亿元，主要生产经营 PVC、PE、PPR、HDPE 等系列塑料管材。协助山东中海塑胶有限公司续扩建项目顺利开展，引进设备 9 台（套），建设中海塑胶研发中心楼一座、中海塑胶办公楼一座，共引资 2150 万元。

县文联

【机构概况】 阳谷县文学艺术界联合会于 2001 年 11 月 13 日成立，为正科级单位，由县委宣传部代管。至 2016 年底，县文联有工作人员 7 人。县文联下设 8 个专业艺术协会，即作家协会、音乐舞蹈协会、戏曲协会、美术协会、书法协会、民间艺术协会、摄影协会和根石艺术协会。

县文联是县委领导下的全县文学艺术界的联合组织和全县性人民团体，是党和政府联系广大文艺工作者的桥梁和纽带。主要职责是：贯彻党的文艺方针和政策，并向党和政府反映文艺界的情况；发挥文联的人才和专业优势，通过发展会员、组织文艺创作评论、学术交流、理论研究、人才培养，开展国内外、省内外、市内外、县内外文艺交流和各种文艺活动，繁荣、发展阳谷县的文艺事业；协同有关部门抓好全县文学艺术重点项目的生产、实施；对所属各文学、艺术协会团体会员履行联络、协调、服务和业务指导的职责；维护文艺家、文艺工作者的正当权益；完成县委、县政府交办的其他工作。

县文联八个专业艺术协会，通过培训和自身的不懈努力，协会队伍不断壮大，会员思想和艺术水平不断提高，组织、参与各项活动的能力大大增强。全县文联各专业艺术协会共有会员 1500 余人，遍布阳谷城乡，市级、省级、国家级会员都占有一定比例。

【《景阳冈》期刊】《景阳冈》是由县委宣传部主管，县文联主办的文艺期刊，为季刊，创刊于 2007 年。至 2016 年底，已出版发行 40 期。期刊分为散文、小说、诗歌、民间故事、今日阳谷等十几个栏目，内容丰富多彩，形式新颖别致，得到了市、县主要领导的肯定和社会各界的好评。

【重要活动】 自 2014 年起，县文联组织县戏曲协会开展了“送戏下乡村村到”活动，2016 年在 200 多个村演出 300 余场。组织开展“永远跟党走共筑中国梦”为主题的阳谷县第八届青少年器乐、声乐、舞蹈大赛。先后举办了消夏文化艺术活动、金秋戏曲广场、少儿文化艺术展演、主题书画展等形式多样、内容丰富的群众文化活动。3 月份，第二届“最美阳谷人”评选表彰活动正式启动，经基层推荐、有关部门审核、网络和手机台投票、组委会投票等程序，确定了“最美阳谷人”表彰人选。11 月 22 日，第二届“最美阳谷人”颁奖典礼在广电中心演播大厅隆重举行。组织阳谷县首届“唱响校园”中小学生合唱比赛和首届中小学生器乐比赛，全县近 4000 学生参与了比赛。配合学校，对学生进行革命传统教育。“七一”建党节，戏曲协会和世纪园小学联合举办“红色经典京剧戏曲晚会”。7 月份，协助宣传部组织开展阳谷县首届中小学生“汉字听写大赛”，比赛分中学组和小学组两个组别，分为初赛、预赛、决赛三个阶段，历时一个月，来自全县各中小学校的 49 支队伍参加了比赛。

【文艺创作】2016年，作协会员和文学爱好者在国家、省、市发表各种类型的作品数篇，其中邵云飞中篇小说《月瑶曲》在2016年第一期《鸭绿江》发表;李道英散文诗《海会寺》三章在2016年第8期《散文诗世界》发表。

美术协会会员创作的多篇作品荣获嘉奖。其中李保景作品《高禅多远韵茂树有余音》获第十七届中国工艺美术大师精品博览会2016“百花杯”中国工艺美术精品展铜奖;张庆岭作品《国之韵》入选全国书画家作品邀请展，作品《觅秋》入选第二届华夏之星书画人才海选。

摄影协会会员作品在《旅游世界》杂志及各类报刊发表摄影作品数余幅，其中李健作品《大美聊城》等60多幅作品、布凤民作品《好客山东贺年会》等8幅作品被旅游世界山东刊采用。

供稿：孙　珂

县接待处

【机构概况】阳谷县接待处成立于1988年8月，为副科级事业单位，列县委序列，由县委办公室代管。1994年2月县级机构改革时升格为正科级单位，现有干部职工6人。其主要职责是对上级领导机关和兄弟县市到阳谷的客人进行接待，做好食宿方面的安排，同时认真做好接待、会议经费的结算工作以及公务用车管理工作。

【接待规范】1998年5月，县委专门印发了《关于认真做好上级领导机关和兄弟县市来我县客人接待工作的暂行规定》，2002年9月，县委办公室、县政府办公室又印发了《关于接待工作的若干规定》，2007年3月颁布了《县委、县政府关于进一步做好接待工作的意见》，对接待工作提出了具体要求，进一步明确了接待范围及标准。2014年4月，为认真贯彻落实中央八项规定、省委实施办法和市委五项规定，结合我县实际，颁布了《阳谷县党政机关国内公务接待管理办法》，对新形势下的公务接待活动做出了详细系统的规定。2015年2月，中共阳谷县委办公室、阳谷县人民政府办公室印发了《阳谷县党政机关国内公务接待管理办法》补充规定，对《阳谷县党政机关国内公务接待管理办法》进行了补充说明。2016年8月，中共阳谷县委办公室、阳谷县人民政府办公室印发了《阳谷县机关公务用车管理与使用办法（试行）》，对新形势下公务用车管理工作做出了详细规定。

接待范围　县委、纪委、人大、政府、政协、人武部机关的上级领导和兄弟县市领导同志，隶属县委、政府两个办公室经费开支的上级领导同志到阳谷县检查指导工作的，其接待工作由接待处统一安排；省、市两级党委、政府派驻阳谷县的各类工作组根据工作内容由县归口部门承办，接待处协办;县委、纪委、人大、政府、政协召开的需住宿就餐的会议，属于专业性的由主管部门承办，几大办公室协办；属于综合性的由各办公室和接待处承办，并由各办公室编报会议预决算。接待处及其他有接待任务的单位按照文件规定认真贯彻执行，在严格范围，严格程序，严格标准，严格就餐人数和陪餐人员的同时，要做到热情接待、文明服务、礼貌待客，进一步推进了全县精神文明建设和廉政建设。

接待标准　实行公函制度。在公务接待活动中，严格遵循无公函不接待的原则，需要接待的，由派出单位向接待单位发出公函，告知接待事项；建立公务接待清单制度。公务接待活动结束后，接待处将定点饭店原始单据、阳谷县接待来宾通知单，派出单位的公函，及接待处公务接待通知单整合，制定接待清单，作为报销凭证；严格用餐标准。

阳谷县公务接待用餐标准严格控制在《阳谷县党政机关国内公务接待管理办法》规定以内；陪餐人数严格按照国家省市县的规定执行，即接待对象 10 人以内，陪餐人数不得超过 3 人；超过 10 人的。不得超过接待对象的三分之一；严格执行、差旅会议管理的有关规定。接待对象需要安排住宿的，接待单位协助安排符合住宿费限额标准的定点宾馆场所，住宿费由接待对象支付。同时阳谷县制定了《阳谷县党政机关会议定点管理实施方案》并已贯彻实施；做好接待工作的信息备案工作。每一项公务接待活动结束后，接待处由专人将接待活动进行信息备案，并定期进行总结报告。

【接待工作】 2016 年，接待处在接待工作中，严格按照“三个代表”重要思想以及科学发展观的要求，认真贯彻落实中央和省、市、县委关于接待工作的一系列文件精神。同时，为深入学习贯彻习近平总书记系列重要讲话精神，推动全面从严治党向基层延伸，巩固拓展党的群众路线教育实践活动和“三严三实”专题教育成果，接待处认真开展了“两学一做”学习教育活动。通过开展集中学习、专题研讨、专题党课等活动，进一步解决党员队伍在思想、组织、作风、纪律等方面存在的问题，保持发展党的先进性和纯洁性，使党员干部思想认识进一步提高，作风进一步转变，将厉行节约反对浪费的思想牢牢树立在日常工作生活之中，把全面深化改革各项任务落实到实处，以作风建设的新成效，推动接待工作创新发展。

从讲政治的高度，把规范公务接待工作作为促进党风廉政建设的一项重要措施来抓，本着有利公务、节俭实在、杜绝浪费的原则，让领导和客人高兴而来，满意而归，树立阳谷的良好形象。解放思想，更新观念，实现接待工作的新跨越。坚持以人为本、改革创新围绕提供优质高效这个主题，强化“四种意识”，抓好“三项工作”，推进“五个转变”，努力打造阳谷接待品牌。健全机制，加强协调。在接待工作中，要树立大局观念，进一步树立对内以协作为贵、对外以和谐为贵、对客以印象为贵的“三种理念”。同心协力把接待工作培育成为党委、政府增光添彩的事业。规范程序，突出特色，努力提升接待工作品味。在程序化服务上突出一个“细”字，在人性化服务上突出一个“情”字，在个性化服务上突出一个“特”字。进一步规范接待程序，完善接待工作规程。把握接待工作特点，制定来客接待方案，确保接待工作零失误。把服务精细化和个性化作为重点，注意每个细小环节，要创新接待服务手段，常规接待，细致入微，高效周到；大型接待，科学运筹，精心组织。2016 年，共接待客人 1.7 万余人次，没有发生任何差错，扎实做好了后勤保障工作。加强学习，提高素质，打造“专业型”接待队伍。

县机关招待所

【机构概况】 阳谷县机关招待所（又称阳谷宾馆）坐落于阳谷城中心，隶属于阳谷县委、县政府，始建于 1958 年。2016 年，招待所下设客房部、餐饮部、后勤部、财务部、营销部、保安部、办公室六部一室，共有干部职工 70 人。

【接待条件】 占地面积 28000 平方米，建筑面积 20000 平方米，可容纳 180 辆车停放。拥有可承接 20 人到 300 人的会议室 6 个，高、中、低档客房 160 间（套），280 个床位，大、中、小宴会厅 49 个，1300 个餐位。

【服务与管理】 强化细微服务培训，提升服务技能，使员工逐步形成“用心做事、真情服务、注重细节、追求完美”的服务理念。深入开展《好客山东旅游服务标准》和《中国饭店行业服务礼仪规范》教育培训，使员工工作有尺度，服务有标准。经常举办技术比武和技能大赛，形成“比、学、赶、帮、超”的良好氛围。加强宾客信息化管理，确保服务工作“有的放矢”。重视宾客信息的收集、管理与利用。至2016年底，共收集宾客信息4万余条。建立快速反应机制，使细微服务真正做到“四个之前”，即“预测顾客需求在客人到来之前。满足顾客需求在客人开口之前，化解顾客抱怨（投诉）在顾客不悦之前，给顾客惊喜在客人离店之前”。建立强有力的激励机制，确保细微服务长期开展下去。在细微服务工作中，以事件为依据，以结果为导向，坚持“公平、公正、及时、有效”的激励原则，开展“细微服务明星”“微笑大使”评选活动，将评选结果纳入年度考核，作为评优树模的重要依据。

【改革与创新】 2016年，阳谷宾馆全体员工团结一致、攻坚克难，取得了良好的社会效益和经济效益。圆满的完成了高考、全市重点观摩、省农村工作调研和党代会、人代会、政协会等接待任务。荣获“山东旅游饭店优秀服务先进单位”。“武大郎炊饼”被国家饭店协会评为“中国名小吃”。

规范内部管理，重塑组织架构。根据工作需要，撤销合并二线部室5个，11名富余人员全部充实到客房、餐厅等一线岗位，有效解决了一线部门人手不足的难题；严肃工作纪律，整顿工作作风，工作作风明显好转；集中开展了“全员一线、全员营销、奋战一百天、打个翻身仗”主题活动。活动的开展有效地提振了员工士气，精神面貌和工作状态逐渐好转；实施硬件提升，重塑外界形象。新安路灯5盏，会议中心门口照明灯2盏；栽植苗木3615棵，更换会议中心大会议室椅子200余把。维修工作及时到位，宾馆硬件有效改善；菜品质量稳步改善，社会口碑逐渐向好。严把菜品采购、验收、加工关口，有效的保证了菜品质量提升，得到了社会各界的认可。同时，推出特色驴肉养生火锅，也受到消费者的推崇；安全生产常抓不懈，确保宾馆安全运营。更换灭火器116个，安全责任到人，定期检查及时排除安全隐患。

县纪检监察机关

【机构概况】 县纪委机关与县监察局合署办公，实行“一个机构，两个机关名称”工作体制，履行党的纪律检查和行政监察两项职能，县监察局仍列县政府组成部门序列。县纪委监察局机关设办公室、监察综合室、干部室、案件审理室、信访室、党风廉政建设室、执法监察室、纪检监察一室、纪检监察二室、宣传教育室等10个副科级室和8个正科级派驻纪检组以及1个正科级事业单位行政投诉中心。按照上级纪委要求，县纪委监察局于2016年5月进行内设机构调整，调整后的机构为办公室、组织部、宣传部、党风政风监督室、信访室、案件监督管理室、案件审理室、第一纪检监察室、第二纪检监察室、第三纪检监察室等10个副科级室和8个正科级派驻纪检组以及1个正科级事业单位县纪委监察局信息中心。至2016年底，县纪委共有人员编制88个，实有工作人员79人。

【夯实“两个责任”】 协助县委制定落实两个责任的《意见》和《考核办法》。开展4次专题检查，提出整改建议60余条，约谈单位主要负责人20余人次。组成8个考核组对主体责任落实情况进行考核排名。强化问责，倒逼责任落实，对履行主体责任不到位的单位和个人进行责任追究，全年共问责18人次，其中给予党政纪处分13人，组织处理5人。认真开展县级党政班子成员向县纪委全委会述责述廉工作。

【强化监督检查】 强化巡察监督。突出政治巡察定位，对标看齐巡视工作。分3轮对24个县直单位进行巡察，发现问题516件，移交涉嫌违纪线索69个，处理32人，其中给予党政纪处分11人，督促被巡察部门建立完善规章制度120余项。强化派驻监督。发挥“派”的权威和“驻”的优势，细化日常监督内容和事项，监督检查和联系指导单位充实调整到132个，实现县直单位监督全覆盖。明确派驻机构工作任务，逐步实现派驻机构工作重心由执纪审查向执纪监督的转变，当好“常驻不走的巡察组”。出台报备工作制度，先后4次调度报备工作，组织专门力量，对单位和派驻机构报备工作开展情况进行检查评估。

【加大纪律审查力度】 严格执纪审查。坚持管党治党不放松、惩治腐败不手软，保持惩治腐败高压态势。全年共受理群众信访171件，信访问题按期办结率达98%；查处违纪案件365件，给予党政纪处分378人，其中处理科级干部36人。突出执纪重点。以扶贫领域为重点，组织开展整治群众身边不正之风和腐败问题专项行动，落实全面从严治党职责，增强群众获得感，全年共查处此类问题180个，给予党政纪处分194人。践行“四种形态”。坚持抓早抓小、动辄则咎，用好前两种形态。全年共约谈、函询干部48人次，给予党纪轻处分和组织调整283人，给予党政纪重处分和重大职务调整95人，移送司法12人，实现惩处少数、教育多数的政治和社会效果。

【坚持正风肃纪】 以钉钉子精神驰而不息纠正“四风”，紧盯隐形变异问题，抓住重要节点通报曝光，对执纪审查中发现的问题深挖细查、绝不放过。围绕中央八项规定精神开展专项检查6次，围绕正风肃纪开展为期三个月的集中整顿活动，共查处违纪问题67起，处理69人。加大通报曝光力度，分12批对80起典型问题进行公开通报，点名道姓曝光102人。

【加强教育培训】 举办“周五课堂”30余次、业务经验交流会16次，邀请市纪委领导进行业务培训4次，全县纪检监察干部履职能力和执纪水平明显提高；着力推进乡镇纪委深化“三转”，全面落实乡镇纪委书记、副书记以县纪委提名为主，2016年县乡换届共提拔重用优秀纪检监察干部23人，交流13人，畅通了干部选拔交流渠道，激发了干部活力；每季度召开一次委局机关室组负责人述责述职会议，通过亮家底、比成绩，激励争先进位意识。

县人民代表大会

【机构概况】 2016年，阳谷县第十七届人大常委会机构设置为三室六委一科，即办公室、代表联络工作委员会、法制宣传工作委员会、教科文卫工作委员会、财政经济工作委员会、农业与农村经济工作委员会、预算工作委员会、信访室、城乡建设与环境保护工作室、老干部科。至2016年底，县人大机关在职人员41人。

【人民代表大会】 阳谷县第十七届人民代表

大会第五次会议于2016年2月1日召开，出席代表268名，会议听取审议了县人大常委会、县人民政府、县人民法院、县人民检察院工作报告，审查批准了《2014年国民经济和社会发展计划执行情况及2015年国民经济和社会发展计划》《2014年财政预算执行情况和2015年财政预算》，并就以上报告作出相应的决议。

阳谷县第十八届人民代表大会第一次会议于2017年1月22日召开，出席代表253名，会议听取审议了县人大常委会、县人民政府、县人民法院、县人民检察院工作报告，审查批准了《2015年国民经济和社会发展计划执行情况及2016年国民经济和社会发展计划》《2015年财政预算执行情况和2016年财政预算》，并就以上报告作出相应的决议。大会选举周素霞为阳谷县第十八届人民代表大会常务委员会主任，程仁国、张宪锋、万开义、张文芳、李贵才为阳谷县第十八届人民代表大会常务委员会副主任，于继民等27名同志为阳谷县第十八届人民代表大会常务委员会委员；选举毕黎明为阳谷县人民政府县长，王守柱、杨廷军、于俊海、韩刚、王霞为阳谷县人民政府副县长；选举周公法为阳谷县人民法院院长；选举牛廷彪为阳谷县人民检察院检察长。成立法制委员会、财政经济委员会、农业农村委员会、城乡建设环境保护委员会、教育科学文化卫生人口委员会5个专门委员会。通过了阳谷县第十八届人民代表大会专门委员会组成人员名单。

【常务委员会】 2016年阳谷县第十七届人民代表大会常务委员会共召开13次常委会。会议主要听取县政府关于2015年上半年财政预算执行情况、2015年国民经济和社会发展计划执行情况、2015年度县级财政预算执行及其他财政收支情况、财政审计、依法治县、创新驱动、旅游发展、城市建设、行政审判、“六五”普法、刑罚执行监督、食品安全监管等方面工作汇报。围绕全县中心工作开展22次视察、调研和执法检查。依法任免13名国家机关工作人员的职务。

【机关建设】 2016年，县人大常委会及其机关的自身建设不断加强。加强思想建设。人大常委会坚持党组集中学习制度，以学习贯彻习近平总书记系列重要讲话精神为重要内容，扎实组织开展“两学一做”学习教育，通过集中学习、专题研讨、领导干部上党课、观看警示教育片等方式，有效提升了常委会组成人员的政治素质和履职能力。加强作风建设。人大常委会始终把正风肃纪牢牢抓在手上，严格执行党规党纪，认真落实中央“八项规定”精神，严格按要求办文办会。2016年，人大常委会召开的各项会议风清气正、俭朴规范、务实高效。班子成员沉下身子搞调研、深入基层抓帮扶，包联贫困村，帮扶联系贫困户，帮助解决了一系列难题，人大干部与群众的联系更加密切，为人民服务的意识和本领明显增强。加强制度建设。人大常委会高度重视制度建设，集中对常委会成立36年以来的制度进行全面梳理修订，出台了《加强和改进人大监督工作的决定》《关于开展调查研究工作的规定》等19项规章制度，修改完善了机关公文处理、公务接待、老干部服务等15项工作规范。编印了《阳谷县人大常委会规章制度》手册，并汇编了《阳谷县人大常委会机关制度》，使常委会及机关工作制度日臻完善。四是加强机关建设。强化学习意识，开展“人大讲坛”“庆七一”诗歌朗诵会等活动，提升党员干部队伍的政治素养和综合素质。强化服务意识，服务标准从细从严从实，“三会”工作实现高效有序运转。积极主动做好老干部服务工作，保障老干部身心健康。强化宣传意识，升级“阳谷人大信息网”，开通人大常委会微信公众号，编辑出版了《履印》，积极编纂《阳谷县人大志》，为推动人大工作创新发展提供有力的舆论支持。

【议案办理】 2016年，县人大常委会进一步加强代表建议办理工作。收到代表建议之后，常委会联合县政府及时召开代表建议交办会，县政府领导逐条批示，明确责任，将代表建议转交到有关部门办理。为督促办理，常委会召开代表建议督办会，围绕代表建议答复、函复情况，征求代表意见，采取实地察看、听取汇报等形式，开展系列督办工作，代表建议办结率为100%。县十七届人大五次会议上共收到代表建议、批评和意见72件，都得到及时办理。

【人事任免】 2016年，根据有关法律规定，县人大常委会进一步健全和完善人事任免办法，依法任命13名“一府两院”干部。任免工作中，坚持党管干部与人大依法任免相结合，严格落实任前法律考试、供职报告、民主票决和颁发任命书制度，坚持向宪法宣誓制度，增强人事任免的规范性、严肃性，实现党委意图与人民意志的统一，促进地方政权建设。为加强对被任命干部的工作监督和法律监督，常委会根据《中华人民共和国各级人民代表大会常务委员会监督法》等有关规定，坚持开展对政府部门的工作评议，增强广大干部依法行政的自觉性和全心全意为人民服务的公仆意识，提高干部队伍总体素质，促进政府职能部门依法行政。

阳谷县人民政府

【工作综述】 2016年，面对国内外环境复杂变化和诸多挑战，县政府一班人在市委、市政府和县委的坚强领导下，在县人大、县政协的监督支持下，审时度势，抢抓机遇，务实创新，砥砺奋进，圆满完成了各项工作任务。全县经济社会发展站在了新的历史起点上。

发展态势稳健向好，综合实力显著提升　全年实现生产总值315.58亿元，增长7.7%；一般公共预算收入13.45亿元，增长12.01%；社会消费品零售总额168.53亿元，增长12.6%；金融机构存贷款余额分别达到330.26亿元、200.94亿元，较年初分别增长37.43亿元和16.67亿元；城镇、农村居民人均可支配收入分别达到21812元和11239元，分别增长8.2%和8.6%。先后荣获全国国土资源节约集约模范县、全国法治宣传教育先进县和省旅游强县、省级卫生县城、省知识产权试点县、省双拥模范县、省计生优质服务先进县等荣誉称号。

产业转型持续推进，创新能力不断增强　三次产业比例调整为14.38∶53.76∶31.86，第三产业比重比上年提高1.49个百分点。现代农业发展提速。规划粮食高产创建示范方42.4万亩，建成28.8万亩。粮食、瓜菜菌总产分别达到7.25亿公斤和20.2亿公斤。标准化现代养殖场发展到220处，畜、禽规模化饲养率分别达到61.1%和72.9%。规模以上农业龙头企业70户、家庭农场220家、农民专业合作社1467家，先运辣椒、润生生猪等4家合作社被评为国家级示范社。“三品一标”认证产品达到174个，农产品质量安全追溯体系通过验收。创建全国绿色食品原料生产基地12万亩。建设供京蔬菜基地5处，“净菜进京”实现新突破。工业转调步伐加快。规模以上企业达到326户，实现主营业务收入1025.33亿元、利税73.08亿元，分别增长1.44%和0.07%。技改投资113.5亿元，电线电缆、塑胶管材、食品加工等传统行业加快转型。创新驱动成效显著，实施省级以上科技项目4个，荣获“第九届山东省发明创业奖”三等奖1项、市级科技奖励8项，授权发明专利41件。全县高新技术产业产值比年初增加2.39个百分点。质量强县战略扎实推进。新增省著名商标和名牌产品3个。东信塑胶、太平洋橡缆等5户企业参与制订了国家和行业标准，阳谷县在国内同行业率先制订了汽车坐垫、振动软管企业联盟标准。祥光铜业、景阳冈酒业获得国家生态原产地保护产品认证。全国特种光电线缆产业知名品牌创建示范区通过批筹。服务业提质扩容。服务业提质扩容。实施鲁西南医院（一期）、寿张镇府前商业街等重点服务业项目11个，完成投资11.5亿元。编制完成了旅游发展总体规划，蚩尤陵、刘邓大军渡河战役纪念园对外开放。新增市级非物质文化遗产6个。潍坊银行、恒丰银行落户阳谷，金融保险机构达到37家。电商产业蓬勃发展，澳林电商产业园、阿里巴巴农村淘宝、邮政买卖惠、“云书网”电商中心等项目投入运营。

高效投入切实加大，基础设施日臻完善　完成规模以上固定资产投资322.5亿元，增长19.4%。项目建设加快推进。实施省、市、县重点项目47个，完成投资80.1亿元，华信塑胶新型节能门窗幕墙、青岛暖洋洋羽绒家纺制品、凤祥益生菌饮品等18个项目竣工投产。南水北调续建配套工程、雨洪资源利用工程赵王河水库、金堤河二期治理等重点水利项目进展顺利。设施水平明显提升。聊阳路公交车道工程基本完工，齐南路、聊位路完成大修。阳谷至黄岛港、日照港集装箱货运班列开通运行。建设4G网络基站741个，基本实现城乡全覆盖。农田水利三年会战圆满收官，治理沟渠129条、143.53公里。高效节水灌溉、新增千亿斤粮食产能、高标准农田治理等项目顺利实施，新增设施农田6.3万亩。园区载体不断夯实。祥光经济开发区新增入区企业14户，达到232户，在全省综合排名第32位，前移了23个位次。祥光生态工业园通过国家级生态工业示范园区验收。规划建设了光电信息产业园，高端项目集聚能力增强。

城乡面貌显著变化，人居环境有效改善　建成区面积达到25.5平方公里、城区人口18万人，城镇化率达到41.7%。城市功能更加完善。编制了新一轮城市总体规划、土地利用总体规划。改建城区快慢车道7.2公里、人行道3.7公里，铺设雨污分流排水管网4.6公里。棚户区改造步伐加快，4个城市片区、699户居民喜迁新居。对部分老旧小区和背街小巷进行了综合整治。城市日保洁面积674万平方米、绿化面积756万平方米、集中供热面积300万平方米。城市精细化管理水平明显提升，违法建设得到遏制。祥光新城加快建设，承载能力不断增强。镇村发展更具特色。七级、阎楼等3个乡镇实施了小城镇提升工程。郭屯朝阳、寿张吕街等34个农村新型社区基本建成。高庙王前仓村等4个村庄被评为山东省宜居村庄，侨润街道迷魂阵村等3个村庄被评为山东省传统村落。城乡环卫一体化成效明显，村容村貌得到较大改观。生态建设更富成效。实施重点节能减排项目6个，万元GDP能耗下降率、主要污染物减排量均超额完成市下达任务目标。森泉人工湿地被评为市级森林湿地公园。构建了“治、用、保”水污染防治体系，出境断面水质稳定达标排放。大气污染防治力度加大，扎实开展了黄标车淘汰、油气回收、散煤治理和洁净煤推广等工作。大力实施路域环境提升工程，建设路域林带1.07万亩，通行环境切实改善。

改革开放不断深化，发展活力日益凸显　各项改革纵深推进。削减县级行政审批事项

35项，取消14项行政审批中介服务收费项目，创新监管方式，全面实施“双随机，一公开”监管，开展了简化优化公共服务流程试点。农村土地确权登记颁证顺利完成，金融、司法、医疗、公务用车、公务员职务与职级并行等改革扎实推进。阳谷县被列为全省司法体制改革试点县、全省县级现代预算管理制度改革试点县和全市综合行政执法体制改革试点县。要素支撑切实强化。县财政设立了“过桥资金”，组建了“助保金池”，累计为企业提供资金支持14.3亿元。不断拓宽企业融资渠道，中科凤祥在“新三板”挂牌。金融服务实现县乡村全覆盖，阳谷县被确定为全省普惠金融综合示范区试点县。积极探索节约集约用地模式，新增耕地1613亩，节约土地3166亩。对外开放成效明显。注重招商引资实效，全年新签约项目70个，新开工过亿元项目16个，百盛集团、新希望六和集团、中铁气化局、中信集团等国内外500强企业到阳谷投资兴业。进出口总额连续9年稳居全市第一。“海外阳谷”建设不断加快，祥光铜业积极开发境外矿产资源，昊泉机械、清华羽绒等9户企业在境外设立了分支机构。

人民生活水平提高，各项事业长足进步民生支出达到23.14亿元，广大群众得到更多实惠。教育事业优先发展。投资2.6亿元的新三中于8月份完成搬迁，开创了阳谷教育发展新局面。在原三中建设九年一贯制学校，由实验中学接管，新增初中、小学学位4000余个，有效缓解城区中小学“大班额”问题；实施“全面改薄”项目32个，26处新建幼儿园项目全部完工。就业形势持续稳定。新增城镇就业6798人，发放创业担保贷款4378万元。城镇登记失业率控制在3.1%以内。新建全民创业孵化基地1处。县乡人社基层公共服务平台建设、劳动保障监察“两网化”管理水平走在全省前列。县人社局被评为全国人社系统优质服务窗口。社保体系逐步完善。城镇居民医保和新农合顺利并轨，社会保险实现“一票征缴”。农村低保与扶贫标准“两线合一”，五保供养、优抚安置、困境儿童救助等提标政策有效落实，残疾人、慈善事业加快发展。建成高标准老年公寓1处、社区日间照料中心1处、农村幸福院12处，新增养老床位360张。卫生体系日益健全。县级公立医院综合改革顺利推进，基本药物制度逐步完善。县医院门诊病房医技综合楼、鲁西南医院陆续开工建设。全县五星级数字化预防接种门诊18家，覆盖率达100%。巩固全国中医药工作先进成果，深化国医堂内涵建设，提升中医药服务能力。群众生活明显改善。城区有线电视双向网络改造全面完成。农村饮水安全实现全覆盖，升级农网低电压台区693处，12个乡镇通上了天然气。建设保障性住房1075套，改造农村危房395户、旱厕3.84万户，阳谷县在全省农村厕所改造电视电话会议上作了典型发言。脱贫攻坚扎实推进。投入财政专项扶贫资金4639.8万元，发展产业项目64个。实施财政担保扶贫小额信贷，发放扶贫贷款5834.5万元。推动涉农项目向贫困片区倾斜，累计整合资金4.5亿元，交通、水利等设施水平明显提升。创新实施“百千帮扶”活动，政府、企业、社会协同推进的“大扶贫”机制基本形成。全年实现脱贫1.2万户、2.58万人。社会事业协调发展。县图书馆、文化馆、展览馆基本建成，乡镇综合文化站、村级文化大院和农家书屋实现全覆盖。老年体育活动蓬勃开展，全民健身活跃城乡。国家和山东省地掷球训练基地落户阳谷，地掷球运动成为特色体育品牌。广泛开展道德模范人物评选表彰、“孝道阳谷”电视宣传等活动，弘扬了时代主旋律，传递了社会正能量。“天网工程”覆盖城乡，立体化治安防控体系逐步完善。全面落实“党政同责、一岗双责、齐抓共管”责任体系，安全生产形势持续稳定。“全面二孩”政策深入实施。积极开展县级领导公开接访活动，妥善化解了一批信访积案。妇女儿童、外事侨务、民宗、史志、档案、人防、统计、物价、供销、防震等各项工作均取得长足进步。

县政府办公室

【机构概况】 2016年，县政府办公室内设秘书科、综合一科、综合二科、综合三科、信息科、行政科、财务科、车管科等8个职能科室，有工作人员53（不包括12名离岗人员）人。隶属于政府办公室或者由政府办公室代管的单位有机要科、应急办、调研室、金融办、督查室、县长公开电话办公室、对外联络办公室等。

【工作综述】 2016年，县政府办公室领导班子自觉服务全县大局和政府中心工作，认真履行工作职责，切实提高服务水平，有效保障了政府工作的优质高效运转，为全县经济社会平稳健康发展作出了积极贡献。

综合协调高效有序 抓协调，保运转。充分发挥办公室的桥梁纽带作用，对重大工作部署、阶段性中心工作、重大会议活动认真组织，加强调度，多方协调，抓好落实，促进各方面工作相互衔接，形成合力。坚持编制县政府领导每日工作安排，重视与县委办、人大办、政协办的沟通协调，注重建立培养与县直部门、乡镇之间的工作协作关系。抓政务，出实效。坚持精心办文、节俭办会、高效办事。牢固树立精品意识和效率意识，文稿撰写始终做到吃透上级精神，体现领导意图，得到县政府主要领导的肯定和认可。严格收发文程序，全年接收处理国务院、省政府、市政府文件660件，党委系统文件545件，接收传真和各类通知、信息等460件。精心搞好政务接待，不搞铺张浪费。抓督查，促落实。以《政府工作报告》中的各项任务目标为督查主线，按照时间节点，加大现场督办和跟踪督查力度。建立完善工作交办单制度，对县政府领导批示及时交办。共办理市政府下达督办事项24件、县领导批示件65件，开展专项督查31次。高质量完成提议案办理工作，承办人大代表建议71件、政协委员提案212件，满意率均达到100%。

以文辅政成效明显 调查研究取得新成效。围绕县委县政府工作重点、影响经济社会发展的重大问题、社会热点难点，深入开展调查研究，提出对策建议，充分发挥参谋助手作用。形成了《关于推进创新驱动发展、加快产业结构调整的调研报告》《关于全面实施“营改增”有关情况的调研报告》等一批具有较高水准的调研报告，为领导决策提供参考。信息工作取得新加强。加强政务信息报送体系建设，拓宽信息渠道，强化信息整理，集中反映领导关注的重点、群众关心的热点和改革过程中的难点，及时反馈工作动态和社情民意。全年撰写上报各类信息300余篇，被国务院和省、市采用信息180余篇，其中国务院领导批示9篇、国办专报采用13篇。宣传报道取得新亮点。高度重视对外宣传工作，及时总结上报政府系统亮点、特色工作，全年编发《政务信息》20期，在《大众日报》《聊城日报》等报刊发表新闻报道300余篇，其中头版、头条11篇，发稿数量稳居县直单位第一名，连续多年被评为市、县宣传工作先进单位。

事务管理效能加强 机关日常管理水平得到提升。按照建设“节约型”机关的要求，加强对财务、车辆、水电、文印、卫生、安全等事务管理，接待、印章、办公用品等管理制度不断完善，为县政府机关的正常运转

提供了有力的后勤保障。应急管理体系建设得到加强。根据新形势、新变化、新要求，突出重点，综合协调，认真做好突发性公共事件应急管理工作。在汛期、重大节假日期间，办公室全体成员保持临战状态，加强应急值班，有力保障了各项应急工作顺利进行。县长公开电话受理得到肯定。对县长热线受理系统进行了升级改造，进一步完善了三级网络建设，对各乡镇（街道）、县直部门专职工作人员进行了培训。全年共受理群众和基层单位反映的问题10201件，承办省长信箱转办事项12件，畅通了群众诉求渠道。

机关形象显著提升 加强业务理论学习。始终把学习作为办公室素质提升的重要途径，根据办公室工作实际，制定了年度学习计划，进一步健全完善各科室学习制度，坚持定期开展集中学习与自学相结合的理论、业务学习，有效提高干部的业务和理论水平。强化机关作风建设。严肃工作纪律，严格请销假制度，坚持每天集中点名。严格应急值守，坚持主任带班和工作人员24小时值班制度，确保上传下达渠道畅通。开展“扶贫帮包”活动。按照县委、县政府统一部署，办公室负责帮包联系阎楼镇9个村的51户贫困户，由主任带队包村、全体人员结对帮扶。定期对帮包贫困户进行走访，逐一分析现状，制定脱贫方案。组织机关干部捐衣赠物、送油送面，帮助解决实际困难。2016年实现脱贫14户。

【机要工作】 2016年，制定了严格的公文传输和网络信息化办公系统盯班制度，确保了传真电报处理、公文传输万无一失。全年通过公文传输系统共接收处理国务院、省政府、市政府文件660件，党委系统文件545件，接收传真电报和各类通报、信息等计800件。全年共接收、分发、办理上级和本级党委、政府各类文件、信息、领导人讲话等材料两万余件，存档县级政府文件360余件，处理县委转来书记批示文件350件、县长阅文批示文件1201件。对县长阅文批示文件，严格登记，督导有关部门办理，真正做到件件有落实，件件有回音。对所收信函认真拆封，登记，分送有关领导和部门。对六大班子领导及政府办公室领导，做到了当天文件当天送，随到随送、及时办理。真正做到了文件收发迅速、准确、安全、保密的原则要求。

【应急工作】 2016年，对全县已发布的各专项应急预案进行了梳理汇总，重新编制、修订各类应急预案30个，修订完善《阳谷县突发公共事件总体应急预案》；鲁西化工五厂被评为2016年度市级基层应急管理示范点；对应急救援队伍和物资进行普查，各类专业救援队伍1054人、防汛抗旱志愿者队伍2万余人、救援车辆64辆、棉衣棉被520件全部分类登记、规范管理；着力强化应急演练，中小学每月组织开展一次自救自护演练，各企业开展应急救援演练70余次，沿黄乡镇开展防汛应急分队练兵活动，组织队伍参加了全市环境应急演练暨监察监测技术比武。下发了《关于进一步加强突发事件信息报告工作的通知》，依托网络信息化办公系统，实现了与18个乡镇（街道）和有关部门互通互联，全年未发生一起迟报、谎报、瞒报、漏报突发事件信息或报送、公布虚假信息事件。按照市应急办要求，先后10余次启动、调整重污染天气预警和应急响应，确保了全县正常生产的稳定和群众健康。

【调研工作】 2016年，县政府调研室紧紧围绕全县工作大局，准确把握领导意图，围绕关于全面实施“营改增”、中医药事业发展、高新技术产业发展、城市交通运行管理、义务教育均衡发展、农村一二三产业融合发展、品牌建设、推进法治政府建设、加强地方税源建设等课题，深入基层、企业一线撰写了大量有参考价值的调研文章，为领导决策提供了重要参考。全年共撰写《调查研究》10期，其中《关于加强阳谷县地方税源建设的调研报告》被评为山东省政府系统优秀调研成果二等奖，《关于阳谷县农村一二三产业融合发展情况的调研报告》被评为聊城市政府系统优秀调研成果三等奖。

【金融工作】 2016年，恒丰银行聊城阳谷支行落户阳谷，全县拥有商业银行机构11家、证券机构1家、地方金融机构2家。积极推进企业上市挂牌工作，目前上市企业1家，为山东阳谷华泰化工股份有限公司，拟上市企业3家；中科凤祥于5月16日实现“新三板”挂牌，全县挂牌企业达到3家，分别为山东五岳钻具股份有限公司、山东首信高分子材料股份有限公司、山东中科凤祥生物工程有限公司，拟“新三板”挂牌企业2家；区域性股权挂牌企业2家，分别为山东鲁青电缆有限公司、山东泰康建材股份有限公司，拟区域性股权挂牌企业8家；17户规模企业完成规范化公司制改制；阳谷县直接融资发生额24亿元。

【督查工作】 2016年，县政府督查室围绕全县中心工作，不断创新督查工作思路、改进督查方式，拓展督查视野，有计划、有重点、有针对性地开展各项督查活动，较好地发挥了督查工作服务中心、服务大局、推动工作落实的作用。全年共印发《政务督查》27期；办理市政府下达督办事项25件、县领导批办信访件36件；办理人大建议71件、政协提案212件，办结率和满意率均达100%。

【热线工作】 2016年，市长公开电话进行了系统升级改造，电话受理量和接通率有了较大提高，为群众解决了大量实际问题。全年共受理群众和基层单位反映的问题10204件，办结率为99.5%，满意率98.6%；下发《县长公开电话督办通知》30余份，现场处理和召开协调会议10多次，较好的解决了群众的各项诉求。

县政府法制办

【机构概况】 阳谷县政府法制办公室成立于1994年1月，列政府序列，正科级行政单位，为县政府办事机构，主要负责规范性文件的备案审查、行政执法监督及行政复议应诉和政府法律顾问工作。至2016年底，有工作人员11人。

【主要工作】 2016年，县政府法制办深入贯彻落实党的十八大和十八届三中、四中、五中、六中全会精神，全面推进依法行政、加强建设法治政府，紧紧围绕职能科学、权责法定、执法严明、公开公正、廉洁高效、守法诚信的法治政府建设目标，全面推进阳谷县依法行政进程，被评为“全省依法行政工作先进单位”。

严格规范性文件审查备案 严格规范性文件制定计划。严格执行《中华人民共和国立法法》和《山东省行政程序规定》，按照“条件成熟、突出重点、统筹兼顾”的原则，紧紧围绕经济体制改革、保障改善民生、创新社会治理、促进可持续发展的总体要求，以提高经济发展质量和效益为中心，广泛征集县政府规范性文件制定计划。严格按照规范性文件制定计划出台规范性文件，凡上一年度12月底没有报下一年度立法计划的，一律不准临时出台规范性文件。

为提高规范性文件质量，制定出台了《阳谷县行政机关规范性文件制定程序规定》（阳政发〔2016〕26 号），坚持“公开透明、公众参与、科学规范、协商一致”的原则，广泛吸纳公众参与，提高规范性文件制定的公开透明度，多渠道、全过程听取和征求公众意见或建议，有序组织有关专家论证，依法维护协调各方利益，增强规范性文件制定的科学化、民主化，真正实现立法为民。在规范性文件制定过程中，通过召开座谈会、专家论证会以及网络征求意见等多种渠道，加强调查研究和广泛征集意见，提升文件制定的科学性和针对性。强化规范性文件备案审查，严格执行“三统一”制度，对县政府制定发布的规范性文件及时进行公开，并在规定时间内报市政府和县人大常委会备案，有效强化了规范性文件事后监督，提高了规范性文件质量。严把文件制定法律关，健全文件法制审核工作机制，明确法制审核的主体、程序、内容和责任，提升法制审核工作人员的法律素养、专业水平和工作本领，注重发挥法律顾问在法制审核工作的作用，建立法律顾问法制审核咨询论证机制，真正从文件源头防范政府工作的法律风险。2016 年，对全县制定的 7 件规范性文件在提交审议前，经严格审核和合法性审查，全部都达到审核要求，通过 7 件，报备率达 100%。

健全完善法律顾问制度 建立健全《法律顾问工作规则》，充分发挥县政府法律顾问的作用。2016 年，6 名县政府法律顾问参与行政诉讼、民事诉讼、行政复议案件 16 件，参与政府规范性文件制定 12 人次，审查合同 8 件，提供法律意见 50 余条，召开政府法律顾问座谈会 2 次，专门研究县政府法律事务，建立了法律顾问工作台账，编发了《宪法和公共法律知识资料汇编》。2016 年 12 月，召开了第一届政府法律顾问工作总结座谈会暨第二届法律顾问聘任筹备工作会议，对两年以来法律顾问工作进行了总结，对第二届法律顾问进行了聘任工作进行了认真的筹备。法律顾问们以高度的敬业精神和认真负责的工作作风，以自身的法律专业知识和实践能力，认真完成了县政府委托交办的各项工作任务，有效地促进了县政府依法、科学、民主决策。

强化行政执法监督 加强行政执法队伍建设，严格实行行政执法人员持证上岗和资格管理制度，未经考试合格，不得授予执法资格，不得从事执法活动。2016 年 6 月，组织 300 余名新办行政执法证人员进行培训。7 月，组织新办证人员在聊城技师学院，参加了全市行政执法人员网上考试，274 名执法人员通过考试，一次通过率达 91%。严格行政执法证件管理，实行以证管人，对不具备行政执法资格人员进行集中清理，注销行政执法证件 23 个。2016 年 4 月 13 日～ 14 日，在县委党校四楼举办行政执法听证主持人培训班，全县 38 个部门 96 名申请听证主持人资格人员参加培训，培训结束后，对培训人员进行集中考试，经考试合格者予以颁发行政执法听证主持人资格证。2016 年 11 ～ 12 月，对全县 46 个行政执法单位的执法案卷进行了集中评查，26 个行政执法部门提交了案卷登记，20 个行政执法部门提交了本年度无执法案卷的说明。县法制办抽调专门人员组成评查小组，随机抽取了 20 个部门的 28 份行政处罚案件和 10 份行政许可案卷进行评审打分，评选全县“优秀案卷”，并将评查情况向全县通报。对县级行政执法主体进行了梳理、审核、确认、公布，共公布县级行政执法主体 32 个，法律法规授权的执法主体 12 个。

规范行政复议、应诉工作 认真履行行政复议监督职能。2016 年，全县共收到行政复议申请 26 件，通过开展复议工作，督促行政机关规范行政行为，积极化解行政争议，取得了较好效果。做好行政应诉、民事诉讼工作，严格依照法律法规的规定，积极配合上级机关的行政监督和司法监督，及时做好应诉、答辩等工作，自觉执行法院生效判决和裁定，积极回应和落实有关司法建议。2016年，共有行政应诉案件37件，法院共审结32件；裁定驳回起诉、原告主动撤诉、移送19件，占59.36%；判决改变原行政机关决定11件，占34.39%；判决维持原行政机关决定、驳回诉讼请求、不予赔偿的2件，占6.25%。

加强法制宣传培训 为贯彻落实依法治国、从严治党要求，县法制办协同县党校、县检察院等单位，为全县基层党组织书记进行了法治专题培训，进一步提高了农村基层党组织书记法律知识水平，提高了业务能力。2016年4月13～14日，邀请市法制办执法监督科科长杨延忠同志，为全县38个部门96名听证主持人进行了专题业务培训，通过培训使参训人员进一步掌握了行政执法听证方面的法律知识，提高了法律素养。为加强全县政府法制宣传，开展了“三个一”活动，即：县法制办每名工作人员每月写一篇宣传报道信息，每季度开一次案例研讨分析会，每人每年写一篇调研报告。2016年，县以上各类媒体、网站共采纳政府法制信息36条，为法制阳谷建设创造了良好的舆论氛围。

县人力资源和社会保障局

阳谷县人社局是县政府综合管理阳谷县人力资源和社会保障工作的职能部门，主要承担阳谷县公务员、事业单位参照公务员管理人员、事业单位人员、企业管理人才、专业技术人才、高技能人才和农村实用人才的管理、职称晋升、工资福利、军转干部安置、引进人才、劳动就业、职业技能培训和鉴定、社会保险、劳动工资、监察维权等职能。

【机构设置】 至2016年底，人社局内设16个职能科室，即办公室（挂人事科牌子）、政策法规科（挂军转安置办公室、信访科牌子）、规划财务科、统筹发展科、就业促进科、录用流动科（挂高校毕业生就业科牌子）、职业能力建设科、专业技术人员管理科、劳动关系科（挂农民工工作科牌子）、社会保障管理科、农村养老保险科、工伤保险科、工资福利科、离退休人员管理科、公务员管理科、档案管理科。县外国专家局设置外国专家管理科（挂引进国外智力科牌子）。下辖劳动监察科（挂基金监督科牌子）副科级行政单位。下辖企业养老保险处、机关事业养老保险处、医疗保险处、人力资源开发中心、人才交流服务中心5个正科级全额事业单位，劳动监察局、劳动人事争议仲裁院、城乡居民养老保险处、工伤生育保险处、考试中心、企业退休人员社会化管理办公室、档案中心、社会保险基金稽核中心8个副科级全额事业单位，共有干部职工184人。

【主要职责】 贯彻落实国家、省、市人力资源和社会保障法律法规和规章；拟定全县人力资源和社会保障事业发展规划、政策，并组织实施和监督检查；整合人才市场和劳动力市场，建立统一规范的人力资源市场，促进人力资源合理流动和有效配置；统筹城乡就业职责，健全公共就业服务体系，建立城乡劳动者平等就业制度；统筹建立覆盖城乡的社会保障制度，建立健全养老、失业、医疗、工伤、生育等社会保险的管理、服务和保障体系；统筹机关和企事业单位收入分配制度改革，完善机关和企事业单位收入分配制度改革。制定事业单位公开招聘工作人员办法并组织实施；承担公务员队伍建设、专业技术人员队伍建设和技能人才、农村实用人才队伍建设；承担事业单位人事制度改革、职称制度改革和军转安置制度改革；负责落实劳动、人事争议调解仲裁制度和劳动关系政策，完善劳动关系协调机制，组织实施劳动监察，维护劳动关系和谐；贯彻落实上级人力资源社会保障公共服务体系建设的指导意见，以规范化、专业化、信息化为目标，依托基层公共服务平台，建立包括就业、社保、人才、劳动关系、社会化退管等在内的公共服务体系，推进基本公共服务均等化。

【工作成绩】 2016年，县人社局坚持民生为本，人才优先，围绕县委、县政府中心工作，按照上级下达的各项目标任务，全力助推社会事业发展，连年全面完成和超额完成年度各项目标任务，为促进全县经济发展和维护社会大局稳定作出应有贡献，部门的社会形象得到全面提升。2016年，局机关被评为全国人社系统优质服务窗口、全省人社系统宣传工作先进单位，全县科学发展综合考核一等奖、党建工作先进单位、争取资金先进单位、扶贫攻坚先进单位。《阳谷县人力资源和社会保障志》荣获“山东省优秀史志成果奖”，被评为优秀基层志。

【城乡就业】 2016年，全县实现城镇新增就业6798人，失业人员再就业1563人，困难群体再就业316人，城镇登记失业率控制在3.1%以内；组织技能培训2012人，创业培训304人。就业扶持政策落实2016年，全县创业担保基金累计达1337万元，全年共计审核审批创业担保贷款63笔，其中个人49笔，小型劳动密集型企业14笔，发放贷款4378万元，落实贷款贴息32.10万元；落实职业培训补贴32.33万元，技能鉴定补贴6.89万元；为6人落实一次性创业补贴2.4万元。

【社会保障】 2016年，各项社会保险基金征缴金额达10.58亿元。支付总额达到13.08亿元。至2016年底，全县各项社会保险累计参保人数达到126.9万人次。

企业养老保险　2016年，全县企业职工养老保险参保人数3.57万人，扩面净增长503人；征缴养老保险费41909万元，比2015年同期增收14180万元；全县企业离退休人员达到13127人，支付基本养老金31607万元，社会化发放率、足额支付率均达到100%，基金累计结余15446万元；连续12年提高企业离退休人员养老金待遇，为全县10817名企业退休（离职）人员调整待遇，月人均增资183元。严格按照鲁人社发〔2015〕29号《关于统一和规范企业职工基本养老保险费补缴政策的通知》文件精神，认真开展企业职工基本养老保险补缴工作，2016年共有2610人申报补缴，2418人符合补缴政策通过审批，其中符合一次性补缴15年的有1565人，缴费1550人；一次性补缴10年的有853人，缴费580人，补缴金额达18213万元。

机关事业单位养老保险　2016年，在去年7月底全面启动机关事业单位养老保险制度改革的基础上，继续做好新制度下缴纳养老保险基金和职业年金工作。到年底在职参保人员达到18696人，共征缴养老保险费25676万元，财政补贴2926万元，征收职业年金5046万元。退休人员达到6991人，共支付养老金29716万元，养老金社会化发放率100%。养老保险基金累计结余1666万元，职业年金结余8995万元。继续加强退休人员管理，全年通过乡镇街道人社所共认证6820人，确保了养老保险基金的安全。

城乡居民社会养老保险　2016年度，城

乡居民养老保险共计253181人缴费，征缴保费8395.85万元。根据上级统一安排，元月1日起阳谷县城乡居民养老保险基础养老金由85元提高至100元。全年，为3219名死亡待遇领取人员发放丧葬补助金2253300元；为5956名符合条件的被征地农民发放待遇972.8万元；为2737名符合条件的民办教师发放补贴5749780元；为1224名符合条件的乡村医生发放补贴15742100元；为58名符合条件的放映员发放补贴584580元。各项发放工作的顺利进行，得到了广大城乡居民的充分认可。5月，全县全面开展城乡居民养老保险待遇领取资格认证工作。

失业保险　2016年，严格按照上级政策规定，全面做好失业保险费率调减工作，降低失业保险缴费费率，切实减轻单位和个人的负担，促进了参保的积极性和稳定就业岗位的作用。全年共计征缴失业保险1195万元，参保人数达25333人。及时为139名失业人员按时足额发放失业保险待遇73万元，缴纳医疗保险费20万元。

医疗保险　2016年，城镇职工基本医疗保险参保职工达48060人，其中在职工职工36839人，退休职工11221人，扩面474人，完成市下达扩面任务的325%。共征缴城镇职工基本医疗保险费14740万元，完成市下达征缴任务的122%。支付13238万元，其中统筹基金支付8785万元，个人账户基金支付5014万元，支付率100%。2016年城镇居民和农村居民合并征缴，统一为居民基本医疗保险，至年底，全县参保居民人数达708261人，人个缴纳和各级财政补助收入共36243万元，支付35817万元。

工伤保险　2016年，全县参加工伤保险单位473个，参保人员达44876人，其中农民工累计参保达21834人，扩面净增长1157人，征缴工伤保险基金1852万元，全年共为326人（次）工伤患者支付待遇1133万元，当年基金结余719万元。根据上级文件规定，对全县工伤保险缴费费率进行了调整。此次调整共涉及473家企事业单位，费率平均下调幅度达25%，全县降低社保缴费370万元，切实减轻了参保企业负担。6月份以县局名义下发了《关于建筑业参加工伤保险经办管理工作的通知》（阳人社字〔2016〕13号），从参保范围、参保缴费、参保流程、信息变更及待遇申办等五个方面明确了经办范围及流程，使建筑业从业人员人身安全健康权益得到有效保护。

生育保险　2016年，生育保险参保单位256家，参保职工19932人，扩面净增长449人，征缴生育保险基金450万元，全年共为263名参保职工发放生育保险待遇227万元，基金结余2041万元。

【人事人才】 公务员管理　切实做好2015年度全县公务员年度考核工作。按照市局相关文件精神，结合阳谷县实际，制定并下发了《关于做好2015年全县机关事业单位工作人员年度考核工作的通知》。自2015年起，公务员管理科只负责股级及以下公务员的年度考核工作。参加2015年度全县公务员参加年度考核人数为641人，确定优秀等次为106人，称职518人，不称职1人，未定等次15人（其中14人为试用期），未参加考核1人，并将考核结果进行备案归档。

公务员招录工作，配合市局完成了阳谷县2016年公务员的录用工作。8月份为新录用的23名公务员办理了录用手续。

公务员日常登记，2016年共为26名符合公务员日常登记条件的人员上报市局进行批复。其中5人为2014年选调村官转选调生，12人为2015年新录用公务员，1人为2014年考录公务员，8人为符合调任条件人员。

完成县政务服务中心管理办公室的整建制划转工作，经省市审批共有2名同志登记为公务员。

老干部管理 2016年，共计审批退休417人。2016年底，全县共有退休干部5468人，全县离休干部共计159人，其中，县级以上55人，科级103人，科级以下1人。

人才队伍建设 2016年，新增集体企业代理人员40人，个人代理新增142人。3月，集中举办了18场乡镇“春风行动”现场招聘会，累计共有85家用人单位提供的管理、普工、技工等各类岗位3700余个，参与求职者6000余人，达成初步就业意向的3300人次。4月28日，组织阳谷电缆集团、新凤祥集团参加山东省人才中心在成都市四川大学举办的“山东省—名校人才直通车”成都站活动。

人才调查 贯彻“聚焦企业转型升级，百题破解人才强企”精神，2016年对全县规模以上企业进行一一走访调查，通过问卷调查的方式，收集分析企业发展中遇到的人才难题，进行逐项分解，提出解决方案；组织全县10家骨干企业副总级别以上领导参加聊城市组织部、人社局举办的企业人才专题培训班，分析探讨企业发展中遇到的难题，为企业发展提供新思路；根据聊城市人才中心要求，在全县范围内收集企事业单位人才需求信息，最终收集上报了61家企事业单位935人的人才需求信息；收集阳谷县代理企业的专业技术人才信息，上报市局建立聊城市专业技术人才信息库。

2016年新增高技能人才318人，其中高级工227人，技师、高级技师91人。新增聊城市首席技师2人。

人事制度改革 事业单位人事制度改革稳步推进。2016年9～10月，根据医药卫生体制改革和基础教育改革等相关要求，市局对县直公立医院、公办中小学及中等职业学校岗位设置方案进行了核准批复。其中县直公立医院核准岗位总量3228个，管理岗位371个，专业技术岗位2776个，工勤技能岗位81个；公办中小学核准岗位总量6119个，管理岗位134个，专业技术岗位5943个，工勤技能岗位42个；中等职业学校核准岗位总量444个，管理岗位8个，专业技术岗位430个，工勤技能岗位6个。做好了事业单位人员及机关工勤人员年度考核工作，明确了考核结果备案部门，各单位考核结果按照干部管理权限和档案管理权限分别报组织部和人社局备案。指导教育部门做好了聘用制教师的招聘工作。全县共招聘聘用制教师214名。

工资福利 全县机关事业单位在职人员19954人。2016年8月对年度考核合格（称职）以上人员晋升薪级和级别档次，人均增资80元。2016年11月按照国办发〔2016〕62号文，调整全县机关事业单位工作人员基本工资标准，人均增资315元。

档案管理 档案管理科主要负责政府、县、乡系统机关事业单位股级及以下工作人员人事档案的综合管理工作（教育局、卫生局下属单位的股级以下干部的人事档案暂委托主管局管）；至2016年底，管理档案总数为10556册，其中干部档案2330册、聘干档案3793册、工人档案1582册、离退休干部档案2851册。

【劳动调解和维权】 为进一步提升劳动合同管理水平，增强维护职工合法权益的能力，2016年，我们重新梳理了劳动用工管理流程，规范了劳动合同备案程序，增进了与业务相关科室的交流与协调，把劳动合同管理重点放在了民营和小微企业方面，督促与职工依法签订劳动合同，通过日常巡察和专项检查，把提高劳动合同履约质量作为重点。至2016

年底，共398家企业进行了网络用工备案，涉及职工4万余人，劳动合同签订率达96%以上。根据山东省人民政府《关于公布全省基本娃工资标准的通知》（鲁政字〔2016〕117号）规定，自2016年6月1日起，我市月最低工资标准由1300元调整为1390元；小时最低工资标准由13元调整为13.9元。

劳动人事争议仲裁调解 2016年，努力创新工作机制，加大管理力度，提高案件质量，全年共处理劳动人事争议案件256件，其中立案受理89件，共为用人单位和劳动者挽回经济损失356.1万元。建立了固定的信息网络发布渠道，通过人社局网站的争议仲裁栏目定期发布仲裁院的工作动态。开通了阳谷县劳动人事争议仲裁微信公众服务平台，平台的开通使广大群众更直观的了解劳动人事争议处理程序，并适时解答群众提出的问题。

劳动保障监察执法 2016年，阳谷县劳动保障监察结合全年各个阶段的工作重点，严格依法行政，围绕人力资源和社会保障中心工作开展劳动保障监督审查、投诉举报案件专查、日常巡查和专项检查，积极配合市局组织的集中执法检查，经过全体劳动保障监察员的共同努力，较好地完成了全年的工作任务。

全年日常巡视检查697户次，年检单位296家，补签续签劳动合同796多份，督促缴纳补缴社会保险费1475万余元。接到案件数量共计228件，不予受理31件，共计受理197件，移交法院4件，为1641人追发工资待遇597.59万元，限期结案率达95%以上。

阳谷县政务服务中心

【机构概况】 阳谷县政务服务中心位于阳谷县谷山北路，于2014年12月由县行政服务中心改现名，为县政府正科级行政派出机构。2014年4月，设立阳谷县外来务工人员（农民工）综合服务中心。2015年12月，设阳谷县公共资源交易服务中心，为隶属县政务服务中心管理办公室的股级一类事业单位。2016年，设办公室、审批协调科、考核管理科3个职能科室，有工作人员9人。现有国税分中心、交通分中心、房管分中心、农机分中心四个分中心。县政务服务中心始终以“便民、利民、惠民、为民”为宗旨，创新服务方式，拓宽服务领域，提高审批效能，为我县进一步转变政府职能，营造良好发展环境提供了有力保障。

主要职责：负责制定和实施政务服务中心各项管理制度并进行监督检查；负责对政府各部门进驻、委托事项的办理进行组织协调、监督管理和指导服务；负责对进驻政务服务中心的中介服务机构进行监督管理；负责对进驻窗口工作人员进行管理培训和日常考核；建立规范的公共资源交易平台，为各类交易主体提供现场服务，对公共资源交易行为进行监督、管理；负责对外来务工人员（农民工）进行综合服务；负责对乡镇（街道）便民服务中心和专门办事大厅（分中心）工作进行指导、考核和监督。

【主要工作】 **优化服务方式，方便群众办事** 开展“假如我是窗口工作人员”“假如我亲戚是办事群众”和“假如我是办事群众”为主题内容的三重换位实践促进换位思考活动，使各窗口工作人员自觉在实践中查找问题、处理问题，在示范中杜绝“门难进、脸难看、话难听、事难办”现象；在业务大厅内设置意见箱，听民意、汇民智、解民忧，方便群众提意见和建议，搭建起一条群众意见传达和群众监督的“绿色通道”；设置咨询台，派驻导办员，主动为办事群众、企业提供咨询、导办、引领等服务；引进了中国电信业务受理平台，设立了手机自助充电区，为办事群众提供了方便；为每个进驻单位配备了办公电话，对急需办理的业务，可提前通过电话实行预约服务，在非工作时间也可办理；对即办件在工作时间内没有完成的，实行延时服务，最大限度地方便办事群众；为现役军人、老年人、残疾人和孕妇等特殊群体开辟绿色通道优先办理业务，对因实际困难不能前来办理业务的群众和企业及时开展上门服务，各窗口单位累计为办事群众提供预约非工作时间服务50余次，延时服务达90次，受到办事群众的一致好评。运行至今，中心国税、地税和市场监管局窗口办理业务累计达55余万件次，其他窗口、分中心办理业务17余万件次，即办件现场办结率90%以上，承诺件按时办结率100%，无一例投诉情况发生，收到群众的表扬信、感谢信近百封，锦旗40余面。

通过ISO9001质量管理体系认证，打造标准化政务 中心顺利通过ISO9001质量管理体系认证审核组的严格审查，被获准颁发独立的认证证书，成为聊城市县（市区）一级首家通过该认证的政务服务中心。自确定贯彻质量标准以来，通过对照ISO9001质量管理体系要求，中心积极加强制度建设，编写了质量手册、程序文件和《阳谷县政务服务中心资料汇编》等体系文件；结合工作实际，制定了窗口服务规范，规范各项行政审批事项的告知、受理、勘验、审核等过程；设置了群众监督评议体系，对窗口服务进行实时监督，全面推进行政审批权力公开、程序合法、制度透明。通过ISO9001质量管理体系，将政务服务工作打造成类似于生产流水线的过程，从中心管理办公室、到窗口负责人、到窗口服务人员都必须按照标准的流程工作，确保制造出合格的“产品”，即优质高效的政务服务。通过窗口服务制度化、管理标准化、审批程序化等一系列改革和推进措施，成功将IS09001质量管理体系认证的各项具体要求融入到窗口的日常管理和服务中去，有效提升了政务服务效能和群众满意度，整体管理水平和服务质量迈上了新的台阶。

加强中介服务机构管理、规范中介服务行为 至2016年底，中心进驻有阳谷县城乡供水总公司、阳谷农商银行、阳谷11315企业信用服务中心、阳谷三益代理记账公司、阳谷玉鑫企业代理有限公司、阳谷金诺企业管理咨询服务有限公司和聊城盛润企业管理咨询服务有限公司7家服务机构。为加强对进驻中介机构的管理，中心制定了《关于规范中介（服务）机构的实施方案》，在中介公司的管理上严格落实“三个严禁”，严禁行政机关指定中介组织，严禁机关人员在中介组织任职，严禁中介组织挂靠职能部门，打破了行业垄断，规范了中介行为。同时加强中介公司收费项目管理，经营服务性收费标准一律按下限的50%执行，为企业节省了中介费用。

完善监督机制，开展审批回访 为强化政务服务作风效能建设，不断提高政务服务质量和水平，中心坚持推行行政审批回访制度，主要采用电话回访、上门回访和召开座谈会集中回访三种形式，全面开展对政务服务对象的回访工作，每月定期对前来办事的群众和企业随机抽取案卷进行回访，听取服务对象对窗口服务的意见和建议。回访内容包括六个方面：服务态度上，看是否存在“门难进、脸难看、话难听、事难办”问题；办事效率上，看是否存在互相推诿、敷衍塞责以及“庸、懒、散、慢”和不按时办结的问题；按章办事上，看是否存在不按公示流程办事，乱设前置条件和环节，以及违反首问责任制、限时办结制、一次性告知制和两头受理、两头办理的问题；规范收费上，看是否存在窗口前台收费或乱收费的问题；廉洁自律上，看是否存在“吃、拿、卡、要”等违反廉政纪律的问题；意见建议上，听取申请人对改进政务服务工作的意见建议。至年底，中心已针对行政审批服务工作回访千余次，并将回访的内容进行登记，形成回访台账，对回访梳理汇总出的问题做出限期整改，对发现的问题做到事不过夜，立行立改。已梳理汇总反馈意见建议275条37类，向业务窗口下达整改单16次，并及时将整改结果反馈给群众，群众和企业满意度达100%。

优化审批流程，推行联合预审 针对在阳谷县范围内投资的新建、扩建和技术改造项目，在项目单位咨询之初，即按照“一门受理，抄报相关，并联推进”的原则召开联合预审会议，由中心召集发改局、国土资源局、住建局、规划局、环保局、安监局和市场监管局等十几个职能部门窗口负责人进行集中办公，采取听、看、审、评等方式，按现行审批要求对报送资料进行实质性联合预先审查，根据投资项目的行业准入机制和相关政策，分别出具预先的审核意见，提出合理化建议，需要进行现场勘验的，由中心统一组织相关部门联合勘验，以“联合预审”推进“并联审批”。联合预审实施后，作为项目单位，可以进一步明晰需要报批的事项和申报材料要求，有效解决申报单位与审批部门政策信息的不对称问题；通过联合预审讨论，能使项目实施过程中可能遇到的问题提前得以暴露，提早采取或制定应对措施方案；经过联合预审环节，在实际的审批过程中，能够有效推动当前的串联审批转变为并联审批，让后续的审批部门提前介入，超前服务，使等待时间化为零，最大程度压缩审批时间，加快项目落地进程。

建设民生平台，拓宽公共服务 在24个部门、单位进驻中心设立审批服务窗口的基础上，中心致力拓宽公共服务平台，通过整合部门资源，把与群众和企业生产生活息息相关的供水、电话、网络宽带等公共部门的服务事项，协调进中心设立公共服务窗口。此举以其相对集中、便民、规范的公共服务，赢得群众和企业好评。公共服务平台启用以来，每月办理各类服务事项均在500件以上，群众满意率达90%以上。下步工作中，我们将进一步集中部分非行政许可事项和便民服务项目，使服务对象进一步扩大到社会公众全体。下一步，中心计划将临时身份证办理，用电、燃气、取暖、收视费的收缴等公共性服务项目引入中心，继续完善公共服务平台，切实做到民生与发展“一条龙”办理、“一站式”服务。

打造智慧政务，树立政务服务标杆 为切实做到减少企业与政府打交道的时间、减少群众找政府办事的成本，政务服务中心打造了智能化政务服务体系，将政务服务推向“网络化、科技化、智能化”。即：搭建新型服务平台，服务群众走向“网络化”。中心自主开发了手机版网站，并和微信平台进行了全面对接，大厅配套覆盖wifi无线网络，进入中心手机版网站，不仅可以进行预约取号，也可以对事项办理进度、办事流程、办件公告、简报信息等相关情况进行查询了解；微信公众平台设关键字自动回复功能，可自动回复办事群众想要了解的业务办理流程等信息；窗口工作人员审核合格后，在承诺期限内予以办结，办理结果以门户网站、中心微信公众平台办件公告、电话等形式通知到个人；引进先进设备，服务群众走向“科技化”。增设智能自助查询终端，可以查询楼层示意图，触摸相应单位进入实景照片，可以清楚了解每个窗口的具体位置，可为办事群众提供办事指南、各部门职能介绍以及Web页面访问等服务；增设智能自助服务终端，通过排队管理控制软件，办事群众的排队号码可在不同服务类别的柜台窗口之间相互转移，不必重复排队；智能评价系统显示器与窗口工作人员电脑同步显示，办事群众可通过同步显示器了解工作人员业务办理具体流程，并对服务质量进行评价；相关业务自助办理，服务群众走向“智能化”。通过业务自助办理系统，办事群众无需到窗口咨询，凭二代身份证即可自行打印一次性告知单，所需材料、办理时限、收费标准一目了然；业务办理过程中，申请表单、房屋合同、发票、各类证件等材料无需再复印，可通过高拍仪对接审批业务系统，直接形成高清图像入库，实现了无纸化办公。经统计，通过智慧政务的成功打造，办事群众和机器打交道的时间占到了2/3以上，即办件在窗口平均流转用时可压缩31%，承诺件平均用时压缩10%，真正达到了“两减少”的最终目的。

情系农民工，推行“保姆式”服务 为切实解决外来务工人员（农民工）面临的各种现实问题，努力满足其社会公共服务需求，共享阳谷县改革发展成果，县委、县政府建立了山东省内首家县级外来务工人员（农民工）综合服务中心，于2014年2月份正式投入运行，隶属于县政务服务中心。外来务工人员（农民工）综合服务中心的建立，是以解决农民工面临的各种现实问题为着力点，打破原有的体制机制，把分散在各部门的政策、资金、项目进行整合，专项使用，为农民工朋友提供“一站式”服务。其服务范围是为（外来务工人员）农民工提供法律援助、劳动维权、户籍管理、培训咨询、社会保障、子女教育、卫生计划服务、志愿服务、文化娱乐、党群（工会、共青团、妇联）管理等方面的服务。今后农民工遇到拖欠工资、侵害权益、子女教育、技能培训等问题，都可以在综合服务中心享受“一站式”服务。至2016年底，各项工作均已取得良好效果，现已累计为外来务工人员提供法律、户籍、就业、子女教育等问题咨询达到600余起，免费发放计生用品5000余件，协调子女上学21起，受理劳务纠纷来访35起，追讨拖欠款及设备设施306万余元。

全力做好市县一体化审批平台工作 市县一体化审批平台建设工作，是省政府为实现省与市、县（市、区）政务服务平台互联互通，安排的一项非常重要的工作任务。为做好县级政务服务平台建设这项工作，阳谷县于2016年5月份，专门印发了阳谷县县级政务服务平台建设工作推进方案（阳政办字〔2016〕20号）。同时，召开专门会议，对一体化审批平台建设工作进行了专门的安排。各相关单位的政务服务平台专线铺设工作已铺设完毕。2016年5月中旬，中心派出相关工作人员赴聊城市转变政府职能领导小组集中办公，对全县284项行政审批项目中的审批要素逐项依照法律法规进行审核清理，完成了聊城市县级行政许可事项目录、行政许可事项设定的法律依据、审批条件、申报材料、审批流程四项要素的统一。集中办公期间，工作人员严格按照任务要求，对每个单位的行政审批，逐一查阅了审批事项涉及的1000多部法律法规、部门规章的相关条款，对市、县两级行政审批事项的名称编码、申报材料、审批流程、承诺时限进行清理规范，通过集中办公，设立依据修订94条，申报材料削减123条、完善155条，审批环节减少556个，承诺时限比法定时限缩短50%以上，有效减少了审批程序和环节。在集中办公中，由于阳谷成绩突出，受到了聊城市转变政府职能领导小组通报表扬。

一体化平台建设工作开展以来，中心多次组织全县各部门进行一体化审批平台系统操作培训，培训人员400余人。将全县42家部门的284项审批全部纳入统一网上平台办理，实现审批事项集中管理、审批服务集中提供、审批信息集中公开、批文证照集中共享。另一方面，在梳理公共服务事项这一工作上，中心正与审改办紧密合作，争取早日完成县本级公共服务事项目录的编制，并将相关信息录入到系统，全面推行审批及相关公共服务事项在网上办理，让群众办事由“面对面”变为“键对键”。

推进公共资源交易体系建设 按照中共山东省委办公厅18号文件要求，要进一步建立完善公共资源配置、公共资产交易的市场运行机制，有效监督公共资源交易资金流向，保证权力在阳光下运行。

为开展好此项工作，中心多次赴潍坊、肥城等地学习公共资源交易先进经验，成立了阳谷县公共资源交易服务中心，为隶属于县政务服务中心管理办公室的公益一类事业单位。中心对公共资源交易平台软、硬件建设进行了完善，与政务服务中心统一平台运行，资源共享、设施共用。设置了2个评标室和2个交易厅，均安装有先进的监察系统和电子变声设备，启用评标专家指纹验证系统，配备了高清智能监控，对每次交易过程，特别是开标、评标，实行同步全覆盖监控；对视频进行同步全程录像，资料建档留存，可对招投标过程实施全程监督，确保招投标活动公开、公平、公正。目前，我县公共资源交易平台运行情况良好，已有山东证信招标公司等多家企业进场开展业务活动，交易额达1000余万元。

县经济合作局

【机构设置】 阳谷县经济合作局前身为阳谷县招商局，2011年9月改称经济合作局，属正科级财政全额拨款事业单位，隶属县政府，下设综合科、招商科、考核科、项目促进科、经济合作科、政策法规科等六个科室。主要职责是贯彻执行县委、县政府招商工作的方针政策，拟定全县招商引资规划，负责招商引资政策的解释和招商引资工作的调研及咨询服务；负责招商项目、招商信息的搜集、整理与发布，国内外招商引资活动的组织与联络；会同有关部门搞好招商项目的论证和规划布局；负责招商项目进展情况的通报；同有关部门查处违反招商政策规定的行为，对违反招商引资政策的单位和责任人向县委、县政府提出处理意见；承办县委、县政府交办的其他事项。2016年荣获县委、县政府授予的“2015年科学发展综合考核特别荣誉奖”。

【招商工作】 *招商宣传* 2016年，共印发《招商引资活动简报》12期，通过《阳谷简报》《政务信息》以及市经济合作局印发的《招商简报》等进行招商引资宣传发动。编辑、修订、出版《山东阳谷》《阳谷招商》以及宣传光碟、图画等，宣传阳谷招商环境和优惠政策。通过项目库全面开展招商宣传活动，并及时将对县域经济拉动力强、市场前景好的重点项目充实到项目库。借助聊城市网上招商平台，不断更新网页和内容。精心编制并印发了《阳谷县重点产业招商方案》，围绕铜精深加工、光纤电缆等主导产业，策划包装了32个重点招商项目，印制了《阳谷投资指南》便携手册等推介材料，增强了招商引资工作的针对性和指导性。

招商方式 *精准招商* 2016年，县委、县政府安排了京津冀、长三角、珠三角等6次精准招商活动，对照活动计划表，精准筹备，提前收集线索，有目的地走出去拜访客商、对接项目，把有投资意向的客商请进来考察洽谈。活动中，精准对接，真正签约一批大

项目、好项目。专题招商　围绕五大主导产业上下游和辖区企业的上下游客户，认真谋划、包装一批高端产业项目，找准招商目标企业，引进产业链上的龙头项目和链条项目。以五大主导产业为着力点，精准分析产业上下游，以承接产业转移、完善产业链条为主攻方向，引进产业链前端、价值链高端的优质项目，突出产业延链、补链招商。招大引强　更新招商理念，创新招商方式，拓展招商领域，重点瞄准国内外500强、央企、上市公司和民企100强，筛选重点攻关企业，制定点对点的高水准招商方案，推动重点企业投资落地。商会招商　收集整理了95家异地山东商会、山东异地商会及异地聊城商会、部分行业协会的情况，印发了《全国部分异地商会联络手册》。与中国有色金属加工工业协会、中国建筑装饰装修材料协会、中国造纸协会、天津市有色金属行业协会、广东省行业协会联合会、世界华人协会上海分会、澳门山东商会、山东省河北商会、青岛市潍坊商会等协会商会达成初步合作意向。以企招商　深入研究阳谷县企业产品上下游链条，充分调动企业特别是重点企业的招商积极性，鼓励企业引导相关联的客户到阳谷考察投资，千方百计为企业对外合作创造条件、提供便利，努力形成企业招商与政府促进良性互动的招商引资新格局。阳谷力鸿集团与世界500强企业（第156位）中信集团中信机电制造公司洽谈全产业链合作项目，山东天马新型建材有限公司与中国建筑股份有限公司（世界500强企业、央企）的子公司第六工程局有限公司就预制综合管廊和海绵城市建设等项目初步达成合作意向，山东凤祥集团与世界500强企业（第228位）百胜餐饮集团中国事业部举行战略合作框架协议签约仪式，阳谷电缆集团与中铁电气化局集团有限公司就生产高铁电气化建设用铜合金接触线、铜合金拉力索项目达成合作。

招商成果　2016年，阳谷县新签约项目70个，新开工过亿元项目16个，与百胜集团、新希望六和集团、中铁电气化局、中信集团等国内外500强企业签订了合作协议，招商引资固定资产到位资金完成92.96亿元，完成市政府下达年度任务的103.3%，综合排名位列全市第2位，被市委、市政府授予“全市招商引资工作先进县”。

县地方史志办公室

【机构概况】 阳谷县地方史志办公室成立于1982年4月，列政府序列正科级事业单位。2016年12月，有工作人员6人。

2016年，阳谷县地方史志办公室全面贯彻落实党的十八大、十八届四中、五中、六中全会精神，贯彻落实国务院《地方志工作条例》和《山东省地方志工作条例》，认真执行《阳谷县地方志工作管理办法》，认真学习《全国地方志事业发展规划纲要（2015～2020）》《山东省地方史志事业发展规划纲要（2016～2020）》，提高工作人员的业务能力，扎实工作，开拓进取，开创了全县史志工作新局面。

【年鉴编纂】 4月8日，《阳谷年鉴(2013～2014)》和《阳谷年鉴（2015）》编纂暨《阳谷年鉴（2009～2012）》发行会议召开。会议讲解了年鉴编纂指导思想、基本原则、年鉴编纂体例和篇目设置情况，对撰稿提出了要求。会议举行了《阳谷年鉴（2009～2012）》发行仪式。2016年11月，《阳谷年鉴》（2016卷）由中国文史出版社出版发行，阳谷综合年鉴实现一年一鉴。

【地情资料】 查阅建国前后阳谷、寿张县的档案资料600余卷，并把相关档案资料制做成电子版。所补充县志相关资料暨《阳谷纪略》（1937～1958）于2016年12月由济南出版社出版，字数达31万字。

2016卷《山东年鉴》《聊城年鉴》有关阳谷地情资料的收集整理和供稿工作已经完成，共报送资料近6千字。2016年，聊城市史志办开始编纂《聊城市志（1997～2015）》，阳谷县史志办按照《聊城市志（1997～2015）》编修工作参考资料的要求，认真收集阳谷县1997～2015年的地情资料，字数达52000字，页数达到63页，所收集资料已于2016年6月底上报市史志办。2016下半年完成了《山东省地方史志年鉴》有关阳谷地情资料的收集和报送工作，共报送资料字数达3千多字。

【业务指导】 按照国务院《地方志工作条例》《山东省地方志工作条例》的要求，做好了《阳谷县人民代表大会志》《阳谷县卫生志》《七级镇志》《寿张镇志》相关篇章、《石佛镇徐庄村志》《东街村志》等部门志、乡镇志的业务指导工作。

【方志馆的建设】 方志馆建设有了长足进步。方志馆建设面积近50平方米，馆藏志书3850余册。其中省（县、市）志450余册，年鉴900余册，阳谷地情资料1800余册，其他资料700余册。

县信息化服务中心

【机构概况】 阳谷县信息化服务中心成立于2002年3月，原名为阳谷县信息化办公室，2015年9月6日更名为阳谷县信息化服务中心，是县政府办公室管理的正科级事业单位。至2016年，阳谷县信息化服务中心设有三个科室：电子政务办公室、综合科、网络管理科，现有工作人员8人。其主要职责是：负责“中国·阳谷”政府门户网站的建设、运行管理、内容保障和全县电子政务专网（内网）的规划建设、维护、应用管理、信息安全保障工作；配合党委宣传部门加强网络舆情监管；负责县政府办公室政务信息化规划、建设、技术和安全保障等工作；对各乡镇（街道）和机关各单位提供信息技术支持和服务等。

【网站建设】 阳谷县政务网（即政府网站）于2002年12月正式建成，总投资24.5万元。阳谷县政务网承载着县委、县人大、县政府、县政协等党政领导机构的重要信息，链接县委、县政府所属60多个部门、单位及“山东新凤祥集团”“阳谷耐克森电缆”“华泰化工股份有限公司”“山东景阳冈酒业”“阳谷县金蔡伦集团”等10多家重点企业网站，负载18个乡镇（办事处）和11个县直部门、单位网页。2016年12月，县外登陆客户日点击率达1600余人次，成为对外宣传阳谷、推介阳谷的唯一网络平台，成为以县委、县政府为中心的党政部门传输文字材料、对外交流的最佳载体。

【服务绩效】 阳谷县电子政务建设起步于2002年初。重点开展全县政府办公平台的规划和建设，为政府机关及社会公众提供办公信息资源共享和查询服务，为县内各界提供对内和对外新闻报导和信息发布，为县外人士了解阳谷开辟绿色通道，为各单位网络建设提供技术性指导和信息技术服务等。

县外事侨务办公室

【机构概况】 阳谷县外事侨务办公室成立于1984年6月，为副科级行政单位。2008年6月，根据阳编发〔2008〕4号文件，县外事侨务办公室成为正科级财政拨款事业单位，内设办公室、外事科、侨务科三个职能科室。现有工作人员9人。2016年，被省人社厅、省外事办、省公务员局联合授予“全省外事系统先进集体”荣誉称号。

主要职能：贯彻执行国家、省、市关于外事、侨务工作的方针政策和法律法规；统筹协调重要外事、侨务事项；围绕全县经济建设和对外开放进行外事、侨务调查研究，为县委、县政府决策提供意见和建议；利用对外交往渠道，为全县经济和社会发展服务；承担全县党政机关、企事业单位人员因公临时出国和邀请外国人来访的审核工作；配合协调处理涉外案（事）件及涉外突发事件；协助有关单位处理涉及外国人管理工作的重要事项；负责对全县外事侨务干部和涉外人员进行外事侨务政策和纪律教育；配合纪检、监察和保密部门检查外事纪律及保密制度的执行情况；依法组织协调归侨侨眷、华侨华人的合法权益维护工作；配合有关部门研究处置涉侨突发事件；负责归侨侨眷身份认定、华侨华人和港澳同胞回阳谷定居的审核上报工作；调查研究引进华侨华人资金、技术、人才工作的情况并提出政策建议，推动涉外经济、科技合作与交流；负责华侨华人捐赠事项审批并对捐赠使用情况进行监督检查。

【外事工作】 外事管理　进一步完善了《阳谷县涉外突发紧急事件应急预案》《关于加强境外非政府组织在我县活动管理实施方案》，科学编报《2016年度阳谷县重要对外交流合作活动计划》，外事管理更加规范有序。2016年审办因公出国（境）10批17人次，未出现一例违反外事纪律的情况。借助省外办“山东省领事保护信息服务平台”，向阳谷县涉外企业有关人员发放涉外领事信息；与县公安局合作发放《中国公民海外安全常识手册》，阳谷县外出人员的海外维权、安全防范和法律意识进一步增强。

对外交流　结合阳谷县对外合作发展需求，通过电子邮件和传真等方式与国外政府积极沟通，经过长期联系和积极准备，成功组织赴芬兰、波兰、丹麦及新西兰、澳大利亚的出访活动，取得了丰硕成果；与波兰普鲁士奇格但斯克市签署了阳谷县第一个政府间友好城市关系协议，与芬兰奥卢市政府就产业园区合作建立了长期联动机制，与丹麦维堡市政府在农业和环保领域达成战略合作意向，与新西兰吉斯伯恩市政府签署投资、贸易、教育合作备忘录等；促成实验幼儿园教师赴泰国任教；推动体育产业与法国等有关城市开展交流合作。主动邀请国内外知名企业、社会团体和华商等15批60余人次到阳谷参观考察，主要有：芬兰Link Motion凌动科技有限公司首席执行官Pasi Nieminen、匈牙利名誉对外经济参赞、BBMC环球有限公司总裁拉兹洛·克里莎、丹麦学生联合会主席彭传涛、中国旅美专家协会执行会长李守栋等。制作阳谷县的中英文介绍并以幻灯片的形式呈现，取得了良好效果。

服务企业　组织企业参与外事活动。成功组织金蔡伦集团、谷丰源集团、鑫辉电缆、德海友利、海顿庄园等企业随阳谷县代表团出访，积极联系新凤祥集团、景阳冈酒厂、恒晶光电、状元红家具、金晶玉玻璃有限公司等企业参加“第十六届山东省—山口县经贸洽谈会”、三边经贸合作研讨会等，助推我县企业在技术、资金、人才等方面开展国际合作；为企业对外交流搭建有效平台。通过多种渠道搜集国外投资合作项目信息，建立国际项目信息库并不定期向有关单位和企业发送，同时统计县内企业、医疗机构需求信息，在华创会、山东侨联和中国侨商等网站发布，为企业开展国际合作牵线搭桥；采取多种举措向县外向型企业推广APEC商旅卡。指导状元红家具、谷丰源、力鸿汽配、华信塑胶、鑫辉电缆、昊泉机械、华泰等企业办理APEC商务旅行卡计17人次；四是为企业引进外来技术和人才提供服务。帮助耐克森（阳谷）新日辉、拓德集团、山东日信、太平洋光纤、极景门窗、昊泉机械、众缘电子等企业邀请法国、韩国、巴基斯坦、也门、戛纳等国家的专家及技术人员计9批14人次，推动了引智工作的开展。

【侨务工作】 侨情普查　至2016年底，阳谷籍华人华侨133人，侨眷185人，侨资企业3家。在做好统计工作的基础上，重点筛选出5户海外华人华侨，建立长期联系机制；积极联系组织华泰化工等4家会员企业和4名个人会员加入聊城市侨商会；建立了阳谷籍海外华人华侨留学生微信群，已有30余名海外华人华侨、阳谷籍留学生加入该群，与县外侨办开展经常性的信息交流。

侨务普法　2016年，联系走访侨众120余人次，发放侨法宣传资料200余份，解答涉侨法律咨询70余人次；及时回复侨众来电、来信、来访7件。指导谷山社区创建了聊城市唯一一家“全省社区侨务工作示范单位”，并帮助申请配套经费20000元；走访华泰化工、恒晶光电、众缘电子等侨资企业。

为侨服务　认真统计贫困归侨侨眷创业需求，积极组织归侨侨眷赴蓝翔技校参加职业技能培训；帮助归侨侨眷翟清梃协调解决房屋拆迁等问题。结合全县精准扶贫，多次深入乡镇开展调研活动，摸清困难归侨侨眷底数，并加强与省市侨务部门密切联系，为部分贫困归侨侨眷发放临时生活救助金4000元，为患重大疾病的归侨侨眷争取医疗救助金6000元。同时走访慰问老年归侨侨眷，为他们送去了血压计、米面油等生活用品，受到了侨界群众的一致好评。

政协阳谷县委员会

【机构概况】 2016年，阳谷县政协设主席1人、副主席6人、秘书长1人，政协机关设“一室四科”，即：办公室、宣传联络科、文史科、提案信访科和老干科（副科级）。县政协全委会设文史资料委员会、人口资源环境和社会保障委员会、社会法制委员会、经济委员会、科教文卫体委员会、提案委员会六个专门委员会。

2016年，县政协自身建设不断加强。扎实开展“两学一做”学习教育，坚持每周一上午为集中学习日，深入学习党章党规和习近平总书记系列重要讲话精神，认真践行“四讲四有”，做合格党员。认真抓好主题党课、专题学习研讨、专题民主生活会和组织生活会、整改落实等关键环节，全面加强思想建设、组织建设、作风建设和制度建设，政协党组和机关广大党员干部政治意识、大局意识、核心意识、看齐意识不断增强。深入推进协商民主建设，积极发挥政协协商民主重要渠道和专门协商机构重要作用，形成了政协全体会议重点协商、常委会议专题协商、对口协商、界别协商、提案办理协商等多层次、多渠道的协商格局。制定出台了《阳谷县政协2016年度协商计划》，确定了“实施精准扶贫，打赢脱贫攻坚战”“发挥我县文化资源优势，进一步做大做强文化旅游产业”两项重点协商议题，并对专题协商、对口协商、界别协商、提案办理协商等协商活动提出了明确要求，促进各项协商活动有序开展。围绕“反映社情民意信息工作”开展委员培训，不断提升委员调查研究和反映社情民意信息工作水平。积极开展联系委员活动，进一步畅通委员知情渠道，引导广大政协委员围绕服务基层、服务民生开展活动，切实为群众办实事、做好事。认真做好政协机关“第一书记”双联共建，加强村级班子和基础设施建设，极大地改善了群众的生产生活条件。扎实做好政协机关“百千帮扶”，深入帮包69户贫困户，讲政策、理思路、解难题、办实事，努力促进贫困户精准脱贫。

【政协全委会议】 2016年，召开全体委员会议1次。政协第十一届阳谷县委员会第五次会议于2016年1月31日～2月3日召开。会议听取并讨论了中共阳谷县委书记田中俊的讲话。听取并审议通过了《政协第十一届阳谷县委员会常务委员会工作报告》《政协第十一届阳谷县委员会常务委员会提案工作报告》。表彰了优秀提案、提案先进承办单位。与会委员列席了阳谷县第十七届人民代表大会第五次会议，听取并讨论了政府工作报告、阳谷县国民经济和社会发展第十三个五年规划纲要（草案）及其他有关报告。听取了《政协第十一届阳谷县委员会提案审查委员会关于十一届五次会议提案审查情况的报告》。审议通过了《阳谷县政协2016年度协商计划》《政协第十一届阳谷县委员会第五次会议决议》。

【政协常委会议】 2016年，十一届县政协共召开常委会议4次。

十一届二十一次常委会议　于2016年1月29日召开，会议听取了县政府关于十一届四次会议以来县政协委员提案办理情况。审议通过了《关于召开县政协十一届五次会议的决定》、县政协十一届五次会议议程、日程等有关事项、《关于授权主席会议审议县政协十一届五次会议相关事宜的决定》；审议通过了县政府县政协关于表彰优秀提案、提案先进承办单位的决定。

十一届二十二次常委会议　于2016年2月2日召开，审议通过了县政协2016年度协商计划（草案）、县政协十一届五次会议决议（草案）。

十一届二十三次常委会议　于2016年4月7日召开，会议传达学习了全国政协十二届四次会议精神；审议通过了《政协阳谷县委员会2016年工作要点》。

十一届二十四次常委会议　于2016年8月11日召开，会议听取了上半年全县经济社会运行情况通报；审议通过了《政协阳谷县委员会委员履职工作规则》《政协阳谷县委员会协商工作规程》（试行）、《政协阳谷县委员会关于进一步加强反映社情民意信息工作的若干意见》。

【视察调研工作】 开展视察调研活动，是政协履行职能的主要形式。2016年，县政协坚持围绕中心、服务大局，紧紧围绕县委政府的重大决策部署，围绕事关全局的重要问题和群众关心关注的热点问题，先后组织委员围绕生态建设和环境保护、教育、卫生计生、城镇化发展等课题开展视察和调研，在听取工作汇报、现场察看的基础上提出了许多有价值有分量的意见建议，得到相关部门的重视采纳。其中，“加大环境监管力度，加强部门协调配合，形成环境保护合力”“加强农村薄弱学校基础设施建设，促进城乡教育均衡化发展”“加大基层医疗卫生人才队伍建设，不断提高医疗服务能力和水平”等建议得到很好的落实。

【提案工作】 提案是政协委员行使民主权利、参政议政的重要渠道。2016年，共收到委员提案220件，经审查，立案212件。在立案提案中，围绕促进经济转型升级方面的提案47件；围绕教育、科技、文化、卫生、体育事业等社会民生事业方面的提案34件；围绕城乡建设、环境保护的提案104件；其他类提案27件。提案选题准确，内容丰富，体现了委员认真履行职责的政治责任感和使命感。经过54个承办单位办理，解决和采纳的提案共191件，占立案总数的90%。提案的办理和落实，推动了相关工作的开展，化解了一批群众关心的热点难点问题，使委员提案在全县经济、政治、文化、社会和生态文明建设中发挥的作用越来越明显，影响越来越广泛。

【文史工作】 2016年，县政协积极发挥政协文史“存史、资政、团结、育人”的作用，围绕“纪念抗日战争胜利70周年”，广泛征集抗战史料，出版《我的抗战》；以延续阳谷历史记忆为主题，着眼于展现阳谷历史演化、人文地理、名胜古迹、逸闻趣事、风土民情，出版《阳谷掌故》；着眼于保护和传承碑刻这一历史文化遗产，完成了《阳谷碑刻辑注》的整理编辑。积极配合市政协围绕《记忆大运河》《记忆黄河》两书开展主题征稿活动，共征稿30余篇，涉及黄河河道变迁、黄河堤坝修筑、黄河号子、抗洪抢险以及运河漕运管理、运河名人、古街巷遗存等诸多方面。

【宣传联络工作】 2016年，充分利用各种新闻媒体，多形式宣传政协的性质、地位和作用，及时报道政协的重要活动和有关会议，大力宣传党委政府重视支持政协工作及政协委员献计出力、干事创业的先进事迹。全年先后在《联合日报》《春秋》杂志、省政协手机报、市《政协信息》、县电视台等媒体发表稿件60余篇，营造了全社会关注、重视、支持政协工作的良好氛围。组织参加“履职为民 奉献齐鲁——点赞感动你的政协委员故事”活动，代表聊城在省电视台展播宣传阳谷县政协委员躬身慈善事业、扶危济困，弘扬齐鲁文化等方面的感人事迹。充分发挥委员主体作用，积极做好社情民意信息报送工作。不断加强委员履职管理考核，有效调动了委员履职的积极性，为政协委员换届提供了重要参考。

阳谷

JUN SHI

军事

阳谷

JUN SHI

军事

县人武部

【机构概况】 阳谷县人武部全称为“中国人民解放军山东省阳谷县人民武装部”，下设军事科、政工科、后勤科、民兵训练基地、民兵武器装备仓库等机构，是同级地方党委的军事部兼同级人民政府的兵役机关，是武装委员会的执行机关。接受上级军事机关和同级地方党委、人民政府的双重领导。其主要职能是“在军分区和县（市、区）委、政府的领导下，贯彻执行中央军委、总部、军区和省军区及军分区关于民兵、预备役工作的指示，拟制本地区后备力量建设和战时动员计划，组织后备力量建设和战备工作，负责兵役和动员工作，指挥民兵的作战行动，协助地方有关部门做好交通战备和人民防空工作”。县委书记兼任人民武装部党委第一书记，县人武部的一名主官参加县委常委，一名主官参加县人民政府常务办公会议。

【党管武装】 2016 年，阳谷县始终坚持党管武装各项制度，并在实践中不断总结新经验、探索新规律、完善新举措、解决新问题。8 月份，县委召开议军会议，对党管武装工作的职责、制度等进行了充实完善，并组织县委常委过军事日，体验军营生活。继续坚持了双重领导、双向兼职、人民武装委员会例会、国防动员委员会例会、党管武装工作述职、现场办公、检查评比等制度。

【兵员征集】 2016 年，县征兵领导小组和征兵办公室及时调整组织，具体负责境内征兵工作。严格落实征兵工作责任制，县征兵领导小组组长分别与县征兵办公室、公安局、教育局、卫生局主要领导签订征兵责任书，体检、政审等各组成员与组长、各组长与征兵办公室主任、征兵办公室主任与征兵领导小组组长，分别签订责任书。征兵体检工作坚持实行封闭式体检，并与体检医生签订责任合同，增强工作人员的责任心，确保入伍青年身体条件符合征兵体检标准。政审工作坚持实行县、乡、村三级联审和公安局、乡（镇、街道）政府、人武部联审，在“四老评议”“两委”推荐的基础上，县人武部领导、政审、体检负责人、基层武装部长集体讨论，集体定兵。走访调查由基层专武干部、派出所民警、卫生院（所）医生、民兵营（连）长等组成调查组具体实施，主要是调查应征公民病史情况，了解掌握应征公民的政治思想、家庭背景、文化程度、个人经历、现实表现和入伍态度等情况，并认真组织填写《应征公民走访调查表》。严格按照总参、总政、军委纪委提出的“十条要求”和军区提出的“五公布、六公开”的相关要求，县、乡两级分别设立了《征兵政务公开栏》和《征兵政务公开园地》，公布上级和本级廉洁征接兵举报电话，城区和各乡（镇、街道）设置了举报信箱，征兵工作中各阶段张榜公布情况均要求在 5 天以上，并在上站体检前给每位应征青年及其家长下发省、市、县三级廉洁征兵公开信，广泛接受社会群众监督。

【国防动员】 2016 年，县设国防动员委员会，与武委会为一个机构、两块牌子，县委书记任第一主任、县长任主任，人武部主管领导、政府分管领导和地方有关部门领导任委员。国防动员委员会在上级国防动员委员会和同级党委、政府、军事机关领导下，主管全县国防动员工作的议事机构。其主要职责是贯彻落实上级国防动员委员会有关国防动员工作的方针、政策和指示；组织制订本地区国防动员工作的法规和措施；组织编制国防动员工作规划、计划；监督检查国防动员法规的落实和国防动员计划的执行；协调本地区军事、经济、社会等方面的重大国防动员工作；组织领导本地区的政治动员、人民武装动员、国民经济动员、人民防空、交通战备工作。主要任务是：审议本地区人民武装建设和战备计划；组织协调力量，保证和监督有关工作的实施；健全和完善平战结合的国防动员体制。2016年，国防动员委员会下设八个办公室，即：综合办公室、政治动员办公室、人民武装动员办公室、国民经济动员办公室、人民防空办公室、交通战备办公室、科技动员办公室和信息动员办公室。县国动委积极探索军民融合式发展路子，不断完善国动委运转机制和动员预案，研究探讨平时应对非传统安全威胁，战时实施快速动员的国防动员组织指挥体系。扎实开展全民国防教育工作，始终坚持以全民国防教育和民兵政治教育为重点，突出爱国主义教育，提高全民国防观念。坚持落实民兵政治教育，实行基干民兵每年“四课”、普通民兵每年“两课”教育制度，利用征兵、训练、整组等时机和“八一”“十一”、元旦、春节等重大节日，采取集中教育、刊授教育、函授教育、声像教育、跟踪教育等形式，进行国防教育和时事政治教育，成效明显。

【民兵基层建设】 民兵是中国共产党领导的不脱离生产的群众武装组织，是中华人民共和国“三结合”武装力量的组成部分，是中国人民解放军的助手和后备力量。2016年3月，全县组织召开全县民兵预备役工作会议，总结上年度民兵预备役工作，表彰民兵预备役工作先进单位和个人，部署本年度民兵预备役工作任务。认真贯彻落实上级精神，扎实推进民兵基层建设上层次、上台阶。扎实开展民兵组织整顿工作，严格按照规定调整民兵组织，配齐民兵干部和专武干部。4月，组织全县民兵应急队伍集中点验大会和专武干部暨民兵应急队伍骨干集训，主要进行警棍盾牌操和轻武器射击训练，提高民兵应急分队处置突发事件能力。注重深化民兵应急分队参加治安大巡防活动成果，为各乡（镇）购置了电脑、作训服、防暴指挥器材等，有效提高了民兵应急分队遂行应急任务能力。6月份，组织沿黄河（金堤河）的阿城镇、张秋镇、十五里园镇、寿张镇、李台镇、金斗营乡民兵防汛分队组织开展防汛技能课目演练，提高了防汛分队的防汛技能和遂行任务能力。同时，全县武装系统积极响应县委、县政府号召，组织广大民兵预备役人员积极参加地方经济建设。在防汛抗旱、绿化植树、新农村建设和重点项目建设等工作中，积极引领全县广大民兵预备役人员，充分发挥先锋模范作用，带头维护良好的社会秩序，以实际行动支持地方经济社会建设。

县人防办

【机构设置】 县人民防空办公室位于阳谷县振兴路232号，于2008年6月单独列编，为县政府直属的正科级财政拨款事业单位，编制3人，内设机构有综合科、指挥通信科、工程管理科。同年12月，加挂县民防局牌子，增加了防灾救灾和突发性事件应急处理等职能，下设阳谷县人民防空行政执法监察大队，为股级经费自理事业单位，编制5人，经县人民防空办公室授权，从事人防行政执法工作。

【人防行政审批】 工程科人员通过人防工程质量监督业务能力测试取得了人防工程质量监督工程师证书。

【通信体系建设】 阳谷县城区累计建成无线短波通信电台一处，电声警报器10台，完成了县级人防“三位一体”中的地面指挥中心和机动指挥所建设，实现了市县之间互联互通。9.18 组织实施的城区警报试鸣，鸣响率100%。

【人防工程建设】 12 月 9 日，红星花园 5788 平方米的部分工程主体已通过市人防质监站验收。至年底，颐鑫嘉园建设的六级人防工程 3729 平方米，主体正在封顶。

【人防宣传】 在景阳冈酒厂建设了以人防为主题的科普文化长廊，提供了防化服、防毒面具、手摇警报器等展品；继续依托县青少年素质教育实践基地对阳谷县初中二年级学生采取轮训的形式进行人防民防知识教育，并为教育基地提供了教材 1000 册、人防知识光盘一套、实训装备 6 套；利用 9.18 防空警报试鸣日，在电影院广场设置宣传台，利用 LED 屏幕播放警报试鸣宣传片，发放宣传资料。

撰稿人：魏　哲

阳谷

FA ZHI

法治

阳谷

FA ZHI

法治

县委政法委

【机构概况】 1982年4月，中共阳谷县委政法委员会成立（简称政法委），位于阳谷县大众路8号，内设办公室、执法监督两个科室。1989年初，打击严重经济犯罪领导小组与政法委员会合署办公。1991年3月，成立社会治安综合治理委员会办公室（属行政正科级单位），1994年1月正式列编，与政法委合署办公。1994年4月，“打经办”撤销。2006年5月，政法委增设宣传调研科、政工科。至2016年，政法委下设办公室、执法监督科、宣传调研科、政工科，共有工作人员16名。县政法委被市委、市政府授予2016年度平安聊城建设模范县。

【社会稳定工作】 2016年，紧紧围绕全县工作大局，以“一三五”工程为抓手，把维护全县社会政治稳定工作做为重要任务来抓。加强信息舆论控制工作，在维稳工作中，坚持严打不动摇，5月6日至8月6日开展夏季严打整治专项行动，坚持社会矛盾化解不动摇，管住重点人，控好重点事，把握主动权，打好主动仗，强化矛盾纠纷排查化解和重点人员动态管控，深化信访问题集中治理，积极协助党委政府妥善处置改革发展中出现的各类矛盾纠纷，确保全县社会政治的持续稳定。始终保持高度的政治敏感性，精心组织，严密部署，完善措施，狠抓落实，圆满完成了各级重要会议、重大节庆日的安全保卫工作，受到了省、市委的充分肯定。

【涉法涉诉工作】 2016年，县委政法各部门认真办理涉法涉诉信访工作，不断推进公正廉洁执法。做好群众来信来访工作，共接待来信来访24人次。抓好案件化解工作，转办案件12案，成功化解10件，成功化解省委、市委政法委交办的2件重大案件。

【执法监督工作】 阳谷县委政法委坚持围绕“严格执法、公正执法”这一核心，强化执法教育，完善监督机制，加强了执法监督工作。落实执法责任制。建立权力分解制度。大力推行司法公开，做好案件协调和督查，搞好执法检查。2016年以来，共开展了2次执法检查。通过检查，及时纠正了执法中存在的问题，促进了全县政法部门的严肃公正执法。

【政法队伍建设】 2016年，政法委围绕建设一支“整治过硬、业务过硬、责任过硬、纪律过硬、作风过硬”的政法队伍要求，强化主旨意识和责任意识，加强服务经济大局能力，维护群众的合法权益，进一步提高执法公信力，提升公正廉洁执法水平。扎实推进司法体制改革，圆满完成了法院、检察院，省司法体制改革试点任务，为全省提供了可复制、可推广的经验。

【铁路护路联防工作】 2016年，阳谷县铁路护路联防工作坚持做到“六抓六强化”，使京九铁路阳谷段实现了无重大治安案件，无重大伤亡事故。主要是抓领导，强化领导责任；抓联动，强化防控体系；抓管理，强化队伍素质；抓宣传，强化普法教育。

【机关工作】 2016年，为更好地推动政法委机关工作科学发展、创新发展、全面发展，县委政法委发挥抓组织、抓协调、抓指导的职能，转变作风，认真做好各项工作。扎实开展“两学一做”学习教育，对重大问题及时召开全委会研究决策，让具体工作落到实处。政法委领导深入政法各部门，深入乡镇、社区，帮助解决实际困难和问题，积极做好扶贫工作，精准扶贫76户，脱贫51户。加强信息控制和传报，做好“阳谷长安网”门户网站的建设，让群众及时了解全县政法综治动态。2016年共编发、上报政法信息200余期，起草文件、讲话、汇报、总结等各类文稿70余件。

供稿人：张鲁博

县综治办

【机构概况】 2016年，社会治安综合治理委员会办公室，下设综合科，检查指导科，现有机关工作人员4人，与县委政法委员会合署办公。2016年度，被市委、市政府授予“平安聊城建设模范县”。

【领导责任制的落实】 2016年，县委、县政府将社会治理和平安建设工作纳入全县整体工作计划，县委常委会定期召开专门会议研究政法综治工作。县政府按照人均0.9元的标准将综治和平安建设经费纳入财政预算，专项活动经费另外拨付。年初，召开县委政法工作暨平安阳谷建设表彰大会，县委、县政府与各乡镇（街道）、各部门签订了目标责任书，黄牌警告后进单位15个，奖励平安建设先进乡镇（街道）10个。各内部单位、各企业、乡镇（街道）和村庄（社区）也将综合治理和平安建设纳入总体工作，均明确了专职综治人员，落实了经费和特岗补贴，乡镇（街道）、内部单位和企业每人每月90元，村级专干100元。

【治安防范】 按照“政府主导、市场运作、整合资源，全县互联”的建设思路，坚持“四个统一”原则，创新财政出资“532”支付模式，全力推进视频监控全覆盖工程建设。至2016年，全县累计投入2.7亿元（其中财政投资3500余万元），铺设专用光缆3200公里，安装、整合监控探头1.45万个，搭建视频监控派出所一级实战平台和服务中心二级显示平台各18个，全面完成视频监控一、二、三类目标建设任务和平台建设任务，在全市率先实现视频监控全覆盖。追加投资900余万元，开工建设县公安局视频监控指挥中心和县综治中心。据统计，仅2016年通过监控平台查破案件已达200余起，抓获各类违法犯罪分子33名，化解矛盾纠纷23余起，帮助群众查找回遗失物品40余件，“天网工程”威力尽显。

根据全县治安形势，合理布局设置综治巡防大队18个，巡防中队42个，招募平安志愿者456名，配备综治巡防车42辆，实行监控查岗制、平安志愿者补助打卡制、巡防经费监管制等制度。通过综治大巡防工作收集破案线索40余条，寻找走失人员9名，提供咨询、送达等各类便民服务30余次。

【基层法律服务】 2016年，县委常委会把基层法律服务全覆盖工作纳入法治阳谷建设整体规划，成立工作领导小组，出台《关于推进基层法律服务全覆盖、实施“一乡镇一团队一村居一顾问”工程的意见和方案》等相关配套文件。2016年4月，全面完成基层法律服务全覆盖目标任务，与214名法律服务人员签订法律顾问合同。法律顾问共出具有关法律文书33份，为群众提供法律服务6017人次，开展法律宣传和培训2844人次，协助办理法律援助139件，基层干部群众在法律服务中的“获得感”明显提升。5月25日，大众日报法治山东专栏对阳谷基层法律服务全覆盖工作进行了专题报道，并在全市基层法律全覆盖推进会上做了经验介绍。

【综治基层基础工作】 全县18个乡镇（街道）

均建成了社会治理服务中心，由各乡镇（街道）党委副书记担任中心主任，综治办主任担任中心副主任，并配备3～5名专职人员，负责日常协调管理工作 。

继续深化“四无”创建活动。按照市综治委工作要求，出台实施意见，成立领导小组，落实工作责任。至2016年，全县849个行政村，其中达到“四无”创建标准的村庄782个，创建率92%。

全面推行社会治理网格化管理。划分网格组建队伍。根据各乡镇（街道）具体情况，合理划分18个乡镇（街道）大网格、107个管理区中网格、849个村居（社区）小网格、2547个微网格，共选聘网格员3521名；全面完成基础数据信息采集。各级网格均建立民情记录、民情档案、民情分析会、民情联系卡、重点稳控人员档案等各类工作台账，实现人口、房屋、事件、特殊群体、流动群体等详实信息实时入库；完善经费保障机制。县财政拨付专项资金支持网格化管理工作，各乡镇（街道）将网格化管理资金列入财政预算和中长期规划。同时，各乡镇（街道）拿出部分资金，作为网格员日常工作绩效考评；搭建信息化管理平台。依托视频监控专用网络，投资100余万元，研发建设集网上办公、信息管理、分析研判、社会事务、便民服务等功能为一体的社会治理网格化信息管理平台。网格化管理模式运行以来，共为群众代办服务1800余次，预防化解矛盾纠纷130余起，排查影响社会治安各类不稳定因素45起。

【严打整治】 2016年，在全县范围内深入开展“打黑恶、反盗抢、防诈骗、扫毒害、追逃犯”系列安民行动和夏季治安严打整治百日会战等专项整治行动。据统计，全县共整治治安乱点18处，立各类刑事案件1057起，破获刑事案件1080起，打掉侵财犯罪团伙17个67人，抓获霸痞犯罪嫌疑人8人，追逃60人，刑拘279人，逮捕147人，受理治安案件2299起，查处治安违法人员377人。

【矛盾纠纷化解】 2016年，全力推进多元矛盾纠纷化解体系建设。截至目前，全县共有矛盾纠纷排查调处组织954个，配备人民调解员2772名。其中，医疗卫生、道路交通等行业性、专业性人民调解组织49个，158人。全县共排查矛盾纠纷2723起，调解成功2723起，成功率为100%，防止民转刑案件13起，防止群体性事件13起，无一起集体越级上访事件。

【深化治安保险】 2016年，全力抓好治安保险征缴和增额扩面工作，全县共收缴治安保险费623余万元，提取保费150余万元。其中，农村参保849个村、15万余户，村庄、农户参保率均达到100%；城区沿街门店和小区共参保3578余户，保费同比增长3万余元。

县公安局

【机构概况】 2016年，阳谷县公安局下设指挥中心（副科级单位，下设五个科室）、维护稳定工作信息研判中心（正科级单位）、治安警察大队（正科级单位，下设3个中队、1个办公室、1个所）、经济犯罪侦察大队（正科级单位，下设5个中队、1个办公室）、国内安全保卫大队（正科级单位，下设2个中队、1个办公室）、刑事警察大队（正科级单位，下设7个中队、1个办公室）、监管大队（正科级单位，下设4个中队、1个办公室）、巡警大队、政治处、警务保障室、出入境管理大队、食品药品与环境犯罪侦查大队、网络安全保卫大队、禁毒大队、法制大队、考核科等16个内设机构，下设18个派出所，另设阳谷县公安局黄河派出所，受县公安局和黄河河务局双重领导，以县公安局领导为主。县公安局纪检(监察)机构按有关规定设置(挂警务督察大队、信访科、审计科牌子)。警务督察、审计、信访工作由纪检（监察）部门负责。离退休干部科负责全县公安机关离退休老干部的管理服务工作。机关党委负责局机关和直属单位的党群工作，日常工作由政治处承担。阳谷县公安局共有干部职工431人。

【工作综述】 2016年，全体民警紧紧围绕各级“两会”等重大活动、敏感节点，加大情报信息搜集力度，及时研判会商，切实做到预警在前、防范在先，圆满完成“G20”峰会、十八届六中全会等安保工作，实现了无一人进京赴省滋事的目标。进一步强化反恐维稳处突能力，完善《反恐处突应急工作预案》，充实特巡警大队力量，确保了一旦发生问题，快速反应，有效处置。坚持严打方针不动摇，年内发生的6起命案现案全破，县局已连续11年保持命案现案全破、大要案件全破。大力开展打击传销犯罪、金融犯罪等专项行动，打掉一个传销团伙，冻结涉案资金2000余万元。扎实有效地开展各项禁毒业务，全县所有乡镇和街道办都已成立社区戒毒社区康复工作办公室，落实重点人员管控。以“天网工程”建设为抓手，全面构筑立体化治安防控体系。完善“天网工程”建设，新增高清晰探头202个，全县共安装高清晰监控探头3420个，铺设光缆1600余公里，在全县初步形成了覆盖广泛、纵横贯通的视频监控体系，提高了社会治安防控能力。大力强化社会面控制和行业场所管理，建立健全内部保卫组织，积极开展保安服务工作，加大社会面巡逻防控密度，坚持做好警灯夜巡工作，提高街面见警率和管事率，进一步提升了群众安全感和满意度。严格落实公共安全监管责任，深入开展了火灾隐患“大排查、快整治、严执法”等专项行动。深入开展实有人口管理和户口登记管理专项清理整治，为特殊人群上门办证416人次，为2123名无户口人员解决了户口问题。受理审批公民因私出国(境)1.9万余人次，受理过程中发现并抓获上网逃犯1名，发现非法入境人员1名，并将其成功遣返。认真组织开展“两学一做”学习教育，不折不扣地做好规定动作，创新活动载体，强化日常督导检查和违纪案件查处，及时堵塞队伍管理堵塞漏洞，没有发生影响公安形象的问题。2016年4月，侨润派出所被山东省公安厅荣记“集体二等功”。2016年7月，出入境管理大队被山东省妇联、山东省公安厅联合评为“巾帼文明岗”。干警孟浩涛于2016年4月被山东省公安厅荣记“个人二等功”；5月，干警赵秋萍被聊城市总工会评为“全市十佳女职工建功立业标兵”同时授予聊城市“富民兴聊”劳动奖章；6月，干警徐永鸿被聊城市委评为“聊城市优秀共产党员”。

【严打工作】 深入开展“打黑恶、反盗抢、防诈骗、扫毒害、追逃犯”安民行动等一系列严打活动，全年共破获刑事案件1080起，刑拘279人，逮捕147人，抓获逃犯84人，起诉281名，查处行政案件2299起，行政拘留323人。破获涉毒案件4起，查获新增吸毒人员8名，社区戒毒3名，强制隔离戒毒2名。破获邪教案件30起，打掉邪教团伙2个，刑事拘留3人，收缴非法宣传品2000余份，反邪教工作多次受到省厅、市局通报表扬。深入开展打击传销犯罪、非法集资等专项行动，共立查经济犯罪案件8起，刑事拘留7人，逮捕8人，移送起诉10人，侦破了李某非法吸收公众存款案，受害群众近百人，涉案额达500余万元，打掉一个传销团伙，抓获主犯徐某、何某，冻结涉案资金2000余万元。

【公共安全监管】 严格落实公共安全监管责任，深入开展了火灾隐患“大排查、快整治、严执法”等专项行动，共检查单位1880家次，发现整改安全隐患1002处，全县没有发生大的火灾事故。强化乡镇消防站布点建设和消防队伍建设，建设了13处乡镇消防站。联合安委会成员单位开展“危爆物品专项整治”行动，加强对枪支弹药、爆炸剧毒、民爆物品、管制刀具等危险品的管控，及时堵塞和整改各类安全漏洞和隐患，确保了安全。

【执法规范化建设】 严格执行受立案制度改革要求，深入推进以审判为中心的诉讼制度改革，认真执行案件审核、网上办案、案件回访和主办侦查员等制度，落实执法责任和“四个一律”工作要求，执法办案“闭环管理”系统运行良好。强化执法关键环节的监督，定期对执法质量进行考评通报，执法水平进一步提升。加强执法教育培训工作，共举办业务和技能培训班15期，培训民警800余人次。年内，县公安局有11名民警通过了国家司法考试，占全市公安机关通过人数近1/5，名列全市第一。

【队伍管理】 认真组织开展“两学一做”学习教育，不折不扣地做好规定动作，创新活动载体，“两学一做”学习教育和党建工作走在了全县前列。组织开展了为期一个月的纪律作风建设活动，纪律作风明显好转。制定完善队伍管理制度，实行周一工作例会制度，进一步规范考勤、值班备勤、财务管理等制度，加强了管理和监督。充分发挥纪委、督察、政工、审计等部门职能作用，加强督导检查，严查违纪违规，确保了政令警令畅通。

县交警大队

【机构概况】 2016年，阳谷交警大队下设办公室、财务科、宣传科、交管科、法制科、事故科、车管所、施救中心及阎楼、石佛、四棚、西湖4个乡镇中队和城区中队。其中，警务工作站1个；阳谷交警大队共有干部职工136人。阳谷交警大队在当地党委、政府和市交警支队的正确领导下，紧紧围绕上级中心工作，坚持围绕“防事故、保安全、保畅通”中心任务，严格规范执法，推进源头管理，强化路面管控，全力开展道路交通安全综合整治，有效确保了全县道路交通安全形势平稳，因各项工作成绩显著，大队被市公安局授予集体三等功一次。

【事故预防】 2016年，结合道路交通专项整治“六大攻坚”行动、道路交通安全隐患“大排查、快整治、严执法”专项行动、整治公路货车违法超限超载行为专项行动、道路交通查违除患“亮剑”行动、道路交通千警上路大检查行动等各项整治活动，对严重道路交通违法行为开展集中打击，取得了明显的整治效果，严重道路交通违法行为得到有效遏制。2016年，大队共查纠处理道路交通违法行为183759起，其中无证驾驶632起，拘留30人次，酒后驾驶392起，暂扣驾驶证304起，再次酒后驾驶3人次，超速31900起，超员304起，超载349起，涉牌涉证1150起，载货汽车违法载人2322起。极大地震慑了道路交通违法行为，城区秩序有所好转。同时，大队组织民警集中时间、集中力量，对全县道路交通安全隐患路段开展了拉网式滚动式排查，排查出道路交通安全隐患22处，建立隐患台账，多次向县政府、县安委会做专题汇报，提请县政府督促相关部门及时整改交通安全隐患。

【宣传教育】 2016年，组织宣讲团开展大型讲座9次，深入20个家庭、15个社区、15个单位、30个农村、33所学校开展交通安全宣传教育活动，发放宣传资料20000余份。依托交通安全宣传教育基地组织全县中小学生、满分驾驶员开展交通安全体验活动60次，受教育人数2000余人。组织文明交通志愿者开展交通安全劝导服务活动36次，发动志愿者200余人次，发放宣传资料20000余份，劝导不文明行为15000余起。联合县交通局、安监局深入辖区运输企业开展宣传活动24次，受教育人数400余人，发放宣传资料3000余份。至2016年11月15日，全县143所中小学已合部完成宣讲活动，中小学校交通安全宣讲覆盖率达100%。联合县文明办、县妇联举办交通安全知识讲座两期，在阳谷党校会议室对全县600多名村级文明办主任进行了交通安全知识培训。县交安委邀请大队宣讲团民警，对全县的400余名交通管理员和协管员进行了集中培训。交警大队扎实推进交通安全实践活动。至2016年，交警大队已和明德小学联系、协调完毕，从四年级中挑选部分学生，组建了一支64名的少年交警队。重点人群、广大群众的交通安全意识、交通法制意识、文明交通意识切实得到加强。

【重点工作】 **车辆和驾驶员管理** 2016年，新增机动车6654辆，转移登记1229辆，办理驾驶证115人，预约科目一考试10424人，培训记满12分驾驶人500余人，日均接受群众咨询服务160次。科技管理 积极争取县委、县政府政策及资金的倾斜，共申请财政资金660余万元，新增城区及省道信号灯21处，电子警察20处、卡口2处、逆行抓拍1处；改造黄山路陈旧电子警察4处，整改聊阳路卡口四处、电子警察四处、更换陈旧卡口1处，进一步完善了辖区科技设施布局，增加了科技设施设置密度，为各办案单位提供信息查询700余次、产生有效线索400余条、形成各类分析研判决报告60余份；实现了科技设施建设从无到有、从有到多、从多到全覆盖的质的转变与跨越发展，为各项交通管理工作的开展、各类案件的侦破提供了强有力的保障和支撑。

事故处理 至11月底，辖区共接处警4234起，其中，发生一般事故196起，死亡人数67人，受伤人数222人，经济损失657000元，同期比分别下降29.75%、4.29%、32.32%、18.91%。在黄标车治理方面，扎实做好数据清理和明细汇总工作，规范留存档案资料，妥善处置遗留问题，确保经得起实践检验和社会监督。

县公安消防大队

【机构概况】 阳谷县公安消防大队组建于1992年7月31日，前身是成立于1984年12月的阳谷县公安局消防科。1985年1月中国人民武装警察部队编制改为中国人民武装警察阳谷县消防大队，同时成立党支部。2006年8月大队成立党委，设大队机关党支部，下辖1976年3月成立的景阳冈消防中队，2016年下半年，在祥光经济开发区建设的第二消防站已经挂牌投入执勤。现大队为副团职编制，中队为正连职编制。县大队被聊城市公安消防支队评为2016年度先进大队

【消防装备】 至2016年，阳谷大队有执勤车辆7辆，分别为：五十铃水罐消防车、8吨斯太尔王水罐消防车、城市主战消防车、12

吨斯太尔王水罐消防车、18米高喷消防车、30米云梯消防车、15吨斯太尔水罐消防车，共载水50吨、泡沫5吨、抢险救援器材50余种，1000余件。2016年共出警493起，其中火灾扑救207起、抢险救援70起、社会救助216起，共挽回财产损失800余万元，收到感谢信120余封，锦旗412面，成功处置了一大批急、难、险、重的突发情况，尤其是在抢险救援、灭火救人、抗震救灾工作中做出了突出贡献。

阳谷县公安消防大队第二消防站有执勤车辆8辆（其中泡沫消防车一辆，泡沫水罐车两辆，消防水罐车两辆，抢险救援车一辆，18米举高喷射消防车一辆，32米云梯消防车一辆），总载水量为63.5吨，载泡沫量为29.5吨。战斗车辆除配备有泡沫灭火剂、通讯器材以及水枪、水带、个人防护装备等常规器材外，还配备了热成像仪、液压破拆工具、夜间照明工具、水上救援工具、山地救援工具、避火服、隔热服等一大批特种装备。

【消防工作】 自2016年6月投入执勤，中队共处置火灾、车祸等各类灾害险情70余起，共挽回财产损失620余万元，得到了地方群众的一致好评。

2016年，阳谷县公安消防大队提请县政府将消防工作纳入乡镇办事处和县直部门年度目标管理考核办法，层层签订《消防安全责任书》；扎实开展了以“劳动密集型企业”专项整治、“涉氨制冷企业”专项治理、消防安全大排查、人员密集场所、易燃易爆场所等为主的火灾隐患排查整治行动。全年全县共检查社会单位2001家，发现并督促整改火灾隐患或违法行为1045处，临时查封单位4家、“三停”单位21家，罚款29.2万元，全县消防安全环境得到了有效净化；坚持以推进消防宣传“七进”为抓手，形成了报纸、电视、网络、广播“四类媒体”全覆盖的立体宣传态势。先后组织开展了安全生产月、“119”消防宣传月、麦收防火宣传等为主题的专项宣传活动，效果显著。2016年，共举办社会消防安全培训10余次，开展主题宣传活动5次，发放宣传资料50余万份，受教育人数达10万余人次，以立体化的工作模式，实现了消防工作“全民参与、全民监督”的目标。至2016年底，所有乡镇已经全部完成队站营房和车库建设的建设任务，现在乡镇消防队员招聘工作也已经进完成，下一步进入培训阶段，培训完毕后分往各乡镇。

县检察院

【机构概况】 阳谷县人民检察院重建于1978年12月。1994年8月，成立反贪污贿赂局，2002年10月成立渎职犯罪侦查局，均隶属于检察院。至2016年底，检察院内设办公室、政治处（下设人事科、宣传教育科、老干部工作科）、侦查监督科、公诉科、反贪污贿赂局（下设侦查一科、侦查二科、侦查三科、侦查四科、综合科）、反渎职侵权局（下设侦查一科、侦查二科、综合科）、监所检察科、民事行政检察科、控告申诉检察科、举报中心、职务犯罪预防局、检察技术科、信息化办公室、法律政策研究室、司法警察大队、行政装备科、纪检监察科、人民监督员办公室、检务督察办公室、案件管理中心等31个科室和1个事业单位即机关服务中心，此外，还设有5个派出机构，分别为派驻城区中心检察室、派驻工业园检察室、派驻西湖检察室、派驻张秋检察室和派驻寿张检察室。全院共有干警128人，其中检察员70人，司法警察11人，书记员35人，工勤人员12人。2016年，县检察院被山东省文明委评为“省级精神文明单位”；被市委、市政府评为“全市政法系统先进集体”；被市检察院评为“全市优秀基层检察院”；监督类案被最高检察院侦查监督厅评为全国检察机关“优秀侦查活动监督案件”；城区中心检察室被省检察院评为“全省优秀派驻基层检察室”；西湖检察室、寿张检察室、张秋检察室被省检察院评定为“一级检察室”；工业园检察室被市检察院评为“全市优秀派驻基层检察室”；反贪污贿赂局、民事行政检察科、反渎职侵权局被市检察院记集体三等功；党组书记、检察长牛廷彪被市检察院记个人三等功党组成员、政治处主任梁振磊被聊城市普法办评为“全市普法依法治理先进个人”；侦查监督科科长马晓冬被省检察院评为“全省检察机关侦查监督部门优秀办案人”；侦查监督科干警吕慧鑫被省检察院评为“全省案件管理业务标兵”，被市检察院授予个人三等功；反贪局侦查三科副科长刘忠锋、人事科科长魏秀珍、公诉科科长王传立被市检察院记个人三等功。

2016年，县检察院在县委和市检察院的正确领导下，深入学习贯彻党的十八大、十八届三中、四中、五中、六中全会和习近平总书记系列重要讲话精神，紧紧围绕全县发展大局，忠实履行法律监督职能，深入谋划推进司法改革，扎实开展“两学一做”学习教育，着力加强自身建设，各项工作取得新的发展和成效，被表彰为全省优秀基层检察院。

【服务经济发展】 全力护航地方经济发展。围绕阳谷“两城一带一区六园”战略规划，深入开展“送法进企业”活动，保持了检察工作与发展大局同频共振。着力保障政府投资安全，扎实开展“百名检察官联系重大项目”活动，对3个重点工程同步预防；全面维护社会和谐稳定。批准逮捕108件126人，提起公诉168件211人，促使26件轻微刑事案件和解。办理的包某拒不支付劳动报酬一案被评为“全省优秀社会治理案件”。完善涉检预警评估机制，妥善处理群众来访10件次，连续十年保持涉检赴省进京零上访；有效保障群众合法权益。处理各类诉求240件。摸排收集损害农民切身利益的案件线索9件，查处2件，移送处理1件。常态化开展“五进两服务”和“扶贫百千”帮扶活动，走访群众200人次、帮扶救助困难群众32人、帮助解决困难问题10件。

【强化措施，惩防并举】 查办职务犯罪工作更加有力。紧紧依托市院侦查一体化办案机制，将自侦工作作为“一号工程”和“一把手工程”，共立查职务犯罪19件22人，其中贪污贿赂案件16件16人，渎职侵权案件3件6人，共立查国家机关工作人员13人，科级干部5人，县级干部1人，厅级干部1人。具体表现为：1.圆满完成市院交办案件，立案查处临沂市政协原副主席李作良受贿案，聊城市民营经济发展局副局长贺光建受贿案，聊城市兴业经济开发有限公司董事长魏振武、副总经理王泽礼受贿窝串案，聊城市高新技术区应急办主任郭东军受贿案，受到市院充分肯定。2.自主办案水平不断提升，立查本县职务犯罪案件8件10人，其中科级干部2人，国家工作人员8人。增强深挖犯罪意识，坚持“贪渎并查”，从多角度、全方位审视案件，用多罪名、多罪行支撑案件，在查处张秋镇常务副镇长杨金涉嫌滥用职权案中，成功挖出贪污金额27万余元的犯罪事实。3.追逃工作取得新突破，按照上级院开展追逃追赃工作的部署要求，大力推进侦查信息化实战应用，“技侦”与“攻心”相结合，成功将犯罪嫌疑人杨金抓捕归案、敦促在逃犯罪嫌疑人王宪新主动投案自首；深化职务犯罪预防工作。发挥预防志愿者职能作用，开展“订单式”

巡回宣讲21余次，受教育人数达7000余人次。深入医疗、教育、民政等部门开展预防调查，提出检察建议21件，帮助建章立制15项。撰写的《阳谷县2013～2015年度查办和预防职务犯罪工作综合报告》受到了县党政机关充分肯定，县委书记田中俊作出重要批示。

【强化法律监督】 刑事诉讼监督措施有力。实现了对公安机关刑事执法监督常态化，监督立案14人，监督撤案3件，追捕9人。健全非法证据排除制度，对事实不清、证据不足的，退回补充侦查177次；对不符合法定条件不诉1人；改变侦查机关定性7件，提请市院抗诉3件。对适用强制措施不当、违法取证的，监督纠正14件次，办理的监督公安机关违法适用指定居所监视居住强制措施类案，5月份被高检院评为“全国优秀侦查活动监督案件”；民事诉讼和刑事执行监督不断强化。办理各类民事诉讼监督案件14件，其中监督生效裁判6件，监督法院执行活动8件。积极开展刑事执行监督，监督纠正违法30件次，纠正不当减刑1件1人，纠正不当暂予监外执行2件2人，办理羁押必要性审查案件11件10人，提出书面纠正违法意见10件，立查职务犯罪案件1件1人；行政检察监督成效凸显。相继开展了国土资源执法监督和环保行政执法监督等专项活动，办理监督案件23件；探索建立行政违法行为法律监督制度，加强对涉及公民人身、财产权益的行政强制措施的监督，取得了良好的社会效果和法律效果。

【深化三项建设】 执法规范化建设扎实推进。从严从实规范司法行为，先后开展案件质量评查4次，纠正不规范问题20个，提前发出预警29次，实现了案件全程、同步、动态监督，批捕、起诉准确率保持100%，执法规范化水平不断提高；检察信息化建设发展良好。强化远程视频接访室、远程讯问室、侦查指挥中心、信息查询室、同录中心的实战和应用，较好发挥了信息技术在办公系统、业务管理、侦查情报信息查询、廉政风险防控等方面的重要作用，基本实现全检工作信息化、信息工作全检化；派驻检察室建设提质增效。开展预防宣传和警示教育79场次，走访群众共计256余次，接访91人次，摸排涉嫌职务犯罪线索6件，审查起诉轻微刑事案件60件。完善和规范业务派驻工作模式，监督辖区“两所一庭”违法情形18件次，协助民行科纠正审判机关违法情形6件。

【规范管理检察队伍】 认真履行主体责任。研究制定《阳谷县人民检察院党风廉政建设主体责任任务分解》，进一步明确院党组的主体责任，明确检察长作为党风廉政建设工作的第一责任人。认真履行“一岗双责”，逐级签订《党风廉政建设责任书》，明确责任内容、责任人、责任部门及考核、追究具体内容，建立了一级抓一级、层层抓落实的的责任体系，使主体责任落地生根，形成实实在在的工作支撑；持续抓好作风建设。扎实开展“两学一做”学习教育，全面学习贯彻《中国共产党廉洁自律准则》和《中国共产党纪律处分条例》，进一步增强了全体检察人员的党章党纪党规意识。严格落实中央八项规定，强化纪检监察、检务督察、案管中心“三位一体”的大督查模式。深化社会监督，定期召开人民监督员、特邀检察员座谈会，收集意见和建议；强化队伍素能建设。自主开展正规化培训8次、岗位练兵活动5次，参加上级培训62人次。继续实行工作目标台账式推进管理，深化奖优罚劣竞争激励机制，评选出第六届“十佳标兵”，30个集体和个人获得县级以上表彰。坚持从优待警，协调团购家属楼两栋，解除了干警的后顾之忧，增进了队伍干事创业动力。

【司法责任制改革】 坚持提前谋划，破解难题，为顺利推进改革铺路。针对改革中不同检察人员诉求和基层院实际，坚持“问题导向、分门别类、有的放矢”，解决实际问题，制定操作性、可行性强的司改总体方案、首批检察官遴选方案等13个改革文件，从制度设计上回答干警普遍关心的问题，让干警明晰了时间表和路线图，确保了改革既符合中央意志，又遵循基层检察机关自身规律；坚持公开透明，确保业务骨干进入员额。改革前70名检察官首批只能入额30名，“人多额少”以及入额后“案多人少”的矛盾较为突出，但是县检察院院对上级司改方案具体明确要求的，坚持不折不扣落实，不搞变通，从3月14日开始，严格经过入额考试、考核、考察、公示及省里遴选等程序，于6月6日产生了首批30个员额检察官，标志着改革试点工作取得了阶段性成果，检察官队伍的专业化、职业化水平显著提升；坚持“以岗定额、以案定员”，组建办案组织。反贪、反渎等职务犯罪侦查部门实行检察官办案组办案，反贪局共分3个办案组，检察长和分管副检察长、反贪局长各带一个组，反渎局分2个组，由分管副检察长、反渎局长各带一个组，侦监、公诉、刑执、民行、控申则主要实行独任检察官办案形式，进入员额的院领导全部配置在一线直接承办案件，且要办理重大疑难案件。其他未进入员额的检察官作为辅助人员分配到各办案组或配备给独任检察官，协助办案。

县法院

【机构概况】 2016年，法院机关设刑事审判庭、民事审判第一庭、民事审判第二庭、民事审判第三庭、行政审判庭、行政审判第二庭、少年审判庭、执行局（内设综合科、执行查控科、执行实施一科、执行实施二科、执行裁决庭）、审判监督庭、立案庭、政策研究室、审判管理办公室、审委会办公室、纪检组监察室、政治处（内设人事科、法官管理科、宣传教育科）、机关党委、工会、老干科、办公室、计财装备科（加挂审计科）、网络管理与宣传科、司法警察局、司法技术科、信访科共34个庭科室，辖城关、工业园、景阳冈、寿张、西湖5处人民法庭，共有在职在岗干警265名，其中行政编116人，事业编20人，工勤编8人，人事代理26人，劳务派遣95人。

结合司法责任制改革，突出法官主体地位，组建审判、执行及机关相关工作团队。院机关行政审判庭、审判监督庭及审委会办公室合署办公，成立行政与审监审判团队；立案庭设立立案与诉前保全团队、诉前调解及速裁审判团队；民事审判第一庭设立民事综合审判团队、民间借贷审判团队；民事审判第二庭设立商事综合审判团队、金融借款审判团队，破产清算审判团队；民事审判第三庭设立交通事故审判团队；刑事审判庭设立刑事审判团队；少年审判庭设立少年家事审判团队；执行裁决庭脱离执行局列入审判序列，成立执行裁决与劳动人事审判团队；政策研究室与审判管理办公室合署办公，成立政策研究与审判管理工作组；信访科暂与监察室合署办公，成立司法监察与信访工作组；执行局整合为综合科、执行查控团队及四个执行实施团队；行政审判第二庭为行政二庭执行团队。各基层法庭就本庭人员原则上按案由兼地域管辖确定相对固定的审判团队，设立诉前调解与速裁审判团队及执行团队。

2016年，阳谷县人民法院全年共受理各类案件10983件，审执结10964件（含旧存），案件结收比 99.83%，结案标的额 9.02 亿元。被聊城市中级人民法院评为先进集体。工业园法庭被山东省高级人民法院记集体二等功。连续第五年被省文明委授予“省级文明单位”荣誉称号。2016 年 10 月 18 日，省高级人民法院院长白泉民等省、市领导到县法院调研，对县法院工作给予了充分肯定。

【刑事审判】 依法打击刑事犯罪，维护安定祥和的社会环境。推进量刑规范化，建立健全刑事指导性案例库。对交通肇事等过失犯罪和轻伤害等轻刑犯罪，积极赔偿达成刑事和解的，依法适用缓刑，努力修复社会关系。2016 年，依法审结刑事案件 188 件，判处罪犯 221 人。

加强少年审判工作，坚持教育、感化、挽救方针，封存 4 名未成年人犯罪记录。

【民商事审判】 强化民商事审判职能，营造和谐有序的发展环境。共受理民商事案件 5567 件，审结 5603 件。依法审理金融借款、票据、合同等各类商事案件，平等保护市场主体权益，强化市场规则意识。积极探索民营企业破产清算工作，服务供给侧改革的深入推进。推行专业化审判，对常见案件类型实行要素式审判。注重运用调解手段化解民商事纠纷，一审民商事案件调解撤诉率 34.89%。规范案件繁简分流，强化简易程序适用，2016 年，一审民商事案件简易程序适用率达 79.69%。

【行政审判】 妥善处理行政案件，优化依法行政的法治环境。依法审结行政诉讼案件 25 件。加强行政协调和解工作，妥善化解行政争议。以协调解决行政争议为重点，健全当事人诉权保护、非诉案件审查等长效机制。积极支持依法行政，共办理非诉行政执行案件 113 件。建立行政纠纷风险预判等工作机制，促进依法行政水平提高。与行政机关召开联席会议，增进府院良性互动。

【执行工作】 大力加强执行工作，共建诚实守法的信用环境。执结案件 4890 件，结案标的额 2.36 亿元，深化网上查控被执行人执行新机制，查询银行存款、房地产和车辆登记信息 6757 条。加大执行曝光力度，借助法院政务网站、报纸、电视等媒介，将 800 余名“老赖”身份信息予以曝光。将 4120 名失信被执行人信息录入最高法院失信名单库。增强执行威慑，司法拘留 145 人，开展打击拒不执行生效裁判罪专项活动，对涉嫌犯罪被执行人移送刑事立案。

【司法为民】 *创新司法便民方式* 完善诉调对接基础设施建设，在诉调对接中心和人民法庭诉讼服务站设置人民调解室，全面开展诉调对接工作。建立有一定补助相对固定的人民调解员队伍，在诉讼服务中心及各人民法庭开展诉前调解工作。积极探索建立诉前调解案件鉴定、评估程序前置机制，加强赡养、相邻关系等案件的巡回审判工作，全年共到村庄、社区开庭 60 余次。

推进阳光透明司法 建立和完善四大信息平台以及法院政务网站和微博，推送执行短信万余条，在中国裁判文书网公开裁判文书 8999 余篇，通过山东法院庭审直播网和审判楼 LED 大屏幕直播庭审 132 次。2016 年 8 月在全市法院率先开通淘宝网司法拍卖平台，所有执行财产均在该网拍平台公开拍卖，确保拍卖工作公平公正、高效便捷。至 2016 年底，经淘宝网拍卖平台拍卖后处置执行财产 42 宗 8000 余万元。在实现透明拍卖的同时，也为当事人节省了大量拍卖佣金。

强化司法民主建设 积极构建人大代表、

政协委员常态化联络机制，做到年度工作定期报告、主要工作专题汇报、重大情况及时通报。开展庭审观摩、座谈讨论等活动，广泛走访代表、委员，征求意见建议。利用“法院开放日”邀请人大代表、政协委员参观庭审场所，旁听案件审理，拉近法院与人民群众的距离。

【司法改革】 *顺利完成首批员额法官遴选工作* 县法院作为山东省首批司法体制改革试点单位，深入开展各项摸底调研和思想引导工作。制定实施方案及各项配套子方案，于2016年3月启动首批员额法官遴选改革工作，以不超过县法院政法行政编制数35%为限，在全院94名法官中产生了首批43名员额法官。法官员额改革保留了现有审判骨干，保持了审判队伍稳定，通过好中选优、优中选强，切实优化了法官队伍结构。

突出法官主体地位，组建新型办案团队 2016年7月，县法院打破庭室界限，重置审判资源，全面组建员额法官与辅助人员相对固定的新型办案团队。院机关组建12个“法官+法官助理+书记员”的审判团队和6个“法官+执行员+书记员”的执行查控、实施团队；五处人民法庭，按照各自内部分工，分别组建2～3个审判团队。各法官团队由员额法官负责核心审判事务，法官助理、执行员负责专业性辅助事务，书记员负责一般性诉讼辅助事务，将法官团队作为办案单元和管理单元，实现扁平化管理、专业化审判。2016年8月，县法院在全省法院会议上作了《以法官为办案主体建设审判团队 以司法责任为核心完善运行机制》的典型发言。2016年10月，山东法制报以《创新审判模式 优化资源配置——走进阳谷法院“1+1+2”独任法官审判团队》为题介绍了阳谷法院审判团队建设情况。

加强司法辅助人员队伍建设 加强辅助人员的配备，任命法官助理11名，以政府购买服务的方式配备司法辅助人员93名。对书记员实行庭审速录类和审判辅助类“双轨制”能级管理，由速录速度快的书记员主要担任庭审记录，由法律基础业务素质高的书记员替代性承担部分法官助理职能，弥补法官助理的不足。将聘用制书记员按技能水平分为初级、中级、高级进行管理，各级对应不同的岗位津贴；设定绩效考核目标，考核结果与书记员每月岗位津贴挂钩。

实施案件动态分流机制 制定《阳谷县人民法院关于建立案件动态分流调剂制度的意见》（试行），根据办案进度，实行案件动态分流调剂制度。根据办案数量和任务要求，在院机关各办案单位与人民法庭之间初步建立六个相对固定的调剂组合，以结案率为标准，动态分流调剂案件。将办案数量与效率纳入办案业绩考核，以调动干警的工作积极性，促进全院形成比学赶超的工作氛围。

【队伍建设】 坚持“抓党建带队建促审判”工作方针，大力加强和创新我院党的建设工作。认真开展“两学一做”学习教育，认真落实院党组全面从严治党主体责任，实现党建工作与审判工作同步部署落实，同步检查考核。对聘任制书记员集中进行速录技能培训，实行每季度速录技能考核，提升书记员工作能力。

县司法局

【机构概况】 2016年，阳谷县司法局职能科室设置9个：办公室、政工科、装备财务科、基层工作科、社区矫正办公室、法规教育科、法律服务市场管理科、公证律师管理科、司法鉴定管理科，下设派出机构18个。设有局总支部委员会、纪检组和工会委员会，局党总支部委员会下设机关党支部、公证律师联合党支部、老干部党支部。局属事业单位：阳谷县普法依法治理办公室、阳谷县法律援助中心和阳谷县公证处。对山东振阳律师事务所和山东万航律师事务所阳谷分所进行管理。2016 年 12 月，增加政法专项编制 1 个，县司法局共有编制 70 名，工勤人员 3 名。其中，局机关政法专项编制 15 名，基层司法所政法专项编制 38 名。阳谷县法律援助中心事业编制 4 名，阳谷县普法依法治理办公室事业编制 3 名，县公证处事业编制 7 名。退休干部 26 人。2016 年，阳谷县在实施“六五”普法规划中，被中宣部、司法部评为“2011 ～ 2015 年全国法治宣传教育先进县（市、区）”。退休老干部孟传科家庭被评为中华全国妇女联合会授予“第十届全国五好文明家庭”称号。

【**基层司法所建设**】 持续推进省级规范化和市级规范化司法所争创工作，提升司法所规范化建设水平。推动基层司法行政组织建设，延伸司法行政工作覆盖面。2016 年 8 月，组织全县行政村居建设了司法行政工作室，乡（镇、街道）建立公共法律服务中心，完善司法行政工作网络，延伸法律服务触角，实现了法律服务全覆盖。

【**人民调解**】 2016 年，全县共有矛盾纠纷排查调处组织 954 个，医疗卫生、道路交通等行业性、专业性人民调解组织 49 个，配备人民调解员 2772 名。统一配备了 18 套调解桌椅。依托全县村两委成员培训班，对两委成员进行人民调解工作技能培训，并向村两委成员发放了《人民调解实务》工作手册 2600 余册，提升了全县基层调解组织成员的综合调解能力，收到了较好的培训效果。2016 年，全县共排查矛盾纠纷 1776 起，调解成功 1776 起，成功率为 100%，防止群体性事件 7 起，无一起集体越级上访事件。

2016 年人民调解数据统计

表 4

项目／年份	调委会（个）	调解人员（人）	调解纠纷（件）	调解成功（件）	调解成功率	防止民转刑案件（件）	制止上访案件（件）
2016	954	2772	1776	1776	100%	7	0

【**社区矫正**】 社区矫正工作。建立衔接机制。对调查评估、交付接收、管理教育、考核奖惩、收监执行、解除矫正等各个重要环节进一步衔接规范；建立领导机制。县、乡两级分别成立社区矫正工作领导小组单位，并做到及时调整，每年定期召开联席会议一到两次，特殊情况及时召开，解决社区矫正工作中遇到的问题，为社区矫正工作的无缝隙奠定了组织保障；建立协调机制。5 月份，县委政法委和公、检、法、司等部门分管领导同志，前往滕州、日照参观学习社区矫正工作经验，根据学习情况，结合工作实践，形成了具有较强指导意义的调研报告，对于实现社区矫正工作在公安侦查、检察公诉、法院审判、司法执行各个环节的协调对接，规范社区矫正工作机制，公检法司四部门专门设立了社区矫正联络员，加强社区矫正工作的衔接。2016 年，协调公安机关对阳谷县撤销缓刑的两名在逃罪犯进行了上网追捕。接收 182 人，解除 219 人，当前在管社区服刑人员 348 人，其中，判处管制的 1 人，判处缓刑的 323 人，假释 13 人，暂予监外执行 11 人；落实卫星

定位监控管理措施326人，落实宽管措施的186人，落实严管措施的38人，落实普管措施的124人；根据法院委托，开展判前社会调查80件次，调查结论均被采用。

2016年社区矫正数据表

表5

项目/年度	建立机构（个）	开展社会评估调查（件）	接收社区矫正对象（人）	落实卫星定位措施人员（人）	解除社区矫正对象（人）	重新违法犯罪（人）
2016	19	80	182	326	219	0

【刑释人员安置帮教】 安置帮教工作。严格按照中央省市各级要求，妥善落实安置帮教措施，加强信息核查，与监所信息互通，奠定了前期衔接基础。同时，根据实际制定方案，定期开展“五清”排查活动，进一步预防了重新违法犯罪，维护了全县社会和谐稳定。2016年，全年共核实服刑在教人员信息321人次，新增刑释解教人员324人，全部落实安置，无重新违法犯罪情况。目前在管1067人，其中刑满释放人员772人，解除矫正295人，一般帮教对象1054人，重点帮教对象13人，无重新违法犯罪情况。

2016年刑释人员安置帮教数据表

表6

年份/项目	建立机构	核实在监服刑人员信息（次）	接收刑释解教人员（人）	帮教刑释解教人员（人）	安置刑释解教人员（人）	重新违法犯罪（人）	创办安置帮教基地
2016	19	321	324	324	324	0	0

【普法依法治理】 2016年，县司法局以普法阵地建设拓展为抓手，进一步深化普法效果。继续完善青少年法制教育基地建设，将青少年法制教育基地打造成了全省法制教育示范基地。投资3万余元丰富县城区法治广场建设内容，强化法治广场的法制教育功能。先后推动石佛镇、金斗营镇、安乐镇、寿张镇等乡镇建设镇政府驻地法制广场，在石佛镇陶楼、安镇三官庙村等建设了乡村法治一条街等，进一步夯实了阳谷县法治宣传教育基础。与县电视台建立长期合作伙伴关系，定期播放法制节目和录制普法教育专题片，进一步深化了普法教育效果。

充分利用“3•8”妇女节、“3•15”消费者权益保护日、“12•4”宪法日等重大节日，依托司法行政门户网站、司法行政微信、微博等网络媒体进行法制宣传，开展集中性法制宣传教育活动，广泛宣传《中华人民共和国宪法》等有关法律法规，倡导广大群众自觉学法、遵法、守法，维护法制权威，在全社会营造浓厚的法治氛围。调整充实普法三支队伍，深入学校、企业、农村、社区开展法制宣讲活动。健全学校、社会、家庭“三位一体”青少年法制教育网络，为全县中小学重新聘任法律专业人士为法制副校长，为全县中小学校讲授法制课230余次，免费发放《青少年法制教育读本》50000多本，有效预防了青少年违法犯罪现象的发生。购置电影放映设备，优选一批法制电影，在全县各社区、行政村巡回播放200余场次。组织党员进社区，设立咨询台10个，免费发放司法局组织编印的《社区居民常用法律知识读本》及其他普法宣传材料共计1000多份，解答居民法律咨询，宣讲普及法律知识，受到广大居民的一致好评。

2016 年 12 月 30 日，组织召开全县普法依法治理工作会议，总结了“六五”普法规划实施情况，表彰了在普法依法治理工作涌现出的先进集体和先进个人，安排部署了“七五”普法规划的落实任务。会上县委常委、县委副书记丁洁清同志对全县“六五”普法规划取得成绩给予充分肯定，对“七五”普法规划的实施提出要求。这次会议的召开，为“七五”普法规划的顺利实施奠定了坚实的基础。

2016 年普法依法治理各项数据统计

表 7

年　份	举办各类培训班	培训人数（人次）	发放普法教材（万册）	搭建普法宣传咨询台（个）	解答法律咨询（万人次）	散发普法宣传资料（万份）	开设法治课堂（次）	受教育人数（万人次）
2016	6	4300	1.4	580	2.2	4.1	75	1.5

【基层法律服务】 全县基层法律服务所共办理各类诉讼事务 1028 件，担任法律顾问 13 家，避免挽回经济损失 87.7 万元，业务收费 85.9 万元，办理法律援助 89 件，解答法律咨询 3613 人次，代写诉状 1267 份，加大了涉农案件的承办力度，有效地维护了当事人的合法权益。

2016 年基层法律服务各项数据统计

表 8

服务类型	单　位	数　量
法律服务所	个	2
法律服务工作者	人	29
担任法律顾问	处	13
办理各项业务	件	1028
其中办理法律援助	件	89
涉及金额	万元	1235
避免和挽回经济损失	万元	87.7
业务收费	万元	85.9

【法律援助】 2016 年，法律援助工作进一步简化审批手续，结合全县精准扶贫工作，降低援助门槛，扩大援助范围；开展法律援助基层站点规范化建设，督促 18 个乡镇工作站落实标牌、标识、工作流程、受理范围、人员配备“五统一”标准，发挥基层站点贴近基层，方便群众的优势，全力为广大弱势群体服务。组建“12348”法律服务热线值班队伍，定期轮流值班，为广大群众架设空中法律咨询平台，大力开展公益性法律服务活动。2016 年，共办理各类法律援助案件 380 件，其中民事援助案件 367 件、刑事援助案件 13 件，援助困难群众 624 人，解答各类法律咨询 676 人次。发放宣传资料《法律援助服务

手册》《法律援助便民手册》15000份、法律援助绿卡22400份。

【律师工作】 以素质教育和诚信建设为抓手，规范律师执业形象。主要抓“三个常态化”：教育培训常态化；组织全县律师积极参加市律师协会举办的法律法规、律师职业道德和执业纪律培训讲座，通过各种培训，加强职业道德教育，提升行业发展能力。监督管理常态化；认真落实日常监督管理制度，及时督促律师要严格执行职业道德和执业纪律，强调律师作为社会主义法治工作队伍的组成部分，应当拥护党的领导、拥护社会主义法治，依法规范执业，塑造和维护律师良好社会形象。诚信建设常态化。结合年度考核工作，重点检查诚信建设工作开展情况，督促律师所健全服务质量跟踪反馈、诚信档案、诚信监督等制度，将诚信执业理念融入律师的执业活动中，发挥好法律服务对社会诚信和公共道德的保护引导作用。

律师事务所共办理法律服务事项138件，其中承办刑事案件26件，民事案件109件，非诉讼法律服务事项3件，办理法律援助事务15件。全县法律顾问为乡镇（街道）和村居（社区）提供法律服务11985人次，接待咨询1124件，开展法制宣传36次，举办法律专题走亲访友6006人次，法律援助302件，参与纠纷调解2468起，提供其他服务8617件。

2016年律师工作办案数据统计

表9

年份	担任常年法律顾问（处）	办理刑事辩护及代理案件（件）	承办民事、经济、行政诉讼案件（件）	代理非诉讼法律事务（件）	办理法律援助案件（件）	涉及金额（万元）	避免和挽回经济损失（万元）	业务收费（万元）	代写法律文书（件）	义务解答法律咨询（人次）
2016	22	26	109	3	15	985	1465	83.31	184	728

【公证工作】 围绕县委县政府的中心工作，积极拓展业务领域，公证案件数量比去年同期大大增加，公证处内部管理和服务能力都有明显提升。体现为“三个更加”：人员结构更加合理。公证员全部具有法律本科学历，公证队伍正朝着年轻化、知识化、专业化的方向健康发展。激励机制更加科学。为更好的调动公证人员特别是窗口值班人员的工作积极性，按照公平、激励、考核、合理的原则，做好公证员的薪酬分配工作，采取更为科学的绩效考核激励机制，确保公证责任到位，公证质量监督到位。窗口服务更加优化。针对有些当事人对办理事项所需材料不清楚的情况，提升服务效能，做到一站式服务，对公证事项需要的材料一次告知，不让当事人走弯路，保证窗口服务质量。对年老、残疾、危重病人等有特殊困难需要上门服务的群众，开辟“绿色通道”，实行预约服务或指派公证员上门服务。公证处办理各类公证事项1503件，涉及金额3548万元，办理法律援助事项19件，依法拒绝公证183件，避免和挽回经济损失362万元。

2016 年公证工作数据统计

表 10

年份	办理经济类公证事项（件）	办理民事类公证事项（件）	依法拒绝公证（件）	办理法律援助案件（件）	涉及金额（万元）	避免和挽回经济损失（万元）	业务收费（万元）	代写法律文书（件）	义务解答法律咨询（人次）
2016	1003	500	183	19	3584	362	30	60	2382

【法规教育】 进一步落实《人民监督员选任办法》和《最高人民检察院关于人民监督员监督工作的规定》文件精神，扎实推进人民监督员管理工作制度化规范化，促进司法公正，确保监督取得实效。制定完善清单化制度体系，健全“双随机一公开”监管机制，推行权力清单、责任清单，拓展事中事后监管范围，完成行政审批事项的改革工作。严格落实内部执法监督机制，依法做好行政审批、行政许可、行政处罚等工作，努力实现执法行为规范化，提升公共服务水平和效能。

【一乡镇一团队一村居一顾问工程】 2016 年，根据市委、县委统一安排，扎实推进基层法律服务全覆盖实施“一乡镇一团队一村居一顾问”工程。阳谷县司法局整合协调市、县法律从业人员资源，建立法律顾问人才库。通过召开全县动员会、调度会和现场推进会等措施，组织全县 18 个乡镇（街道）和 874 个行政村（社区）与 170 余名法律从业人员全部签订了法律顾问合同。在全县 18 个乡镇建立了法律顾问工作站，874 个行政村建立司法行政工作室，夯实了法律顾问工作阵地。统一制作法律顾问公示图板 1850 块，统一制作了规章制度图板和司法行政工作室门牌，统一印制法律顾问工作台账、日志，规范了基层法律服务全覆盖工作运行程序。印制了 5000 余本宣传资料和 10 余万张便民联系卡，在广大群众中发放，扩大了法律顾问工作知晓率。县司法局工程办及时跟进，不定期进行调研、督导、培训，不断深化法律顾问工作运行机制，强化法律顾问工作效果。据统计，截止到 2016 年底，全县法律顾问共提出法律建议 58 条，全县法律顾问为乡镇（街道）和村居（社区）提供各类服务 29378 件，其中提供法律服务 11985 人次，法治宣传培训 6006 人次，办理法律援助案件 302 件，参与纠纷调解 2468 起，提供其他服务 8617 件。受到广大群众的一致好评。

觀陽
自助银行服务

阳谷

ZONGHE JINGJI GUANLI

综合经济管理

阳

ZONGHE JINGJI GUANLI

综合经济管理

谷

县发展和改革局

【机构概况】 阳谷县发展和改革局是提出全县国民经济和社会发展战略、发展规划、总量平衡、结构调整的综合经济管理部门。阳谷县发展和改革局下设办公室（挂县国防动员委员会国民经济动员办公室牌子）、发展规划科（挂国民经济综合科牌子）、经济体制改革科、固定资产投资科、经贸外资科、农村经济科、工业能源交通科（挂高新技术科牌子）、社会发展科 8 个职能科室和机关党支部。机关行政编制 15 名，工勤人员编制 2 名。配备局长 1 名，副局长 3 名；股级领导职数 8 名。阳谷县发展和改革局辖重点项目管理办公室、服务业管理办公室、基本建设投资公司、经济技术协作办公室、县域经济发展合作办公室 5 个事业单位，事业编制数 27 名。2014 年 12 月 31 日，县粮食局由县政府直属事业单位调整为县发展和改革局所属事业单位，县物价局调整为县发展和改革局直属机构，副科级规格，现有领导班子成员保留原职级，新配干部按调整后规格配备。2015 年 6 月，研究拟订全县人口发展规划及人口政策职责划入县发展和改革局。

2016 年，县发改局在县委、县政府的坚强领导下，以深入开展“两学一做”学习教育为契机，始终坚持围绕中心、服务大局，主动作为、担当尽责，进一步创新工作思路、转变工作作风，扎实开展发展改革各项工作，取得了明显成效，有力的推动了全县经济社会平稳较快发展。获得科学发展综合考核三等奖、“全县先进基层党组织”等荣誉称号。

【十三五规划及年度计划编制】 按照县委、县政府的部署，编制《阳谷县国民经济和社会发展第十三个五年规划纲要》，先后经历了动员部署、课题调研、提出思路、编制纲要、征求意见等阶段，于 2016 年 2 月 3 日在阳谷县第十七届人民代表大会第五次会议上审议通过。组织编制年度国民经济和社会发展计划是发展和改革局一项重要工作，根据市发改会议精神和县委、县政府的部署，在总结本年度计划执行情况、广泛听取各方面意见的基础上，会同有关部门，提出下一年度主要经济工作思路的建议，包括对下一年度国际国内经济环境等方面的分析，下一年度经济社会计划工作总体要求、主要预期目标、实现这些预期目标和促进长远发展需要采取的政策措施等，向县委、县政府汇报后，经县人代会审议，最终确定为全县下一年度经济社会发展目标。为进一步促进计划的落实，县发展和改革局每季度都集中进行一次全县国民经济和社会发展情况调研，综合分析全县经济形势，对全县经济运行进行预测、预警，并针对经济运行中存在的突出问题和困难及时提出解决问题的对策建议，对阳谷县经济建设和各项社会事业的持续健康发展起到了积极的作用。

【固定资产投资及重点项目管理】 加大优质高效投入是增强经济发展后劲的保障，项目建设是加大投入的有效手段，通过抓项目建设，以增量带存量、以优化促转化，加快推动经济转型升级，推动阳谷更高层次的稳定增长和更可持续的全面发展。发改局始终把项目建设作为工作的重中之重来抓，精心谋划，强力推进。2016 年县发展和改革局重点围绕推动产业发展、促进产业优化升级、改善民生等领域，筛选出重点项目 47 个，完成投资 80.1 亿元，完成年度计划投资的 101.9%。其中 9 个市级重点项目全部开工建设，完成年度计划投资的 112%。已有山东华信塑胶新型节能门窗幕墙、凤祥食品益生菌饮品、森泉湿地和污水处理扩建等18个项目建成投产或部分试生产，电缆集团光纤预制棒、太平洋光纤光缆通信光纤、鲁西南医院工程等25个项目正在紧张施工中。以重点项目建设为抓手全力推动固定资产投资快速增长，全年完成固定资产投资322.53亿元，增长19.4%，总量及增幅均居全市首位。

【服务业管理】 加快服务业发展是调整经济结构，提升经济质量的重要举措。近年来，局机关始终把做大做强服务业摆在突出位置，强力推进，务求实效。全年完成服务业增加值100.54亿元，增长10.4%，增幅居全市首位。三产占比达到31.9%，同比提高1.5百分点。完成服务业投资93.6亿元，增长32.5%。完成服务业税收6.78亿元，占总税收比重达到42.5%，同比提高3.5个百分点。消费拉动能力进一步提升，实现社会消费品零售总额168.53亿元，增长12.6%。实施服务业重点项目11个，完成投资11.5亿元。争取服务业引导资金扶持项目2个，扶持资金200万元。加强服务业调研，制定了服务业重点企业2016年规范化公司制改制计划、提升服务质量专项计划。同时对阳谷县节能减排财政政策综合示范项目和重点物流项目进行调研，并形成汇报材料上报。

【项目资金争取】 2016年，发改局密切跟踪国家宏观调控政策和投资投向，加大重点产业、重大交通基础设施和民生社会事业项目谋划储备力度，积极加强向上沟通协调，项目资金争取工作取得新突破。累计争取上级扶持项目13个，各类无偿资金共计11811万元，其中中央预算内资金5247万元，省预算内投资6564万元。同时，高度重视国家专项建设基金的争取工作，谋划建立专项基金项目储备库，精准对接国家专项基金的投向，加快项目前期工作，努力提高项目的成熟度。经过积极争取，有2个项目获得国家专项建设基金支持，分别是华信塑胶有限公司柔性化生产、个性化定制新型节能门窗生产项目，项目总投资20.335亿元，争取到国家第二批专项建设基金技术改造类扶持资金2亿元，山东太平洋光纤光缆有限公司年产750万芯公里通信光纤项目，项目总投资2.01亿元，争取到国家第二批专项建设基金军民融合工程类扶持资金2000万元。另有鲁西南医院项目列为省重点建设项目，山东天盾矿用设备有限公司“聊城市工程实验室”和山东顺达纺织有限公司“聊城市涡流纺新产品工程实验室”2个项目被认定为市级工程实验室。上级项目资金注入，有效地拉动了阳谷县经济较快增长。

【全面深化改革】 扎实做好项目审批管理，深化行政审批制度改革，简化审批手续。2016年共受理项目273个，总投资165.3亿元，其中审批项目89个，核准项目18个，备案项目166个。稳妥开展公车改革，成立了车改工作领导小组，认真学习市公车改革相关文件精神，对阳谷县参加公车改革的单位进行摸底调研，收集汇总参改单位的人数及公务用车相关情况。在充分摸底调研的基础上，起草了阳谷县《公务用车制度改革实施方案》，共拍卖三个批次142辆公务用车，有效推进了阳谷县公务用车改革，降低了行政成本。

【推进产业扶贫】 为切实做好精准扶贫工作，发改局以项目建设为引擎，把高标准农田建设和精准扶贫有机结合起来，争取上级投资1350万元实施了新增千亿斤粮食工程。项目区位于金斗营镇，涉及6个省定贫困村，建设高产稳产粮田0.9万亩。共完成新打机井47眼、铺设PVC低压灌溉管道71418米、新建桥涵30座、安装变压器11台等。项目工程已全部完工，实现了路相通、渠相连、旱能灌、涝能排的规划目标，为精准扶贫打通了“最后一公里”，助推贫困村群众脱贫致富。

县物价局

【机构概况】 物价局始建于1982年1月，列正科级行政单位。1994年1月，机构改革改设为物价管理所，隶属于县工商行政管理局。1996年7月，恢复成立物价局。至2016年，局机关现有科室为：办公室、物价检查所、收费科、价格认证中心、信息中心、成本监审中心、价格调控科、财务科、人事科、狮子楼物价检查所、侨润物价检查所、博济物价检查所、基金办、督查室等十四个科室，有干部工作人员107人。

物价局是主管商品价格和收费的行政执法机关，其主要职责：进行价格和收费监督检查；管理行政事业性收费和经营服务性收费；制定和调整部分商品和服务价格；开展价格监测、成本调查；进行价格鉴证和认证；开展价格信息服务等服务性工作。

2016年，全局上下认真贯彻落实省市价格改革政策和县委、县政府各项决策部署，积极适应价格工作新常态，勇于担当、狠抓落实，各项工作均取得了新成绩。先后被县直机关工委评为县直机关“共产党员先锋岗”争创活动优秀组织奖，被县委县政府评为全县普法依法治理工作先进集体、全县先进基层党组织、全县党建工作先进单位、全县科学发展综合考核二等奖，被山东省物价局评为“全省价格认定信息宣传突出单位”，被国家发改委评为“全国价格宣传先进单位”，顺利通过“省级文明单位”复审。

【价格监督检查】 *攻坚克难，依法行政，价格监督检查工作成绩突出* 以教育、医疗卫生、涉农、涉企、民生等行业为重点积极开展价格监督检查。共检查单位100余个，依法处理违法违规案件57个，增加财政收入248.39万余元，有效地遏制了乱收费行为。同时，强化了12358价格举报工作机制，细化工作流程，注重工作落实，共受理价格举报、投诉、咨询52件，结案率和回复率均达到100%，化解了价格矛盾，维护了群众合法权益和社会稳定。

强化宣传，严格执法，市场价格秩序得到进一步规范 加强节假日期间市场价格监管，实行重要节假日市场价格应急值班制度，积极开展市场价格监管巡查工作，维护了节假日市场价格稳定；抓好日常价格监管，以农资、粮食购销、药品零售等行业为重点宣传检查门店1200多家，发放宣传材料3000多份，发放标价签3万余份，查处价格欺诈、商品促销及不按规定明码标价等违法案件1000余起，对稳定市场价格秩序起到了一定作用。

【收费管理】 *严格落实收费管理政策，事中事后监管工作进一步规范* 依据上级政策对15项行政事业性收费免征范围由小微企业扩大至所有企业和个人，减轻了企业负担，激发了市场活力；对2011年以来涉及全县的停征、免征、取消的收费项目、标准进行了全面清理，共清理涉及收费单位21个，取消收费项目30项，免征14项，暂停征收4项，对小微企业免征16项，中小学建设减免21项，降低4项。集中清理规范后对保留的行政事业性收费形成了阳谷县的收费目录清单，在政务门户网站上进行了公布；根据市局下放至阳谷县的6项价格收费政策以文件形式重新明确，做好了收费政策的衔接工作；对阳谷三中、阳谷二中公寓费执行情况进行事中调研，并上报市局；对阳谷县垃圾处理费、绿化补偿费进行了实地调研和成本监审，重新明确了收费标准；做好县直、乡镇70个单位收费统计工作，及时录入全国收费动态系统。

【价格服务工作】 *积极作为服务发展，价格改革工作取得新进展* 对县域污水处理费调整进展情况、面粉加工企业成本价格情况、城区供水、城市公交、农村道路客车运营情况等组织了专项调查，为上级价格决策提供了基础数据；按照下放管理的价格权限，承接制定了城区集中供暖、出租车客运、城乡自来水、工业供热等商品和服务的价格；完成了居民生活用天然气阶梯价格改革任务，结合成本监审情况调整了阳谷县非居民天然气价格、车用天然气价格，对新能源热电有限公司可再生能源上网电价进行了审核报批。

价格信息监测、价格政策宣传再创新佳绩 严格落实省、市价格监测和应急监测工作任务，全年上报各类价格监测报表、调研分析材料等600余份，为上级及时把握价格波动、实施价格决策提供了基础依据；价格政策宣传报道成绩显著。全年在各类报刊、杂志、网站等新闻媒体上发表信息材料426篇，编发《阳谷物价动态》15期，宣传了工作，推介了阳谷，传递了阳谷物价好声音。

价格服务能力进一步增强 价格认证职能有效发挥，共办理各类政府委托及涉案价格认定案件27件，标的额42.5万余元，无一例复议案件发生；成本监审工作更加科学、规范，完成了城乡供水成本、环卫垃圾处理费、县、乡幼儿园保育成本等成本监审工作。

【扶贫工作】 城乡共建、精准扶贫工作成绩显著。按县委县政府工作部署，对阎楼镇9个村76户实施了精准扶贫，开展帮扶活动50余次，走访、宣传、调研、落实政策200余人次，中秋节、春节为贫困户送去了鸡蛋、米、面、油，入冬前局干部职工献爱心为他们送去了棉衣棉被等，局党组积极争取10万余元配套资金为王振扬村新建了7间党员活动室，全部完成了贫困户危房改造计划。2016年，共有4个村14户实现脱贫，扎实有效地完成了精准扶贫任务，受到县委政府好评。

【学习教育】“两学一做”学习教育取得实效，干部职工作风建设持续深入。党建工作持续强化。以“两学一做”学习教育为契机，狠抓了党的思想建设、组织建设、作风建设、制度建设和廉政建设，确保了学习教育扎实有效，发挥了学习教育推动价格工作的实际作用。局机关先后被授予县直机关“共产党员先锋岗”争创活动优秀组织奖、全县先进基层党组织、全县党建工作先进单位、全县综合考核二等奖第6名，顺利通过了省级精神文明复核验收；工作作风持续好转。通过深入开展学习教育，干部职工的工作作风、服务水平、工作质量、工作效率又有了较大提升，工作中“门难进、脸难看、事难办”以及“松、懒、散”不作为现象得到有效制止，“吃、拿、卡、要”、办关系案、人情案等乱作为现象基本得到杜绝，半年、年终社会评议收到了良好的社会效果；大局观念和纪律意识、规矩意识持续增强。干部职工自觉维护工作大局、物价团队集体形象这根弦越绷越紧，政治敏锐性和鉴别力也有了大幅提高。

供稿人：葛芹生

县审计局

【机构概况】 2016年，审计局设办公室、财金科、行政事业科、经贸科、法规科、固定资产投资科、内审科、村级经济责任审计指导科8个科室及经济责任审计办公室（副科级全额事业单位）。共有工作人员45人，其中在职人员40人，在职人员中高级审计师1名，审计师10名、经济师1名、会计师2名、工程师1名。

全年共审计项目43个，查出主要问题金额6.25亿元，其中违规金额2581万元，管理不规范金额5.9亿元，为维护财经法纪、促进廉政建设发挥了积极作用。共提交审计工作报告、信息241篇，被省审计厅、市委、市政府政务网、市审计局等采用87篇。

继续保持了省级文明单位的荣誉。被县委、县政府授予2016年科学发展综合考核三等奖。

【预算执行审计】 深化预算执行审计。重点关注财政收入质量特别是税收征管质量、预算绩效管理、资金统筹使用、重大公共投资建设等情况，促进财政做大增量、盘活存量、优化结构、提高绩效，同时关注公务支出和公款消费情况，厉行节约，推动中央八项规定精神常态化、长效化落实。对财政局、国土局等7个预算单位进行了审计。查出部分预算收入未及时解缴入库2351万元、专项资金未及时拨付12045万元、税务机关未能征收税款1055万元、不合规发票列支费用34万元等问题。工作中沿着资金主线摸查到底，促进资金高效使用、发挥效益。并加强了对“三公”经费、会议费和楼堂馆所建设等方面的审计，促进了厉行节约的要求，也有利于规范管理。

【财政决算审计】 抓好乡镇（办事处）财政决算审计。在审计中，做到四个结合，即坚持与经济责任审计相结合，与涉农审计相结合，与效益审计相结合，与帮促服务相结合。以预算执行及决算的真实性完整性为基础，对财政决算、乡镇政府机关经费、涉农专项资金管理使用进行全面审计。重点检查执行国家财经法规情况，检查财政收支的真实性、合法性和效益性，关注专项资金使用效益，关注重点建设项目的效益。全年完成乡镇（办事处）财政决算审计项目9个，查出违规及管理不规范资金2791万元，揭露了扩大开支范围、不合规票据入账、虚列支出、未落实收支两条线和专户管理规定等问题，提出加强乡镇（办事处）财政财务管理、健全内控制度等建议16条。

【专项审计】 深入开展专项资金审计。开展了政策措施落实情况跟踪审计，工作中本着查问题促整改、提建议促提高、抓落实促发展的思路，围绕省厅、市局的安排及时调整工作目标和审计重点，严格按照审计工作方案开展审计和审计调查，发挥了经济发展的“助推器”作用，保障政策落地生根；完成了市审计局安排的三个专项资金审计任务。分别是精准扶贫政策落实情况专项审计调查、解决城镇普通中小学大班额问题专项审计、加快城市地下管线基础建设政策措施落实情况的跟踪审计。其中在精准扶贫专项审计中，查出少数工程项目未进行公开招投标，虚报贫困户名单等问题，共向县纪移送处理2起，涉及4人，分别受到党内警告、党内严重警告、留党察看一年、开除党籍处分。

【经济责任审计】 强化领导干部经济责任审计。工作中加大了任中经济责任审计力度，不断深化经济责任审计内容，规范审计程序。除对领导干部任职单位的财政财务收支、固定资产管理情况进行审计监督外，增加了对贯彻执行国家有关法律法规、履行本单位有关职责、重大经济事项决策及项目建设情况、有关内部管理制度的制定和执行情况等方面的审计内容。完成了1个离任，7个任中经济责任审计任务。审计查出主要违规违纪问题金额3032万元，被审计领导干部应负主管责任1823万元，领导责任1209万元，提出审计建议22条。促进领导干部理好财、用好权、尽好责，最大限度地发挥经济责任审计的作用。

【固定资产投资审计】 固定资产投资审计稳步推进。实施政府投资项目审计的全覆盖；积极推进审计模式转变，从事后监督推进向事前、事中动态监督；择优选用社会中介机构参与其中，弥补了审计局自身力量的不足。共完成黄河路道路绿化、南环路快慢车道工程等25个项目工程变更审计。工程合计造价9293万元，共审减了投资额713万元，审减率为7.68%，为建设单位节约了大量的资金。

【村级经济责任审计】 村级经济责任审计逐步开展。全县村级经济责任审计实现了“从无到有，从有到全”的过程。18个乡镇（街道办）于2016年年初全部成立了审计所，配备审计人员4～5名、提供了办公场所，购置了办公桌椅、档案橱、电脑等办公用品，为开展村级经济责任审计工作提供了的物质条件。我县先后出台了《阳谷县乡镇（街道）所属部门及村居干部任期经济责任审计办法》《阳谷审计局指导审计所开展村级经济责任工作管理办法》《审计所业务管理制度》等一系列文件。不仅为阳谷县开展村级经济责任审计提供制度保障，而且为审计所开展审计工作提供了标准和依据。县审计局采取科室分包指导、手把手教等方式指导审计所开展审计业务，由6个业务科室分包18个审计所，每个科室明确专人负责“一对一、手把手”指导工作。从下达审计通知书，到调查取证，从出具审计报告，到审计问题整改，每一个环节都做到专人指导，打造具有规范性的村级经济责任审计项目。还专门抽调3名审计业务能手，成立村级经济责任审计指导办公室，具体负责督导村级经济责任审计工作。全年共安排村级经济责任审计项目102个，实际完成107个，审计总金额9418.07万元，为阳谷县增收节支5.15万元，管理不规范金额830.85万元，促进建立健全村务管理制度11项，移送移交纪检部门26人，移交组织部门5人，警示谈话24人，撤销党内职务3人，党内警告7人、党内严重警告3人，公开检讨1人，有62个村委会被通报批评。有效推动了乡镇（街道）工作的开展，在化解基层矛盾、消除信访案件以及规范村级财务管理等方面发挥了积极作用，推进了全面从严治党向基层延伸。

【审计质量】 狠抓审计质量。注重业务操作。从审计计划和审计方案的制定到审计实施、审计报告征求意见、报告转发、责任追究等层层把关，强化审计质量项目控制，不断规范审计业务操作；注重业务管理。特别是在优秀项目安排上，打破科室界线，根据审计项目实行中青搭配、新老搭配、强强组合，对审计项目实行限时完结制，将考核指标量化到个人，提高了审计工作效率，为优秀项目的顺利完成打下了良好的基础；注重审计成果利用。对审完的项目，及时进行归纳总结，找出共性问题，分析问题发生的原因，提出相关审计建议，并以审计简报的形式及时上报给县领导，为县领导决策提供服务。

【廉政建设】 高度重视廉政建设。加强党内监督。落实民主集中制，严格执行民主生活会、组织生活会、述职述廉、民主评议、“三重一大”事项集体决策、重大事项报告制度，如党组成员对重大决策、人事任免、审计项目的处理处罚，都坚持局长办公会和审计业务办公会集体决策，从不为被审计单位说情，干预审计业务，大胆放手让审计组查深查透，局党组成员认真履行“一岗双责”的双重责任，在日常工作和生活中带头严格遵守党的纪律和规矩，确保党内监督落到实处；强化社会监督。实行党务政务公开，在办公楼二楼设置公开栏及意见箱，公开审计纪律、廉政规定、投诉举报电话、邮箱等，自觉接受监督。还采取走出去访谈、请进来座谈、寄送意见函等多种形式，拓宽意见反馈渠道，广泛征求社会各界的意见和建议；建立健全风险防控体系。加强审计现场廉政监督、强化一线防控，严格执行审计“八不准”工作纪律，在审计组设立廉政监督员，全面实行审计前公示、审中提示、审后回访制度，通过跟班督察、巡回检查、回访调查等形式，拓宽对审计组廉政监督的渠道，建立了全方位、多层次、多角度的监督制约机制。同时还认真抓好思想道德的培养，做到教育、管理、监督并重，认真落实“公民道德规范”，采取定期与不定期的形式，开展谈心活动，科室之间相互协调、团结友爱、爱岗敬业的氛围进一步浓厚，在各项工作中都能做到秉公执法、文明审计、诚实守信，近年来，从未发生违纪违规现象，保持了良好的审计形象。

【省级文明单位创建】 积极开展省级文明单位创建活动。推进学习型机关建设。坚持“送出去”与“请进来”相结合，使审计干部接触和吸纳最新的知识，开阔视野，拓展思维。继续开展“审计大讲堂”，每月最后一次点名时间定为业务培训日，由科长以上业务骨干轮流登台讲课，结合审计工作实际对重点业务知识进行详细授课，对工作中难点问题进行解疑释惑，切实提高了审计人员的业务素质和履职尽责的能力；开展道德讲堂活动。把党的知识、国学知识、读书活动贯穿其中，使道德讲堂成为审计干部精神需求、修身养德的重要场所。采取以身边人讲身边事、身边人讲自己事、身边事教身边人等形式，以身边人和事教育引导干部职工，扩大先进典型的影响，在全局形成了树典型、学先进、做贡献的浓厚氛围；设置了“审计文化阅览室”。至2016年，共有藏书400余册，涵盖了审计业务、经济、政治、文学、历史等多个类别，配备了专用书架、阅览桌和办公桌椅等硬件设施，建立了图书管理、登记、借阅等制度。通过采取读书会、心得交流、好书推荐等形式，盘活审计文化阅览室的资源，使之成为审计人员乐意前来学习求知、会友交流的文化乐园；积极开展创先争优活动。为了充分调动干部职工的积极性，营造争先进位的工作氛围，先后开展了“文明科室”“文明家庭”“先进个人”“业务标兵”等评先树优活动，激发了干部职工争先恐后干工作的热情，工作质量和效率得到提高，自觉遵守文明的风气更加浓厚。同时在局党支部开展了“争创共产党员先锋岗活动”，通过这项活动，全体党员普遍出现了“三多三少”的良好局面：爱岗敬业乐于奉献的人多了，满足现状混日子的人少了，作风严谨遵规守纪的人多了，自由散漫违犯纪律的人少了，群众表扬赞誉的多了，审计对象有意见的少了，共产党员的先锋模范作用明显得到增强；做好了结对帮扶工作。与帮扶村村两委制定长期的帮扶计划和具体帮扶措施，努力增强帮扶村的自我发展和自我致富能力，推动帮扶村生产生活水平稳步持续提高。采取“一帮一”“多帮一”的帮扶模式，与困难群众结成帮扶对子，送去致富政策信息，为贫困户送去慰问金和生活用品；积极参与、开展各项文体活动。积极参与全县范围的“金水湖徒步活动”“健身操比赛”“党建知识竞赛”“演讲比赛”等文体活动，展示了审计人员蓬勃的精神风貌，带动了局其他干部职工积极参与各项文体活动。在局内部举办文化体育周活动，开展乒乓球、羽毛球、书法、摄影和“我为审计添光彩”主题演讲比赛等活动丰富干部职工的精神生活，着力增强自觉参与意识和团队凝聚意识；积极开展公益活动。参加了由县妇联组织的“大手牵小手”巾帼志愿服务系列活动，为贫困儿童送去书包、书籍等，与孩子们一起观看励志电影、共进午餐，使孩子们度过一个健康快乐而有意义的节日。通过活动不仅让贫困儿童感受到了社会大家庭的温暖，激励他们学习、上进，也让参与活动的志愿者思想得到升华，更加深刻的体会到做好精准扶贫工作任重道远。还到振华社区开展义务卫生清扫、关爱空巢老年人、绿色环保宣传、文明行车劝导等志愿者服务活动，积极开展“慈心一日捐”和关爱孤残儿童捐助活动，捐助资金1万余元，传递了人与人之间的关爱，促进了社会和谐；利用QQ、微信、微博等网络流行的社交工具，发送健康生活、道德守礼、文明新风、好人线索等相关信息400余条，为社会增添了正能量；扎实开展“两学一做”活动。采取了多种学习形式，如党组成员充分发挥示范引领作用，坚持以上率下学，对照“四讲四有”合格党员标准，深挖细查思想、工作、作风中存在的问题。在找准问题的基础上，制定整改措施，防止浅尝辄止。并按照省审计厅“弘扬审计精神 传承红色基因”主题活动的安排，于2016年7月1日前夕组织全体干部职工参观了山东抗日根据地审计展馆，并现场重温了入党誓词。通过参观，大家亲身了解了山东根据地审计事业的峥嵘历史，学习了审计先辈们艰苦奋斗的精神，纷纷表示要向革命前辈学习，勇于奉献，不怕吃苦，发扬老审计人的优良传统，为推动审计事业的发展贡献自己的力量。

县统计局

【机构概况】 阳谷县统计局是县政府组成部门之一，其主要职能是组织、协调、领导全县统计及调查工作，监督统计法律、法规的实施，对国民经济和社会发展情况进行统计分析、提供统计咨询意见、实行统计监督，实施大型普查任务。

2010年，根据《中共阳谷县委 阳谷县人民政府关于阳谷县人民政府机构改革的实施意见》（阳发〔2010〕51号）精神，保留阳谷县统计局，为县政府组成部门之一，下设3个职能科室：办公室、业务科、政策法规科。阳谷县统计局机关行政编制9名，工勤人员编制1名。配备局长1名，副局长3名。阳谷县综合社会经济调查队，为县统计局下属副科级财政全额拨款事业单位，事业编制8人。2016年底，在职干部职工19人，离岗待退2人，退休干部8人。

【统计管理体制及统计方法改革】 *统计管理体制* 《中华人民共和国统计法》第三条规定：国家建立集中统一的统计系统，实行统一领导、分级负责的统计管理体制。

重大国情国力普查由国务院统一领导，国务院和地方人民政府组织统计机构和有关部门共同实施。2016年开展了全国第三次农业普查。

统计方法制度改革 县统计局设有工业、能源、农业、“三新”统计、规下工业调查、基本单位、劳动工资、贸易业、核算综合、投资、建筑、房地产、科技等14个统计专业。2016年底，全县有304家规模以上工业企业、50家限额以上贸易企业、18家资质以上建筑企

业、29 家房地产开发企业、42 家重点服务业企业。

2016 年，新增加“三新统计”（新产业、新业态、新商业模式）；GDP 核算制度改革稳步推进，更加注重财政收入、税收、用电量、客货运周转量、居民收入、价格指数等相关指标在核算中的应用。投资改革统计走向深入，新增加固定资产投资、财政支出报表，实行法人单位和投资项目双入库；服务业统计改革扎实开展，实施重点服务业企业月度统计调查；能源统计改革不断深化，推进能源核算由消费端向供应端平稳过渡，实现网上直报与电力部门数据口径协调一致。

【统计服务】 针对县域经济发展的需要，围绕“五大发展理念”、全面建成小康社会、供给侧结构性改革、“三去一降一补”“三新发展”、新型城镇化、精准扶贫、战略性新兴产业等重大战略和重点领域，深入开展有针对性的专题调查和分析研究。发表了《我县全面小康进程加快》《加快我县城镇化建设的几点建议》《民间投资趋势分析》等一大批统计精品；发布了《2016 年阳谷县国民经济和社会发展统计公报》；整理编印《阳谷统计月报》。收集整理印刷《统计信息卡片》《国民经济主要指标》《阳谷统计年鉴》等资料；加大统计分析、统计信息、呈阅件撰写力度，至 2016 年底，完成统计信息 64 篇、统计分析 41 篇、呈阅件 5 篇。

【统计法制】 围绕每年 12 月的“统计法颁布日”“12•4”全国法制宣传日等重要宣传节点，组织开展以宪法为核心、以统计法为主要内容的法制宣传教育活动。向全县各企、事业单位发放《统计法律事务告知书》和《致全县“四上”企业领导的一封信》（规模以上工业、限额以上贸易业、资质以内建筑房地产业、重点服务业）。2016 年，开展了以农业普查为主的统计法制宣传，在宣传教育的基础上加大统计执法力度。全县全年共有 36 名统计执法人员，共检查 55 个单位，处理结案 2 起。

【农业普查】 2016 年，开展了全国第三次农业普查。普查对象是县域内的农业经营户、农业经营单位、村（居）委会、乡镇（街道）；遥感测量农作物地块及相关的土地要素。普查的内容主要有：农业从业者情况、土地流转情况、农业新型经营主体、农业现代化进展情况、农业生产能力和结构情况、粮食生产安全情况、农民生活状况、贫困户情况、农作物种植空间分布情况。普查组织原则是“全国统一领导、部门分工协作、地方各级负责、各方共同参与”，县政府于 2015 年 11 月成立了由 20 个部门组成的《阳谷县第三次农业普查领导小组》，组长先后由副县长王守良、王霞担任，张祥伟兼任领导小组办公室主任。全县将农业普查划分为：普查区、小区划分，选聘普查员、普查指导员，培训普查员、指导员，清查摸底，初步汇总，PDA 培训、PDA 现场录入，审核纠错、质量验收等若干阶段，一阶段一培训一总结。

普查时点为 2016 年 12 月 31 日 24 时，普查时期为 2016 年 1 月 1 日～ 12 月 31 日。初步汇总结果为：全县共普查农户 18.36 万户，农业规模户 1906 户，农业生产经营单位 1288 家，村（居）委会 874 家，乡镇（街道）18 家，选聘普查员 1969 名，指导员 874 名。

【人口抽样调查】 根据《全国 1‰人口抽样调查方案》和《山东省 1%人口抽样调查方案》，按照国家、省、市安排，阳谷县精心组织、周密安排，从前期准备、中期实施和后期总结上狠抓工作落实。2016 年度 1‰人口抽样共调查 2 个小区、210 户；省 1%人口抽样共调查45个小区、2888户，覆盖人口8041人，其中男性4141人、女性3900人，对于摸清县域人口数量、素质、结构、分布，以及居住等方面的变化情况，提供科学准确的统计信息支持。

【廉政巡查】 2016年4月27日至2016年5月31日，县纪委第五巡查组对县统计局开展了为期一个月的党内廉政建设巡查。县统计局汇报了整体工作情况，领导班子成员逐一作了述责述廉报告，巡查组与全体工作人员及6家企业代表一一座谈，填写民主测评表和调查问卷。5月30日向县统计局反馈巡查意见，县统计局成立了整改落实领导小组，制订了整改方案，对三年来存在的19个问题进行了整改。

国家统计局阳谷调查队

【机构概况】 国家统计局阳谷调查队坐落在阳谷县振兴路11号县政府办公楼一楼，始建于1984年8月，为中央属全额事业单位，编制7人。2007年6月，在原阳谷县农村社会经济调查队的基础上，设立国家统计局阳谷调查队，由国家统计局山东调查总队垂直管理。阳谷调查队既是上级的垂直部门，又是地方政府统计调查机构，依法、独立行使调查权、监督权、执法权，直接向国家统计局山东调查总队上报调查结果，其主要职能是：完成国家统计局安排的各项调查工作，接受地方政府交办的调查任务，协同地方政府统计局开展重大的国情国力普查，接受各部门的委托调查，按照省、市、县要求进行专题调查和一次性调查。阳谷调查队下设：综合科、农村调查科，产业调查科。2016年，阳谷调查队，在年度考核评比中，办公室工作、综合工作等四项工作获得优秀，人事教育工作和财务管理等八项工作获得良好。

【调查业务】 调查主要业务分为：城乡一体化住户调查、农民工监测调查、农作物对地调查、主要畜禽监测调查、月度劳动力调查、农产品生产者价格调查、主要农产品中间消耗调查、规模以下服务业调查、新设立小微企业跟踪调查、批发零售住宿餐饮行业抽样调查等专业调查。各项调查任务以抽样调查为主，调查网点分布在阳谷县18个乡（镇）、办事处的社区和村庄，调查结果直接上报国家统计局山东调查总队。阳谷调查队自2013年以来承担阳谷县粮食、城乡居民收入的调查与法定数据公布和管理工作。

【统计方法改革】 近年来，先进科技手段不断应用于统计调查领域，使农产品生产者价格调查、主要畜禽监测、服务业各项调查实现了联网直报，2016年，购买无人机一架，图形工作站一台，一人参加参加无人机驾驶培训并通过考试，取得驾驶证，农作物对地调查实现了无人机遥感测量。

国家统计局阳谷调查队测试无人机

【调查项目】 城乡一体化住户调查　对5个

城镇社区、10个农村调查点进行现金和实物收支情况、住户成员及劳动力从业情况、居民家庭食品和能源消费情况、住房和耐用消费品拥有情况、家庭经营和生产投资情况以及调查点（社区）基本情况、及其他民生状况等，采取记账、问卷方式开展抽样调查。以全面、准确、及时了解城乡居民收入、消费及其他生活状况，客观监测居民收入分配格局和不同收入层次居民的生活质量，数据将作为全县城乡居民收入的法定数据。

农民工监测调查 对100户农村住户成员基本情况、农村劳动力基本情况、外出从业人员及本地非农务工人员工作条件、收支状况、生活情况和社会保障情况、农村劳动力非农自营和创业情况、农民工子女教育情况以及10个调查小区人口、劳动力、举家外出情况采取问卷调查方式开展抽样调查，以把握农民工发展变化情况，为制定科学的农民工政策、加强和改善农民工工作提供科学依据。

农作物对地调查 抽取9个乡（镇）、办事处的20个村作为样本村，调查内容主要有：农作物的种植意向调查、实际播种面积调查和产量调查。对主要粮食作物抽中地块的播种面积进行实地调查，单位面积产量采用实割实测取得，粮食产量抽样调查结果，经国家统计局核准后，为阳谷县粮食产量的法定

国家统计局阳谷调查队召开县级粮食产量调查现场会培训会

数据，并作为国家和省有关项目安排、财政奖励和补助政策执行的主要依据。

第三次农业普查农作物面积遥感测量 农作物面积遥感测量不仅是第三次农业普查的重要组成部分，而且对传统调查方法的重大变革。在农作物种植面积普查中应用遥感技术，采用天、地、空三位一体全方位调查的方式进行，为准确、快速获取农作物种植面积打下了很好的基础。2016年，阳谷调查队统筹谋划、攻坚克难，保质保量按时完成了农作物面积遥感测量外业调查工作。

主要畜禽监测调查 主要开展猪、牛、羊、禽等存栏、出栏、产品产量及出售价格等情况调查，是加强畜牧业生产信息的分析和预警，为国家制定畜牧产业政策和措施，促进畜牧产业健康发展，推动社会主义新农村建设和现代农业发展的一项重要调查。

国家统计局阳谷调查队人员入户调查

月度劳动力调查 在阳谷县12个调查网点，通过使用手持电子终端（PDA）进行样本管理、任务分配和数据采集，并由调查员利用PDA通过联网直报平台将调查数据直接报送到国家统计局，为及时、准确地反映城乡劳动力资源、就业和失业人口的总量、结构和分布情况，为政府准确判断就业形势，制定和调整就业政策，改善宏观调控，加强就业服务提供依据。

农产品生产者价格调查 农产品生产者

价格调查涉及阳谷县8个乡镇，7个行政村，2个生产单位，共有16个调查样本。通过记账的方式全面收集农产品生产者价格资料，客观反映农产品生产者价格水平和结构变动情况，为各级政府制定农业保护与农产品流通政策提供决策依据。

主要农产品中间消耗调查　主要农产品中间消耗调查涉及全县3个乡镇，3个行政村，6个调查样本。主要调查小麦、玉米和畜产品的各种物质投入、产品产量，从中计算出生产效益。

服务业小微企业调查　在县内抽取部分年末从业人员50人以下，或年营业收入1000万元以下的服务业行业法人单位进行抽样调查，调查企业的基本情况，经营状况、经营环境、遇到的困难及建议等，为反映山东服务业小微企业的经营状况、经营环境，为政府宏观经济政策提供参考依据。

【档案管理】　为确保档案资料的延续性和实用性，阳谷调查队对建队以来的所有资料进行统一归档，统一编号，对以往文件书籍、住户、产量等调查材料，财务凭证、帐薄、照片等资料分类整理建档。至2016年底，形成案卷资料1844件，其中永久案卷1069件、长期案卷332件，短期案卷443件。随着电子文件的产生，阳谷调查队实行归档纸质文件和电子文件同步整理，充分发挥数字档案管理软件和计算机在档案管理工作中的作用，建立了电子档案，方便档案调阅，实现了文书档案、会计档案、声像档案、设备档案、实物档案、业务档案集中保管，统一管理，极大地提高了工作效率，实现了档案管理工作的规范化。

【精神文明】　阳谷调查队以创建文明机关为载体，积极强化团结奋进、创业奉献、促进发展的工作理念，促进了政治文明和精神文明建设的全面发展，形成了精神文明与业务工作相互促进，和谐并进的局面，连续五年被评为“市级文明机关”。2014～2015年连续两年被评为“市级文明单位”，2016年被评为“省级文明单位”。

国家统计局阳谷调查队召开民主生活会

县国土资源局

【机构概况】　全局共有在职干部职工211人，机关编制16人，事业编制190人。内设办公室、财务科、人事科、监察信访科、规划科、耕地保护科、地籍管理科、土地利用科，集体土地管理科、不动产登记中心、矿产测绘执法队、信息中心、考核办、测绘科、政策法规科、矿产管理科、行政服务中心窗口、档案室、经营科、储备科、计生办、局服务中心、供地办公室、供地办公室企业供地科、供地办公室存量供地科、妇联、青年团支部27个科室；设纪检组与机关党支部2个。下设狮子楼国土所、博济桥国土所、侨润国土所、西湖高庙王国土所、李台金斗营国土所、寿张国土所、张秋十五里元国土所、阿城国土所、安镇七级国土所、闫楼国土所、石佛郭屯国土所、大布定水国土所、开发区国土所、县地租征收办公室、县土地开发整理中心、县土地交易所、县地价评估所、阳谷县土地储备中心、县地质矿产办、阳谷县地理信息中心、县监察执法大队 23 个事业单位。

2016 年，阳谷县国土资源局紧紧围绕服务全县经济建设这一中心，始终坚持节约优先、保护优先，切实强化保护耕地红线意识和用地监管，积极对外拓展，向内挖潜，为县域经济的发展提供了有力保障，被评选为“全国国土资源节约集约模范县”，被聊城市委、市政府评为“市级文明单位”。

【土地资源】 阳谷县位于聊城市南部，黄河过境，南与河南省接壤，全县总面积 1065.73 公顷，其中农用地 86144.24 公顷（耕地 72292.52 公顷，园地 373.53 公顷，林地 5925.39 公顷），建设用地 18921.69 公顷，未利用土地面积 1506.78 公顷。人均土地面积 0.14 公顷。

【土地规划】 2016 年，全年争取计划指标 1459.81 亩，国家节约集约模范县奖励指标 500 亩，挖潜增减挂钩指标 143.95 亩，共计 2103 亩。通过规划的龙头引领，指标的合理分配，有力支撑了全县经济民生稳定发展。山东金蔡伦纸业、阳谷第三中学、阳谷电缆集团光纤预制棒等一系列经济民生项目顺利落地。在土地利用总体规划调整完善工作中，建设用地规模 28.95 亩，比原规模增加 4915.37 亩，对几个重点区域进行分别调整：对市重点项目进行安排调整；对城市周边范围进行调整；对祥光生态工业园区进行调整；对光电产业园进行调整；对乡镇的宅基地及民生项目进行调整。保障了 2016 年后至少五年内的经济、民生发展空间。

【耕地保护】 2016 年，市政府分配给阳谷县的耕地保有量为 108 万亩，实际完成 108.4 万亩，全县基本农田保护面积稳控在 97 万亩，比市政府下达给阳谷县基本农田保护指标多出 1475 亩。确保了市政府下达的耕地保有量不减少，基本农田面积保持稳定。完成未利用土地开发项目建设规模 523 亩，新增耕地 507 亩；完成高标准基本农田建设，新建基本农田 29.27 万亩，全县耕地质量得到进一步提高。根据国土资源部及省、市有关文件精神，全县永久基本农田划定工作与土地利用总体规划调整完善工作同步开展。下达阳谷县的永久基本农田保护目标任务 93.8976 万亩，较原规划的 96.9640 万亩减少了 3.0664 万亩，在总量上分析，基本农田保护压力减小，发展空间有所拓宽。

【建设用地管理与土地供应】 2016 年，阳谷县规范征地程序，严格落实征地预存款制度，年度内年共上报建设用地报件 9 批次、3 个单选项目，总面积 6247 亩。招拍挂让供应土地 59 宗 2459 亩，土地出让价款 7.1 亿元，其中工业用地共计 31 宗，面积 1682 亩，商服用地共计 28 宗，面积 777 亩；划拨国有土地使用权 4 宗，面积 115 亩。保障教育改薄、养老等民生用地 562 亩。

【节约集约模范县创建】 2016 年，根据省厅省级考核结果，在两届省级模范县的基础上，按照优中选优，推荐阳谷县参评第三届模范县第二次评选。阳谷县加强组织领导，以创建活动为平台，构建起“党委领导、政府负责、部门协同、上下联动、公众参与”的共同责任机制，通过开设电视专栏、拍摄微电影《土地情》等形式，使节约集约理念深入人心。通过激烈角逐，阳谷县在评选的 19 个县（市、区）中脱颖而出，6 月 27 日，第三届国土资源节约集约模范县（市）表彰会在北京举行，阳谷县被授予全国国土资源节约集约模范县荣誉称号。

【地籍管理】 2016年，地籍管理工作主要完成了2015年度土地变更调查项目，并通过了济南督察局、省厅、市局的多次督导检查。在2016年度土地变更调查项目中经过外业核查将数据库报送至省厅。对全县耕地后备资源进行了调查评价，查清阳谷县后备资源总计522.66公顷，其中可开垦土地为170.41公顷，可复垦土地为352.25公顷。

【不动产登记发证】 2015年11月29日，阳谷县正式成立不动产登记中心，整合了国土、林业、房管等几个部门的有关产权登记的职能，划转人员46人，主要负责指导监督全县土地、房屋、林地等不动产登记工作。于9月20日在阳谷县政务网发布了土地、房产、林业证书停发公告，并颁发了阳谷县的第一本不动产权证书。至年底共办理不动产权证书4800余宗。

【矿产资源管理】 矿产管理工作有序开展，投资预算60万元，完成了县内高氟水调查工作。系统收集了本区基础地质、水文地质、环境地质、水土样分析测试等报告，取得了地层、构造、主要含水层、环境地质问题等大量地质资料，为系统而全面的了解工作区地质条件及本项目开展打下了良好基础。开展了专项水文地质调查和专项环境地质调查工作，基本查明了工作区的主要环境地质问题。还完成了多个县重点项目矿产压覆备案的工作，包括赵王河水库和南水北调水库等项目。

【测绘管理】 完成城区基础地理信息数据采集建库项目及专家验收，数据与市时空信息云平台对接，实现信息数据开放共享。配合市局完成“十三五”基础测绘规划的编制，并按时完成测绘地理信息各种统计数据及报表的填报工作。顺利通过城区42平方公里基础地理信息数据采集建库项目专家验收，并在11月份与市智慧城市时空信息云平台完成对接。

【执法监察】 2016年，阳谷局加大执法监察力度，努力探索执法新机制，采取“一米红线”和责任倒逼机制等措施，全县违法比率明显下降。2015年度卫片图斑中，阳谷县违法占地面积占新增建设用地总面积0.04%，违法耕地面积占新增建设用地耕地面积0.01%。去年按照卫片图斑排名，对国土所长进行了岗位调整。特别提及的是，无论违法占地的查处还是大窑的管理工作，阳谷局在2016年的执法力度都是空前的，尤其是矿产执法队工作人员表现出不畏难、敢碰硬的精神风貌。

【队伍建设】 2016年，阳谷县国土资源局扎实开展“两学一做”专题教育，学习教育，始终把理论学习作为党支部的一项重要工作，坚持以马克思列宁主义、毛泽东思想、邓小平理论和“三个代表”重要思想、科学发展观、习近平总书记重要系列讲话和党的路线、方针、政策、基本理论、基本知识以及上级党组织布置的学习任务为主要内容，制定学习方案、实施意见和学习计划。定于每周五下午至少进行两个小时的学习，通过学习，每名党员撰写学习笔记3万余字，书写心得体会10余篇。局领导班子召开中心组学习、专题研讨、民主生活会24次，共组织参观、学习10余次，近600余人次参加。积极组织“为困难党员献爱心”捐款活动。局全体党员踊跃捐款，仅用了一个小时就募集资金达3万余元。严格执行党风廉政建设准则，将党风廉政建设纳入目标考核，与业务工作同部署，同落实。建立职工之家、荣誉室、阅览室、乒乓球室和羽毛球场地等多种文体设施，充分发挥工青妇组织作用，积极组织干部职工参加文体活动。

供稿人：吴占坤　陈　琳

县市场监督管理局

【机构概况】 阳谷县市场监督管理局成立于2015年。2014年12月30日，根据《关于阳谷县人民政府职能转变和机构改革的实施意见》（阳编发〔2014〕17号）文件，由县质监局、县工商局整合组建县市场监督管理局，为县政府工作部门。不再保留县质监局、县工商局。2015年6月，县人民政府办公室下发了《关于印发阳谷县市场监督管理局主要职责内设机构和人员编制规定的通知》（阳政办发〔2015〕10号）文件。至2016年底，共有在职工作人员222人。共设9个科室：办公室、人事科、财务装备科、监督与法制科、质量管理认证科（挂标准计量科牌子）、市场合同管理科（挂市场规范管理科牌子）、商标广告管理科、消费者权益保护科（挂12315、12365投诉举报指挥中心牌子）、特种设备安全监察科，下辖企业注册局、公平交易局2个副科级行政单位，稽查队1个副科级事业单位，县计量检测中心、县消费者协会办公室、县个体私营企业协会办公室、县市场监管事务咨询代理服务中心4个股级事业单位，设置18个基层市场监督管理所。

【质量强县】 制定了《阳谷县质量强县2016年行动计划》《阳谷县质量强县工作联席会议制度》等，按照项目化管理模式，将各项工作的目标任务、完成时限和具体要求全部细化到各有关部门，纳入全县科学发展综合考核。

实施标准化战略。鼓励企业参与国际国内标准的制修订，促进企业核心技术转化为标准，走“技术专利化、专利标准化、标准国际化”的路子。在电线电缆行业，以申报“全国知名品牌创建示范区”为契机，提升线缆企业质量标准创新能力；在振动软管、汽车坐垫等行业，充分发挥企业联盟标准的作用，帮扶完善标准体系，培育在标准领域的“领跑者”，打造能带领行业发展的龙头企业。祥光铜业、华泰化工、金蔡伦纸业、东信塑胶、太平洋橡缆等多家企业参与制（修）订了国家和行业标准，有力提高了行业话语权。10月份，阳谷县的景阳冈良种猪繁育养殖场通过国家第八批农业标准化综合示范区项目验收。

挖掘质量强县新亮点。组织人员深入企业开展调研，了解企业经营状况，通过横向、纵向对比，总结提炼山东贵和生物科技有限公司、山东天盾矿用设备有限公司、山东德海友利带业有限公司等企业“逆势增长”的质量管理、技术创新等方面的特点。通过召开企业座谈会，推广质量管理先进经验，指导全县优势产业发展和整体质量水平提升。

【注册登记】 推进企业注册登记制度改革，加快政府职能转变，巩固和扩大“三证合一”改革成果。发挥牵头作用，加强部门间的信息即时沟通，细化配套措施，完善工作机制，落实各项工作保障，确保改革后登记的高质量高效率。2016年，全县新登记各类企业1230户，新登记个体工商户4238户，全县各类市场主体达36067户。

推进“先照后证”改革。2016年6月24日，国家工商总局发布关于调整工商登记前置审批事项目录的通知，将工商登记前置审批压缩至64项，除法律明确规定和国务院保留的登记前置审批事项，其他一律不再提供前置审批手续，可以直接办理营业执照。加强事中事后监管，营造公平竞争的市场环境。落实好“谁审批、谁监管，谁主管、谁监管”的要求，积极探索事中事后监管新机制，以企业信用监管为核心，强化企业信息公示、信息共享、联合惩戒，加强市场监管，维护市场秩序。

【品牌战略】 强化区域品牌创建。结合阳谷电线电缆产业发展，开展全国知名品牌创建示范区申报工作，取得阶段性成效。12 月份，阳谷县的全国特种光电线缆产业知名品牌创建示范区获得国家质检总局批筹。

强化企业品牌培育。制定品牌建设梯次培育计划，建立驰名、著名商标创建指导服务点，召开全县名牌争创工作座谈会，有计划地组织开展争创工作。2016 年，全县申请注册商标 642 件，注册 442 件，有效注册量 3011 件，居全市前列，山东东信塑胶有限公司的一体化污水处理装置荣获山东名牌产品，金蔡伦公司、东大食品公司获得山东省著名商标。

强化品牌技术支撑。5 月份，成立了山东国缆检验检测技术中心，与中国质量认证中心青岛分中心、上海电缆研究所、安徽芜湖特种电缆国检中心建立了技术业务合作关系，努力打造高标准的光电线缆技术分析、技术实验、技术研发、技术交流平台，为我县光电线缆产品的技术提升、品牌争创、质量检测提供强有力的技术支撑。

【监管执法】 围绕民生、民情和健康安全确定监管重点，着力对社会反映强烈、消费者投诉较多的产品开展专项打假，严厉打击假冒名牌产品等违法行为，保护品牌的合法权益。结合阳谷县产业特点，召开了全县电线电缆生产企业产品质量分析会、农资企业产品质量分析工作会，开展了农资打假质检利剑、电线电缆、钎具、塑料管材监督抽查等活动，开展电线电缆、钎具、塑料管材专项抽检 90 余个批次，首次印发了《阳谷县工业产品质量监督抽查情况分析报告》，为准确掌握全县重点产业的质量水平奠定基础，为政府决策提供质量数据。

突出涉及国计民生的重点商品，强化流通领域商品质量监管，继续开展“红盾质量维权行动”，以消费安全密切相关的商品为重点，全面开展质量维权活动。加大对网购七日无理由退货、售后维修等服务领域侵权行为的打击力度，切实做好服务领域消费维权工作。严格执行新《中华人民共和国广告法》，对重点行业、地区、媒体和广告经营者加强监管，持续打击和遏制虚假违法广告的势头。

【计量管理】 加大资金投入，检测能力得到提升。开展加油机、夏粮收购用计量器具、医疗用计量器具等专项检定工作，共检定各种计量器具 6570 台（套），进一步规范了公平交易、诚信经营的市场经济秩序。围绕民生计量，多次组织检定人员免费为群众的血压计（表）和人体秤进行检测，巩固了计量惠民成果。

【特种设备安全监察】 7 月份，召开了全县特种设备安全工作会议，督促企业落实主体责任，保持了特种设备安全平稳的生产态势。积极开展“安全生产月”宣传活动，在县医院、鲁西化工第五化肥有限公司开展了两次救援应急演练。推行特种设备“网格化”管理，在元旦、春节、中秋、国庆等敏感节日期间，深入开展安全专项检查、电梯及起重机械等特种设备进行专项整治，共巡查特种设备使用单位 80 余家，发现并及时消除一般安全隐患 150 余处。

撰稿人：王广栋

县检验检测中心

【机构概况】 阳谷县检验检测中心是依据阳谷县人民政府《关于改革完善食品药品工商质监管理体制的实施意见》(阳政发〔2014〕11号)文件于2014年4月成立的，为县政府直属正科级全额事业单位，核定编制20人，现实有7人，其中中级职称以上2人。

【机构职责】 主要承担全县食品药品、保健食品、化妆品及部分工业品的检验检测工作；拟定食品、药品抽验计划；承担辖区内食品、药品生产经营使用单位的监督检验及相关业务技术人员的培训工作。

【业务开展】 2015年，检测中心结合阳谷县食品生产企业实际，筛选检测项目，改建实验室，购买必要的仪器设备，申报了食品实验室计量认证。2016年元月，省质监局委派专家组对县检测中心实验室进行了现场评审，通过了食品55个产品，757个参数，药品37个项目的检验资质。并于2016年4月正式取得检验检测机构资质认定证书，成为聊城市首家取得资质认定的县级检验检测机构。至2016年12月，共完成各类药品检品84批并出具检验报告，完成食品检品150批并出具检测报告。

县食品药品监督管理局

【机构概况】 阳谷县食品药品监督管理局(阳谷县食品安全委员会办公室)为县政府工作部门，负责对生产、流通、消费环节的食品安全和药品的安全性、有效性实施统一监督管理，承担着县食品安全委员会的具体工作；内设办公室、食品安全综合协调科(挂宣传和应急管理科牌子)、人事科、规划财务科、政策法规科(挂行政许可科牌子)、食品生产监管科、食品流通监管科、餐饮服务食品监管科、保健食品化妆品监管科、药品监管科、医疗器械监管科等11个职能科室；下设食品药品稽查大队，属副科级事业单位；保留药品不良反应监测办公室；在全县18个乡镇(街道)分别设立食品药品监督管理所，为县局派出机构，承担辖区内食品药品监管职能。2016年底，全局共有在职干部职工159人，其中公务员44名，工勤人员2名，事业人员113人。

2016年底，全县共有食品生产加工企业105家，食品流通环节经营业户2782家，餐饮服务单位1120家，中小学食堂39家，学生小饭桌19家，企事业单位食堂68家，药品生产企业1家，药品批发企业2家，零售药店127家，医疗器械生产企业5家，保健食品生产企业3家，保健品经营店154家(含兼营)，化妆品经营店384家，县级医疗机构6家，乡镇卫生院20家，民营医疗机构12家，村级卫生室741家。

2016年，阳谷县食品药品监督管理局立足监管新形势新任务，认真履行各项监管职能，圆满完成各项工作任务。着力解决影响食品药品质量安全的突出问题，加强对食用农产品质量安全源头治理、婴幼儿配方乳粉等乳制品、肉类整治、食用油整治、基本药物等二十余项专项整治，整治效果显著。发挥监管执法职能，日常监管效能提升，完成县两会、中高考、聊城市第七届中小学生运动会等餐饮食品安全保障。“食安山东”创建深入推进，促进食品行业自律体系构建，推动食品安全社会共治进程。队伍建设取得显著成效，推动行政许可提速增效，全面提升应急处置能力。立足基层监管实际，创新基层监管方式，实施靶向监管，提升执法监管的针对性和有效性。

【食品安全监管】 生产环节 对辖全县105家食品生产企业，根据《食品生产企业分级分类监管工作指导意见》综合评估确定食品生产企业风险等级。依法对105家食品生产加工企业进行日常监督检查，累计检查食品生产企业234家次，检查生产加工小作坊323家，下达责令整改304项，立案查处28件。2016年全县未发生区域性食品生产安全事故。

流通环节 严格落实食品进货查验记录制度，并以供货商为抓手，积极推广“一票通”制度。至2016年，全县95%以上的食品经营者建立了供货商档案，260余户供货商全部使用“一票通”进行食品经营，实现了质量可追溯。围绕食品安全制度落实情况、重要食品是否设专柜或专区销售、现场制售食品是否规范、散装食品是否按要求销售管理等强化日常监督检查，加强了超市诚信经营意识、质量安全意识和社会责任意识，有效防控食品安全风险，确保群众“舌尖上的安全”。

餐饮服务环节 开展飞行检查和督导检查。2016年，飞行检查36家学校食堂，发现问题68项，进行了责令改正，并对发现问题的学校食堂进行了全县通报。开展“寻找笑脸就餐”活动，每季度对持证餐饮服务单位，按照动态等级评定表进行日常监督检查，并做出动态等级评定结论，按照评定结果张贴“笑脸”。2016年，共对614家餐饮单位进行评定，其中A级餐饮单位76家、B级餐饮单位291家、C级餐饮单位247家。扎实开展清洁厨房和明厨亮灶创建，全年共创建县级清洁厨房82家，自清洁厨房创建工作开展以来，全县共有710家县级清洁厨房，23家市级清洁厨房和26家省级清洁厨房。

【药品质量监管】 依法对重点企业、重点品种（中药材成饮片、疫苗、特殊管理药品等）、重点环节、重点区域的日常监督检查，组织各监管所共检查药品生产企业4家次，检查药包材使用单位4家，检查使用单位1374家次，经营单位313家次，下达责令整改通知书1286份，检查药品使用单位781家，下达责令整改1286家，上报药品不良反应案例1021例。开展疫苗专项检查，在“济南疫苗案”曝光之后，分成6个检查组对全县所有接种单位进行地毯式排查。共出动执法人员644人次，累计监督检查疫苗使用单位46家次，排查药品经营单位128家，排查卫生室（诊所）741家，检查中未发现违法经营使用疫苗问题。

【医疗器械监管】 2016年，检查医疗器械生产企业8家次，三类医疗器械经营企业34家次，二类医疗器械备案企业56家，对检查中发现存在问题的单位下达了限期责令整改通知书，共计下达责令整改项8项，立案查处违法案件1个。开展了各级医疗机构使用医疗器械的监督检查。对县级医院、乡镇医院、私立医院、计生服务中心、社区服务站、专科门诊和村级卫生室进行了监督检查，共检查单位902家，下达责令整改项232项，立案查处违法案件6件。

【保健品和化妆品监管】 2016年，先后制定完善企业信用等级评定等6项日常监管制度，开展保健食品GMP和化妆品生产企业卫生规范跟踪检查、保健食品化妆品购进渠道专项检查，建立健全督查考核机制，加强日常监管、行政许可、稽查工作衔接，抓好监督抽检、风险会商、隐患排查，人员培训、社会宣传等工作。全年对542家保健食品、化妆品经营企业进行了监督检查，下达责令改正572

项，共立案25起。

【风险巡查警示】 良医治未病，防患于未然。2016年5月至7月，在全县范围内开展了食品药品安全风险巡查警示集中活动，排查食品药品生产经营中存在的风险，给予警示，力促整改，消除隐患，保障安全。在整个风险巡查警示活动中共巡查6323户，风险警示户共6125户，发出风险警示共13714条，责令整改户共5247户，经对其中4907户进行复查，办理各类案件225件。通过这次风险巡查警示活动，监管相对人的守法经营的意识和防御风险的意识都有明显提升，预存风险明显降低。

【专项整治】 2016年，对肉类、食用油、中药饮片等消费量大、安全隐患多的重点品种、重点区域和重点场所，集中力量开展专项整治。食品方面，开展了打击食品安全违法犯罪“清源行动”“守护舌尖安全”、学校及周边食品安全豆芽菜、韭菜、芹菜等系列专项整治整治行动21次；药品医疗器械保健品化妆品方面，开展了涉药单位药品安全、医疗器械“五整治”、终止妊娠药品、中药材、中药饮片、互联网售药、胶囊剂制品等专项整治15次。全年查办一般性食品药品违法案件324件，移交违法犯罪线索3个，对2016年罚没的146批次无使用价值的食品、药品、医疗器械等进行集中销毁。

【依法行政】 开展执法监督工作，对执法人员依法行政情况进行督察，共走访了18个监管所和200余户行政相对人。在执法监督过程中，发现问题，有针对性采取措施，及时整改，促进监管执法规范化。加强案卷评审，对每月办结的案件进行案卷评审，提升案卷质量，确保案件办理的公平、公正。深入推进普法宣传，提高法治意识。组织学习新修订法律、法规和规章制度。2016年，组织大规模组织考试培训3次，全县系统执法人员全部参加培训，提高同志们的执法能力。行政处罚案卷无一被提起行政诉讼和行政复议。

【行政许可】 按照便民、高效的原则对行政许可工作流程进行了优化，通过考试建立了行政许可核查人员储备库，充实现场核查执法力量。严格执行行政审批事项目录清单，实现“清单之外无审批”，让食品审批工作在阳光下运行。推行行政指导、企业联络员制度，对企业和个人申请食品生产经营许可实行提前介入指导，依据相关规定向申请人提出合理建议，避免不必要的损失和浪费。2016年，共办理并发放食品生产许可证14个，涉及产品类别9个。共办理并发放食品经营许可证1588个，其中涉及食品销售1185个，餐饮服务379个，单位食堂29个。

【宣传教育】 2016年，上报的舆情信息，被中宣部采用6条、省委宣传部采用58条，在省委主办的《山东政务》发表《阳谷县开展风险巡查预警活动》和《阳谷县创新措施开展食品药品监管信息》2篇，在阳谷县政府公报发表3000字左右的署名文章。制作《食品药品安全在线》电视专题栏目22期，定期宣传食品药品政策法规、科普知识和监管工作动态等。同时投入近10万元，在全县850个村庄制作食品药品安全宣传栏，在县政府所在的振兴街建设了食品药品安全宣传街，建设了8面食品药品宣传墙和10余个食品药品知识宣传栏。通过短信平台，发送食品药品安全警示和温馨提示信息15万余条，电视游动字幕30余次。全年在各大信息平台发表信息共133条。开通了微信公众号和头条号，并发布科普知识和监管信息80余条；组织开展五进活动共计18场次，发放宣传资料5000余份。

撰稿人：阎继强

核稿人：吕绪森

县安监局

【机构概况】 阳谷县安全生产监督管理局成立于2002年3月，是县政府综合监督管理全县安全生产工作的执法部门，承担县安委会办公室的日常工作。至2016年底，有干部职工55人。

2016年，在县委、县政府的正确领导下，县安监局紧紧围绕“安全发展”这条主线，坚持构建齐抓共管的格局不动摇，坚持狠抓重点行业领域的监管不动摇，坚持狠抓安全生产宣传教育培训工作不动摇，坚持狠抓执法工作不动摇，全县安全生产形势持续稳定。

【责任体系】 2016年，县委常委会议2次、政府常务会议4次、安委会会议15次专题研究部署安全生产工作。3月份，县政府与18个乡镇（街道）、72个安委会成员单位签订了安全生产责任状；4月份，组织开展了“安全生产责任落实月”活动，督促乡镇（街道）、部门和企业层层签订责任状，确保责任逐级落实到位。安委会办公室坚持每季度对乡镇（街道）、部门履行安全监管职责和重点工作部署落实情况进行一次督导，督导情况及时反馈。扎实开展约谈警示活动，7月份，组织县安监、交警、交通、住建等18个县直部门，对危险化学品、道路交通、建筑施工等重点行业领域的684家企业主要负责人进行约谈，督促企业严格落实主体责任。

【集中行动】 深入推进安全生产隐患“大排查、快整治、严执法”集中行动，强化监管执法，强化督导调度，高标准、严要求，全力推进各项工作。突出企业主体责任专项检查。积极推进安全生产“网格化”管理和监管责任“实名制”，建立了“一县一册”监管台帐，动态录入生产经营单位5904家。对每个生产经营单位都明确了属地乡镇（街道）、行业主管和专业监管部门，杜绝责任“空档”和监管“盲区”。持续开展落实企业主体责任专项整治，对非法违法生产经营建设行为，依法采取停电停产、关闭取缔、严厉追责等措施从严处理。截至2016年底，全县检查生产经营单位5937家次，发现隐患15222条，整改13946条，立案处罚151起；坚持聘请专家排查隐患。引导社会专业力量参与安全管理，成立了由92名专家组成的安全生产专家库，涵盖化工、特种设备、消防等9个行业（领域）。出台了《安全生产专家管理办法》，建立了定期聘请专家排查隐患的长效机制。2016年，累计聘请专家检查企业190余家次，整改消除隐患2334条。同时，在全县危险化学品、冶金（有色）等企业中推广外聘专家查隐患制度，引导企业与中介机构签订协议，定期帮助企业查找隐患、分析形势、规范管理；突出重点行业领域监管。化工领域。扎实推进化工产业转型升级，顺利完成了12家企业的安全评级工作；组织具有甲级资质的中介机构，对全县11家重点企业开展了4次“诊断式”检查，消除隐患808条。开展了全县加油站专项整治，整改消除隐患345条。启动了全县危险化学品储存场所专项整治行动，检查企业20家，消除隐患115条。涉氨制冷行业。与中介机构签订协议，开展了涉氨制冷企业专项检查，消除隐患347条；启动了“氨改氟”专项整治行动，督促12家企业更换了设备设施，7家企业完成了“氨改氟”改造，关闭取缔不符合安全条件企业6家。烟花爆竹行业。对申请许可的316经营业户逐一进行了审核；每月一查仓储公司落实“六严禁”情况。同时，多次聘请专家检查冶金（有色）等工矿商贸企业的安全生产和职业卫生情况。

【基层基础】 坚持常年抓基层基础建设不动摇，多措并举，着力夯实安全生产根基。强化公共安全体系建设。县财政将安全生产专项资金纳入了预算并及时足额拨付，用于基层基础和安全体系建设。为增强应急救援能力，投入1100万元，在祥光经济开发区建设了第二消防站；投入150万元，完成了15个乡镇的消防站建设；投资2233万元，对942户农村危房进行了改造；投资300万元，安装交通安全标志1033处、减速带780米、护栏2310米。强化安监机构建设。持续加强县、乡安全生产监管机构建设和人员编制配备，截至2016年底，县安监部门拥有执法人员50名、注册安全工程师7名；2013年，安全生产执法大队率先在全市通过省级标准化验收。县编办行文明确了乡镇（街道）安监机构设置和人员配备要求，18个乡镇（街道）均设立了安监机构、核定了人员编制，配齐了监管执法人员，并于2014年全部通过市级执法中队标准化验收；865个行政村均配备了协管员队伍。县住建、教育、交通等安全监管任务较重的部门均建立了安全生产管理机构。强化“两体系一平台”建设。坚持“标杆先行”，推荐上报省级标杆企业1家、市级标杆企业20家、县级标杆企业22家；采取分级培训、组织观摩、召开现场会等多种方式，推进双重预防体系建设；将“两个体系”建设纳入“大快严”集中行动同步推进，坚持每周对双重体系推进情况进行一次调度、汇总，至2016年底，168家企业完成了“一企一册”台帐，排查风险点2799处（二级风险点53处，三级风险点656处，四级风险点2070处），提前完成了市安委会下达的任务。高标准建成了安全生产综合监管和隐患排查治理信息平台，18个乡镇（街道）的573家企业全部纳入平台管理，实现了对18处重大危险源的实时监测监控和信息高清传输。强化“四个创建”。至2016年底，全县拥有省级标准化企业12家、市级标准化企业143家，创建数量居全市前列；拥有安全文化建设示范企业15家，其中国家级1家、省级5家、市级8家、县级6家，是全市安全文化示范企业最多的县（市、区）；创建省级优秀企业班组2个、市级2个、县级60个；侨润街道、阎楼镇、石佛镇、博济桥街道通过了省级安全社区验收。

【宣传教育】 始终把宣传教育作为长效机制来抓，多形式、多层次、多渠道宣传法规政策和安全常识。强化政策法规宣传。开展了“进企业送安全”服务活动，走进企业宣传《关于办理危害生产安全刑事案件适用法律若干问题的解释》和《山东省生产经营单位安全生产主体责任规定》等法规政策，督促企业了解安全生产事故量刑入刑标准，修订完善制度规程，规范现场管理，提升自我管控能力。强化特殊作业规范宣传。将受限空间、动火等作业规范编成简明易记的“三字经”挂图张贴到企业，提醒从业人员依法依规操作，增强自身素质。邀请省级专家，相继举办了加油站、重大危险源、特殊作业和职业卫生专题培训班，累计培训640余人次，效果明显。强化事故案例警示。以典型事故案例为素材，制作事故警示展板160块，在城区广场、社区和企业巡回展出。及时整理各类安全生产事故，编印成册，印发给企业。坚持利用“企信通”和“安全阳谷”微信平台，定期发送预警提示信息，传播安全知识和各地经验做法。“安全生产月”期间相继开展了咨询日、演讲比赛、应急演练、主题宣讲、专题访谈、主题征文等活动。

【综合监管】 加强了对乡镇（街道）、县直有关部门的安全生产工作督促、调度，2016年，6次组织召开全县安全生产工作会议，总结工作，分析形势，部署任务；4次组织人员对乡镇（街道）、县直重点部门安全生产情况进行了督导，督导情况及时进行了反馈通报。督促各级各部门做好了春节、两会等重要时期的安全生产，组织开展了“大快严”集中行动和企业主体责任落实专项检查等专项整治行动。

撰稿人：李　冉

核稿人：刘　冰

阳

NONG YE

农 业

谷

阳谷

NONG YE

农业

县农业局

【机构概况】 阳谷县农业局是阳谷县政府序列农业行政主管部门，下设阳谷县农业技术推广中心、阳谷县农村合作经济经营管理局、阳谷县农业局综合执法大队、山东农业广播电视学校阳谷分校、阳谷县农产品质量安全检验检测中心五个全额事业单位和阳谷县农业科技研究所、阳谷县良种棉加工厂两个自筹事业单位及办公室、人事科、政策法规科、财务科、市场与经济信息科、农业综合科六个行政科室。目前农业局共有干部职工370人，其中公务员21人，专业技术人员241人，具有高级职称的23人，中级78人，初级91人。

【农业技术推广】 2016年，推广新技术10项，包括：秸秆还田、深耕深松、测土配方施肥、小麦宽幅播种、适期冬灌、氮肥后移；玉米一增四改、一防双减、适期晚收和病虫害统防统治。推广新品种10个，其中：小麦品种5个，济麦22、鲁原502、良星77、泰农18、聊麦18。玉米新品种5个，伟科720、登海605、登海618、迪卡517、聊玉23。推广新农药、肥料10种，包括：氯虫苯甲酰胺、苦参碱、甲维盐、枯草芽孢杆菌、咪鲜胺、井冈霉素、嘧菌酯等，生物菌肥、氨基酸叶面肥及大量元素水溶性肥料。开展电视广播宣传报道10次，印发病虫情报16期，印发农业科技简报18期。另外，按照省市普查方案和工作要求，对农产品产地土壤重金属污染防治工作进行了统筹安排，核定了阳谷县重金属污染源普查典型点88处，并且把各种报表及土壤样品及时上报，为下一步采样检测工作奠定了基础。完成了2016年玉米定点取样27处，西葫芦、苹果各一处。同时完成了外来入侵物种黄顶菊的排查及消除情况。

抓好粮食高产创建。2016年完成9.7万亩粮食高产创建示范方建设，涉及郭屯镇、大布乡和寿张镇3乡镇，106个村。示范区小麦平均亩产569.4公斤。玉米平均亩产599.7公斤。两季平均亩产达到1169.1公斤，超出省定标准69.1公斤。

通过项目引进，技术推进，人员跟进，全县农业生产再创佳绩，2016年小麦种植面积稳定在80.73万亩，平均亩穗数40.11万，平均穗粒数36.4粒，平均千粒重43.5克，亩均单产539.8公斤；玉米种植面积稳定在72.65万亩，平均亩穗数4676株，平均穗粒数419.8粒，平均千粒重351.2克，亩均单产586.9公斤。2016年，粮食作物具体生产情况见下表：

2016年粮食作物生产情况一览表

表11

年　度	作　物	面积（万亩）	单产（公斤）	总产（万吨）
2016	小麦	80.73	539.8	43.58
	玉米	72.65	586.9	42.64

【种植结构】 2016年，阳谷县复种系数为2.11，种植结构总体趋于稳定，多为一年两作或一年多作，种植种类多元化。其中夏粮种植面积80.73万亩，秋粮面积72.65万亩，蔬菜种植面积46.42万亩，棉花种植面积2.5万亩，花生种植面积3.3439万亩，大豆种植面积1.2万亩，薯类种植面积0.4383万亩，稻谷0.14万亩。

【农业综合执法】 2016年，农业局执法大队认真落实新《中华人民共和国种子法》《聊城市禁止销售使用剧高毒高管理规定》，实行有奖举报制度，针对本行政区内经营、使用剧毒高毒农药开展专项检查，严厉打击销售使用剧毒高毒农药行为。全年出动农业执法人员600余人次，检查农资经营门市部340个次，立案查处14件，结案34件，责令整改经营45户；继续开展全县农药产品告知和种子产品登记备案工作，农药品种告知326个，种子产品备案146个；开展“放心农资进乡村，监管服务到基层”为主题的“放心农资下乡宣传周”活动；着重加强种子市场和农药市场的监督管理工作，开展拉网式检查3次，农资合格率达到98%；认真防控重大植物疫病，产地检疫面积达到2.3万亩；全年对蔬菜水果进行农药残留抽样检测个数228个，合格率100%，确保农产品质量安全。

【农产品质量安全】 2016年，农产品质量安全可追溯体系监管平台进一步完善，追溯点增加至29个，监控图像、相关数据时时上传到县监管平台，并与省、市监管平台有效对接，达到信息共享。“阳谷县农产品质量安全检验检测站”建设项目于4月份通过省级验收，“双认证”各项工作准备就绪。县、乡检测机构全面开展农产品农残检测工作，年检测样品2.2万个，合格率98.6%。2016年9月，阳谷县创建的“全国绿色食品原料（小麦、玉米）标准化生产基地”通过国家验收，涉及阿城、张秋、闫楼、十五里元四个乡镇，面积12万亩；阳谷县祥泰蔬菜种植专业合作社生产基地被省农业厅认定为“山东省农业标准化生产基地”，基地位于阳谷县七级镇盛庄南张村，面积600亩，主要种植芹菜、菠菜等蔬菜。2016年10月，阳谷县被确定为“国家农产品质量安全县创建试点单位”，着手开展相关创建工作。

2016年“高效特色农业发展平台项目”进入实施阶段，项目总投资236.87万元，在七级镇四合村建设高标准蔬菜冬暖式大棚14007平方米，在金斗营镇东金一村、东金二村，西湖镇齐庄村建设高标准食用菌棚6960平方米，其中申请高效特色农业扶贫项目资金200万元，实施主体自筹36.87万元。建设完成后，亩增效益2000元以上，提前实现贫困户脱贫。

【强农惠农政策】 2016年，按照山东省财政厅、山东省农业厅《关于调整完善农业三项补贴政策的实施意见》文件精神，农业“三项补贴”合并为“农业支持保护补贴”，80%的农资综合补贴存量资金、种粮农民直接补贴和农作物良种补贴资金，统筹用于支持耕地地力保护。对种粮大户和种植粮食家庭农场，经营土地面积50亩以上、200亩以下的，每亩按照60元标准进行补贴；200亩及以上的，每户限额补贴1.2万元。

2016年，阳谷县核定2016年度小麦种植面积80.726万亩，按照每亩125元的标准，发放支持耕地地力保护资金10090.75万元，全部通过齐鲁惠民“一卡通”发放到农户手中。全县共统计上报种粮大户（含种粮家庭农场）247家，发放种粮补贴资金141.7万元。

【农民负担监督管理】 规范搞好引黄水费收取。认真落实引黄灌区农业用水终端水价最高限价制度，严格把水费控制在省公布的终端水价最高限价范围之内；实行总量控制和专项审批，坚持市减负办审批到乡镇，县减负办审批到村并向市里备案，乡镇经管站审批到户；到户生产费用预算方案全部实行微机化管理，坚持县减负办直接监控到村，从源头上控制农民负担；经审批的到户预算方案由乡镇办事处在各村显要位置进行张榜公示，接受群众监督；继续坚持“通知单”制度。生产费用到户预算方案由经管站审批公示无异议后，填制并发放“农民承担生产费用通知单”，收取款项及时向农民开具“农民承担费用专用收据”。两年来，阳谷县“单”“据”到村率达到100%，到户率达到98%以上。认真开展2015年度引黄水费的收取、管理、上缴、开支使用情况进行专项审计，确保资金专款专用。

【农村土地承包管理】 继2013年完成两批试点38个行政村的确权登记工作后，历经2014、2015两个年度坚持不懈的工作，阳谷县农村土地承包经营权确权登记颁证工作基本完成。全县完成确权登记颁证工作的村839个，确权农户16.07万户，确权面积101.38万亩；建立登记簿16.07万份，颁发证书16.07万本。完成确权的839个行政村农户土地承包信息全部录入数据库并通过浪潮软件自检，建立了阳谷县农村土地承包经营权登记管理平台。2016年5月，阳谷县顺利通过市级组织开展的农村土地确权登记颁证成果验收。

全县已建立健全土地流转服务体系，2016年底，全县农户家庭承包土地流转面积达28.9万亩，大大促进了我县农村土地集约化经营和农业经营方式的改变，加快了土地适度规模经营步伐。

【新型农业经营主体】 高度重视新型农业经营主体培育工作，加大了对专业大户、家庭农场、农民专业合作社等新型主体的扶持力度，通过政策宣传、教育培训、指导服务、示范带动、政策扶持，全县新型农业经营主体发展迅速。2016年，新增农民专业合作社182家，总数达到1517家，其中国家级示范社4家，省级示范社23家，市级示范社59家；新增家庭农场77家，总数达到220家；种粮大户达到247户，其中百亩以上种粮大户达到161户。在各类新型经营主体的辐射带动下，农民外出务工承包地无人耕种的问题找到了有效解决途径，产业结构调整步伐逐步加快。新型农业经营主体正逐步成为引领农民进行规模生产和集约经营的现代农业经营组织，对全县发展现代农业、促进农民增收起到越来越重要的作用。

【农村集体“三资”管理】 为进一步加强全县村级财务管理和监督，继续推进村级财务公开经常化、制度化、规范化，切实解决农村集体财务公开不到位、不全面、不及时等问题，在全县范围内开展了农村集体财务集中公开活动，公开内容为村集体所有收支情况。公示期间，对村级公开情况进行随机抽查，并根据抽查情况及村级电子账的记载情况，对18个乡镇（街道）排出名次，在阳谷县农村综合产权交易网上进行公示。

开展农村集体经济组织产权制度改革试点。制订了《阳谷县农村集体经济组织产权制度改革试点实施方案》，通过宣传栏和发放明白纸等形式，广泛宣传农村产权改革的意义和相关政策；通过召开村“两委”会议、党员会议、村民会议和入户走访等形式，广泛听取干部群众意见，调动参与改革的积极性。确定大布乡刘胡同、石佛镇高庄两个村为改革试点村，分别制定了试点实施方案，包括集体资产基本情况、资产量化、股权设置、股权界定办法等内容。

开展农村集体“三资”管理规范化活动。要求规范收支单据，村级原始凭证所有要素填写要全面、规范、完整，保管要齐全；代理中心对原始凭证的审核要严格，审批必须按照要求，符合程序，且合理、合法；要及时登记电子帐，及时公开收支情况，重大开支要在重大事项栏内详细说明，并上传公示影像。

【农民培训】 2016年，继续开展各类农民培训工作，完成新型职业农民培训300人，扶贫科技培训200人。开展农民培训30余场次，培训农民5000余人次。

县畜牧局

【机构概况】 阳谷县畜牧局现有编制人员154人，下设动物疫病预防控制中心和良种繁育场2个副科级单位。内设18个科室，包括办公室、信息科、人事科、社保科、饲料科、畜牧站、医政科、兽药监察所、财科、生产科、动物卫生监督所、畜产品质量安全监管办公室、阳谷县动物疫情测报站、动物疫病预防控制中心、法制科、发行科、保卫科、畜牧调研室。动物卫生监督所下设8个动检分所、2个检查站。畜牧局现有专业技术人员131人（高级职称12人、中级职称33人、初级职称86人）。2016年度，获全市重大动物疫病防控先进单位（第一名）。

【畜牧生产】 2016年，生猪、牛、羊、家禽存栏分别达到35.57万头、1.54万头、20.3万只、2973.40万只；出栏分别达到58.52万头、1.14万头、36.54万只、家禽1.57亿只；肉、蛋、奶产量分别达到38.75万吨、4.22万吨、1.28万吨。近年来，阳谷县畜牧业加快调结构转方向的步伐，通过大力发展规模化、标准化养殖，以生态、绿色、有机畜产品为发展方向，促进畜牧产业化一体化发展和一二三产业融合发展，引导畜牧业走上新的发展道路。畜产品结构由初级向精深加工调整，无公害、绿色畜产品比重增大，阳谷县无公害畜产品产地认定总数达到39家。

【标准化生产】 阳谷县积极开展标准化示范创建活动。把标准化示范场创建作为推进畜牧生产提质增效的主要抓手，在新建的标准化养殖小区建立标准化生产体系，从环境、设施、品种、畜禽饲养、投入品管理使用等方面组织和引导示范场（小区）实施“标准化饲养管理规程、标准化饲料兽药投入品使用规程、标准化防疫规程”等标准化生产规程和规范化饲养，开展生产记录记载备案工作，推动全县畜牧业标准化建设再上新台阶。至2016年底，阳谷县标准示范场已达73家，实现生猪、肉鸡、蛋鸡、肉羊、黄牛、奶牛等几大畜种的全覆盖。在技术推广方面，重点推广发酵床养猪技术、肉鸡标准化养殖技术、肥羔羊生产配套饲养技术、现代奶牛饲养技术、养殖场中水循环利用技术，不断提高全县畜牧业养殖的技术水平和科技含量。

【项目建设】 2016年，争取上级畜牧建设项目5个，企业自建1个，争取省级以上资金951万元。

2016年实施的畜牧建设项目

表12

年　度	项　　目	争取资金
2016	2016年山东省基层农机推广体系改革与建设补助项目	40万元
2016	阳谷县2016年中央财政生猪调出大县省级统筹奖励资金使用方案	80万元

续表 12

年 度	项　　目	争取资金
2016	阳谷县畜牧业发展平台项目实施方案	700 万元
2016	申报了 2016 年阳谷县畜牧良种补贴实施方案	31 万元
2016	山东省 56 号公路动物卫生监督检查站	100 万元
2016	阳谷县病死畜禽无害化处理厂（山东凤祥集团自建）	企业先行自筹

【产业化发展】 在畜禽养殖方面，充分发挥凤祥集团、鲁信六合、景阳冈良种猪繁育等龙头企业带动作用，完善“公司 + 合作组织 + 农户”经营模式，引导发展集体养殖、合作养殖，进一步延伸饲料产业、食品加工等产业链条，逐步构建畜牧业全产业链条。在畜禽屠宰方面，充分发挥以凤祥、华康等企业为龙头的肉鸡产业链，以维尔康等企业为龙头的生猪产业链，以鲁信、雪龙肉羊等企业为龙头的肉牛和肉羊产业链，以六和集团鲁信食品公司为龙头的肉鸭产业链的龙头企业带动作用。通过公司 + 基地 + 农户的发展模式，有效地把农户和市场连结起来，“养殖—加工—销售”一条龙的产业链，实现产、供、销一体化。

【疫病防控】 阳谷县重大动物疫病防控工作扎实有效，2016 年度位列全市第一。全年共调拨高致病性禽流感疫苗 515.9 万毫升，牛羊口蹄疫疫苗 39 万毫升，猪口蹄疫疫苗 134 万毫升，A 型口蹄疫疫苗 3.19 万毫升，猪高致病性蓝耳病疫苗 80 万头份，猪瘟疫苗 80 万头份，小反刍兽疫疫苗 9 万头份；总计免疫各类家禽 1018.8 万羽、牛羊 33.4 万头(只)、生猪 80 万头。确保全县全年无重大动物疫情和人畜共患病发生。2016 年 6 月，阳谷县代表山东省接受农业部检查。农业部领导实地走访了石佛镇、大布镇 2 个镇的 2 个自然村，4 个规模养殖场，1 个屠宰场，1 个活禽交易市场，20 个散养户，现场采集畜禽血样 200 份，抽验结果均符合标准。农业部领导对阳谷县的动物防疫工作给予高度评价。

【面源污染防治】 2016 年，阳谷县把面源污染防治作为一项重要工作。主要措施是：加快全县粪污资源化利用水平，以实施 2015 年耕地质量提升（畜禽粪便治理工程）、2016 年绿色畜牧业示范县项目为契机，积极发展生态循环养殖。推广凤祥集团、景阳冈良种猪养殖场循环养殖模式，构建“种植—养殖—沼气—肥料”资源综合利用体系，实行清洁生产和循环发展。积极推广废弃资源循环利用技术，实现秸秆能源化、饲料化、肥料化综合利用。鼓励养殖场和规模养殖集区生产有机肥料，发展绿色有机农业，实现种养结合、生态循环、综合利用。贯彻落实《山东省人民政府办公厅关于印发山东省病死畜禽无害化处理工作实施方案的通知》（鲁政办发〔2015〕41 号）精神。建设日处理 10 吨的县级病死畜禽专业无害化处理厂，建成后，全县将实现病死畜禽及时处理、清洁环保、合理利用的目标。

【动物卫生监督】 阳谷县不断加大动物卫生监督执法力度，规范执法行为，切实做到有法必依、执法必严、违法必究，严格执行畜牧兽医行政执法“六条禁令”。全面落实了动物、动物产品全程监管制度，实施风险控制，强化各类场所监管工作，完善动物卫生证章标志管理，规范动物检疫许可和检疫出证行为。对进入屠宰场的畜禽要严格监督屠宰企业做好入场检查，严格按照屠宰检疫规程实施宰前检查、同步检疫。2016年，共出动人员120余人次，配合公安、食药、环保等部门开展联合执法2次，监督检查养殖场80余次，检查屠宰加工企业39次。对全县取得《种畜禽生产经营许可证》《动物防疫条件合格证》的9家种畜禽生产经营企业和7家乳用动物饲养场进行了专项检查，共查处不按规定办理跨省引进种用乳用动物审批手续、不按规定进行隔离观察等问题15项，全部进行了告知，提出整改意见。对有权限县进京入沪入辽备案的16家畜禽屠宰企业进行了认真检查梳理，共查处不符合项目13项，全部下达整改意见。对不在畜牧部门监管范围内的3家食品加工企业，通过逐级上报予以取缔其备案资格。

【粮改饲】 以“粮改饲”为抓手，全面提升种养结合水平。阳谷县在巩固提升猪、家禽等优势畜禽生产规模和水平的基础上，大力发展牛、羊、驴、兔等节粮型食草畜禽，突出发展小尾寒羊、鲁西黑头羊等名特优畜禽的畜牧发展规划。积极转变以粮食为主要饲养方式的现状。在一期苜蓿种植面积3000亩苜蓿建设项目基础上，2016年申报了二期苜蓿建设项目，实现总投资600万元，达到全县苜蓿种植面积6000亩的发展目标。二期项目的实施将会推进全县粮改饲发展进程，全面提升农牧结合、种养结合综合效益。

【畜产品质量安全】 2016年，阳谷县强化对养殖（兽药、饲料）、运输、屠宰等各个环节畜产品安全监管，切实保障全县畜产品质量安全。充分利用畜产品质量安全监管平台。加强对联网企业养殖、生产等环节动态监控。认真做好生鲜乳质量安全整治检查工作；建立奶业生产情况周报制度，每月对奶业情况上报；利用三聚氰胺、黄曲霉素快速检测卡，不定期开展生鲜乳现场检测，督导各鲜奶收购站建立健全各项管理制度和管理措施；加强对养殖、运输、屠宰环节的“瘦肉精”抽样监测，开展定期和不定期专项检查和治理，全年共出动执法人员1000余人次，检查生产经营企业481家，发放宣传材料1500余份；对村级畜产品质量安全监管人员开展定期培训，加强基层监管人员的业务技能和监管水平；强化对无公害农产品和地理标志农产品标志使用专项检查。通过以上措施，有力的推动了阳谷县畜产品质量安全工作的开展，对保护全县人民群众的身体健康起到了积极作用。

【技术推广及科研成果】 2016年，推广主导品种7个：罗斯308肉鸡；杜、长、大种猪；小尾寒羊；杜泊羊；海兰褐蛋鸡；京红蛋鸡；荷斯坦奶牛。主推技术8项：畜禽粪污无害化处理技术及生态养殖模式示范与推广；奶牛精细化养殖技术示范与推广；肉羊规模化育肥与优质肥羔羊生产技术示范与推广；肉鸡标准化健康养殖技术示范与推广；蛋鸡标准化健康养殖技术示范与推广；猪场饲料霉菌素控制技术示范与推广；畜产品质量安全检测技术集成创新与推广应用；优质牧草及饲料作物生产利用关系示范与推广。2016年，在省市刊物上相继发表了“对提高动物产品质量卫生安全水平的分析”“浅谈土鸡生态养殖”“无公害生猪养殖技术”“浅谈肉鸡猝死综合证的病因及预防措施”“牛传染性胸膜肺炎的诊断与防治”“仔猪腹泻的预防与治疗”“从企业消毒标准谈生猪安全在养殖加工业中的重要性”“浅谈猪口蹄疫防治”“浅析秋季主要畜禽饲养管理要点”“谈中药对动物疫病的预防与作用”等多篇优秀论文。

县多种经营办公室

【机构概况】 县多种经营办公室由县棉花生产办公室和县水产局合并成立，主要职责为：全县蔬菜、水产和棉花生产的指导和协调。至2016年底，有工作人员30余人，其中有高级专业技术人员1人，中级专业技术人员14人。

2016年，在县委县政府的正确领导与上级业务部门的大力支持下，阳谷县多种经营办公室认真贯彻省、市农业发展工作会议精神，坚持以科学发展观为指导，以农业增效、农民增收为中心，大力推进蔬菜、水产品牌建设工作，正确引导阳谷县蔬菜水产养殖业健康快速发展。至2016年底，全县蔬菜水产规模化、标准化、产业化的产业发展格局初步形成，规模不断扩大，产量持续增加，质量、效益明显提升，市场供应基本稳定，为增加农民收入、推进现代化农业发展、保障菜篮子产品有效供给做出了积极贡献，目前蔬菜水产产业已成为全县农业和农村经济的支柱产业，成为我县农民收入的重要来源。

【蔬菜生产】 *全县蔬菜面积稳步扩大，基地建设有序发展，规模化程度越来越高* 逐渐形成了以阿城为中心的10万亩保护地西葫芦生产基地（其中日光温室4万亩、大拱棚6万亩），辐射带动张秋、安镇、阎楼、郭屯等乡镇；以七级为中心的10万亩中小拱棚芹菜油菜生产基地，辐射带动郭屯、安镇等乡镇；以西湖为中心的4万亩芸豆—黄瓜生产基地（其中日光温室1万亩，大拱棚3万亩）；以高庙王为中心的3万亩朝天椒种植基地；以定水镇、郭屯为中心的2万亩大蒜生产基地；大布等以金斗营为主3万平方的双孢菇生产基地；这些专业生产基地规模不断扩大，种植品种多样化，种植模式以“合作社＋农户”和“企业＋基地＋农户”为主，这些蔬菜生产基地基地实行标准化生产，企业化运作，一体化经营，达到了品种优良、效益稳定、规模化生产、专业化经营，为阳谷县及周边县市的农副产品加工企业提供稳固、优质的货源。

合作社、龙头企业示范带动能力明显增强 全县共有蔬菜合作社200多家，国家级蔬菜标准园2处。特别是立足高起点、高档次、高品种的阳谷丰源生态农业科技示范园，已成为阳谷高端农产品的生产的代表，该园区建有高标准冬暖棚及大拱棚80多座，建设了高档连栋育苗温室5栋，共计3万多平米，年可育苗1.2亿株以上，配套建设了蔬菜保鲜库、净菜加工车间、有机农产品超市等，园区的黄瓜、西红柿、芹菜、白菜、萝卜已通过获得有机产品证书。该园区内设有工厂化白灵菇生产基地，一期占地面积2800平方米，今年示范园新上一处菌种生产线、菌棒生产车间，新建阴阳棚建设面积1万平方米，明年菌种生产即可走向正轨，目前处于试生产阶段，菌棒年加工能力100万支。园区种植的主要蔬菜品种有西葫芦、西红柿、黄瓜、韭菜、芸豆、丝瓜等10余个品种，产品主要销往周边地区的高档宾馆、大型超市及专卖店等，形成了产供销一条龙的服务体系，辐射带动阳谷及周边200多家农户致富，使菜农收益大大提高。阳谷先运辣椒专业合作则是合作社的代表，该社植辣椒5800亩，大蒜3000亩左右，合作社已成功注册了3个商标，“歪嘴”“先运”和“聊阳朝天椒”。2014年6月“阳谷朝天椒”被农业部评为阳谷县首个农产品地理标志产品。“先运”牌朝天椒经北京市农林科学院蔬菜研究中心检测，辣

度达到了86792（SHU），辣度达到了九级，为长江以北辣椒之首，被誉为“先运小辣椒、江北第一辣”。青果蔬菜专业合作社是一家集种植，加工为一体的蔬菜生产加工合作社，基地规模5000亩，主要品种以速冻毛豆，青刀豆，西蓝花为主，产品畅销国内外。

蔬菜品质进一步改善　近几年，先后引进了适合阳谷县种植的无限生长型红果西红柿品种“俏佳人”、荷兰“西洋牛角椒”“津优”系列黄瓜、“奥美斯”西葫芦、“绿冠龙”芸豆、“京育”黄瓜和彩椒等十几个发展潜力大、市场前景好的名、优、特蔬菜新品种，为我县蔬菜生产注入新的活力。主要品种西葫芦、茄子、黄瓜、西红柿、油菜、芸豆等优良品种普及率都在96%以上。色泽艳，外型好，口感好，市场竞争力明显增强，由于农药、化肥施用量逐年减少，相应的残留量下降，品质明显提高。

名、优、特蔬菜新品种面积逐年扩大　县多办积极和省农科院、市农科院和聊城大学等农业科研部门密切合作，根据当地对新品种的需求情况，广泛收集新品种方面的信息及其高产、高效栽培技术，先后引进了适合我县种植的无限生长型红果西红柿品种“俏佳人”、荷兰“西洋牛角椒”“津优”系列黄瓜、“奥美斯”西葫芦、“绿冠龙”芸豆、“京育”黄瓜和彩椒等十几个发展潜力大、市场前景好的名、优、特蔬菜新品种，为全县蔬菜生产注入新的活力。

品牌蔬菜生产加大　品牌是形象，品牌是市场，品牌就是效益，针对我县的优势，依托丰源农业“盛世乡村”，先运辣椒合作社的“先运”牌辣椒，青果蔬菜专业合作社毛豆，运用多种渠道展示阳谷蔬菜形象，树立品牌观念，增强品牌意识，做好品牌经营。大力实施品牌战略，加快产品商标注册，着力提高产品质量，重点保护已有的品牌，积极培育市场需求的新品牌。

蔬菜产业化水平不断提高　规范、巩固、提高原有的生产基地，进一步扩大规模，提高单产，提高良种覆盖率，提高产业化水平。积极开拓市场，全面搞活流通。多渠道为农产品龙头加工企业和农户牵线搭桥，实行订单农业，加大对农副产品生产、加工、销售的扶持力度。按照市场的要求组织生产、销售，发挥龙头企业的引导作用，推广“企业+基地+农户”的种植模式，促进蔬菜产业又好又快的发展。

【棉花生产】　近几年，全县棉花种植面积有所减少。2016年，棉花种植面积为9321.18亩，主要分布在阿城镇、高庙王镇、安乐镇和七级镇等乡镇，主要是种植在盐碱地、沙薄地、村头荒。

【水产养殖】　至2016年，全县水产养殖面积16710亩，产量7760吨，产值近亿元。主要养殖品种有鲟鱼、鲤鱼、草鱼、鲢鱼、鳙鱼、鲫鱼、阳谷黄河泥鳅、甲鱼、罗非鱼、乌鳢、鲶鱼、鮰鱼、鲈鱼、鳕鱼以及观赏鱼等近二十几个品种。至2016年底，全县共办理水域滩涂养殖证61份，共成立水产养殖专业合作社21家，其中向阳、奥利、道荣、大金堤、金鳅、渔源、俊伟七个水产养殖专业合作社已被省海洋与渔业厅认定为无公害水产品养殖基地，认证无公害水产品21个。

特色养殖　鲟鱼工厂化养殖和阳谷黄河大鳞副泥鳅人工繁育为聊城市独有，鲟鱼养殖主要分布在阳谷县道荣和大金堤合作社，养殖面积约3万多平方米，产量达500吨；泥鳅繁育基地位于高庙王镇徐集村，占地120亩，泥鳅繁育成活率达70%以上（目前全省泥鳅苗种繁育成活率仅为20%～30%），年产泥鳅苗种3000～5000万尾。至2016

年，阳谷县罗非鱼工厂化养殖正在建设中，主要分布在安镇、西湖和大布镇，养殖面积共4000平方米，产量近30万公斤，罗非鱼、鲟鱼工厂化养殖和泥鳅人工繁育的成功对阳谷县以及聊城市的水产发展将会起到积极的促进作用。

引进新品种及推广新技术　道荣水产养殖专业合作社、大金堤水产养殖专业合作社、金鳅水产养殖专业合作社、向阳渔业养殖专业合作社、锦龙水产养殖专业合作社引进水产养殖新品种，包括鲟鱼、泥鳅、罗非鱼、鮰鱼、南美白对虾、小龙虾、水蛭、鲈鱼、鳕鱼、黄河鲤鱼、鲶鱼、锦鲤（亲鱼：龙凤锦鲤、丹顶锦鲤、昭和三色及乌鲤；板寸：大正三色、绯写锦鲤、黄写锦鲤及白金锦鲤）养殖品种。主推技术包括：淡水池塘健康养殖技术、水产养殖病害综合防控技术、池塘微生态制剂水质底质调控技术、池塘节能减排技术、水产品质量安全控制技术、微孔增氧技术、草鱼人工免疫技术等。

无公害水产品认证申报　阳谷县向阳水产养殖专业合作社、奥利水产养殖专业合作社和道荣水产养殖专业合作社、金鳅水产养殖专业合作社、大金堤渔业养殖专业合作社已被山东省海洋与渔业厅认定为山东省无公害农产品产地。奥利水产养殖专业合作社的鲢鱼、鳙鱼、草鱼、鲫鱼和鲤鱼，向阳水产养殖专业合作社的鲢鱼和鳙鱼，道荣水产养殖专业合作社的鲢鱼、鳙鱼、草鱼、鲤鱼、鲫鱼、乌鳢和鲟鱼，金鳅水产养殖专业合作社的泥鳅、大金堤渔业养殖专业合作社的鲟鱼、渔源水产养殖专业合作社的鲢鱼、鳙鱼、草鱼以及俊伟水产养殖专业合作社的鳙鱼、草鱼已被农业部农产品质量安全中心认证为山东省无公害农产品。

水产养殖专业合作社　县多办始终把发展水产养殖专业合作社作为解决“三农”问题的切入点来抓，大力发展水产养殖专业合作社，提高渔民组织化程度，发展现代高效水产业，带动渔民增收，实现共同致富。截至目前，阳谷县共拥有水产养殖专业合作社达21家。

养殖技术宣传指导　县多办以“科技进塘入场到户、助推健康安全增收”为主题，以实现水产品安全有效供给和渔民持续稳定增收为目标，积极组织水产站科技人员，深入全县乡（镇、街道）、重点水产养殖场，开展水产养殖与病害健康防治技术咨询和送技术下乡服务，取得了良好成效，受到广大养殖户的高度评价。

水产品质量安全监管　根据《中华人民共和国农产品质量安全法》《中华人民共和国食品安全法》及《中华人民共和国渔业法》的相关规定，结合阳谷县水产品质量安全形势，加大法律宣传，对水产品质量安全隐患进行彻底排查整治，制定整治方案：加强生产环节监管，把禁用药物、饲料非法添加剂及周围环境污染作为重点排查内容，发现问题及时解决；对渔药经营户开展不定期检查，重点查处禁用药物有无销售；加大水产品药物残留抽检力度，多办水产品质量安全专项整治小组一直以来对阳谷县境内水产养殖基地进行多次抽检工作，先后到张秋镇景阳冈，定水镇张大庙、坡里村，阿城镇刘什庄、颜营、东堤、孙楼，西湖镇尹洼、门坊、十五里园镇孙关、十里井，安乐镇榆林赵等地抽检，抽检结果全部合格。

水产项目完成情况　2014、2015、2016年阳谷县被列入全省80个基层水产养殖技术推广体系改革与建设补助项目县；2015年省海洋与渔业厅下发的池塘水质调控及节能减排技术推广项目（全省共有项目县25个）已完成验收工作；2016年，省厅下发的草鱼人工免疫及健康养殖技术推广项目已完成验收工作；至年底，省厅下发的基层农技推广补助项目已进入总结验收阶段。

县农业开发办

【机构概况】 1988年，阳谷县被列为黄淮海平原农业开发区。1989年，阳谷县成立黄淮海平原农业开发指挥部办公室，列政府序列正科级有行政职能的事业单位。1994年10月，改称农业综合开发办公室。2010年12月，将农业综合开发办公室调整为隶属县财政局管理的正科级事业单位。局机关设立办公室、土地治理科和多种经营科三个股级内设机构。至2016年，在职人员13人，退休人员8人。

2016年，阳谷县农业开发项目区主要涉及郭屯镇、寿张镇、七级镇3个乡镇，农业开发的主要治理措施是农田水利建设，土地整改、节水工程、林业生产、农业科技推广、农业机械购置及扶持农副产品深加工项目等。通过农业综合开发，改善农业生产条件，提高农业生产的经济效益、社会效益和生态效益，增强了阳谷县农业发展的后劲。全年农业综合开发项目总投资3007万元。共完成高标准农田建设1.72万亩，扶持产业化项目4个。

经过农业开发，项目区得到综合治理，达到“田成方、林成网、路相通、渠相连、旱能浇、涝能排”的开发要求，提高了耕地利用效率和综合生产能力，改善了生态环境，达到了旱涝保收、节水高效的标准。项目实施后，每年可新增灌溉面积0.96万亩，改善灌溉面积0.76万亩，新增除涝面积0.8万亩，改善除涝面积0.92万亩，新增节水灌溉面积0.83万亩，年节约水量104万立方米，年新增粮食342万公斤，平均年新增产值587.19万元。

【农田水利开发】 2016年，三个土地治理项目总投资2301万元，其中中央财政资金1643万元，省级财政资金592万元，市级财政资金66万元。治理土地面积1.72万亩。新建及维修桥涵闸等渠系建筑物279座、开挖疏浚沟渠40.39公里、平整新修机耕路45.969公里、铺设砂石路32.33公里、新建高压线路15.2公里、埋设低压电缆77.1公里、栽植苗木4.4万株。

【林业生产】 2016年，林业生产共投资82.15万元，全部是上级财政投资。项目区植树4.4万株，增加农田防护林网0.1152万亩，控制水土流失面积12.8平方公里。

【扶持农副产品深加工】 2016年，扶持阳谷县3000只肉羊养殖场新建项目、阳谷县160头种猪繁育扩建项目、阳谷县玉米大豆原材料收购贷款贴息项目和阳谷县年产1万吨挂面扩建项目，总投资706万元，其中财政资金328万元，自筹资金374万元。主要用于新建总建筑面积2178平方米的羊舍6栋，购置生产设备4台套，500只羊；建筑面积200平方米的猪粪尿无害化处理工程，引进160头纯种猪，热镀锌型材的自行焊接产床64张；新建面条成品仓库600平方米，购置面条加工设备8台。

县农机局

【机构概况】 阳谷县农业机械管理局坐落在谷山路227号。2008年，县农机管理办公室更名为农业机械管理局，列政府序列正科级事业单位。至2016年底，设办公室、财务科、农机科、人事科、审计科、工会、计生办、保卫科、信息科、农机安全监理站、农业机械化学校、农机推广科、安全生产科、后勤管理科14个行政业务科（站），辖18处乡镇（办事处）农机站。共有机关工作人员73人，其中专业技术人员20人，具有中级以上专业技术职务资格的14人。

2016年，农业机械管理局立足大农业，发展大农机，积极进取，开拓创新，推动了全县农业机械化的快速发展。到2016年底，全县农机总动力达到145万千瓦，大中型拖拉机达到3268台，配套机具达12000台，联合收获机械已达到3040台，其中小麦联合收割机达到1810台，玉米联合收获机械达到1230台；农机作业水平稳步提升，全县机耕、机播、机收面积分别达到116万亩、144万亩、140万亩。小麦生产实现了全程机械化，玉米机收、保护性耕作、秸秆综合利用等节本增效技术的推广应用面积，均有较大幅度增长。

【农机购置补贴政策】 2016年，全县落实国家农机购置补贴资金1950万元，共补贴各类农机具857台，其中小麦联合收获机50台，玉米联合收获机50台，大中型拖拉机435台，深松机125台，烘干机8台，其他机械189台，受益农户634户。

【农机新技术、新机具推广】 县农机新技术、新机具推广服务体系以县农机推广科为中心，担负着全县农机新技术、新机具的宣传、选型、引进、示范和推广任务。几年来，先后推广了机械化保护性耕作技术，玉米机械化秸杆还田、机械化联合收获技术，机械化深耕、深松、化肥深施、温室大棚管理等十余项先进农机新技术，2016年，推广各种新机具526余台，受益户达439户。

【土地深松】 2016年，阳谷县被省列为农机深松作业补助试点县之一。全年主要在七级镇、阿城镇、张秋镇、十五里园镇、寿张镇、李台镇、金斗营镇、共实施农机深松作业面积7万亩，国家财政按40元/亩予以补助，补助资金共计280万元，通过土地深松改变了土壤严重板结的现状，增强了土壤抗旱、保水、保肥、排涝能力，提好了作物产量，深受广大农民的认可。

【农机专业合作社】 2016年，全县农机专业合作社数量迅猛增加，以组织跨区作业，订单（合同）作业为主，积极组织本社机械开展机耕，机收，机播等综合性的农田作业服务。农机专业合作社的建立，对提高农机整体实力，促进农机新技术新机具的推广应用，增加农民的收入起到了积极的推动作用，在农业生产中发挥了主力军作用，尤其在农机深松作业中，全部有一定规模的农机合作社承担。

至2016年底，在工商行政部门注册合作社78家，注册资金12401.595万元，社员1171户，拥有大型机械1732台，其中符合省、市“五有”标准化合作社各三家，获得“以奖代补”资金45万元。

农机专业合作社严格按照《农民专业合作社法》组建，全部进行了工商注册，证照齐全有明确的章程，财务制度健全，机具登记清晰详实，按照“民办、民管、民受益”的原则运行，合作社主要有农机大户联合性和村干部领办两大类型组成。合作社成员以农业机械入社，独立经营，自我核算，统一接受合作社的调度和示范推广，承担农作物代种，代管，跨区作业订单，农机维修等活动，解决了机手找市场，农户找机难的问题。

【联合收获跨区作业】 自1997年全国开展小麦联合收获跨区作业以来，本着积极推进、拓宽领域、产业带动、提高效益的原则，进一步创造良好的跨区作业环境，加强跨区作业市场的规范化管理，抓好信息引导，组织协调，提高后勤保障等配套服务，加快了全县麦收进度，提升了农机社会化服务水平，为农业增效、农民增收做出了贡献，受到各级领导和广大农民群众的欢迎，已成为农机部门的形象工程和品牌工程。2016年，接收外地联合收获机160余台，作业面积达4.8万亩，有力地促进了三夏生产的顺利进行，确保了全县小麦丰产丰收，颗粒归仓。

【农机安全管理】 2009年以来，农机部门从对人民群众生命财产安全负责的高度出发，加强农机安全生产，着力构筑了宣传教育，源头管理，监督检查三道防线。认真落实安全生产责任制。本着“安全第一、预防为主”的方针，切实抓好《中华人民共和国安全生产法》《山东省农业机械管理条例》《山东省农业机械安全监督管理办法》和《山东省农业机械事故处理办法》的宣传学习和贯彻实施，一级抓一级，层层抓落实。加强农机管理队伍的正规化建设，不断提高农机监理执法水平。针对个别执法环节上存在的管理松懈，工作不规范，服务不到位等情况，加强了农机监理队伍的正规化建设，对全体执法人员进行了业务培训，以提高队伍素质，改进工作作风，增强服务意识。开展了“以民为本，为民服务，帮民解困，助民增收，保民平安”的五民观念教育。同时按照管理制度化，执法规范化，训练军事化，准备现代化的要求，开展监理队伍标准军事化训练和业务技能大练兵，切实提高了农机监理队伍的整体素质。建设了功能齐全的监理服务大厅，完善了规章制度，对服务项目，办事程序，收费依据，收费项目标准，具体业务办理实行了五公开，并将各项服务承诺，执法人员监督栏一并上墙予以公示，提高了农机监理工作的透明度。完善了农机监理业务办理程序，制定了一套实用有效的业务表格，（主要包括拖拉机挂牌入户由单位（村）出具的介绍信；拖拉机转、消户、转卖或报废需用的农机业务证明信；驾驶员消户表；拖拉机及驾驶员登记台帐；农机业务往来登记表等），促进了监理业务办理的规范化。根据农村工作特点，做好农机监理工作。由于90%以上的拖拉机主要从事农田作业，农闲时在家闲置，正常工作时间家中无人，给农机管理带来了一定困难。为此，管理人员每天早晨6点前到村，利用早、中、晚时间直接上门服务，对驾驶员及车辆进行审验，办理证牌，对车辆较集中的集市、砖瓦厂等则直接到作业地点服务办公，极大地方便了农机户及驾驶员，使他们在最短时间内得到最优质的服务。2016年，共检验拖拉机、联合收割机3100台次，挂牌554副，办理驾驶证320本。

【农机修配】 至2016年底，全县现有农机维修网点118个，农机维修从业人员300余人，其中一级综合维修网点1个，二级综合维修网点2个，三级综合维修网点80个，专项维修网点35个，这些网点分布在全县18个乡镇办事处。去年，按照省市农机局创建星级文明维修网点活动的要求，县局组织专门人员依据星级创建标准，逐点规范，抓建设，升档次，提高维修能力，把制度健全、讲诚信、文明经营的网点纳入星级评比中来，经过筛选，报市局审批了二星级文明维修网点3个，三星级文明维修网点3个，这项活动的开展得到了广大农机使用者的好评。王冰被省农机局评为“全省农机维修管理职业技能鉴定工作先进个人”。

【农机技术培训】 自开展农机技术培训以来，主要抓了对两类人员的培训。对农机推广管理人员主要是学习政治经济理论，法律法规，专业技术，现代科学管理知识等。通过培训班，提高农机管理干部的政治业务素质、决策协调能力和管理水平，增强引导、服务农民发展农机化的能力。对农机驾驶和操作人员培训工作，主要是通过农机化学校进行。2009年以来，加强了农机化学校的基础设施建设，不断改善教学条件。农机校配有农机化学院毕业的本科生两名，农机化学校毕业的中专生两名担任教师，且全部具有多年的教学经验。在培训方式上，明确培训思路，坚持长短结合，正规教育和技术技能培训并举，立足农机，面向农村，多层次培训技术人才。2016年，举办各类培训班8期，培训拖拉机驾驶员240人次，联合收割机手350人次，其他各类机械操作技术人员1200多人次。阳谷县农机械学校被县组织部授予“党员培训基地”每年培训农村党员100余名。2016年，结合农机推广项目的开展，对农机手进行深松技术的培训，与厂家联合培训农机手120余名，为农机推广项目的开展打下了良好的基础；在新型职业农民培训工作中，培训农机合作社带头人30名。

县林业局

【机构概况】 阳谷县林业局列政府序列正区（科）级事业单位，为阳谷县林业行政主管部门，负责全县林业规划，林果技术推广和林木资源保护管理工作。2016年，县林业局设办公室、人事科、计财科、计生办、林业站、森保站、果树站、种苗站、项目办、林政科、林改办、办证服务科、木检站、森林公安、安全生产综合治理办公室等15个科站，下辖赵王河林场、孟洼苗圃、朱庄苗圃、马庙苗圃。共有干部职工153人，其中高级专业技术人员11人，中级专业技术人员30人，初级专业技术人员44人。

2016年，全体干部职工认真学习贯彻党的十八大、十八届三中、四中、五中、六中全会精神，以及习近平系列重要讲话精神，积极开展“两学一做”学习教育活动，认真贯彻省、市、县关于林业发展的指示精神，大力发展林业生产，积极推行林业产业可持续发展，取得了可喜的成绩。到2016年底，全县有林地面积达到38.04万亩；其中防护用材林30.41万亩，经济林7.63万亩；农田林网化面积78万亩；全县林木覆盖率达35.3%。

【林业调查】 2016年，新增造林2.01万亩，其中防护林1.06万亩，用材林0.25万亩，经济林0.7万亩；新增种苗花卉0.5万亩，新建绿化示范村281个，新建完善农田林网化面积5万亩。

阳谷县自2015年10月份以来重点开展了以德商高速、聊阳路、聊位路、蒙馆路、齐南路为重点的路域环境提升林带建设工作，县委、县政府结合路域环境提升实际将阳谷县的阳张路、景阳路一并纳入到提升活动中。全县共完成131公里、10650亩林带建设，绿化投资6000余万元，新植树120余万株。

2016年10月，为深入贯彻落实“创新、协调、绿色、开发、共享”发展理念，全市组织开展国家森林城市创建工作。县委县政府印发了《聊城市创建国家森林城市阳谷县工作方案》，至2018年6月，全县新增造林4万亩，新建完善农田林网10万亩，中幼林抚育6万亩，林下种养1.3万亩，县域森林覆盖率达到30.11%以上。森林生态、产业、文化、保障四大体系建设各项指标全部达到我县创建国家森林城市近期（2016年～2018年）标准。全县重点实施八大工程，即路域环境绿化工程、水系绿化建设工程、村镇绿化建设工程、农田林网建设工程、特色经济林苗圃基地建设工程、城区绿化美化工程、森防抚育工程、科普宣教工程。截至年底，全县新增经济林、片林和育苗面积1804亩，路域土地流转面积8301.58亩，已挖界沟125.4公里，村级骨干道路绿化10.7公里。

全面开展林地变更调查工作。全国林地变更调查，是在全国林地“一张图”基础上，开展林地范围、林地保护利用状况以及林地管理属性等变化情况的调查分析，是提高林地监管能力，加强林地保护利用管理，深化国家和地方政府宏观决策管理的重要基础和支撑。本次林地变更调查以建制县人民政府批复的2014年度林地变更调查结果或国家林业局认可的林地数据（林地小班一张图矢量数据）为基础，利用林地管理档案信息和遥感技术，结合必要的现地调查，查清2014年底以来，全省林地利用变化情况，将林地“一张图”数据时点调整到2016年底，本年度林地变更调查的工作重点是林地档案更新工作。山东省林业办公厅于2016年12月在济南市举办全省森林资源动态监测单机版暨2016年度林地变更调查技术培训班，阳谷林业站技术骨干工作人员前往参加培训，培训结束后全面展开全县的森林动态监测暨林地变更调查工作。

【林果技术推广】 2016年，认真做好林果技术推广工作，有力地促进了全县林果业的快速发展。全年全县共建立省级示范基地2处，面积3800亩；市级示范基地4处，面积2134亩。引进林果良种50余个，其中经济林10个，如大樱桃、中秋王苹果、秋月梨、皇冠梨、油杏、甜山楂等，用材林10个，绿化苗木20个，如金叶榆、流苏、青檀、速生白蜡、速生法桐、北美海棠、丝棉木等。林果技术管理水平得到明显提高，优果率达到85%以上。

【林权管护】 按照国家林业局、省林业厅有关要求，认真做好了2015年度县级单位林业产业数据涉及的主要花卉生产、驯化野生动物与利用主要中药材生产等12项内容的网络数据填报工作。根据市林业局《关于开展2016年度农民林业专业合作社省、市级评选工作的通知》要求，通过实地调查了解，查看软硬件设施的配备，对符合条件的2家合作社完成了市级申报工作，批复了两家。同时，申报了国家级合作社1家，已批复。至年底，市级以上合作社共有14家，省级4家，国家级1家。

【森林保护】 2016年，完成林业有害生物防治作业面积40.8万亩次（飞机防治美国白蛾35.8万亩次，无公害药剂2.5万亩次，人工物理防治1.5万亩次，生物防治1万亩次）。经过全县上下各级共同努力，林业有害生物无公害防治率达到95%以上，产地检疫率100%，调运检疫率95%以上，美国白蛾第三代有虫株率控制在1%以下，达到了防控责任目标。实现了有虫不成灾，维护了全县生态安全，保护了造林绿化成果。

全县林业有害生物普查工作全部完成，撰写了阳谷县林业有害生物普查工作报告和阳谷县林业有害生物普查技术报告，共发现林业有害生物192种，其中虫害148种，病害37种，有害植物7种。制作了各种病害、昆虫标本共82种，整理林业害虫照片123种、病害照片32种、有害植物照片5种。

加强湿地公园建设，完成了阳谷森泉湿地公园申报市级湿地公园上报工作，并于五月份顺利通过市林业局湿地组的验收，成功晋升为市级湿地公园。

【种质资源】 2016年2月，对全县林木种苗质量进行自查。按规定对阳谷县国有孟洼苗圃和阳谷县天鹏苗木种植专业合作社进行抽查，苗木苗批合格率为100%。所抽查的单位均按照要求办理了林木种子生产经营许可证。开展新《种子法》《林木种子生产、经营许可管理办法》等有关法规的宣传工作，解答群众有关办理种苗生产经营许可证咨询34人次，提高了苗农依法生产经营苗木的自觉性。2016年10月，种苗站对全县古树名木生长状况、管护情况和挂牌情况进行了复核，经核查，全县古树名木及后续资源共计1081株，其中一级古树86株，二级359株，三级（后续资源）636株，古树保存及管护状况完好，全县古树及后续资源已挂牌保护。2016年11月，对全县现有苗木资源、生产供应情况进行认真调查、分析，经统计，至2016年底，全县共有育苗面积20246.3亩，其中新育苗木4185亩。

【林政执法】 2016年，公安科全体执法人员紧紧围绕“生态阳谷”发展大局，强化队伍正规化建设，积极开展一系列打击涉林违法犯罪的专项行动。2016年9月至11月，集中开展打击非法占用林地等涉林违法案件的专项整治活动，有效打击了非法占用林地等违法行为。2016年10月至11月，开展了保护野生动物的“清网行动”，救助放生斑鸠10只，有效的保护了阳谷县野生动物资源。全年，共依法处理各类森林案件40余起，其中林业行政案件4起，调处各类纠纷12起，处理违法犯罪人员40余人次。

【林场改革】 阳谷县国有赵王河林场，位于七级镇杨庄村南，用地面积1556余亩。2016年5月20日，省政府召开全省国有林场改革工作电视会议，山东省国有林场改革工作全面展开。2016年11月2日，省政府批复了《聊城市国有林场改革实施方案》（聊政字〔2016〕116号）并对聊城市国有林场改革做出具体部署。2016年12月，阳谷县按照上级林场改革的文件精神，改变林场原有自收自支事业单位的管理体制，把国有赵王何林场按照公益一类全额事业单位管理。至2016年底，阳谷县已将国有林场职工工资、住房补贴、三险两金纳入了2017年县财政预算。

撰稿人：黄文媛

县水务局

【机构概况】 阳谷县水务局，列政府序列正科（局）级行政单位，为阳谷县水行政主管部门，负责全县城乡涉水事务的一体化管理。至2016年底，局机关设办公室、政工科、计财科、水政科、设计室、农水科、基建科等23个科室。阳谷县排灌处、阳谷县城乡供水总公司（正科级事业单位）隶属水务局，阳谷县人民政府防汛抗旱指挥部办公室（正科级事业单位）挂靠水务局，阳谷县水资源与水土保持办公室（副科级事业单位）隶属水务局。全系统共有在职职工621人，其中专业技术人员255人。在专业技术人员中，高级技术职称的35人，中级技术职称的94人，初级技术职称的151人。

【重点工程建设】 小农水项目　完成2015年度高效节水灌溉工程，涉及阎楼、阿城两镇，建设高效节水灌溉面积2.33万亩，新建泵站7座，新打机井7眼，铺设管道204.4公里，开挖疏浚沟渠17.7公里，新（改）建生产桥18座，新建土壤墒情监测系统1处。工程总投资2729.36万元。

2016年度农田水利项目县工程完成　工程于定水镇开展。建设高效节水灌溉面积3.48

万亩，更新配套机井341眼，配套原有机井92眼，铺设管道275.30公里，改建生产桥13座。项目总投资2890万元。

南水北调续建配套工程 陈集水库总投资7.14亿元，工程永久占地2522亩。工程建成后，库容达1031万方，年供水量达2920万方，日供水量达8万方，有效解决我县水资源紧缺问题。目前库区工程、出入库泵站及管理区主体建设已基本完成，输水管道铺设全部完成，工程完成批复投资6.66亿元，占总投资的93%，已基本具备承接江水能力。

陶城铺年度清淤工程 清淤土方20万方，打井10眼，投资167.1万，动用挖掘机10台，泥浆泵50台套。

【防汛抗旱】 为促进全县农业持续增产增收，积极开展抗旱工作，投资284.3万元，完成了治理沟渠129条，疏浚长度143.5公里，并对北干渠、韩庄干渠进行了清淤开卡，清淤长度8.5公里，积极投入机井建设，全年打井共1271眼。适时进行引黄灌溉工作，共引水4次，累计引黄、引金1.1亿立方米，保障了农田灌溉需要。

深入开展防汛工作。落实全县防汛抗旱工作会议精神，下发了《关于在全县范围内开展防汛隐患排查的通知》，进行了应急度汛工程治理，维修涵闸13座，清挖沟渠36条，清淤长度93.37公里，土方44.32万立方米。修订完成防汛预案，落实了防汛队伍建设和防汛物料储备，严格落实防汛责任制，各项防汛准备工作有条不紊进行，保障安全度汛。

【水政水资源】 *水资源管理* 2016年，阳谷县水务局共指导填写建设项目水资源论证报告表11份，审查水资源论证报告书5份、水资源论证表5份。

阳谷县水务局驻阳谷县政务服务中心窗口安装了建设项目在线审批监管平台，实现了建设项目网上受理、办理、监管“一条龙”服务。2016年共审批5件取水许可，批准水量105.4276万立方米，换证延续6件。

2016年，按照新的水资源费征收标准征收水资源费530.35万元，水资源费征收到位率100%。

水政监察 2016年是水政示范县建设年，积极开展了水政示范县建设工作。加大执法投入，提高装备水平。近年来拨出专项执法经费40余万元，配备配齐执法装备，为执法工作顺利开展和涉水违法案件的及时查处提供了有力保障。健全各项制度，规范执法行为。先后制定了《阳谷县水务局水政执法巡查细则》《阳谷县水务局行政许可稽查细则》，依照水法律法规的规定和权责利相统一的原则，划清了系统内部层级执法责任，明确界定执法权限，防止越权执法和执法缺位。严格落实执法制度。由水政监察大队牵头对水资源、水域、水工程、取水许可开展定期和不定期检查，采取日常检查、重点巡查和专项巡查相结合的方式，对水事违法案件做到早发现、早制止、早处理。开展河湖专项执法检查活动。严格按照水利部“坚持全面清查，重点打击，标本兼治，着眼长效”的原则，把涉河建设项目、侵占河道、非法取土、排污口设置等违法行为作为重点检查内容。共巡查河道8条，包括：徒骇河、金堤河、小运河、金线河、聊阳沟、赵王河、南干渠、北干渠。巡查里程2339公里，出动巡查车次167次，巡查人次501人次，查处水事违法案件2件。其中破堤取土1件，责令其停止违法行为，恢复堤防；非法凿井1件，责令其补办相关取水许可手续。

水土保持 2016年，共审查水土保持方案报告书14份，共收缴水土流失补偿费

47.64 万元。

【机关建设】 严格开展了“两学一做”专题教育，深入学习党章党规、系列讲话，自觉把思想、认识、行动、步调统一到中央和省委、市委、县委各项决策部署上来，立足“两学一做”学习教育，不断提升班子政治素养，增强班子的凝聚力、战斗力。共组织专题学习 24 次，上专题党课 13 次，组织集中研讨 5 次，开展双向约谈 200 余人次，进一步明确增强党性、改进作风、提升能力的努力方向。

积极组织干部职工参加各类文体活动。3 月，组织全局职工进行健康体检活动，男职工 370 人，女职工 157 人进行了健康查体。组织参加全县经典朗读大赛；4 月，参加县组织的金水湖徒步比赛，共 42 人参加。参与阳谷县总工会评选阳谷县“十大杰出职工、优秀职工和一线金牌职工”活动，左立新和田军被评为阳谷县十大杰出职工和一线金牌职工，并荣获“富民兴阳”劳动奖章；7 月，组织开展以合理化建议为主要内容的技术创新和技术革新活动，共提出上报合理化建议 26 条；12 月，参加县工会组织的全县职工羽毛球比赛，胡岩杰和黄启谦荣获男子双打第二名的优异成绩。

【扶贫攻坚】 行业扶贫 按照阳谷县行业扶贫部门任务分工，饮水安全作为行业扶贫重点工作，由水务局牵头组织实施。项目于 2016 年 5 月 16 日开工，2016 年 10 月 31 日完工，2016 年 12 月 9 日完成竣工验收。项目共改造阿城镇、金斗营镇 14 个贫困村庄，解决了 19807 人的饮水不安全问题。工程总投资 422.7 万元。其中，省投资 420 万元，其余由地方自筹解决。工程主要建设了村内管网、入户管网、村水表、入户水表、阀井工程等内容。

百千帮扶 全县脱贫攻坚工作安排后，局机关高度重视，结合水利工作实际，制定了《阳谷县水务局扶贫“百千”帮扶活动实施方案》，根据上级安排的扶贫任务，设立了 4 个帮扶小组，针对负责帮包的寿张镇（11 个村，其中，许庄无帮扶对象）、高庙王镇（4 个村）、西湖镇（3 个村）的 60 户贫困户，局机关选派了 67 名中层以上党员干部，每人帮包 1 户，5 口人以上的贫困户（含 5 口）由两人共同帮包，期限为 2016 ～ 2017 年，两年时间。在规定期限内，贫困户不脱贫的，帮扶人员不脱钩、不撤离。至 2016 年底，县局共投入资金 140100 元用于“百千”帮扶工作（不含职工个人投入资金），有 14 户贫困户已确认脱贫。

撰稿人：李晓路

阳谷黄河河务局

【机构概况】 阳谷黄河河务局（以下简称河务局）前身为阳谷黄河修防段，始建于 1964 年（1964 年 6 月至 2000 年 9 月在阳谷县寿张镇办公，2000 年 10 月迁址阳谷县站前街）。1991 年机构更名升格为副县级单位。2016 年，河务局运行科室有：办公室、水政水资源科、工程管理科、财务科、防汛办公室、经济发展管理办公室、黄河派出所。局属单位：陶城铺管理段（正科级）、寿张管理段（正科级）、明堤管理段（正科级）。在职职工 90 人。

2016 年，河务局着力保障黄河安全和供水安全，确保了黄河防凌防汛和金堤河安全度汛，积极搞好引黄供水服务，引用黄河水 8637.4 万立方米，并实施了金堤河引水 6063.12 万立方米，保障了 2015 年冬麦返青和 2016 年夏季、秋季丰收。全力实施金堤河干流河道治理工程（山东阳谷段），主体工程顺利完工，并积极争取阳谷县 1380 万元的扶贫资金，对北金堤23公里未列入金堤河干流河道治理工程的堤顶路面进行硬化。集中整治工程管理难点，完成淤背工程绿化，拆除3200平方米堤顶经营房屋，改善了工程面貌，提升了工程管理水平。

【水政监察】 加强水法宣传工作，在3月世界水日和中国水周期间，出动宣传小分队1支、宣传车辆2车次，宣传水法规6部，带头参加宣传的领导干部人数达5人，定制悬挂宣传横幅6幅，制作宣传展板2个，发放宣传材料1000份，张贴宣传画10套，投入宣传人力11人，受教育群众达1万余人，取得了良好的效果。3月23日，组织人员参加自行车骑行宣传队，深入阳谷县城及沿黄有关乡镇、村庄及施工工地宣传各种水法规，引导沿黄群众参与法治实践，依法开展生产生活和维护合法权益。被山东黄河河务局评为"法治宣传教育先进单位"。

大力开展夏秋季清障工作，清除打场、晒粮10余起，巩固了往年清障成果，进一步增强了沿堤群众的法律意识，维护了堤防工程安全和完整。

【黄河公安】 加强政治理论和业务知识的学习，提高个人素质，开展了为期3天的警务人员培训和队列训练，开展了为期100天的警示安全教育活动。开展综合治理工作，对县局的综合治理委员会领导组织进行人事调整，年初与局属各科室、单位签订了《社会综合治理委员会责任书》和《预防和严厉打击"法轮功"不法分子责任书》，对内业资料进行全部整理。

大力开展清障和水法宣传工作，在麦、秋两季积极配合水政科、管理段大力开展清障活动，确保了堤防工程完整。

【防汛工作】 阳谷黄河防洪任务是：确保黄河花园口发生22000立方米/秒洪水，经东平湖分洪，控制艾山站下泄流量不超过10000立方米/秒，大堤不决口；遇超标准洪水，要尽最大努力，采取一切办法缩小灾害。

阳谷河务局防汛全面贯彻落实了以行政首长负责制为核心的各级防汛责任制，按照汛前准备的工作要求，加强思想、组织、宣传、队伍、物资等工作的落实，扎实做好防汛准备，确保了黄河、金堤河安全度汛。

进一步修订完善了《阳谷县黄河防汛预案》《北金堤滞洪区运用预案》《阳谷黄河险点险段应急度汛方案》等各类预案。防汛宣传结合5月份的黄河防汛宣传月活动，进行了水法规和防汛知识宣传教育活动，防汛宣传制作悬挂条幅18副，发放宣传材料5000余份。培训队伍一线队伍9874人（包括企业抢险队50人），二线队伍9874人，圆满完成2016年黄河防汛实战演练任务。汛期期间，严格执行24小时领导带班防汛值班制度和工作纪律，加强水工情观测和工程巡查力度，密切关注天气变化和黄河、金堤河水情变化。经过全体人员的共同努力圆满完成了各项防汛工作任务。

5月25日，山东省军区参谋长周月星视察阳谷黄河防汛工作，对如何做好防汛工作提出了意见和建议。6月15日，聊城军分区副政委许常勇、参谋长董智奎就阳谷金堤河防汛工作进行勘察。7月20日，山东省副省长赵润田到北金堤检查指导防汛工作，对防汛工作给予了充分肯定，并提出了指导性建议和要求。

【水资源管理】 严格按照水资源管理的有关规定及要求，做好陶城铺灌区引水能力的调研普查工作，按照县防指的调度指令和实际情况，做好北金堤四座涵闸的金堤河引水工作。按要求完成了陶城铺涵闸及北金堤四座涵闸的取水换证工作。引水期间，严格遵守值班工作纪律，加强引水督察工作，及时将引水情况录入到水资源管理系统。2016年各闸分配水量情况：陶城铺灌区8100立方米，张秋闸950立方米，八里庙闸180立方米，赵升白闸180立方米，明堤闸550立方米。全年陶城铺涵闸引水8637.4万立方米，金堤河引水6063.12立方米，有力的保障了阳谷县农业的增产增收。

【工程建设】 2015年10月13日，金堤河干流河道治理工程（山东阳谷段）开始破土动工。该工程是80年代复堤后国家实施的投资最大的金堤河治理工程。阳谷境内所在的第二标段涉及的项目有防风浪护坡；涵闸建设；堤顶道路硬化；险工建设；防渗墙施工；堤顶道路硬化等，以及近50公里的北金堤背坡整理工程。2016年10月12日，金堤河干流河道治理工程（山东阳谷段）主体工程完工，共计完成土方12.61万立方米，石方9.66万立方米，砼方1.02万立方米，完成投资11294.15万元。

阳谷河务局还积极争取阳谷县1380万元的扶贫资金，对北金堤23公里未列入金堤河干流河道治理工程的堤顶路面进行硬化。11月12日，工程全部完工，不但改善了沿堤群众出行道路，为脱贫致富提供了交通基础，也改善了阳谷堤防面貌。

【工程管理】 全年，维修养护共完成土方9.94万立方米，石方0.06万立方米，完成投资640.18万元。

开展工程管理难点整治，整修三处上堤辅道路面，完成北金堤堤防3200平方米老旧房屋的拆除工作。对贾垓险工七道坝进行了整修，使险工整体面貌有了较大改观。对临黄堤3+050–5+200、4+200–4+800段进行植树15750株，消除了堤防绿化“空白段”。

【科技创新】“遥控太阳能照明式水位观测计”获黄委“三新”认定和省局“科技火花奖”一等奖。

【财务管理】 加强对国库资金的使用和管理，及时上报水利资金集中支付旬报及预算执行分析。及时办理用款计划申请和财政资金支付，做好资金调度。完成了2016年度预算单位的清产核资任务。抓住重点，按照上级核定财政资金支付目标任务，逐项细化分解，并加强支付工作的监督监控，保证支付质量。按时完成国库资金支付进度，进行了非财政补助收入调研工作。完成了2016年度部门决算工作。

【精准扶贫】 2016年，阳谷河务局51名干部职工积极展开扶贫调研和扶贫措施的落实，为金斗营镇81户贫困户帮扶对象建立了档案，制定了帮扶计划和措施。干部职工多次深入到村中和贫困户家中，了解经济发展情况，给贫困户送去粮油，并帮助未就业人员联系工作，通过在黄河工程管理中提供务工机会、向贫困户传递致富信息和帮助发展项目、帮助身体健康的贫困户联系工作岗位等措施实施，转变“等、靠、要”思想，努力增加村民收入，树立脱贫致富的信心，有效解决了困难户的实际困难。同时，为金斗营镇斗东村安设路灯101盏，修建了一条上堤道路，方面了村民出行交通。

【精神文明建设】 成立精神文明建设领导小组，全面指导精神文明建设工作。积极开展“道德讲堂”建设、建党95周年暨人民治黄70周年庆祝活动、“迎国庆 健步走”“慈心一日捐”、学雷锋志愿服务、参观刘邓大军渡河纪念馆等活动，创刊《阳谷黄河周报》，强化文明宣传教育，丰富了职工的业余文化生活。2016年，机关党总支被评为“全县先进基层党组织”，寿张管理段食堂被山东黄河工会命名为“职工满意食堂”，河务局连续五年被省文明委评为“省级文明单位”，陶城铺管理段被连续评为“市级文明单位”。

GONGYE HE XINXIHUA

工业和信息化

阳

GONGYE HE XINXIHUA

工业和信息化

谷

阳谷县经济和信息化局

【机构概况】 阳谷县经济和信息化局是县政府下设主管全县工业经济工作的职能部门。下设两个事业单位，其中正科级事业单位1个：阳谷县技术改造办公室；副科级事业单位1个：阳谷县节约能源办公室。至2016年，内部机构设有办公室、经济运行科、能源科、科技科、电力科、行政监察执法大队、成品油办公室、经合科、人社科、财务科、审计科、计生、企业科、电商科、化工企业转型升级办公室共17个科室，局机关共有干部职工70人。

【工业经济发展】 2016年，围绕“稳增长、转方式、调结构、增效益”这一主线，以提高经济发展质量和效益为中心，不断加强监测分析，全县工业经济保持了平稳健康的发展势头。2016年全县新增规模企业户数25户，达到326户，实现主营业务收入1025.33亿元，利润73.08亿元，利税101.37亿元；铜及铜制品、光电、塑料化工、食品、轻纺及汽车饰品五大支柱产业实现主营业务收入777.91亿元，利税74.66亿元，利润51.46亿元，分别占全县规模企业的75.87%、73.79%、70.61%。

【工业转型升级】 不断加大工业投入和技改投入，加快产业结构调整。2016年，全县完成工业投入219亿元，同比增长15.3%；技改投入达到113亿元，同比增长22%。实施的25个重点技改项目，累计完成投资额42亿元，其中首信高分子PE护套料、凤祥乳酸菌饮料等19个项目全部完工。入选市“双百工程”的11个重点工业项目，已完成投资40.2亿元，占全年投资计划的110.8%。这些项目的完工投产和企业技术中心的建设，加快了全县工业经济转方式、调结构步伐，提升了可持续发展能力。同时不断加大企业技术中心建设力度，东大塑业、中通电缆2家企业被评为市级企业技术中心；东信塑胶被评为省级企业技术中心。

【绿色循环发展】 大力实施工业绿动力计划，节能降耗成效显著。提高锅炉能源利用效率，采用高效煤粉、天然气、太阳能、生物质能等方式对燃煤锅炉进行淘汰和改造，至2016年底，禁燃区内在用20蒸吨/小时以下工业锅炉全部完成淘汰和改造。组织申报2016年太阳能集热系统财政补贴项目，共有3家学校和2家企业成功申报。

2016年，阳谷县电缆集团的年产400吨光纤预制棒项目、华信塑胶的新型节能门窗幕墙生产项目、森泉热电的2×130吨/小时循环硫化床锅炉节能技术改造项目等8个项目入选国家节能减排示范城市重点项目库，计划总投资17亿余元，年可节约11万余吨标准煤，共获奖励资金2150万元。

【化工产业转型升级】 为全面提高全县化工产业发展水平，按照省市要求，积极谋划，扎实开展化工产业转型升级工作，已取得初步成效。在排查摸底打非治违的基础上，完成化工企业评级评价工作，逐个企业建立信息全面、数据准确的工作档案。做好西部化工集中区规划建设，扎实推进化工企业“进区入园”。完成祥光经济开发区西部化工集中区规划编制。上报省化转办华泰化工搬迁计划备案，纳入省搬迁项目引导资金盘子。

【“互联网+工业”加速融合】 扎实推进“互联网+”战略，积极建设澳林电商产业园，打造企业创业创新平台，努力将澳林电子商务产业园打造成为“双创示范园”“大学生创业就业示范园”及“电子商务示范园”三园合一的创新创业平台，引进阿里巴巴农村淘宝项目入驻电子商务产业园，电商产业园建成后已有50余家企业入驻，电商产业园的建设，将进一步拓宽企业销售渠道，推动全县经济转型升级和产业结构调整，加快促进我县制造业和互联网的深度融合。2016年，全县共铺设村级淘宝服务站58个，通过搭建各级服务网络，充分发挥电子商务优势，突破物流、信息流的瓶颈，实现“网货下乡”和“农产品进城”的双向流通。

县民营局

【机构概况】 阳谷县民营经济发展局原名阳谷县乡镇企业局，1998年5月底与县经委联合办公，2001年4月由县委、县政府宣布独立办公。2002年3月成立党组，2002年8月，政府机构改革确定为具有行政职能的独立科局。目前，局机关共有干部职工56人，其中在职职工38人，离退休人员18人。局下设办公室、综合科、信息科、人事科、规划发展科、科技管理科、经济运行科、财科8个科室。

主要职责是：服务中小企业，发展民营经济。贯彻执行国家和省、市、县制定的促进民营经济、中小企业发展的扶持政策、意见建议；制订、下发全县民营经济年度发展目标，对全县民营经济的经济运行实施调度和监控；引导民营企业加强科技创新、管理工作；协调解决经济运行中遇到的实际问题；指导全县产业集群、特色产业镇的发展；做好全县民营经济有关民营经济等报表的统计工作；优化民营经济发展环境，保护民营企业的合法权益。

【民营经济】 2016年，全县民营工业固定资产投资完成182.2亿元，比去年同期增长13.2%；民营经济税收完成13.29亿元，比去年同期减少1.4%；私营企业发展到4539户，比去年同期增加1069户；个体工商户发展到29392户，比去年同期增加3884户；规模以上中小企业户数发展到321户，比去年同期增加10户。

【工作调度】 下达民营经济任务目标，结合各乡（镇、街道）民营经济发展实际，将市下发的2016年民营经济发展任务目标进行分解，明确每个乡（镇、街道）发展目标，督促乡镇加强领导，加大工作力度，做好民营经济工作；定期召开乡（镇、街道）经发办主任调度会，对民营经济税收、固定资产投资、个体工商户和私营企业户数等各项指标的完成进度情况进行实时调度，及时掌握各项指标完成情况。针对民营经济发展相对较慢的乡镇进行重点帮扶，加强工作指导，帮助其挖掘潜力，寻找突破点，努力促进全县民营经济的平衡发展。

【调研工作】 深入企业进行实地调研。5月4日，会同县人大财经委联合开展一次调研活动，对全县民营经济、中小企业发展情况进行调研，进入果壳信息科技、德海友利带业、谷丰源生物科技等企业进行实地调研，通过调研，及时发现企业生产运行中遇到的问题以及制约企业发展因素，为制定鼓励扶持民营经济、中小企业发展意见的提供决策参考和依据；召开乡镇经发办、企业家座谈会。5～6月份，利用2个月的时间，分4个片区对全县18个乡镇中小微企业、主导产业运行情况进行调研，与鑫辉电缆、万德豪阀业、东润阿胶、太平洋电缆等22家中小微企业老板进行了详细座谈，掌握中小微企业生产经营第一手资料，对我县电缆、畜禽宰杀、阿胶等产业发展现状、存在问题、发展前景进行了细致分析，对调研中企业提出的困难和问题及时联系有关部门协调给予解决。

【企业创新】 鼓励全县中小微企业加大科技创新力度，引导企业加大创新投入，支持企业进行新设备的引进，新产品的开发，不断提高企业自主创新能力，每年在全县开展“一企一技术”创新活动，帮助我县中小企业积极申报省、市级“一企一技术”研发中心、创新企业，今年帮助德海友利带业、山东贵合节能科技申请为省级“一企一技术”研发中心。截止到目前，我县省、市级“一企一技术”研发中心、创新企业达到16家；省级“专精特新”中小企业达到8家。

【产业集群】 围绕铜及铜制品、电缆、钎具、橡塑管材、畜禽加工、汽车坐垫、板材加工等七大主导产业发展，着力打造特色产业集群，通过壮大龙头企业，引导企业不断向产业链上下游进行延伸，促进集群内的中小企业向产业园区聚集，阳谷县产业集群规模快速扩张，龙头企业带动作用越来越明显，产业链条逐步完善。2016年2月，由东信塑胶公司牵头成立了阳谷县塑胶行业协会；2016年8月，由张平车饰、博达坐垫等企业组建了阳谷汽车用品行业协会。阎楼镇被认定为山东省特色产业镇，至2016年底，阳谷县已有2个市级产业集群—橡塑管材、电缆；1个省级特色产业镇—阎楼镇；2个市级特色产业镇张秋镇、大布乡。

【企业融资】 积极开展聊城“金融工作日”座谈活动，4月20日上午，副市长冯艺东、副市长洪玉振组织召开聊城“金融工作日”座谈会，阳谷县五岳矿山、力达电线、宇星汽具、清华羽绒、力鸿汽配、德海友利等6家中小企业参加了本次座谈会，政府搭台，银企面对面近距离交流沟通，企业资金方面的困难和难题得到了有效解决，有力地促进企业进一步发展；继续搞好“助保贷”业务。积极向建行推荐我县市场前景好、信用度高的中小企业。2016年，天马建材、五岳矿山等5家企业累计利用建行助保金贷款1900万元；解决企业融资贷款难题，加大对特色产业镇的融资支持力度，开展中小企业服务直通车—投融资专业行送服务下特色产业镇活动，阎楼、张秋、大布、安乐镇等乡镇上报融资需求企业，召开融资咨询和贷款对接会；不断拓宽融资渠道，根据齐鲁股权交易中心挂牌要求，11月，与县金融办初步筛选35家符合条件的中小企业，做好了齐鲁股权交易中心挂牌前期准备工作，通过帮助企业挂牌上市，缓解全县中小企业融资困境。

【企业培训】 按照2016年中小企业培训计划，全年共组织全县中小微企业参加省、市各类培训活动4次。4月13日，组织全县30余家中小企业老板，参加聊城市《水城论坛—老板大讲堂》培训班；4月6～7日，组织阳谷县金蔡伦、德海友利带业等中小企业，参加在济南召开的山东省中小企业协会二届六次理事会议暨中国中小企业公益大讲堂；4月27日，组织澳林商贸博览城、张平汽车饰品、万德豪阀业、德海有利等中小企业参加第三届山东省互联网大会。10月20日，在阳谷县电子商务运营中心，举办2016年山东省中小微企业巡回大讲堂阳谷培训班，邀请著名讲师周雷以《企业转型升级与商业模式创新》为主题，为我县中小微企业老板进行集中培训，全县180余家中小微企业老板、高层管理员人参会。通过开展培训工作，使阳谷县中小企业获得更多企业发展转型经验，对如何经营好、管理好企业，更好地利用互联网提升企业创新力，帮助企业更好完成转型升级。

【企业工作日制度】 3月，组织恒泰实业、天马建材2家企业参加市领导召开的聊城市星期六企业工作日座谈会，掌握中小企业生产经营情况，发现企业运行中存在的问题，并组织企业面向有关部门反映企业急需解决的相关问题，及时反馈企业职能部门处理情况，加强协调沟通，通过与市县职能部门的协调沟通，帮助企业扫清障碍，加快发展。

【小微企业信息化】 充分利用中国中小企业山东阳谷网这一平台，为企业提供全方位信息化服务。征集整理各乡镇报送的乡镇、企业、企业家、名优产品等相关资料，开通运行易商电子商务平台，不断完善中国中小企业山东阳谷网功能；积极推进中小企业电子商务应用和平台建设工作，利用中国中小企业山东阳谷网，提高中小企业信息化应用水平，引导企业开展网上贸易和电子商务，利用"互联网+"思维，改变全县中小企业传统生产经营模式，加快中小企业转型升级；加快信息传递。2016年，更新中国中小企业山东阳谷网信息754条；向市局网站及相关科室报送信息79条，省局网站报送信息75条；搭建信息传播新途径。2016年3月1日开通"阳谷民营经济"微信公众号，搭建信息传播新途径、学习新平台，通过微信公众号，及时发布与工作有关的焦点新闻、通知公告、创业创新等信息。

【大众创业万众创新】 大力推进大众创业万众创新，开展全民创业"三十佳"活动，树立创业创新典型。2016年继续在全县范围内进行筛选符合条件的人员，参加聊城市全民创业创新"十佳村党支部书记、十佳创业之星、十佳创新之星"评选活动，经过层层评选，10月，郭屯镇张堂村党支部书记何继跃被评为十佳党支部书记；山东贵合节能科技有限公司副总经理汪为良被评为十佳创新之星；组织企业参加聊城市创业创新典型评选活动，8月份，山东德海友利带业有限公司被评定为聊城市创新型小微企业。通过创业带头人的引领示范以及创新企业的带动，进一步激发全县全民创业创新活力，掀起全县全民创业的新高潮，促进阳谷县民营经济更快发展。

【中小企业培训】 组织企业参观学习，组织全县中小企业外出参观学习，学习山东省东部地区和国内发达地区的企业管理先进经验。组织全县中小企业家赴烟台海阳参加企业管理提升培训；组织阳谷县科技型中小企业走进青岛考察，学习互联网+，智能制造与企业传统生产的完美融合以及成功运用，提升企业生产的自动化水平，增强企业的核心竞争力；参加国际国内专业展览会，带领全县部分中小企业参加国际国内专业展览会，行业展销会，今年，带领果壳信息公司参加了第9届APEC中小企业技术交流会展览会；带领东大食品、鑫源食品参加台湾国际食品展等展销会，通过与行业龙头企业的交流，促进企业自身竞争力的提升；协助做好阳谷汽车用品展览会工作，在成功举办第1届中国阳谷汽车用品展览会的基础上，于12月28日–30日继续举办中国阳谷第2届汽车用品展览会，进一步提升我县汽车坐垫产品市场知名度，扩大阳谷县汽车坐垫行业的国内影响力，进一步打造阳谷县全国最大汽车坐垫产销基地的称号。

【2016中国（阳谷）第2届汽车用品展览会】 2016年12月28～30日，2016中国（阳谷）第2届汽车用品展览会在澳林商贸博览城成

功举办。展会由中国汽车后市场总会主办，阳谷汽车用品行业协会和澳林商贸博览城共同承办。本次展会展出面积近3万平方米，搭建展位600余个，来自北京、新疆、上海等30个省市的5万余名参展商、采购商和专业观众汇聚阳谷参展交易，600余家参展企业提供了上千种展品，现场累计成交额1.6亿元，达成意向合同额3亿元。

县供电公司

【机构概况】 2016年，国网山东省电力公司阳谷县供电公司下设8个职能部室（办公室、发展建设部、财务资产部、安全监察质量部（保卫部）、人力资源部、党群工作部（工会、纪委（纪检）办公室、团委）、乡镇供电所管理部和电力调度控制分中心），2个业务支撑与实施机构（运维检修部（检修（建设）工区）、营销部（客户服务中心）），19个乡镇供电所，现有员工591人，领导班子6人，分别为总经理刘广友，党委书记阴泽生（市公司人员挂职），党委副书记、副总经理展云峰（市公司人员挂职），副总经理朱晓光、张继刚，纪委书记兼工会主席曹继宝，另有调研员沈俊卿、陈士昌、刘培智。

【安全生产】 始终坚持安全第一，公司安全生产形势平稳，供电可靠率达99.921%，未发生人身、电网、信息系统事件及七级以上设备事件。逐级签订《安全责任书》《安全承诺书》共计2512份。组织开展专题安全日3次，各级领导和管理人员到位监督448人次，安全督察队到位3481人次，督查现场827处，查处违章108起，下发整改通知书70份。采用远程视频监控和现场人员巡视相结合的方式查违章，不留盲区、死角。组织《安规》考试9次，参考人员1290人次。收集“行为违章、管理违章、装置违章”典型违章38例，开展反违章大讲堂。联系县政府下发了《关于开展电力设施保护区违章树木建筑隐患治理工作的紧急通知》，累计清理树木5.2万棵。建立月度隐患排查常态机制，实现了14个专业全覆盖，累计排查各类隐患321项，整改完成率100%。组织开展“三查三强化”安全专项行动。编制了9期“三查三强化”安全专项行动周工作简报，排查问题313项，整改313项，整改率100%。成功应对“6.14”特大暴风雨天气，共出动抢修人员520余人次，抢修车辆38辆次，抢修事故点189处，立杆135基。联合经信局、公安局等执法部门拆除威胁公司安全运行广告牌25处，确保了电力可靠供应。

【电网建设】 优化滚动修编“十三五”电网规划，实施110kV苏庄变电站增容工程，解决了该站的单主变运行问题。认真履行属地责任，加大协调力度，±800kV晋北—江苏工程实现通道清理完成，具备验收送电条件，上海庙－山东工程县域内45基杆塔组立完成。配网建设取得实效，坚持精准投资，大幅提升中低压配网互供及转供能力，缩短供电半径，提升电压合格率，主要解决配网供电“卡脖子”和低电压。结合中低压配网项目建设，持续推进城区智能配网建设，实现城区配电自动化。2016年，共完成了两个批次项目的建设任务，总资金22070.22万元。包括2015年第一批专项建设基金项目和2016年第一、二、三批次农村机井通电工程和小城镇（中心村）工程。2015年第一批专项建设基金项目投资5759.03万元，共165个子项目。新建、改造10千伏线路110.91千米，配变155台，容量30.50兆伏安，低压线路24.23千米，工程已于2016年7月底全部竣工。2016年，第一、二、三批次农村机井通电工程和小城镇（中心村）工程，共投资16311.19万元。其中机井通电工程共投资14095.05万元，486个单体工程（台区），新增变压器486台，变压器容量60.1兆伏安，覆盖机井4749眼；小城镇（中心村）工程共投资2216.14万元，新增和改造变压器48台，变压器容量10兆伏安，涉及58个低压台区，43个中心村。

【用电量】 2016年，阳谷县全社会用电量累计完成22.11亿千瓦时，同比增幅10.28%。公司销售电量累计完成20.09亿千瓦时，同比增幅11.31%，首次突破20亿大关创历史新高。2016年全县第二产业用电量累计完成16.46亿千瓦时，同比增幅10.81%，其中2016年全县工业用电量累计完成16.40亿千瓦时，同比增幅10.84%。2016年第一产业用电量累计完成9501万千瓦时，同比增幅7.95%；第三产业用电量累计完成17084万千瓦时，同比增幅11.20%。阳谷县工业经济的快速发展间接拉动了全县第一、三产业的健康发展。2016年居民生活用电量累计完成29887万千瓦时，同比增幅7.64%。

【优质服务】 全面深化客户导向型“大服务”机制落地应用，全力打造最好的服务。主动适应电改新形势，全面落实3个园区“门对门”和10个大客户“三定”服务措施，为客户提供标准化和差异化服务。促成7个客户达成直接交易，年交易电量2.94亿千瓦时，为企业降低生产成本1246万元，售电增幅全市第一。提升业扩服务效率，10千伏及以下客户受电工程实现无障碍接入，高压业扩受理230户，受理容量75970千伏安。开辟光伏扶贫项目“绿色通道”，受理光伏申请570户，并网发电379户，并网容量5045.95千瓦，市场需求实现快速响应。加强服务质量管控，实行敏感、典型投诉即时督办和“说清楚”等制度，开展营业厅模板化管理，常态对19个窗口明查暗访，深化供电所“服务隐患大排查”。开展“零投诉”争创活动，建立常态奖惩机制，服务意识和质量明显提升，石门宋、阿城、定水供电所实现全年无投诉。丰富服务内涵，推进“互联网+”智能互动服务建设，电e宝、积分商城等绑定2.8万户，低压客户预购电实现100%，高压客户预购电实施46.44%，提高了公司自有渠道缴费比例。“多表合一”采集建设750户，两处充电站已并入车联网系统。强化营销过程管控，全年查处违约窃电69起，挽回经济损失73万元，处理核查异常问题1156项，修改客户基础数据3356条。0.4千伏线损同期下降0.84%，直接经济效益270万元，台区实时线损可算率位于全省第四，提升了精益运营能力。圆满完成了高考、重要节假日和地方政治经贸活动等重大保电任务，赢得了县委、县政府和社会各界的广泛赞誉。公司在全县行风评议中再次获得第一名。

【队伍建设】 大力提升员工素质能力。加强职业技能鉴定基地建设，完善培训功能，鉴定技师、高级工2476人次，基地实训室项目顺利通过省公司验收。实施“大培训”工程，精心组织举办岗位专项培训、班组大讲堂等各类内部培训班965期，培训14911人次，认定、评定初级职称16人、中级职称43人、高级职称8人，开展职业技能鉴定99人，本科学历认证8人，公司在省市公司级21项竞赛调考项目中取得优异成绩，数量及名次均居全市第一名。

【企业管理】 深化“三集五大”体系建设，推进“五位一体”融合落地，子改分顺利完成，落实岗位绩效工资制度落地应用。加强预算管控，强化预算“硬约束”。降低经营风险，对长期挂账的在建工程进行清理，完成资金安全专项检查及问题整改，公司成为全市唯一一家县公司业务凭据电子化推广单位。加强物资集约化管理，对物资计划提报、审查、合同履约、到货等关键业务环节设置专职负责人，提高了物资管控能力，形成了物资管理各环节的无缝链接，被省公司评为“2016年度物资工作先进单位”。加强审计监督，针对财务管理、招投标等方面存在的风险和隐患进行了梳理排查及整改治理。深化班组建设专业化管理，分专业制订实施方案，推进班组建设与专业管理的深度融合。班组结对签订结对协议书28份，对内实现班组结对全覆盖，公司被评为省公司班组建设先进单位。健全完善供电所帮扶机制，落实供电所“四送”和“三级”帮扶工作制度，班子成员带部室主任分工包保，逐级签订包保帮扶责任书，促进了供电所管理全面提升。充分发挥“三级监控体系”的前端控制功能，对各项指标实行分专业分级监控、集中分析、会商解决。对异常数据每日早会通报“到台区、到表箱、到责任人”，实行“六位一体”管控模式，促进各项指标有效提升。

阳谷联通

【机构概况】 中国联合网络通信集团有限公司（简称“中国联通”）于2009年1月6日在原中国网通和原中国联通的基础上合并组建而成，在国内31个省（自治区、直辖市）和境外多个国家和地区设有分支机构，是中国唯一一家在纽约、香港、上海三地同时上市的电信运营企业，连续多年入选“世界500强企业”。

中国联通主要经营GSM、WCDMA和FDD-LTE制式移动网络业务，固定通信业务，国内、国际通信设施服务业务，卫星国际专线业务、数据通信业务、网络接入业务和各类电信增值业务，与通信信息业务相关的系统集成业务等。2009年1月6日，原中国联合通信有限公司与原中国网络通信集团公司重组合并，新公司更名为中国联合网络通信集团有限公司。为与合并前的中国联通相区分，业界常以“新联通”进行称呼。

中国联通拥有覆盖全国、通达世界的通信网络，积极推进固定网络和移动网络的宽带化，为广大用户提供全方位、高品质信息通信服务。2009年1月，中国联通获得了当今世界上技术最为成熟、应用最为广泛、产业链最为完善的WCDMA制式的3G牌照。2013年中国联通启动4G设备建网，采购了TD-LTE基站。中国联通宣布在2014年3月18日启动4G的正式商用。2015年2月27日，中国联通正式获得世界上采用的国家及地区最广泛的FDD-LTE牌照。2016年6月，工信部批准联通在14省市内开展900MHz LTE FDD试验。8月，中国联通在"2016中国企业500强"中排名第46位。

公司有合同制员工80人，平均年龄在45岁左右，下设城区2个营业厅及19个乡镇自办营业网点，全县共有100余个代理渠道，总计从业人员300余人。

【效益规模】 阳谷联通拥有130、131、132、155、156、185、186、145、176号段，其中145号段为中国联通3G WCDMA无线上网卡专属号段。拥有“沃3G/沃4G”“沃派”“沃家庭”“智慧沃家”“美丽乡村”等著名客户品牌。

2016年，为提高通信质量，阳谷联通累计完成投资到达363.1万元，其中线路投资226.9万余元，基站配套传输投资52.6万余元，主干扩容投资83.68万余元。完成陈石、五里庙、辛菜郭回迁楼小区，澳林商贸城、新世界广场、郭屯新村、星河湾二期、谷北小区、技校家属楼等小区的工程施工，进线小区累计到达22个。凤祥集团新办公楼、卫计局新办公楼、新三中等重点客户的专线接入工程顺利完成，集团客户的接入数量稳步提升。现网优化工程施工紧张进行，转化工作同步开展，一期PON+LAN改造小区38处，新建FTTH端口4300余口，预计改造用户3200余户。二期拟改造小区65处，新建FTTH端口4100余口，改造用户数2800余户。完成ME60及S9312设备升级，开通站前、张秋、安镇、石佛、大布、李台、闫楼、寿张8台乡镇汇聚设备，19个支局及三个城区模块局的22台OLT设备全部改造10G上联，网络带宽满足了用户提速需求。完成县医院小区、普惠小区等传统LAN交换机的改造工作，全县传统LAN小区全部改造完成。完成PON+LAN小区端口裂分，新开PON口96个，裂分设备603台，截至10月底，光改第一批批复的38个小区，完成数据制作及转化完交换机数据的清理工作。

2016年，阳谷分公司完成52个网点的升级改造。为提升行业网络的稳定性，消除了网络中断风险，原MP97设备退网，完成22个网点的升级改造工作。开通至北京、至上海两条跨域电路。开通IP专线26条；开通ATM数字专线共20条；开通19条视频会议VPN专线。

【亮点工作】 开展“助力党建 信息惠民”活动，赠送“村务通”业务服务，将联通农村市场发展与农村“信息化建设”“扶贫推进”相结合，与地方政府形成利益共同体，实现“村委形象提升、百姓受益、联通发展”的三赢局面。2016年底，建设“党建惠民信息村”128个。

为满足阳谷城区3万宽带用户能够体验联通的高清IPTV电视业务、用上联通先进的4G网络的需求，阳谷联通公司积极开展“联通宽带高品质，光纤电视进万家”营销活动。联通宽带网络已经实现光纤入户。至2016年，70%区域可开通100M速率宽带，仍需进行网络升级，直至全部可提供100兆速率，实现向1000兆网络演进的目标。

中国联通阳谷县分公司全体员工将“以诚做事、以信经营；以情动人，情传万家”的经营服务理念贯穿落实到每个服务环节，打造“情传万家”服务品牌，让每个联通客户体验真情服务。

中国移动阳谷分公司

【机构概况】 中国移动通信集团公司（简称“中国移动”）于2000年4月20日成立，注册资本3000亿元人民币，资产规模超过1.72万亿人民币，客户总数8.5亿，基站总数超300万个，是全球网络规模、客户规模最大、市值排名领先的电信运营企业。中国移动全资拥有中国移动（香港）集团有限公司，由其控股的中国移动有限公司在国内31个省（自治区、直辖市）和香港特别行政区设立全资子公司，并在香港和纽约上市。中国移动名列财富世界500强之一，在2016中国企业500强中，中国移动排名第10。中国移动主要经营移动语音、数据、宽带、IP电话和多媒体业务，并具有计算机互联网国际联网单位经营权和国际出入口经营权。2016年，公司准确把握趋势，坚持创新驱动，聚焦价值提升，制定并实施了“大连接”战略，加速推进转型升级，各方面工作均取得显著成效。

中国移动通信集团山东有限公司阳谷分公司原归属于阳谷县邮电局，1998年9月邮政与电信分开经营，移动通信业务归属电信局。1999年，根据国务院、信息产业部改革、资产重组方案，将移动通信业务从电信拆分，成立阳谷移动通信公司。1999 年 7 月正式挂牌运营，是中国移动通信集团山东有限公司聊城分公司的分支机构。

公司共有员工 100 余人，平均年龄 33 岁左右，下设城区自办及乡镇自办营业网点，全县共有千余个代理渠道，从业人员共计 4000 余人。

【效益规模】 阳谷移动公司全面负责运营阳谷县 188、187、183、182、159、158、157、152、151、150、147、139、138、137、136、135、134 等号段移动通信业务，拥有 4G 飞享套餐、神州行、动感地带、全球通等知名品牌。2016 年，阳谷移动在网客户稳步上升，有线宽带业务发展突飞猛进，集团客户业务服务范围逐渐扩大，全年业务收入比上年增长比例达到行业平均水平，地方税金上缴金额始终名列前茅。

【服务优化】 大力开展“客户满意工程”建设，深入贯彻“客户为根、服务为本”的服务理念，积极开展了行风纠风工作，狠抓五方面问题：“规范计费收费行为”“防治骚扰、诈骗电话”“规范信息通信市场秩序”“加强用户信息保护”以及“落实‘实名制’”等。认真落实客户热点问题督办机制，重点解决社会关注的热点问题，建立跨部门推进机制，从源头上强化管控，促进热点问题改善。在做好基础服务的基础上，公司不断创新服务模式，积极为客户提供差异化的服务，全面提升阳谷移动服务水平。围绕客户服务体验的薄弱环节、业务推广、节假日特点及优化细节服务等方面，设计开展了一系列丰富的惊喜化服务活动。另外为了方便广大客户，公司还提供了掌上营业厅、微信营业厅、网上营业厅、短信营业厅等多种方便快捷的业务办理渠道，方便客户足不出户办理业务。

【网络建设与维护】 至 2016 年底，全县境内 4G 网络高速、国道、省道的连续覆盖比例超过 98%，农村区域覆盖比例超过 80%。有线宽带行政村覆盖比例到达 94%、小区覆盖比例超过 85%。阳谷移动全力打造 4G 精品网络，提升客户网络使用感知，按照“广、深、厚、精、优”的工作指导方针，从强化 4G 基础工作入手，着重在“精准”上下功夫。2016 年，投入巨资，对覆盖较弱的区域提前进行测试、精确选址，通过精确网络规划、把控工程建设质量、提升网络优化质量、加强 4G 基站维护等多种方式，着力解决 4G 网络中存在的质量问题，努力攻克路面硬化、地形复杂等重重困难，圆满完成 4G 四期工程的建设，进一步完善城区、县城、乡镇驻地区域的深度覆盖，为客户提供高品质网络服务。在网络维护方面，通过蓄电池更换、增补室分 UPS、取电点整改等措施，提高基站用电稳定性，发现并整治组网结构不合理、光缆下垂，过路牌缺失等各类隐患，进一步提升传输网络安全性。

【家庭业务】 阳谷移动积极响应“宽带中国”战略部署和要求，立足“高起点、高品质、高价值”的标准，投入巨资，在全县城乡快速推进全市“光网工程”，为全县人民提供“高起点、高品质、高价值”的有线宽带服务。另外基于宽带为客户推出丰富多彩的家庭产品，引入高品质的内容资源，电视魔百和业务实时观看各大频道电视节目，具备“时移”和“回看”两大功能。移动 IMS 固话业务以宽带为基础，具备资费低、即插即用、家庭网内短号互拨等优势，和目业务广泛应用于家庭安全防护、关爱老人、照看孩子、看护宠物、中小商铺监管等领域，具有高清实时监控、视频云存储、24小时不间断录制、异常侦测消息推送、语音对讲等功能，多种家庭业务推出后，受到广大客户的热烈追捧。

【4G业务】 中国移动4G采用了4G LTE标准中的TD-LTE，TD-LTE是由中国主导，具有自主知识产权的第四代移动通信技术，已被国际电信联盟确立为三大国际4G标准之一。中国移动作为全国首家开通4G运营的电信运营商，不仅是国内TD-LTE技术的主导者和产业的引领者，对TD-LTE的全球发展也具有决定性影响。目前阳谷移动在4G网络建设方面，已实现城区及乡镇连续覆盖、农村热点基本全覆盖，完善了重点国道及县城道路的网络覆盖。随着网络覆盖的完善，移动4G赢得越来越多客户的喜爱，移动4G已经成为广大客户的首选。在资费方面，2016年移动公司对4G套餐进行了全面升级，升级后的套餐有多种档次的套餐可供选择，并取消漫游费。推出套餐内剩余流量当月不清零服务，为客户开通安心保，防止顾客超套餐费用过高。还推出了节假日流量包、周末包等限时包。这些降费举措，不仅极大地促进了客户消费，而且也提升了客户使用满意度；在提速方面，我们不断完善4G网络质量管理体系，加强端到端质量优化，真正实现高速无线上网，加快推进VoLTE的网络改进和优化，实现高清语音通话，客户感知得到显著改善，网络服务质量持续保持领先优势。

【信息化建设】 阳谷移动积极响应县委、县政府的号召，在智慧政务、智慧交通、智慧医疗、智慧环保、智慧农业等多个信息化领域均取得了理想的成绩，有效提升了各级党政机关、大中小型企业的办公管理信息化水平，在信息化办公、安防监控、手机购物、信息查询等多方面得到了具体的体现。积极落实推进“互联网+”战略，开展政务云、工业云项目的拓展，充分利用云计算、大数据、物联网、移动互联网技术，推进信息化和传统产业深度融合，在金融、交通、能源、医疗、教育等多个领域开展信息化深度合作，积极拓展信息化项目，以信息化带动传统产业改造升级。

深入贯彻落实省市县政府关于“美丽乡村”建设要求，结合阳谷实际，通过信息化技术助力阳谷美丽乡村建设，打造“美丽乡村信息化综合服务平台”，紧密结合党政机关和农村经济发展的信息化需求，实现通过电脑、PAD、手机等多平台应用。面向不同人群，开发了“智慧党建”“精准扶贫”“农技培训”“12316呼叫”“农村电商”等模块；同时，在“美丽乡村”应用程序中内置“电影院”等板块，丰富广大村民的农闲时光。助力乡镇政府、乡镇企业信息化建设工作，通过信息化技术的应用，使阳谷移动成为农村精准扶贫的好帮手、基层党建的好抓手、生产生活的好助手。

【困难帮扶】 开展“在职党员进社区”活动，进行党建知识宣传、困难帮扶等活动，传递正能量。开展"教你玩转智能机"主题活动，现场免费贴膜，手机消毒，软件下载，讲解微信等常用手机软件使用方法等便民利民活动。走访慰问贫困家庭，为生活困难的老人们送去大米、食用油等生活必需品，阳谷移动公司以实际行动履行企业社会责任，树立良好企业社会形象。

阳谷移动将秉承“正德厚生 臻于至善”的企业核心价值观，坚持“开放合作、竞争发展”的合作理念，全面贯彻“创业布局、创新发展”的战略措施，一如既往地与产业链各方共享最优质的资源，联手打造健康发展的移动互联网生态圈，探索移动改变生活的创新方向。

中国电信阳谷分公司

【**机构概况**】 中国电信是国有特大型通信骨干企业，注册资本2204亿元人民币，资产规模超过7000亿元人民币，年收入规模超过3800亿元人民币，位列2015年度《财富》杂志全球500强第132位，多次被国际权威机构评选为亚洲最受尊崇企业、亚洲最佳管理公司、亚洲全方位最佳管理公司等。

中国电信拥有全球规模最大的宽带互联网络和技术领先的移动通信网络，具备为全球客户提供跨地域、全业务的综合信息服务能力和客户服务渠道体系；中国电信拥有庞大的客户资源，至2016年底，宽带互联网接入用户规模1.44亿户，移动用户规模2.15亿户，固定电话用户规模1.32亿户。阳谷电信公司成立于2004年，位于阳谷博济路192号中心广场西南角，现有经理1人；副经理1人；经理助理1人，员工50人，设有城区支局、商圈支局李台支局、安镇支局、大布支局、阿城支局、政企支局、营业支局8个支局；另设有网络部、及综合支撑中心等部门。

【**业务开展**】 商业主品牌“天翼”承接中国电信“现代综合信息服务提供商”的愿景，并依托于科技进步进行升华，引领信息时代，让客户畅享科技为信息新生活所带来的无限可能。不同的消费类群，将享有不同的客户品牌，感受并体验“天翼”带来的实际利益与体验。品牌主张为“分享无限”。

天翼高清 4K高清网络机顶盒超百路直播互联网电视盒子直播之王超10万小时影视资源，过万部高清大片，任意选择游戏，阅读，音乐，教育，生活，商城，六大频道集结百款精彩应用

天翼网关 突破物理带宽化身家庭服务器智能感知智能建链，定向提速独立不干扰部署高速缓存镜像节点优化传输环境，采用新一代CN2实现页面加速结合VPN技术解决游戏中的延时掉线拥塞，还有上传照片下载电影，访问读取轻松随意智能手机平板电脑悦me盒子……

光纤宽带 100兆带宽，速度更快捷，信号损耗小，共享更流畅，抗干扰性强，网络更稳定。

公司自成立以来将“用户至上，用心服务”的理念贯穿于企业运营管理的全过程之中。公司倡导主动服务，先客户所想而想，先客户所急而急，先客户所需而动，以主动服务引导需求并满足需求；还用心细分市场，精心设计方案，量体裁衣，为客户提供个性化服务。公司还倡导全方位服务，前端服务客户，后端服务前端；全员用心，铸就卓越服务品牌。

供稿人：洪 娜

重点企业

新凤祥集团

【公司概况】 新凤祥控股集团有限责任公司是一个跨行业、多元化的大型企业集团，始建于1991年9月，旗下拥有凤祥食品（核心企业为山东凤祥股份有限公司）和祥光有色金属（核心企业为阳谷祥光铜业有限公司）两大主导产业，以及正在形成的新凤祥金融投资产业。新凤祥集团管理总部、生产基地、研发中心在阳谷，交易中心在上海，物流中心在青岛，财务中心在济南，营销中心在北京，国际资本运营中心在香港。2016年实现主营业务收入478.99亿元，同比增加12.21%；实现利税20.57亿元，进出口贸易总额39.22亿美元。2016年全年经济运行形势呈现出“稳中有进、进中有升”的良好发展态势。

新凤祥集团董事局主席、党委书记刘学景是第九届、十届、十一届、十二届全国人大代表，中国有色金属工业协会副会长，中国食品土畜进出口商会副会长，中国检验检疫学会副会长。新凤祥集团董事局副主席、总裁刘志光是第十二届山东省人大代表。

【凤祥食品】 凤祥食品产业主要从事饲料加工、种禽繁育、肉鸡饲养、屠宰分割及禽肉熟制品、调味品的生产加工。2016年实现主营业务收入27.90亿元，同比增加5.8%；实现利税2.27亿元，实现进出口贸易额1.1亿美元，同比增加8%。

凤祥围绕“原料品质、产品研发、渠道掌控”三大核心能力，秉持缔造中国最高价值美食品牌的宗旨，全力打造“国际美食家”金字招牌，致力于成为享誉全球的世界级综合食品集团。目前，凤祥股份养殖技术大幅提升、凤祥食品业务模式全面创新、中科凤祥生物技术精深加工不断完善。几大业务板块已初步形成互为依托、协调发展的良好格局。

2016年，凤祥与百胜（中国）签署了战略合作框架协议，成为其最核心的标杆供应商，销量继续保持连年递增；凤祥的白羽肉鸡繁育成果刷新了全球同期企业的世界纪录，代表着全球种鸡养殖的最高水平；在日本在华进口总量下降5%的背景下，凤祥鸡肉制品出口总量逆势增长32%，同时成为马来西亚市场在中国的唯一进口商；凤祥入选供港生鲜公共服务平台全国首批企业和全国首批出口食品“三同”示范企业；凤祥初涉电商的自主品牌“优形”，单品单月销售额冲破400万大关，电商品牌创建模式受到省商务厅高度认可，2017年将在全省重点推广。

2016年10月23日，新凤祥集团又一个鸡肉熟制品加工中心破土动工，建成后年产可追溯精深加工鸡肉制品6万吨，将成为我国目前规模最大的鸡肉熟制品加工中心之一。该加工中心包含餐饮熟食和出口熟食车间，并将直接从日本、美国、欧洲等国家和地区引进世界一流的现代化生产线，卫生净度等方面将全面接轨国际安全标准，从而在全面实现信息化、自动化生产的同时，确保每一个细节的食品安全。

面对消费升级趋势，凤祥主动出击，顺势而为，逐步从依靠订单的出口型食品企业成功转型，全力打造中国鸡肉及其制品的代表品牌。与此同时，凤祥加快推进全球化发展战略，持续加强研发投入，满足多元化消费需求。2016 年凤祥在国内和出口渠道上市近百种新产品，均赢得客户高度认可。凭借对品质始终如一的苛刻，凤祥食品的市场美誉度和影响力持续增长，目前已成为国内外消费者难以割舍的独特味道。

【祥光有色金属】 祥光有色金属产业主要从事生态炼铜、铜深加工、稀贵金属提取、再生资源利用、矿产资源开发等，拥有目前世界上单系统产能最大、技术最先进、环保治理最好的生态铜冶炼厂。2016 年实现主营业务收入 451.76 亿元，同比增加 12.8%；实现利税 18.01 亿元。进出口贸易总额 38.12 亿美元，同比增加 26.3%。

祥光始终坚持稳健经营的理念，铜精矿采购和产成品销售均采用套期保值，赢得了信誉，促进了矿源大力拓展，保障满负荷生产。同时，坚持一般贸易和加工贸易“两条腿”走路，有效规避了因国内外铜价两市倒挂所引发的巨大风险。

2016 年，祥光先后荣获“中国企业社会责任绿色环保奖”“山东省重大节能成果奖”“全省资源综合利用先进单位”“2015 山东省节能环保企业 100 强”等一系列荣誉；祥光的铜精矿处理量比上年度超额完成 5.3 万吨，再次突破了自己常年保持的世界纪录，同时实现了铜冶炼综合能耗历史最低；祥光自主创新成果《有色冶金工业伴生稀散稀贵金属清洁高效提取关键技术及应用》获中国有色金属工业科技一等奖，主起草的两项国家标准《金锭》《电工用铜线坯单位产品能源消耗限额》获全国有色金属标委会技术标准优秀一等奖；祥光的技术输出取得重大突破，成功向中铝东南铜业铜冶炼项目输出祥光旋浮冶炼技术；在此基础上，祥光铜业技术中心再次顺利通过国家级企业技术中心评价，铜冶炼及稀散金属提取工程技术研究中心被列入山东省示范工程技术研究中心。

2016 年 11 月 29 日，祥光铜业提报的“节能高效强化电解平行流技术”入选《国家重点节能低碳技术推广目录》(2016 年本 节能部分)，这是继“粗铜自氧化还原精炼技术”“旋浮铜冶炼节能技术”之后，祥光入选的第三项具有自主知识产权的技术。至此，祥光自主创新的高效节能技术全面覆盖铜冶炼的熔炼、吹炼、阳极精炼、电解精炼四大工序，为我国铜冶炼行业的节能、清洁、高效生产转型升级提供了有力的技术保障，并已走出了国门。

【参政议政】 1 月 24 ～ 29 日，山东省人大代表、新凤祥集团董事局副主席、总裁刘志光出席山东省第十二届人民代表大会第五次会议，并在聊城代表团第一次全体会议上作了题为《从“人治”到“法治”，文化建设与经济发展同步》的典型发言。

3 月 5 ～ 15 日，全国人大代表、新凤祥集团董事局主席、党委书记刘学景带着兴企富民的诤言良策，带着人民群众的殷殷期望和重托，在京参会十二届全国人民代表大会第四次会议，认真听取和审议各项报告，积极为国家发展、民生幸福建言献策。

【领导关怀】 2016 年 2 月 6 日，国家能源局副局长张玉清到新凤祥集团调研指导。4 月 13 日，聊城市委书记、市人大常委会主任徐景颜到新凤祥集团调研基层党建、现代农业苹安耶果公司的生态苹果精致农业示范园等工作。5 月 9 日，山东省副省长赵润田带领省直有关部门到新凤祥集团调研新凤祥的生态苹果精致农业示范园项目。5 月 24 日，山东省国土资源厅厅长李琥到祥光铜业调研指导。

9月6日，山东出入境检验检疫局局长高玉潮到新凤祥集团调研工作。9月21日，聊城市委书记、市人大常委会主任徐景颜，市委副书记、市长宋军继，市政协主席、市委宣传部长赵庆忠等市四大班子领导带领全市重点项目重点工作现场调度会与会人员，就重点项目建设情况到新凤祥集团观摩指导。10月20日，山东省委农村工作领导小组副组长王军民到新凤祥集团旗下的莘安耶果公司，调研生态苹果精致农业示范园项目现代化发展情况。11月14日，山东省商务厅厅长佘春明莅临新凤祥集团调研指导。11月16日，山东省银监局党委书记、局长陈颖莅临新凤祥集团调研指导。12月7日，聊城市委副书记、市长宋军继带队到祥光铜业开展安全生产大检查，并召开安全生产工作会议。

【经营发展】 1月4日，山东凤祥股份有限公司获评2015年度“食安山东”食品生产加工示范企业。3月16日，山东凤祥股份有限公司成为供港生鲜公共服务平台首批企业。4月29日，新凤祥集团与兴文县山地乌骨鸡产业化综合开发项目签约。5月16日，中科凤祥生物工程股份有限公司在全国中小企业股份转让系统（“新三板”）成功挂牌。6月30日，新凤祥集团党委荣获“山东省先进基层党组织”“聊城市先进基层党组织”。8月27日，新凤祥集团被中国企业文化建设峰会组委会授予2016年度企业文化建设典范企业。8月31日，山东凤祥集团与百胜餐饮集团中国事业部在新凤祥集团举行战略合作框架协议签约仪式，全面深化合作，共同致力于产业健康大发展。9月29日，刘学景获选“2016食安山东•诚信守望影响中国人物”。10月，“祥光”牌阴极铜再次被国家质检总局授予“生态原产地保护产品”。11月10日，祥光铜业荣获2016年全国实施卓越绩效模式先进企业。11月15日，山东凤祥股份有限公司成为国家质检总局食品安全局公示审定的全国首批“三同”示范企业。12月2日，祥光集团获得中国企业社会责任2016年度“绿色环保奖”。12月12日，2016年中国品牌价值评价信息发布，祥光铜业入围榜单，居铜业第一。

山东阳谷电缆集团有限公司

山东阳谷电缆集团前身是阳谷国营电缆厂，始建于1986年，2003年由国有改制为全员持股的民营企业，有“30年专业制造，30年品质保障”值得骄傲的历史。近年来，阳谷电缆集团通过加快“转调创”步伐，大力实施技术创新战略，努力提升产品竞争力，全面提升品牌形象，增强了企业的核心竞争力，实现了健康、可持续发展。现已发展成为从事电线电缆高新技术研究和生产经营的技术密集型、高效益的国家大型企业，2016年实现销售收入102.18亿元。主要产品囊括：高中低压电力电缆、橡套电缆、机车电缆、光电复合缆、光伏电缆、光纤光缆、铜及铝合金电缆金属材料、高导铝合金绞线及电缆、电缆附件、汽车线束等。企业并先后荣获“全国重合同守信用企业”“国家高新技术企业”“中国制造企业500强”“中国民营企业500强”“国家电线电缆最具竞争力企业”“山东省高新技术企业”“山东改革开放30年优秀企业”“山东省文明诚信百家企业”“山东省诚信示范企业”“山东省品牌价值百强企业”等一系列荣誉称号，公司旗下“日辉”“SPFO”商标分别被认定为中国驰名商标、山东省著名商标，品牌价值合计29.03亿元。

强化品牌宣传与管理，全面提升了阳谷电缆品牌形象　阳谷电缆集团始终把“日辉”

商标作为全系列产品的统一品牌，不断强化商标管理，加大商标品牌宣传力度，“日辉”商标也逐渐被广大消费者认可，成为具有较高知名度、美誉度和消费者信赖的品牌。

加大品牌宣传力度。自 1987 年，阳谷电缆集团在山东卫视制作投放第一支电视广告开始（“昔日武松打虎美名远扬，今朝阳谷日辉电缆远销四方”“阳谷电缆向小朋友问好”这些广告语伴随着一代人的成长，从当初的少年儿童，到现在走上工作岗位，阳谷电缆在他们心里留下了深刻印象），阳谷电缆集团就走向了品牌建设之路。30 年来通过建立品牌培育管理体系，加强技术创新，不断丰富了阳谷电缆集团“日辉”品牌内涵；特别是近年来，为继续提高品牌知名度，阳谷电缆集团又通过户内外广告、电视、报纸、网络等媒体，参加国内外大型展览会、行业高端论坛、技术研讨会、参加社会知名协会组织等形式，参加、组织一系列公益活动，积极践行社会责任等方式，丰富了品牌建设宣传渠道。特别是今年，阳谷电缆集团作为省内唯一一家入围“好品山东”的光电线缆制造企业，通过在中央电视台进行集群式宣传推广，进一步提升了“日辉”品牌影响力。

强化商标品牌管理。不断增强品牌意识，积极实施品牌战略，把品牌管理纳入企业经理管理范畴。建立健全品牌战略的各项制度、措施，制定了《品牌管理办法》，为品牌战略实施提供制度保障。与工商、质检、公安、法院等部门密切配合，积极参与保护商标专用权、整顿规范市场秩序、保护消费者权益等专项整治活动，有效保护了“日辉”商标的合法权益，维护了企业信誉和消费者形象。

以打造质量品牌为突破口，全面建立了现代化管理体系　牢固树立“做品牌就是做质量，质量是企业可持续发展的源动力”经营理念，着力在提升产品质量上下力气，创造建立现代化管理体系。

加强质量管理体系建设。通过学习借鉴国内外先进经营管理理念，导入“质量管控预警机制”“卓越绩效管理”等先进管理理念、手段和方法。强化体系运行，并率先在行业内通过了 ISO9000 质量管理体系认证，全面实施 ISO9000 质量管理体系。2015 年 6 月阳谷电缆集团顺利通过欧盟 CE 产品认证，2016 年 2 月通过俄罗斯 GHOST 产品认证，2016 年 5 月，德国 TÜV 莱茵产品认证。阳谷电缆集团又通过设立“首席质量官”，组建成立品保中心，强化了质量检测分析和预警机制，实现了产品从战略定位、市场调研、生产过程、售后服务等全方位的质量管控，全面提升了质量基础保障力；并通过建立质量信息管控平台和产品售后信息数据库，从而保证了产品的质量和生产订单的一致性；特备在国家电网、行业协会组织的产品质量调查中，阳谷电缆集团始终以品质稳定领先于同行业，在广大客户中树立了良好的口碑。

全方位推行精益管理。2015 年 12 月，阳谷电缆集团引进了“阿米巴”暨分之合精益化管理模式，有效向前推进了企业精益化管理进程。并通过导入 6S 现场管理、TPM、标准作业等精益工具，实施精细化生产模式，持续优化了生产管理，并通过推行精益化生产责任制，实现了生产过程的精益化。

实施全方位信息化建设。2016 年 5 月，阳谷电缆集团与浪潮集团联合开发了 GS 集团集中管控系统。该管控系统融合了 OA 自动化办公、ERP 生产过程控制系统、财务管理系统、银企直联资金管控系统、网络招标系统等，该系统现已成功上线，从而在研发、采购、生产、营销、服务、财务等环节全面推进了管理应用信息化，同时也实现了产品生产销售、资金流、信息流的有效集成，建立了完善的数据体系和信息共享机制，实现了优化库存、提高工作效率、降低成本的目标，缩短了订单交付周期，有效保障了产品质量。

坚持技术创新发展战略，增强未来市场竞争力　阳谷电缆集团在困境中二次崛起，在危机中超越，通过不断的技术创新，实现了持续、健康、快速发展。

塑造阳谷电缆可持续创新优势。今后阳谷电缆集团将着力提高企业自主创新能力，形成以集团旗下省级研发中心为主体，高校科技园所为桥梁，人才团队为智力支撑，建立了一套完善的产学研研发创新体系。通过近三十年的不懈努力，于2002年被国家科技部认定为国家高新技术企业。拥有相关产品专利技术86项，其中发明专利11项，累计完成技术革新129项，参与国家标准、行业标准制定7项。

提升品牌创造实力。十三五期间，阳谷电缆集团瞄准国内外前沿技术，高起点规划，投资10.27亿元上马了光纤预制棒项目，在光纤光缆产业链中，光纤预制棒被赋予为“皇冠上的明珠”，居于最核心的地位，收益比重占整个产业链的70%，科技含量高、技术水平优、市场前景好，属于“中国制造2025”重点发展领域。同时，该项目是当地近年来投资额度最大的单体工业项目。项目总规划占地146亩，新建建筑面积6.35万平方米，新上设备136台（套）。2016年6月，阳谷电缆集团与美国ASI公司签订了光纤预制棒制造设备订购协议，采用世界最先进的OVD+OVD生产工艺。该项目已于2016年10月份正式实施建设。

当前，阳谷电缆集团正加快实施“十三五”发展战略规划，以筹建“全国特种光电线缆产业知名品牌创建示范区”为发展方向，继续坚持“工厂智能化、管理信息化、生产精益化、市场国际化”的协同发展，不断加强企业品牌培育力度，完善品牌管理体系；继续加大科研投入，通过创建院士工作站、博士后工作站，国家级实验室，国家级企业技术中心，不断推动技术研发新突破；继续加大项目投入，阳谷电缆集团光电信息产业园区，总体规划已经中国建筑标准设计院设计完成，总规划占地4050亩，并被山东省列为重点培育的国家级优质光电线缆产品示范区，未来5年，计划投资100亿元陆续建设完成：高速机车电缆、核电k1类光电缆、碳纤维电缆、船用电缆、石油装备电缆、特种光纤光缆、高速列车铜合金接触线、220千伏以上电缆附件、光电元器件等高端重点产品项目，不断打造品牌核心竞争优势，不断提升品牌影响力；力争十三五末，将阳谷电缆集团打造成为国内外知名、运行质量良好、品牌清晰、管理先进的国际化光电线缆制造基地。

齐鲁电缆有限公司

【企业概况】 齐鲁电缆有限公司地处阳谷县黄河西路389号，是集电线电缆高新技术研究、开发、生产、销售于一体的现代化电线电缆制造企业。公司创建于2004年10月，总资产3亿元，注册资金3.09亿元，占地面积150余亩，建筑面积50000平方米。公司可生产6大类、600多种型号、18000多种规格的电线电缆，年综合生产能力达10亿元。

公司主要产品有1～220千伏交联聚乙烯绝缘电力电缆、6千伏及以下聚氯乙烯绝缘聚氯乙烯护套电力电缆、70年高寿命电缆、矿用电缆、橡套电缆、辐照交联电缆、矿物绝缘电缆、光伏电缆、控制电缆、耐火阻燃电缆、架空绝缘电缆、计算机电缆、电器装备用电线电缆等。产品可广泛用于电力、建筑、石油、化工、冶金、矿业、航空、造船、信息产业等领域，产品覆盖全国。公司成立以来，在董事长郝继民同志的带领下，企业边生产边建设，每年都有新的突破和收获。至2016年，累计上缴国家税金9000余万元，公司被列入聊城市百家重点企业，阳谷县年纳税过千万元企业之一。公司多次得到上级领导的视察，几年间企业先后荣获了“山东省高新技术企业”“山东省第六届消费者满意单位”“山东省守合同重信用企业”“山东省文明诚信民营企业”“山东名牌”“山东省青年文明号”“山东省优质产品生产基地龙头骨干企业”“山东省个体私营经济践行科学发展观示范企业”“十一五”山东省机械工作技术改造典范企业等多项荣誉。

【技术力量】 公司拥有职工300余名，其中中高级专业技术人员120名。同时拥有国际先进水平的电线电缆生产设备和完善的检测试验设备，技术力量雄厚，制造经验丰富，检测手段齐全，产品质量优越。公司相继取得了ISO9001国际质量体系认证、全国工业产品生产许可证、CCC国家强制性产品认证、矿用产品安全标志证书、阻燃制品标识使用证书等生产经营手续、资证齐全。公司荣获了“山东省高新技术企业”和“聊城市高新技术企业”称号，公司注册的“齐鲁”“翔宇”商标被评为“山东名牌”，并荣获“聊城市市长质量奖”，公司成为了聊城市矿用高压橡套电缆工程技术研究中心。

【产品营销】 公司有一支英勇善战的销售队伍，他们及时对国内市场需求变化进行分析，准确地把握产品市场走势，制定切实可行的营销策略。还根据不同时期的市场变化情况，适时调整销售策略，大力开拓市场，提高市场占有率，并注重工作细节，防范经营风险。建立诚信的客户档案，同时，积极做好服务工作，营造良好的销售环境，在用户心中树立了良好的企业形象和品牌形象。在积极巩固老市场的基础上，努力培育新市场，建立了以山东为主体的销售市场，辐射全国的销售网络，目前产品覆盖全国，2016年公司完成了4.3亿元的销售任务。

【清洁生产】 节能降耗是实现资源可持续发展的需要，也是企业降低生产成本的重要手段。公司一直积极推行技术更新，设备节能改造，节能降耗取得了明显成效，并取得“山东省清洁生产企业”荣誉称号。

建立了工业冷却水系统改造工程，达到蓄水20000立方米，建设循环管道1000多米，实现了工业用水零排放，节水效果显著。严控“峰、谷、平”生产用电，充分利用“谷段”，合理利用“平段”，尽量避开“峰段”，减少峰段用电，做到了有序用电、避峰用电，每月电费比平段降低15%～20%。合理利用电厂余热蒸汽生产橡套电缆，比公司自上自备锅炉设备减少了投资，避免了环境污染，增加了资源利用，降低了生产成本，提高了生产效率。

【社会责任】 兴企为民、回报社会，在这一理念指导下，公司在照章纳税、安置就业人员的同时，大力投入公益事业，以各种形式回馈社会、造福人民。至2016年，公司安置下岗再就业人员100多人，还积极参加上级部门组织的慰问养老院、慰问社区老人和孤儿的公益活动，并提供慰问金和慰问品等，用于敬老爱老、捐资助学、助教、抗震救灾、扶贫济困、尊师重教等方面投入达100余万元，在全县上下获得了良好的声誉和口碑。

太平洋光纤光缆有限公司

【公司概况】 1999年，山东阳谷电缆集团有限公司与亚洲太平洋电线光缆有限公司合资成立山东太平洋光缆有限公司，开发光缆系列产品，注册资金1.2亿元。公司坐落于阳谷县西湖乡14号，占地380余亩。高宪武出任总经理。2013年7月公司由“山东太平洋光缆有限公司”更名为“山东太平洋光纤光缆有限公司”至今。2011年至今，高宪武一直任董事长兼总经理，2014年5月，公司聘任周文为公司总经理后，高宪武不再兼任公司总经理，2016年12月，公司聘请了张传栋为执行总裁并全权管理。现有员工700余人，下设：总裁办、财务中心、生产制造中心、研发中心、营销中心、审计中心、运管中心、人力资源部、考核办、企划部、采购部、品保部。

经过十八年的发展，公司规模逐步扩大，总资产达9亿多元，是集光纤、光缆、光电复合缆、电缆研发与销售于一体的综合性光纤光缆生产企业。现有100余条光缆生产线，30余条特种光缆生产线，8条光纤生产线及全套产品及原材料检验检测设备100多台套，引进全套美国PK、加拿大EXFO等公司的行业顶级检查设备，已形成年产光纤750万芯公里、普通光缆1200万芯公里、室内光缆60万芯公里、阻燃软电缆8000公里、光纤复合绝缘电缆6000公里、OPGW光缆2万公里、光跳线200万条、软跳线500万条的生产能力，是江北最大规模的现代化光纤光缆企业。

2016年，主营收入10亿多元，利润总额2610.6万元。光缆全年生产357.9万芯公里，较去年提高17%。

【质量强企】 *引进先进设备* 先进的生产设备、技术是质量保证。公司引进了芬兰NEXTROM生产线，最大达864芯，处同行业领先水平，引进江北第一台并带机，在带状光缆领域占独特地位，进一步保证了公司的产品质量。

以质量建设带动现代化管理体系 质量诚信是社会信用体系建设的重要内容之一，是推动质量发展，塑造质量强企的基础。公司注重提高员工责任意识、技能知识及管理水平，重视质量，严控质量，创造质量，“坚持走质量为先的制造业发展道路”，认真贯彻落实习近平总书记讲话精神。以“品质第一、顾客满意、持续改进、开拓创新”为质量方针，以“创新为先、品质为重、信誉为根、环保为宗、人文为本”为经营方针，以“品质驱动品牌价值提升”为品牌战略，明确质量主体责任、不断提高质量意识、加强质量监督管理、不断创造质量，以质取胜。太平洋全面开展6S管理、看板管理，做到有制度、有检查、有落实，建起了涵盖组织和指挥、管控流程、监控重点、检测手段和信息化平台运用等一整套品质保障体系。

公司实行“首席质量官”制度，先后通过了ISO9001质量管理体系、ISO14001环境管理体系、OHSAS18001职业健康管理体系、国军标质量管理体系与知识产权管理体系认证，产品质量一次合格率高达99%以上，2014、2015年连续两年荣获聊城市市长质量奖，光纤、光缆产品获得了山东省名牌称号。

公司产品顺利中标中国移动、中国联通、中国电信三大运营商，光电复合缆等特殊光缆在欧美、西亚及东南亚等市场得到迅速推广。

【创新管理】 公司凭借先进的管理模式和严格的质量控制，除通过了质量、环境、武器装备质量管管理、职业健康安全体系等认证之外，还获得了电力专用设备进网许可证、国防通信网、国家广播电视总局、国家电网、国家能源一号网、国家煤矿安全标志网等国家权威机构的产品入网认证书，并较早通过欧盟 CE 认证。

全方位推行精益管理，2015 年 12 月，公司引进了“阿米巴”暨分之合精益化管理模式，建立“内部市场价值链”，各个“合”单位之间进行交易，经营管理，从而有效提升了公司的管理水平和盈利能力；并通过导入 6S 现场管理、TPM、标准作业等精益工具，实施精细化生产模式，持续优化了生产管理，并通过推行精益化生产责任制，实现了生产过程的精益化。同时向注重时尚、品位、信誉、绿色转变，根据市场需求加快向多样化、个性化、智能化演进。2016 年 5 月，与浪潮集团联合开发了 GS 集团集中管控系统。该管控系统融合了 OA 自动化办公、ERP 生产过程控制系统、财务管理系统、银企直联资金管控系统、网络招标系统等，该系统现已成功上线，从而在研发、采购、生产、营销、服务、财务等环节全面推进了管理应用信息化，同时也实现了产品生产销售、资金流、信息流的有效集成；探索数字经济环境下的质量管理创新，建立了完善的数据体系和信息共享机制，实现了优化库存、提高工作效率、降低成本的目标，缩短了订单交付周期，有效保障了产品质量。

【科技创新】 科技创新助推企业发展，创新是引领发展的第一动力。创新发展既是宏观大势所趋，更是企业发展的必然选择。公司大力开展技术改革与创新，先后完成“国家级火炬计划”“国家 863 计划”“科技部创新基金”等多项国家级科研成果，以公司技术研发中心为依托，先后自主开发特种光电线缆产品，48 种产品取得了实用新型专利，并有多项发明专利。光纤复合低压电缆被列为聊城市 150 个重点项目，光纤光缆产业化项目被列为 2013 年省重点建设项目。2015 年完成山东省特种光电线缆工程实验室及工程技术研究中心两个省级平台建设。正在建设的“光纤拉丝二期”项目中将以“自主知识产权 + 工业化定制”为创新手段，使生产制造达到国际化水平。公司先后与北京交通大学，南京邮电大学、西安科技大学等知名院校进行了广泛合作，建成全省唯一一所全光网络实验室，并以此为载体，提供光纤到户的解决方案，专设“物联网”研发团队，已经成功完成十余家“智慧工厂”项目样板工程。不断引领通信光缆产业发展，研发和制造了 FTTX 系列产品、4G 网络智能产品。并完成山东省特种光电线缆工程实验室及工程技术研究中心两个省级平台建设。

当前，个性化、多样化消费渐成主流，细分化、特色化的新产品开发对企业开拓市场至关重要。只有开发适合市场需求的新产品，构建快速响应市场需求的产品开发体系，才能真正增强产品的市场竞争力。近三年公司不断上马项目，扩大产品种类。积极迎合“互联网 +”、大数据以及宽带中国战略，响应 2025 工业制造，重新布署公司的发展重点，既延长公司现有的产业链条，又尝试投资新的产业及领域，走多元化全面发展的路子。建设山东省第二批战略新兴产业项目“两塔八线”光纤拉丝项目，开拓了光纤拉丝“一塔四线”先锋。研制成功无线射频拉远光电混合缆、隐形光缆等产品，并在消防接头光纤连接器、智能光纤活动连接器等新产品研发上取得了重大技术突破，被列为 2016 年新产品重点发展项目。

【新上项目】 紧抓市场发展机遇，不断上新项目，扩大公司产品种类。积极迎合“互联网 +”、大数据以及宽带中国战略，响应 2025 工业制造，公司的产业布局也紧跟国家经济结构调整的步伐。2013 年底山东省第二批战略新兴产业项目“两塔八线”光纤拉丝项目顺利投产。为提升产能，增强核心竞争力，投资近3亿元建设“两塔八线”光纤拉丝二期项目，于2015年9月启动，计划建设周期15个月。该项目毗邻光纤一期东侧而建，项目占地面积1647.45平方米，建筑面积5336平方米。项目建成后可实现年度750万芯公里光纤生产产能，企业达产年实现新增销售收入26250万元，利税3434.33万元，税后利润1553.88万元，可向社会提供85个新增就业岗位，并可间接为社会提供大量岗位。连同光纤一期，届时公司将拥有年度1500万芯的光纤生产产能，从而跻身行业第一梯队。这些新项目将为公司带来新的发展动力。此外，在聊城投资成立了太平洋（聊城）光电科技有限公司，建设完成了年产能1800万对VCSEL面射型激光发射器芯片及180万条AOC有源光缆项目；至此，完整的光通讯产业链条已具雏形。

【战略规划及人才战略】 *战略规划* 面对国家“一带一路”规划和国家“十三五”期间重大战略的逐步实施，紧抓发展机遇，利用自身产品积极参与。在西南和西北建立分厂，辐射东南亚、西北亚的需求市场。在向高端产品、产业链延伸发展的同时，公司积极进军海外市场，加大投标力度，扩大海外市场产品销售占有率。坚持以“工厂智能化、管理信息化、生产精益化、市场国际化”协调发展，将兼并芬兰一家光纤光缆公司，三年内在欧洲或南美设立分厂，今后每三年在国外设厂一个。促使公司走出国门，走向世界，扩大市场份额，提升我们品牌的知名度。同时研究沿线国家的政治、法律、金融等风险，稳中求进，把企业做大做强。使我们的品牌SPFO成为国际品牌，打造一个国内知名、具有国际相对水平、能在国内也是一流的现代化企业。

技术与创新是进入高端市场的有力武器，公司已树立标杆企业，坚持研发投入，把公司由光电线缆制造商逐步演变为系统集成服务商。准备以海缆、OPGW、铁路信号缆、光伏等多元化产品，全面提升竞争空间，占领三大运营商各个领域，同时以四大战区为据点，每年增加2～4个入围省份，逐步缩小与第一集团军的差距。

人才战略 实施人才战略，致力于“建立一个适应现代化大型企业集团的管理团队和体系”，引进了先进的管理理念和研发人才，建成全省唯一一所全光网络实验室，并以此为载体，提供光纤到户的解决方案，专设“物联网”研发团队。

强力建设人才高地。公司在“十三五”的发展，需要大量高端人才、管理人才和国际化人才，将拿出切实可行的措施，建设人才高地。“筑巢引凤”，创造良好的工作环境、激励的薪酬方案、开放包容的发展空间，吸引行业精英，为“光纤拉丝二期项目”建立一支专业化的团队，并是根据“四化”改革的需求，引进信息化管理人才和国际贸易人才。

加强培训力度。将成立光电信息产业职业学院，让每一位干部、员工脱产强化培训三个月，合格后持证上岗，提升他们的专业思维和专业素养；对高、中、低三个层次的员工进行立体化培训，实现专业技能、通用技能、企业文化全覆盖；以挖掘和引进优秀讲师为契机，形成学习型团队；派出优秀管理销售团队出国考察、优秀基层管理团队外出考察交流学习。

【社会责任】 公司在发展壮大的同时，还承担起社会责任。2016为困难职工组织捐款，社会活动中捐物，价值达1200万元，充分体现了一个企业高度的社会责任感。

【获得荣誉】 近三年来，公司一直高度重视品牌建设，通过品牌战略和加大研发投入力度来促进企业发展，公司的知名度越来越高，是国家级高新技术企业、“国家火炬计划”重点企业、省级企业技术中心、山东省知识产权示范企业、山东省特种光电缆工程实验室、全光网络工程技术研究中心、省创新驱动发展能力百强企业，是通讯光电缆最具发展潜力企业、省品牌建设示范企业、聊城市安全文化建设示范企业，是民营军品企业全国理事会会员单位，拥有技术研发中心、山东省通信网络设备（光纤光缆）动员中心、济南战区（山东）特种光缆动员中心，与北京交通大学、南京邮电大学、西安交通大学以及聊城大学研究生培养基地，也是山东省优秀管理创新企业，AAA 级诚信经营企业、中国专利明星企业。2016 年，先后荣获“中国光缆十大品牌企业”“山东省高新技术企业”“山东省诚信示范企业”“山东省两化融合示范企业”、工业企业省级质量标杆、发改委军民融合“民参军”推荐企业、中国电子信息行业创新能力五十强。

2016 年 5 月，太平洋光纤光缆有限公司在《人民邮电》编辑推荐奖评选活动中，“通信用隐形光缆”荣获 2016 年中国信息通信与“互联网 +”应用优秀成果奖金奖，并颁发荣誉证书，6 月，公司荣获“中国南方电网优质供应商”；8 月，荣获年度企业“移动互联网 + 优秀单位”；2016 年 7 月山东太平洋光纤光缆有限公司通过中国通信企业协会 AAA 级信用等级企业认定；10 月 6 日，公司在第九届中国（济南）国际信息技术博览会奖项评选活动中荣获互联网 + 突出成就奖，并颁发荣誉证书。12 月，太平洋光纤光缆荣获“2016 年度中国光电缆优质供应商”。山东太平洋光纤光缆公司获得了客户的大力支持和高度评价，在业界有着良好的口碑，同时“SPFO”商标被认定为山东省著名商标，品牌价值合计 29.03 亿元。

公司董事长高宪武卓越的贡献得到了党和政府的充分肯定、社会的高度认可。近年来，他被中国通信企业协会通信电缆光缆专业委员会授予“产业突出贡献奖”；当选为十七届阳谷县人大常委，聊城市第九届工商联执行委员；推选为山东省四会理事；被评为第三届聊城市优秀企业家；被聊城市人民对外友好协会选举为第一届协会理事；连续三年荣获发明创业奖；2013 年荣获行业“最美光电线缆人”称号、山东省二十一届优秀企业家、山东省 AAA 级诚信企业经营者、山东省发明创业一等奖，获得聊城市市长质量奖；2014 年元月增补为聊城市十六届人大代表，5 月荣获山东省第八届“发明创业奖”人物奖，2016 年 5 月被聘请为“聊城市重大决策咨询委员会咨询专家”，10 月被授予“互联网 + 风云人物奖”，12 月被山东省工会授予富民兴鲁劳动奖章。

山东太平洋光纤光缆有限公司将积极响应“供给侧结构性改革”和“中国制造 2025”，坚持以“工厂智能化、管理信息化、生产精益化、市场国际化”协调发展，运用工匠精神，搞精益化生产，突破新技术、研发新产品，改造传统产品，发展新兴产品，推动企业转型升级，加快“一带一路”光电线缆国际化发展步伐。太平洋将继续“揽信于心，传承文明”“以太平洋般宽广胸怀，为太平洋宽广事业而奋斗”！

山东省方舟集团公司

【企业概况】 山东省方舟集团公司始建于 1992 年 8 月，国家星火计划实施企业，全国最大的饮水杯生产厂家。主导产品：诺亚口杯系列产品。现有资产 3.7 亿元，占地面积337亩，建筑面积12余万平方米，干部职工360人，技术水平达到国际先进水平。企业先后获得：中国专利山东明星企业、银桥工程重点扶持企业、山东省科普工作先进企业、山东省重合同守信用企业、农行系统特级（AAA）信用企业、聊城市专利工作先进企业、聊城市精神文明企业等荣誉称号。“诺亚”商标被评为山东省著名商标，诺亚口杯被评为山东名牌产品。

2016年，全年工业总产值完成2044万元，实现销售收入1670万元，利税821万元，实现利润390万元，上缴税金431万元。荣获阳谷县优秀明星企业称号。

【企业管理】 公司把企业管理工作放到首位，在生产管理、劳动人事、分配制度等方面总结出了一套符合企业实际的行之有效的科学管理模式。在生产管理上，建立了“两线加一部”的竞争机制，通过开展形式多样的技术创新竞赛活动，切实提高了生产效率和产品合格率，增强了产品的市场竞争力；在劳动人事和用工制度改革上，推行了干部能上能下，能“官”能“民”的竞争机制，激励和调动了干部职工的积极性；在分配制度上，提出了“倒金字塔式”工资制，充分体现了“按劳分配”“奖勤罚懒”的社会主义分配原则，极大地调动了干部职工的积极性。几年来，通过以上一系列制度的实施，加速了企业管理工作的上档次、上水平，实现了企业管理工作的科学化和现代化。

【质量管理】 加强产品质量的监督检查，严格按照产品质量标准检查验收。在质量管理上，公司建立健全了“质量检验、质量保证、质量信息”三大体系，实行了质量一票否决权，下道工序监督上道工序，绝不允许上道工序的不合格的半成品进入下道工序，从而使产品质量合格率达到了100%。

【产品开发】 在产品开发上，公司坚持生产一代、开发一代、研制一代、储存一代的原则。2016年，经过公司科研人员努力拼搏，刻苦钻研，先后研制开发出了诺亚智能养生茶道师、诺亚智能养生茶道杯、诺亚量子富氢养生杯等近10项产品，其中2项获得了国家专利，多个产品已投入实际生产中去，为企业创造了较好经济效益。我们在不断开拓产品市场，引进专业技术人才，开发研制新产品，增加产品花色品种，以便更好的满足消费者的需求。同时进一步优化产品结构，积极开发资源消耗少、技术含量高、市场占有率高的新产品

【产品销售】 2016年，对公司销售模式进行了改制，由原来的公司派驻对外联络处改革成对外承包。由原来的销售人员吃大锅饭改革成承包者自己销售，减少了中间环节，提高了销售人员的待遇和积极性。同时也减少了销售费用，提高了公司的经济效益。

山东金蔡伦集团

【企业概况】 山东金蔡伦集团下辖山东金蔡伦纸业有限公司、阳谷森泉热电有限公司、阳谷毕升印务有限公司、阳谷金晶玉玻璃有限公司、阳谷新源热电有限公司、阳谷森泉湿地有限公司等十家公司，是一个集造纸、热电、印刷、玻璃加工、生活垃圾焚烧发电、水质净化、新型建材制造等为一体的大型企业集团。集团旗下山东金蔡伦纸业公司是国内最早的轻型印刷纸研发者和规模最大的轻型印刷纸专业生产企业，是轻型印刷纸国家标准（GB/T26705-2011）的起草单位之一，始终保持国内轻型印刷纸行业的领跑者地位，

发挥着行业标杆示范作用。

2016 年，集团生产轻型印刷纸 11.32 万吨，发电 4.6 亿千瓦时，供汽 54.39 万吨，供热 121.64 万吉焦，印刷 24 万纸令、加工成品玻璃 31 万平米，供热面积 300 万平方米；全年经营收入 11 亿元，上缴税金 9086 万元。荣获“山东省轻工业安全生产先进单位”“全国守合同重信用企业”等荣誉称号。

山东金蔡伦集团董事长陈立仁为“山东省劳动模范”、山东省第十二届人大代表、山东省造纸协会常务理事、聊城市光彩事业促进会第二届理事会理事。

【品牌战略】 金蔡伦集团积极实施品牌战略，弘扬工匠精神，精益求精，创造品牌，培育品牌，塑造企业的核心专长，提升市场竞争能力，树立优秀企业形象。

山东金蔡伦纸业有限公司生产的轻型印刷纸在国内文化用纸市场上以其品牌知名度和市场占有率的“双高”，一直处于行业领先地位，2016 年 12 月，注册商标“金蔡伦”被评为山东省著名商标。

阳谷毕升印务有限公司是聊城市首批获得“中国环境标志产品认证证书”印刷企业。2016 年，公司实施“绿色印刷”再提高工程，新增柯达达胜热敏 CTP 直接制版机系统、实施 VOC 挥发性气体治理，提高精度和质量，推进产品“绿色印刷”全覆盖。被世纪金榜科教文化股份有限公司、山东天成书业、星火传媒集团、北京青青蓝蓝图书有限公司等多家公司评为“2016 年度核心印厂”和“质量信得过单位。

阳谷金晶玉玻璃有限公司是鲁西地区最大的玻璃加工企业、山东建设机械行业协会理事单位。公司始终坚持科技引领，持续进行技术工艺的研发创新，在三玻两胶彩釉夹层、三玻弯钢夹层彩釉中空等尖端技术工艺上取得突破，承建的贵阳飞机场航站楼、广东陆丰核电站办公楼、贵州大数据中心等均已成为当地的地标性建筑。2016 年，产品获山东省新型墙材建筑节能技术产品应用认证。

【项目建设】 围绕资源综合利用，发展循环经济，扎实推进项目建设，为集团经济稳定增长和结构优化提供有力支撑。

阳谷森泉湿地水质净化工程于 2016 年 4 月 28 日通水试运行，出水水质达到设计标准。同时，加强生态建设，丰富湿地景观内容，将水质净化与园林水景建设有机结合，集生态观光、科普教育、休闲娱乐于一体，既完善了水污染治理体系，又优化了区域生态环境，其生态功能及社会效益十分明显。2016 年 10 月，晋升为“市级湿地公园”。

新源新型建材项目 2016 年 6 月，集团投资兴建阳谷新源新型建筑材料有限公司。结合自身资源禀赋，利用炉渣、粉煤灰，以资源的高效循环利用为核心，以“减量化、再利用、资源化”为原则，高起点定位，一次性引进国内最先进的机器人自动码坯系统，全自动中央控制系统、全自动打包系统、温度压力测控系统，建有国内先进的“旋流耦合”烟气处理系统，组建年产 1.2 亿高掺量粉煤灰、灰渣烧结砖自动化生产线，是山东省规模最大、技术最先进的新型节能环保建材生产基地。产品重量轻、强度高、抗震性好，是国家为在建筑行业内实现节能减排目标、发展循环经济而倡导的具有安全耐久、节能环保、施工便利等多种优点的绿色建材。

中水深度处理项目 2016 年 7 月，山东金蔡伦集团设立阳谷森泉水厂有限公司筹建中水深度处理项目。该项目根据森泉湿地再生水水质及脱盐水水质要求，主要去除森泉湿地再生水中的总硬度，氯离子及浊度，采用“预处理 + 超滤工艺 + 反渗透工艺”的再生水处理工艺，日处理阳谷森泉湿地出水2万吨。处理后达标中水可回用于工农业生产及城市景观用水等，节约新鲜水源，优化生态环境，对于提高水资源利用效率、保持生态平衡、促进区域经济持续健康发展均具有十分重要的意义。

【节能环保】 自觉履行社会责任，重视节能环保，努力推广节能技术，推行清洁生产，优化生态环境，坚持绿色发展，推动集团健康、协调、持续发展。

2016年1月，阳谷森泉热电有限公司启动石灰石—石膏湿法烟气脱硫工艺系统提升工程，脱硫效率由原来的80%提高到99%以上，年可减少二氧化硫排放406.088吨。

2016年4月开始，按照环保“三防”要求，加大扬尘治理力度，大规模实施防尘网工程建设，架设完成1.6万平米，完成了对全部施工工地、煤场料场、灰库渣场等的防尘设施全覆盖。

2016年7月，山东金蔡伦集团能管中心获批。项目总投资为695.40万元，建成后将进一步提高重点用能企业能源利用效率，总计节约能耗1319.77标准煤当量，将为完成国家节能减排财政政策综合示范城市的创建提供有力支撑。

2016年10月，阳谷毕升印务有限公司实施VOC挥发性气体治理，深入贯彻国家绿色印刷发展战略，着力打造“绿色印刷”企业。

【循环经济】 山东金蔡伦集团以绿色环保为主题，以发展循环经济为主线，侧重服务民生，完善产业链条：以森泉、新源的热电资源带动轻型纸制造、玻璃加工等相关产业发展；中水处理工程将森泉湿地中水再次深度处理后回用于工农业生产及城市非饮用水；金蔡伦纸业污泥及各类生产余料进入新源热电进行资源化利用；新源热电通过对生活垃圾焚烧处理来进行发电供汽和居民供暖；森泉热电、新源热电的煤灰及垃圾焚烧炉渣继续进行资源化处理，加工成烧结砖等新型建材重新服务于社会。目前，集团各产业间相互耦合，互为原料和市场，吃干榨尽，变废为宝，通过相互借力，实现了良性互补、协同发展，已逐步形成集高端制造、精深加工、资源回收及综合利用于一体的经营模式，成为一个“横向多元、纵向关联、科技引领、绿色发展”的高品质现代化企业集团。

山东华信塑胶股份有限公司

【公司概况】 山东华信塑胶股份有限公司坐落于山东最大的塑料制品生产基地——山东省阳谷县闫楼工业园区、阳谷侨润经济开发区，占地100余万平方米，总投资9亿元人民币，建设有各类高速挤出生产线220条，高速注塑机150台，可实现年产PVC-M高抗冲管材4万吨，PVC-U塑胶管材10万吨，PPR、PE-RT管材及管件3万吨，HDPE管材及管件6万吨，PVC-U塑料异型材6万吨，双壁波纹管3万吨，规模、产量、品质都在国内市场遥遥领先，荣膺中国塑料加工工业协会常务理事单位，塑料管道专业委员会副理事长单位，中国塑料加工工业协会AAA级信用企业，中国新型节能建材协会会员单位，成为中国北方规模最大的塑胶管道制造商之一。

【研创新发】 公司在研发上，先后投入近2000万建立起国内领先的检测中心，包括样品室、化学室、高温室、力学室、液压室，5类至关重要的实验室，与国内多家大学合作成立检测机构，确保了技术上的不断突破，好的原料好的设备再加上雄厚的技术力量给予我们足够的自信。

作为山东省重点高新技术企业，华信泰格先后承担了多项省级重点科研项目，可研发生产 1.6 米口径 PE 管材，0.8 米口径 PVC 管材，2 米口径钢带增强螺旋波纹管等多种特型管材，同时可生产矿用及 PB 管材及管件，公司与国外科研机构积极寻求合作，引进国际一流的巴顿菲尔德生产线，并与贝加莱公司合作推进自动化生产流程。

【产品开发】 华信泰格全力满足市政管网的建设所需，生产有 PVC–U 给水管材及管件、高抗冲 PVC–M 管材及管件、HDPE 给水燃气管材及管件、钢丝网骨架增强聚乙烯复合管材及管件、HDPE 双壁波纹排水排污管材、PVC–U 双壁波纹排水排污管材、钢带增强聚乙烯排水排污管材等，目前华信泰格实现年产市政管材超过 10 万吨，以优质产品为中国城市建设提供了强力支撑。

华信泰格致力于现代家装管材的技术革新，生产有包括 PPR 冷热水管材及管件、PE–RT 地热管材及管件、PVC–U 电工套管及穿线盒、PVC–U 实壁排水管材及管件、PVC–U 实壁内螺旋排水管材及管件、PVC–U 中空内螺旋排水管材及管件等全系列家装用管。

2016 年 5 月，公司正式与新奥能源控股有限公司达成战略合作协议，成为新奥能源控股有限公司物资供应网络会员，经审查，我公司 PE 管材类产品符合新奥能源控股有限公司供应商管理相关规定，准予进入新奥能源控股有限公司采购供应商网络，获得星级会员资格。

2016 年 9 月，公司入选《全国水利系统优秀产品招标重点推荐目录》，给水用聚乙烯（PE）管材管件、给水用硬聚氯乙烯（PVC–U）管材管件、给水用抗冲改性聚氯乙烯（PVC–M）管材管件、冷热水用无规共聚聚丙烯（PPR）管材管件、输水灌溉用硬聚氯乙烯（PVC–U）管材，5 种产品系列凭借过硬的产品质量入选《全国水利系统优秀产品招标重点推荐目录》名单。

此外，公司在坚持自身发展得同时，不忘为公益事业贡献自身力量，落实国家精准扶贫政策，扶助阳谷县阿城镇富安镇村。

时代在变，成就第一品牌的信念不会变，市场在变，塑造品质生活的决心不会变，华信泰格，中国塑胶管材行业的领导者，国际一流品质管材的缔造者，以人品塑造精品，以诚信赢得成功，每一件产品，都是团队心血的凝练，每一次进步，都是集体智慧的结晶，华信泰格，塑造品质生活！

山东阳谷华泰化工股份有限公司

山东阳谷华泰化工股份有限公司坐落于千年古城阳谷，占地面积八万平方米，员工队伍 1000 余人。公司成立于 1994 年，注册资金 28080 万元，是一家专注于橡胶助剂加工生产的企业，国内橡胶助剂行业唯一一家上市企业。公司先后被评为中国橡胶助剂行业骨干企业、中国橡胶工业协会橡胶助剂专业委员会副理事长单位、国家橡胶助剂工程技术研究中心依托单位、国家高新技术企业。

公司通过了 ISO9001 国际质量体系认证，ISO14001 环境管理体系认证以及 GB/T28001 职业健康安全管理体系认证，严格按照现代企业管理规范，建立了可靠的质量管理体系。阳谷华泰先后成立了山东阳谷华泰进出口有限公司、山东戴瑞克新材料有限公司、博为化学（香港）有限公司、华泰化学（美国）公司等子公司。公司营销服务网络遍及各个地区，生产的标准橡胶化学品、预分散橡胶化学品、加工助剂、橡胶防护蜡、隔离剂等，覆盖国内31个省市、自治区，并出口亚洲、欧洲、北美等几十个国家和地区。

公司注重橡胶助剂产品和橡胶工艺应用技术的创新性研究，重视知识产权建设、产学研结合及国际合作，于2007年建立国家橡胶助剂工程技术研究中心，与华南理工大学、青岛科技大学、中国科学院化工研究所等多家院校建立了密切的技术协作关系，并设有博士后工作站，致力于橡胶助剂新产品的研发和产业进步。公司的橡胶助剂检测中心通过了中国合格评定国家认可委员会CNAS实验室认证，具备了开展权威检测服务的能力。公司先后承担各级各类科技计划项目35项，拥有发明专利27项，实用新型专利20项，并提供各种形式的技术咨询和技术服务，成为行业具有较高知名度的专业科研机构。

公司产品主要应用于橡胶、轮胎、胶管、胶带等行业。阳谷华泰始终把质量和诚信视作企业的生命，秉承“华泰人，干精品”的核心经营理念，坚持绿色环保、节能高效的原则，以“为世界橡胶工业服务”为己任，追求人与自然的和谐发展，力将阳谷华泰打造成世界知名的“规模化、精品化、绿色化”橡胶助剂研发生产基地。

2016年，全公司共实现销售额12.5亿元。2013年，销售额6.4亿；2014年是7.5亿；2015年是8.6亿，由前两年同比增长17%、16%，至2016年的增长45%。公司的产能到了集中爆发期；从效益情况来讲，2016年，累计纯利润约1.5亿～1.6亿，比去年同期的4000万增长了3倍。

山东聊城鲁西化工第五化肥有限公司

【企业概况】 山东聊城鲁西化工第五化肥有限公司位于山东省阳谷县城西部，占地面积50万平方米，资产总值6亿元，职工1000余人，为国家大一Ⅱ型化工企业，是鲁西集团下属企业之一。

第五化肥有限公司的前身是1977年5月建成投产的年产2万吨磷肥的阳谷磷肥厂，1990年5月建成2万吨硫铁矿制酸工程、1991年12月3万吨磷酸一铵工程建成投产。1992年9月开工建设4万吨硫酸联产6万吨水泥工程。1995年11月加入鲁西集团，成为鲁西集团全资子企业。

1996年起，先后完成了硫酸、磷铵改造工程和硫酸联产水泥工程。1996年11月硫酸联产水泥工程一次开车成功，创同行业先进水平。1997年至1999年增加技术改造投入，改造磷酸一铵工程生产复合肥，先后完成三改九、硫磺制酸、九改二十技改项目，生产能力逐步提高，与中国磷肥协会联合开发了磷酸高温快速萃取专利技术，与山东省化工厅共同合作开发了氢钾连续转化专利技术。2000年新建20万吨复混肥项目投产、2006年新建20万吨氨化造粒项目投产。2011年以来，开发了脲硫酸、脲甲荃、有机无机和缓控释系列复合肥新品种。2012年复合肥、复混肥总产量达68万吨，产值突破20亿元。

1998年12月先后被省化工厅授予“无泄漏工厂”、被国家石油工业局授予“清洁文明工厂”荣誉称号。1999年8月实施ISO9001质量管理体系并通过认证。2003年7月份企业开展了GB/T28001国家职业健康安全、GB/T19001质量管理、GB/T24001环境管理“三标一体”管理体系的贯标工作，2005年元月份通过了三个标准体系的认证。2011年荣获聊城市高新技术企业称号。2013年获得“省级安全文化示范企业”称号，2013年通过二级安全标准化建设，2011～2015年连续六年被评为阳谷县先进安全生产单位，复合肥产品以其良好的市场信誉和过硬的产品质量，获“中国名牌”和“国家免检产品”称号，“鲁西”商标获“中国驰名商标”称号。

【安全文化】 公司严格贯彻落实上级和企业年度安全工作部署，坚持“安全第一、预防为主、综合治理”的方针，严格落实公司安全生产主体责任制，以安全标准化运行为主线，继续深入开展安全文化建设，强化安全生产“双基”管理，努力建立起企业安全生产的长效机制，提升安全管理整体水平，保障了公司安全生产的持续稳定运行。

引进杜邦先进安全管理方式和理念，自2014年9月份公司引进杜邦安全管理，实施多项杜邦安全改善项目。安全方面强化“属地管理”和“直线责任”，严格推进和执行领导干部“七个带头”，开展干部安全观察与沟通活动，每月开展安全主题月活动，做好八项高危作业管控和三项工具管控，梳理掌握JSA分析方法，严格上锁挂签管理，工艺方面抓好工艺PID图纸的排查和完善，开展PHA分析与讨论，设备重点抓好机械完整性与质量保证，抓好预检预修，提高了企业的安全规范管理水平。

【发展愿景】 未来几年，第五化肥有限公司将以安全环保理念为引领，借助鲁西集团化工产业链优势，发展循环经济，致力于将产品做到最好，成本最低，质量和效果进一步提升，并加大售后服务力度，为化肥与农业的深度良性互动、可持续发展做出新的贡献。

供稿人：孟宪高

山东谷丰源生物科技集团有限公司

【企业概况】 山东谷丰源生物科技集团有限公司始建于2002年，注册资金1亿元。集团公司立足于生物技术的研发，不断延伸生物产业链。2013年2月，山东谷丰源化肥有限公司更名为山东谷丰源生物科技集团有限公司。2013年9月，谷丰源集团与全国新型肥料协作组、中国化肥信息中心在阳谷宾馆联合主办了“2013生物肥料创新论坛”，邀请了生物肥领域专家、教授、汇集了河北、天津、辽宁、内蒙古等省市近40家相关企业及经销商200余人，提升公司的外在形象和影响力。2013年，公司产品“含中微量元素的缓释型螯合追施肥”被国家科学技术部、环境保护部、商务部、国家质量监督检验检疫总局四部委评定为“国家重点新产品”。并取得生物菌肥生产装置等8项实用新型专利。集团公司新注册阳谷丰源现代农业科技有限公司、山东聚源生科技有限公司、山东佰安瑞生物药业有限公司；注册了三个农业专业合作社，分别是：阳谷县盛世乡村蔬菜种植专业合作社、阳谷县盛丰食用菌种植专业合作社、阳谷县利源生猪养殖专业合作社；注册成立了“阳谷县黑猪养殖销售协会”，批准成立了阳谷景阳岗虫草生物技术研究所等。2014年，公司在研发出生物系列肥的基出上，又新研发出肽酶根基肥、菌酶双动力系列肥、双酶双螯合系列肥等新型肥料产品。2015年，山东聚源生物科技有限公司取得了蛹虫草、大蒜粉、阿胶糕、固元糕、虫草酒、阿胶枣等产品的生产许可证。大豆多糖项目也取得了生产许可证，为国内第二家获证的生产企业。山东佰安瑞生物药业有限公司顺利拿到了GMP生产证书和国内第一家磷脂酰丝氨酸产品生产许可证书。至2016年，谷丰源集团主要分为生物肥料、生态农业、生物医药及保健食品四大板块。

【生物肥料】 生物肥料公司，占地1000余亩，拥有固定资产3.6亿元，现有员工800余人，拥有生物肥、缓控释肥、螯合肥、高塔肥、脲甲醛复合肥等12条生产线，具有年产百万吨的生产能力。产品畅销全国30多个省、市、自治区。公司先后获得“山东省高新技术企业”“山东省守合同重信用企业”“聊城市市长质量奖”等，拥有专利30余项，多次承担省级和国家火炬计划、星火计划项目，是山东省螯合肥料工程技术研究中心依托单位，聊城市螯合肥技术重点实验室，公司两类产品（微生物肥料、螯合型追施肥）被评为“国家重点新产品”。

【生态农业】 阳谷丰源现代农业科技有限公司占地3000余亩，是集育苗、育种、种植、养殖、设施蔬菜、食用菌种植、果园、休闲农业观光于一体的现代化农业示范园区；园区立足高起点、高品质，所有产品均按无公害、绿色、有机产品标准生产，实行国家三品认证。生态园养殖的“阳谷黑猪”荣获国家地理标志证书。生态园和山东省农科院专家共同研发培育新品种，开发种植养殖新技术，种养过程实行全程监控，产品采用RFID物联网二维码电子标签技术，产品从种养、运输、检验检疫、加工、出售全过程质量可追溯。为回归自然生态，引领健康未来，引导农民增产增收，做好示范带动工作。

【生物医药】 山东佰安瑞生物药业有限公司成立于2013年9月，是一家以生物技术为主的高新技术企业。公司主营业务为新资源食品、保健食品、药品原料、医药中间体及制剂的研发与销售。公司主导产品为磷脂酰丝氨酸（PS），以天然提取的大豆卵磷脂和丝氨配为原料，经生物萃取而成。产品于2015年12月取得生产许可证书（SC13137152113920），系国内首家获得该产品的生产许可证企业。

山东佰安瑞生物药业有限公司致力于高活性保健产品的开发与生产，以提高人类健康为使命、以绿色、安全、高效为发展宗旨。发展生物产业，改善人们生活质量，是佰安瑞人不懈的追求。

【保健食品】 山东聚源生物科技有限公司录属于山东谷丰源生物科技集团，公司占地250000平方米，总投资2亿元，是以生物技术进生农副产品的精深加工，生产大豆多糖等为主的集科研、生产、销售为一体的高科技创新型企业。公司集中优势和资源聚集保健食品主业，主要是以阿胶糕、蛹虫草系列产品、富硒大蒜素胶囊系列产品的研发、生产、销售为一体的现代化企业。公司始终把科技创新，产品推新作为追求目标，以人类健康需求为方向，实现从优秀到卓越的跨越式发展。

集团公司多年来始终致力于延长生物产业链条，和上海华东理工大学、聊城大学、山东省农科院进行合作，投入巨资研发生物制剂、食品添加剂、保健食品和农副产品深加工。

聚源生物科技有限公司生产的大豆多糖产品及相关保健食品，历经多年的研发，积累了丰富蝗研发和应用经验，申请了多项专利，引进了国内外先进的生产设备，实现了高纯度大豆多糖的工业化生产。2016年12月，聚源公司生产的大豆多糖出口至韩国，打响了公司出口第一单。

山东阳谷顺达纺织有限公司

阳谷顺达纺织始建于1988年10月，2001年12月改制，公司占地面积93000平方米，建筑面积53000平方米，现有资产3.68

亿元，注册资金8600万元，员工550人，公司设有6个车间10个处室。现有12万枚纱锭环锭纺和14台涡流纺生产能力，具有自营进出口权，年销售收入3亿余元，创利税2000余万元，公司拥有日本村田涡流纺纱机、日本村田自动络筒机、德国特吕茨勒清梳联、高速并条机世界一流设备，公司主要产品为T/R、R、T/JC、JCVC系列紧密赛络纺、赛络纺、环锭纺等纯纺及混纺纱线。另外还可加工定纺天丝、竹纤维、莫代尔、AB纱、导电纤维纱、绢纺、石墨烯、大豆蛋白等差别化、功能性纤维纱线，年产量1.3万吨，企业产销两旺，产品辐射全国十几个省市和地区。

几年来，公司面对纷繁复杂的纺织形势，果断调整发展战略，由生产传统产品向新、特、精等技术含量高、附加值高的品种发展。公司不断加大技改力度，2013年12月，引进了德国特吕茨勒清梳联，淘汰了普通梳棉机，不但提高了工作效率，而且使产品质量、档次大大提高；2014年5月，购置江苏同和1080锭紧密赛络纺长车12台，新上紧密赛络纺项目。紧赛产品结构紧密，纱线光洁，织物品质高，市场供不应求。2015年10月特色涡流纺纱项目投产，涡流纺是国际最先进的纺纱工艺，此工艺和设备是聊城市唯一，山东省第二家拥有的企业。涡流纺纱线以其良好的抗起毛起球性、优美的外观以及极佳的染色效果等特点在全球范围内获得广泛认可。同时，公司与大专院校联合不断研发生态科技、健康环保型产品，组建"聊城市涡流纺新产品重点实验室""聊城市涡流纺新产品工程实验室""聊城市企业技术中心"，先后研发了天丝、七彩棉、甲壳素、珍珠纤维、铜竹纤维、醋青纤维等差异化、功能性纤维纱线，市场十分畅销。2016年9月公司"呈祥"牌V/B 50/50 19.7tex涡流纺本色纱入围中国棉纺织行业协会"2016年度优质牛仔用纱"推荐目录。2016年10月被中国棉纺织行业协会授予"用户满意色织用纱精品奖"。2016年被中国棉纺织行业协会授予"棉纺织竞争力百强企业"。2016年6月入选中国棉纺织行业协会"2015年棉纺织行业主营业务收入百强企业"，2016年6月被中国棉纺织行业授予"2015年化纤短纤混纺纱行业主营业务收入三十强企业"。

山东景阳冈酒厂

【企业概况】 山东景阳冈酒厂始建于1950年，山东省粮食酒重点生产厂家，聊城市十八家重点企业之一。占地面积10万平方米，其中建筑面积6.6万平方米，总资产2.4亿元，具有年产万吨粮食酒生产能力。主导产品有景阳冈酒、景阳冈陈酿（兼香）、赖茆（酱香）。酱香型赖茆酒被中国白酒泰斗沈怡方先生评价为中国北方酱香典范，兼香型景阳冈陈酿酒，为省级非物质文化酿造技艺，沈怡方先生评价为酱头浓尾，全国独此一家，为"中国兼香第一酒"。景阳冈人始终弘扬"人淳酒纯"的企业精神，恪守"先做人，后酿酒；做好人，酿好酒"的经营理念，坚持"质量强企，品牌兴厂"战略，致力于弘扬历史文化、光大景阳冈品牌，促进了公司持续健康发展。景阳冈商标于2008年3月被认定为"中国驰名商标"；2011年被省商务厅认定为"山东老字号"；2014年1月景阳冈酒荣获"山东地标酒"；2015年4月公司荣获"全国诚信兴商双优示范单位"；2015年12月，38%度景阳冈酒被中国绿色食品发展中心认证为"绿色食品"；2016年10月，景阳冈牌白酒被国家质检总局认定为中华人民共和国生态原产地保护产品。

2016年4月12日，聊城市委书记、市人大常委会主任徐景颜到公司调研。

2016年11月6日，老酒封藏大典

【文化旅游】 为打造文化产业链条，企业先后投资建设了千秋阳谷文化园和中国酒器酒具博物馆（中国白酒泰斗沈怡方另命名为酒道馆）、水浒文化长廊、景阳冈陈年酒庄、明清酒坊。景阳冈陈年酒庄是景阳冈酒厂依托丰富的老酒资源，建设的鲁西最大的私人藏酒基地，为懂酒、爱酒人士提供了品尝英雄酒、领略酒文化的理想场所。2016年，又建设了明清酒坊，明清时期运河的发展带动了阳谷一带的经济繁荣，促进了当地酿酒业的发展。明清酒坊通过壁画、实物和老照片的形式展示了明清时期景阳冈酒从选良、用水、制曲、发酵、蒸馏全过程的酿制场景，诠释了明清时期阳谷酿酒业的兴盛。千秋阳谷文化园、景阳冈酒道馆、水浒文化长廊和景阳冈陈年酒庄、明清酒坊，这些文化设施把中庸之道中的和谐文化与景阳冈酒道中的英雄文化以及阳谷五千年的文明史巧妙融合起来，传承酒的文明，打造英雄酒文化，成了当地的文化旅游亮点，更是研究中国酒文化的宝贵财富。

企业依托千年古城得天独厚的条件，积极发展文化产业并获得一系列殊荣。2011年被山东省文化厅命名为“第三批山东省文化产业示范基地”，2013年荣获“山东省工业旅游示范点”。

【质量强企】 产品质量是企业的生命，产品安全是企业的根本。企业提出的“树百年品牌、做百年企业”的战略目标，必须建立在质量、安全的基础上，在注重企业发展的同时，承担相应的社会责任。作为山东省粮食酒重点生产企业，山东景阳冈酒厂把向消费者奉献优质、安全卫生的产品作为永恒的追求目标。为了实现这一目标，公司在1998年通过“ISO9001质量管理体系认证”的基础上，于2011又通过了“HACCP体系认证”；2016年又顺利通过了“环境管理体系认证”和“职业健康安全管理体系认证”。在生产经营方面，企业除了严格执行《中华人民共和国产品质

景阳冈酒业质量文化座谈会

量法》《中华人民共和国食品安全法》《食品生产通用卫生规范》等法律、法规外，严格按照质量管理体系、HACCP 体系、环境管理体系和职业健康安全体系要求进行生产，通过不断加强生产过程的卫生管理来保证最终产品的质量安全。赵传新厂长提出了“质量复兴工程”，通过一系列举措严抓产品质量，提升产品竞争力：①编制了未来十年景阳冈白酒质量复兴工程实施大纲，细化产品质量实施细则；②酒水质量在原有基础上，人为增加 20% 的成本，提质不提价；③对现有生产酿造工艺进行完善和创新，起草编制了中国白酒复窖浓香工艺标准，使所生产的酒质更符合消费者身体健康；④与山东省食品发酵研究设计院联合挂牌，成立了山东景阳冈酒厂科研基地。进一步完善各种香型的生产工艺，提高了产品质量；⑤聘请了国家级酿酒大师、教授级高工、国家白酒专业委员会委员孙庆文先生为景阳冈酒厂技术总顾问，对景阳冈产品全面质量管理把脉提升，提高了产品质量。

阳谷县质量强县暨聊城大学景阳冈酒业质量文化研究揭牌

【发展规划】 按照国家产业政策引导白酒产业向“控制总量、调整结构、提高质量、增加效益、降低消耗、人才优先、文化引领、绿色发展”方面引导，鼓励酒类企业开展科研开发，创新生产工艺，把现代生物工程技术引入传统白酒产业，加快白酒产业的现代化发展。科学规划建设运河第一酒庄、有机高粱种植基地、生态酿酒基地和生态农业观光旅游基地，扩大产业布局，推动规模发展，努力打造工业生产和文化旅游相结合的发展之路，实现经济效益和社会效益的共同提升。

【产品开发】 2016 年，为了适应市场形势，新开发了景阳冈透瓶、八两、巴铁、升级版壹号酒，这几款产品一经推出，便受到了消费者的广泛认可，透瓶是企业重点培养的战略性核心大单品。透瓶的设计采用了当今最流行简约时尚风格。透瓶酒质过硬，窖香幽雅、陈香舒适、绵甜柔顺、回味悠长。景阳冈透瓶酒逐渐成为战略核心产品。景阳冈壹号畅销 20 年再升级，酒质更高，酒水成本再次提升 20%，容量增加，由 440 毫升提至 500 毫升，使用了防伪更强的二维码和激光喷码技术。八两，景阳冈酒厂精心酿造的高品质高档光瓶酒，36.9 度，酒质更加柔和、醇厚。景阳冈陈年酒庄，是山东景阳冈酒厂依托丰富的老酒资源建设的鲁西最大的私人藏酒基地。其保值增值、退款自由、折损无忧、随用随取等安全、灵活的经营模式，受到了社会各界的广泛认可。

【技术力量】 企业始终坚持创新是发展的第一要素。在稳定提高产品质量的前提下，积极推行现代化管理方法，拥有1300平方米技术中心大楼，研发检测技术人员共58人。公司投资360万元完善了研发设施、对发酵池进行了改造，增加了最先进的检测仪器，投资600余万元对储酒罐区进行了改造升级，达到了国内先进的缔合勾调工艺标准，为稳定提升产品质量打下了坚实的基础。为今后的新产品开发研究，稳定提高产品质量奠定了基础。近年来，公司在技术创新中，注重基础工艺的改革，不断采用新技术、新工艺。开展了现代生物技术培养人工老窖泥的研究与应用，通过科学合理地设计窖泥配方，有的放矢地定向富集培养老窖泥中的有益微生物，通过两次发酵，加速窖泥老熟过程，培养出优质人工老窖泥，有效提高了浓香型白酒的质量，为企业创造了巨大的经济效益和社会效益。在工艺革新方面，公司科研人员在多年传统酿造工艺的基础上进行突破、创新，首创了复窖浓香白酒生产新工艺，生产出了具有复窖浓香风格特征的产品，并获得山东省卫计委食品安全企业标准备案。聘请了中国白酒酿酒大师、教授级高工、国家白酒专业委员会委员孙庆文先生为景阳冈酒厂技术总顾问，对景阳冈产品全面质量管理把脉提升。公司还与山东省食品发酵研究设计院联合挂牌，成立了山东景阳冈酒厂科研基地，进一步完善各种香型的生产工艺，提高了产品质量。在“工艺革新”和“技术创新”两个轮子的驱动下，公司正在向更加生态、更加环保、更加节能的现代化的生产企业迈进。

阳谷

JIAOTONG YOUZHENG

交通 · 邮政

陽穀年鑒

阳谷

JIAOTONG YOUZHENG

交通·邮政

陽穀年鑒

县交通运输局

【机构概况】 2002年11月，阳谷县交通委员会更名为：阳谷县交通局。2011年元月起，阳谷县交通局更名为：阳谷县交通运输局。至2016年底，阳谷县交通运输局设：办公室、人事科、政策法规科、财务科、运输安全科、科教科、建设管理科及交通战备办公室等8个科室。辖：阳谷县交通运输局监察大队、阳谷县交通运输局运输管理处、阳谷县交通运输局路政大队及16处交通运输所，共有职工233人。

2016年，连续五年（2012～2016）通过“省级文明单位”复查，连续五年被省交通运输厅评为“全省交通监察工作先进单位”及被市委、市政府授予“全市交通运输工作先进单位”“全市路域环境综合整治工作先进单位”，被市委宣传部命名为“全市四德教育工程示范单位”。

2016年，县交通运输局积极争取政策和资金等方面的倾斜和扶持。完成2016年初县政府初步确定的建设农村公路130公里的任务目标，实际完成农村公路230公里，完成投资7800余万元。以开展“城乡环卫一体化”活动为契机，大力开展农村公路路域环境综合整治，积极开展农村公路安全生命防护工程建设，农村公路养护管理工作取得明显成效，2016年被市交通局评为先进科室。大力加快客货运输发展，至2016年底，全县共有道路货物运输公司56家，车辆5289辆，共75938吨位。至2016年底，共投入运营90辆纯电动新能源城市公交车，开通线路7条。

【公路建设】 2016年，完成农村公路230公里，完成投资7800余万元，争取上级资金4000万元，占建设投资的51%。对全县95个省定贫困村需改建的道路全部进行了改建，共建设97公里，实现了贫困村至少硬化1～2条主街道的目标。长50公里投资3000万元的金堤河堤顶公路顺利竣工；完成了长67公里，投资4.2亿元的金堤河扶贫片区堤下大通道建设前的各项准备工作。工程招标实行“阳光操作”。工程施工中，严格执行工程建设项目法人制、招投标制、工程监理制、合同管理制的“四项制度”，工程交工验收由财政、审计、监察、交通部门联合进行。工程建设，严格按照《公路工程质量监督检查办法》的施工标准和操作要求，健全质量保证体系，建立了“企业自检、专业监理、社会监视、政府监督”的四级质量监督体制，确保各项工程建设质量达到100%。至2016年底，全县公路通车里程达到2541.823公里，其中高速公路4.7公里、省道100.8公里，县道266.3公里、乡道331.2公里、村道1845.75公里，公路密度达到243公里每百平方公里，大大高于全市193.7公里每百平方公里的平均水平。

【公路养护】 2016年，以开展“城乡环卫一体化”活动为契机，大力开展农村公路路域环境综合整治，不断加大农村公路养护力度，完善养护措施，提高养护水平。继续抓好了主体责任、组织机构、养管队伍、养管资金和养管体制的“五个落实”，对全县所有已建县乡公路按照示范达标路段的标准进行养护，对于在建的农村公路实现“即建即养、建养结合”。继续抓好农村公路路域环境综合整治工作，对已经实施综合整治的路段加强养护管理，做好巩固提升，保持农村公路路域环境整治成果的经常化和常态化。每季度对各乡镇的城乡环卫一体化工作进行了考核，通过现场打分，公布成绩的方式，极大地提高了各乡镇农村公路路域环境整治工作的积极性和主动性。抓好了阳张路、景阳冈路关键路口值班，确保张秋镇北海子咽喉要道24小时值班，坚决杜绝超重超载车辆在此闯关，维护好阳张路、景阳冈路、张仓路等要道寿命。对安贾路贾垓—阳张公路、杨七路等公路进行了病害调查，根据县财政资金状况对两路设计了施工方案，2016年9月底完成全部建设任务。扎实开展农村公路安全生命防护工程建设工作，重点是对所有县乡路施划标线，在平交道口设置警示标志、减速带和警示桩，在县乡道穿村路段和主要道口设置“减速慢行”、爆闪警示灯等标志牌，在弯道设置弯道标志和震荡减速标线，在临水临河路段设置护栏，在学校驻地路段设置减速带、警示标牌、震荡减速标线等安保设施。至2016年，全县对300公里的县乡公路实施了安全生命防护工程，投入公路安全防护工程资金1300余万元，对全县县乡公路增补各类标识、标牌1700余处；安装公路护栏7500米、减速带2206米、太阳能爆闪灯67处、公路限高设施5处；增设警示桩1842根；划设公路标线296公里、4万余平方米，震荡减速标线4000余平方米。投入资金400余万元，修建排水设施27000米（路宅分家工程），加宽路肩94公里，移除障碍物160处。农村公路安全生命防护工程的实施，有效杜绝了农村公路重特大交通事故的发生，得到了群众的普遍赞誉。

【客货运输】 2016年，县交通运输局紧紧依托阳谷县铜及铜制品加工、光电信息产业、塑料化工、绿色食品、轻纺及汽车饰品“五大”产业，大力发展道路运输业。通过整合小型运输企业，积极推广运输集约化、经营公司化，重点引导鼓励运输企业发展集装箱运输、特种运输、专业化运输及现代物流，打造集仓储、装卸、配送为一体的现代运输企业。至2016年底，全县建有乡镇客运站16处。成立道路货物运输公司56家，拥有车辆5289辆，共75938吨位；成立客运企业7家，拥有客运车辆396辆，其中农村客运车辆116辆，城区出租车190辆，城市公交90辆。城乡客运线路16条（县内单线），聊城至阳谷城际公交线路1条。2015年1月31日，举行了城市公交车开通仪式，8月，由于绿色环保的需要投入运营72辆纯电动新能源公交车，开通线路5条，2016年又投入运营28辆纯电动新能源公交车，至2016年底，共投入运营90辆纯电动新能源公交车，开通线路7条，发车间隔为8～10分钟，城区群众出行更加方便快捷。

【打非治违】 县交通运输局监察大队持续采取高压态势，坚持24小时上路制度，严厉打击超限超载违法行为。2016年，全县超限超载率为0.9%，控制在了4%以内。按照市县文件精神，县局于2016年4月15日至6月15日，开展为期2个月的集中治理车辆超限超载活动。自2016年9月1日起，全县开展了为期一个月的由交通、交警、农机等部门联合执法的打非治违“亮剑”行动，通过集中治理效果明显，超高超宽的改型车辆已基本恢复原状，已基本杜绝沙石料超限车辆通行。对于查扣的超限车辆，全部按照先卸载，后处罚，不卸载不放行的原则处理。10月后，以开展整治公路货车违法超限超载行为专项行动为契机，和公安交警部门建立了治超执法联动机制，对违法车辆进行称重和卸载，监督其消除违法行为。积极开展打击“黑车”专项活动，对城区非法营运较为集中的车站、医院、商场、老车站十字路口等重点区域、重点路段加强巡逻，集中力量，严厉打击各类非法营运行为。同时通过宣传单、电视、网络、报纸等媒体大力搞好宣传，营造

"开黑车违法，坐黑车危险"的良好舆论氛围。2016年，共检查车辆300余辆次，取缔非法营运客车10余辆，进一步维护了道路运输市场的正常秩序。城区三轮车治理。通过治理，城区非法载客三轮车明显减少，交通秩序明显改善，得到了广大市民的好评。不断加强黄标车淘汰工作力度，进一步加强强制维护、定期检测和年度审验的检查力度，全力开展治理淘汰"黄标车"工作。2016年，圆满完成670辆营运黄标车退出营运市场的任务。

阳谷公路管理局

【机构概况】 阳谷公路管理局隶属于聊城市公路管理局，正科级事业单位，下设办公室、养护科、路政大队、工程科、机料科、财务科、招标办、开发办、文明办、ETC客服中心、安全科、工会，现有在职职工135人，主要负责阳谷县境内国省干线公路的新建、改建、养护、路政管理、ETC客服等工作。

至2016年，连续10年保持"省级文明单位""省特级档案室"荣誉称号，获"聊城市文明交通安全示范单位"，"聊城市五四红旗团支部"荣誉称号。

【公路养护】 阳谷县境内共有S254德商路、S333蒙馆路、S324齐南路、S258临邹路四条省级公路，全长100.812公里，其中一级公路51.672公里，二级公路49.14公里。德上高速公路于定水镇西北部穿过，阳谷县境内4.7公里。

在国省干线公路养护中，配备了76名养护员、一辆湿扫清扫车，两辆清扫机，实施人机结合的清扫方式进行路面保洁作业。进入九月份，全县治理扬尘"百日攻坚战"活动开展后，又增加了两辆高压洒水车、一辆清扫车满负荷加强洒水防尘保洁工作，使全县境内干线公路路面清洁程度有了极大的提升；6月份、9月份对沿线路树进行了两次病虫害防治打药，9月份对沿线路树进行了涂白，进一步保证了绿化苗木的景观效果，提升了干线公路整体形象；5月份补设警示桩112根，新建示警墙2处，粉刷道路标线6705平方米，有效的保证了行车安全；处理水毁路基2065立方米，新建PVCPΦ200泄水槽85道，处置路面病害挖补317平方米，刷油31995平方米，贴缝13742米，路面好路率得到较大提升，提升了干线公路综合服务水平，保证了人民群众便捷、安全出行。

【路政管理】 为保护路产路权不受侵犯，保障干线公路通行安全，每天对全县干线公路进行路政巡查，全年巡查里程57312公里，清除路面堆积物42处；为进一步普及路政法规知识，增强人民群众爱路护路意识，出动宣传车6台次，粉刷路政宣传标语16条，印发传单22000份，对全县司乘人员进行宣传；为净化美化通行环境清理乱搭乱建7处，拆除非公路标志共275块，其大型标志105块，中型标志15块，中小型标志155块，处理路政事案14起，案件发现率、查处率、结案率、路赔回收率100%，路赔收入1.5万元；完善行政许可档案，审批涉路工程建设事项共计25件，国有资产有偿使用收入48.7万元；为规范执法制度建设，制定完成了权利清单和责任清单，编制了《行政审批事项业务手册和服务指南》《行政权力事项编码》，进行了政务服务平台建设，建立完善了行政审批服务平台的数据录入工作，全部审批事项，实现网上公开并完成行政复议平台和行政应诉平台的的建设。

【工程建设】 2016年，阳谷县境内S254德商路全线大修并去掉中央分隔带建设公交车道，总投资约1.43亿元。其中，德商路阳谷段大修工程39.1公里，工程总造价约9000万元；公交车道新建26公里，工程总造价约5300万元。

S254德商路是阳谷县南北方向最为重要的省级公路，连接聊城、台前，是阳谷县南北方向出入口。为高质量完成工程建设任务，县局积极与市公路局、施工单位、监理单位协调、协商；积极与沿线政府部门沟通协调、宣传服务，排除施工中遇到的困难和干扰，使该工程建设顺利完成。工程施工中，严格程序控制，责任到人；严格质量控制，健全质量保证体系，将精品理念贯穿各个环节，每个工序都精益求精，确保了工程整体质量提升。

【ETC客服网点】 受齐鲁交通发展集团委托，县局ETC客服中心为其开展高速公路不停车收费业务。为此，县公路局严格管理、精心组织，优质服务，积极推行了上门服务、预约服务，全年收取鲁通卡费用2000万元，比2015年增加1100万元，ETC客服工作再创新高。

【文明行业建设】 组织全局干部职工认真学习党的“十八大”和习近平同志系列重要讲话精神，积极开展“两学一做”活动，通过“专题学习讨论”“党支部专题组织生活会”“民主评议”等方式，增强了党员干部的荣誉感和使命感，在全局上下形成了严格的工作纪律和“创先争优”的工作氛围；在“五四”“八一”等纪念日组织青年职工举行了演讲朗诵比赛，展现了新时代青年的风貌；通过“道德讲堂”“身边好人线索推荐”等活动，在全局形成了向时代楷模、最美人物、凡人善举学习的浓厚氛围；运用座谈交流、通俗读物等方式，开展核心价值观宣讲解读，培育和践行了社会主义核心价值观；建立健全了网络志愿者服务队伍和青年志愿者服务队，通过开展“金水湖”“北山”捡拾垃圾活动，资助贫困家庭儿童等活动，在社会上树立了良好的形象。

阳谷汽车站

【概述】 阳谷汽车站成立于1954年8月，隶属聊城交通汽运集团有限责任公司，地处鲁、豫、冀三省交界处的阳谷县，是山东省西部重要的客运中心，位于县城安平路22号。2009年初，阳谷汽车站下设办公室、财务科、客运科、综合科、乘务科、寿张站6个科室，共有干部职工153人，其中离退休33人。2009年9月，新站建成投入运营，阳谷汽车站新站位于黄河路与燕山路交叉口，是一座以公路客运服务为主，集停车、维修、商贸、餐饮、住宿、办公、汽配等综合性客运站。占地100亩，其中建筑用地面积8714平方米，道路停车场面积38940平方米、绿化用地17806平方米，共投资2600万元，是依据交通部汽车客运站建筑设计规范设计建造，系2008年聊城市100个重要建设项目之一。车站共设有7个微机售票口，28个发车位，拥有营运线路64条，投入车辆200余部，日均发送班次190班，年客运量44万人。主要营运线路有聊城、济南、青岛、潍坊、临沂、威海、天津等城市。负责人：韩振国，地址为阳谷县黄河东路，邮编为252300，联系电话为0635-6213718，与之相连的主要道路为黄河路、燕山路、与之相连的主要交通线为省道254、省道324、省道333，德商高速等。

【运营情况】 2015年7月，投入LNG、CNG新能源客车70部，日发送40余班次。方便了群众出行，2016年4月，成立阳谷阳光校车公司；9月，正式运营，校车的开通方便了学生上下学，运行良好，至年底开通校车19部。

2016年，响应国家节能减排的需要，又新进新能源电动车70余部，对阳谷至聊城线路进行公交化改变，方便群众出行。

2016年阳谷汽车站客运一览表

表13

年　份	旅客发送量（人）	收入（元）
2016	38645	13425438

县邮政公司

【公司概况】 2016年，邮政公司认真贯彻县委、县政府和省、市公司的工作部署，坚持深化改革、转型发展、规范管理、服务民生，一手抓发展，一手抓党建，各项工作取得明显成效，圆满完成全年各项目标任务，助力全县实现“十三五”规划的良好开局。

县邮政公司设综合办公室、市场经营部、服务质量与安全保障部3个职能管理部门和代理金融部、文化传媒部、快递包裹部、渠道平台部4个生产经营部门，辖四角棚、寿张、十五里园、张秋、阿城、范海、闫楼、安乐镇、七级、郭店屯、石佛、定水镇、西湖、高庙王、李台、金斗营、大布17处农村支局和县城内大众路、侨润、狮子楼、博济桥、县公司营业室5处城市支局，共有在职员工292人，内部退养19人，离退休人员65人。

【基本建设】 县邮政公司高度重视效能提升工作，完成了石佛、范海、阿城、高庙王等陈旧网点的立项改造，农村陈旧网点立项改造率达到100%。进一步增强自助设备的投入使用，增配了11台卡折一体机，为七级支局增配了1台高速存款机，全县网点自助设备分流率达到75.79%，有效减轻了柜台压力，缩短了用户等待时间。强化线上线下结合，推行多站合一，实现渠道及客户资源整合复用，累计建设综合便民服务站340处，叠加包裹自提点291处，布放智能包裹柜5处。为提高邮件传递时限，县至乡邮路由4频增加至5频。为全县城区投递员配备三轮摩托车，投递能力得到提升。

【邮政业务】 至2016年底，主要邮政业务包括储蓄、保险、理财、分销、函件、集邮、电商、报刊、包裹、快递、报刊零售等11大类。2016年，实现全业务收入7232.51万元，同比增幅达到14.48%，收入绝对值列全市第三位。单项业务方面，深入落实省邮政公司提出的“一体两翼”发展战略，即（以综合便民服务平台为一体，助力金融翼、寄递翼发展），综合服务平台建设增速明显，3300平米的县级仓储已投入使用并成功入驻商家11家，建成340处旗舰店，全县形成买卖惠流量3478万元，站点活跃度91%；县邮政公司还作为阳谷县唯一一家企业被县委县政府推举参加全省电子商务示范企业评选。储蓄余额全年新增5.6亿元，较同期新增2.54亿元，资产总量新增7.46亿元，年增市场占有率为20.97%，较16年初提升3.26个百分点。支局金融业务发展方面，阿城、狮子楼等网点资产总量顺利突破5000万元，突破4000万元的网点达到7处，突破3000万元的网点达到6处。包裹快递实现收入216.3万元，同比增幅80.17%，日均揽收468件。

【企业内部改革】 始终坚持“企业发展为了员工、企业发展必须依靠员工”的理念，将建设一支具备“强烈进取精神、既能吃苦更能实干、既能创业更能创新”的素质优良的邮政员工队伍作为立企之本。16年，通过社会招聘的方式，累计新招收员工26人，其中有17人经过了省培中心的考核，取得了岗位资格证书；有6人通过自身的努力，走上了支局长的岗位。在关注一线职工队伍素质和技能提升的同时，更加关注中层管理人员和支局长队伍接收新事物、转变新思维的能力。组织开展了支局各岗位“每周一训”活动，针对操作技能、服务用语等进行培训实操，员工培训率达到100%；建立健全了中层管理队伍定期学习机制，围绕党建知识、管理理念、经营理念等，每周五进行集中学习培训。高度重视专业初级人才选拔工作，有两位同志被省邮政公司评为基层经营骨干初级人才，有两位同志被省邮政公司评为金融专业初级技能人才。

【邮路与邮件】 至2016年底，全县共有65条投递段道，68名投递员。其中，农村支局投递段道为50条，县公司城区投递15条。68名投递员中，乡镇投递50人，城区投递18人，负责全县邮件的传递任务。为提升邮件传递速度，从市到县的邮车运行班次由15年每天两个频次增加到2016年每天三个频次，由县到乡的邮车由每天一个频次增加到两个频次。为保障邮件安全，为全县农村投递员配备电动四轮车42辆，为城区投递员培训三轮摩托车13辆。此外，大力打造雷锋邮路建设，弘扬道德新风尚，在全县投递段道中开展“弘扬雷锋精神 传承传统文化”活动，将“绿衣天使”和“雷锋精神”相结合，石佛支局投递员范金月常年照顾投递段道上的孤寡老人，被聊城市邮政公司授予“首届感动邮政十大人物”荣誉称号。

【思想政治】 以“两学一做”活动为载体，严格遵守并执行党内组织生活制度；全面落实管党主体责任，逐级签订《2016年度党风廉政建设责任书》《廉洁从业承诺书》；全面开展“廉洁风险点自查活动”，梳理出风险点10条并监督整改；高度重视对党员干部的思想教育，组织观看《永远在路上》《榜样》等宣传片，开展了“十八届六中全会会议精神研讨”；完成了党费专项检查、支部换届、党员组织关系排查、党员纳新等工作。2016年，被聊城市邮政公司评为“全市邮政先进单位”荣誉称号；继续保持“省级文明单位”荣誉称号；公司党支部被县委授予“共产党员先锋岗”组织奖，三个部室、13名党员被授予“共产党员先锋岗”；安乐镇支局被评为阳谷县文明办授予“县级文明单位”荣誉称号；十五里元支局被团市委授予“市级青年文明号”荣誉称号；定水、石佛、范海支局被团县委授予“县级青年文明号”荣誉称号；西湖支局被县妇联授予“巾帼文明岗”荣誉称号。

阳谷邮政局业务总量表

表14　　　　单位：万元

年　份	业务总量	业务收入
2016年	6775.7	7959.1

供稿人：宋大鹏　关忠玺

阳谷

JIANSHE HUANBAO

建设·环保

陽穀年鑑

阳谷

JIANSHE HUANBAO

建设·环保

县住建局

【概述】 2016年，阳谷县住建局在县委、县政府的领导下，狠抓工作落实，相继实施了一系列城建重点工程、民生工程，阳谷县的城市功能、城市文化、城市环境、城市特色和城市民生得到全方位提升，城乡建设事业实现了又好又快发展。

【机构概况】 2011年1月，阳谷县城乡建设局更名为阳谷县住房和城乡建设局，简称阳谷县住建局，位于县城谷山南路63号。2012年4月，市容环境卫生管理处、市政工程管理处、城市公用事业管理处、园林管理处、阳谷县污水处理厂、阳谷县市政工程公司、阳谷绿地园林有限公司、阳谷绿鑫园林有限公司从阳谷县住建局分出，其中市政工程管理处、城市公用事业管理处、园林管理处、阳谷县污水处理厂、阳谷县市政工程公司、阳谷绿地园林有限公司、阳谷绿鑫园林有限公司划归阳谷县市政公用事业服务中心。至2016年底，阳谷县住建局在职机关事业干部职工288人，设行政科室18个：办公室、人事科、保卫科、计生办、法规科、计财科、岗办、宣传科、妇委会、团委、后勤科、城建科、计划项目科、拆迁办、收费办、安监站、工会、档案室；副科级单位1个：村镇建设管理办公室；自收自支事业单位10个：质量监督管理站、招投标办公室、墙体材料革新与建筑节能办公室、建筑企业劳保费用管理科、装修装饰管理科、建筑企业管理科、散装水泥管理科、建筑建材科技与技能培训管理科、城区建设综合执法大队、村镇建设综合执法大队。

阳谷县住建局是我县城乡建设行政主管部门。主要职能是负责管理全县建筑活动及规范建筑市场秩序，监管全县建设工程质量安全和招投标活动，推广新型节能建材，管理全县建设从业人员的执业资格；指导管理全县村镇规划建设工作；依法收缴各类建设规费等。

计划项目科 负责基本建设项目的可行性研究，报批立项、资金筹措等工作；组织指导全县建设系统对外经济技术合作和对外招商引资工作；负责全县城市建设利用外资项目的有关协调工作；承办有关全县城市建设涉外事宜。

村镇建设办公室 1988年，成立乡建科，为正股级行政单位。2007年，为加强村镇建设管理工作，升格为阳谷县村镇建设办公室，为副科级全额事业单位。负责拟定全县城市规划区外建制镇、集镇和村庄建设的规范性文件；组织编制和监督实施全县村镇建设的中长期规划和重点小城镇的总体规划；指导村镇建设工作；组织村镇建设试点；指导村镇环境综合整治工作。

建筑安全监督站 负责全县范围内建筑施工企业施工现场的安全生产监督管理；对建筑工程安全生产条件、安全施工方案进行备案；组织建筑安全生产管理人员、特种作业人员培训、教育工作；组织或参与建筑工程中发生的安全生产事故调查处理及上报工作。

墙体材料革新与建筑节能办公室 负责全县境内墙改基金收缴工作；负责全县“禁实”及建筑节能工作的监管、检测认证。既有建筑节能改造，节能示范小区（点）的评选；扶持新型建材企业发展，负责县区域内的新型建材厂家管理、认证，并对进入阳谷县的新型建材进行监管、检测、备案。

建设工程质量监督站 具体贯彻落实国家及省市有关工程质量的法律、法规和工程技术标准，受县住建局委托，负责我县建设工程质量和工程检测的监督管理工作；按照国家及省市制定的有关工程质量管理的法律、法规和工程技术标准，对受监工程建设各方责任主体及有关机构履行质量职责情况和工程实物质量情况进行监督检查；向工程备案管理机构提交工程质量监督报告。对工程参建各方责任主体和有关机构质量信誉进行管理。按照住建局的委托权限对责任主体和有关机构违法、违规行为进行调查取证和核实，提出处罚建议或按委托权限对违法违规行为实施行政处罚；受理并及时处理本县建设工程质量投诉，参与本县质量事故的调查处理，组织开展质量问题的技术鉴定；掌握本县建设工程质量状况，及时总结、推广好的工程质量管理经验。

招标办 负责县行政区域内建设工程（房屋建筑、市政工程等）项目报建、投标资格审核、招标投标文件的审查、审定；负责招标项目、招投标情况书面报告、中标通知以及项目合同等相关事项的备案工作；负责建设工程招标、评标、定标、合同签订及履行的全程监督管理。

建筑企业劳保费用管理科 负责全面了解建筑施工企业生产经营状况和各建筑企业享受劳保人员变化动态；负责建筑企业劳保费用的收缴和管理；负责对建筑企业劳保费用开支使用情况监督检查。

装修装饰管理科 负责全县建筑装饰装修企业的资质和个人从业资格的管理；负责县外进阳建筑装饰装修队伍的管理；负责查处建筑装饰装修市场中的违法违规行为。

建筑企业管理科 指导全县建筑业发展，规范全县建筑市场和监理市场秩序，负责全县建筑业企业的行业管理，负责建筑工程施工许可证的发放和跟踪管理工作，负责清理和解决建设领域拖欠工程款和农民工工资工作，监督查处建筑工程的转包、违法分包和无证施工等行为，负责组织和管理建筑业协会等。

散装水泥管理科 负责培育散装水泥市场，推广散装水泥应用；负责预制件厂、商品混凝土企业的管理工作；负责县域区内散装水泥专项资金的收缴及管理工作。

建筑建材科技与技能培训管理科 负责贯彻落实国家《职业教育法》和上级关于建筑建材科技教育与技能培训政策；负责建筑企业资质审查、申报和年检；负责建筑企业项目经理、建筑工人的技能培训；负责建材市场准入及管理工作。

村镇建设综合执法大队 受住建局委托，依法查处未按规定实施的乡镇村镇规划、建设、建筑市场、镇容村貌的违法行为。

城区执法大队 受住建局委托，依法查处全县境内未按规定缴纳劳保费及散装水泥的违规行为；依法查处县城市规划区内未按规定缴纳新型墙材革新与墙改基金的违规行为、未按规定缴纳对建设工程进行招投标的行为、未按规定办理建设工程质量监督、安全监督及工程监理手续，擅自进行建设的行为、未按规定办理建设工程报建、开工等手续，擅自进行建设的行为、未按规定输装饰装修施工许可证的违法行为。

【建筑业】 2016年，全县房建和市政工程实际招标项目110项，造价1.46亿元，其中公开招标110项，造价1.46亿元，招标工程实际招标率、应公开招标工程实际公开招标率均达到100%。全县进入有形建筑市场交易工程110项，造价1.16亿元，公开招标进场交易率为100%；全年共办理建筑工程施工许可证61个，实现建筑施工许可面积98万平方米，施工总产值达到13.55亿元。

建筑工程质量安全监督管理 高度重视建筑工程质量和安全生产，迎接省政府、省住建厅、市政府、市住建局督导组对阳谷县建筑工程检查16次。多次组织开展“打非治违”、消防安全等专项检查和建筑领域质量、安全生产大检查。狠抓施工现场监督检查，下达隐患整改通知书400余份。加强了对市政园林工程的安全监管，多次组织召开三级管理人员安全会议，实行企业自查与综合检查相结合，全年共办理市政类工程施工许可证35份，工地现场下达隐患整改通知122份。严格执行建筑领域双清制度，妥善处理拖欠工程款和农民工工资案件，全年开具无拖欠证明633份，处理拖欠案件80起，涉及金额3800余万元，大部分得以妥善协调解决，确保了建筑业稳定。

建筑企业及建材管理　2015年，阳谷县根据建设市场需求大力发展专业承包及劳务资质企业，发展专业承包资质5家、劳务资质企业5家，培训人员320余人次，通过培训使农民工有了就业技能，有了一技之长，引导企业走出家门输出劳务。加快组建具有国际竞争力的大型、特大型建筑业企业集团，加快经营机制转变，促使企业转换经营理念，向多元化发展，提高竞争力，放开搞活中小企业，迅速形成以总承包企业为龙头、专业承包企业和劳务分包企业为基础的企业群，提高产业集中度，构筑起分工明确、配套协作、整体优势明显的队伍结构，加快产业结构调整与优化，使我县建设领域又好又快的健康发展。

建筑节能　严格落实建筑节能强制标准，全面执行居住建筑75%、公共建筑65%节能标准。加强建筑设计方案规划审查和施工图审查，突出抓好工程现场和施工环节监管，严格落实建筑节能现场公示、专项验收、节能认定等制度，确保施工阶段节能标准全部达标。

结合房地产开发、城中村改造和农村社区建设等形式，开展低碳示范社区建设，实施太阳能光热建筑一体化技术，要求新建建筑在安装太阳能热水系统时要与建筑同步设计、同步施工、同步验收、同步交付使用；对未按规定安装太阳能光热系统的工程，不得组织竣工验收、备案。2016年，谷山美郡二期、新世界广场、盛世名门三期太阳能与建筑一体化安装16万平方米。金紫南苑、西湖美景等小区实施的太阳能光伏发电项目：装机容量513千瓦，年节约标煤300余吨，可为15万平方米居住面积提供用电。

加强对新型建材企业的扶持和监督检查。目前，我县已发展各类新型建材生产企业共14家，其中多孔砖生产企业5家、砌块生产企业3家、管材和门窗新型企业6家。每年利用粉煤灰10000吨、煤矸石30000吨、电厂炉渣100000吨、磷石膏1000余吨、黄河淤泥等大量废弃材料；即节约了能源又保护了环境，取得了良好的经济效益和社会效益。

【村镇建设】 2016年，住建局积极响应县政府号召，抓好村镇建设工作，使得我县村镇规划编制、新型社区建设、农村危房改造、农村无害化厕所改造、村镇污水处理设施建设、特色村镇建设等工作顺利开展，圆满完成了县政府交办的各项工作任务。

村镇规划编制　先后编制了阎楼镇、安乐镇、七级镇小城镇提升规划，同时与省派驻城乡规划督察员沟通对接，抓好村镇范围内建设工程规划许可手续办理。

农村新型社区建设　大力实施农村社区提升工程，加快已开工社区各项配套设施建设步伐，着力推进城镇基础设施向社区延伸。

农村危房改造　农村危房改造工作贯穿全年，自2012年始，阳谷县累计争取中央危改任务3817户，其中2016年共改造1400户，中央、省政府扶持资金共1970.645万元。在工作过程中始终坚持“政策公开、对象公开、程序公开、标准公开”，严把对象确定关，严把危房鉴定关，真正做到公开、公平、公正。坚持“三级评审、三级公示、以乡为主”的工作方法，充分发挥了基层干部身在一线、贴近群众、了解群众的特点。同时，在确定补助对象上，坚持“最贫穷、最危险、最积极优先”原则，严禁优亲厚友、徇私舞弊现象发生，并主动接受纪检、监察、审计部门和社会监督，严格执行农村危房改造资金管理办法，严禁搭车收费、截留、挪用和套取费用，确保资金专款专用。这些危改工程的实施，改善了农村五保户、低保户、贫困残疾人家庭的居住条件，使困难群众逐步安居乐业；随着新房建成和旧房拆除，改变了村容村貌；拉动了建材、建筑、家电等产业发展，进一步扩大了内需；促进了维稳工作开展，解决了一批信访难题，消除了不稳定因素，进一步密切了党群、干群关系；做好与精准扶贫工作充分结合，对于建档立卡贫困户的危房改造，由县财政投入提高了补助标准，全年共完成建档立卡贫困户危房改造878户，促进了脱贫攻坚工作开展，为全面建设小康社会做出了积极贡献。

农村无害化厕所改造 按照“率先启动，试点先行，积累经验，全面铺开”的思路，对农村改厕模式进行了积极探索。计划到2018年底，全县三年将完成790个村庄、13.2万户的农厕改造，其中2016年改造37817户，实际完成改厕38351户，涉及313个村庄，完成全年任务的101.41%，列全市第一名。工作启动之初，在每个乡镇选择2～3个村庄作为试点村，整村推进，为全面铺开总结经验、奠定基础。在推进过程中，充分结合群众意愿，根据现有户厕质量制定不同的施工方案，结构老化的就借机建新拆旧，结构牢固的尽量在原有基础上进行改造，以减少施工成本。为建立农村改厕建设管理运营长效机制，我县结合本地塑化产业发展，延伸产业链条，重点扶持东信塑胶特色企业产品，实现厕具生产本地化、批量供应和服务一体化。为切实落实省委、省政府关于“已改旱厕统一编号，登记造册，完成一个，销户一个”的要求，我县在深入调研的基础上，对全县户厕实行统一九位数编号，内容涉及改造年份、所在乡镇、所在村庄以及具体村内顺序号等信息，并喷涂在厕墙显要位置，已改造户厕以乡镇为单位均建立纸质档案，将每户改厕产品验收情况、施工情况、改造后乡镇验收情况等进行汇总，明确乡镇、村、户各自责任和权利，农户参与改厕全过程，以档案形式细化了改厕工作实施流程，实现了每个户厕项目化管理，确保了改造效果。该做法得到了市住建局的认可，在全市范围内推广阳谷经验。2016年12月14日，县委书记田中俊代表阳谷在全省农村改厕工作会议上进行了典型发言，向全省介绍了我县的改厕做法。

村镇污水处理设施建设 新建农村社区一体化污水处理设施15处。积极与县财局协调，通过公开招标确定了项目建设施工企业和监理单位，所有主体设备安装和地上附属设施建设已全部完工。阎楼镇张岩寨社区、石佛镇驻地（康居佳苑）社区、七级镇四合社区、西湖镇孙楼社区、西湖社区、东干河营社区、寿张镇吕街社区、李台社区、高庙王镇前仓社区、郭屯镇朝阳社区、张秋翁庄社区、金斗营镇张堤社区12个项目已实现运转，出水水质达标。项目建设运转情况居全市首位。

小城镇提升工程 抓好了第二批阎楼镇、安乐镇、七级镇建设实施，紧紧围绕全市生态文明乡村建设安排部署，以“提质加速、城乡一体”为目标，高标准抓好规划设计、绿化美化、配套设施完善等工作，小城镇提升工程取得了阶段性成果，目前第二批3镇已通过市里验收，全县工作位列全市前三名。抓好第三批试点乡镇寿张镇、定水镇、大布乡启动，三镇于12月份开始编制提升规划。

特色村镇建设 2016年石佛镇被山东省住建厅评为宜居小镇，争取到建设资金30万元。阎楼镇辛庄、高庙王镇杨庄被山东省住建厅评为宜居村庄，争取到“宜居村庄”建设资金共30万元。

全县建筑企业名录及资质（至2016年底）

表15

序号	企业名称	资质等级	法人代表
1	阳谷县建筑工程总公司	主项：房屋建筑工程二级 增项：建筑装修装饰二级	丁业博
2	阳谷县万达建筑工程有限公司	主项：房屋建筑工程二级	刘彦庆
3	阳谷县鲁阳建筑工程有限公司	主项：房屋建筑工程二级 增项：市政工程三级 建筑装修装饰工程二级	司海同
4	阳谷县第三建筑有限公司	主项：房屋建筑工程二级	万兆民
5	阳谷县东润建工集团有限公司	主项：房屋建筑工程二级	何继峰
6	阳谷县谷山建筑工程有限公司	主项：房屋建筑工程二级	张景斌
7	阳谷县东原建筑工程有限公司	主项：房屋建筑工程三级	徐光举
8	聊城市昌锐建筑工程有限公司	主项：房屋建筑工程二级 增项：市政工程三级	钟立昌
9	阳谷县西湖建筑工程有限公司	主项：房屋建筑工程三级	王才柱
10	阳谷县龙飞建筑工程有限公司	主项：房屋建筑工程三级	魏相龙
11	阳谷县宝塬建筑有限公司	主项：房屋建筑工程三级	闫庆勇
12	阳谷龙强建安工程有限公司	主项：房屋建筑工程三级	孟宪东
13	山东金河建筑安装工程有限公司	主项：房屋建筑工程三级 增项：市政工程三级	刘风梅
14	山东中天钢构建筑有限公司	主项：钢结构工程二级	张广允
15	山东阳谷阳光建材科技有限公司	主项：建筑机电安装三级 增项：建筑装修装饰二级劳务分包 防水防腐保温二级	宋纯杰
16	阳谷县水利建筑工程有限公司	主项：水利水电二级 增项：建筑三级劳务分包	赵孟斌
17	阳谷通达建设工程有限公司	主项：公路三级 增项：市政三级	陆富友
18	山东金阳电力工程有限责任公司	主项：送变电工程二级 增项：建筑装修装饰二级	候现力
19	阳谷瑞炟安装工程有限公司	主项：建筑机电安装三级	段祺霆
20	阳谷合力模具有限公司	主项：钢结构工程三级	王守合
21	阳谷新源建筑劳务有限公司	劳 务	田洪峰
22	山东金河建筑劳务有限公司	劳 务	崔朝河

续表 15

序号	企业名称	资质等级	法人代表
23	聊城兴丰建筑安装劳务有限公司	劳 务	王汝文
24	阳谷崎峰劳务有限公司	劳 务	王少甫
25	阳谷锐隆建筑工程劳务有限公司	劳 务	方先亮
26	阳谷县金鑫建筑劳务有限公司	劳 务	刘守春
27	山东阳谷祥瑞建筑劳务有限公司	劳 务	楚贵林
28	阳谷恒顺建筑工程劳务有限公司	劳 务	高纪刚

全县预拌混凝土企业一览表（至 2016 年底）

表 16

企业名称	类 别
利民砼业	预拌混凝土
东升建业	预拌混凝土
红星砼业	预拌混凝土
万盛砼业	预拌混凝土
建友砼业	预拌混凝土
恒信砼业	预拌混凝土

全县装饰装修企业名单（至 2016 年底）

表 17

公司名称	资质等类
阳谷龙泉装饰工程有限公司	专业承包三级资质
阳谷紫东房地产开发有限公司阳谷装饰分公司	专业承包三级资质
阳谷明盛装饰工程有限公司	专业承包二级资质

全县新型墙材生产企业名单（至 2016 年底）

表 18

企业名称	企业名称
阳谷县景阳岗新型墙体材料厂	阳谷万盛新型建材厂
阳谷阿城超宇新型建材厂	阳谷东信塑钢有限公司
聊城市宏强建材科技有限公司	阳谷顺达塑胶股份有限公司
阳谷县富强新型建材有限公司	阳谷华信塑胶股份有限公司
阳谷紫东新型建材有限公司	阳谷恒信塑胶股份有限公司

续表 18

企业名称	企业名称
阳谷李台垓海新型建材厂	阳谷东润塑胶股份有限公司
阳谷新源新型建筑材料有限公司	阳谷盛达塑胶股份有限公司

【整治建设领域拖欠农民工工资问题】 近年来，针对建筑业农民工工资拖欠问题，住建局不断完善监管机制，按照“项目部负直接责任，总包企业负总责”的原则，落实好建设各方主体责任，认真开展农民工工资专项检查，畅通投诉举报“绿色通道”等措施，切实维护农民工合法权益。要求各项目建设方，切实作好农民工工资清欠的应诉应访及督察督办工作，避免因讨薪引发群体性事件。主要从几个方面开展了对民工工资支付工作的监管：

加强建筑企业主体诚信管理，落实农民工工资保证金制度和外来企业劳务工资备用金制度。建立完善市场主体诚信考核办法，严格按照标准实行减扣分制度，与资质和市场准入挂钩；同时，建设单位和施工企业在办理施工许可证前在特定银行预存建筑劳务工资保证金，否则不予办理施工许可手续。

严格落实“双清”证明制度。建设工程招投标前，甲乙双方必须到清欠办开具无拖欠工程款或无拖欠农民工工资证明手续，对存在拖欠行为的不允许进入招投标流程。

定期对建设领域民工用工及工资月支付情况进行执法检查，严肃查处侵害农民工权益的违法违规企业。坚持“谁承包，谁负责”的原则。总承包企业法定代表人对工资支付负总责，凡发生拖欠情况，拖欠企业不能兑付的，由总承包企业先行垫付。所有建筑企业签订了年度处置拖欠农民工工资问题目标责任书，建立了工资发放备案制度。对不按要求落实农民工工资发放及拒不解决拖欠问题的企业一律限期整改，限制施工企业投标资格、暂缓企业资质升级、增项。

畅通农民工投诉举报“绿色通道”。设立投诉举报维权窗口和案件审理调解室，落实投诉举报和专人接访等制度，公开电话受理投诉举报。2016 年，我局共解决拖欠农民工工资 850 余万元，确保了行业稳定健康发展。

【落实工程质量治理两年行动】 自住建部开展工程质量治理行动两年以来，阳谷县积极响应，召开了动员大会，成立了领导小组，印发了《阳谷县工程质量治理两年行动实施方案》，明确了工作目标、主要工作内容、行动步骤和保障措施，保障了工作的有序开展。同时局属各单位各司其职，各负其责，齐抓共管，相互配合，共同推进工作。

明确五方项目负责人质量终身责任追究。建设单位负责人对工程质量承担全面责任，是第一责任人。勘察、设计单位及其项目负责人是工程质量直接责任人。对因违反工程建设技术标准进行勘察设计或成果文件深度不够等造成的质量问题承担责任。施工单位及项目经理是工程质量直接责任人。对因违反设计要求和施工规范、偷工减料、使用劣质建材和转包分包等造成的质量问题承担责任。监理单位对因队伍资质、材料进场和工序验收审核不严格等造成的质量问题承担监理责任。施工图审查和质量检测单位对因图纸审查把关不严、出具虚假检测报告等造成的质量问题承担责任。质量终身责任制落实到具体责任人。

严格落实“两书一牌”制度及质量终身责任制。凡是新建工程在办理注册登记时，要求建设、勘察、设计、施工、监理的项目负责人签署授权书和承诺书。同时在办理工程竣工备案手续前，按规定进行补签；建立了各方责任主体项目负责人质量终身责任信息档案；设置了工程竣工永久性标牌，凡不按规定设置的不得组织进行工程竣工验收。

撰稿人：白　硕

县市政公用事业服务中心

【机构概况】 阳谷县市政公用事业服务中心于2012年12月由县市政处、园林处、公用事业处合并成立，为正科级差额拨款事业单位，主要负责市政、园林、公用事业特许经营的监督、管理的责任，负责市政、园林、公用事业设施建设、管理、维护和城区防汛的责任，承担城市经营管理的责任，承担会同有关部门编制城市道路红线内地下和地上空间资源利用规划并组织实施的责任。目前在职人员为189人，高级工程师1人，工程师29人，助理工程师36人，本科31人，专科71人，中专62人，主要办事机构位于黄河东路151号，三山广场西邻。

【重点工程建设】 2016年，全县实施背街小巷改造等民生工程建设，全年完成投资3700万元，谷山路人行道改造、狮子楼北路挖补罩面、规划二路建设、农行北胡同、实验小学西胡同、博济路慢车道、清河路人行道改造等道路排水工程均全部如期竣工，完成改建快慢车道7.2公里，人行道3.7公里，安装路灯400余盏，铺设排水管网4.6公里，并按照标准规范全部实行雨污分流。完成投资5100万元，实施完成了聊阳路、齐南路等全长约76公里，总面积达46万平方米的路域环境提升路肩绿化工程，并圆满完成验收；谷山公园新植树木1.6万株。为有效解决聊阳路出入口交通瓶颈问题，对该处进行了绿化改造升级，建设了四个三角隔离岛，使直行车辆和右转车辆进行分离。围绕两年完成创建省级园林城市的总体目标，2016年制定实施方案、召开全县创城动员大会，打响了城市绿化攻坚战，依据《山东省园林城市标准》，开展城区公共绿地、单位庭院、住宅小区裸露土地排查摸底，有针对性地实施绿化补植和提升改造。

【市政基础设施管护】 市政公用基础设施实行精细化管理，不断提升设施管护水平。加强设施管护效率，采取“巡查—维护—督查”三位一体管理机制；提升监察力度，重点对未经批准擅自开挖和破坏公用设施现象加大处罚力度，为设施管护提供保障。

市政设施维护工作 2016年，对城区二十余条道路坑洼路面和路口进行重点维护，利用凌晨及夜间施工最大限度降低施工对市民出行影响。全年共计维护城区道路及人行道花砖约8000平方米，更换下水道井盖及雨水篦子1300余个，更换谷山路护栏1600余米，确保了我县城市基础设施完好率在90%以上。

加强路灯维护管理 路灯管理实行“白加黑、5+2”模式，白天维修，夜间巡查，节假日维修任务更加繁重。2016年共计维修路灯约9400余盏，补换大众路、狮子楼路亚克力灯球400余个，处理电缆接头故障150余次，更换电缆600余米。按照城市照明“节能、环保、低碳”的要求，对谷山路原有的高压钠灯改造升级为LED节能灯，较改造前降低能耗约20%以上。结合季节变化，学生上学和环卫工人打扫卫生等实际情况，合理调整路灯启闭时30余次。

提高园林绿化养护标准 在绿化养护管

理上下工夫，加强精细养护管理，提高养护标准到二级养护水平，每个公园、每块绿地、每条道路都要明确专人负责，落实分包责任，并明确具体管护标准，从苗木修剪、浇水、病虫害防治等基础养护工作入手，研究制定行之有效的养护监督考核机制，通过规范化、科学化、精细化养护管理，取得好的绿化效果。

【公园、水系管理】 2016 年，紫汇湖公园交付市政中心管理，黄河路景观渠竣工通水，两者是城区水系的重要组成部分，与金水湖公园、城区沟渠有机相连，城区水系实现贯通。为加强管理，保证水质，确保效果，成立了水系管理办公室，专门负责金水湖公园、紫汇湖公园和城区沟渠的管理工作，主要包括水位的高低调节、水质监测及附属设施的日常维护和保洁管理，制定工作人员的值班制度和岗位目标考核体制，及时维修损坏设施，消除安全隐患，确保公园、水系保持水清、岸绿、景美的景观效果。

【城区防汛】 阳谷县城区地势四周高，中间洼，呈漏斗状，造成城区雨污水无法自然排出，须经排水泵站二次提升抽排至污水处理厂。目前城区建有两座排水泵站，第一泵站承担谷山路以西建成区雨污水的汇集和提升，第二泵站承担谷山路以东建成区雨污水的汇集和提升。城区河道斜店沟、西城渠、南环渠、宁津路景观渠、黄河路景观渠已贯通一体，遇大雨、暴雨天气，可提闸放水直排，增强泄洪能力。鉴于我县城区特殊地形，市政中心将城区防汛工作列为全年工作的重中之重。每年四月至五月开展为期一个月的城区管网清淤行动，五月底前完成应急预案的修订、防汛物质购置、泵站检修等工作。每年组织一次防汛应急演练，努力打造一支训练有素、有组织、有纪律的防汛队伍，整个汛期坚持主要领导不休息，全体防汛队员随时待命，全力以赴备战汛期。

2016 年 7 月中旬，阳谷县遭遇强降雨，24 小时内降雨量超过 100 毫米，部分路段形成了严重内涝，给城区居民带来较大影响。市政中心及时启动防汛应急预案，排水泵站最大负荷运行将积水强排。全体干部职工 24 小时坚守岗位，在积水路段设置警示牌，清理堵塞雨水篦子的生活垃圾，在降雨结束后 1 个小时内，城区内涝基本消除，维护人员立即对损毁路面进行了抢修，确保道路畅通。

【燃气管理】 2016 年初，与全县燃气经营企业签订《阳谷县燃气行业 2016 年度安全生产责任书》，要求各经营企业加强自身管理，层层分解落实安全目标责任，确保厂、站、管网运行安全。督促燃气企业定期对居民、公共场所等设施运行情况进行检查，对存在的问题及时处理，杜绝安全隐患。结合阳谷县燃气经营许可年审换证，按照省、市要求，做好预审资料把关，严控源头，并进行了一次拉网式普查，对不达标企业立即停业整顿。对燃气新、改建工程，按照聊城市市政公用事业管理局《关于规范全市燃气工程建设管理工作的通知》聊市政公用字〔2012〕93 号文件要求，严格审查把关勘查、设计、施工、监理等单位资质和开工申请、竣工验收工作。

【供热管理】 县城区已建成清河路、黄河路和金河路三大供热主管线及其分支管线。2016 年，又新建了狮子楼北路（赵王河路至运河西路）、燕山路至火车站、景阳冈大酒店至博济桥派出所、黄山路至五里庙回迁小区等分支管网，新增供热面积约 35 万平方米，全县集中供热面积已达 300 万平方米。随着供热用户的逐年增加，用户对供热质量的要求也越来越高，热力公司落实 24 小时值班制度和管线、附属设施全天候巡查制度，确保2016年供暖季安全平稳度过。

【安全生产管理】为确保市政系统安全生产管理零事故，在工程建设、燃气、供热、污水处理、路灯等行业按照“专家查隐患、政府抓督查、部门抓监管、企业抓整改”的要求，聘请聊城正信安全评价机构，对燃气、市政工地、污水处理、供热等重点领域的安全隐患进行了排查，并按照专家意见做好隐患整改。狠抓燃气安全生产，开展燃气经营市场、燃气用户监督检查、燃气安全知识宣传等各类专项活动20余次，查处整改各类违法违规行为13起，确保了安全形势稳定。

【建设成果】2016年，实施了一批市政、园林重点工程，城市路网结构进一步完善，生态环境得到了改善。改建提升快慢车道7.2公里，人行道3.7公里；铺设排水管网4.6公里；新增路域路肩绿化46万平方米，人均绿地面积达到11.6平方米；新增天然气管道21.6公里，天然气用户4962户；新增供热面积35万平方米；完成了污水处理厂一期提标改造和二期扩建工程，出水水质全部达标排放；城区水系实现贯通，形成了“城中有水、水中有城、人水和谐”的生态格局。

2016年公用设施建设情况

表19

项　目	道路（公里）	排水管网（公里）		园林绿化、路域绿化（万平方米）	燃气管网（公里）	供热管网（公里）
		雨水管网	污水管网			
当年新增	5.5	3.3	4	49	21.6	7.5
截至2016年合计	90	233.3		532	473	116

市政公用行业指标数据一览表

表20

人均道路面积（平方米）	人均绿地面积（平方米）	路灯亮灯率	污水收集率	污水处理率
	11.6	98%	95%	100%

污水处理进水、出水指标

表21

	单位：毫克／升	一期提标工程	二期扩建工程
进水	COD	500	500
	氨氮	30	35
出水	COD	50	50
	氨氮	2	2

县城市管理行政执法局

【机构概况】 阳谷县城市管理行政执法局在金河路199号，坐落于金水湖畔，西邻谷山南路，东邻聊阳渠。2006年5月成立，正科级单位，现有干部职工205人。11个科室：办公室（车队、便民服务中心）、人事科、财务科、法制科、宣传科、督察科、计划生育管理科、工会、综合治理办公室、数管中心、党建办；3个市容管理大队：一大队、二大队、机动大队；4个规划执法队：六中队、八中队、狮子楼大队、公建大队；1个园区综合执法大队；1个副科级单位：市容环境卫生管理处；下属单位：特勤大队—恒阳转运服务中心。

主要是城市管理职能和城市管理行政执法职能。

城市管理职能：贯彻执行国家、省有关城市（城镇）管理的政策、法律、法规；负责全县城镇容貌和环境卫生管理工作；负责城市公共区域的清扫保洁；负责城镇生活垃圾、建筑垃圾的收集、清运和处理；负责城区公厕建设和管理；负责城区环卫设施和秩序的监督管理和维护；负责建筑垃圾处置的审批和管理、城区各类户外广告的设置审批和管理；负责全县数字化城市管理系统的建设和日常管理；负责各乡（镇）、街道垃圾转运站的日常管理及转运站生活垃圾运输、处理等工作；负责垃圾转运站设施设备的日常维护和保养；督导所辖村环卫清洁队伍开展环境卫生清扫保洁和生活垃圾收集清运工作，并对其工作情况进行绩效考核。

城市管理行政执法职能：依据国家有关法律、法规和规章，行使市容环境卫生、城市规划、城市绿化、市政管理、户外广告管理方面法律、法规、规章规定的全部行政处罚权；行使环境保护、工商行政管理、公安交通管理、文化市场管理、食品卫生管理等方面的法律、法规、规章规定的部分行政处罚权；履行山东省人民政府、聊城市人民政府和阳谷县人民政府规定的其他职责。

2016年，执法局紧紧围绕“作风引领、团结实干、争先进位、科学发展”十六字工作方针，扎实开展“两学一做”学习教育，认真履责，突出党建工作和党风廉政建设，重点抓了市容管理、环卫保洁、规划执法、城乡环卫一体化、垃圾处理等各项业务工作，配合相关单位强力推进治理学校周边环境、三轮车非法营运、大气污染防治等民生工作，我县城市管理呈现出市容执法更加规范有序、违建行为得到有效遏制、市容环境卫生清洁靓丽、人居环境进一步改善，人民满意度明显提升的良好态势。本年度励精图治，再获佳绩，荣获“山东省五四红旗团支部（总支）”和阳谷县2016年度“科学发展综合考核二等奖”“党建工作先进单位”称号，被聊城市委宣传部评为“四德工程”建设示范点。

【市容管理】 围绕城管执法职责，加大执法力度，构建“服务、管理、执法”三位一体模式，制订《城区市容环境综合整治实施方案》，成立了市容综合治理、拆除残墙断壁美化环境2个指挥部，全面开展综合治理工作，实现了城市管理范围逐步拓宽，城管秩序明显好转，市容市貌稳步提升。

综合整治“十乱”现象 高标准管理谷山路、振兴路、育才街、书院街、博济路、大众路及10余处广场等街区，拓宽管理大寺街、黄河路、燕山路等街道，先后开展2次环境综合治理活动，对阳金路口、景阳路口及运河路东西各路口重点治理。全年共查处纠正了乱摆摊设点、店外经营、乱扯乱挂近2万处（次），跟踪处理噪音扰民335件；规范管理便民市场及摊点群10余处；清除灯箱竖牌100余块、条幅120余条；拆除乱搭乱建棚厦20余处；审批设置广告门牌匾405处，规范整改59处，拆除影响市容观瞻的2400余块；审批监管各类宣传活动155处次；清理垃圾死角、砖瓦碎石3900余处、4800余方；依法拆除、整修残墙断壁200余处、2600余平米，粉刷道路两侧外墙乳胶漆60万余平米；实行野广告、乱贴乱画“不见光”清除模式；与交警、交通等部门联合执法，查处非法营运三轮和乱停乱放车辆620辆。

取缔城区露天烧烤　在去年治理的基础上，本年度提前介入、超前谋划，加强巩固治理成果。出动宣传车30余次，张贴、发放《关于对城区露天烧烤进行专项治理的通告》200余份，全面取缔城区主次干道、集中经营区的露天烧烤和“骑墙烧烤”店40余处，要求一律进店经营并安装油烟净化设施，夜间空气质量取得较大改善。

治理餐饮油烟成效显著　9月份，打响了大气污染防治“百日攻坚战”，对城区餐饮服务经营场所的油烟排放情况调查摸底，制定专项治理方案，明确任务，责任到人，实行治理网格化。对应安装油烟净化设施的252处餐饮店进行督促整改。截至11月份，油烟净化设施已全部安装并使用，安装率达100%。

多措并举治理扬尘　积极应对雾霾天气，启动重污染天气应急预案，建立“以克论净”保洁考核方法，大力推广湿式保洁作业，6辆洗扫车、5辆洒水车对城区主次干道及四外环路每天清扫至少2次、洒水至少5次，减少道路扬尘；加强工地渣土运输车辆监管，严查城区渣土运输未封盖、抛洒滴漏、带泥上路行为。加大夜间值班力度，对10余处施工工地重点监管，查扣处理违规渣土运营车辆300余辆，清理污染路面3万余平米，有效遏制扬尘污染源。

高效办结“12345”“12319”热线投诉　严格热线投诉办理程序，对所有“12345”热线投诉均实行一把手签字转办、各队立即办理、督察跟踪督办，及时反馈办理结果，做到了件件有安排、件件有落实、件件有回复。全年共受理“12345”“12319”热线咨询、投诉案件1068件，同比增长23.7%，其中油烟污染类63件；噪音扰民类290件；占道经营类333件；乱搭乱建类88件，案件办结率达100%，群众满意度达98%以上。设立3处城管执法便民服务岗亭，及时受理群众反映强烈的城市管理问题，坚持早午晚值班，明确整治重点，取得较好社会效果。

【规划执法】　立足于早发现、早处置，“打早管小”与“宣传教育”相结合，日常巡查与批后监管相结合，对重点苗头性问题蹲守管控，查处力度持续强化，做到早发现、早制止、早拆除，始终对违法建设保持高压管控态势，违法建设发生率明显减少。

严控历史遗留违法建筑　在去年的基础上，加大历史遗留违法建筑的整改拆除力度，昼夜跟踪监控，未发生续建和增添一砖一瓦现象。

规范村（居）民自建房行为　实行源头控制，完善巡查机制，从“早”字着手，实行违规自建房“零容忍”，发现即拆、查处即拆，避免了群众财产损失。年处理村（居）民申报建房207户，查处和纠正各类违建行为62处，其中，自行拆除40处，依法强制拆除22处，共计5577平方米，同比增长69%。拆除乱搭钢架、板房、集装箱90处，6804平方米。积极回应并妥善解决村（居）民修缮加固住房的合理诉求，与办事处审查核定修缮加固53处，同比增长29.3%，严格监管，基本确保修缮加固不变形、不走样。

全程监管房地产开发和企业项目　对规

划区在建的万和城房产、南湖御景、紫汇御景等22处公建和开发项目，从开工放线到竣工验收，严格按照“两证一书”，配合规划局全程监督定点放线16处，现场复核及测量100余次，实时掌握工程动态。对手续不全、尚可采取改正措施的万和城、颐鑫家园、金紫南苑B区等6个工程，督促办理相关规划许可手续，督促缴纳各种规费资金1亿余元。另一方面，对祥光经济开发区的中通电缆、海途机械、巨龙塑胶有限公司等6处建设项目实施监管，督促办理规划许可手续，确保违法建设查处率和处置率达100%，坚决维护了城市规划的权威性和严肃性。

2016年，根据省住建厅反馈督察情况，迅速开展省移交卫星遥感疑似问题图斑的立案查处工作，经核查认定，责令对4处违反城市总体规划强制性内容的违法建设，依法实施了限期拆除或强制拆除。

【环境卫生】 *道路保洁再升级，清扫清运全覆盖* 2016年，新增保洁面积74.9万平方米，总保洁面积达748.5万平方米，同比增长11%，实现城区保洁、垃圾清运全覆盖。继续实行“三位一体”道路保洁模式。全面推行城区湿式保洁，加大机械化保洁力度，城区主次干道洗扫率、洒水率分别达85%、95%以上，保证快车道洁净靓丽，无垃圾、无扬尘；慢车道、人行道、绿地、沟渠人工保洁，横到边、竖到底。实行保洁人员每天三次上门收集垃圾、不间断巡回快速保洁、夜间收集垃圾定时定点定路段、查处乱倒垃圾行为等措施，推行垃圾落地“10分钟”快速清除制度。严格中转站、转运站、垃圾桶和单位、居民小区的垃圾清运、转运和中转站污水清理抽排工作要求，真正做到日产490余吨的城乡生活垃圾日产日清、密闭运输。完善雨水积雪定时清除应急预案，组建应急队伍，积极应对极端恶劣天气，基本做到城区主要路段小雨雪停后4小时内清除、大雨雪停后8小时内清除。

健全完善监管机制，提升环卫管理水平 抓好环卫“六管”，管好环卫工人的安全、上下班时间、着装、年龄、车辆的洁净及责任路段的保洁质量。二是调整充实督导检查队伍，从早4：30到晚8：00不间断巡回督查，发现问题限期整改，做到“日查、周评、月排名”。三是完善环卫管理规范运行制度，制定洗扫、洒水工作考核目标，实行定人、定车、定路线、定标准的“四定”管理措施。

完善环卫设施建设，强化设施运营管理 环卫设施综合服务能力进一步提高，清运维修队专司负责环卫设施的日常维护和管理，及时改造维修公厕管道，维护清洗果皮箱、垃圾桶、中转箱，定期疏通清掏下水道、化粪池，更换新式三轮保洁车145辆。城区20余台套环卫作业车辆、100余处地下式中转站、5处公厕转运站、1000多个垃圾桶、果皮箱、150余处路名牌、32座公厕，乡镇（街道）18座垃圾转运站、36个垃圾集装箱、9部大型垃圾转运车，全部运转良好，无车辆设备、环卫设施损坏贻误工作现象。

【城乡环卫一体化】 创新思路，强化措施，全面推进，切实提高了城乡环卫一体化运行水平。

健全日常督查 依托数字化城管信息平台统一跟踪监管，督查小组对乡镇送达督办单200余份。联席会议办公室起草大督查工作通报3期，制作运行情况50期，组织召开乡镇环卫所长会议12次，“日查、周总、月排名通报”的监管机制更加完善。

严格季度考核标准 会同县委考核办，组织协调相关科局人员组成长效机制检查组、村庄检查组、乡镇驻地及路域检查组3个小

组，每季度对乡镇（街道）城乡环卫一体化工作进行集中检查，公布成绩名次，公平、公正、公开。并做好县政府投入的“以奖代补”、满意度测评奖励、定额补助、省道保洁专项补助四项资金的奖惩兑现工作。

乡镇（街道）高度重视 至2016年，各乡镇（街道）已将城乡环卫一体化列入党委重要议事日程，资金保障基本到位，管理、考核、奖惩机制日趋完善。

垃圾处理高效环保 全年转运乡镇生活垃圾10万余吨，收集率达77%，全县城乡生活垃圾统一运送至新源热电有限公司进行无害化焚烧处理，焚烧产生的废弃物，由西湖垃圾处理场严格按照标准处理，年累计填埋处理焚烧飞灰1万余吨，环保指标达到省先进水平，我县垃圾处理初步实现了产业化和资源化利用。全县城乡生活垃圾收运处理体系已实现常态化运行。

县城市规划局

【机构概况】 县规划局坐落于阳谷县振兴路24号。2016年，局机关下设16个科室，有工作人员84人。主要承担宣传和贯彻执行国家、省、市有关城市发展战略和城市规划工作的方针政策、法律法规，研究拟订我县城市规划管理的规范性文件并组织实施的责任；承担组织编制、修订县城市总体规划和城市规划区内的专项规划、控制性详细规划的责任；承担组织编制、审查城市规划区内的修建性详细规划的责任；承担参与土地利用总体规划和区域规划等其他规划编制工作的责任；承担县城市规划区内建设用地规划管理的责任；承担编制县城市规划区内建设用地规划条件、核发《建设项目选址意见书》和《建设用地规划许可证》的责任；承担参与重点建设项目可行性研究的责任；承担县城市规划区内建筑物、构筑物、道路、管线及其他工程设施规划工作的责任；承担核发《建设工程规划许可证》的责任；承担核发县城市规划区内已经规划审批建设项目的建设工程规划验线确认书和《建设工程竣工规划核实合格证》的责任；承担对城市规划档案管理，收集、整理、保护、利用城市规划区内规划档案的责任；承担收集、处理、研究、利用城市规划区内城市勘测、规划建设和管理过程中产生的数据信息，应用、推广城市规划科学技术的责任；承担县城市规划委员会的日常工作；承办县委、县政府交办的其他事项。

【规划编制】 完成了新一轮《城市总体规划（2015～2030年）》规划方案编制工作，下一步按照程序报省政府批复。

完成了《阳谷县城乡统筹规划》《阳谷县城总体城市设计》规划方案编制工作。其中，《阳谷县城乡统筹规划》已经完成专家评审，按照程序正在进行报批工作。

完成了《阳谷县近期建设规划（2015～2020年）》规划方案专家评审工作，目前正在公示征求社会各界意见。

完成了《阳谷县新型城镇化规划》规划方案专家评审工作，正在按照程序进行报批工作。

完成了中心城区生活片区（北起北环路，南至南外环路，西起西城路、西环路，东至铁路）控制性详细规划编制工作。

完成了海绵城市、排水、防洪、排涝、抗震防灾、绿地系统、地下综合管廊建设等专项规划编制工作。

对万豪公寓、东润明珠嘉苑、阳谷县第三中学、星河湾小区、紫汇湖公园及古民居规划（调整）、万和城居住区、东润文园、南湖御景小区、阳谷星河湾小区、阳谷县狮子楼完全小学、金紫南苑B区、阳谷县政府公租房、万和城居住区、书馨苑小区、东街五队安置楼等15个建设项目修建性详细规划进行规划技术审查、规划公示和报批。

【规划管理】2016年，根据房地产开发工程和工业项目建设需要，及时对规划区内的所有建设项目进行规划选址、测量、测绘、论证和报批，做好土地招、拍、挂的前期规划条件出具，以及项目实施过程中“一书两证”的办理工作，为各类项目的顺利实施做好了全方位的规划服务。实施了阳光规划，对各项规划和建设项目实行了专家评审、公示公告，扩大了公众参与，广泛听取了社会各界意见，进一步增加了规划的科学性和可行性。

全年共核发《建设项目选址意见书》5件，规划用地面积约13.8万平方米；《建设用地规划许可证》34件，规划用地面积约54.4万平方米；出具规划条件37项，规划用地面积约54.9万平方米；《建设工程规划许可证》167件，其中房地产开发项目139件，建筑面积约93万平方米，工业项目24件，建筑面积20多万平方米；市政项目4件，市政管线总长3742米，并配合阳谷县污水处理厂一期进行了升级改造；为城市规划区内村（居）民办理住宅建设审批手续207件；规划验收项目115件，其中工业项目12件，验收面积约96万平方米；共收集规划档案200余卷，市政地下管线15卷，服务中心城区老档案60卷，万和城、壹号学府、东南园、翡翠花园、新三中、本单位办公旧址与办公新址的建设情况及重要会议的声像照片300余张，进一步加强了声像档案管理工作。

【规划技术服务】2016年，完成的测绘任务有118项。完成的重要测绘项目有：谷丰源生物科技集团有限公司地块测量及放线；东润外国语学校地界定位测量；县联社地块；老鞋厂地块；南关董、侯王庄地块；阳谷县恒通石油加油站等测量放线。内外业人员工作认真，按时完成项目单位的测绘任务，获得项目单位的好评。

【规划宣传】通过聘请省规划专家和领导举行规划报告会、悬挂过街横幅、制作规划展示、出动规划宣传车、对规划区内社区、村（居）委印发明白纸等多种方式，对我县城市规划情况以及规划实施情况进行了较大规模的宣传，让全社会了解城市规划，增强了人们遵守和维护城市规划的法制性和自觉性。

县房地产管理局

【机构概况】县房地产管理局于2002年8月成立，办公地点设在谷山中路405号。具体负责全县房地产开发、保障性住房、房屋拆迁、物业管理等工作。内设办公室、政工科、财务科、开发科、拆迁科、住房保障科、物业科、信息中心、物业公司、交易中心、人口计划生育共11个科室。根据县委县政府决定，2016年6月抽调9名同志，10月份抽调35名同志分别去不动产登记局工作。至2016年底，有工作人员74名，具有研究生学历1人，本科学历的18人，专科学历的27人，中专及中专以下的28人；专业技术人员23人，其中具有中级专业技术职称的9人，初级专业技术职称的14人。

【房地产开发及管理】认真贯彻落实国家关于房地产调控政策，持续开展房地产市场专项整治，加强对房地产企业资质及开发项目管理，严厉打击无资质、无开发经营权限等违规开发行为，不断完善开发项目建设手续，加快审批进度，逐步建立开发项目竣工综合验收制度。2016年阳谷县具有开发资质的房地产开发企业21家，三级资质1家、四级资质12家、暂定资质8家，本地注册的19家、外地入驻的2家。房地产新开工项目有金紫南苑B区、金泰•滨湖国际三期、南湖御景一期、颐馨嘉园等项目共10个，新开工面积76.37万平方米，完成投资11.36亿元，房地产市场平稳健康发展。

【保障性住房】 2016年，阳谷县加大了住房保障力度，完成了上级下达的保障性住房建设任务，不断扩大住房补贴保障范围。2016年我县积极争取中央及省关于保障性住房项目资金的支持，共获得各类保障房上级奖补资金2716.57万元，新开工建设保障性安居工程1075套，总建筑面积5.6万平方米，总投资约1.89亿元(含2015年续建项目)。其中：公共租赁住房项目134套，城市棚户区改造项目941套。阳谷县2016年分配公共租赁住房874套，解决全县874户家庭住房困难及企业职工住房困难问题。发放住房租赁补贴保障家庭62户，保障人口约155人，发放住房租赁补贴75147.42元，收取2016年公共租赁住房租金198679元。

【房屋拆迁】 为了加强房屋拆迁征收业务指导，经县政府批准，2013年成立阳谷县房屋征收与补偿管理服务办公室。在广泛征求各方意见和进行调研的基础上，制定并出台了《阳谷县人民政府关于贯彻实施《山东省城市房屋拆迁管理条例》、规范城市房屋拆迁工作的通知》，拆迁管理政策体系得到健全。在征收过程中做到“四合法一到位”拆迁征收行为更加规范。

2016年，主要完成县政府确定的四个棚户区改造项目的征收拆迁工作，其中：博济桥街道办事处金河东路棚户区改造项目214户；博济桥街道办事处清河西路棚户区改造项目101户；侨润街道办事处运河西路片区棚户区改造项目311户；狮子楼街道办事处棋盘西街片区棚户区改造项目315户。共涉及征收户数941户，征收面积约9.03万平方米。

【物业管理】 2015年，依据聊城市住建局印发的《全市物业服务市场秩序专项整治年活动实施方案》和《聊城市住宅物业服务等级考评工作实施方案》，对全县物业服务企业进行了等级考评，提高了物业服务企业服务水平。2016年，全县共有17家物业企业，其中13家三级资质，4家暂定资质。共有物业从业人员540余人，全县聘用物业服务企业提供物业服务的小区42个，物业企业管理服务的小区总面积210万平方米。

2016年，盛泰华府、凤栖湾、7号大院等小区，共1855户业主缴存住宅专项维修资金，缴存金额1063.8万元。国泰花园、怡博园、静瑞园、紫石街等小区因维修公共部位、公共设施设备，共支取专项维修资金101.7万元。盛津华府、凤栖湾等小区共缴存物业质量保修金223.8万元，有效促进房地产开发企业提高质量责任意识。

按照省、市老旧住宅小区整治提升改造的有关要求，房管局与各街道办事处结合，对2016年需要改造的7个老旧住宅小区进行了走访调查，对业主改造意愿强烈的基础设施进行了了解，并做出了详细的数据汇总。通过各街道办事处，督促施工单位及时改造施工，已对7个老旧小区完成整治改造。

【商品房预售许可管理和资金监管】 严格按照《商品房预售管理办法》、商品房预售许可证的相关制度及规定，彻底杜绝无证预售、违规销售、提前收取认筹金、定金等违规行为。2016年，办理预售许可证25件，批准预售面积81.98万平方米，共6732套。其中商业面积6.12万平方米，共628套。对阳谷县金盛源房地产开发有限公司、聊城汇益置业有限公司等13家公司实施了预售资金监管，共划拨预售资金8亿多元。

【商品房合同备案及房屋登记档案查询整理】 2016年，在商品房合同备案中，实行“宽进严出”的原则，做到了当天的申请尽量当天办完，缩短办理时限，办理商品房合同备案7216套。

按照《房屋权属登记信息查询暂行办法》的有关规定，根据申请人提交的证件依法查询，档案资料利用涉及税务、金融、公安、民政等部门，针对不同部门的需要，耐心询问办事群众查询用途、查询人员、所带证件，减少群众往返次数。2016年房屋登记资料信息查询、复制19255次，整理保存房屋权属电子和纸质档案8755份。

聊城市住房公积金管理中心阳谷管理部

【机构概况】 2016年，认真开展了“两学一做”专题教育和廉洁勤政教育活动。在参加市中心教育活动的同时，在管理部开展了相应活动，通过集中学习、上党课、查找问题和不足，开展批评和自我批评，征求党员干部、社会群众、服务对象等各层次、各群体的意见建议，梳理个人、单位在思想、作风、工作、服务等方面的不足。努力适应形势新常态，促进了住房公积金管理工作的进一步发展。

2016年，是企业扩面增人活动的第四年，继续通过走访、发放住房公积金宣传资料、下发催缴单等形式，对符合缴存开户条件的鲁西南医院有限公司、凤祥食品有限公司、阳谷县水利建筑工程公司、聊城市万丰置业有限公司、阳谷谷山房地产有限公司等企业重点工作和公关，通过努力18家企业顺利开户缴存。

2016年，是住房公积金使用政策改革实施的关键年，根据中央和省市扩大住房公积金使用政策的文件精神，及时落实住房公积金新，制定新业务办理流程及规则，6月1日住房公积金归集新系统正式启用，7月1日新、旧财务系统顺利衔接完毕并正式启用；住房公积金“亲情贷、亲情提政策”相继出台，对提取、贷款政策进一步放宽，最大限度的方便每位职工，受到社会普遍好评。

自2016年7月，根据市中心《聊城市住房公积金管理中心管理部规范化整治方案》精神，我们开展了以“完善制度、整治环境、规范业务、提升服务”为重点的规范化整治活动。一是梳理完善各项制度。对管理部原有的各项规章制度进一步进行梳理、完善和修改，形成一套完整的管理部管理工作制度体系。制度打印成册，人手一册。二是整治规范公共环境。主要对“一公三室”的硬件设施和环境卫生进行整治。“一公”就是公共环境。即走廊、卫生间、洗刷间。我们聘请了保洁人员进行定期清理。“三室”即会议室、业务室、档案室环境。三是委托业务网点化、窗口化建设。施行受委托银行住房公积金业务办理网点化和窗口化服务模式，即在中国建设银行、中国农业银行、中国工商银行、中国银行设立住房公积金业务办理网点，每个网点设立住房公积金业务办理窗口，作为住房公积金业务办理前台。

2016年，继续开展住房公积金宣传月集中宣传活动，多管齐下大力开展宣传活动。制定了《住房公积金提取指南》《住房公积金贷款指南》。拍摄制作了住房公积金新政策电视片，在阳谷电视台、阳谷街道大屏幕上循环播放。

2016年，阳谷管理部被市中心授予“住

房公积金先进集体”，并荣获阳谷县科学发展综合考核“进步奖”。

【住房公积金缴存】 2016年，全县应缴人数为31700人。至年底，全县开户缴存单位310个，新增18个，开户缴存人数29263人，当年新增开户人数1624人、比上年同期净增450人，缴存率92.3%，完成市下达任务的162%。

2016年，归集住房公积金24902万元，比去年同期增加 6209万元，完成市下达计划的126 %，同比增长33%。历年累计归集120409万元，归集余额88649万元。

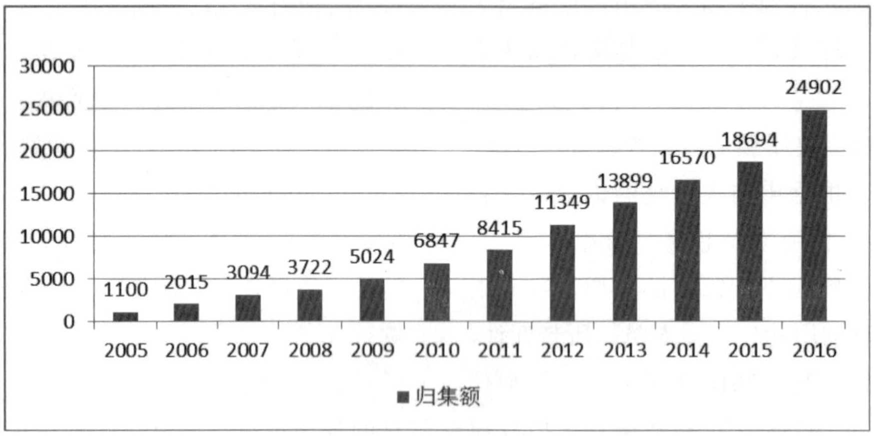

图1 2005年以来住房公积金归集

【住房公积金提取】 2016年，提取住房公积金4359人次共计12852.8万元，同比增加6911万元，增长116%。其中离退休支取563人次2066.3万元，占提取额度的16.1%；购、建住房支取1023人4328.7万元，占提取额度的33.7%；还贷支取1655人4392.3万元，占提取额度的34.2%；终止劳动合同支取588人683.2万元，占提取额度的5.3%；租赁房屋支取78人76.7万元，占提取额度的0.6%；户口迁出所在市、县支取6人18.3万元，占提取额度的0.1%；其他支取446人1287.3万元，占提取额度的10%。

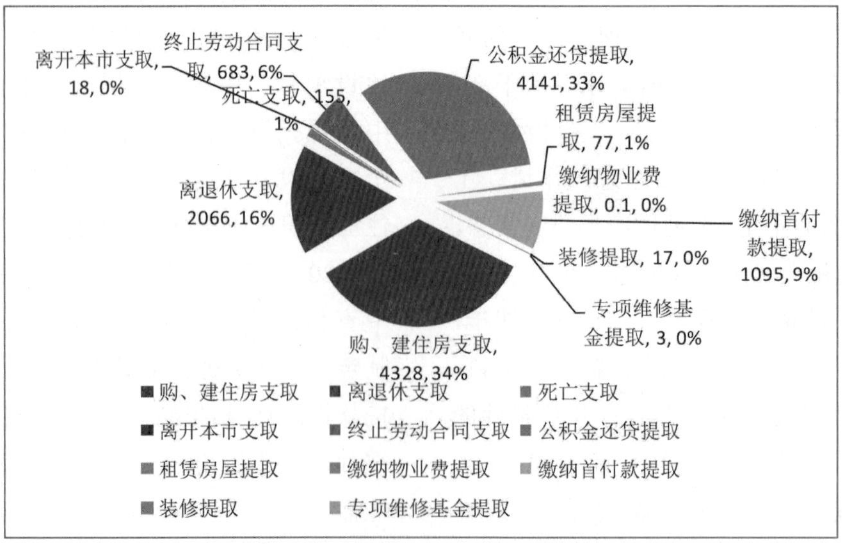

图2 2016年住房公积金提取

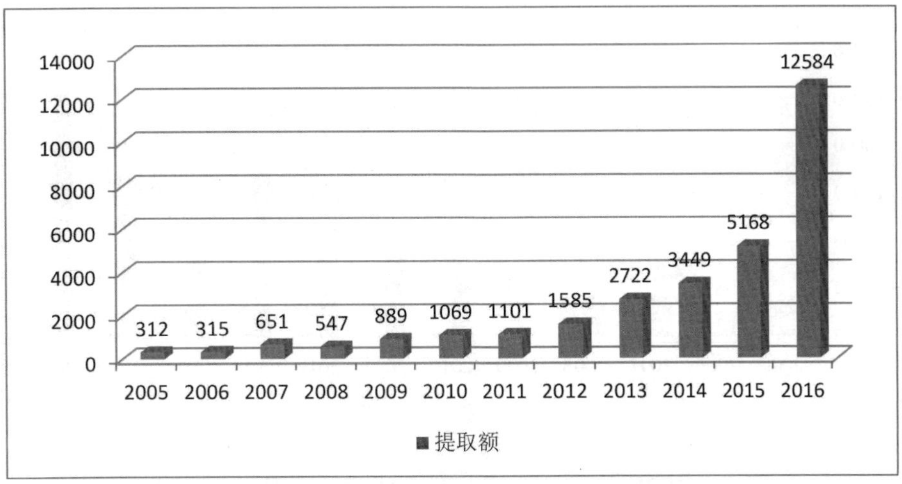

图 3　2005 年以来住房公积金提取

【住房公积金贷款】 2016 年，为 999 户职工发放住房公积金贷款 26189 万元，比去年同期增加 12022 万元，同比增长 85%，完成市计划的 114%。历年累计发放 118109 万元，个贷余额 70366 万元，当年存贷比率 105%，期末存贷比率 79%，逾期个贷为零。

其中：公积金联保贷款 529 万元、26 户，占总贷款额的 2%；期房按揭贷款 24312 万元、914 户，占总贷款额的 92.8%；持证抵押贷款 1348 万元、59 户，占总贷款额的 5.2%。

2016 年，回收贷款 9362.7 万元。

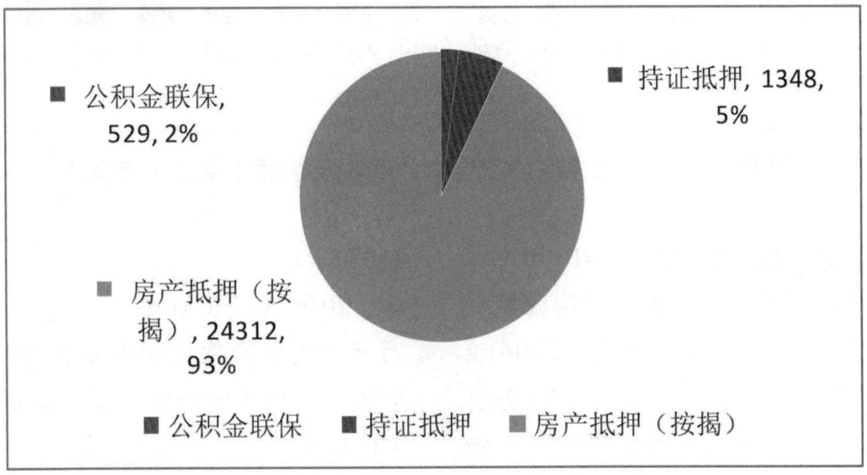

图 4　2016 年住房公积金贷款方式占比

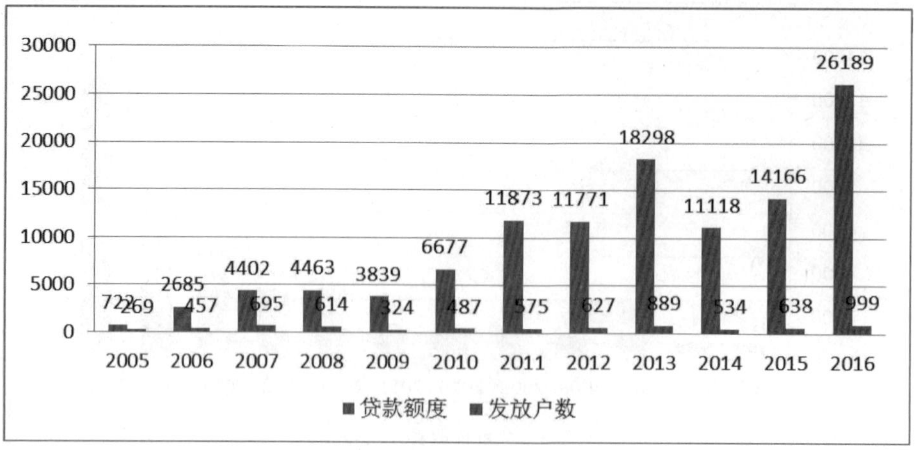

图 5　2005 年以来住房公积金贷款（单位：万元）

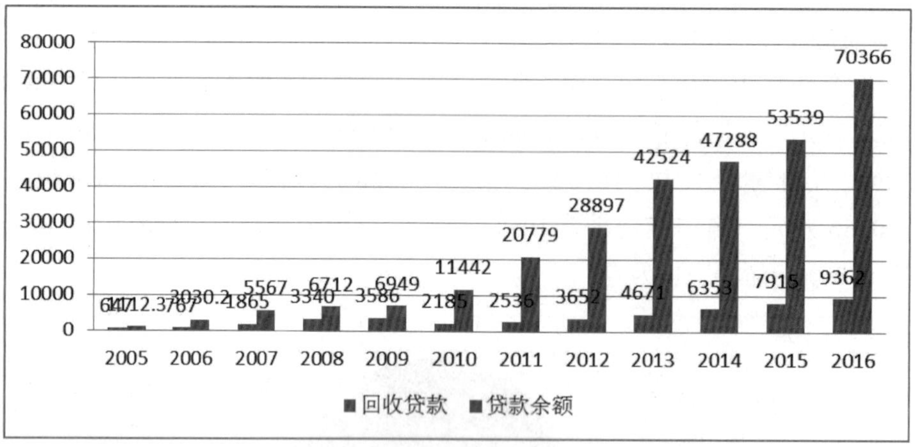

图 6　2005 年来住房公积金贷款回收及余额（单位：万元）

【住房公积金增值收益及分配】 2016 年，实现业务收入 2488.7 余万元，其中住房公积金利息收入 527.6 万元。委托利息收入 1961.2 万元。业务支出 1185.9 万元，其中住房公积金利息支出 968.5 万元，委托贷款手续费支出 119 万元。全年住房公积金收益实现 1302.8 万元。

2016 年，实现住房公积金收益 1302.8 万元，提取贷款风险准备金 207.8 万元，提取机构经费 175 万元，提取廉租房建设基金 920 万元。

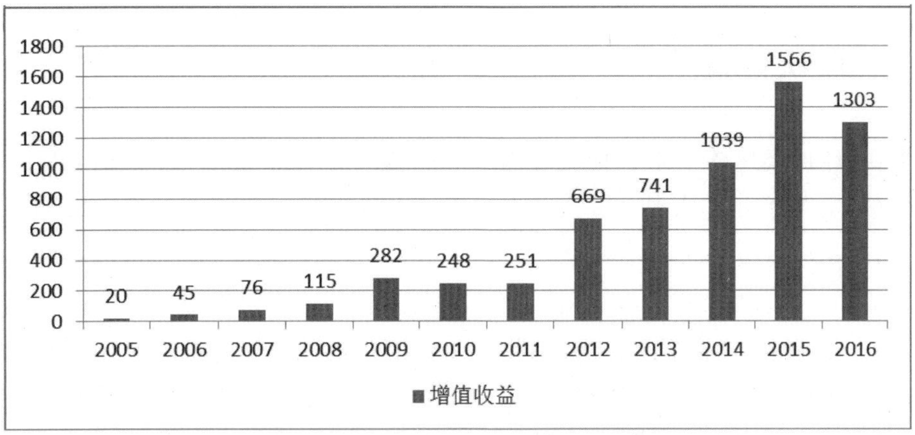

图 7　2005 年来住房公积金增值收益

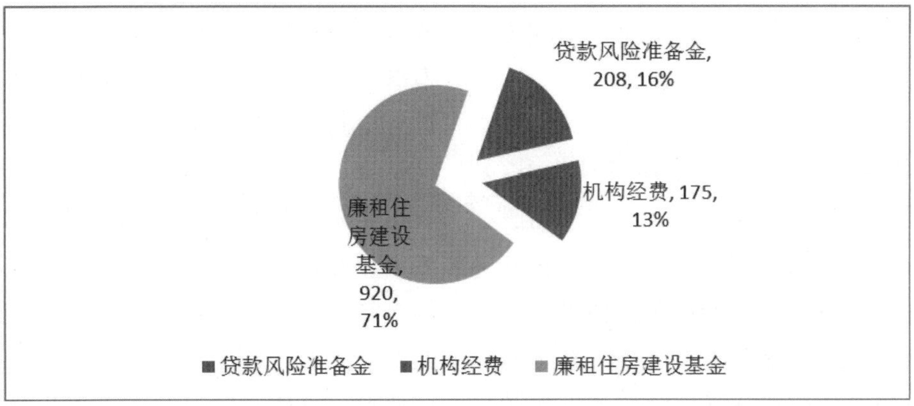

图 8　2016 年住房公积金收益分配

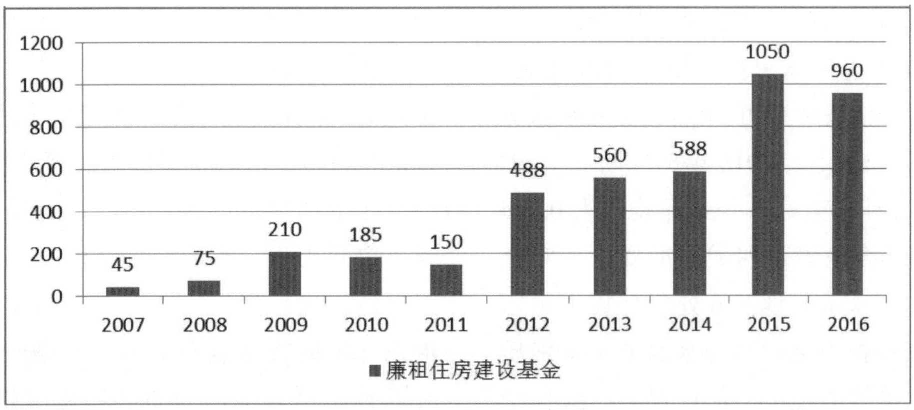

图 9　历年廉租住房建设基金

县环保局

【机构概况】 县环保局座落于阳谷县城谷山北路。至2016年，共有工作人员150人，专业技术42人，其中高级2人，中级22人，初级18人。局机关下设办公室、政工科、计财科、宣教科、法制科、环境影响评价科、污染防治科、流域环境管理科、应急信访污染事故处理中心、自然生态保护科、科技标准科、人工湿地管理科、污染物总量控制办公室、机动车尾气检测管理中心、环境监察五个中队、环境监测站等22个科室和事业单位。

【水污染防治】 县环保局把水质持续提升，作为全县重要民生工程来抓，在“十二五”海河流域10个规划项目提前3年建成运行基础上，采用PPP模式投资2.01亿元建设的阳谷县森泉人工湿地工程已投入运行，并顺利申报成为市级森林湿地公园，实现了生态效益、经济效益和社会效益的多赢；投资1.1亿元的县污水处理厂扩建与提标改造项目，现已投入运行。直排环境企业根据实际情况调整优化处理工艺或更换、增加治理设施，外排污染物严格按照COD50毫克/升和氨氮2毫克/升标准执行。2016年出境断面COD平均值为22.04毫克/升,氨氮平均值为0.366毫克/升，符合地表水四类标准要求。对全县城镇集中供水水源地和6处农村集中供水水源地加大保护力度，结合水源地水文地质条件、供水量等情况，全部设置了一级保护区和准保护区，并设置界牌、警示牌。严禁各类新建项目入内，平常加大执法巡查，严禁各类破坏水源的环境违法行为发生。

【大气污染防治】 严格任务分工，责任落实到人。分解了2016年大气环保目标责任书工作内容，将各项大气污染防治任务细化分解到各乡镇（街道）、部门和企业，并与18个乡镇（街道）、13个重点部门和13家企业签订了环保目标责任书，切实做到工作责任到人，防治任务到人，工作落实到人。严治废气排放。对森泉热电湿法脱硫工程、祥光铜业烟气治理及资源综合利用项目、鲁西化工复合肥尾气深度净化项目等9家重点废气治理设施加强监管，确保污染物达标排放；将城区和两个开发区划定为高污染燃料禁燃区，淘汰燃煤小锅炉115家，对禁燃区内10家企业燃煤锅炉进行整改；加大对涉气企业监管力度，督导治污设施稳定运行，污染物达标排放；扎实做好了加油站油气回收改造、秸秆焚烧、机动车尾气检测、黄标车淘汰等大气污染防治工作。严查化工异味扰民。加强城区异味治理工作，抽调6名执法人员，分两组常驻园区，对重点化工企业实行24小时巡查监管，严查企业治污设施运行和车间管理情况，杜绝工艺废气和无组织废气直接排放。向社会公布投诉电话，对群众举报、媒体反映的线索发现一起查处一起，对整改不力，产生异味污染的企业，一律责令停产。督促重点挥发性有机物产生企业加大治理设施建设，6家企业共投入治理资金1000余万元，异味治理取得明显成效。严防扬尘污染。成立3个扬尘治理巡查小组，对城区建筑工地、市政工程、拆迁工地、渣土车运输、环卫保洁等进行巡回检查，对未落实有关扬尘治理标准或有其他产生扬尘污染问题的，及时通报给主管部门负责人，限时进行整改。对未及时整改到位的，上报给县政府，责令整改。对整改不到位的全县通报批评。对国省道两侧料场堆场进行取缔整治，有环保手续的，高标准整改；无环保手续的，一律搬迁或取缔，2016年我县城区PM10、PM2.5、

SO_2 和 NOx 平均浓度分别是 60.67 微克 / 立方米、101.42 微克 / 立方米、37.83 微克 / 立方米、42.58 微克 / 立方米。综合污染指数为平均值为 3.99，空气质量得到有效改善。

【固废、危废管理】 严格遵循“减量化、资源化、无害化”管理原则，对固体废物、危险废物产生、转移、处置全过程监管，督促按标准要求进行管理。有组织、无规律地巡查涉废企业非法转移、处置和外地车辆进县域倾倒危废行为。今年来，共开展 2 次固体废物、危险废物环境安全专项行动，对涉危险废物企业台账、转移、处置、预案等环节进行细致核查，查处问题企业 7 家，全部督促整改到位。确保了辖区内危险废物在贮存、转移、处置等各个环节安全可控。

【环保执法】 规范行政执法行为。加强行政执法规范化建设，严格执行环境行政处罚证据取证、案卷评查等规定，进一步完善《调查询问笔录》等文书模板，规范执法文书使用。构建环境执法联动。我局和公安部门每季度召开一次联系会议，互相通报案件查处、执法协作和案件侦办过程中存在的问题，互相通报当前环境污染案件的最新动态、国家有关法规和政策规定的最新情况。在日常工作中各确定 2 名同志为联络员，负责案件线索的收集、整理、分析，协调双方联动执法协作以及案件移送等相关日常事务工作，共同打击环境违法犯罪，有效震慑和打击了环境违法行为。推进双随机执法。推行环境执法检查以摇号的形式，随机抽取检查对象、随机选派执法人员，对检查结果及时公开。在检查前，对随机抽查名单实行保密，进一步提高环境执法监管工作的有效性。开展环保大检查活动。2016 年 4 月至 6 月，组织 24 人，分 3 组开展了环保大检查行动，每组有一名班子成员带队，对企业环评手续、生工艺、治污流程、治污设施运行、污染物排放等情况进行细致核查。共检查企业 85 家，查出问题 171 个，依法对 13 家企业进行了处罚。查出的问题全部得到整改，消除了环境安全隐患，维护了环保法的权威。加大夜间抽查、节假日巡查力度和频次。成立环保督查成员库，随机抽调人员开展夜查活动和节假日巡查行动。主要是针对辖区内企业进行错时检查，随机抽查，使排污企业摸不清检查规律，让企业不敢违法，堵住违法企业偷排、漏排的念头。全年全县共处罚环境违法案件 24 件，强制拆除 1 件，限期整改 23 件。

【迎接中央环保督察】 召开了环境保护工作推进会。9 月 2 日，召开了全县环境保护工作推进会，县委、政府等几大班子所有副县级以上领导同志，各乡镇（街道）党委书记、乡镇长（办事处主任）、环保办主任，县直有关部门主要负责人和分管负责人，以及有关企业的负责人参加。会议将迎检任务进行了细化分解，明确责任、明确时限、责任到人、任务到人。成立了 4 个督导组对迎检工作进行督导。认真落实会议精神。县委县政府随时调度，随时通报，多次召开调度会和现场会，书记、县长、副县长等县领导参加。各乡镇（街道）书记和部门一把手汇报未完成工作，分管副县长将每周工作进展情况及存在问题在会上进行通报，并对存在的问题制作成影像视频在会上播放，对工作进展缓慢的乡镇（街道）、部门进行曝光，进一步提高各乡镇（街道）、部门负责同志的重视程度，推进工作进展。各项工作有序推进。水污染防治工作达标方案编制进入招标阶段。农村供水工程水源地基础环境状况调查评估工作已完成现状调查。黑臭水体及直排口正在清理。全面落实秸秆禁烧规定，出台了秸秆禁烧工作方案，成立了秸秆禁烧巡查小组，每天对各乡镇（街道）秸秆焚烧情况进行巡查，及时上报县委、政府主要负责人，县委办公室两天通报一次。共取缔“土小”企业65家，关停砖瓦场23家。有力打击了环境违法行为，迎接中央环保督察检准备工作取得了阶段性成果。

金水湖畔

阳谷

SHANGYE MAOYI

商业·贸易

阳谷

SHANGYE MAOYI

商业·贸易

县商务局

【机构概况】 阳谷县商务局为县政府工作部门，负责贯彻执行商务领域法规政策；负责对外贸易发展、管理和促进；负责机电产品进出口管理、技术进出口管理、服务贸易发展、进出口公平贸易等工作；承担管理全县外商投资工作、境外投资相关工作；负责对外经济合作和对外援助工作的责任；负责经济开发区的指导协调工作；负责与有关国家和地区的经贸合作工作；承担境内外重大商务活动的组织协调工作的责任。1991 年设立阳谷县对外贸易经济合作委员会。2002 年 10 月更名为阳谷县对外贸易经济合作局，2010 年 12 月变更为阳谷县商务局。至 2016 年，下设办公室、外资科、外贸科、外经科和招商科。

【商务运行情况】 2016 年，全县有进出口实绩的企业 45 家，进出口总额 18953603 万元，占全市进出口总额的 51.2%，同比增长 51.8%，增幅比全市高 33.7 个百分点。出口企业 40 家，出口 586550 万元，占全市出口总额的 30.4%，同比增长 122.2%，增幅比全市高 95.5 个百分点。进口 1309053 万元，占全市进出口总额的 73.7%，同比增长 32.9%，增幅比全市高 19.4 个百分点。进出口总额、出口总额和进出口总额均居全市第一位。

出口产品主要有机电五金、食品农产品、化工、纺织服装等几大类、其中机电五金产品出口 490285 万元，占出口总额的 83.59%；食品农产品出口 64537 万元，占出口总额的 11.0%；化工产品出口 29970 万元，占出口总额的 5.11%；纺织服装出口 505 万元，占出口总额的 0.09%。

出口市场主要为：新加坡 186485 万元，占出口总额的 31.81%；香港 75659 万元，占出口总额的 12.91%；马来西亚 70080 万元，占出口总额的 11.95%；日本 63873 万元，占 10.89%；台湾 44424 万元，占 7.58%；美国 18866 万元，占 3.22%；澳大利亚 15816 万元，占 2.70%；韩国 11184 万元，占 1.91%；越南 9489 万元，占 1.62%；非洲 7605 万元，占 1.30%；斯里兰卡 3890 万元，占 0.66%；进口产品主要有铜精矿、阴极铜、原材料等。其中铜精矿进口 1287842 万元，占进口总额的 98.38%；阴极铜进口 6004 万元，占进口总额的 0.46%。

实际利用外资 1052 万美元，超额完成聊城市委、市政府下达阳谷县实际利用外资任务目标。阳谷电缆与法国耐克森合作顺利，耐克森原在澳大利亚的产能转移至阳谷，又合资建设了高压电缆附件项目，实现了电缆出口的突破。

境外投资 2.38 亿美元，居全市第一位。阳谷祥光铜业有限公司境外矿产资源开发，推进境外战略资源基地建设。祥光铜业在香港设立了祥光矿业有限公司，在赞比亚和刚果（金）获得 9 个矿权，面积 8000 平方公里。

经质检总局考核，阳县第四次顺利通过国家级出口食品农产品质量安全示范区考核验收，被批准为国家级出口食品农产品质量安全示范区。景阳冈酒和祥光铜业的阴极铜获生态原产地保护产品。

县商贸办

【机构概况】 根据阳谷县机构编制委员会批准的《关于设立阳谷县贸易办公室的通知》（阳编发〔2006〕17 号），设置阳谷县贸易办公室，编制 5 人，设主任 1 名，副主任 2 名。阳谷县贸易办公室为县政府管理的财政拨款有行政职能的正科级事业单位，主管全县商贸流通经济、整顿和规范市场经济秩序工作。

为了更好地适应商务发展的新形势、新任务和新要求，切实转变商务主管部门职能，履行市场监管职责，维护商务领域市场秩序和食品安全，2012年3月，县贸易办更名为县商贸办公室（简称商贸办），在职人员15人，经山东省商务厅批准建立商务综合行政执法大队，设立12312商务举报投诉服务中心，主管全县酒类流通监管、市场监管公共服务体系项目建设、电子商务发展、汽车流通、再生资源回收、餐饮业服务管理和商贸物流重点项目建设等各项工作，有效维护全县商贸流通秩序。2016年，全县社会消费品零售总额166亿，同比增长11%。阳谷县内贸流通工作2016年取得了全市第二名的好成绩，阳谷县被市委市政府授予了“2016年度内贸流通工作先进县”的荣誉称号。

【整顿和规范市场秩序】 商贸办公室始终坚持“高点定位，跨越赶超”，积极开展市场监管公共服务体系项目建设，对全县重点流通企业、酒类生产经营者和大型超市等实行电子信息系统控管服务，积极打造12312商务举报投诉服务平台，切实履行监管职能，使违法违规行为得到有效治理整顿，为阳谷经济社会事业的快速发展创造良好的环境支撑。

商务综合行政执法大队建设 为认真贯彻落实《商务部关于加强商务行政执法工作的意见》，转变管理职能，履行监管职责，维护市场秩序，2016年，商贸办下大力抓好了县商务综合行政执法队伍建设。创新管理机制，合理配置执法力量，严格落实执法人员持证上岗和资格管理制度。加强廉政建设，加强执法人员的约束和监管，建设一支素质高，法律意识强，作风正，工作硬的商务执法队伍。进一步拓展商务执法领域，从酒类流通和再生资源回收，向报废汽车回收、零售商促销、二手车流通和餐饮业管理等流通领域拓展。重点推进创新市场监管方式，坚持日常监管和专项治理相结合，引入社会监督力量，推行企业产品质量承诺制度，坚决查处流通领域的不法行为。

12312商务举报投诉服务中心建设 县商贸办积极推进12312商务举报投诉服务中心项目建设，以服务中心为主体，以商务综合行政执法队伍为依托，以现代信息技术为支撑，建设具备快速反应处置能力的公共服务体系，畅通流通领域举报投诉渠道，报送有关执法数据和信息，切实履行市场监管职责。2016年，中心共提供业务范围内的咨询服务20余次、举报投诉办结率达100%，充分发挥了12312商务举报投诉服务的平台作用，为商务综合行政执法工作提供了有力支撑，为维护和规范全县的市场秩序奠定了坚实基础。

酒类流通管理 为了维护良好的酒类流通市场秩序，县商贸办公室结合我县实际，认真做好酒类流通市场的日常监管。我县目前已经实现酒类流通备案县乡村全覆盖，2016年新办证20家，其中零售及餐饮17家，批发3家，发放酒类流通随附单100本，酒类流通备案率在90%以上，取得了阶段性的成果。在酒类流通管理方面，县商贸办主要开展了以下几项工作：加强组织领导，明确责任分工，切实转变商务主管部门管理职能，履行市场监管职责，维护市场秩序。加大政策宣传力度，开展酒类市场情况调查，通过摸清市场情况，分析市场存在的主要问题和管理工作的薄弱点，明确重点，严格规范。加强酒类市场日常监管。两节期间，县商贸办开展酒类流通检查，抽调骨干力量，重点针对城乡薄弱环节加大执法力度，确保全县酒类市场健康发展。同时抓好了再生资源回收备案登记、电子商务、家政服务培训和仓储物流业的发展。

单用途商业预付卡管理 根据《单用途商业预付卡管理办法》要求，按照“规范为主、属地管理”的原则，通过加强日常监督管理，组织执法检查，确保我县预付卡市场能够在一个平稳有序的环境中运行。严格按上级文件规定，明确检查对象、内容，严格查处发卡企业违规行为。建立健全信息报送、业务报告、定期检查等常态化管理制度。掌握重点发卡企业在发行、受理、服务、系统保障、资金管理、有效期设置及发卡企业的动态发展情况，规范发卡行为。

【骨干流通企业培植】 2016年，县商贸办不断加强对骨干流通企业的指导和服务，大力支持重点大型商贸流通企业、连锁经营组织、现代批发市场，引导传统商贸业走特色化、品牌化的发展路子。积极推进寿张府前商贸一条街、新世界广场、澳林五金建材装饰城、震达仓储物流项目建设，为促进阳谷县商贸流通经济健康快速发展做出更大的贡献。2016年，寿张府前商贸街主体工程建设基本完成；阳谷县景阳冈良种猪繁育养殖有限公司的活畜储备承储专项资金6万元已拨付到位；新世界广场已正式运营，澳林五金建材装饰城各类商户陆续入驻中，首批商户已正式开业，致力于打造现代化大型商贸流通基地，成为辐射周边的专业商贸平台；震达仓储物流建成上下双层冷藏仓储区，冷库面积34000余平方米，储存量2万吨以上，为全市规模最大的冷库。骨干企业的规模膨胀和竞争实力的不断增强，提升了商贸流通经济的整体实力，带动了县域经济的快速增长。

【电子商务】 县商贸办公室坚持企业主体、市场导向、政策支持，积极推进“互联网+”流通行动，推动电子商务生态产业链建设，加快电子商务配套体系建设，促进阳谷县电子商务产业可持续繁荣发展。通过招商引资，推进县政府与河南省新华书店发行集团的战略合作，共同探索建设阳谷县电子商务运营中心和阳谷县特色产品O2O展示馆，整合全县优势资源，带动经济发展。至2016年，该项目一期投资完成800万元，内外装修建设已完成，电商孵化室、传媒工作室、入驻企业办公区，O2O特色产品馆、尚书房建设均已完成，有103家企业、1200种产品上线，阳谷景阳冈白酒、新凤祥食品、诺亚口杯、古阿井阿胶逐步进入中原市场。

大力提升服务农村电商的能力和水平，至2016年，邮政“买卖惠”全县共安装买卖惠站点685处，县级大型仓储1处，镇级仓储4处，入驻代理商达到80家，线上产品涵盖312个商家总代理共计4000余种快消品，累计订单流量突破了1500万元。投资100万余元，为全县所有农村投递员配备了40辆电动厢货车，缩短了农村电商的配送时限，解决了从“乡到村”的货物配送最后一公里的问题。

澳林电子商务产业园（阳谷创新创业园），南楼、北楼各3层，总面积约9000平米，采取实体+线上、创业园+产业园相结合的模式，鼓励大学生及农村青年自主创业，借助阿里巴巴、京东等网络平台，并自建“澳林购”电商平台，推动企业线上销售。项目建设完成后，可入驻企业120家，解决就业1000余人，至2016年，入驻企业50余家，主要以坐垫类等汽车饰品企业为主开展运营。同时，与相关部门积极携手联动，为电商园区和基地项目积极争取省财政扶持建设资金200万元。

县商业集团总公司

【机构概况】 总公司前身为阳谷县商业局。2002年8月，由原商业企业管理办公室更名设立，恢复党委编制，为正科级事业单位。位于阳谷县大寺街35号。至2016年底，总公司机关设办公室、人事科、财审科、综治办、企管科、安全生产科、计生办、工会、团委、党建办十个科室，共有干部职工23人。总公司下辖独立法人企业12个（其中改制的私营企业3个），在职员工1134人。集团总公司2016年度被中国商业联合会评为“全国商业质量效益型先进企业”和“全国商业服务业顾客满意企业”称号。

【企业经营】 为适应市场经济要求，商业企业经营、商品购销、饮食服务等全部放开，政府及主管部门不再干涉指导，企业享有充分的经营管理自主权。企业经营及商品购销方式多种多样，如：厂商联合开展总经销、总代理；商商联合外购外销；城乡联合送货到村、到户、到店；企业与外资联合创办大中型超市；引资联合开发、门店租赁、内部职工承包租赁等等，充分体现出市场经济条件下商业经营的自主性、灵活性、多样性。2016年，商业企业实现销售收入2.85亿元，上交税金26.3万元。

【食品加工】 主要为肉食品加工。为适应市场需求，食品总公司走出了一条建立鲜销网络、生猪分割加工、集中配货、鲜产鲜销、灵活经营的路子，冷鲜肉已进入宝福邻购物中心等10余个大中型超市、卖场，该公司日分割生猪200头左右，全部鲜产鲜销，日产日销。

【生猪定点屠宰】 为提高肉品质量，食品总公司投入资金部分定点屠宰点进行了厂房场地及基础设施改造，屠宰加工条件明显改善，市场肉品质量明显提高。同时建章立制、落实措施，狠抓屠宰点规范化管理，屠宰点生产肉品合格率达到100%、各乡镇食品站生猪进点屠宰率达到98.5%以上。

【阿胶有限公司】 阿胶公司位于阿城镇柴楼村东，占地52亩，建筑面积12000平方米。鉴于企业无生产许可证、后续建设资金筹资困难、技术市场管理人员缺乏等诸多不利因素，2015年2月，对其实施整体租赁，保证了国有资产的保值增值。

【中天商贸城】 阳谷县中天商贸城位于谷山中路商业经营黄金地段，为阳谷县大型商业网点之一。主要经营：百货、五金、家电、服装、鞋帽、医药、餐饮服务等。

撰稿人：党永庆

县联社

【机构概况】 2016年，县联社机关内设办公室、财务科、审计科、人事科、目标办、老干部科、安全统筹科、工会、计生办、行政管理科、经济发展科、合作指导科等12个科室。核定编制47人，在职66人，退休4人。全系统共有员工5760人。县联社下辖中心社14处，直属公司、厂13处。2016年，全县供销系统商品销售额突破3.91亿元，实现利税262.3万元。被市供销社授予2016年度全市供销合作社系统综合业绩考核二等奖。

【为农服务中心建设】 为农服务中心建设是省市社确定的主要工作任务之一，县供销合作社根据上级文件精神制定了《2016～2020年为农服务中心社建设计划》。2016年，县供销社建设了西湖中心社圣德为农服务中心和李台中心社徐集为农服务中心。西湖中心社圣德为农服务中心主要开展测土配方、智能配肥、飞防服务、农资直供、农民培训等服务，中心已正常运营。李台徐集为农服务中心建设项目完成一期工程建设，主体结构建设已完成。

【农资经营服务体系建设】 县供销社抓住山东省供销社与京东电商达成全面战略合作的机遇，积极探索与知名电商寻求多方面、多方式联合与合作，发展乡村电子商务联络员155名。2016年4月份西湖中心社与农资经营电商丰收侠开始合作，西湖中心社通过其网站累计销售各类复合肥、二铵300余吨，水溶肥等其他肥料10余吨，销售收入54万元。通过丰收侠的网络将西湖中心社的产品源源不断的销往全省各地。11月9日，阳谷圣德供销电子商务有限公司注册成立。电子商务平台的建设给农资销售增加了新的销售渠道，带来了新的增长点。

【党建带社建、村社共建】 2016年，县供销社在66个行政村开展“党建带社建、社村共建”试点。在张秋镇曹堤口村的社村共建工作中，县供销社立足曹堤口村实际情况积极开展项目对接，争取扶贫资金13.88万元在曹堤口村建设了15处蔬菜示范大棚，占地16.33亩，涉及15户贫困户。为改善村民生活质量，方便村民出行，争取5万元资金，安装了56盏路灯。李台中心社理事会副主任李贵波担任李台镇五莲村党支部书记，并成立阳谷贵波农作物种植专业合作社，加强了供销社、村“两委”干部队伍建设，推进了社村共建项目和村集体经济发展。

【精准扶贫】 县供销社负责对接扶贫户198户，共计526人，其中张秋镇54户、寿张镇88户，李台镇56户。在具体的扶贫工作中，除了帮扶五保户、助学助残等普遍措施外，县供销社推行“专业合作社＋贫困户”模式，把有劳动能力的贫困人员吸收到专业合作社。张秋中心社成立了阳谷县金冈果蔬种植专业合作，吸收曹堤口村贫困户10户。李台中心社在李台镇五连村组建贵波农作物种植专业合作社，吸纳19户贫困户进入专业合作社。在中秋慰问活动中，为张秋镇54户贫困户发放价值4590元的月饼和食用油。在金秋送肥送药活动中，为张秋镇54户贫困户送去142袋优质复合肥（贫困户每人一袋），为寿张镇88户贫困户送去88桶农药，价值约2400元。在“过好年、过暖冬”活动中，为198户贫困户送去198床棉被以及食用油和大米等物资价值33750元。

【农民专业合作社建设】 县供销社认真贯彻落实省供销社《关于加快推进农民专业合作社建设的意见》精神，积极推进农民专业合作社建设。至2016年，县供销社创办、领办农民专业合作社112家，其中双阳肉鸡养殖专业合作社和泰兴肉羊养殖专业合作社被评为省级示范社。县供销社立足乡镇基层供销社农民专业合作社建设的实际情况，在张秋中心社和李台中心社自下而上组建乡镇区域性农民专业合作社联合社，实现区域性农民合作社联合社与基层供销社“两社合一”、融合发展。

【社属企业】 根据全国供销合作总社批复的山东省供销合作社综合改革方案要求和《中共山东省委、山东省人民政府关于深化供销合作社综合改革的实施意见》以及省市社工作要求，2016年11月，阳谷县供销合作社联合社注册成立阳谷县电子商务公司，公司主要统筹各乡镇基层供销社的电商运营中心的建设。

县物资（集团）总公司

【机构概况】 物资集团总公司坐落在阳谷县运河东路70号，机关下设：办公室、财务科、计生办、综合科、政工科及留守办，6个行政职能科室。下辖京九物资储运中心。集团总公司党委下辖5个基层党支部，共管理134名党员。物资集团总公司主要工作职责：带领全系统工作人员贯彻落实好党的各项方针、政策，在县委、县政府的正确领导下，做好阳谷县及周边县、市铁路货场上、下站业务，搞好京九物资储运中心的发展壮大与经营，为本系统全体离退休人员和下岗职工提供优质服务，做好维护稳定工作。

【经营与发展】 2014年11月开通全国集装箱业务。2015年，通过社会筹资等方式投资近500万元，购买机械设备。2015年4月23日开通阳谷至黄岛港的集装箱班列，11月开通阳谷至日照的集装箱班列。2016年，实现主营业务收入816万元。在同级专用线行业经营中，名列前茅，为适应经济发展的大局，集团扩大经营范围，拓宽经营渠道，不断投入资金，使专用线业务不断扩大，确保了各项业务指标的完成。2016年，积极参与阳谷县洁净型煤推广招标工作并成功中标，很好地完成了洁净型煤的配送工作，得到广大居民的好评。

【服务群众】 集团党委针对下属企业破产，遗留问题多的原因，确立以优质服务取信于广大离退休人员和下岗职工。竭诚为他们办实事、办好事、温暖人心，把党的温暖送至身边。集团全体干部职工，积极为系统内离退休老干部、下岗职工服务。至2016年底，全系统没有出现一起群体越级上访事件，更无刑事、民事案件，受到了县委、县政府的表彰和社会的一致好评。

撰稿人：张国晅

京九物资储运中心

【机构概况】 京九物资储运中心，位于阳谷县运河路东首路南，占地124亩，是阳谷县国有小型（一）企业。至2016年，企业有干部职工100余人，下设八个职能科室，企业资产达3000余万元，拥有两条铁路专用线及相关配套设施，铁路线路总长1.8公里，平货位15000平方米，高货位及仓库5000平方米，低货位10000平方米。2013～2015年货物吞吐量达150万吨，实现主营业务收入1869万元，创社会效益2600余万元。受国际经济下滑影响，阳谷县及周边企业经济效益急剧下滑，储运中心不等不靠，积极发展新业务，于2014年11月份开通了全国集装箱业务，通过社会筹资等方式投资近500万元，购买了机械设备，2015年4月23日开通了阳谷至黄岛港的集装箱班列，11月份开通了阳谷至日照的集装箱班列。2016年，实现主营业务收入816万元万元。

【经营与管理】 储运中心主要负责阳谷县及周边县市矿石、燃料、粮食、集装箱、化肥、面粉、麸皮、原材料及杂货的储存、装卸、运输，煤炭的加工及销售。通过加大投入改造，扩大运营能力，储运中心现具备整列货物的到达与发送业务及集装箱进出口贸易，各项业务、经济指标稳步增长。京九物资储运中心荣获聊城市“劳动关系和谐企业”等荣誉称号。

县粮食局

【机构概况】 县粮食局为参照公务员管理的

全额事业单位，隶属县发改局，事业编制23人，行使粮食行政管理和行业指导职能。局机关设办公室、劳动人事科、老干部科、财审科、纪检信访室、后勤科、调控监督科和粮食稽查大队等8个科室。在册人员43名，其中参照公务员27名、事业管理人员16名。机关离休人员2名、退休人员49名。

县粮食局下属两个单位中储粮阳谷直管库（有限公司）和阳谷县粮食收储公司均为国有企业。中储粮阳谷直管库（有限公司）主要承担国家粮食储备任务；阳谷县粮食收储公司主要承担县级粮食储备任务。

【粮食收购】 全县经审核认证具有粮食收购资格的单位92家，其中国有企业1家，面粉加工企业7家，饲料加工企业10家，收购网点74家。2016年，各类非公粮食企业和网点共收购小麦491909吨，玉米527367.9吨；销售小麦265528吨，玉米322175.9吨。夏秋粮食收购期间，各收购主体严格按照国家粮油质量等级标准和“五要五不准”，不拒收、不限收，及时支付农民售粮款，没有出现向售粮农民“打白条”和农民“卖粮难”现象的发生。

【粮食监督检查】 加强粮食流通管理政策法规的宣传，继续加大粮食市场监管力度，重点对全县各类粮食经营者开展了收购、储存、政策性粮食出入库、仓储设施、执行统计制度以及储粮安全进行了专项监督检查，共出动执法人员150余人次，查处涉粮违规7起，从而有效地规范了县域粮食流通秩序，确保了全县储粮安全和粮食市场稳定。2016年我县31家粮食经营企业全部纳入电子档案化管理，粮食统计实现规范、便捷。县粮食局继续保持“全省粮食规范化执法先进单位”荣誉称号。

【粮食储备】 中央储备粮阳谷直管库（有限公司）坐落在阳谷县地方铁路货场南邻，占地73亩，建有标准仓房10栋，共32个仓号，总仓容5.9万吨。2016年承储中央储备粮50411吨，其中中央储备玉米22779吨，中央储备小麦27632吨。经中央储备粮管理总公司批准，按计划轮换了小麦12833吨，玉米1374吨。

阳谷县粮食收储公司2016年在石佛、寿张两地承储县级储备小麦2500吨，在龙大植物油有限公司承储县级储备花生油150吨。

阳谷县国家储备粮和地方储备粮，采用环流熏蒸、机械通风、电子测温等先进储粮技术，科学储粮，日常管理达到了《粮油储藏技术规范》和“四无”（无虫害、无鼠雀、无霉变、无事故）标准的要求。

【粮安工程建设】 阳谷县粮食局充分发挥行政管理和行业指导职能作用，积极引导社会资本进入“粮安工程”建设。2016年，通过企业自筹和财政补助方式，由利民放心粮油公司在全县各乡镇（街道）设立了15家放心粮油店和应急供应站，兴盛面业有限公司建立了粮食应急供应配粉仓，安康放心粮油有限公司完成主食产业化—馒头自动化生产线的建设，改善了居民生活水平；金富仓粮业有限公司实现了粮仓智能化管理升级工程，高庙王粮站完成翻修改建，十五里元等6个粮站“危老仓房”改造新增有效仓容4.3万吨。至2016年，全县完好粮食仓容达365356吨，保障了储粮安全；积极向农村精准贫困户发放农户科学储粮示范仓461套，累计发放10461套，覆盖全县18个乡镇、450多个行政村，推进了藏粮于民、节粮减损。通过以上举措，我县粮食经济实现了多元化，促进了“粮安工程”建设。

县烟草专卖局（营销部）

【机构概况】 阳谷县烟草专卖局（营销部）设综合办公室、财务科、卷烟营销科、专卖监督管理科、内管派驻组、法制科、1532分公司七个部门和城区、城郊、李台、七级四个基层服务站，一个机动中队，四个稽查中队，管辖18个街道办事处（乡镇）的专卖管理、卷烟销售工作。在职在岗员工73人，其中，班子成员3人，副主任科员1人，机关科室19人，中层管理人员21人，客户经理18人，稽查员15人。共有卷烟零售户2346户，其中城区户250户，乡镇户379户，农村户1717户。2016年，积极开展精准扶贫工作，被评为“全市扶贫开发工作优秀企业”；在市局（公司）第五届卷烟产品鉴别检验技能竞赛中，阳谷县局蝉联团体和个人两项第一；被市委宣传部评为“四德工程”建设示范单位；被市局（公司）评为“全市先进工作单位”；被县委、县政府授于“2016年度财源贡献奖”；在案卷评查中，被县政府法制办评为“全县优秀行政执法案卷”。

2016年，全年销售卷烟19021箱，同比减少12.25%；单箱销售额21882元，同比减少1.82%；实现销售收入4.16亿元，同比减少13.85%。社会人均条数6.17条，实现利税8494.9万元，同比下降21.26%。累计交纳税金1716.57万元，同比下降23.29%。

全年，查获涉烟案件193起，查扣卷烟276.5万支，案值109.8万元，破获国标案件1起，省标案件2起，市标案件18起，县标案件15起。

【卷烟经营】 鲁产、细支销量增幅明显。全年销售泰山品牌6621.7箱，同比增长2.5%。其中销售泰山（红将军）4066箱，增幅20.4%、销售泰山（白将军）718箱，增幅20.8%；销售细支卷烟424.7箱，同比增加73%。品牌培育稳步提升。优化品类布局，合理调控四五类卷烟，提升品牌结构，引导消费升级；开展品牌高度、宽度专项提升活动，抓好品牌上柜，提高客户盈利水平。终端建设扎实推进。开展“店铺文化靓万家”活动。全年，打造“真情•莲心”店24户、优化店230户、提升店218户、整体提升村庄40个；开展“网建基础工作提升季”活动，打造“网建基础工作”示范线路、区域各2条；加强电结宣传，全年实现电结户2211户，电子结算率提升至89.4%。特类市场开发定位准确。开展“甜蜜婚庆季，真情心莲心”主题营销活动，全年走访行政村298个，联系红白理事会62个，推荐泰山（红锡包）、泰山（大鸡）等品牌46个，推介新人103对，使用卷烟1975条，发放婚庆礼盒220个；积极推进大物流建设，开展“三个营销”活动，组织品鉴营销8次、商圈营销10次、协同营销6次，发展客我联盟户108户，全年实现销售额318.6万元，其中非烟销售额111.7万元。

【专卖管理】 专项行动效果明显。以卷烟市场治理“齐鲁之盾”（2016）专项行动为抓手，相继开展互联网和物流快递渠道涉烟违法犯罪专项治理行动、卷烟经营市场专项整治行动及道路运输和卷烟走私专项整治行动，查获案件193起，查扣卷烟276.5万支，案值109.8万元。打假破网成果丰硕。成功破获“9•22”非法经营烟丝案，涉案烟丝39吨，涉案金额299万元，涉案人员13人，其中刑事拘留5人，逮捕并判刑4人，被省打网办认定为公安部、国家局标准网络案件；“11•12”非法经营烟丝案，涉案金额107万元，目前正在进一步侦办中。法制工作成绩显著。开展“3•15”“6•29”“12•4”法制宣传主题活动、推广“法治聊烟”微信公众号和“阳谷法治烟草新浪微博平台”，全年发布普法微博 86 条；积极开展诚信经营小组建设，组建诚信经营小组 108 个。在案卷评查中，连续三年被县政府法制办评为“全县优秀行政执法案卷”。内部监管富有成效。严格执行“六条禁令”及其处理规定，定期开展内部监管工作会议，全年网上监控敏感品牌 269 次，筛选异常订单 5373 条，监管零售户 27821 次，全年未发生卷烟经营违规案件。行政许可严格规范。专卖、内管、法制三部门联合核查，全年共办结行政许可事项 443 个，其中新办证户 136 个、暂停户 60 个、歇业户 212 个、延续户 3 个、恢复营业户 17 个、变更户 7 个，注销户 8 个，不予办理 4 个，全年未发生行政许可复议案件。

【企业管理】 相继开展专卖纪律作风提升月、专卖工作质量考核月、专卖队伍军训月活动，在全市第五届卷烟产品鉴别检验技能竞赛中，阳谷县局蝉联团体和个人两项第一。积极创建“孝德”文化。被市委宣传部评为“四德工程”建设示范单位。坚持“审慎理财、适度从紧”原则，加强全面财务预算管控，全年三项费用支出同比下降 12%，销售费用同比下降 21.3%，财务费用同比下降 32%，重点费用同比下降 8.5%，福利费同比下降 4.5%，会议费用零支出。选报精益课题 2 项，“金点子”8 项，发布 QC 小组成果 2 项，申请专利 1 项；参与完成省局《烟草商业企业科学评标体系研究与应用》重点项目，独立完成省局《物流企业涉烟违法行为监管体系的建立与应用》面上项目，国家级刊物发表论文 3 篇，学术论文《浅谈如何加强社会市场尤其是物流快递渠道非法运输卷烟行为的监管》被山东烟草学会评为优秀论文。以精益专销片区建设为抓手，全面整合、梳理各项制度，制定《员工季度综合考评与绩效挂钩实施方案》《精益管理实施细则》等制度，实行领导班子挂靠、机关科室帮扶、“2341”工作法，组织管理扁平化、信息交流畅通化，专销协同全员化的精益管理模式初见成效。

【公益事业】 积极开展精准扶贫工作。选派党员干部担任闫集村“第一书记”，户户发放便民联系卡，开展一对一精准帮扶工作。招商引资电线厂增加就业岗位 30 余个，争取大棚种植资金 90 万元，硬化帮扶村道路面积 10400 平方米，安装体育器械及光伏发电两组，捐助 4800 元进行旱厕改造，资助贫困大学生“尚水行 • 圆梦助学”金 3000 元，节假日对特困户走访慰问；积极开展“真情莲心一帮一”“慈心一日捐”“冬季送温暖”等活动，全年帮扶零售户 450 余户次，筹集善款 2 万元，捐助衣物 150 余件，外部发展环境更加和谐。

县盐务局（盐业公司）

【机构概况】 阳谷县盐务局成立于 2000 年 6 月 16 日，与阳谷盐业公司一套机构，两块牌子，职能分设、合署办公。由上级局（公司）垂直管理，局（公司）机关设 8 科 1 室，1 个稽查大队，3 个稽查中队。2016 年，全体职工 81 人。

【盐政执法】 针对阳谷县与临省接壤线长，造成盐业市场管理难度增大，劣质私盐、精制工业盐对阳谷县食盐市场冲销厉害、严重威胁阳谷县食盐安全等情况，采取了对县边界市场重点稽查，对走私重点户严查布控、蹲点守侯等措施，取得阶段性成果。对工业盐、小食品加工、饭店食堂、饲料加工等用户进行了重点检查，有力打击了食盐走私贩私活动。再就是与公安、食药监、工商、交通、交警等执法部门建立紧密的合作关系，提高稽查力度，震摄私盐犯罪，逐步形成联合执法运作机制。2016年度，查处各类涉盐违法案件134起，没收非法盐产品15.92吨，罚没款8.9万元。以上稽查工作的开展，对私盐犯罪分子进行了有效打击，净化了食盐市场，为阳谷人民食盐安全提供了保障。

【食盐专营】 *广泛宣传，提高群众食用合格食盐的自觉性* 2016年，利用3·15“消费者权益保护日”和5·15“碘缺乏病宣传日”，在县城红星广场出动车辆7辆、58人次，散发宣传资料3200余份。每月月末进行为期三天的“食盐安全进万家”活动，成立了由公司领导班子成员组成的领导小组，指导和带领三个小组深入乡镇、村庄，不畏酷暑和严寒，逐村逐户进行走访、宣传，了解老百姓的盐罐子，不厌其烦宣讲私盐对人体的危害，提高广大群众自觉抵制私盐的防范意识，在村大队部、网点、学校门口，张贴、入户散发宣传资料。至2016年，该活动深入830个村庄，走访10330户，出动538车次，2236人次，散发张贴宣传资料72000余份，使广大群众提高了自觉抵制私盐的意识，食用合格食盐的自觉性也得以相应提高，形成了“少吃盐、吃合格食盐”的健康安全生活理念。并且，在平时工作中，公司要求相关科队随车携带宣传资料，稽查、销售到哪里，宣传就到哪里，尽最大努力宣传私盐危害和食盐安全知识，使“绿色、健康、安全”观念深入人心，收到良好效果。

完善食盐网点建设，方便群众消费 县盐务局始终重视食盐网点建设，2016年规范到2026处，使食盐网点得到进一步完善。要求各食盐经营网点必须有合格盐品种，并大力宣传弱碱盐知识，既方便了消费者购买，也使弱碱盐覆盖率得以大的提高，为阳谷全县人民的食盐健康安全做出了应有的贡献。

响应政府盐业改革精神，积极推进改革 为贯彻国家盐业体制改革精神，规范盐业市场秩序，确保食盐安全，2016年12月底，公司通过电视公告、散发宣传单、张贴标语等多种形式，全方面的对专营改革和盐改方案进行了宣传，收到良好效果。

2016年购进盐情况统计表

表22　　单位：吨

年度	食盐	小包装	工业精	购进合计
2016	6751	1014	1044	7795

2016年销售盐情况

表23　　单位：吨

年度	食盐	小包装	工业精	销售合计
2016	6908	1451	1089	7997

阳谷

CAISHUI JINRONG

财税·金融

阳谷

CAISHUI JINRONG

财税·金融

县财政局

【机构概况】 2016年，县财政局下设办公室、综合科、法规税政科、预算科、行政政法科、教科文科、经济建设科、农业科、社会保障科、企业科、金融与国际合作科、会计科等12个科室。与财政局合署办公、挂靠或隶属管理的单位有：国有资产管理办公室、财政监督办公室2个正科级行政单位，收费管理局、乡镇财务管理局、财政投资评审中心3个正科级全额事业单位和政府采购中心1个副科级全额事业单位。全县18个乡镇（街道）各设1个财政所。共有在职人员159人。

2016年，全县财政系统在县委、县政府的正确领导下，认真贯彻落实党的十八大和十八届三中、四中、五中、六中全会以及习近平总书记系列重要讲话精神，深入开展“两学一做”学习教育，求真务实、积极作为，保证了财政平稳运行，促进了全县经济和社会事业持续健康发展。县财政局被省财政厅授予“全省财政国库工作先进单位”，被市委干部理论学习委员会授予“2015～2016年度全市先进党委（党组）中心组”及全县科学发展综合考核一等奖、争取资金工作先进单位、党建工作先进单位等多项表彰。

围绕“两学一做”学习教育，召开党建工作座谈会

组织党员在孔繁森纪念馆进行入党宣誓活动

【财政收入】 2016年，财政部门积极作为、真抓实干，狠抓收入征管，不断创新聚财思路，科学组织收入，坚持财税部门联席会议制度，推进国地税联合办税，认真研究解决收入征管中出现的突出问题，督促各征收部门盯紧时间节点，积极落实收入任务。细化税收征收管理，加大营业税清查征管力度，深挖收入增长潜力，提高税收征管质量。加强非税收入征管，强化收支两条线，确保收入足额入库。2016年，财政收入保持稳定增长态势，一般公共预算收入完成13.45亿元，比上年增加1.12亿元，增长9.04%。

【财政支出】 2016年，有关民生政策继续提标、扩面，政府性债务还本付息和城建工程款数额逐年加大，财政收支矛盾日益凸显。为确保财政收支平衡，在支出安排上本着科学发展的原则，按照保工资、保重点、保民生的原则，严控一般性支出，加大重点支出保障力度，着力加快支出进度，督促预算单位按照年初计划，加快资金支付进度，同时建立稳增长财政政策统计报告制度，按月分析重点项目执行情况，充分发挥财政支出对经济增长的拉动作用。2016年，全县一般公共预算支出完成32.66亿元，比上年增加1.41亿元，增长4.5%，其中教育、医疗卫生与计划生育、城乡社区、社会保障和就业等重点支出分别增长13.06%、2.76%、3.39%、51.9%。

开展惠民政策宣传

【支持经济发展】 2016年，财政部门始终坚持不断优化发展环境，发展成效进一步凸显。加大资金投入力度。拨付资金3.4亿元，用于城建项目等基础设施建设。争取资金1219万元，重点支持城镇老旧小区住宅综合整治、城市社区服务用房建设。充分发挥债券融资对经济社会发展的促进作用，全年共争取地方政府债券3.49亿元，有力支持了重点项目建设，缓解了政府还债压力。投入节能资金3737万元，重点用于大气污染防治、节能减排等环境治理工作。充分发挥“过桥资金”的积极作用，为39家企业提供164批次临时性资金支持14.3亿元，缓解了企业融资难题。增强对上争取能力。认真研究把握上级政策，及时反映情况，共争取上级转移支付和各类资金21.66亿元，比上年增长4.79%，为经济社会发展提供了有力保障。进一步优化发展环境。建立税收优惠政策定期评估和退出机制，全面落实出口退税等结构性减税优惠政策，稳步推进“营改增”工作，切实减轻企业税费负担，为经济发展创造良好的财税政策环境。

【民生事业】 2016年，财政部门不断强化民生保障，大力压缩一般性支出，集中财力投向教育、医疗、社保等民生领域，“民生大戏”越唱越响。全年民生事业投入23.14亿元，占一般公共预算支出的七成以上。教育支出7.54亿元，主要用于全面落实农村义务教育经费保障政策，健全农村中小学义务教育制度和困难学生救助制度，加强农村中小学校舍维修等教育基础设施建设，促进全县教育事业的进一步发展。农林水支出4.58亿元，围绕着农民增收、农业产业振兴、基础设施建设这三个方面，大力贯彻强农惠农富农战略，谱写出惠农春雨润乡村的新篇章。社会保障和就业支出5.69亿元，主要用于建立健全覆盖城乡居民的社会保障制度，不断完善城乡社会救助体系，保障城乡困难群众的基本生活，促进社会保障一体化和均等化。医疗卫生和计划生育支出4.72亿元，主要用于加快推进基本公共卫生服务体系建设，贯彻落实新型农村合作医疗保险、城镇居民基本医疗保险等制度改革，全面提高基本公共卫生服务水平。积极落实各项惠农政策，共拨付农业支持保护补贴、种粮大户和种粮家庭农场补贴、农机购置补贴等各类补贴资金1.32亿元。更加注重精准扶贫，

开展惠民政策宣传

共投入扶贫资金4639.8万元，实施了大棚蔬菜种植、生物燃料加工、光伏发电、道路建设等项目。同时，全面落实国家增资政策，再次提高行政事业人员工资水平。各项惠民政策地深入实施，有力提高了全县广大人民群众的幸福指数。

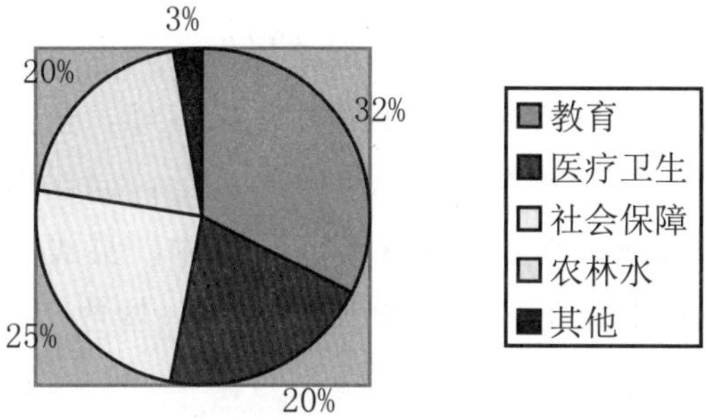

图10　2016年民生支出情况

【财税改革】 2016年，财政部门主动发力作为，财税改革进一步深化。推动现代预算管理制度改革。2016年，阳谷县被列为县级现代预算管理制度改革试点县。财政部门以此为契机，出台了《阳谷县县级现代预算管理制度改革实施方案》，从常态化预算公开、完善政府预算体系等方面着手，建立与县域科学发展、基层治理现代化相适应的现代预算管理制度。全面公开财政预决算信息。按照上级部门的统一部署和要求，2016年，全县70个单位全部将预决算信息和“三公”经费预决算信息向社会进行了公布，占比达100%。不断拓宽融资渠道。在教育等领域大力推广政府和社会资本合作（PPP）模式和政府购买服务，让社会资本更多地参与到基础设施建设中。采取PPP模式运行的主要是阳谷三中新校项目，采取政府购买服务运行的主要是棚户区改造项目和路域环境治理项目，项目建设均取得了良好的经济效益和社会效益。深化国库管理制度改革。加大公务卡制度执行力度，推行强制消费目录，不断强化财政监督，全年县直预算单位实现公务卡消费8023笔，金额2400万元，同比分别增加4662笔和1254万元，增长138.7%和109.4 %，阳谷县财政局也荣获“全省财政国库工作先进单位”。

【政府采购】 2016年，财政部门始终注重加强政府采购监管，注重“放管服”结合，创新政府采购监管工作体制。加强政府采购信息管理，推动采购活动全过程公开透明。加强对工程项目的核实验收，强化政府采购全程监管。全年完成采购项目705个，实现采购额10.89亿元，比采购预算节支1.71亿元，平均节支率13.55%。

【国资管理】 2016年，财政部门不断加强国有资产管理。圆满完成行政事业单位、国有企业资产信息统计和产权登记年检工作。开展全县行政事业单位国有资产清查工作，进一步摸清了国有资产家底，推进资产管理与预算管理、财务管理相结合。开展全县行政事业资产管理信息系统培训工作，提高了各单位资产管理信息化水平。按照任务分工，积极配合县发改局做好全县党政机关公务用车改革工作。

【会计管理】 2016年，财政部门不断加大会计管理力度，对全县77家会计单位进行账簿监管，办理会计档案调转56人次、会计证593人，组织会计中级专业技术资格考试报名166人。对5家代理记账机构进行了年度信息备案。加大宣传贯彻力度，全面落实各项会计制度。开展机关事业单位财会人员入职资质检查，举办了行政事业单位会计人员培训班，积极开展《会计法》问卷调查，不断提高行政事业单位内部管理水平。

【投资评审】 2016年，财政部门不断完善评审制度，严控评审程序，加强对财政投资评审项目的管理，规范审批和组织实施程序，评审范围不断扩大，评审总量持续增长，取得了良好的经济效益和社会效益。2016年，我县财政投资评审中心累计完成财政投资评审项目316项，评审项目资金10.38亿元，其中预（概）算项目7.94亿元，决（结）算项目2.44亿元，共审减项目资金0.75亿元，为政府节约了项目建设资金，节支效果显著，切实提高了财政资金的使用效益。

【财政监督】 2016年，财政部门积极发挥财政监督职能，不断完善覆盖财政运行全过程和所有财政性资金的“大监督”机制，开展了清理规范津贴补贴和奖金发放、违规使用公款支付或垫付个人应缴物业管理费问题排查整顿、会计信息质量检查等重点检查，积极配合县纪委开展好巡查工作，对检查发现的相关问题进行了整改，确保各项财政财务规章制度贯彻落实到位，进一步严肃财经纪律。同时，按照分事行权、分岗设权、分级授权，强化流程控制、依法合规运行的要求，不断完善内控制度体系建设，进一步规范内部控制，有效防控廉政风险和其他风险。

县国税局

【机构概况】 阳谷县国税局位于谷山北路与纬一路交叉口，共设有12个科室，1个直属机构（稽查局）和城区分局、阎楼分局、石佛分局、高庙王分局、大布分局、十五里园分局、安镇分局和工业园区分局等8个分局。2016年，在职干部职工155人。在经济税收形势异常严峻、改革发展任务异常繁重的情况下，全县国税干部克服重重困难，加大征管力度增收入，落实改革措施不懈怠，优化纳税服务提效能，兑现税收优惠促发展，圆满完成了各项工作任务，连续四年在全市国税系统绩效考核中取得优异成绩。

【国税收入】 面对严峻的收入形势和收入压力，全县国税干部职工牢固树立“一盘棋”思想，严格落实组织收入原则，积极开展税源调查，强化分析调度，加大评估稽查力度，逐步扭转了税收收入被动局面，确保了税收收入质量和规模稳步提升。2016年，全县国税系统累计组织收入81528万元，同比增长16.32%，增收11438万元。其中，县级完成31604万元，同比增长51.99%，增收10814万元。

【税制改革】 营改增是2016年税制改革的重头戏。从2016年3月下旬开始，全县国税系统按照上级统一部署开展工作。加强国地税合作，成功划转2618户纳税人。以政策辅导班、纳税人座谈会、送税法进企业等形式，分行业分类型辅导培训纳税人28批次6220余人次，认真做好营改增试点纳税人确认、税种认定、发票票种维护、税控盘发行、发票发放、纳税申报等各项工作，确保试点纳税人成功开票和顺利申报。营改增成功运行后，县局组成调研组走访试点纳税人，有条不紊推进“分析好”“改进好”第三、第四场战役，不断提高试点行业申报质量。

【税收征管】 金三换版顺利完成，共计完成1697项业务测试，预约完成了开票、申报、登记、税种核定等20余项252户次业务，确保系统整体平稳运行。大力推进“三证合一”。共办理“三证合一”纳税人补充登记信息682户，原存量纳税人办理变更识别号799户；强化对商贸企业、农产品企业日常监控管理，降低“三证合一”政策带来的风险。不断深化联合办税，严格落实国地税合作规范，初步实现服务、管理、培训、评估和稽查“一体化”。全年共办理设立登记1257户，变更登记6026户次，注销登记351户，联合培训纳税人3500余人次，完成全县1153户纳税信用等级评定工作。加大邮政委托代开力度，新增邮政代开网点19处，缓解办税服务厅代开压力，方便纳税人办税。2016年，邮政部门共代开普通发票2624份，占到总代开量的13%以上。实施“互联网+税务”，提升信息管税水平。县局办税服务厅安装全方位监控，并纳入全省监控指挥系统，实现上网信号全覆盖，便利纳税人移动办税。积极推广应用微网办税平台，效果明显。

【税种管理】 加强货物和劳务税管理，积极做好总局推送的15批次48户风险企业应对工作，入库税款420.6万元；深化增值税发票管理新系统的应用，利用系统模板发现企业疑点，入库税款959.02万元。加强车购税管理。全面开展车辆购置税专项检查，对2013、2014、2015年中的343份档案资料进行抽查，有效应对车辆购置税翘尾缴纳高峰，全年累计征收税款共计4833.96万元。加强出口退税管理。简化退税程序，加快审核进度，开展出口货物税收管理专项检查和评估工作，有效防范和打击出口骗税，全年共办理出口免抵退税1.04亿元。加强企业所得税管理。与地税部门联合开展企业所得税核定征收工作，共核定征收企业108户；做好所得税汇算清缴工作，分类别、分批次对纳税人进行培训，参加汇缴户数1813户，汇缴面达100%;在汇算清缴检查中，评估企业56户，入库税款2579.41万元，弥补亏损2785.81万元。加强大企业与国际税收管理。对6户“走出去”企业摸底调查，了解企业投资去向、经营状况和业务需求，并联合地税完成了对28户总局千户集团企业信息的核实维护。

【纳税服务】 坚持“纳税人所盼，税务人所向”的工作导向，不断完善服务方式，提升服务质效。办税服务厅全面覆盖无线局域网，添置2台自助办税终端，实现了发票领购、验旧、认证业务的自助办理；对纳税信用A级、B级纳税人和所有营改增一般纳税人取消增值税发票认证，设立“简事易办”窗口，缩短纳税人等待时间。加强税收宣传。制作“便民办税服务卡”，做好税企微信群维护，安排专人解答疑难政策。抽调9名业务骨干组成税法宣传小组开展“百户企业大走访”活动，发放各类宣传资料3000余份，解答纳税人涉税疑难120余项。强化培训辅导。对纳税人实行分类管理，采取“集中培训+分散辅导”、面对面”座谈等模式，先后培训20期，培训人员2600余人次。

【队伍建设】 加强“两学一做”学习教育强党性，以各党支部为单位召开支部党员大会、研讨会、学习会等，县局班子成员以普通党员身份积极参与进来。县局党组先后组织开展11次党组中心组理论学习。通过外邀省委党校教授开展专题讲座，参观鲁西第一党支部实地教学，举办知识竞赛，党组书记上党课，召开支部问题研讨会等丰富多彩的学习形式，不断把“两学一做”专题学习教育推向高潮。健全机制激活力。不断深化“有序晋升、和谐多赢”的干部管理机制，2016年年初，采取考察委任的方式，选拔配备了10名正副股级干部，并配合市局为3名分局长办理了试用期满转正。按照交流轮岗实施意见，第一批37名同志交流工作岗位。依托工会和团委，积极开展文体活动，组织参加环金水湖健步走活动，全县职工羽毛球比赛，联合开展税证银青年干部联谊会，有效激发干部队伍活力。强化培训提素质。扎实开展春训活动，进一步丰富培训载体，在继续推行“青年税干学习沙龙”和税官互助学习帮扶小组制度的基础上，开设“国税讲堂”加强对干部的培训，2016年全年，共开设国税讲堂15期。7名同志在省市局组织的大比武考试中表现良好，为全局争得了荣誉。廉洁自律保平安。细化分解两个责任，深入落实中央八项规定，大力强化作风建设，开展了“传承好家风，引领好税风”活动，以家风促行风，带政风，党风廉政建设深入推进。

【文明创建】 积极开展文明创建，顺利通过省级文明单位复查，连续4年在全市国税系统目标考核中名列第一，先后荣获全县“科学发展综合考核二等奖”“平安阳谷建设先进单位”“全县政务信息先进工作单位”“全县普法工作先进单位”等多项荣誉称号；大布分局、纳税服务科先后荣获市、县“三八红旗集体”称号；县局机关党支部、石佛税务分局党支部、安镇税务分局党支部荣获“先进基层党组织”荣誉称号，1名同志被评为“全县优秀共产党员”，7名同志被授予“富民兴阳”劳动奖章，树立了良好的国税形象。

2016年阳谷县国税局税收收入统计表

表24　　单位：万元

项　　目	2016年
一、税收入库合计	81528
中 央 级	48908
市　　级	1016
县　　级	31604
1、国内两税	55024
（1）国内增值税	54168
其中：直接收入	49451
免抵调库收入	4717
（2）国内消费税	856
2、企业所得税	21414
3、个人利息所得税	0
4、车辆购置税	5090
二、出口退税	-14814

撰稿人：方　瑞

县地税局

【机构概况】 阳谷县地方税务局成立于1994年8月，现有干部职工199人，内设9个科室，辖2个直属单位和9个中心税务所，担负着全县地方税收征管工作。至2016年，县地税局共设办公室、人事科、监察室、征管和科技发展科、法规税政科、收入核算与财务科、税源管理科、纳税服务中心、党建办公室等9个科室，下辖稽查局、直属征收局、十五里元中心所、阿城中心所、安镇中心所、石佛中心所、大布中心所、西湖中心所、高庙王中心所、寿张中心所、博济桥中心所等9个中心税务所。

【税款收入】 2016年，阳谷县地税局共组织各项收入7.8亿元；其中，中央级收入0.84亿元；市级收入0.27亿元；县级收入6.7亿元，占全县财政收入的49.84%。

【征收管理】 坚持以推进税收征管规范为抓手，以风险管理为导向，以信息化为支撑，全面提升了税收征管质效。落实税收风险管理，全年共推送风险纳税人586户，入库税款1222.1万元，风险应对率100%；强化欠税管理，合计公告90户、涉及欠税金额325万元；推进国地税联合办税，2016年，地税代国税征收增值税和其他税费240户次，税

款合计450万元；国税代地税征收税费965户次，税款合计265.8万元

【**税收执法**】认真贯彻《关于落实法治政府建设纲要进一步深化法治地税建设的意见》，坚持以《山东地税税收执法规范》为标准，以税收法规服务平台为技术支撑，以执法360系统为推动手段，严格执行税收法律、法规与政策。强化税务稽查，抓好重点行业专项整治与重点税源企业检查，建立公安税收联络机制，全年共查补入库各项税款1860余万元。不断强化稽查文书的规范化和准确性，在全县2016年度行政执法案卷评查工作中，荣获第一名。

【**纳税服务**】发挥部门职能作用，致力于服务纳税人、服务地方经济建设，不断提升服务发展本领。推进纳税服务机制建设，推行同城通办、全省通办，合理简并纳税人申报缴税次数，全年共免费为纳税人举办各类优惠政策培训6期，培训1096人次，发放各类宣传资料20600多份；建立国地税联合服务模式，相继开展了聚焦"营改增"大走访、"送税法、解难题、促发展"大走访、小微企业纳税人培训、涉税中介机构和纳税人座谈会等系列活动，累计培训纳税人1000余户次；开展纳税信用等级评定，共为374户纳税人评定了纳税信用等级，优化了地方经济秩序。

【**干部队伍建设**】开展"两学一做"学习教育，全局每位党员同志均写出了3万字以上的学习笔记和3篇心得体会；开展了"规范化党支部"创建、"在职党员进社区""争创共产党员先锋岗"、扶贫攻坚"百千帮扶"活动，全局104名在职党员、16个科室单位递交了争创共产党员先锋岗申请，87名党员干部承担了11个村87户贫困户的脱贫帮扶任务；开展了以"守纪律、讲规矩、正作风、促发展"为主题的"纪律行动"活动。

【**精神文明建设**】继续保持了省级"文明单位"荣誉称号，所属基层单位共有3个省级"青年文明号"，4个市级"文明单位"，8个市级"青年文明号"，保持了县级文明单位的"满堂红"。

2016年阳谷地税局收入统计表

表25　　　　单位：万元

项目／年度	收入总计	中央级	省级	地市级	县级
2016	78071	8343	5	2687	67036

撰稿人：李　健

中国人民银行阳谷县支行

【**机构概况**】中国人民银行阳谷县支行是国家中央银行在山东省阳谷县设立的分支机构，机关办公地址位于山东省阳谷县景阳路314号。2016年，有干部职工28人，5个科室，分别为办公室（纪检监察室）、金融服务管理科、货币信贷调统科、金融稳定科、外汇管理科。

2016年，阳谷县共有银行业金融机构11家，营业网点75个。其中政策性银行1家（农

业发展银行)、国有商业银行5家(工、农、中、建、邮储)、地方法人金融机构2家(阳谷农商银行、沪农商村镇银行)、全国性商业银行1家(恒丰银行)、地方性商业银行2家(齐鲁银行、潍坊银行)。

2016年，人行阳谷县支行认真贯彻落实稳健的货币政策，合理把握宏观调控的松紧度，在经济下行压力依然较大的背景下，主动适应经济发展的新常态，抢抓新机遇、加大信贷投放，为全县经济发展提供了有力的金融支撑。至2016年底，全县本外币各项贷款余额209.64亿元，较年初增加25.37亿元，增长13.77%，各项存款余额331.57亿元，较年初增加38.74亿元，增长13.23%。

【窗口指导】 2016年，组织召开金融机构联席会和形势分析会6次，积极传达贯彻货币信贷政策，引导金融机构全面做好“三去一降一补”金融服务。围绕信贷增长缓慢、企业融资难融资贵、担保圈风险化解等问题开展专题调研26项，为领导决策提供参考和依据。组织开展“金融服务企业百日行”活动，推动金融机构推出知识产权质押融资、出口退税账户托管贷款等创新产品，扩大循环贷、周转贷等宽期限还本付息业务规模，着力减轻企业融资负担。

【金融服务】 *推进金融精准扶贫* 在全市率先召开金融助力脱贫攻坚政策宣讲会，现场推荐金融扶贫产品9个，中心支行刘贤军行长出席会议，并代表中心支行与阳谷县人民政府达成金融扶贫战略合作意向。编发《阳谷县金融助力扶贫攻坚政策和产品宣传手册》1万余份，借助“金融扶贫日”开展集中宣传活动，扩大政策知晓面。组织金融机构开展融资需求走访对接活动，推动金融扶贫工作深入开展。发放扶贫再贷款1亿元，居全市首位；发放扶贫贷款5.2亿元，带动626户贫困户，发放财政贴息的“富民生产贷”和“富民农户贷”扶贫贷款4605万元，带动1315户贫困户。各类扶贫贷款发放量居全市首位。

管理服务并重 加强对涉外企业的规范化管理，开展经常项目非现场监测63家次，对4家企业进行现场核查，对15家企业进行业务辅导，对2家企业发放风险提示函，通过核查将7家企业降为B类，发现并移交违规线索2条，办理贸易信贷业务49笔，登记业务3笔，办理信息变更等业务14笔。对重点企业开展“一对一”精准服务，为阳谷祥光铜业有限公司办理借入外债2000万美元、跨境双向人民币资金池业务31.63亿元、跨国公司外汇资金集中运营管理7050万美元，业务办理金额居全省首位，为企业节约资金成本1200万元。推动阳谷新凤祥集团开发企业联机服务接口程序，成为全省第2家正式上线的企业，外汇业务便利化水平大幅提升。1～11月份，全县实现进出口总额35.37亿美元，在全市排第1名；跨境人民币收支182.89亿元，居全市首位，占比79.59%。

【金融管理】 对辖区银、证、保21家金融机构进行综合评价，辅导潍坊银行、恒丰银行等新设银行业金融机构成功加入人民银行业务系统，恒丰银行阳谷支行于今年4月底正式落户阳谷县。对银行业金融机构开展POS机IC卡非接业务检查、账户管理检查，开展县级现金服务示范网点验收，评出10家县级现金服务示范网点，促进了银行业务的提升。指导阳谷农商行全市率先在全国银行间债券市场发行“二级资本债券”，增强了资本金实力。实行金融机构派驻反洗钱监管辅导员制度，对泰康人寿开展反洗钱检查，强化了反洗钱业务管理。建立阳谷县利率定价自律联席会议机制，开展利率执行情况巡查，有效维护了利率市场定价秩序。联合工会、团委、妇联举办点钞技能大赛，2 名选手被授予“富民兴阳劳动奖章”、8 名选手被授予“三八红旗手”称号、12 名选手被授予“青年岗位能手”称号，既提升了业务技能，又提升了银行员工的工作积极性。开展征信知识培训和测试，有效防范了个人信息泄露风险。

【金融稳定】 加强对法人金融机构的管理，开展存款准备金、再贷款和金融市场业务检查，开始宏观审慎评估和合格审慎性评估，开展风险评级、存款保险基数和不良贷款核销等业务核查。高度关注沪农商村镇银行不良率偏高的问题，采取约见谈话方式进行了风险提示。进一步完善与金融办、银监部门的风险信息共享平台，形成定期交换风险监测内容的制度。重点关注融资担保圈等实体经济领域风险，对 2 家因资金链断裂产生经营困难的企业进行重点监测，积极配合地方政府采取措施，防范波及其他担保企业，发生区域性金融风险。密切关注地方政府融资平台，房地产市场、表外贷款业务等领域可能存在的风险，切实处理好支持经济增长与防范金融风险的关系。

【普惠金融建设】 阳谷县也因前期普惠金融建设工作扎实、准备充分被济南分行确定为普惠金融综合示范区全省三个试点县市之一。

金融基础设施建设不断完善 潍坊银行和恒丰银行在阳谷设立分支机构，阳谷县银行业金融机构增加到 11 家。继续推动农村“5 分钟金融服务圈”建设，农商行升级改造助农服务点 13 处，打造“银行 + 电商”服务平台一处，农行升级改造离行式自助服务区 3 处，中行与宜农科技合作设立助农取款点 2 处，潍坊银行作为全市试点筹备设立助农取款点 1 处，农村金融服务不断完善，金融服务满意度显著提升。

金融知识普及有声有色 注重金融知识宣传日常化，推动金融机构利用营业场所、办理业务等便利开展金融知识宣传 83 次、受益 13230 人次。注重金融知识宣传特色化，指导阳谷农商行创办“金融夜校”宣传阵地，举办“金融夜校”宣传 318 场（次），培训农村居民 5.6 万人次。注重金融知识宣传项目化，利用“元宵节”“五 • 一劳动节”“国庆节”等节日节点，开展广场集中宣传、金融知识进校园、金融知识进农村大集、金融知识情景剧演出等专项宣传 36 场次。注重金融知识宣传电子化，协助市协会拍摄金融知识宣传微电影，借助互联网进行宣传。一系列宣传活动的开展，有效提升了社会公众的金融素养。

金融消费权益保护工作有序推进 以金消保协会为依托，做好“12363”热线电话的接听和咨询投诉工作，与法院建立了金融消费纠纷诉调对接工作机制。今年以来，办理投诉 119 起，接受咨询 273 起，办结率和群众满意率均达 100%。依托农商行金融助农服务点，建成首批农村金融维权联络点 23 家，有效打通了农村金融维权服务“最后一公里”。

【调查研究】 2016 年，紧紧围绕中央银行货币政策传导开展调查研究，积极关注经济金融运行的热点、难点问题，结合县域特色，力抓调研质量，为总分行领导决策较多的提供了高质量的参考依据。2016 年全年共编发《阳谷金融》180 期（篇），其中，《“营改增”对银行业机构税负和经营行为的影响分析——以中行阳谷支行为例》等 9 篇信息被人民银行总行《送阅信息》或《专报信息》综合采用，《12 月 FOMC 会议声明的主要内容和耶伦新闻发布会要点》被单独采用。《欧央行7月货币政策决议的主要内容》等2篇信息被国办采用，《阳谷“金融夜校”推动金融知识下乡成效初显 扶贫贷款申请额增长逾六成》等3篇信息得到人民银行济南分行行领导肯定性批示，“金融夜校”因此得到了人民银行总行消保局马绍刚副局长的现场考察和充分肯定。《国际金融协会〈新兴市场资本流动报告〉显示：2016年中国资本外流将加剧》得到总行领导批示。2016年政务信息工作继续走在辖区前列，连续6年在中心支行得分列全辖首位，在济南分行辖区50家县支行直报行中的位次由第4名提升到第1名。5篇材料被《金融时报》采用，实现历史新高。

聊城银监分局阳谷办事处

【机构概况】 聊城银监分局阳谷办事处为聊城银监分局派出部门，成立于2003年12月。2016年，办事处共有工作人员2名。

【办事处职责】 阳谷监管办事处作为聊城银监分局在阳谷县的派出机构，根据分局授权，负责监管政策和要求在县域的传导和推动落实，监测辖区金融整体风险状况和银行业运行态势，及时发现、报告并协助处置辖区银行业金融机构重大风险和突发事件，调查处理县域银行业金融机构信访事项等工作。

辖区银行业运行监测职责 按照省局、分局关于辖区银行业金融机构监管统计报表制度的相关要求，及时、全面了解辖区银行业运行情况和风险情况，以及监管指标的完成情况。

法人机构非现场监管职责 按照省局、分局关于非现场监管工作相关要求，履行辖区农村中小金融机构等地方法人机构主监管员职责，收集、分析被监管机构非现场监管信息，对其经营情况和风险状况进行持续、动态监测分析，按照要求报送非现场监管报告，提出初步监管意见以及整改验收等。

现场检查职责 按照省局、分局关于现场检查工作相关要求，参与对银行业金融机构现场检查。针对现场检查中发现的问题，提出对违法违规机构及其责任人的初步整改意见、行政处罚建议以及整改验收等工作。

行政许可职责 按照省局、分局关于行政许可工作相关要求，对行政许可事项主办部门发出的《内部征求意见书》，及时根据部门职责提出审查意见；按照主办部门的委托，对申请材料的有关内容进行实地核查等相关工作。

舆情、重大事项和应急处置工作职责 按照省局、分局关于网络舆情管理工作及重大事项报告、突发事件应急管理工作要求等，监测辖区银行业总体运行情况，分析银行业金融机构经营情况和风险状况，针对存在的问题提出监管意见建议，做好重大事项报告和舆情监测等工作。

案件防控和信访工作职责 按照聊城银监分局年度案防工作意见和省局、分局关于信访工作相关要求，做好辖区银行业金融机构案件防控、信访核查等工作。涉及县域银行业金融机构的信访事项，对监管科委托监管办事处调查处置的，监管办事处要积极发挥属地优势，严格按照信访工作程序要求，做好调查、取证、答复等工作，特别是在进行答复前，所有相关材料及答复意见必须经进行委托的监管科审核把关。

调研信息和情况反映职责 根据省局、分局关于政务考核、信息工作等有关规定要求，做好调研信息和辖区情况反映等工作，按要求定期向信息办报送动态信息和综合信息。

其他工作职责 对辖区银行业金融机构

开展政策传导、进行风险提示，以及分局安排的其他工作。配合地方政府及政府有关部门开展与银行业监管相关的工作。

中国农业发展银行阳谷县支行

【机构概况】 中国农业发展银行阳谷县支行是根据国务院《关于农村金融体制改革的决定》和《中国农业发展银行增设分支机构实施方案》精神，1996年11月从中国农业银行阳谷县支行分设成立的，是直属国务院领导的农业政策性金融机构，隶属于中国农业发展银行聊城市分行管理，核定人员编制25人，下设办公室、信贷部、会计出纳部3个部室（2005年8月，信贷部更名为客户部，会计出纳部更名为会计结算部；2016年5月，客户部更名为信贷业务部）。其主要职责是：按照国家的法律法规和方针政策，以国家信用为基础筹集资金，承担农业政策性金融业务，代理财政性支农资金的拨付，为农业和农村经济发展服务。

【业务情况】 中国农业发展银行阳谷县支行成立以来，从服务大局、推进创新发展、遵循银行规律、坚持拼搏进取，在探索中前进、在改革中发展，为保障国家粮食安全、保护农民利益、维护农产品市场稳定、促进城乡发展一体化做出了重要的贡献。

近年来，中国农业发展银行阳谷县支行始终坚持政策属性、坚持服务“三农”、坚持按银行规律办事，全力服务国家粮食安全、服务农业现代化、服务城乡发展一体化、服务国家区域发展战略、服务扶贫攻坚，在农村金融体系中发挥主体和骨干作用，努力把中国农业发展银行办成政府的银行、支农的银行、现代化的银行。2016年，各项贷款余额103542万元，各项存款余额47207万元；贷存比高达219%，位居全县金融系统首位；账面利润为1657万元，位居全市农发行系统第一名。2016年5月，向南水北调配套工程陈集水库项目审批、发放PSL重大水利工程建设中长期贷款4.7亿元，期限为20年，保障南水北调工程的顺利实施。

供稿人：王守勇

2016年7月6日，省农发行行长赵富洲到阳谷调研南水北调建设项目

中国农业银行阳谷县支行

【机构概况】 2016年，县行机关内设部门六个：综合管理部、公司业务部、国际业务部、个人金融部、财会运营部、风险管理部，下辖营业机构6个：营业部，谷山路支行，站前街支行，北环路、黄山路、闫楼等3个分理处。2016年11月，不良贷款清收中心更名信用卡营销及不良贷款清收中心。在职人员152人。

2016年，农行积极实施战略转型，在保证对公业务有效发展的同时，大力发展个人业务，各项指标逆势飞扬。突出表现在个人业务条线考核、个人贵宾客户价值提升、个人贷款（非三农）、文明服务等方面均居全市前列，政府购买服务项目成为全市第一个获省行通过的政府贷款项目。支行、站前街支行（二级支行）荣获省行“精神文明建设先进单位”荣誉称号，闫楼分理处荣获“先进职工小家”称号。行长任保江被授予省级精神文明先进个人、“阳谷县劳动模范”称号。年初，各项存款达到257547万元，各项贷款175753万元。年末，各项存款达到274965万元，各项贷款209830万元，分别增长17391万元、34097万元，剔除凤祥授信减少影响，存、贷款实际分部增长5.2亿元、5.4亿元。

【转型发展】 为改变长期以来对公业务反哺个人业务，个人业务基础薄弱，个贷发展不快、占比低的经营局面，另辟溪径，转变经营模式，在保证对公业务有效发展的同时，大力发展个人业务，坚持双轮驱动，走可持续发展的路子，取得显著成效。个人存款日均、时点增量分别居四大行首位、第二位，实现历史性突破。

【项目拓展】 上门营销阳谷县第一批环境综合整治、电缆集团光纤预制棒、景阳冈旅游区扩建（PPP）等项目，取得重大突破。其中环境综合整治项目1.9亿元贷款在全市首先获省行审批通过，光纤预制棒项目银团贷款项目国开行1.33亿项目资本金已到位。行长任保江赴德州禹城支行，参加总行组织的县域“国家新型工业化产业示范基地”金融服务座谈会，介绍阳谷铜深加工基地基本情况及服务基地所采取的一系列措施，并对下一步深化与基地合作提出建议。

【产品推广】 通过融资增信业务为泰昌牧业新增用信50万元，融资增信业务破题。在满足重点客户信贷需求的同时，累计发放小微企业贷款12150万元。积极推广国际业务产品，成功开立全国系统内首笔仓单项下电子交单信用证业务13348万元，办理全省首笔融资性风险参与业务1.36亿元、全市首笔人民币黄金掉期业务及NRA账户福费廷融资业务，有效促进了外贸出口企业的发展。成功推广微信代缴费业务，不仅减少了学生家长跑银行、排队缴费的时间，而且减轻了学校老师收取现金的劳累，改变了当地校园传统收交费模式。为凤祥集团开办了集门禁、代发工资、园区消费为一体的“一卡通”项目。

【网点建设】 合理调整网点布局，投入1900多万元，购建北环分理处、黄山分理处2个网点新的办公场所，结束农行网点租赁的历史。

中国建设银行阳谷支行

【机构概况】 中国建设银行股份有限公司阳谷支行，成立于1979年，原名中国人民建设银行阳谷县支行。到2003年，下设机构网点减少到4个，内设部室减少到3个，人员编制减少到52人，全行员工平均年龄由改革前35岁降为32岁，管理和专业技术岗员工平均年龄由改革前35岁降至33岁，本科以上学历人员占比14%，专科以上学历占比47%。至2016年底，在岗员工68人，其中本科以上学历68%，研究生2人，大专以上学历占96%；下辖两部两室（公司业务部、个人金融部、办公室、营业室），两个分理处（火车站分理处、狮子楼分理处），一个支行（阳谷振兴支行）。

【业务概况】 2016年，阳谷支行围绕市分行综合经营计划和旺季营销竞赛活动，调动全行员工突出市场营销，强化基础管理，严格风险案件防控，提升服务水平，坚持依法、合规、稳健经营，多数业务指标超额完成年度计划，圆满完成既定目标。先后荣获：山东省分行 2016 年度个人业务旺季营销强县支行综合贡献奖；山东省分行先进基层工会；聊城市银监局—聊城市金融机构 2016 年度“小微企业金融服务十佳”荣誉称号；阳谷县政府—支持地方经济贡献奖。

至 2016 年底，一般性存款余额 38.01 亿元，四行占比 32.27%，居第 1 位，其中：对公、个人存款余额分别为 20.22 亿元、17.80 亿元，占比分别为 31.80%、32.83%，四行占比分别为第 1 位，第 2 位；对公存款时点新增 3.18 亿元，占比 50.13%，新增四行第一；个人存款时点新增 1.87 亿元，占比 33.16%，新增四行第一。阳谷建行在县域内自助设备达到 30 台，其中 ATM（取款机）11 台，CRS（存取一体机）19 台，四个网点全部安装了 ATM 和自动查询机。在有效控制风险的前提下，重点支持了山东凤祥集团、阳谷祥光铜业、山东阳谷电缆集团、太平洋光缆等阳谷县重点企业、顺达纺织有限公司、阳谷县供电公司、山东东信塑胶集团等一批优质的中小企业。尤其重点支持了重点项目——祥光经济开发区的“千亿工业园”建设、“阳谷电缆集团的百亿产业园”建设，山东太平洋光纤光缆有限公司年产 750 万芯公里通信光纤项目，山东东信塑胶有限公司的大口径塑胶管材项目，阳谷三中新校园区的 PPP 等项目，并且 PPP 项目贷款取得突破，全市首笔 PPP 贷款成功发放。既为县域经济发展赢得了新的增长点，也为我行赢得了新的发展机遇。为此，阳谷支行继续保持了聊城辖区唯一省分行二十五强县支行地位，并位列“弱县强行”第一位。

2010 年 ~ 2016 年各项业务指标情况

表 26　　　　单位：万元

年度	全口径存款	个人存款	对公存款	贷款余额	账面利润	中间业务
2010	248113	79108	163362	183337	7334	3483
2011	262973	83171	155800	167968	98981	5918
2012	352083	101090	246928	251818	12336	7751
2013	365560	120060	245500	155060	13231	7334
2014	389065	140565	248500	159066	12616	5966
2015	329700	159300	170400	200600	12967	6516
2016	380100	178000	202200	252500	10753	6862

供稿人：张景峰

中国工商银行阳谷支行

【机构概况】 2016 年，中国工商银行股份有限公司阳谷支行内设 4 个部门：办公室、风险管理部、个人金融部、市场营销部、下辖 3 个营业机构：营业部、商业大厦分理处、狮子楼分理处，2 个自助银行：新风祥自助银行、黄山路自助银行，在职人员 44 人。

2016 年，工行阳谷支行被县委、县政府授予支持地方“贡献一等奖”。在旺季服务活动竞赛中 3 个网点均获得优胜奖。支行在行长绩效考核中获全市第一名，党组织被省行评为先进基层党组织，李炳春被分行评为优秀党总支书记。

【存款业务】2016年底，全行本外币全部存款余额240018万元，较年初增加13371万元，其中，储蓄存款余额78724万元，较年初增加5838万元；公司存款余额57581万元，较年初增加30557万元，机构存款余额49951万元，较年初增加14068万元；同业存款余额2万元，较年初减少32万元，保证金存款余额53762万元，较年初减少37060万元。

【信贷业务】2016年底，各项贷款余额324217万元，较年初增加4133万元。其中：企业中长期贷款余额74950万元，较年初增加41825万元；企业短期贷款余额70340万无，较年初减少6244万元；国内贸易融资余额103000万元，较年初减少39334万元；外币融资（折人民币）余额21191万元，较年初增加9503万元；贴现贷款5000万元，较年初减少15000万元；个人短期贷款余额6805万元，较年初增加2983万元；个人中长期贷款余额42931万元，较年初增加10400万元（个人住房贷款余额34491万元，较年初净增8492万元），公司不良贷款5户、余额4209万元，较年初减少6户、金额3089万元。现金清收不良贷款本金452万元；核销2户，金额796万元；证券化3户，收回本金343万元，核销本金830万元；打包处置5户，收回本金2527万元，核销本金5310万元，个人不良贷款10户、余额701万元，较年初增加1户、金额142万元。现金清收不良贷款1户、累计清收本金15.52万元。

【支付环境】通过积极转变营销观念，改进营销模式，着力解决各项工作对业务发展的制约和束缚，采取多种措施努力做好各项工作，对各项指标完成进度进行定期通报督促，存款、贷款、中间业务收入、客户拓展均取得了重大突破，日均金融资产1万元以上个人客户较年初增长848户，日均金融资产5万元以上公司客户较年初增加21户，日均金融资产5万元以上机构客户较年初增长3户；企业网银客户净增158户，融E行客户净增7336户；借记卡新增17359张，信用卡新增1667张；代发工资新增单位数3个，个人户数703户；国际收支3000强客户较上年净增1户，实现国际结算量62483万美元，实现结售汇业务量19915万美元，跨境人民币收付316170万元，个人理财产品销售15432万元，代理保险1436万元，基金销售268万元。

阳谷农商银行

【机构概况】2016年，阳谷农商银行共有在岗职工413人，共有营业网点30个，其中营业部1个、支行29个。总行机关共设16个部门，分别为人事综合部、风险管理部、金融市场部、财务会计部、审计部、科技部、电子银行部、资产管理部、监察室、法律合规部、安全保卫部、信贷检查辅导中心、自助网点运营中心、不良资产经营管理中心、小微信贷中心、公司业务部。2016年度被评为全省农村商业银行金融扶贫先进单位，全市农村商业银行先进单位。

【业务工作】*存款* 牢固树立“存款立行”意识，坚持抢先抓早，扎实开展“金纽带”春天行动，立足“经营客户”的理念，由拉存款向拉客户转变，调动营销积极性，促进存款总量稳定增长，结构持续优化。截至2016年底，各项存款达140.59亿元，市场占有率达42.4%。

贷款 坚持“支农支小支微”的市场定位，充实微贷团队，对微贷技术和理念进行

覆盖式推广；积极推进客户综合评价与分析系统开发，组织开展客户大走访；畅通线上线下申贷渠道，提高申贷效率和获得率；推出“家庭贷”贷款等信贷产品，满足客户多样化信贷需求。截至2016年底，各项贷款余额77.79亿元，市场占有率37.09%。

资产管理 实行班子成员包片、部室经理重点帮包制度，强化督促指导，提高清收效果；认真开展“排风险、堵漏洞、强管理”活动，落实贷款预见式管理，严控新增不良贷款；组织开展“百日清收”竞赛活动和“清收风暴”行动。截至2016年底，不良贷款占比1.43%，较年初下降0.05个百分点。

网点建设 推进网点转型，建设有人值守的金融便利店和“农金员 + 农金通 + 自助设备”农村金融服务点，社区金融建设实现突破；为阳谷电缆、太平洋光缆开通银企直连；阳谷三中“校园一卡通”系统顺利上线，加快“智e购”商城推广和应用，推进线下线上融合发展；加快电子机具布放和离行式自助服务网点建设，2016年新布放自助设备7台，总量达到96台，新设离行式自助服务网点5处，总量达到24处，新安装农金通13台，总量达到292台，在农区实现每三个行政村有一台农金通。在城区实现5分钟金融服务圈。

经营效益 不断加大收贷收息力度，努力做到应收尽收；狠抓资金业务拓展，同业理财、同业存单、国际业务实现突破，灵活开展债券、理财等业务，多渠道运用富裕资金，促进资金收益最大化；强化成本和费用管理，努力压降非生息资产占比，强化增收节支，财务精细化管理水平稳步提高。2016年实现各项收入8.45亿元，实现经营利润3.07亿元。

中国银行阳谷支行

【机构概况】 中国银行股份有限公司阳谷支行，位于阳谷县运河东路131号，成立于1992年6月，原名中国银行阳谷支行。到2016年底，在岗员工54人，全行员工平均年龄为37岁，其中本科以上学历占79%，研究生2人，大专以上学历占87%，内设2个部门：综合管理部、业务发展部；下辖3个营业机构：营业部、育才路支行和富润城支行。2016年，中国银行阳谷支行被聊城分行授予“十佳优质文明服务单位”、被县委县政府授予支持地方经济贡献奖。

【业务发展】 负债业务深入贯彻市行“提速发展”的工作精神，结合当地实际情况，以“四化”为引领，恪尽职守，认真履职，求真务实，开拓创新，统筹协调各项工作有序推进，坚持“存款立行”，拓宽存款来源，全力推动负债业务稳步发展。至2016年底，人民币各项存款余额27.96亿元，本外币存款日均余额28.17亿元，其中，本外币个人存款日均余额10.40亿元，市场份额19.48%，较年初提升0.57个百分点。

资产业务是带动支行全面发展的核心引擎，充分认识到资产业务在支行发展中起到的决定性作用，今年以来一方面充分发挥产品带动作用，用足用好存量授信额度；一方面积极联系县委县政府及重点核心企业，深入了解县域内各行业重点发展方向，将我行授信政策与当地实际相结合，持续跟踪各项目最新进展。至2016年底，人民币贷款时点余额27.42亿元，较年初新增5.21亿元。其中，公司贷款时点余额22.53亿元，较年初新增4.15亿元；个人贷款（含卡分期及卡透支）时点余额4.73亿元，较年初新增0.9亿元。

资产管理加强贷后管理水平，创新不良化解方式，持续提升资产质量。截至2016年底，本外币五级分类不良贷款余额193万元，较年初减少120万元，实现了不良余额及不良率的双降。

【支付环境】 加强网上银行建设，加大网点对电子渠道迁移的力度，扎实推进网点相关人员的配置与培训工作，深入客户群体，挖掘各类电子渠道潜力，不断加快电子银行业务发展从规模扩张到结构优化的关键转型，并不断提升客户质量，确保有效户的占比和交易活跃度。企业网银客户净增280户，手机银行客户净增6226户，借记卡净增5588张，信用卡新增2299张。全年实现国际结算业务量9.54亿美元，市场份额为34.87%，份额提升3.92%；实现结售汇业务量3710美元，跨境人民币收付51.5亿元，基金销售617万元，企业理财产品销售2亿元。现有自助服务区5处，自助设备23台，其中ATM（取款机）5台，CRS（存取一体机）8台，BST（自助查询机）7台，自助发卡机2台，自助填单机1台；助农服务点新增5个，共8个，存款总量2804万元，总网均935万元。

【服务管理】 以标准化、规范化、人性化提升服务质量，"客户满意才是真的满意。从硬件环境、人员培训、技能达标、业绩提升等各个方面多管齐下，以文明规范服务标杆为目标，致力打造高端服务品牌。在全行上下的共同努力下，支行业务指标快速发展，经营效益大幅提高，管理水平显著增强。

【内控管理】 高度重视内控体系的建设，严格确保任何时间段都"无案件、无事故"的长远目标，建立起基层"流程+系统+现场"的管控机制，推动实施内控与合规督导工作，成立案件防控领导小组，各机构层层设立内控监督员，建立健全以支行相关管理部门为主线，以基层单位负责人为重点，以业务经理、授权复核人员为骨干，以柜员为基础的涵盖各级管理层和执行操作层的案件防控组织体系。工作中，按照"谁主管，谁负责，一把手负总责"的原则，层层落实内控工作责任制，支部与各部室、机构"一把手"分别签订了《防范违法违纪案件责任书》《党风廉政建设工作责任书》。同时，强化岗位职责，实现了内控管理的标准化、过程化、规范化、经常化和科学化，构建起教育、预警、防范、奖惩"四位一体"的内控机制。

【文明创建】 积极开展文明创建，被评为聊城分行十佳文明优质服务单位，先后荣获总行"优质高效服务网点"、山东省卫生先进单位、省行"五四红旗团组织"；市行"中银优秀奖""综合绩效考核优胜单位"；荣获中共聊城市委"四德工程建设示范点"、连续三年"阳谷县支持地方经济发展突出贡献奖"等荣誉称号，支行营业部被省行团委评为百日大会战"青年突击队"；2名同志荣获百日大会战"青年先锋"，1名同志分别荣获对公业务优秀奖、全省金融系统业务技能大赛对公业务一等奖，被总行授予"最美一线员工""山东省金融系统五一劳动奖章"四项殊荣，1名同志分别荣获市行十佳服务明星和十佳对私揽存状元，1名同志荣获市行"优秀大堂经理"，1名同志荣获全市单位内部治安保卫工作个人三等功称号，树立了良好的中行形象。以"缓解员工压力、健康员工身心"为目的，积极开展各项文体活动，先后组织开展了集体包元宵集体做汤圆、猜灯谜、庆三八趣味运动会、我爱中行杯厨王争霸赛及约会春天采摘踏青、清明节聊城烈士陵园扫墓、"奔跑吧，青春"环湖健康跑、庆五四观影、“中行—电缆一家亲”融合计划及“中行一家亲、欢度儿童节”亲子涂鸦、参观了冀鲁豫区委纪念馆、开展“爱在中秋，师情画意”亲子手工制作做月饼活动、开展“暖心冬至，团团圆圆”包水饺比赛等活动，激发了全体员工干事创业的激情，强化了全行员工主人翁意识，在全行形成团结向上、温馨和谐的企业文化氛围。

撰稿人：张云翔

齐鲁银行聊城阳谷支行

【机构概况】 齐鲁银行聊城阳谷支行成立于2011年4月8日，办公地址位于山东省阳谷县谷山路145号，办公面积1200平方米，开设有一个贵宾台席，四个个人业务台席，三个公司业务台席，自助取款机三台，自助查询机三台。至2016年底，有在岗干部职工19人，平均年龄27岁，均为本科以上学历，是一只富有朝气、团结奋进的团队。内设市场营销部、营业室两个主要部室。作为阳谷县本地第一家城商行，阳谷支行有着强劲的竞争力，并取得了一系列优异的工作成绩，2015年，阳谷支行连续被齐鲁银行总分行授予“先进支行”“优秀支行”光荣称号；被县委、县政府授予“支持地方经济贡献一等奖”荣誉称号；获得“齐鲁银行杯”反洗钱法规知识竞赛团体一等奖。2016年，被县人行授予“现金示范网点”荣誉称号；被总行授予“大零售转型先进支行”荣誉称号。

业务范围：吸收公众存款；发放短期、中期和长期贷款；办理国内结算；办理票据的承兑及贴现；办理银行卡业务；代理发行、代理兑付、承销政府债券；代理收付款项及代理保险业务；提供保管箱业务；委托存贷款业务；外汇存款；外汇贷款；外汇汇款；外币兑换；国际结算；外汇票据的承兑及贴现；资信调查、咨询、见证业务和分行在银行业监督管理机构批准的业务范围内授权的业务，以及经银行业监督管理机构批准的其他业务。

【业务经营】 经过几年的扎根发展，齐鲁银行阳谷支行发展迅猛，规模与盈利能力大幅提升。至2016年底，支行各项存款余额135987万元，较年初增幅17%；授信总额144804万元，较年初增幅7.4%；实现净利润4731万元，较上年增幅20.17%；中间业务收入225万元。在整体增长的同时，支行各项业务也稳步发展。

【零售金融】 齐鲁银行阳谷支行严格落实总分行“服务城镇居民，服务中小企业”的宗旨，推出多项便民利民金融服务业务：首创齐鲁卡活期帐户“自动理财”功能，按实际存期给予一年内定期收益；银行卡业务全免费；手机银行、网银全免费；齐鲁贵宾卡、齐鲁薪金卡他行异地ATM取款全免费；持卡受享火车站贵宾候车室待遇；理财产品多样化，高收益，安全性高；员工实行标准化、人性化、微笑化服务，让每一位客户均可享受尊贵服务；个人贷款方面，支行大力发展个人保证贷款、个人抵押贷款、薪金贷等多项灵活业务，极大地支持了地方零售金融的发展。通过多项举措，阳谷支行真正做到服务城镇居民，融入老百姓生活。截至2016年底，支行储蓄存款余额38640万元，较年初增幅6.25%；个人贷款余额36476万元，较年初增幅56.44%。

支行响应总分行“大零售转型”号召，大力发展个人零售业务，将支行零售金融产品向县域人民纵深铺开，走进市集、小区等区域，将支行根基发展落向实处，效果显著。

【公司金融】 支行立足本地优质客户，大力发展公司存贷款业务，并走出了自己的一条特色发展之路。截至2016年底，对公存款余额97347万元，较年初增幅8.63%；支行在有效控制风险的前提下，重点支持凤祥集团、祥光铜业、电缆集团、等一批优质中小企业，积极引导企业建立支行忠诚度，在结算上实行收费优惠、上门服务，加大结算工具使用量，积极营销企业在支行的代发工资等业务，截至2016年底，对公贷款余额61174万元，表外授信47154万元，总体授信额度144804万元；在经济形势下行，逾期客户增多的情况下，支行严把准入关，严格按照监管部门监管要求进行贷前调查、贷后管理，做到“不良客户不准入，准入客户共进退”，不盲目抽贷，不捂贷惜贷，并积极清收不良贷款，截至2016年底，不良贷款余额550万元，为县域金融机构较低水平。

中国邮政储蓄银行阳谷县支行

【机构概况】 2016年，邮政储蓄银行阳谷县支行，内设2个部门：综合管理部、综合业务部，下辖三个营业机构：营业部、黄山路支行、寿张支行，以及20处邮政储蓄代理网点，在职人员81人。中国邮政储蓄银行阳谷县支行秉承“普惠金融、服务三农、服务城乡”的经营理念，各项金融服务遍布阳谷各个乡镇、街道，在2016年度被县委、县政府授予支持地方“贡献三等奖”。

【存款业务】 2016年底，储蓄余额总计43.74亿元(含邮政代理)，本年净增5.85亿元。自营储蓄余额7.06亿元，净增0.24亿元。我行公司存款时点余额3.02亿元，日均余额2.85亿元，时点余额本年净增0.33亿元。本年累计贴现金额6000万元，贴现余额3000万元。

【信贷业务】 2016年底，信贷业务结余2.46亿元，其中小额贷款结余2800万元，消费贷款结余1.65亿元，个人商务贷款结余1900万元，小企业贷款结余3350万元。本年信贷业务共计新增1.4亿元，其中消费贷款本年净增1.29亿元，有力支持房地产行业“去库存”的信贷需求。

【金融扶贫】 2016年，邮储银行阳谷县支行积极践行扶贫工作内涵，扎实做好扶贫担保贴息贷款，全力推动扶贫工作的开展。至2016年底，已对接16家扶贫企业或新型农业经营主体，发放扶贫贷款12户、1030万元，扶贫企业带动103名贫困户脱贫。

撰稿人：费振凯

中国人民财产保险股份有限公司阳谷支公司

【机构概况】 中国人民财产保险股份有限公司阳谷支公司是阳谷县规模较大的财产险公司，始终坚持“主动、迅速、准确、合理”的服务原则，遵循“风雨同行、至爱至诚”的核心价值观，以做“人民满意的保险公司”为最高追求，积极履行企业公民社会责任，除传统业务外，承担政策性大病保险、农业保险等惠民项目落地，为广大人民群众的生命财产安全保驾护航。365天24小时服务专线95518，随时随地为客户提供报案、咨询、投诉、车辆救援、预约投保和客户回访等多功能、个性化服务。

2016年，公司设置综合部、营业室、理赔部、新农合社保部、农村车辆保险组、政策性保险组、农村信息采集组、非车险部、车商部、营销一部、营销二部、营销三部、营销四部、车商部、营销部、西湖营销服务部、范海营业部、寿张营销服务部等18个部(室)，

2016年底共有员工25人。主要经营车辆保险、财产损失险、责任保险、信用保险、农业保险等财产保险业务，及上述保险业务的再保险业务。

【业务发展】 2016年，公司将服务领域继续覆盖全县城乡各地，渗透到社会经济的各个领域。企业自身建设和自我发展能力逐步得到增强。2016年公司共收取保费7122.74万元。每年为县内100多家企业、25万个家庭、9000多辆机动车辆承担经济风险80多亿元，为全县的的经济发展提供了可靠的风险保障。

【保险理赔】 阳谷公司一直以来遵循"主动、迅速、准确合理"的理赔原则，对发生的各类保险事故在责任范围内都履行了赔偿责任。至2016年底，先后对车辆保险事故、企业财产险事故、家庭财产保险事故、农险灾害事故等及时组织力量抢险救灾，并给予了经济补偿，累计赔付3826.11万元。对于全县的社会稳定、政治安定和经济发展，起到了积极的促进作用，取得了巨大的经济效益，有力地支援了地方经济建设。2016年阳谷发生了几次灾害性天气，阳谷18个乡镇的几十万亩玉米、小麦农作物不同程度的受灾，灾情发生后，我公司立即组织6个查勘小组分赴受灾乡镇查勘定损，在不到一周的时间内，即全面完成现场查勘，赔款理算等工作，并及时将1254.71万元赔款发放到受灾农户手中，促进了抗灾救灾的工作的顺利进行。2016年公司继续开办了城乡居民大病保险，从承保面上由农村全面扩大到了全县居民，2016年累计支付赔款3569.72万元。为全县的家庭提供了有力的风险保障。

【内部管理】 2016年，公司通过学习贯彻十八大五中、六中全会的精神，落实年初全国保险工作会议和年中全国保险工作座谈会精神，坚持"狠抓管理、夯实基础、效益为先、稳健发展"的经营方针，加强管理，开拓市场，改善服务，取得了良好的经营业绩。通过经常性的思想政治工作和岗位练兵、技术培训，全体员工的政治素质、业务水平同步得到提高。在公司内部管理上保持队伍的持续稳定，整合梳理，在培养新员工的同时，我公司也将积极抓好现有员工的思想教育，加大业务培训力度，除了参加上级公司组织的各项培训，我们还将根据各业务部门的要求，有针对性的进行业务培训，不断提高全体员工作能力和工作水平，使全体员工把公司的发展要求和自身相结合。通过业务技术学习和系统培训，全体员工业务素质的得到明显提高。

公司先后被评为2016年度"平安阳谷建设先进单位""2016年度经营管理三等奖"、2016年度"商业非车险利润贡献奖"。

供稿人：曾　超

中国人寿保险股份有限公司阳谷县支公司

【机构概况】 公司前身成立于1949年的原中国人民保险公司，1996年分设为中保人寿保险有限公司，1999年更名为中国人寿保险公司。2003年，经国务院同意、中国保险监督管理委员会批准，原中国人寿保险公司进行重组改制，变更为中国人寿保险（集团）公司，并下设中国人寿保险股份有限公司等多家子公司。中国人寿保险股份有限公司阳谷县支公司是中国人寿保险股份有限公司在阳谷县设立的分支机构。公司设有5个部门：办公室、客户服务部、个险销售部、银行保险部、团体业务部。并下设8个经上级机构批准的农村营销服务部。至2016年底，公司员工35人，销售人员1126人，先后提供就业岗位超过3000个。公司曾荣获聊城市“保险工作先进单位”“守合同重信用单位”“消费者满意单位”。

【主要业务范围或产品】 公司主要经营人寿保险、健康保险、意外伤害保险等各类人身保险业务；人身保险的再保险业务；各类人身保险服务、咨询和代理业务；国家保险监督管理部门批准的其他业务。目前向个人及团体提供人寿、年金、健康和意外伤害保险产品，涵盖生存、养老、疾病、医疗、身故、残疾等多种保障范围，全面满足客户在人身保险领域的保险保障和投资理财需求。

【业务经营】 公司以满足阳谷社会大众的寿险需求为导向，以提升客户服务水平为重点，持续加大市场拓展力度，推动业务实现快速发展。2013年，实现总保费6389.19亿元；2014年，实现总保费6411.35万元；2015年，实现总保费7412.05万元；2016年，实现总保费8757.64万元。纳税总额128.98万元。

【服务管理】 深入推广“立诚 守信 感恩 致成”的“诚信我为先”核心价值理念，不断提升销售人员的依法合规展业能力和水平，营造了良好的保险发展环境。认真贯彻以客户为中心的服务理念，通过开展1+N客户服务、国寿客户服务节、客户利益升级等活动，进一步优化了客户服务流程，提升了客户服务的内涵和质量，使客户充分享受优质的附加服务。拓宽理赔通道、扩大定点医疗机构、开展上门理赔、优化理赔给付流程等措施，为广大客户提供了“亲和、便捷、专业、透明”的理赔服务。2016年累计支付赔款556.46万元，累计满期给付5075.73万元。积极开展保险进社区、进校园、进农村宣传活动，持续加大保险宣传力度，有效提高了社会大众的保险意识。

公司将继续秉承“成己为人，成人达己”的“双成”文化理念，积极履行社会责任，敢于担当、砥砺奋进，为社会广泛的大众提供优质的保险产品和服务，更好地发挥保险的社会稳定器功能，为阳谷经济社会发展做出更大贡献。

阳谷

JIAOYU KEJI

教育·科技

阳谷

JIAOYU KEJI

教育·科技

县教育局

【机构概况】 至2016年，阳谷县共有各级各类学校147处，在校生89501万人。其中，高中3处，初中23处，小学94处（含6处城区小学：南街小学，侨润明德小学，西街小学，实验小学，第二实验小学及铜谷小学），职业学校2处，特殊教育学校1处，实验幼儿园1处，县青少年素质教育实践基地1处。全县现有省级规范化学校9处，市级规范化学校28处。全县共有教职工10388人，其中在职教职工7373人，离退休教职工3015人。

【城乡学校办学条件】 2016年是解决“大班额”和实施“全面改薄”工作的关键一年，阳谷县投资2.6亿元的新三中已于8月完成搬迁，开创了阳谷教育发展新局面。在原三中举办九年一贯制学校，由实验中学接管，新增初中、小学学位4000余个，并于9月份正式招生，彻底解决了城区中学“大班额”问题，大大缓解了城区小学“大班额”问题。至2016年底，新建北三里小学建设接近尾声；狮子楼第一小学主体已完工，处于进行内外装饰阶段；实验小学综合楼主体已完工；阳谷第三实验小学已完成勘探；明德小学综合楼已送招标；第二实验中学正在进行图纸设计。

【教育信息化】 2016年，全县投入1300万元，采购学生电脑210台，触控教学一体机115套，采购专递互动课堂教学设备27套，建设了2座具有校园电视台功能的录播教室全部投入使用。阳谷三中新校投入资金720万元，建设了高标准智慧校园系统。完成教育局信息中心机房升级改造工程。全面推开人人通和教育资源公共服务平台，实现了所有初中、小学开通学校空间，实现了90%以上的专任教师拥有自己的网络空间。至2016年，全县已建设12座高标准录播教室，建设规模在全市领先。经过一年多的尝试，阳谷县“专递互动课堂”教学模式已日趋成熟，6所城区学校与农村学校结对子，覆盖了15个乡镇的19所中小学校，有效弥补了农村学校尤其是偏远教学点专任教师短缺，不能开足开全课程的问题，让农村教学点的孩子也享受到了更好的教育，充分实现了优质教育资源共享，促进了城乡教育均衡发展。5月份，省教育信息化专项督导组和省义务教育均衡督导组分别对阳谷县进行督导调研，均对阳谷县专递互动课堂工作的开展给予了高度评价和认可。6月，阳谷县作为“山东省教育信息化应用优秀案例”参加了在青岛举行的2016年国际教育信息化应用成果展，将阳谷县的教育信息化工作思路推向了世界。10月，全市教育信息化推进现场会在我县召开，阳谷县教育信息化工作的先进经验在全市广泛推广。11月，举行了“阳谷教育云”平台全面启动仪式，标志着我县的教育信息化发展迈向了新的台阶。

【教师队伍建设】 根据学校课程设置需求，阳谷县加大面向社会招聘教师力度。2016年，公开招聘教师227名，为历年最多，并于秋季新学期全部充实到教学一线。阳谷县始终坚持以“师德”教育为首，积极落实市“师德建设年活动”，及时召开了师德建设年活动动员大会，开展了师德演讲、事迹报告等系列师德建设活动，不断树立教师爱岗敬业的思想，提倡奉献教育的精神，切实增强教师的职业使命感和责任心。8月23日，聊城市教育局小学教研室在我县第一小学组织全国著名德育专家韩玲教授报告会，全县700余名小学教师、校长聆听了报告。阳谷县坚持开门办教育，以开放的心态，学习先进，开展多层面、多类型、立体式的教师大培训活动。在县实验小学分期分批对阳谷县农村小学语、数、外教师进行了跟岗培训，每期培训48人，每月4期。暑假期间，组织全县小学数学骨干教师（56人）赴北京师范大学进行高端培训；组织全县小学、初中所有一线教师，观摩学习我县一线名师、骨干教师等优秀教师的“一师一优课”、电教录像课。11月，全县650名小学教师参加了市委宣传部、市教育局组织的市教育志愿服务团送教下乡活动，提升了阳谷县薄弱学校、薄弱学科教师素质和业务能力，有利于推进全县义务教育均衡发展。组织5名校长赴杭州宁波外出学习，组织4名校长赴南昌学习，组织9名校长赴鲁东大学学习。2016年，评选出第九届“教坛新秀”28名，第十三届“阳谷名师”20名，县级优秀教师、优秀教育工作者169名。

【教育教学工作】 深入推行精细化管理，在全市第一个建立并推行“教育督导网络平台”，充分发挥了过程性督导评估对学校常规工作的激励、导向作用，让学校管理更加制度化、透明化、常态化。狠抓教学常规落实，深化课程改革，实行小学、初中、高中“三段一线有效衔接”工作思路，夯实各学段基础知识结构；多形式地开展“同课异构”“区域教研”、课堂教学大赛等活动，确保教师间沟通渠道的畅通，推动了县域师资资源的均衡和全县教育的优质均衡发展。11月18日，聊城市第十届小学教育教学工作会议在我县召开。至2016年底，全县已成功创建山东省规范化学校9处，聊城市规范化学校28处；创建山东省教学示范校7处，聊城市教学示范校17处，聊城市教育科研示范校7处；2016年通过省示范验收的幼儿园5处。2016年，全县高考本科录取2017人，突破2000大关。夏季高考阳谷县本科录取1846人，本科录取率达到57%，比全省高13个百分点。本科上线、尤其是一本录取及增幅均在全市名列前茅。春季高考本科录取171人，位居全市前列。这些可喜的成绩，得到了县委县政府和社会各界的肯定，县政府分别给予一中、二中、三中85万元、60万元、75万元的奖励。

【学生综合素质】 阳谷县坚持德育教育为先，把社会主义核心价值体系融入教育全过程，采取校内与校外相结合，学校、社区、家庭联动的方法开展德育活动，引导教育学生自觉践行社会主义核心价值观。在清明节期间开展了“清明祭英烈·共铸中华魂”主题宣传教育活动；联合县委宣传部、团县委、县妇联开展了“传承中华文化 共筑精神家园”读书教育活动征文及演讲比赛，通过以青少年喜闻乐见的形式，弘扬中华优秀传统文化和齐鲁优秀历史文化，进一步增强民族文化自信和价值观自信。成功举办了阳谷县第十二届少儿文化艺术节、首届学校少年宫中学生“青春旋律”器乐比赛及首届中小学生“唱响校园，快乐成长”合唱比赛，丰富了学生业余文化生活；积极参加全市“国学达人”比赛、成功举办我县首届中小学生汉字听写大赛，为中小学生继承和弘扬中华民族优秀文化传统搭建了平台；开展了“中国文化之旅”的体验活动，让学生接受了一次传统文化、历史文化、地方文化、科普文化的教育。全面开展“阳光体育运动”，先后举办了阳谷县第二届小学生羽毛球联赛、第二届中小学生校园足球联赛、第六届全民健身运动会暨2016年中学生篮球联赛（初中组）、全县中小学生田径运动会、全县学校少年宫中小学生羽毛球联赛、阳谷县第六届全民健身运动暨全县中小学生第七届地掷球联赛等，尤其是在阳谷县举行的聊城市第七届中小学生运动会，是阳谷县首次承办的最大规模的体育赛事。鼓励引进有特色的运动项目进校园，组建各项目兴趣小组及运动队。2016年，实验小学、第二实验小学两所学校通过足球特色学校申报，入围“全国青少年校园足球特色学校”。

【教育民生工程】 2016年，全县义务教育保障公用经费6279万元及时拨付到位；免教科书费1102.43万元，由省招标后直接配送到学校，确保了学校工作正常运转。建立了普通高中预算内生均公用经费拨付制度，每生每年900元。2016年，共拨付1188万元。进一步完善贫困生救助机制，确保不让一个学生因家庭贫困而失学。审核通过了2016年学前资助贫困生1711人，发放助学金205.32万元；审核通过2016年春秋两季义务教育阶段贫困生4636人次，发放助学金289.375万元；审核通过2016年春秋季高中资助贫困生2600人次，发放助学金额260万元；审核通过2016年中等职业学校助学金共计1106人次，发放助学金102.6万元免学费人数4846人次，免学费377万元。受理2016年度贫困大学生生源地信用助学贷款合同4144份，涉及贷款金额2900万余元，力争帮助每一个贫困大学生按时入学并完成学业。

县第一中学

【学校概况】 2016年，在县委政府和市县教育局的正确领导下，依靠全体教职工的共同努力，阳谷一中的办学条件日臻完善，教学管理渐趋精细，教研气氛日益浓厚，教师专业成长愈发自觉，教育教学质量稳步提高，学校获得了长足的发展。学校先后被上级授予山东省文明单位、聊城市教学质量先进单位、全市教育系统模范职工之家等荣誉称号。2016年1月9日，阳谷县第一中学第九届第四次教职工代表大会于礼堂三楼大会议室召开。

2016年高考，一中应届毕业生共被本科院校录取789人，其中文化课本科668人，比去年增加了48人，文化课一本296人，比去年增加了55人。在名校录取方面，延续了近几年来的良好态势，百尺竿头更进一步，211高校录取创纪录地达到90人，985高校录取43人。2016年，高考学校文科录取取得较大突破，应届文化课本科录取达到152人，其中一本57人，211高校17人，985高校7人，文科录取人数已跻身到全市高中前列，改变了阳谷一中一直以来理强文弱、瘸腿走路的局面。从2012～2016年，学校已经实现了高考录取人数的四连增，并且本科录取文理比例更趋合理，一本和文化课占比年年提升，名校人数也与年俱增，实现了高考“年年有进步”的奋斗目标。

【教学研究】 扎实开展教学研究是抓好常规教学工作的前提与保证。为做好常规教学研究，开展了整个学科组的大教研活动。这项活动由分包学科校长挂帅，由教研组长领衔，通过集中学习研讨与经验交流，来提高整个学科教师的业务能力与教学水平；同时还确立问题即是课题理念，通过小课题研究，对学科教学中遇到的问题与困惑进行探讨，依靠整个学科组的力量来寻求科学的解决办法。严格按照学校提出的“一个要求贯穿始终，两大任务牢牢记清，三项工作与之对应”的“一二三”模式开展备课组集体备课。一个要求即超周分工、个人初备、集体研讨；两大任务即上周工作总结与下周计划研讨；三项工作即反思、新授、限时练。“一二三”集备模式中，一个要求是前提，两大任务是主线，三项工作是内容。为切实把这两项教研活动落到实处，学校加强监管，密切跟踪，在教研室收缴备课材料、分包校长全程参与集备的基础上，还实行了“推门听集备”措施，事先不打招呼，在家的所有校长随机观摩某一学科的教研活动，做的不到位的现场给予指正，好的方式方法全校各学科加以推广，树典型，促后进，扬优督差，力促老师们在集体教研中拧干水分，剔除杂质，下实功夫，出真力气，确保常规教学研究工作发挥真正的效用。

【学生管理】 学生管理方面，学校本着“重教育、细管理”的思路，不断提升管理水平。从学生进校起，就给每一名学生印发《阳谷一中学生一日常规》等各种校规校纪，让学生认真学习，细心领会，并按要求规范自己的日常行为，通过自觉遵守学校的规章制度养成良好的习惯。在管理中强化学生的学分意识、课程意识，使“管理学分化，活动课程化”，把学分与学生素养评定、毕业证发放挂起钩来，让学分成为指导学生成长、衡量学生进步的重要内容。最近一个时期以来，学校还落实精英中学的学习经验，对学生进行激情教育，打造激情校园，养育激情学子。以主题班会、课前演讲、班歌、宣誓、两操等活动为载体，以评选“班级之星”“校园之星”“激情级部”“激情班级“为激励机制，让全体学生惜时间、快节奏、高效率，豪迈于胸、激情满怀。

【学校安全】 学校坚持“安全第一、预防为主”的方针，定期对教室、宿舍、食堂进行安全检查，消除一切安全隐患，同时还加强了学生在人身、财产、交通、饮食、用电等方面的安全教育，每学期都定时开展应急疏散演练，让学生提高安全意识，增强应对突发事件的能力。为打造平安校园，学校在加强人防的同时，尽最大努力提高物防、技防水平，建设了校园安全管理系统，建设了校园监控系统，共设置监控探头138个，其中校园监控探头26个，教室监控探头85个，宿舍监控探头25个，食堂监控探头12个，基本实现了校园办公区、教学区、活动区、走廊、食堂、宿舍的监控无死角全覆盖，大大提升了校园安全防范能力。

2016年，县第一中学有教职工391人，教学班70个，在校学生4280人。

撰稿人：高　岭　李贵全

县第二中学

【学校概况】 至2016年底，学校共有68个教学班，4120名在校生，在职教职工286名。学校占地178亩，校舍建筑面积53191㎡。2016年阳谷二中荣获“聊城市教学质量提升先进单位”“阳谷县高考优胜奖”“阳谷县教育教学工作综合奖”“先进基层党组织”“聊城市中学生诵读大赛二等奖”“阳谷县中小学田径联赛第一名”“阳谷县中学生篮球联赛第一名”等荣誉称号。

【教育工作】 学校开展以“自我管理、自我教育、自我服务”为内容的“三自管理”教育活动，显著成效。坚持“抓激励、重养成、塑习惯、促成长”的育人思路，以“励志教育+养成教育”这种双优德育模式促进学生发展，以“三自”教育为抓手抓好落实，让精神激励、环境激励、榜样激励、活动激励贯穿于日常教育之中。学校以两操和升旗仪式为德育切入点，着重培养同学们的班级荣誉感、整体合作能力和爱国主义情操。“整体、协作、模块”式跑操，已经成为学校一大亮点，别具特色的升旗仪式，让每个班级都有了施展自己才华，展示班级魅力的舞台。学校定期出版的校刊《启航》、校报《博览》，定时举行的校园文化活动和运动会等，极大提高了学生的主人翁意识，锻炼了学生的组织能力。

【教学工作】 学校始终坚持“科研兴校”的发展战略，把实施素质教育，提高课堂教学质量作为教育教学的中心任务。全体师生解放思想，更新观念，开阔视野，以“抓质量，促高考”为核心目标，按照“一年调整起步、三年提升质量”的总体思路，全面落实目标管理和年级管理“两项制度”，深入推行新课程和教学评价体系“两项改革”，持续加强教师队伍、学生管理和基础设施“三项建设”，在生源质量差、管理难度大的客观情况下，仍然取得了令人瞩目的成绩。在 2016 年高考中，本科录取 415 人，比入口增加 268 人，增幅列全市第二名，本科一批录取 282 人，录取率为 31.6%，列全县第一名。

【管理工作】 全力推行精细化管理模式，切实完善教职工评价体系，围绕目标管理和级部管理两项制度创新，积极探索新阶段高中教育的激励机制。实行年级分部管理形成良性竞争，单独设立实验部对文化课学生单独培养。这样就形成了艺术和文化课学生分别教学、分别管理的格局，极大地促进了课堂教学的落实和管理目标的考核，让年级部成为教学管理的实体，既管教又管学，确保教与学的每个细节都能纳入管理之内；实行校务督察制度，对全校进行 24 小时无缝隙管理，实行全员“岗位责任，量化考核，末位淘汰”制度，全面推进精细化管理，有岗必有责。

【队伍建设】 学校着力打造一支师德高尚、业务过硬、爱岗敬业、乐于奉献的教师队伍群体。学校成立教研室，充分发挥骨干教师在教育科研、学科教研、课堂教学改革、教师培养等方面的引领和示范作用。组织广大教师参加各级各类教学比赛及课题研究，在教学实践中锻炼队伍。2016 年，多名老师荣获省级电教优质课三等奖、市级二等奖和市级电教优质课一等奖；4 名老师荣获市级高中教学优秀教师；10 名老师执教市级优质课；多名老师荣获市级教坛新秀和县级教坛新秀；2 名老师被评为阳谷名师；13 名老师荣获县级教学能手。教学科研有新突破。两项省级课题完满结题，四项市级课题结项，新立项省级课题一项，市级课题五项。另有多名教师在省级以上报刊发表论文 30 余篇，省市级获奖论文 20 余篇。

【办学条件】 坚持把优化育人环境作为提高教学质量的基础工作来抓，按照信息化、现代化、优质化的要求，全力强化基础设施、师德师风和校园人文环境等各项建设。学校抢抓机遇，加快硬件建设步伐，学校面貌日新月异，自创建省级规范化学校以来，学校先后完成了校文化广场、实验楼扩建、学生公寓楼、1# 宿舍楼改造、太阳能集热系统等工程。2016 年 2 月，投资 1590 余万元的 3# 教学楼开工建设，12 月，投资 450 余万元的塑胶运动场和篮球场顺利完工。

2016 年，县第二中学有教职工 286 人，教学班 68 个，在校学生 4120 人。

撰稿人：王衍建

阳谷三中

【办学条件】 *基本情况* 阳谷三中始建于 1977 年，原名阳谷城镇中学，1982 年更名为阳谷三中，老校位于景阳路 299 号，2016 年 8 月迁址到阳谷西部新城淮河路 701 号。阳谷三中新校筹建于 2014 年 10 月，总投资

2.3亿元，新校占地面积266亩，总建筑面积10.7万平方米。三栋教学楼可容纳100个教学班，5000多名学生；三栋实验楼共有60口实验室，能满足学生做各种实验；图书馆藏书30万册，四个阅览室可容纳1000多人同时阅读；学校餐厅建筑面积1.2万平方米，可容纳5000学生同时就餐；6栋学生公寓楼，781个房间，可供4600余名学生住宿；艺体楼设置的钢琴室、舞蹈室和室内篮球场；另有1个足球场、8个排球场、16个篮球场和1个400米8跑道标准操场，能承担各类中学生体育赛事。2016年，三中先后荣获“山东省健康示范学校”“山东省体育传统项目学校”“聊城市2106年度师德建设工作先进集体”“2016年度国防教育工作先进集体”“集体三等功”等荣誉称号。

智慧校园　弱电系统结合联通公司的“宽带技术、互联网技术、云计算技术”构建以互联网和4G应用技术为依托的、先进的、高效的、实用的智慧校园信息化系统。在“平安校园”“班班通教学系统”“互动课堂系统”“校园一卡通”等方面都实现了数字化、信息化管理，为学校的教育教学和师生的学习、工作及生活带来了极大的便捷。

办公环境　投资400余万元，在教室、宿舍、图书馆、阅览室、艺体楼、综合楼、办公楼等师生学习、工作、生活和活动场所开通了暖气，并及时供上了暖。在餐厅、老师办公室等公共场所安装上空调，冬暖夏凉，舒爽宜人。在教室、宿舍、办公楼等处安装了纯净水终端，师生随时随处都能喝上温度适宜的纯净水。

【制度管理】 借搬迁新校之际，阳谷三中召开了第七届教代会，进一步修订完善了《阳谷三中章程》《阳谷三中聘任制度》《阳谷三中教职工考勤、请销假及处理规定》《阳谷三中教职工“千分考核”细则》《阳谷三中绩效工资实施方案》等制度，促进了学校的制度化、规范化和科学化管理。

【教育教学】 师生概况　阳谷三中现有在岗教职工359人，其中正高级教师1人，高级教师102人，中级教师123人；水城名师1人，阳谷县名师17人，市教学能手36人，县教学能手81人。在校学生4531人，共76个教学班，其中高中部72个班，每个年级24个班，高二年级文理各12个班；高三年级文理各11班，另有2个春季高考班；目前初中部只有初一4个班。

分流分层，培优补弱　高一新生入校时，针对英语成绩较差的学生，根据其英语成绩和总成绩，实行英语和俄语的分流，让那些英语成绩较差，而总成绩又比较好的同学学习俄语；高二时，对学生进行艺体、文化课和春季高考分流；高三时，零起点分流。学校建立各年级优秀学生成长档案，年级制定计划和培养措施，跟踪检查抓落实；同事抓好“学困生”的转化工作，重点关注学生的学习兴趣和学习态度，强化辅导过程，各科老师相互协调，相互配合，确保“学困生”转化的落实。现在初一的学生成绩名列全县第一。

常规管理　严格教学成规要求，加强教学过程的管理，本着“从严、从细，抓过程、重落实”的原则，做好教学常规的检查工作：对教师教案、学生作业、定时训练及学案批改情况，每周都进行抽查、纵向评比，做到常规落实工作“周周清”；根据抽查情况与年级一道进行追踪检查，督促整改；学校每学期两次常规大检查，并量化到个人；利用多媒体督促老师规范上课，就其上课情况在网上进行巡查，确保每位教师上好每节课。

教师培养　积极开展“四课”活动，即

全员赛课、教学研究课、青年教师汇报课、备课组长和名师示范课。每周每学科至少开展一次集体大教研和年级学科“一课一研”活动；开展青年教师普通话比赛和中青年教师“师徒结对子”活动；每学期定期召开教研组长经验交流会，落实“五个一工程”，积极开展课题研究；用“走出去，请进来”的方式，提示升了广大教师的授课水平和教科研能力。

艺体工作 2016年10月，三中成功承办了聊城市第七届中小学生运动会；举办了师生足球、篮球友谊赛，积极开展创意漫画、硬笔书法、“新三中 新风尚”才艺大赛和音乐教师汇报演出等丰富多彩的文体活动，丰富了师生的学习和生活。2017年高考艺体总录取人数304人，其中美术150人、音乐62人、体育40人、摄影19人、播音14人、文化管理14人、书法5人；2017年美术专业高考过关350人，过关率达84.1%。

【平安校园建设】 *加强组织领导，落实安全责任制* 建立和健全了学校安全领导小组，强化层层管理，实行“一岗双责”，并层层签订安全责任书，实行一票否决制度，切实增强了安全责任意识；与学生家长签订了安全责任书，明确了家长应做的工作和应负的责任。特别是在新校的搬迁和使用过程中，我们始终坚持“谁主管，谁负责；谁检查，谁负责；谁验收，谁负责”的原则，对发现的问题书面上报，限期整改。

完善安全制度，加强安全管理 建立了一整套学校安全管理制度，通过建章立制，达到规范师生行为，增强师生安全意识的目的。对学校的突发事件，如火灾、交通 安全事故、食物中毒事件、突发治安事件、体育活动事故、自然灾害事故等突发公共事件制定了应急预案，明确了应急救援队伍和应急处理的具体方法，并通过每学期一次的应急演练提高全体师生的应急反应和救援水平，最大限度地保障师生的生命财产安全。

强化责任意识，加强防范管理 加大门卫、宿舍、餐厅、政教和值班教师的管理力度。做到校内有学生，就有值班老师巡视和规范学生活动，严格控制学生外出，做好学生出入校门请假审批制度。校外人员来访凭“外来人员来访联系单”并确认本校接待人后才同意其进入。

加强巡查力度，确保防患未然 落实定期、定点、定人和定责的巡查制度，学校安全管理网络条块相交，覆盖到校园的每一个区域，每一个角落，每一个时段，确保学校安全工作防患于未然。另外购置了灭火器、报话机、巡逻车等安保设备，并为安保人员配备了头盔、盾牌、钢叉、橡胶棒、防刺背心等安保装备，确保安保人员能够及时发现并妥善处理各类突发事件；投资800余万元，构建学校安全局域网，在校园内安装了640多个摄像头，全天候、全方位的守候着校内师生的安全。

【学生培养】 阳谷三中自建校以来，为社会培养了数以万计的优秀人才。2001年，陆超被清华大学录取，填补了阳谷县10多年没有考入清华的空白；2002年，吴孝文、刘文文、马会等被中国人民大学录取；2003年，张立波被清华大学录取；2013年，王灿复旦大学录取，侯典祥被浙江大学录取；2014年，李伟祥、位传民等被山东大学录取，张倩被北京林业大学录取；2015年，周广野被天津大学录取，孔梓灵被哈尔滨工业大学录取，左壮、杜存霄被山东大学录取；2016年，张靖舒被上海交通大学录取，杨力、刘炳霄被哈尔滨工业大学录取。在生源质量比较差的情况下，2012～2016年，在全市27所规模高中中，高一新生入口高分人数连续五年均排第18位，与之相反的是，学校本科录取人数位次逐年攀升：2012年是第15名，2013年是第14名，2014年是第12名，2015年是第10名，2016年上升到第9名。由出口比较入口绝对人数计算：2012年增加42人，2013年增加82人，2014年增加126人，2015年增加177人，2016年增加110人，五年增加人数总和名列全市第三。

【教师成长】 2016年，唐衍安等10位教师在国家级核心期刊或省级期刊发表论文，赵继磊等20位教师获得县教学能手，李潇等6位教师老师的课题成功结题，许森老师当选阳谷县名师，王亚军老师荣获县教坛新秀，郭兆岭等16位老师荣获市优质课一等奖，12位艺术老师在省市级各种比赛中获奖或荣获优秀指导教师。学校教师在聊城市优质课、阳谷县教学能手、阳谷县青年教师教学大赛、聊城市优质课等各级各类教学评比中脱颖而出，名列前茅。

撰稿人：肖风刚

县职业中专

【学校概况】 阳谷县职业中等专业学校是“国家级重点职业中专”“全省职业教育先进集体”“省级骨干示范学校”“省级教育科研示范学校”“省级教学示范学校”“省级双证互通试点学校”“省级绿色学校”“省规范化学校项目建设学校”。现开设机电、电子、计算机等14个专业，其中机电、电子、计算机专业为省级教学改革试点专业。学校占地面积81871平方米（127.8亩）。校舍面积55416平方米。县政府和教育局严格落实职业学校和普通高中均衡发展要求，加大职业教育宣传，营造有利于职业教育发展的浓厚氛围，促进职业学校招生，2016年，阳谷县职业中专招生844人，在校生2729人，毕业生707人，巩固率为97.6%。学校教职工人数为226人，师生比为1∶12，其中专业教师120人，中高级教师82人，“双师型”教师82人。

【教学工作】 学校始终坚持立足阳谷经济，以中等职业教育为主，服务地方经济社会发展，在专业设置上，一是改变传统的“供给驱动”模式为“需求驱动”模式。即不以学校学科水平和师资力量、设备状况为依据来设置专业，而是以满足社会与经济的发展需求变化为出发点、立足点设置专业。二是加强专业的内涵建设，提高学生的专业水平，学校的机电技术应用、计算机应用在聊城市具有领先与示范效应，得到社会的认可和欢迎。学校还注重师资队伍建设，2016年，学校选派我校10名优秀教师参加各级部门组织的培训学习，王华宝参加中等职业学校专业骨干教师国家级级培训。张洪龙、郑兴昌、王孟海、刘福全、王爱荣参加中等职业学校专业骨干教师省级培训。张宪勇、张红娜参加在同济大学举办的山东省职业院校班主任综合素质提升培训班，吴明起、高登坤校长参加山东省职业院校校长能力提升培训班。另外，我校师训科还积极组织教师培养培训活动，一年来先后举行了课堂教学培训、教师教学经验交流会、现代教育理论培训等活动，促进了教师在教学理论、课堂教学等方面的发展与进步，除此之外学校还积极组织专业教师到企业去实践，通过技能培训，教师的专业执教能力和动手操作技能得到很大提升。有1名教师被评为高级教师，3名教师被评为中级教师。2016年，我校毕业生总数707人，考入高一级学校升学人数207人，直接就业人数484人，其中对口就业470人，就业率为97.7%，对口就业率66.5%。

【经费投入】 阳谷县委、县政府严格按照省政府有关要求，进一步强化中等职业教育基础地位，努力加大对中等职业教育投入，提高中等职业教育经费保障水平，严格落实教育费附加不低于30%和地方附加不低于20%用于中等职业教育的政策。2016年，落实政策性经费1727.36万元，生均公用经费1300元，投入规范化建设资金400万元，基础能力提升资金200万元。

【党建工作】 按照县委要求，组织党员、干部、教职工搞好政治学习。积极开展党内生活，进行党员评议，党员素质有了明显提高，党组织建设得到加强，党建工作走在全县前列。积极开展党建活动，特别是"两学一做"教育实践活动，努力为师生办实事、办好事，进一步加强了党支部和党员队伍的思想建设、组织建设、作风建设、廉正建设，提高了党支部的凝聚力和战斗力，在学校各项工作中，党组织起到了核心作用，党员、干部发挥了先锋模范作用。工、青、妇等群团组织建设进一步加强，组织师生开展活动，有效配合了学校整体工作。

【德育工作】 学校致力于培养学生积极向上的健康人格，渗透、灌输各种正确的政治思想和理论，使学生获得了比书本教育更为广阔的文化背景和更为丰富的文化储备，使学生树立了正确的世界观、人生观、价值观、劳动观、就业观。组织好思想性、文化性并列，科学性、娱乐性并重，趣味性、学术性并举的丰富多彩的文体、科普、劳动技能竞赛等活动，把学校文化建设落到实处。目前，学校基本形成了积极向上的核心价值观，形成了"崇德尚能、求实创新"的优良校风。学校文化融合了优秀企业文化，体现出了职业教育特色和本校特色。学校以"立德树人"为根本，坚持德育为先，严格执行德育大纲，形成了富有特色的全员、全程育人体系。发挥课堂教学和实训实习在中职学生思想道德教育中的主渠道作用，积极推进德育创新，积极开展"知史爱党""文明风采"等文体活动，同时，注重心理健康教育，强化职业素养培养。

【社会贡献】 学校认真履行社会服务责任，建立培训课程资源库，发挥专业师资、教学设施优势，积极面向社会提供文化、技能、生活等培训，成为阳谷县社区教育中心、企业员工培训基地；学校机械加工实训基地为阳谷县钎具行业公共实训中心。学校充分利用资源，发挥专业师资、教学设施优势，与企业和有关单位联合举办长短班，2016年培训2858人次。

供稿人：张世镇

县第二职业中专

【学校概况】 阳谷县第二职业中等专业学校前身是阳谷县第六中学，校址在阳谷县定水镇坡里。1983年7月阳谷县第六中学改为阳谷县第二农业技术中学，1994年8月迁址大布乡吕超凡学校，与侨台属实业公司联合创办了阳谷县第二职业中等专业学校，2003年7月合并了阳谷县第四中学，2006年11月合并了阳谷县技工学校，并迁址到阳谷县城"阳金路100号"阳谷县技工学校院内，保留阳谷县技工学校校牌。学校占地70余亩，2014年开始建设的建筑面积7200平方米的教师周转房已投入使用，至此学校建筑面积近2.2万余平方米。学校立足阳谷实际，秉承"对接五大主导产业、服务县域经济建设"的办学思想，坚持为阳谷县域经济发展，培养实用技工人才的办学方向，开设服装制作与生产管理、计算机应用、电子商务、数控技术应用、护理、幼师、汽车维修（技工类）、机械设备维修（技工类）、服装制作与营销（技工类）等专业。在校生1337人，教职工182人。学校先后被确定为国家“十一五”国家职业教育基础能力建设规划项目学校、国家教科研项目学校、山东省财政数控实训基地建设项目学校、山东省重点技工学校、山东省技能扶贫工程项目学校、山东省技工教育先进单位、山东省职业能力培训基地、2010～2012年连续三年荣获聊城市技工教育先进集体、聊城市技工教育教研工作先进单位、聊城市技能鉴定工作先进单位、聊城市科技星火培训基地、第四届聊城市中等职业学校技能大赛团体二等奖、连续三年获得县教育教学综合奖、县职业能力先进单位、阳谷县再就业培训实习基地、阳谷县平安和谐校园、阳谷县安全管理先进单位、阳谷县依法治校示范校、阳谷县教育系统团队工作先进集体、五四红旗团委、阳谷县文明单位，2016年被评为“阳谷县教育系统关心下一代工作先进集体”、被阳谷县委县直机关工委评为“先进基层党组织”。

【**教育工作**】 学校特别注重学生个性特长的发挥，通过培养学生良好的职业道德和职业习惯，来达到唤醒学生成长的欲望；不断完善学生自我评价机制，健全学生人格，促进学生自我管理、自我发展，让学生学会感恩、学会生活、学会做人、学会技能，提高了学生整体素养，发挥了学生的多元智能，促进了学生的全面发展。开展了“我爱我家”学生摄影大赛、“队列会操”比赛、“节约光荣浪费可耻”的用餐光盘行动，开展了歌唱、篮球、征文、演讲等文体比赛活动，开展了“感恩 孝道”专题教育活动、“知史爱党 知书明理”两知教育活动，开展了“艾滋病 传染病”预防教育活动、“防溺水”“交通安全”“用电安全”“防火安全”等教育活动；召开“爱国主义、集体主义”及“崇尚科学反对邪教”的主题班会，让学生增强“爱国主义、集体主义”观念，真正认识邪教，从我做起，自觉抵制邪教，远离邪教；开展“法制报告进校园”及“法制报告会”活动，提高了学法、知法、懂法的水平，增强法律意识和法制观念，在学生中营造健康成长、积极向上的学习生活氛围，增强学生的文明素养；开展“知史爱党”“知书明理”活动，通过展板和讲座让学生了解了中国共产党的成长和发展历程，培养了学生爱党、明理素养；召开了“守纪律、讲规矩、做阳光学生、树形象、创和谐校园”为主题的校会，增强了学生“守纪律、讲规矩”的意识。通过一系列活动的开展，对学生进行多方位的教育，培养了学生健全的人格。

【**教学工作**】 坚持教育的根本在于唤醒学生成长的欲望，实施分层次教学，坚持以就业为导向，以能力为本位，牢固树立“以人为本”的教育理念，进一步加大教师培训力度，根据相关培训计划，积极开展新课程 、新理念、新技术的全员培训，通过培训，使教师树立了正确的教育观念，具有良好的职业道德理念，完善了知识结构，更好的适应新课程标准的要求；充分利用国培、省培，为教师积极创造了外出学习进修交流的机会，狠抓了教师整体素质提升，建立了教师外出学习及成长提升的长效机制和教师外出学习汇报制度，形成学习成果共享，将“助您成功”贯穿工作始终。2016年，积极争取省培计划7人，开展了教师赛课、学生赛技能活动，通过赛课活动激发教师活力，通过赛技能，提高学生的动手操作的实践能力；在县教育局组织的教学能手和电化教学能手评选活动中，学校八名教师参加，四名教师被评为县级教学能手，一名教师被评为县级电化教学能手；

目前，全校现拥有省市县优秀教师61名、省市县教学能手42名，县名师2名、国家师资培训骨干教师26名，首届聊城市“十佳”校长、“十佳”教师各1名。2016年在聊城市教育局组织的技能大赛中，八名学生参加了数字影音后期制作技术、汽车车身修复、车加工技术、数控加工技术、汽车维修基本技能等五个大项的比赛，三名同学分别获得数字影音后期制作技术、汽车车身修复、车加工技术等三个比赛项目的三等奖。

【党建工作】 2016年，学校党总支将“两学一做”列为学校工作的重要内容，精心组织、制定实施方案，领导带头讲党课，党员在工作期间佩戴党徽；党员干部严格自律，做好表率，带头讲规矩、守纪律，积极开展学习交流，开展对照检查，结合自身工作实际查找出“四风”方面的问题，并制定了整改措施。严格执行党风廉政建设责任制，认真贯彻执行党风廉政建设的有关规定，严格执行“收支两条线”的规定，建立健全党风廉政建设责任制，增强了党员服务基层，服务群众、服务发展的意识。

精准发力，脱贫攻坚。学校精准扶贫包抓的村庄是张秋镇北街村、狮子楼办事处苏庄村和狮子楼办事处陈石村，领导非常重视，及时成立了扶贫领导小组，夯实了工作责任，制定了工作计划和实施方案，落实党员干部的扶贫任务;学校以第三个“扶贫日”为契机，积极发动教职工，发扬互助精神，为所帮扶村的贫困户开展募捐活动，募捐活动中全校教职工共捐款9300元，棉衣棉被164件；开展春节送温暖活动，为了让贫困户过上祥和温暖的春节，学校购买了大米、食用油、煤球等慰问品。

撰稿人：赵存兴

县实验中学

【学校概况】 阳谷县实验中学成立于1984年，原名阳谷城镇中学，位于阳谷县城西环路北段路西，后于1996年迁于现址清河西路158号。2006年更名为阳谷县实验中学。学校占地90余亩，拥有96个教学班，在校生4893余人，教职工463人。一年来，学校不断加大设施建设特别是现代化建设投入力度，改善办学条件，提升学校规范化水平，学校面貌焕然一新。学校建筑面积7万多平方米，放眼今日之实验中学，学校布局，错落有致；校园环境，温馨幽雅；教学设施，先进齐全；建有全县一流的阅览室、图书室、语音室，实验室、微机室及各种学科活动室，各科实验室均按照国家一级标准配备，为学生提供良好的成长环境，保证了各种教育教学活动的正常、高效开展。

学校现为聊城市规范化学校、教学示范学校、山东省义务教育教学示范学校，连续18年在全县学校综合评估中获得总分第一名的好成绩，被县政府授予教育教学综合奖，学校先后被评为聊城市文明单位、德育工作先进单位、聊城市好学校、“健康山东”行动健康示范学校，全县平安和谐校园、师德先进单位、五四红旗团委、综合治理先进单位等。

【队伍建设】 学校的快速发展，首先得益于拥有一支素质高、能力强、精诚团结、勤政务实的领导队伍。校长石福国现为省市劳动模范、水城名校长、聊城市优秀校长、阳谷县专业技术拔尖人才。他率领学校一班人以科学发展观为指导，在机遇与挑战面前，锐意进取，不断创新，深化办学理念，明晰办学方向，实施精细化管理，在办学创业道路上不断前进。学校内抓凝聚力，以人本理念聚人心，外打知名度，以特色办学促发展，在全面推进素质教育的进程中，以一流的教育教学质量，树立了自身的品牌形象，使学校各项工作再上一个新台阶，形成了校风正、教风严、学风浓的良好局面，在阳谷享有很高的声誉。

实验中学积极实施名师带动工程，着力打造一支具有良好的政治素质、高尚的道德情操、精良的业务水平的高素质教师队伍。立足校本教研，营造科研兴校氛围，完善研究机制，致力促进教师专业发展，使一批青年教师初露锋芒，一批骨干教师成熟成名，先后涌现出一批县内赫赫有名，市内稳居前列的优秀教师，并带动了学校教师队伍的整体发展。我校持续开展的七个“十佳”评选，评出了一批学校优秀教师，为全体教职工树立起身边的榜样。目前，学校拥有国家级优秀教师1人，省级优秀教师5人，拥有“水城名师”、省级优质课、市级教学能手、骨干教师、学科带头人92人，阳谷名师、市级优质课、县级教学能手138人。

【教育教学】 教育教学管理的科学化、规范化，是实验中学办学创业的不懈追求，学校坚持以质量为中心的教学过程管理，积极把新课程改革推向深入。学校大兴教研教改之风，规范教研活动，开展课题研究，把教师派出去，把专家请进来，广大教师的教学观念进一步更新，教学能力进一步提升。学校开展的“三三式自主高效课堂”创建活动，取得了明显的持续的成效。纵观今日之课堂，教师大胆尝试新的教法，引导学生去发现问题、提出问题、探索知识，培养学生的问题意识，进而培养学生解决问题的能力。课堂上呈现的是一个师生互动、生生互动的生机勃勃的场面，蕴含着走向成熟，迈向新辉煌的动力源泉。

学校注重从学生一点一滴抓起，使学生先做人，再求知。加强思想德育教学的针对性，拓展德育途径与内容，提出要以感恩教育和教室布置为切入点，大力推进和谐校园、和谐班级创建。让学生学会了感恩，培养了对自己的亲人、老师和同学的感恩之情，通过开展教室布置活动，使学生在把自己的教室布置的更加漂亮的过程中，陶冶了情操，增长了知识，提高了素养，锻炼了能力，培养了兴趣，很多同学就是因为学习环境的改变而减少了以前的厌学情绪，学习成绩有了很大提高。进入教学楼，走进教室，一条条标语、一件件作品，弥漫着智慧与创造，科学与知识，艺术与文化的芳香，充满着浓厚文化氛围，熏陶着学子的心灵。学校全面推进素质教育，艺术团、学生合唱队、舞蹈队、器乐队文艺团体蓬勃发展，田径队、排球队、乒乓球队、象棋兴趣小组等异常活跃，弘扬个性，发挥特长，促进了学生全面发展。在县、市文艺汇演中，实验中学选送节目大放异彩。在全县中学生体育比赛中，实验中学运动员屡夺桂冠，并代表阳谷县在2017年聊城市中学生运动会中获得团体总分第一名的好成绩，同时，排球、篮球、羽毛球比赛也在全市获得较好名次。

【办学特色】 实验中学在办学特色上经形成了经典诵读、心理健康教育、家校共建等三大特色。我们通过自编校本教材，在全体师生中开展诵读，每学期进行一次展示评比，让这些文化精粹成为每一位师生终生的记忆。在开展形式、诵读内容、激励措施、长效机制等方面，加大工作办度，做出氛围、做成成效。每学期末，组织一次经典诵读比赛，充分调动起了参赛学生的诗词积累储备和机智应变能力，现场竞争激烈，精彩纷呈，取得了理想的效果。我校心理健康教育自开展以来，得到家长和社会的高度认可。通过编印学习资料、开展教师培训、结对帮扶、办手抄报、彩虹热线、评选“阳光少年”等措施，让心理健康教育深入人心。每个年级的心理辅导老师，为学生提供心理咨询，解决一些课堂教学以外的问题，确保学生身心健康成长。针对校内每一位留守儿童、单亲家庭学生、孤儿等特殊学生的基本情况，进行帮扶教育，使他们感受到学校、班级、老师和同学的温暖。对单亲、隔代抚养、心理言行已出现不良症状等特殊情况的学生，学校要更加重视，把他们分配承包到人，及时给予学生关心辅导，掌握他们的心理发展状况，引导他们形成良好习惯，健康成长。孩子的教育是每个家庭的关注重点，对大部分家庭来说，也是个难题。特别是当今复杂社会形势下的孩子教育，更是让家庭难以适从。我们推进家校共建，就是要把学校对学生的教育通报给家长，引导家长来配合学校工作，家校形成教育合力，确保每一位学生健康成长。家校办通过小规模的家长座谈会，印发材料、网络交流、短信微信等方式，与家长进行互动，宣传学校工作和教育方法，在培养好学生的同时，使家长的教育素养也得到明显提升。

供稿人：杨法泽

县第二实验中学

【学校概况】 阳谷县第二实验中学，前身为阳谷三中初中部。2002年9月，阳谷三中以租赁方式组建分校，初中部全部迁入分校。学校位于县城清河东路92号，占地面积56888平方米，建筑面积20678.34平方米。2007年元月，三中分校成为一处独立的县直初中，更名为阳谷县第二实验中学。学校现共有42个教学班，在校生人2547，教职工192人，学历达标率为100%;高级职称39人，中级职称114人。有省级以上优质课获奖教师8人，市优秀教师、教学能手43人，县优秀教师、教学能手79人。阳谷名师12人。2016年，学校先后被评为“全市教育系统模范职工之家”“县教育教学综合奖”“县初中教育教学工作先进集体”“全县工会工作先进单位”“县五四红旗团委”“县依法治校示范校”“县师德建设先进单位”等称号。

【教育教学】 学校深化课堂教学改革，努力打造高效课堂。切实提高教学效率，努力提高教学成绩。狠抓集体备课制度，数理化学科还增加了错题本，要求老师们及时批阅检查，防止学生应付了事。为了提高教育教学成绩，学校加强了实验教学，规范了实验教学行为，提高了学生的动手能力，保障全体学生的全面发展。

【师德师风】 2016年，是全市“师德建设年”。学校紧紧围绕这一中心工作，在全校教职工队伍中深入开展“大家访”活动。开学初，各年级就组织开展一次全面的家访，摸底排查学生的家庭基本情况，突出做到“八个重点访”：家庭出现特殊情况重点访、单亲家庭和留守儿童家庭重点访、病残家庭重点访、经济困难家庭重点访、军烈属家庭重点访、心理行为有偏差学生重点访、学习困难学生家庭重点访。建立重点访工作记载手册或帮扶记录档案的影像材料，做到熟悉掌握上述八类学生的基本情况，同时，采取多种形式，深入开展牵手关爱行动，领导班子党员带头参加，鼓励教职工牵手以上“八类学生”，开展结对帮扶活动，用“师情”暖人心，让“师爱”进万家。要求对帮扶的对象一定要发自内心，真诚地为他们做点实事，学校专门建立这项工作档案，时时跟踪调查。学校团委在清明节期间，组织特殊群体学生以“缅怀革命先烈”为主题的演讲比赛活动。妇联邀请泰安医学院硕士研究生岳红梅为全校特殊群体学生中的女生举行了“关于青春期卫生保健及自我保护”方面辅导讲座。通过活动的展开，真正给孩子以物质和精神上的帮助，让学生在学校能感受到家庭的温暖。

【读书活动】 学校积极营造读书氛围，构建书香校园。根据聊城市教育局下发的“语文五个一，英语六个一工程”文件精神，结合学校实际，制订了切实可行的实施方案，开展了丰富多彩的经典诵读活动。语文课上，利用课前10分钟和每天上下午大课间30分钟，开展经典诵读活动，由语文教师组织并指导学生诵读。以年级为单位，组织各班级举行古诗词诵读比赛、《论语》背诵比赛、书法大赛等活动，全校学生均参与其中。英语教师围绕“每天1～2个单词，一个句子，每周一篇对话，每旬一篇课文、一套听力，每月一本读物”，定期组织学生进行背诵比赛，阅读和听力竞赛，英语演讲和默写比赛，话剧比赛等。通过活动的开展，强化了语文和英语的教与学，提高了学生的综合素养。2016年5月，我校李其龙、王丹阳两位同学获得了聊城市“传承中华文化，共筑精神家园”读书教育活动演讲比赛三等奖；2016年聊城市第三届“国学小名士”经典诵读电视大赛，我校何文鑫、吕湘阳等6名选手作为阳谷县中学生代表直接参加7月份的决赛，2016年7月，我校申报了首批“山东省传统文化体验教育实验学校”

【办学条件】 学校努力改善办学条件。为了创造良好的卫生环境，新建水冲式厕所一处：为了满足师生用水，建设开水房一个；学校还为所有教室、办公室更换了套装门；为了让校园更加美观，粉刷了校墙，硬化了路面；大大改善了学校的办学条件，育人环境得到进一步优化。学校为扎实推进义务教育均衡发展工作，按标准配齐了各种功能用室，专用教室及辅助用房，同时为图书室配备图书6万余册，申请高标准理化生实验室各一个，学校还争取上级政策和资金，拟建综合楼、实验楼和体育馆。

供稿人：马士松

县实验小学

【学校概况】 阳谷县实验小学是县直属学校，创建于1945年。至2016年12月，在校生4219人，56个教学班，教职工224人。

【硬件建设】 2016年度，硬件建设迈出重要步伐，投资500多万建设五层双面综合楼一栋，为完善各功能用室、建设比特实验室、学校电视台、空中农场提供了条件。

【教师队伍】 学校实施教师队伍建设五个一工程活动，要求每个教师每学期参与一项小课题研究，每月撰写一篇教学心得，每学期执教一节公开课，每学期转化一名学困生，每学期通读一本教育书籍。同时坚持校本教研专题化，要求教师依托托自身资源优势及特色进行研究，实现了教研效果的螺旋式上升。本年度17名教师获得中央教科所结题证书，60多名教师参与市教育科学规划组课题立项。成立魏金丽等10个名师工作室，涵盖四个学科，促进了青年教师的成长。本年度又有4名教师被评为市级教学能手，10名教师评为县级教学能手，2人参加省级优质课评选并获奖 。同时，组织名师团队及管理团队，通过讲座、讲课、听课、评课等形式完成了全县12期农村教师的跟岗培训及全市乡村教学点管理团队的跟岗培训任务，发挥了辐射带动作用。

【学生德育】 学校坚持立德树人，把培养学生良好的道德品质和行为习惯放在首位。通过感恩教育、文明礼貌教育、爱国爱家教育来塑造人。学校分年级制订了不同的行为习惯养成目标要求，要求教师人人关注学生习惯养成，教务处和少先队小干部督查。从班干部选举、班风班训的制定、班级活动的开展都由学生自主完成，践行了“自主管理，追求卓越”的校训。为增强活动的实效性，我们坚持每月一主题。三月份是文明礼貌月，四月份是读书月，五月份是艺术月，六月份是实践活动月。主题月活动推动了德育工作序列化。通过“国旗下的讲话”“清明节祭奠活动”“主题班会”进行爱国主义和社会主义核心价值观教育；通过传统节日和特定节日开展“感恩教育”；通过“消防演练”“交通安全知识讲座”“法律知识讲座”活动开展安全教育；邀请家长进课堂，举办“校园开放周”、召开“家长座谈会”，实现了家校联合，共同育人。

【学生活动】 学校坚持开全课程、开足课时，积极推进走班课程建设。通过实施市教育局的四加一工程夯实学生的学科基础。研发出知识拓展类、才艺提升类、生活技能类、行为习惯类4大类30多门走班课程促进学生全面发展。其中剪纸、播音主持、十字绣、泥塑、钢管演奏、电脑绘画、围棋等课程富有特色。积极组织读书节、艺术节、科技节、体育节、英语节系列活动。至今已举办艺术节九届、读书节九届、英语节五届，张扬了学生个性。体育上，学校获得了“全市中小学足球联赛第二名”“全市中小学篮球联赛三等奖”“全县中小学足球联赛女子组第一名、男子组第二名”“全县田径运动会团体第五名”“第一届全县校园轮滑竞赛优秀团体”等荣誉；音乐上荣获“全县第七届队号操比赛城区一等奖”“聊城市学生合唱大赛一等奖”。其他方面，近80名学生在市县书写比赛中获奖；4人在全县第四届小学生计算机比赛中获奖，9人在全市小学生征文比赛中获奖。张艺馨同学被评为市级三好学生，潘金龙同学被评为市级十佳少先队员。

【学校特色】 学校积极探索全面加特长的育人模式，在“写字教学、古诗文诵读、海量阅读、英语教学”方面形成特色。从技法、审美、文化三层面规范写字教学，坚持写字天天练课程实施，学生的书写水平提高明显。古诗文每学期要求学生背诵40首，六年下来能达到人均500首。古诗文诵读和竹竿舞相结合，已成为学校的传统运动项目。竹竿舞视频教程被国家教育部评为教育成果三等奖。海量阅读和跨越式教学探索大大增加了学生的阅读量，丰厚了他们的文化底蕴。英语方面，先后实施“点读技术辅助教学、口语100平台应用、点读技术下的自然拼读法”国家级课题实验，切实提高了师生的英语素养。多次和北京市西城区师范附小举行联谊活动。目前学校实施的自然拼读法教学实验已取得初步成效，走在了全市前列。

2016年度，学校有大批学生在各级各类比赛中获奖，学生发展全面且后劲十足。学校获得“国家级校园足球示范学校”“山东省科技教育创新发展实践基地”“聊城市规范化学校”“阳谷教育教学工作综合奖”等称号，在社会上树立了良好的形象。

【学校安全】 学校坚持教师安全定岗制、领导轮流值班制，坚持定期排查安全隐患、开好开学安全第一课、开展各种专题安全教育和防震、防火专项演练活动，同时坚持校园文明礼仪经常讲、公德美德教育常渗透。继续推进家长志愿者执勤，安装32路监控，把校门口街道改成了单行道，改善了校门口街道的交通状况，孩子的人身安全得以保障。保卫科和全体教职工把教化和防范相结合，保证了校园的和谐平安。

供稿人：袁本波

县第二实验小学

【学校概况】 阳谷县第二实验小学始建于1994年，座落于景阳路中段北侧，占地面积29.5亩，建筑面积11223平方米。

【教学规模】 2016年，有57个教学班，学生4022人，教职工144人。2016年9月，一年级在西校区招生12个班。

【教师队伍】 至2016年底，学校在职教师中有全国优秀教师2人，省特级教师1人，省优秀教师1人，市优秀教师15人，省级教学能手1人，市级教学能手30人，县级教学能手62人。教师中本科以上学历者64人，高级教师8人，一级教师90人。一年来，学校党支部严格落实“三会一课”制度，扎实开展“两学一做”学习教育活动。采取集中与分散相结合的方式，激发全体党员学习与工作的激情。同时以党建带动师德教育工作的扎实开展，2016年是市教育局确定的“师德建设年”，学校工会针对我校实际情况，创造性地开展了“我的教育故事”报告会，活动共分班级管理、专业成长、名师讲堂三个阶段，该项活动的目的就是通过一个个真实完整的教育教学故事，反映或揭示教育现象背后隐含的教育问题，以帮助教师进一步理解教育、反思教育和研究教育，进而促进大家共同进步，活动净化了育人氛围，提升了教师素养，收到了良好的效果。

【教学研究】 学校以科研兴校为总抓手，一手抓学习，一手抓研究，面向全体，突出骨干，循序渐进。以“四个三”为主要内容，构建了“富脑强功”工程体系。一是“读三书”即指导教师系统研读本学科的课程标准、教材和教育理论专著；二是“练三功”。即书写功、口语功和多媒体技术操作功；三是“讲三课”，新上岗教师讲好“入门课”，青年教师讲好“达标课”，骨干教师讲好“示范课”。四是“评三优”。定期举办优质课、优质课件和优质论文评选活动。并建立了“三级教研”机制，即“常规性教研”——是以集体备课交流为主要形式；“提高性教研”——主要是以年级组为单位进行磨课活动；“主题性教研”——以课题研究小组为单位进行。学校还建立了教师备课网络平台，教师可以通过平台完成在线备课、课件应用、学习管控等一系列教学活动，丰富了教师的备课资源，实现了资源共享。学校还启动了以“铸师魂，练技能，强师研”为主题的“青蓝工程”活动。指派各学科的国家、省、市、县教育教学科研骨干和省、市、县级教学能手与青年教师结成对子，发挥骨干教师的传、帮、带作用，提高青年教师的教学实践能力。“青蓝工程”，教学相长，收效显著。2016年10月魏婷婷、贺玉翠、刘贻秀、王文娟、任阳老师获聊城市优质课一等奖；王文娟老师被评为聊城市小学语文学科十佳教师；贺玉翠、刘贻秀、常静、张景慧老师被评为阳谷县教学能手。2015年6月学校承担的全国教育科学“十二五”规划课题《优质课与现代教学技艺运用的研究》子课题《优质课中培养学生的学习兴趣与现代教学技艺运用的研究》，课题成果通过课题组专家验收后，2016年已在全校铺开推广，教师在集体备课、听课、评课的过程中，优化了课堂教学，引领青年教师在提高课堂教学质量方面产生了积极的作用，教师的课堂教学水平也得到了整体提高。在今年全县信息技术及教学应用评比活动中，吕秀慧、董梅燕、赵海荣、邵慧丽、刘蕊等老师分别获得一、二等奖。张景慧、王玉杰、任阳老师在全县教师信息技术大赛中获得一等奖的好成绩。杨爱霞老师在县电教优质课评选活动中获得了一等奖。蒋英华、董梅燕老师在全市基础教育教学信息化评选活动中荣获二等奖。武亚博老师代表全县语文教师参加全市小学语文教师综合素养大赛，荣获二等奖。杨永凤、冯明焕、谷锐、董梅燕、赵海荣、王慧敏、邵慧丽等十几位老师所撰写的论文分别获得省级论文一、二等奖，其中杨永凤、冯明焕、邵慧丽老师的论文在省级以上刊物上发表。

【办学特色】 *构建互动课堂，促进均衡发展* 为认真贯彻落实上级部门相关文件精神，推进教育的均衡优质发展，切实抓好城区教师支教工作，实现教育公平，学校于2016年2月成立了以校长为首的专递互动课堂领导小组，专递互动课堂小组遵循“派其所需，注重实效，互动双赢”的原则，使得我校与结对学校在教学理念、教育信息、教学手段等合作共研，以促进区域间教育教学水平均衡发展。

完善自主选课机制，促进学生个性发展 自2015年9月始，学校开展了校本课程自主选课活动，至2016年，学校共设置四个门类20多项活动菜单。让学生根据自己的兴趣爱好，自主选择，于每周三下午第二节课后开展活动。领导小组每学期对学生进行一次活动评价，并记入教师考核成绩。这项活动的开展，满足了学生运动技能，艺体素质，心理素质和社会适应能力发展的需要，塑造了健全的人格，形成了有利于促进学生健康成长的校园特色文化，为学生终身发展奠定了基础。

落实养成教育，促进学生全面发展 学校始终把学生的养成教育当成学校德育工作的重点。为使学生习惯养成教育工作顺利开展，学校与全体教职工签订了责任书，全校师生齐抓共管，并深入开展“好习惯伴我成长”主题教育活动，让学生通过活动受到爱国主义教育、感恩教育等。学校合理使用《习惯养成教育》教材，根据学生年龄特点，对学生进行不同层次的习惯养成教育。学校还通过《给家长的一封信》，积极号召家长配合监督学生好习惯的培养，收到了良好效果。

【安全教育】 2016年，学校不断探索学校安全工作的新方法、新途径。始终严格坚持“安全第一　预防为主”及“一岗双责”的原则，不断完善校园安全物质、安全精神、安全制度、安全行为、安全活动等文化建设。使安全管理达到了横到边、纵到底、无盲区，全履盖状态。采取多种形式，广泛宣传法制和安全常识，将生命教育有机地渗透到各门学科、各种形式的专题教育和课外活动中去。同时，将课间安全、上放学途中安全、校车安全、隐患排查等作为安全工作的重点，做到了严格监管，重点排查，落实整改。并把各项责任及措施落到了实处。加强了对师生防灾减灾的教育。每月一次组织师生进行了安全应急疏散逃生演练，增强了防灾避险的意识，提高了师生的自救、自护能力。配合执法部门，对校园周边环境进行了综合治理，为师生创造了安全、文明、和谐的校园环境。学校被评为“山东省安全文化建设示范学校”、县“安全工作”和“综合治理”先进单位及“平安和谐校园”等荣誉称号。

县实验幼儿园

【概况】阳谷县实验幼儿园始建于1958年，原名寿张托儿所。1980年迁入县城内，又名机关幼儿园。1993年10月，被评为省级实验幼儿园。1998年和2015年两次顺利通过省级实验幼儿园的复评工作，并得到上级领导的一致好评。自2007年开始，走集团化办园模式，依托小区办普惠性幼儿园。至2016年底共有园所4处，教职工122人，在园幼儿1600名，39个教学班。

园所一：狮子楼分园，位于狮子楼东，书院街155号；

园所二：柴庄分园，2007年8月创办，位于柴庄商业街南头；

园所三：普惠分园，2009年8月创办，位于普惠小区院内；

园所四：南街总园，2013年5月投入使用，位于清河西路214号。

实验幼儿园始终把“一切为了孩子、一切方便家长”作为办园宗旨，把“让幼儿快乐学习、有序生活、文明交往、幸福成长”作为办园目标，遵循“蹲下来讲话、抱起来交流、牵着手教育”的教育理念，把“心中有孩子，眼中有家长”作为服务理念，将“教育即生活、生活即教育”成为办园特色，把“爱心、团结、勤奋、求实、进取”定为园风。抓住幼儿年龄段的关键期，开发幼儿智力，发展幼儿个性，培养幼儿的美感和创造性，让幼儿在“玩中乐、乐中学、学中会”，使他们的德、智、体、美、劳全面发展。

【教学设施】园内环境净化、美化、儿童化浑然一体，各类配备齐全，设备先进，建有多功能活动室、卫生保健室、厨房、餐厅等。园内室外设有高标准的塑胶跑道、沙坑、嬉水池等游戏场地和种植区、科普区和饲养区等启蒙教育区。配有综合式大型教玩具、滑梯，配有现代最先进的教学设备——触控一体机、钢琴、音响等。室内设有高标准配套的活动室，多功能室、舞蹈室、科学发现室、图书阅览室、保健室、厨房等一应俱全。室内外设备设施全部按照《山东省示范幼儿园标准》配备。

【教学管理】县实验幼儿园管理结构合理，职责明确，从园长至分园园长（教研组长）到教师，遵循可持续发展的原则，保教并重的原则，把提高教师队伍建设，提高教师保教业务能力作为工作重点来抓，有效的保证了我园保教质量。为提高教师自身专业素质和业务技能，积极配合上级部门合理安排教师参加继续教育、全员培训、名师带徒等一系列岗位培训。坚持特色教育——变废为宝，培养幼儿节约意识。教师引导学生收集生活废旧物品，和孩子们一起动手制作玩教具并熟练地运用到教育教学工作中，真正体现了“生活教育化、教育生活化”的教育理念。孩子们的想象力和动手操作能力得到了提高，在潜移默化中教育了幼儿从小学会节约的理念。充分发挥自制玩教具在幼儿教育教学中的创新作用，给孩子们创造一个绚烂多彩的育人氛围。把家长视为合作伙伴，在幼儿园管理、教育工作中积极吸纳家长的参与，开展形式多样的活动，使家长走进我们的课程。

优美的育人环境、和谐的师幼关系，积极向上的校园文化氛围、扎实有效的教育教学工作，同样得到社会各界领导认可和同行们的好评。市、县教育局有关领导经常到我园检查指导工作，并给予充分的肯定。2016年被评为第十二届少儿校园文化艺术节优秀组织奖；2016年被县教育局评为教育教学先进单位；2016年3月被县教育局评为教育工会工作先进单位；2016年3月被聊城市妇女联合会评为三八红旗集体；2016年3月被阳谷县妇女联合会评为全县优秀妇女组织；被县教育局评为综合治理先进单位；被博济桥街道办事处评为人口与计划生育先进单位；几年来多次接待兄弟园所前来参观学习和交流。

撰稿人：侯　丽

县科技局

【机构概述】 县科技局位于阳谷县汇源路5号。根据中共阳谷县委、阳谷县人民政府《关于阳谷县人民政府机构改革的实施意见》（阳发〔2010〕51号）精神，科学技术局作为县政府管理科技事业的组成部门，主要负责贯彻执行上级科技工作方针、政策和法规，制定落实科技发展规划、计划、政策与措施，配置科技经费等科技资源，负责高新技术产业发展、农业科技进步、科技成果管理、科技奖励、科技宣传、科技合作、知识产权保护等工作。至2016年底，县科学技术局共有机关行政编制9名，在职工作人员共26人，配备局长1名，副局长3名，工会主席1名。根据科技局职责，内设6个职能科室，分别为：办公室、政工科、发展计划与政策法规科、高新技术发展及产业化科、农村与社会发展科、知识产权科。

【科技投入】 全县把增加科技投入作为实施“科教兴阳”战略的重要措施来抓，不断提高对技术研究与开发经费的投入。2016年，全县技术研究与开发经费支出达2000万元，安排实施技术研究与开发项目10项，重点支持工业、农业、节能减排等技术领域的科学技术研究开发以及引进新技术进行成果转化和示范推广的计划项目，以推动全县科技进步，加速全县产业结构调整进程。通过鼓励支持企业增加科技投入，逐步使企业成为科技投入的主体，全县规模以上企业技术开发经费逐年提高，保证了新产品开发研制工作的顺利进行，增加了企业的发展后劲。

【高新技术产业】 积极落实国家、省、市关于高新技术产业发展的各项优惠政策，帮助阳谷县创新能力强，发展速度快、符合政策要求的企业申报高新技术企业。2016年，组织全县企业参加了市局组织的“高新技术企业认定和研发费用加计扣除政策培训会”和“高新技术企业认定管理培训会”2次，使企业更加了解高新技术企业相关政策，进一步增强高企认定通过率。全年共新增太平洋光缆、凤祥股份、东信塑胶、极景门窗、正能新能源等5家高新技术企业，使全县高新技术企业数量达到10家。高新技术产业发展迅速。2016年，全县高新技术产业产值达313.22亿元，同比增长9.4%，占规模以上企业产值的比重达到28.45%，比年初增加2.39个百分点。

【科技合作】 共指导太平洋光缆、正能新能源等企业与高校院所签订科技合作项目4项，指导企业引进高层次人才3名。特别是，3月份组织4家企业专门赶赴天津，与天津大学的专家教授就企业生产中的技术难题、行业发展趋势、开展技术合作等问题进行了对接洽谈，其中正能新能源与天津大学唐致远教授就“电动汽车废旧动力锂电池重组再利用和梯度电池材料回收工艺开发和产业化”签订了技术开发合同；8月份，组织太平洋光缆与上海电缆研究所、上海交通大学进行对接交流，通过深入洽谈，并分别达成了“核电光缆关键技术研究”“引进高层次技术人才”合作意向。组织企业参加“京津冀鲁技术交易大会”“山东省西部经济隆起带技术转移大会”“山东省民营企业与科研单位合作对接活动”等技术交流会议。

【科技管理】 *科技计划项目* 科技局认真贯彻落实上级科技政策，结合我县实际，鼓励支持阳谷县优势企业开展关键核心技术和重大科技成果联合攻关，围绕重点工、农业科技计划项目，不断加大项目申报与争取力度。2016年，共组织企业申报省级以上科技计划项目12项，其中获批省级科技计划项目4项。在组织企业进行项目申报的同时，科技局加大了对全县承担项目的监督管理力度，积极对2012年以来未验收的项目进行巡查，确保项目的顺利实施。对实施完成的10项科技计划项目组织企业进行了验收。

科技成果 积极帮助有关单位和企业进行成果鉴定，切实加强对承担的科技项目的监管和服务，确保项目顺利实施和验收。2016年，指导阳谷华泰、凤祥股份等企业进行科技成果鉴定11项，其中3项成果技术达到国际领先水平，2项达国际先进水平。组织企业申报2016年度省科技进步奖2项，市级科技奖励12项。

科技奖励 荣获2015年度市级科技奖励8项，其中阳谷华泰的“氧气氧化法合成促进剂NS清洁技术产业化开发”、雪龙肉羊的“新型羊用中草药增重剂的研究”等5个项目获得市科技进步奖，其中一等奖2项、二等奖1项、三等奖2项；在市技术发明奖一等奖空缺的情况下，阳谷县包揽了2项二等奖项目；全市共设2项的科学技术成果转化促进奖中，恒晶光电的“Energy棱台的加工研制与开发技术”获得1项奖励。

全市创新创业暨科技奖励大会上，阳谷县阳谷华泰副总经理杜孟成和祥光铜业技术中心副主任陈迎武获全市“科技创新之星”。

科技创新平台 围绕全县重点领域和优势产业，积极引导企业加大研发投入，加快工程技术研究中心、企业重点实验室等各类创新平台建设，不断完善科技创新体系，提高产品市场竞争能力和企业发展后劲。共组织企业申报省级工程技术研究中心3家，省级农业科技示范园1家，申报市级创新平台4家。其中，祥光铜业申报的“山东省铜冶炼及稀散金属提取示范工程技术研究中心”、丰源现代农业科技示范园申报的“阳谷省级农业科技园”、太平洋光纤光缆牵头申报的“聊城市光纤光缆产业技术创新战略联盟”、佰安瑞申报的“聊城市食品生物技术重点实验室”已获批组建。

知识产权管理 不断加强知识产权宣传培训，积极引导企业加快科技创新步伐，组织企业参加了上级组织的知识产权培训4次，召开了我县重点企业知识产权座谈会，全县知识产权保护意识不断提高，专利申请工作得到快速推进，全县累计申请发明专利195件，授权41件，位居全市前列。4家企业通过了《企业知识产权管理规范》（贯标）认证，太平洋光缆、阳谷华泰、凤祥股份等3家企业被省知识产权局批准为“山东省知识产权示范企业”，使阳谷县贯标企业和示范企业均居全市首位。谷丰源生物科技集团董事长朱丙臣荣获“第九届山东省发明创业奖”三等奖。太平洋光缆申报的“光电线缆产业专利导航项目”获得省知识产权局批准，是阳谷市唯一获批的专利导航项目。

科技考核 全县每年度的目标考核，科技工作作为一项重要内容列入目标责任制考核范围，由县目标办、科技局等有关部门进行考评，县政府印发了《科技工作目标责任制管理考核办法与实施细则》，使科技工作考核既有定性指标要求，又有定量指标衡量，在全县形成了重视科技、使用科技的新风气。

县气象局

【机构概况】 2016年，阳谷县气象局设业务科室（测报、预报、农气服务、消雹增雨、防灾减灾）和服务科室，共有工作人员8名，其中有高级工程师1人，工程师4人，助理工程师2人，实习期人员1人。

按照气象为农“两个体系”建设要求，全县18个乡镇办事处均按照“六个有”标准建成气象服务站、每个服务站由分管乡镇长兼任站长，气象协理员负责服务站的日常工作。组建高素质的基层气象服务队伍。依托各乡镇工作人员，建立起一岗多责、一兼多职的乡、村级气象信息员队伍，目前气象服务队伍中有18名乡镇气象协理员、900名村（社区）级气象信息员，已形成县、乡、村三级气象服务网络。为进一步加强对乡镇气象协理员的管理，县政府印发并实施《关于印发突发气象灾害预警系统建设和管护的通知》（以下简称《通知》)，《通知》中明确气象协理员的工作岗位职责、工作任务和奖惩措施以及培训要求和方式，确保乡镇协理员全身心投入到工作中去。目前，我县基层气象服务队伍运转高效，在农村气象防灾减灾中发挥了重要作用。2016年年初安装了一套新型大监站，在全市率先实现了两套新型站互为备份站；3月份购置4门新型火箭发射装置，并完成操作人员现场培训；4月份根据上级业务要求，完成了加密土壤水分站及西湖镇自动站称重式雨量传感器的安装启用；10月份完成全县8炮点人影指挥系统安装、安全网络系统构建、炮台维修及值班室内制度牌安装等。

针对近年来频繁发生的暴雨、大风、雷电、冰雹等灾害性天气，阳谷县气象局多方式、多渠道面向社会公众宣传防灾减灾知识，进一步增强社会公众气象灾害认知能力，提高社会公众气象灾害防范意识和应对气象灾害时的自救、互救能力，最大限度减轻或避免气象灾害造成的损失，保护人民生命财产安全，促进社会经济发展。

2016年，县气象局获“全省气象部门计财管理先进集体”“全省气象部门局务公开先进单位”“全省气象部门廉政文化先进单位”；聊城市气象局“气象服务先进集体”。

【气象预报及服务】 气象预报的主要内容有天气状况、降水、温度、风向、风速及各种灾害性天气（寒潮、霜冻、暴雨、大风、冰雹、雨凇、雾凇等)，由县广播电台和电视台向全县广播。局机关兼有地面卫星单收站，用于接收卫星云图、天气图和有关气象资料，安装713CD型天气雷达系统，并坚持利用高清视频与市局和各县局进行天气会商，建立了灾害性天气监测预警平台、灾情直报平台，天气预报工作质量逐年有所提高。同时注意抓住有利时机，进行高炮消雹增雨作业，为阳谷县抗灾夺丰做出贡献。

【气象灾害】 6月13日16时35分至14日2时58分，阳谷县境内出现强对流天气，并伴有雷电、大风、短时强降水，部分乡镇出现冰雹。本次天气过程造成我县大部分乡镇受灾，灾害导致全县受灾人口15924人，农作物受灾面积998.2公顷，直接经济损失1225万元。

7月19日17时至7月20日11时，阳谷县境内出现强对流天气，并伴有雷电及短时强降水，区域站点最大降水量达102.3毫米。据县民政局统计，阳谷县共有9个乡镇受灾，分别为狮子楼办事处、七级镇、安乐镇、寿张镇、张秋镇、大布乡、西湖镇、金斗营乡、闫楼镇，受灾人口13992人，农作物受灾面积799.8公顷，直接经济损失347.1万元。

8月25日08时至17时，阳谷县境内普降大到暴雨，并伴有雷电，区域站点最大降水量达到99.1毫米。据县民政局统计，受暴雨天气影响，阳谷县受灾人口40410人，农作物受灾面积2544.6公顷，成灾面积750公顷，损坏房屋4间，直接经济损失1367万元。

县地震局

【机构概况】 1991年，阳谷县政府成立阳谷县防震减灾领导小组。1995年，调整为由县长担任组长的地震防灾减灾领导小组，下设办公室。2001年11月，成立专门地震工作机构—阳谷县地震办公室，隶属于县科学技术委员会，为正科级全额事业单位，编制3人。2005年12月，阳谷县地震办公室更名为阳谷县地震局，直属县政府，编制4人，规格不变。2012年9月20日，地震局行政服务窗口入驻阳谷县政务服务中心，负责全县建设工程项目抗震设防要求的审核工作。至2016年，地震局下设办公室、应急救援科、震害防御科、监测管理科四个科室。2016年被评为“全省县级防震减灾互作目标责任考核先进单位”。

【宣传教育】 2016年，地震局主动作为，加大宣传力度，扩大宣传面，普及防震减灾知识。特别是“5·12”全国防灾减灾日和“7·28”唐山地震纪念日期间，各部门联动，利用条幅、宣传台、宣传片等载体宣传防震减灾知识，摆放大型展板20块，发放宣传资料2500多份，解答群众疑问300余次，提升了民众的防震减灾意识。积极培育科普示范点，2016年，阿城镇中心小学、狮子楼第一小学两所学校被命名为“省级地震科普示范学校”，谷丰源生物科技集团有限公司被评为“省级地震安全示范企业”。

【监测管理】 2016年，地震局做好了现有地震台站的监测维护及信息报送工作，完成了国家地震烈度速报与预警工程项目在阳谷县13个站点的选址任务。进一步强化地震宏观观测点的管理工作，对全县19个宏观观测点进行了调研检查，对发现问题及时解决，并对防震减灾助理员和宏观观测员进行业务培训，提高群测群防人员整体业务素质。

【震害防御】 2016年，地震局完成了行政审批目录、权力清单、责任清单、业务手册、服务指南和双随机抽查事中事后监管工作方案的编制工作，大大提高了审批效率。对今年6月1日起实施的第五代地震动参数区划图进行了一系列的宣贯工作，对原有的审批意见书等相关审批手续根据五代图进行更新，强化建设工程的抗震设防管理，确保新建、扩建、改建的建设工程按照新的标准确定抗震设防要求。

【应急救援】 2016年，根据地震局实际，进一步细化地震应预案，制作完善了《阳谷县地震局应急行动流程》《阳谷县地震局应急流程分工方案》，细化任务，责任到人，提高了应急流程的可操作性。在5.12全国防灾减灾日宣传周期间，集中组织安排全县所有的中小学举行地震应急疏散演练，进一步提高了我县中小学生的防灾减灾意识和应急避险、自救互救能力。

县科学技术协会

【机构概况】 科学技术协会是党和政府联系科技工作者的桥梁和纽带，是科技工作者的人民群众团体，阳谷县科协独立建制。1979

年10月，成立阳谷县科学技术协会（以下简称科协）。1981年起，开始在各乡镇设置基层科协组织。初属县政府序列，1984年改由县委领导。至2016年，下设办公室、科普部、学会部和反邪教协会办公室，共有工作人员6人。

【科普组织】 阳谷县科协主要由乡镇科协、县级学会、青少年科技辅导员协会、老年人科技工作者协会和农技协组成。全县共有科普组织943个，会员13560人。其中，乡镇（街道、办事处）科协18个，村科协876个，县级学会7个，农技协32个，受省、市表彰的学会3个，农技协7个。

【科普示范创建】 在全县范围内广泛开展了各种群众性科普示范创建活动。至2016年，全县拥有省级科普示范乡镇1个，村3个，科普服务站3个，农村专业技术协会5个，示范基地4个，反邪教示范乡镇2个；市级科普示范乡镇12个，示范社区7个，村35个，农技协14个，示范基地15个，反邪教示范乡镇6个，反邪教示范社区7个；县级科普示范乡镇15个，村165个，示范基地24个；科技示范户5600户，科技带头人16000名。

【科普惠农示范工程】 开展科普惠农示范创建活动，发挥科普示范工程的带头作用。2016年，阳谷县优质粮油作物种植协会被中国科协、中国财政部命名为“全国科普惠农兴村先进单位”。黄树强被中国科协、中国财政部评为“全国科普带头人”。

【科普村村通、社区通】 全县科普宣传栏共有875个，可以正常使用的760个，成立专业养护队伍18支，兼职科普养护人员875人，今年张贴更换科普挂图4期共3600套27000张，发挥科普宣传栏服务三农的作用。

【科普活动】 县科协每年都通过“科普之春”“全国科普日”开展科技下乡活动。2016年，县科协联合农、林、水、牧、多办、医药等单位科技专家60余人开展科技下乡活动7次，累计发放科技宣传资料1.2万余份，各类科普图书3500余册，咨询人数达14000人次。

【青少年科普】 2016年，县科协为培养青少年的创新精神和实践能力，提高青少年的科技素质，推进科技教育事业的普及与发展。

2016年3、4月，开展“阳谷县青少年科技创新大赛”活动，各所中小学校组织学生积极参与，共获得省级奖项1项，市级一等奖20项、二等奖31项。

【数字科普工程】 数字科普工程是由数字科普资源库、播控平台和数字播放终端三部分组成，通过互联网实现互通互联，定时定向播送科普节目的新型科普宣传教育平台。2016年，为加强基层科普设施建设，提升公共科普服务能力，县科协为乡镇行政服务大厅、贫困村党支部等基层开放式公共服务场所向上级争取来95台数字科普工程终端。利用现代数字化传媒手段普及科学知识，成为阳谷县提高全民科学素质一项创新性工作和基础性工程。

阳谷

WENHUA LVYOU

文化·旅游

阳谷

WENHUA LVYOU

文化·旅游

县文化广电新闻出版局

【管理机构概况】 阳谷县文化广电新闻出版局始建于1979年6月，原名阳谷县文化局。1994年元月，县级机构改革，改为文体委。2002年11月，文化体育委员会更名为文化体育局。2011年3月，文化体育局更名为阳谷县文化广电新闻出版局，下设艺术管理办公室（副科级）、阳谷县文化市场综合执法大队（副科级），办公室、人事财务科、文化艺术科、文化市场管理科、文化产业科5个科室；辖文化馆、图书馆、文物管理所、剧院等4个单位，并协调领导阳谷县广播电影电视中心（正科级）和15个乡镇、3个办事处综合文化站。局机关干部职工25人，全系统共有干部职工146人，在职78人，离退休人员68人。其中具有中级职称的13人，初级的43人。局机关驻谷山中路12号。2016年，文广新局被市普法依法办公室表彰为全市六五普法先进单位。

【文化企事业单位】 阳谷县文化馆　文化事业单位，隶属于文化广电新闻出版局，始建于1948年，原址位于狮子楼南路西50米，1980年由狮子楼迁至育才街2号。至2016年底，文化馆设美术、书法、音乐、少儿音乐、少儿美术、戏曲、摄影、文艺创作、播音主持等专业，并辟有展厅、排练厅、演出厅等群众文娱活动场所，有干部职工18人。县文化馆每年都开展免费培训班，对全县的文艺爱好者和基层文艺骨干进行培训，年培训1000余人次。同时，在文艺辅导方面继续开展“馆外培训”，确保基层群众能够享受到便利、丰富、优质的公共文化服务。周建国被市妇联表彰为聊城市巾帼建功标兵。

阳谷县图书馆　馆舍面积350平方米。至2016年底，有干部职工11名，馆藏图书60556余册，订阅报刊近百余种。图书馆设图书室、阅览室、多媒体室、采编室和辅导室。坚持为干休所送报纸、刊物上门，并根据他们的需要及时调整所送报刊种类，深受老干部的好评。2016年，图书馆新增办证读者1500余人，整理新书1400多册上架流通，增加报刊10余种。全年共接待读者10万余人次，流通12万余册次。2016年，在“世界读书日”期间举办了全县青少年经典诵读大赛，在暑假期间继续开办了国学讲堂，培训了1000余人次，营造了浓厚的优秀传统文化学习氛围，加深了大家对于传统文化的认识。

阳谷县剧院　1966年，建成主体工程为砖木结构的影剧院，位于紫荆街30号（狮子楼景区南门处）。2000年5月剧院拆除后，因县财政困难，博物馆建设规划未实施，原剧院职工作为博物馆筹建处职工，没有安排具体业务工作。至2016年底，在职职工4人。

阳谷县文物管理所　文物管理所位于谷山中路12号。至2016年底，文物管理所设有管理科、文物研究室、档案室、运河监测中心、库房、保卫室，共有员工6名。以大运河阳谷段为重点，加强了文物保护工作。先后实施了七级古街区及七级码头环境整治工程、陈氏民居保护修缮工程、七级运河古街区保护修缮工程、大运河阳谷段（荆门上闸至荆门下闸）保护与展示工程，启动了大运河河工设施陶城铺闸、水门桥、运河石桥修缮保护工程。2016年，李苑峰被山东省文物局表彰为山东省第一次全国可移动文物普查工作先进个人。

乡镇综合文化站　始建于1975年12月，设立14处乡镇文化站，1976年发展至19处。1987年底，全县共有乡镇文化站14处、文化中心7处，配备干部21人。2005年，设有15个乡镇文化站、3个乡镇办事处文化站。主要职能是负责各乡镇群众文化活动、文化市场管理、文物保护工作。

【文学艺术】 2016年，有一批较好的诗歌、摄影、音乐、舞蹈等文艺作品发表或演出。李健带领我县专业摄影人员创作的《春华秋实迎新年》摄影展受到了县领导及群众的好评；布占磊创作的《过雪山》《午餐》分别在聊城市运河博物馆和省美术馆展出；周建国创作的舞蹈《中华美德》在山东省“四德健身大赛”中荣获一等奖。此外，还有《做我自己》《不变的信念》《时间的回答》等一大批作品荣获山东省群文作品优秀奖。

【群众文化活动】 2016年，以“围绕中心、服务大局、建设社会主义和谐文化”为根本目的，先后组织主办了《春华秋实迎新年》摄影展、以“诵读国学经典”为主题的全县青少年经典诵读大赛、春节联欢会、秧歌比赛、广场舞大赛、演讲比赛、“十佳读者”评选、消夏文化艺术节活动、八一慰问演出等文化活动。全年共组织各类文艺活动60余场次。按照贴近实际、贴近生活、贴近群众的“三贴近”原则，通过采取邀请上级优秀剧团演出、选派优秀剧团下乡演出等方式开展了送戏下乡活动，全年送戏下乡500余场。同时，积极组织阳谷县文艺节目和非物质文化遗产项目参加省、市举办的各种文艺调演、展演，多次取得较好成绩。

【文物古迹】 认真组织开展了“文化遗产日”宣传活动，增强了全社会对文化遗产的保护意识，营造了全民保护文化遗产的良好氛围。为了更好的传承历史文化，展现阳谷的历史丰韵，投入70万元完成了阳谷县历史文化展示工程。

阳谷县文物保护单位一览表

表27

序号	级别	名称	时代	位置	保护现状	保护范围
1	世界文化遗产国家级	中国大运河——会通河阳谷段	元	张秋镇至七级镇	基本完好	文物外延80米
		荆门上闸	元	张秋镇上闸村	完好	文物外延100米
		荆门下闸	元	张秋镇下闸村	完好	文物外延100米
		阿城上闸	元	阿城镇阿西村	完好	文物外延100米
		阿城下闸	元	阿城镇刘楼村	完好	文物外延100米
		盐运司	清	阿城镇海会寺村	基本完好	文物外延50米
		阿城陶城铺闸	清	阿城镇刘石村	基本完好	文物外延100米
2	国家级	景阳岗遗址（龙山文化城址）	龙山	张秋镇景阳岗村	基本完好	文物外延100米
3	省级	蚩尤冢遗址	大汶口、龙山	十五里元镇皇姑冢村	基本完好	文物外延100米
4	省级	红土固堆遗址	大汶口、龙山	张秋镇陆海村	基本完好	文物外延100米
5	省级	东阿故城址（含古阿井）	大汶口、龙山	阿城镇王庄村	基本完好	文物外延100米

续表 27

序号	级别	名　　称	时代	位　　置	保护现状	保护范围
6	省级	博济桥	明	阳谷县城中心广场	基本完好	文物外延 50 米
7	省级	海会寺	清	阿城镇南街	基本完好	文物外延 50 米
8	省级	坡里教堂（坡里暴动旧址）	近代	定水镇坡里村	部分损毁	文物外延 50 米
9	省级	陶城铺魏氏家族墓	明、清	阳谷县阿城镇陶城铺村	基本完好	文物外延 100 米
10	省级	吴楼汉墓群	汉	定水镇吴楼村	基本完好	文物外延 100 米
11	省级	七级运河古街	明至中华民国	七级镇西街	部分损毁	文物外延 50 米
12	省级	张秋陈氏民居	清	阳谷县张秋镇北街	基本完好	文物外延 50 米
13	省级	山陕会馆（含乾坤正气匾）	清	张秋镇南街	基本完好	文物外延 50 米
14	省级	沙河崖刘邓大军渡黄河指挥部旧址	近代	寿张镇沙河崖村	基本完好	文物外延 50 米
15	省级	阳谷文庙	明、清	阳谷县景阳岗酒厂内	基本完好	文物外延 50 米
16	省级	七级码头	清	七级镇西街	基本完好	文物外延 100 米
17	市级	黑土坑遗址	龙山	范海常楼村	基本完好	文物外延 100 米
18	市级	黑土固堆遗址	龙山	张秋镇刘楼村	基本完好	文物外延 100 米
19	市级	马湾遗址	春秋、战国	阿城镇马湾村	基本完好	文物外延 100 米
20	市级	运河石桥	元、明、清	张秋镇区运河	基本完好	文物外延 50 米
21	市级	殷云霄墓	明	四棚乡沙河崖村	基本完好	文物外延 50 米
22	市级	吴铠墓	明	阳谷县城西关	基本完好	文物外延 50 米
23	市级	刘琰墓	清	侨润街道办事处东八里村	基本完好	文物外延 50 米
24	市级	张令璜墓	清	张秋镇王营村西北	基本完好	文物外延 50 米
25	市级	城隍庙大殿	清	张秋镇北街	基本完好	文物外延 50 米
26	市级	五体十三碑	明、清	张秋镇东街	部分残损	贺兆全家存放
27	市级	孙膑碑	近代	侨润街道办事处东迷村	基本完好	文物外延 50 米
28	市级	狮子楼	近代	阳谷县城中心	基本完好	文物外延 50 米
29	市级	七级下闸	明	七级镇北街	基本完好	文物外延 30 米
30	市级	张秋镇（运河古镇）	明、清	张秋镇	基本完好	张秋城区
31	市级	八里庙龙山遗址	龙山	寿张镇八里庙村	基本完好	文物外延 50 米
32	市级	义井	清	阿城镇东街	残损	文物外延 10 米
33	市级	孟堤口龙山遗址	龙山	十五里元镇孟堤口村	基本完好	文物外延 50 米
34	市级	任大仙墓	明	张秋镇东街	基本完好	文物外延 50 米
35	市级	阳谷教堂	民国	阳谷县城中心	基本完好	文物外延 30 米

续表 27

序号	级别	名　　称	时代	位　置	保护现状	保护范围
36	县级	南台汉墓群遗址	汉	寿张镇南台村	基本完好	文物外延 50 米
37	县级	周天爵墓	清	张秋镇孟海村	基本完好	文物外延 50 米
38	县级	新添庙	清	七级镇蒋庄村	基本完好	文物外延 50 米
39	县级	孔子宿处碑	清	安乐镇后屯	基本完好	文物外延 50 米
40	县级	五代名将王彦章故里碑	五代	寿张镇东街	残损	文物外延 50 米
41	县级	五圣堂碑记	清	安乐镇后屯	基本完好	文物外延 50 米
42	县级	王伦故里碑	清	十五里元后王村	基本完好	文物外延 50 米
43	县级	古槐	明	寿张镇潘庄村	基本完好	文物外延 10 米
44	县级	王公（大年）祠	明	寿张镇东街	基本完好	文物外延 50 米
45	县级	阿城清真寺	清	阿城镇西街	部分损毁	文物外延 50 米
46	县级	石刻	元	闫楼镇柿子园村	部分缺失	文物外延 30 米
47	县级	李记源碑	明	大布乡李庄村	基本完好	文物外延 10 米
48	县级	石羊	明	大布乡朱庙村	基本完好	文物外延 10 米
49	县级	铭文砖	明	张秋镇南街	基本完好	文物外延 10 米
50	县级	石刻	元、清	张秋镇桑段营	基本完好	文物外延 10 米
51	县级	袁楼袁氏民居	民国	安乐镇袁楼村中部	残损	文物外延 20 米
52	县级	张秋黄氏民居	清末民初	张秋镇北街	基本完好	文物外延 20 米
53	县级	韩庄韩氏民居	清	郭屯镇韩庄村	残损	文物外延 20 米
54	县级	闫庄闫氏祠堂	清	阿城镇闫庄村	基本完好	文物外延 20 米
55	县级	袁庄袁氏墓群	清	张秋镇袁庄村西南角	基本完好	文物外延 50 米
56	县级	张秋水门桥	明	张秋段运河西岸	基本完好	文物外延 100 米
57	县级	张秋运河码头	明、清	张秋镇南街古运河东西两岸	基本完好	文物外延 100 米
58	县级	陶城铺关帝庙	明、清	阿城镇陶城铺村后街	基本完好	文物外延 30 米
59	县级	张秋马家祠堂	清	张秋镇东街	基本完好	文物外延 10 米
60	县级	上闸颜氏祠堂	清	张秋镇上闸村	基本完好	文物外延 20 米
61	县级	张秋函闸（金堤闸）	近现代	张秋镇闸堤口村	基本完好	文物外延 100 米
62	县级	七级碧霞祠遗址	明	七级镇七一村	基本完好	文物外延 30 米

备注：全县范围内共有全国重点文物保护单位 2 处 8 点（其中中国大运河——会通河阳谷段含一段六点），省级文物保护单位 14 处，市级文物保护单位 19 处（狮子楼为市级名胜），县级文物保护单位 27 处。

【非物质文化遗产】 阳谷县非物质文化遗产保护中心于2009年5月5日成立，办公室设县文化馆。2016年，认真开展了非物质文化遗产的整理保护和升级申报工作，提请县政府公布了第五批县级非物质文化遗产项目，筛选了《阳谷县石佛鲁庄造纸技艺》等4个非遗保护项目，申报山东省非物质文化遗产保护项目，其中《阳谷县石佛鲁庄造纸技艺》和《阳谷古阿邑达仁堂阿胶糕制作技艺》被山东省人民政府公布为省级非物质文化遗产代表性项目。全县共整理保护国家级非遗项目1个，省级非遗项目6个，市级非遗项目30个，县级非遗项目117个。

【文化市场】 至2016年底，阳谷县有网络产业42家、KTV娱乐6家、印刷包装20家、广告设计制作12家、书店28家，各类文化产业实体单位发展到420余家，从业人员8000余人。构筑高效能的管理体制。优化办理流程，压缩办理时限。在执法工作中，强化了监管措施，坚持错时工作制，重点加强午间、周末和节假日的监管，不定时检查或集中执法。开展了“扫黄打非”集中行动、校园周边环境专项检查、印刷业专项整治，共组织包括安全生产在内的文化执法检查900余人次，检查出版物经营单位128家次，移交公安局违法印刷企业1家，对涉案人员已移交检察院履行批捕手续。取缔未经批准擅自从事出版物印刷活动地下窝点2家，吊销印刷经营许可证1家，查缴非法印刷品5000余册。加强了对互联网经营场所的检查，重点查处了超时营业、登记不全、接纳未成年人等违规现象，全年共出动执法检查人员500余人次，处理了29家。同时，加强娱乐场所管理。采取部门联动的执法检查监管手段，共出动执法检查人员110人次，对所有KTV进行循环检查，确保娱乐市场向规范化发展。2016年，冯修国被山东省“扫黄打非”工作领导小组表彰为2016年度全省“扫黄打非”工作先进个人。

【文化设施】 进一步推动了农村文化设施建设再上新台阶，投资88万元为部分乡镇综合文化站和村级综合性文化服务中心配备了娱乐器材，投资163万元为部分农家书屋更新、增配了图书，投资110万元为38个村修建了文化广场。对村级文化大院进行了优化升级，建成村（社区）综合性文化服务中心600个，占全县行政村总数的70%，占市下达任务的117%，在市考核中，阳谷县村级综合性文化服务中心建设工作获得第一名的好成绩。

县广播电影电视中心

2016年，广电中心紧紧围绕新闻立台，经营兴台的宗旨，通过全体干部职工的共同努力，整体工作水平得到进一步提高，社会影响力逐步提升，广电事业稳步发展。

【宣传工作】 内宣工作 县广电中心围绕“三严三实”专题教育、招商引资等重大活动进行了高密度的宣传，在《阳谷新闻》开设了“两学一做”和“安全生产”等各种专栏。2016年，上述专题在《阳谷新闻》播发1600多条，电台播发新闻2000余条。全面报道了“两学一做”活动的目标、措施、成功做法、详细介绍了阳谷县各行各业的成就，反映了全县干部群众的风貌，激发广大群众建设幸福和谐新阳谷的热情。

电台、电视台开设《开心一刻》《孝道阳谷》《食全食美》《天天我来秀》《三农直通车》《换得换失》《阳谷经济报道》等栏目和专题，充分展示阳谷县各行各业发生的巨大变化，为全县经济、文化事业的发展积极营造了浓厚的舆论氛围。《法在身边》《孝道阳谷》《体育阳谷》《阳谷经济报道》《开心一刻》《人口与计生》《阳谷民生报道》《美食阳谷》等栏目，社会反响良好。全年共编播各类电台、电视台新闻专题栏目200余期。

对外宣传 2016年，电视新闻在省台发稿41条，市台发稿486条。电台新闻在省市台发稿也取得了较好成绩。在“五一”“七一”等重要节日期间，集中力量，进行了全方位的报道并及时在市台播发，充分展示了阳谷城市独特的魅力和风采，极大提升了阳谷的知名度和影响力。

【强基固本促发展】 宣传和创收是县广电中心的两大工作重点，宣传是根本，创收是保障。县广电中心在原有的基础上，强化措施，搞好服务，积极实施抓大不放小战略，在和一些老客户、大客户加强联系，做好工作，加强巩固的同时，在开发新客户尤其是外地客户和一些小客户上下功夫，到年底经过联系和争取，实现了广告收入的新突破。另外广大群众对县电台、电视台的各项服务和自办节目表示满意，认为《阳谷新闻》起到了政府和群众间沟通连接的桥梁作用，而且对老百姓关注的民生问题也能越来越重视，所开办的《三农直通车》《阳谷民生报道》等栏目贴近农村、贴近群众，获得了群众的广泛赞扬。

在“两学一做”活动中，县广电中心高度重视，严格按照县委要求，结合工作实际情况，整个活动紧扣主题，切实改进工作作风，注重把学习教育贯彻始终，把深入群众、服务群众贯穿始终，把解决问题、改进工作作风贯穿始终，把理论研究、制度创新贯穿始终，保证了专题教育活动健康正常运行，使活动的各个工作环节平稳顺利推进。

以资源整合激发源动力，打破体制的障碍，成立新媒体中心和《关注阳谷》编辑部，实现从单一的电台电视台媒体宣传转向网络媒体、纸质媒体与电台电视台多重媒体共同宣传的发展，保证新闻资源的有效利用；以整合新闻素材，增多宣传形式，达到丰富节目内容，让人民群众满意的目的，相继开办了《走遍阳谷》《文化阳谷》《美食阳谷》《法在身边》《开心一刻》《换得换失》《阳谷民生报道》《阳谷经济报道》《农村天地》等二十几档栏目。这些栏目内容全面，形式多样，贴近群众，它们的开办极大地拓展了舆论的覆盖范围，产生了强大的传播效应，增强了监督力度，提升了广电在人民群众心中的形象，得到群众的一致赞誉。

领导班子和干部职工共同努力，积极筹措，广泛宣传发动，成功举办了广大群众踊跃参与的两项公益活动：首届戏曲票友大赛和青年歌手大赛。为全县人民群众奉献上了璀璨夺目的文艺赛事。

2016年，电影院、电影公司工作也有了新提升，在促进公益电影放映惠民工程中发挥了重要的作用，全年为全县的18个乡镇、街道876个行政村，播放电影10000余场，免费为全县所有敬老院每个月送电影2场。圆满完成了公益电影播放的全年目标任务。

【机关工作】 **各项服务工作到位** 办公室坚守值班，迎来送往文明礼貌，办公车辆服务及时安全，各种会议，通知安排无差错。各项文印汇报及时。财务科严格遵守务项财务制度，合理安排资金，较好地完成了各项增收节支任务。政工人事工作完成了大量申报晋升职称、工资的工作，及时处理了有关问题。物业管理服务及时，确保了各项工作的正常运转。播音、制作、播出的同志各负其责，配合积极，严格要求，质量水平进一步提高。计划生育履行职责、安全生产、双拥模范县迎检等工作积极落实县里的各项工作并开展的有声有色，获得了上级检查单位的好评。

计生、安全播出工作顺利运行 县广电中心积极履行职责，在全县计生宣传工作中，专题报道积极主动，宣传控制配合有力。在机关人员较多复杂的情况下，做好了查体、回访、日常教育、管理等工作，确保了各种不出漏洞。安全播出工作卓有成效。审核、制作、配音、播出的同志认真负责，确保了播出安全。保卫科的同志加强了值班，严防死守，积极防范邪教的干扰，确保了整个单位的正常运转和播出。

队伍建设逐步健全 注重在提高广电队伍素质上下功夫。2016年，结合着工作实际，平时加强了学习，加强了和电视观众的联系，广电队伍的基本素质得到提高，战斗力大大增强。从摄、录、编、播到后勤服务，机关事务工作人员的水平不断提高，能力不断增强。单位成功举办了全体干部职工参加的广电党建知识竞赛，干部职工积极行动、踊跃参与，展现了广电新形象、新风貌。

县档案局（馆）

【机构概况】 县档案局（馆）属正科级事业单位，局、馆合署办公，为县委、县政府的直属机构，由县委领导，归县委办公室管理。其主要职责是主管全县的档案事业，并对全县的机关、团体、企业事业单位和其他组织的档案工作实行监督和指导；负责接收、收集、整理、保管和提供利用全县范围内的档案。到2016年底，共有工作人员9人，其中，馆员3人。

【档案馆工作】 *档案馆藏* 至2016年底，馆藏档案达99个全宗，31603卷，归档文件4241件，馆藏资料11222册。全年征集资料有《毛主席对中国的赫鲁晓夫刘少奇的批判》《山东文史集粹》《共和国永远铭记》《阳谷县文物志》《革命自传》《刘琰诗文校注》等10余册。

档案利用 2016年，共接待社会各界档案利用者210人次，查阅档案520余卷（册），为我县经济建设、编史修志、机关查考、调解纠纷等提供了大量详实的第一手资料，增强了社会档案意识，扩大了档案工作的知名度。

档案信息化 至2016年底，县档案局共完成扫录馆藏资料案卷级机读目录2015条，文件级机读目录25744条，扫描13209页。积极推进机关、企事业单位档案信息化建设，督促引导各单位档案室加强和改善信息化设施，做好纸质档案数字化、电子文件归档管理。

档案安全管理 2016年，县档案局按照“十防”（防火、防水、防光、防潮、防尘、防鼠、防盗、防虫、防高温、防污染）的要求，对档案工作人员开展经常性的安全教育，强化了他们的安全防范意识和责任意识；完善档案管理规章制度，加强对规章制度执行情况的监督检查，搞好安全配套措施，对档案馆库的温湿度进行记录，共对档案库房进行安全大检查20余次，确保了档案的完整与安全。

【档案执法】 2016年“6·9国际档案日”，县档案局围绕“档案—民生”这一主题，开展了档案宣传系列活动。活动以悬挂横幅、展示图片、设立咨询台及发放档案宣传资料等方式，对档案法律、档案知识进行现场宣传，进一步增强了全社会的档案意识和档案法制观念。6月3日，市、县档案局组成联合检查组，对县政府办公室、阎楼镇政府开展了档案执法检查。检查组采取“一听、二看、三评”的方法，对立档单位进行了全面检查，并对档案工作中存在的问题提出了整改意见，要求他们限时整改，确保了立档单位档案的安全与完整，有力地促进了档案工作的健康发展。

【档案队伍建设】 县档案局重视全县档案干部队伍的思想、工作作风和业务建设。2016年，举办档案业务培训班1期，培训档案人员90余人次。

【档案馆建设】 省委、省政府高度重视档案工作，2016年9月，先后下发了《省委办公厅、省政府办公厅关于印发〈国家档案行政执法检查组对山东执法检查反馈意见整改落实工作方案〉的通知》（鲁办发电〔2016〕122号）、《省委办公厅、省政府办公厅印发〈关于加快推进县级国家综合档案馆建设的意见〉的通知》（鲁办发〔2016〕52号）。县委、县政府领导十分关注，10月28日，县委常务会讨论决定将县档案馆建设项目列入阳谷县重点建设工程，建筑面积13000平方米，计划投资5000余万元。县级国家综合档案馆初步完成了选址工作。

山东新华书店集团阳谷分公司

【机构概况】 阳谷分公司始终把加强企业管理作为促进企业发展的重要举措之一，坚持从管理中要效益，坚持“内练素质、外树形象”，较好地保持了各项经营指标的稳步增长，学生人均购书额居全省系统县级分公司前列。连续十年保持了市级文明单位称号，多次被评为山东新华书店集团和全市新华书店系统先进单位。至2016年底，有在职职工27人，离岗内退人员5人，退休人员16人，离休干部1人，其中中共党员17人。设有办公室、人力资源科、业务科、财务科、综合仓库五个科室，一个中心门市部。主要经营：教材、教辅、图书、杂志、电子出版物。

【业务经营】 2015年下半年分公司投资100多万元对新华书店中心门市部进行了升级改造，升级改造后的书店大厅温馨、典雅、舒心，书香浓郁，干净卫生，成为了县城一道靓丽的文化地标。2016年，POS机销售1906599.06元，比上年度销售994649.60元增长91.69%；其中两本以下2016年度销售965895.66元，比上年度销售705441.40元增长36.92%。

做好了政治读物的发行工作，2016年上半年发行《习近平系列讲话》读本27568册，码洋441088.00元；下半年，销售胡锦涛文集600套，码洋83400元。文件汇编等读物2050套，码洋89175元。

积极开展以“传承中华文化共筑精神家园”为主题的第二十三届读书活动，发行活动用书码洋39万余元。

2016年教师节给受到表彰的教师免费赠送优秀图书1000册，码洋码洋41800元。

搞好文化下乡活动。2016年2月，按照阳谷县委宣传部“三下乡”活动总安排，精迟缓强，扎实开展送文化下乡活动，本次活动阳谷分公司共捐赠各类图书780册，码洋9360元。

2016年，阳谷分公司图书营业销售额4138万元，利润总额590万元，上缴税金14.39万元。

撰稿人：国怀栋

县旅游局

【机构概况】 阳谷县旅游局成立于1994年1月，原名阳谷县旅游中心。1998年10月，阳谷县旅游中心更名为阳谷县旅游局，为县政府直属正科级事业单位，编制12人，是聊城市第一家县级旅游局。至2016年底，旅游局设：办公室、规划发展科、监督管理科、市场开发科、旅游信息中心、旅游质量监督管理所、游客服务中心7个内设机构。下辖4个事业单位：阳谷县旅游开发中心、旅游公司、刘邓大军渡河指挥部纪念馆和景阳冈风景名胜区管理服务中心。

【景区建设】 2016年，重点对景阳冈景区进行完善提升，增加游客体验性项目。

武松打虎体验馆完成室内外装饰装修和设备安装工作，对景阳湖进行改造提升，开发水上娱乐项目，建设游船码头，添置了8条游船，并新建一处旅游厕所，对景区道路及广场重新硬化，进一步完善了电力、消防设施。

加强蚩尤陵旅游区、刘邓大军强渡黄河战役纪念园基础设施建设，完善旅游服务功能。

【完善城市配套设施】 高星级标准建设旅游酒店，提升旅游接待能力。按照四星级酒店标准建设景阳冈大酒店和狮子楼大酒店。景阳冈大酒店已完成装修工作，狮子楼大酒店正式申报四星级酒店，并通过了省旅发委星评组对酒店的初评。

稳步推进“厕所革命”。2016年，在全县旅游景区、乡村旅游点、加油站、旅游餐馆及旅游娱乐场等新改建厕所60处，超额完成制定的49处旅游厕所新改建目标。

【乡村旅游与旅游扶贫】 *申请发展资金* 通过认真筛选，上报相关材料，寿张镇王楼村、张秋镇、七级镇七一村分别被省旅发委评为省“精准扶贫村”“全域旅游示范镇”“传统古村镇”；寿张镇王楼村还获批为省级旅游扶贫试点村，相关资金均已拨付到位。此外，金斗营镇子路堤南一村等8个村被列入全国旅游扶贫重点村。

推进各乡村旅游点建设 仓亭津休闲农庄进行挖湖、堆山、道路建设及服务设施完善等工程；安宁农业生态科技园生态餐厅已建设完成并对外营业；丰源现代农业科技示范园建设完成育苗温室大棚及食用菌智能养殖车间；光明山庄种植1000亩海棠、1000亩牡丹，完成道路管网、景观河、湖及景观带建设；其他乡村旅游点的建设也在有序进行中。

组织外出学习 组织全县8名乡村旅游带头人，分别赴台湾、韩国和日本等地的乡村旅游示范点学习。

指导各乡村旅游点做好申报工作 申报丰源现代农业科技示范园等12个乡村旅游点成功入选聊城市100个乡村旅游示范点；在参与“寻找最美乡村”评选活动中，阳谷县高庙王镇前仓村等3个村庄荣获“聊城市优秀乡村”称号，阿城镇东铺村等7个村庄荣获“聊城市最美乡村”提名村庄称号。

【市场开发】 采取多种方式开展宣传促销活动，进一步打响“打虎故地 英雄阳谷”旅游品牌。

通过各种媒体进行宣传推介 通过同程网营销平台对全县旅游景区开展网络营销活动，利用微信、微博等新媒体向游客宣传阳谷县景区及各类旅游资源；在中央电视台、山东卫视、山东生活频道等电视媒体投放宣传广告，并邀请全国各地电视台前来拍摄旅游类电视节目；在德上高速放置阳谷旅游宣传牌；制作了新版旅游宣传手册。

深化区域旅游合作，打造“水浒故里”旅游品牌 3月24～27日，携手梁山、郓城参加在西安举办的2016中国西北旅游营销大会。营销会期间举行专场推介会，介绍水浒故里特色的水浒旅游资源、旅游线路和奖励政策，形成大水浒旅游线。9月9日～11日，

联合梁山、郓城面向全国教师推出了“教师节，水浒故里免票三日游”特别活动，受到社会一致好评。

积极“走出去”，参加各地旅交会 组织工作人员参加了2016中国（西安）西北旅游营销大会、“2016年京津冀及中原地区旅游博览会”“2016北京国际旅游博览会”、2016中国（郑州）国际旅游城市市长论坛——首届中国郑州乐活旅游展活动、2016山东（济南）国际旅游交易会和第二十一届中国（河北唐山）北方旅游交易会等多个旅游交易会，并赴北京参加全域旅游推进研讨会，确定了与会各方在全域旅游发展方面的合作协调机制。

以“贺年会”为平台，打造特色旅游活动 在景阳冈旅游区举办了“武松故乡逛庙会”活动，以逛庙会、品小吃为主要内容，推出了山东快书、射箭、武术表演等参与体验性项目。在狮子楼旅游区开展了“赏花灯、逛古城、武松故乡过大年”贺年会活动，定时表演水浒情景喜剧、皮影戏山东快书等节目。阳谷宾馆、凤祥宾馆、狮子楼大酒店、阳谷旅行社等旅游企业也都推出了相关优惠政策。此外，为庆祝农历新年的到来，拍摄了旅游区工作人员向全国人民拜年的视频，利用微信向全国人民拜年。

推出多项惠民政策让利于民 在正月初一，景阳冈旅游区、狮子楼旅游区、蚩尤陵门票一律10元，海会寺免收门票；在3月8日，阳谷县向中原经济区34个城市的女同胞推出了免景区门票政策；在5月19日，当日出生的游客和当日领取结婚证的夫妇，可凭身份证和结婚证免门票；在暑假期间，阳谷籍教师和应届高中毕业生凭教师资格证和高考准考证可以免费参观景区。

2016年，来自韩国的民间团体多次到阳谷县蚩尤陵旅游区举行祭祀活动祭拜蚩尤，体现出阳谷旅游宣传促销的影响力。

【旅游培训】 举办两次旅游从业人员培训班，邀请省内旅游专家对全县旅游从业人员进行了景区管理、服务意识、服务技能等方面的业务培训，并对乡村旅游和全域旅游进行了详细解读。通过开展培训，切实提高了全县旅游从业人员的综合素质和服务水平。

阳谷

TIYU WEISHENG

体育·卫生

阳谷

TIYU WEISHENG

体育·卫生

陽穀文鑒

县体育局

【机构概况】 近年来，阳谷县体育事业以认真贯彻《中华人民共和国体育法》《全民健身计划》《全民健身条例》等法律法规为主线，以增进全县人民身体健康为根本，以赶超先进，实现跨越发展为动力，以争创“中国地掷球之乡”打造阳谷体育新品牌为抓手，实施重点突破，带动整体推进，群众体育、竞技体育、体育产业协调发展。

2008 年 11 月，阳谷县体育运动办公室更名为阳谷县体育局，下辖老年人体育协会办公室、人秘科、群众体育科、体育产业科、体育宣传科。

2016 年，人员编制数为 23。其中县体育局人员编制数为 18，下属老年体协办公室编制数为 5。

【学校体育】 2016 年，全县中小学生体育联赛由阳谷县体育局、阳谷县教育局联合主办，制定了《“中国体育彩票杯”阳谷县中小学生体育联赛竞赛规程总则》，共八项体育联赛，其中，3 月 26 日～28 日举办了中小学生足球联赛；4 月 5 日～10 日举办了中学生篮球联赛；4 月 28 日～29 日举办了中小学生田径联赛；5 月 28 日～29 日举办了中小学生羽毛球联赛；6 月 25 日～26 日举办了地掷球比赛；8 月 20 日举办了游泳联赛；11 月 1 日～7 日举办了中学生排球联赛；11 月 21 日～12 月 4 日即将举办中小学生乒乓球联赛。各项目联赛的举办得到了各承办单位的大力支持和各学校的高度重视。联赛竞赛组织有序、场地器材标准、参赛氛围良好，没有出现一例重大赛风赛纪和安全问题。10 月 21 日～23 日，阳谷县教育局、阳谷县体育局成功承办了聊城市第七届中小学生运动会，得到了市体育局和市教育局的表扬。

本年度全县 54 所学校的 2420 名运动员参加了中小学生体育联赛。其中，中学生篮球联赛有 28 所学校 336 人参加，足球联赛有 12 所学校 144 人参加，田径联赛有 53 所学校 636 人参加，羽毛球联赛 53 所学校 212 人参加，地掷球赛有 53 所学校 424 人参加，游泳赛有 12 所学校 120 人参加，排球联赛有 28 所学校 336 人参加，乒乓球联赛也有 53 所学校 212 人报名参加。

根据《2016 年聊城市中小学生体育联赛竞赛规程总则》要求，经过全县中小学生体育联赛选拔，我县组队参加了全市中小学生七项体育联赛，其中 3 所学校 36 名运动员参加了市级足球联赛；3 所学校 20 名队员参加了市级乒乓球联赛；3 个代表队 28 名运动员参加了市级中小学生运动会；6 所学校 60 名运动员参加了市级篮球联赛；2 所学校 12 名运动员参加了市级羽毛球联赛；7 所学校即将参加市级排球、游泳联赛。

实验小学女子足球队、金斗营中学女子篮球队荣获全市亚军；阳谷一中女子排球队荣获全市冠军；实验中学踢毽子队荣获全市团体冠军；初中男子田径队荣获全市第一名。

【群众体育】 **体育组织健全** 2016 年，城区内全民健身辅导站总数达到了 25 个，每个站点均配备了 2 名以上的社会体育指导员，指导群众科学健身。全县18个各乡（镇、街道）全部成立了老年人体育协会，95%的行政村建立了村级老年体协组织。目前，全县各健身站点均能做到“健身锻炼有人教，组织活动有人管、义务服务不收费、各个项目有特色”，群众健身锻炼更加方便，全民健身服务网络初步形成。

科学健身分工保障 至2016年，全年共培训国家一、二、三级社会体育指导员220余人，有效地加强了社会体育科学指导的工作力度。同时，在工、青、妇等群团组织的配合支持下，利用节假日为工人、妇女、青少年等重点人群提供不同项目的集中培训。全县各级各类学校认真实施“4312工程”，结合规范化建设，普遍建成小田径场、乒乓球室、篮球场等体育设施，通过开展“中小学生每天快乐锻炼一小时”活动，青少年健身锻炼得到有效保障。

竞赛展演活动 以阳谷县第六届全民健身运动会为总形式，组织了竞赛展演活动，乒乓球、自行车、羽毛球、围棋等10余个单项体育协会的组织建设工作，又新增了拳击、户外等单项体育协会。

体育设施 城区内依托原有灯光篮球场、多功能地掷球馆，周边安装多种健身器材，形成了健身中心；南部金水湖公园二期健身工程也已经全部安装到位。

【**竞技体育**】 **成绩** 2016年5月10日～5月24日，阳谷县运动员在浙江开化举办的全国地掷球锦标赛中再创佳绩，获得5金、2银、4铜的好成绩。9月，阳谷县运动员颜琳琳代表中国在亚洲沙滩运动会上获准确抛击冠军，创造了中国在此项运动中的最好成绩，得到了国家体育总局领导的充分肯定。10月，阳谷县运动员张微代表中国在世界大金属球锦标赛中，获得1金、1银，继续保持良好的竞技状态。10月25日～31日，阳谷县运动员在浙江嘉兴职业技术学院举办的全国掷球精英赛中取得了6金、1银、3铜的好成绩。

2016年，全县有4名运动员入选国家集训队，代表中国先后出访了泰国、摩洛哥、马达加斯加、新西兰等国，为宣传阳谷，扩大交流，奠定了坚实的基础。

推广普及 2016年，地掷球项目纳入为阳谷县青少年素质教育实践基地的重要教学内容。全县35所中小学开展地掷球教学训练，每个学校都成立了自己的地掷球队，成功举办了全县第七届青少年地掷球比赛，参加全国青少年及大学生掷球锦标赛的学校达到5所，运动水平有了新的突破。

【重点工程】 *农民农村健身工程* 2016年，为130个村庄配套安装了“农村农民体健身工程”器材（每村七件健身器材）。

千村扶贫健身工程 为全县18个乡镇办事处的10个城乡社区和20个“千村扶贫健身工程”配套安装了健身工程，并全部安装到位。

【体育产业】 至2016年，对全县34个站点进行了标准化建设，正常运行的站点参建率达到94%，基本做到了应建尽建；强化站点运营规范管理，经常性进行专项检查，对有问题的站点督促整改，站点形象、运营规范不断得到提升。到12月26号，销量已突破6500万元。

县卫生和计划生育局

【机构概况】 原卫生局位于阳谷县景阳路287号，原计生局位于振兴路53号。2014年9月组建卫生和计划生育局。2016年6月，县卫生和计划生育局实现整体搬迁，合并办公，位于谷山北路东侧，纬三路南侧。县卫生和计划生育局有局长1人，副局长5人，中医药管理局副局长1人，共有干部职工243人。局机关设有办公室、人事科、规划财务科、医政科、疾病预防控制科、基层卫生和妇幼保健健康管理科、中医药管理科、综合监督科、计划生育指导科等9个科室，管理正科级事业单位县计划生育服务中心、县人口文化促进会办公室和副科级单位县直计划生育办公室，下辖24个医疗卫生单位（其中县直医院6处，乡镇卫生院18处），全系统共有干部职工2878人，其中专业技术人员2305人，高级职称技术人员103人，中级职称技术人员862人，各医疗单位共有病床2509张。

2016年，阳谷县认真贯彻党和国家新时期医疗卫生改革工作方针，严格落实中央关于计划生育“三个不变”即“坚持计划生育的基本国策不变、党政一把手负总责不变、计划生育的一票否决制不变”“四个到位”即“确保责任、措施、投入、落实到位”的工作要求，进一步深化医药卫生体制改革，稳妥实施全面两孩政策，改革完善计划生育服务管理，不断提升医疗卫生服务能力，加强重大疾病预防控制，促进中医药事业发展，全县卫生计生事业实现了跨越发展。阳谷县被聊城市委、市政府授予“2016年度人口和计划生育目标完成优秀奖”荣誉称号。县卫生和计划生育局被聊城市委宣传部评为“2016年度全市科技卫生三下乡活动先进单位”。

【疾病预防控制】 推进预防接种门诊规范化建设。阳谷县共建成五星级数字化预防接种门诊18家，覆盖率达100%；举办全县免疫规划工作岗位培训班2期，培训业务人员120余人。联合县总工会举办了全县免疫规划岗位技能竞赛，进一步提升了业务人员业务素质。阳谷县“八苗”即“免疫规划内的八种疫苗，主要有卡介苗、乙肝、基灰、百白破、白破、流脑、乙脑、甲肝”全程接种率达97.51%，科学发展综合考核接种率89.58%，圆满完成科学发展综合考核免疫规划目标任务。不断加强传染病防控，严格落实麻疹、乙脑等重点传染病疫点应急处置措施，开展查漏补种活动，遏制了疫情蔓延；探索实行了县、乡、村“三级联动”和医疗机构、疾控机构、基层医疗卫生单位“三位一体”的手足口病防控新模式，有效降低了手足口病发病率；传染病疫情报告网络24小时开通，及时报表率为100%，网上报卡及时率为100%，完成率为100%，报告准确率为100%，网络畅通，无迟报和“月零报”现象；切实加强艾滋病和结核病防治工作，建立健全政府领导、部门各负其责、全社会共同参与的艾滋病防治工作机制，。阳谷县新增22家艾滋病监测点，完成了阳谷县艾滋病防治示范区工作任务。

【妇幼保健】 大力推进妇幼保健服务机构标准化建设。2016年，在县医院成立阳谷县新生儿救治中心。制定出台基层计划生育技术服务资源整合的实施方案，进一步整合乡镇卫生院、计生服务站职能，18个乡（镇、街道）均组建了妇幼保健计划生育服务站。县医院、县中医院、县妇幼保健院、县第三医院通过了山东省爱婴医院的复审。免费开展为孕产妇提供产前检查、产后访视、孕期营养心理指导、产后家庭护理保健等各项服务。加强与村（居）委员会、街道妇联等相关部门联系，主动掌握辖区内孕产妇人口信息。在社区和基层医疗卫生机构公示孕产妇健康管理免费服务内容，使更多的育龄妇女愿意接受服务，提高早孕建册率和孕产妇健康管理的依从性。2016年，辖区孕产妇建册8272人，早孕建册率81.76%，活产数10117人，孕产妇健康管理8815人，健康管理率87.13%，产后访视8778人，产后访视率86.76%。加强与妇幼卫生网络、预防接种系统、学校和托幼机构的联系，按照国家儿童保健有关规定要求进行儿童健康管理。全年全县0至6岁儿童54023人，健康管理47709人，儿童健康管理率88.31%，新生儿8808人，新生儿访视率87.06%。

【卫生监督】 以开展“卫生计生综合监督提升年”活动为载体，坚持“监督到位、指导到位、服务到位”三位一体的工作模式，强化监督执法意识，落实监督制度，深入开展“打击非法行医专项治理行动”“打击两非专项治理行动”“二类疫苗预防接种专项行动”“传染病防治专项检查”“职业病防治法等法律法规落实情况监督检查”“生活饮用水卫生安全放心行动”等活动，使阳谷县医疗服务市场秩序进一步规范。2016年，共出动监督人员936人次、420车次，检查医疗机构981家，下达监督意见书560份，查处38家开展非法行医的黑诊所，非法胎儿性别鉴定1起，私自为他人终止妊娠1起，违规私自销售终止妊娠药品案1起；检查公共场所394家，下达监督意见书220份；发放生活饮用水卫生许可证6家，进一步保障了阳谷县人民生活用水安全。

【红十字会】 红十字会办公室为股级事业单位，隶属于县卫生和计划生育局领导，编制7人，其中行政人员3人，技术人员4人。2016年，有工作人员4人，其中秘书长（办公室主任）1人、副主任1人、科员2人。2016年3月，红十字会为耐克森（阳谷）新日晖电缆有限公司42名企业职工开展急救技术人员培训，普及应急救护知识，提高了自救互救技能。举办纪念“5•8世界红十字日”，弘扬“人道、博爱、奉献”的红十字精神，发放宣传材料2000余份，宣传拯救白血病患者，捐献造血干细胞，宣传发动无偿献血、器官遗体捐献工作。在卫生计生系统进行“慈心一日捐”活动，共筹集善款12.58万元，对62人进行了救助，发放救助资金11.9万元；帮助3例白血病患者申请“小天使基金”9万元；顺利完成“山东省博爱齐鲁健康行农村肝病防治救助项目”，2016年免费筛查20486人，减免、补贴费用39.18万元。

【公共卫生】 2016年7月，县卫计局组建公共卫生科，各乡（镇、街道）均成立了公共卫生服务管理办公室，明确分管领导，确定1名公共卫生管理员，各行政村均明确1名专职或兼职公共卫生联络员。抽调县疾控中心、县妇幼保健院等单位专业技术人员，组成公共卫生服务专业技术指导团队，并建立每月例会制度，互相交流工作经验。制定《阳谷县基本公共卫生服务项目绩效考核方案》，建立日常督导、季度考核以及半年、年终综合考评机制，考核结果与项目资金拨付、机构绩效奖励挂钩。将老年人管理与慢性病管理相结合，建立查体全科诊室，提高了老年人查体精准度和满意率。开展群体健康教育，建立村级健康教育文化广场（宣传栏）。联合电视台每两周举办一期《卫生和计生》栏目，以“卫生计生、同为民生、落实政策、服务群众”为主旨，开办各类健康教育知识讲座，宣传健康保健知识，倡导健康生活及婚育新观念。联合财政局共同修订完善《阳谷县基本公共卫生服务项目补助资金管理办法》，做到专款专用，实行预拨付和根据考核结果结算相结合的办法，及时、足额将该项经费拨付到各单位。基本公共卫生服务在阳谷县得到普及，城乡居民的健康水平得到进一步提高，基本实现了“人人享有基本医疗服务”的良好局面。

【医疗服务质量】 加强医护人员的资质管理。2016年，全县共有318名考生参加医师资格考试、39名考生参加护师资格考试。医师、护士执业注册工作顺利进行。全县全年医师注册65人、变更88人；护士首次注册50人、延续注册182人、变更56人。加强基层卫生技术人员业务知识培训，先后举办培训班7期，分别对眼、耳鼻喉疾病诊疗、慢性疾病诊治、医院感染相关知识、重性精神疾病识别与处理、儿童近视防控知识、恶性肿瘤放射治疗新进展、糖尿病的健康管理、麻醉药品使用与管理等知识进行全员培训，共培训2000余人次，使基层医护人员的理论知识水平和业务水平进一步提高。开展服务送健康义诊公益活动，抽调县级及基层医院内、外、妇、儿等医护人员30余人，分别到寿张西纸坊村、七级大翟村、后杨村开展“全面建成小康社会，行业扶贫送健康”大型义诊活动，共义诊430余人次，发放健康宣传材料1200余份。

【爱国卫生运动】 集中开展城乡环境卫生专项整治活动，。围绕“灭蚊防病、健康你我”主题，组织协调26个爱卫会成员单位，在4月中旬集中开展了“清洁家园、除害防病”春季爱国卫生运动，清除垃圾10万余方，进行卫生扫除的家庭16万余户。积极推进卫生城镇创建活动，创成省级卫生乡镇1个，省级卫生村1个，市级卫生村9个，市级卫生单位2个。积极倡导推广健康生活方式，帮助群众改变不良饮食习惯，主动控油减盐，合理膳食，；积极建设无烟学校、无烟单位等无烟环境，在公共场所张贴戒烟标识，引导群众主动戒烟。在金水湖公园新建一条“健康步道”，设置健康教育宣传栏12块、运动能量消耗提示牌20块，在植物园更新了健康教育宣传栏主题内容14块，以更多样的方式宣传健康知识、实施健康计划、传递健康理念，将金水湖公园及植物园打造成为全民健康服务的新场所。对26家符合创建标准的“健康示范单位”“健康医院”和“健康社区”授予牌匾，实行动态化管理。做好健康山东终期评估，上报了2014～2016年健康山东行动各项工作指标完成情况。开展爱国卫生月主题宣传活动，利用街道、社区、公园、单位、公交站台等宣传阵地，普及文明健康知识。4

月9日，在县文化广场开展春季爱国卫生运动专题现场活动；10日至30日，共发放爱国卫生月主题海报4000余份，宣传单20000余份，解答群众咨询9000余人次；1500余名基层健康指导员深入社区宣传，将宣传海报张贴到全县各村、各居委会的醒目位置；县电视台播放了爱国卫生月宣传主题。阳谷县是国家级病媒生物监测点，加强了病媒生物防制工作。2016年，设置了6个蟑螂密度监测点，监测到德国小蠊541只；开展了蚊虫幼虫的监测，随机抽4个乡镇，100户家庭，逐户进行调查，完成了上级安排的成蚊幼虫密度监测；开展病媒生物消杀工作，发放灭蚊药1000余公斤，灭鼠毒饵4000余公斤，灭蟑毒饵2000余包，消毒粉75公斤等；对50名乡镇街道主管消杀的人员进行了一次全方位培训。

【医药卫生体制改革】 在巩固完善“保基本”“强基层”成果的基础上，在“建机制”上下功夫。坚持深化医药卫生体制改革不放松，提高医疗服务中心建设，提升中医药民族医药能力。加强医院人才队伍建设，医院机构改革融合，卫生信息化建设，以踏石留印的精神全面推进公立医院事业改革发展。逐步实现县级公立医院改革全覆盖，破除“以药补医”机制，合理调整医疗服务价格，努力建立公立医院补偿机制，推动建立适应医疗行业特点的人事管理、绩效考核，强化行业监管。继续加强医疗机构能力建设，以国家重点扶持县级医疗能力提升项目为抓手，引导县级医院提升服务能力和水平。促进医疗卫生资源合理科学配置，遏制公立医院规模不合理扩张和超标准建设，大力推进便民惠民措施，进一步改善医疗服务，让群众感受到医改带来的新变化。

【中医药事业】 中医药人才队伍不断加强。2016年，由县中医院4名中医专家，对全县725名中医人员和乡村医生进行中医药知识培训。8月份，选派6名中医人员和4名中医护理人员，到聊城市中医院参加以临床实践为主，为期两周的师资培训班。李台中心卫生院、狮子楼社区卫生服务中心和安乐镇中心卫生院被聊城市卫计委确定为县级基层中医适宜技术培训基地，负责本乡镇及周边乡镇的村卫生室人员培训工作。全年全县有100多人参加中医确有专长考核报名，共有39人通过考核。县中医院2名中医人员通过全省五级中医药师承教育项目继承人结业考核。李台中心卫生院王新光参加山东省“乡村中医师3+3提升工程”培养项目，到北京中医药大学东直门医院进行集中脱产培训。全县5处中心卫生院和5处卫生院的国医堂服务能力通过省级验收，中医药服务水平得到很大的提升。县中医院作为全市中医优势病种试点，3名骨干人员参加全省中医优势病种收费方式改革试点培训班，先后开展中医优势病种共计16例，每人次节省费用约12000～15000元。县中医院肿瘤科被确定为“山东省中医药重点专科”。高庙王镇、石佛镇和定水镇卫生院被评为2016年基层医疗机构中医综合服务区（中医馆）服务能力建设项目，分别给予10万元的的资金补助；阳谷县中医院被评为全国基层中医药适宜技术服务能力建设项目单位，给予50万元的资金补助。认真落实国家公共卫生服务，将65岁以上老年人和0～3岁儿童中医药健康管理覆盖率提升到40%。

【计划生育】 稳妥实施全面两孩政策。抓好宣传引导，深入开展生育意愿调查，取消二孩审批，由家庭自主安排生育，做好免费登记服务工作；简化审批手续，做好再生育的审批管理，加强出生人口监测，完善社会配套政策，全面两孩政策在全县扎实稳步推进实施。加强孕情监测，继续开展打击“两非”行动，认真抓好出生人口性别比的综合治理。不断完善各项计划生育奖励扶助政策，按照“老人老办法，新人新办法”的原则，有序做好计划生育利益导向落实和衔接工作，切实维护计划生育家庭的利益。加强基层卫生计生机构改革，18 个乡（镇、街道）均组建了卫生和计划生育办公室，进一加强计生干部队伍建设，大力开展各种学习培训活动，进一步提高广大计生干部的业务素质和工作能力。2016 年 9 月，县卫计局王晓婧和李台镇计生办马文翠代表聊城市参加了山东省首届计划生育基层服务管理技能竞赛省级总决赛，王晓婧荣获个人单项奖第一名，被省卫计委、省总工会授予“全省计划生育基层管理服务岗位技术标兵”荣誉称号，马文翠荣获个人综合奖三等奖，被授予“全省计划生育基层管理服务岗位技术能手”荣誉称号，阳谷县被授予全省第一届计划生育基层服务管理技能竞赛“团体优秀奖”。

重点医疗单位

阳谷县人民医院

【机构概况】 阳谷县人民医院位于黄山路与黄河路交叉路口西南侧，占地面积 76.25 亩，建筑面积 7 万余平方米，行政隶属阳谷县卫计局，差额事业单位。至 2016 年，县医院设临床专业科室 35 个、医技科室 15 个，职能科室 34 个，开放床位 1100 张。在职职工 834 人，其中高级职称 63 人，中级职称 384 人，硕士研究生 22 名，大学本科毕业生 460 人，万元以上医疗设备 1500 余台（套），是一所集医疗、康复、科研、教学、急救、重症监护、远程会诊为一体的二级甲等综合性医院，先后被评为“山东省卫生先进单位”“山东省爱婴医院”“山东省消费者满意单位”“山东省首批医患和谐示范医院”“山东省百姓满意最佳品牌单位”“全省惠民医疗先进单位”“卫生部基层医院慢性疾病标准宣贯试验基地”等荣誉称号。2016 年 8 月，县医院被阳谷卫计委授予“阳谷县急危重症孕产妇救治竞赛团体一等奖”。9 月被阳谷卫计委授予“阳谷县基层卫生岗位练兵和技能竞赛优秀组织奖”。10 月，输血科获得“山东省临床输血室间质量控制合格证书”。

【设施建设】 2016 年度，阳谷县人民医院的基础设施建设主要是围绕“门诊急诊医技综合楼”的建设开展，完成了消防水池的迁移改造，拆除了原来的配电室和车棚，租赁配置了临时箱变 2 组，目前“门诊急诊医技综合楼”建设项目的规划许可证已办完，桩基已施工完毕。土建工程完成招标后施工单位已进场，施工方案、图纸会审均已完毕，建设工程正在逐步进行。2016 年，对原来感染性疾病科的板房进行了改造，全部改为符合消防要求的岩棉阻燃材料。

【学科建设】 神经外科引进了神经外科显微镜，开展了显微镜下脑出血、脑肿瘤手术治疗，镜下切除病变彻底，损伤达到最小，手术效果满意。近期又完成了显微镜下椎管肿瘤切除术，此技术的成功应用填补了我县的技术空白，也进一步推动了我院神经外科的发展。肿瘤血液科主持了全市县级医院肿瘤病例研讨会，邀请聊城市人民医院、德州市人民医院肿瘤科及兄弟医院参加。通过讨论会，对一些疑难疾患的诊治有了更加清晰的思路，增加了相互了解。举办了癌痛规范化治疗演讲比赛，提高了业务能力。放射科引进了德国SIRONA数字化口腔曲面断层全景X光机，该设备提供的X光成像可以使牙体、牙周、口腔全颌面外科、牙列不齐的检查与诊断更方便准确，使口腔科牙体、牙髓病诊断和治疗的成功率大大提高，为口腔正畸设计提供强有力的图像依据，促使我院口腔科的诊疗水平和整体实力迈上了一个新的台阶。

【人才队伍】 医院不断强化“三基训练”，加强继续医学教育，支持专业技术人员参加短期学术会、培训班。2016年，共派出各类专业技术人员约60人次，定期邀请上级医院专家来院授课、讲学，共派出18名优秀技术骨干到上级医院进修学习。大力引进人才计划，2016年共引进人才3名，其中硕士研究生3名。医院每周邀请省级以上著名专家来院坐诊、手术。

【新技术项目】 骨外科以“突出骨外科特色，发挥优势，以专科专治”为重点，以完善综合服务功能为发展目标，加快重点专科建设步伐。重点加大对微创手术的推广和应用，开展了膝关节镜下半月板成形、游离体摘除、关节镜下自体肌腱移植前交叉韧带重建，老年人脊柱骨折经皮后图椎体成形术。近日成功为一名91岁高龄的股骨粗隆间骨折患者实施人工股骨头置换手术，这也是我院骨科成功实施此类手术的“90后”患者之一。2016年，成功开展4例次微波消融，受到了良好效果。普外科积极拓展腹腔镜的应用范围，并自主开展了超声刀手术，成功为一名高位胆管癌患者实施肝门胆管癌切除、肝内左右胆管成型、肝内胆管空肠Roux-Y吻合术，该项高难度手术的开展在我县尚数首次，在全市也不多见，手术的成功开展必将带动外科新技术的迅猛发展，更好地服务地方百姓。开展了直肠癌根治术，该项手术的成功开展标志着我院腹腔镜技术的成熟。心内科西区积极打造和谐、学习型科室，围绕临床新进展、危重疑难病例讨论等让大家轮流讲课，并继续开展优质护理服务病区活动。2016年，完成市级科研课题，省级科研课题已开始收集临床资料。成功抢救急性不典型主动脉夹层2例，受到病人好评。近日，心内科东区成功救治一名80岁反复室颤患者，反复对病人除颤40余次，紧急植入永久心脏起搏器后，使患者转危为安。妇产科东区在原有腹腔镜、宫腔镜手术基础上，完成了腹腔镜下子宫全切2例。成功收治一例完全性凶险性前置胎盘合并胎盘植入产妇，顺利实施子宫次全切除+膀胱修补术，使产妇转危为安。妇产科西区在开展液基细胞基础上开展阴道镜、宫腔镜的检查，并扩展腹腔镜手术。手足血管外科独立成功开展了下肢深静脉血栓形成滤器植入溶栓治疗及下腔静脉滤器取出30例。胸外泌尿外科积极扩展腹腔镜的应用范围，完成县医院首例经尿道输尿管软镜下行输尿管结石激光碎石治疗；与介入科合作，开展了多例合并“窦房结功能障碍”食管癌根治术。成功完成一例78岁高龄壶腹癌胰十二指肠切除术，病人恢复顺利。积极与省级专家合作，拓展胸外泌尿外科治疗领域，开展多例食管癌、肺癌、肾癌、前列腺癌切除术。耳鼻喉科开展了甲状舌骨囊肿、会厌囊肿及喉肿物切除术，深入开展全麻鼻内镜下鼻窦开放术、上颌窦囊肿摘除术等，使鼻内镜手术更加精细化。B超室开展了小儿颅脑和妇科盆底的检查。对颈部血管、肌骨，胃肠，四维等检查进行了进一步完善，对不能确定的病例及时向专家请教，随访和临床交流，得到了临床的好评和肯定。药剂科的科研课题《中药降压穴位磁疗巴布贴的制备研究》，顺利通过市卫生计生委组织的专家评审，准予立项。这也是县医院2016年度通过市级立项的唯一一项课题。内分泌科每周一、周四定为集体查房日，每周四下午对疑难危重病人开展病历讨论。引进1台动态血糖监测仪器722，已进行数十例患者的血糖监测，为患者提供了适合自己的降糖方案，患者均较满意。眼科开展了眼底照相、OCT检查、眼底荧光血管造影、前后节激光治疗等新技术、新操作，获得良好诊疗效果。胃镜室开展了无痛内镜下治疗，减轻了病人痛苦，方便病人的同时增加了科室收入。检验科最新开展自身免疫性疾病检验项目，如抗核抗体（自身抗体）谱17项，免肝自身抗体6项，血管炎相关自身抗体3项，肌炎谱5项等。并积极参加山东省临床检验中心室间质量评价活动，在免疫、生化、血液、尿液、细胞、发光、血凝、细菌等九个项目评价中取得了良好成绩，充分显示了检验科实验项目检测结果的准确性和在各实验室间的可比性。

2016年5月4日，“中国卒中中心联盟挂牌仪式暨专题讲座”在我院进行，这标志着阳谷县人民医院成为中国卒中学会授牌的卒中中心联盟成员单位。5月20日，普外科成功开展首例肝门胆管癌切除、肝内左右胆管成型、肝内胆管空肠Roux-Y吻合术。5月26日，科研课题《中药降压穴位磁疗巴布贴的制备研究》获批市卫计委2016年度科研立项；县医院与山东省立医院（集团）签署了医疗联合体合作协议，成为全市首家加入省立医院集团的医院，也标志着双方的合作进入了更高更深的层次。12月20日，骨科成功为一名91岁患者实施人工股骨头置换手术。12月26日，妇产科东区成功救治一名完全性凶险性前置胎盘合并胎盘植入产妇。

【**医疗设备**】 2016年，医院先后购置宫腔镜（S7）（0.5套）、物理控温仪（FY-1008II）等万元以上大型医疗设备18余台（套）。

【**医疗质量**】 积极开展“三好一满意”、医疗质量万里行、“三增一禁”便民正风行动、“九不准”、纠正医药购销和办医行医中不正之风专项整治等活动，切实加强法律法规教育，严格执业范围，规范医疗行为。实行了电子病历质量监控管理，推行临床路径管理，大力开展远程会诊，努力创建医疗联合体系。继续深化优质护理服务，全面提升护理质量。利用持续改进（PDCA）管理模式不断提升医疗质量水平。严格落实医院感染的各项工作制度与规范，定期监督检查、及时评估，定期分析、比较，确保无重大感染事件发生。

【**社会公益**】 眼科继续大力实施惠民措施，2016年共完成白内障手术403例。2016年实施“赶大集，送健康”活动，免费开展健康查体和健康咨询诊疗服务12次，义诊2000余人次，发放宣传材料5000份，受到当地政府及群众的欢迎。2016年，利用节假日组织医务人员到学校、社区、广场、敬老院等场所义诊、宣传健康知识，免费查体1000余人次。继续实行错时门诊服务，并且增设内科、外科、妇产科、儿科、五官科夏日夜间门诊，有效缓解了群众就医拥堵的现象。认真贯彻落实精准扶贫要求，县医院分管救助8个乡镇共5254名病人，占全县总任务的51%。分10批到8个乡镇走村进户进行医疗帮扶，同时指导乡镇卫生院、村卫生室开展医疗业务，切实解决精准医疗救助中遇到的困难和问题，受到广泛赞誉。

县第二人民医院

【机构概况】 阳谷县第二人民医院现院址阳谷县寿张镇史胡同村181号，其前身为寿张县人民医院，始建于1949年。1964年寿张县撤销，归阳谷县所辖，改为阳谷县驻寿张人民医院。1982年定名为阳谷县第二人民医院，至2016年，医院占地面积31242平方米。2016年初，二院有干部职工148人，其中卫生专业技术人员116人（中级48人，初级68人）。至2016年底，有干部职工140人，其中卫生专业技术人员102人（中级46人，初级56人）。医院科室设置齐全，医院检查设备先进，开放床位150张，是一所集医疗、预防、保健等为一体的综合性医院。

【工作开展】 二院全体干部职工团结一致，努力工作，积极进取，改善服务环境，加大对医疗设备的投入。为提高患者就医环境，对门诊楼、病房楼前进行硬化，对院内花池进行修剪、改造，改善了病房卫生间。加强对医疗设备的投入，对化验室、放射科、心电图室设备进行了更新，总价值达30万元。2016年，业务收入986万元，比2015年增加96万元，固定资产投入增加25万元，负债减少14.5万元。

县中医院

【机构概况】 阳谷县中医院始建于1988年，位于阳谷县运河东路2号，是集医疗、急救、科研、教学、康复于一体的二级甲等中医医院。至2016年底，医院占地面积18900平方米，其中业务用房面积21400平方米，拥有干部职工362人，其中高级专业技术人员33人、中级专业技术人员147人，设内科、外科、妇科、儿科、急诊科、肿瘤科、口腔科、耳鼻喉科、眼科、肛肠科、针灸推拿科、康复科、皮肤科等26个一级临床科室，CT、放射、B超、检验、病理、心电图室等11个医技科室，医务科、护理部、质控科、科教科等14个职能科室，开放内、外、妇、儿、急诊、肿瘤等11个病区，床位350张，拥有GE64排东芝全身螺旋CT、GE数字放射摄影系统（DR）、数字胃肠机、C型臂、乳腺拍片机、富士能电子胃镜、阿洛卡彩超、奥林巴斯全自动生化分析仪、瑞典全自动血球计数仪、腹腔镜、血液透析机、高压氧舱、前列腺电切治疗仪等先进医疗设备230余台，2016年门诊病人达19.45万人次，收治住院病人1.2万人次，固定资产达9474万元。

认真学习党的“十八大”精神，扎实开展“两学一做”活动，加强党建和党风廉政建设，全面落实《“十三五”深化医药卫生体制改革规划》，坚持突出中医药特色，充分发挥中西医结合优势，加强医疗质量管理，使医院综合实力和整体服务水平不断提高，被定为阳谷县“120”医疗急救定点医院、新型农村合作医疗定点医院、城镇居民医疗保险定点医院、城镇职工基本医疗保险定点医院、工伤、生育医疗保险定点医院。

【文化建设】 中医药文化是中华民族优秀文化的重要组成部分，是中医药发展过程中的精神财富，是中华民族几千年认识生命、维护健康、防治疾病的思想和方法体系。中医医院作为中医药文化继承和创新、展示和传播的重要场所，根据国家中医药管理局《关于加强中医医院中医药文化建设的指导意见》的要求，我院在中医药文化建设中，坚持突出特色，坚持统筹规划，坚持继承传统的基础上创新发展，不断总结、完善，制订了我院以下中医药文化：

院　　训：厚德博学　精诚躬勤

发展战略：传承创新　突出特色

　　　　　以人为本　厚德博学

　　　　　拓展空间　整体发展

办院宗旨：以人为本　精勤博学

　　　　　科学管理　福之於民

医院精神：仁爱诚信　博爱济世

服务理念：至诚无欲　普救含灵

核心价值：大医精诚　服务健康

院　　徽：

【队伍建设】 医院高度重视人才队伍建设，2016年先后引进研究生、本科生等专业技术人员7人，先后派出7名业务骨干到省级以上医院进修深造；院内积极开展全员培训、强化“三基训练”、加强继续教育和技术考核；鼓励专业技术人员参加学术交流会、邀请上级专家来院讲课、聘请省、市专家定期来院坐诊、指导大型手术，形成了老、中、青三级合理人才梯队，培养出心脑血管病、神经外科、骨科、妇科、儿科等一大批学术带头人，开展了多项新技术、新项目，主编或参编医学专著6部，在国家级、省级核心医学期刊上发表学术论文260余篇，有2项科研成果达到国内领先水平。

【医疗管理】 认真开展“三好一满意”“优质护理服务”“三增一禁”等活动，坚持“以病人为中心，以质量为核心”的宗旨和“以人才兴院、科技强院”的方针，突出中医药特色，充分发挥中西医结合治疗优势，加大了医疗质量持续改进，建立健全了院、科两级质控体系，严格执行核心医疗管理制度，规范医务人员的诊疗行为，有效保障了广大人民群众的医疗安全，医院的综合实力迅速增强，取得了显著的社会效益、技术效益和经济效益，先后获得山东省文明单位、山东省中医工作先进集体、山东省消费者满意单位、聊城市先进基层党组织、国家级爱婴医院等荣誉称号。

【新技术新项目】 县中医院成功开展了人工膝关节置换技术、人工髋关节置换技术、关节镜诊疗技术，膝关节前后交叉韧带同时重建、半月板部分切除、成形、全切除；膝关节游离体摘除、关节清理术，在临床逐渐开展骨折闭合复位穿针技术，优化了骨折闭合复位+可塑夹板外固定疗法，新增了骨关节疾病的烫熨疗法、胸腰椎术后腹胀的穴位注射疗法、常见损伤的中药涂擦疗法等。普外科开展了普通外科内镜诊疗技术，相继开展了腹腔镜下胆囊切除术、疝修补术、肝囊肿开窗引流术、胃十二指肠穿孔修补术、腹腔镜探查术等手术；泌尿外科开展了膀胱镜检查、活检、碎石和前列腺及膀胱肿瘤电切术、腹腔镜肾囊肿去顶减压及精索静脉高位结扎术等手术。妇科开展了腹腔镜下子宫全切术、双侧附件切除术、宫腔镜下子宫肌瘤切除术等新技术。检验科新增B型钠尿肽前体测定、不规则抗体筛查（微柱法）、ABO血型鉴定（微柱法）、RH血型鉴定（微柱法）、谷氨酸脱氢酶、糖化血红蛋白测定6项新的检验项目。64排CT新开展了心脑血管造影、四肢血管造影、泌尿系统CTU、三维重建、仿真内窥镜等新项目。

【特色专科】 医院重视中医特色专科建设，从人才引进、人才培养、学术研究、设备配备、基础建设等方面给予倾斜。肿瘤科医务人员坚持继承和创新相结合，突出中医药特色，发挥中西医结合优势，在治疗肿瘤方面取得了良好效果，于2016年7月被确定为山东省“十三五”中医药重点专科。至此，县中医院拥有骨伤科和肿瘤科2个省级重点专科。

【中医适宜技术】 中医适宜技术具有“简、便、验、廉”的特点，在治疗呼吸系统、消化系统、颈肩腰腿疼等常见病、多发病方面疗效显著。县中医院开展了针灸、推拿、拔罐、三伏贴、穴位压豆等50余项中医适宜技术。2016年9月对全县中医人员及乡村医生300余人进行了提高中医药能力及适宜技术推广培训。

【医疗设备】 2016年，医院投资235万元，购买了彩色超声波诊断仪、(4+2)医用空气加压氧仓、吞咽功能障碍治疗仪等医疗设备14台件，使县中医院拥有先进医疗设备达230余台，为临床诊断提供了科学的依据。

【信息化建设】 在以信息化带动医院现代化的思想指导下，县中医院信息化建设按照“立足当前、着眼长远、方便患者、规范工作”的原则，强调临床实用性、规范性和就诊流程的优化，在软件与硬件方面先后投入500余万元，完成机房建设、网络光缆升级改造、配齐科室硬件设施，上线运行HIS、LIS、PACS、EMR、质控、临床路径、合理用药、院感上报、健康体检、病案管理等系统，远程会诊和医院网站现已开通，极大的提高了医院整体和形象。

【公立医院改革】 进一步深化医药卫生体制改革，继续实行“先诊疗、后付费”制度，在2014年度对西药、中成药实行了药品零差价销售的基础上，2016年降低大型医疗设备检查收费标准，全面实行了绩效工资，将医疗文书书写质量、群众满意度、医疗服务质量、药占比等纳入考核，充分调动了工作积极性，至2016年底，药品零差价让利于民1494.56万元。

【社会公益】 积极对贫困村进行帮扶，考察确定致富项目，制定脱贫方案，建立了15个蔬菜大棚和光伏发电项目，更换了路灯，使梁庄村摘掉了“省定贫困村”的帽子。积极组建健康服务团队，抽调业务骨干对侨润街道、李台镇、金斗营乡、高庙王乡的1941名患者签订医疗服务协议书。积极参加城乡对口支援工作，完成了对李台镇卫生院、闫楼镇卫生院、郭屯镇卫生院为期一年的对口支援工作。组织医务人员到社区、广场等场所进行义诊，宣传健康教育知识，发放防病治病常识10000余份。

县卫校医院

【机构概况】 至2016年底，医院现有职工82人，其中临床医疗人员19人，临床护理人员24人，检验、药剂人员22人，财务、收费人员11人，政工、行政人员6人。副高级职称1人（医疗高级职称人员1人）；中级职称19人，其中：医疗中级职称人员有10人、护理中级职称人员有6人、检验、药剂中级职称人员有3人；初级职称42人，其中：医疗初级职称人员有12人；护理初级职称人员有11人；药剂、检验初级职称人员有13人；财务初级职称人员有6人。

【医疗开展】 阳谷县卫校医院，是阳谷县卫生局下辖的一所集医疗、教学、保健、康复、为一体的综合性医院。2016年，新增加了动脉硬化检测仪、幽门螺旋杆菌检测仪、同型半胱氨酸检测仪等医疗仪器设备，规范了科室建设。开展新技术，医院采用血液稀释、溶栓、中医中药等综合疗法治疗脑血栓、脑出血后遗症效果良好。通过大力培养人才、引进人才，开设康复治疗科，对脑血管病人进行辅助治疗，收到良好效果。全年门诊人次约22000千余人，住院人次月2100人次，业务收入约700万元。

在医院建设中，注重医务人员的业务知识培训和法律法规培训，2016年全年共聘请聊城人民医院、东昌府区人民医院和阳谷县人民医院有关专家授课5次，极大提高了业务人员的综合素质。注重加强医德医风和行风建设，通过开展“两好一满意”活动，制定了《医德医风建设实施办法》《医德医风考评实施方案》，进行半年一次综合考评，把考评结果纳入到绩效考核中进行奖惩。同时设立设立举报电话、举报箱和意见本，设立领导接待日制度和出院病人回访制度，同时把住院病人信息传到卫计局民意调查科，接受卫计局监督，设立单位举报电话，受理病人的投诉和建议，接受社会的监督。加强平安医院创建工作。成立平安创建领导小组，建立健全活动实施措施，工作中有计划、有部署、有措施、有工作总结，聘请聊城社安防火中心的专业教官每半年结合省内外发生的火灾事件，来我院讲述社安防火知识，做到防患于未然，提高了全体人员的安全防火意识，平安医院和和谐医院建设成绩显著。投资10万元新上污水处理设备一套。

供稿人：司又红

县疾病预防控制中心

【机构概况】阳谷县疾病预防控制中心前身为阳谷县卫生防疫站，始建于1956年，2004年3月经县政府编办批准，成立阳谷县疾病预防控制中心，机构类型为正科级全额事业单位，注册资金为163万元。是全县疾病预防与控制、应急预警与处置、疫情收集与报告、监测检验与评价、健康教育与促进、技术管理与服务、科研与培训的公共卫生机构，是全县疾病预防控制工作的业务技术指导和培训中心。位于阳谷县谷山北路117号。中心总占地面积3978平方米，建筑面积2163.62平方米，设立办公室、财务科、疾控科、计划免疫科、公共卫生科、学校卫生科、门诊部、职业卫生科、慢病科、艾防科、检验科等二十余个科室，至2016年底，拥有固定资产893.95万元，在职职工118名，其中高级专业技术职称2人，中级专业技术职称50人。2016年阳谷县疾病预防控制中心获得“全省环境卫生工作先进集体”“全省病媒生物防制工作先进集体”“全省病毒性传染病防制工作先进集体”“全省消毒与感染控制工作先进集体”“全省免疫规划业务工作先进集体”等荣誉称号。

【疾控工作】及时准确的审核、统计、分析、汇总，上报疫情，定期开展疫情主动监测，县直每旬一次，乡镇每月一次，搜索辖区内疫情信息，按月、按季制作一期疫情简报，分析疫情动态，监测疫情信息，降低了全县传染病的漏报、迟报率。针对每年的疫情，坚持依法科学规范防控；加强健康教育，联合媒体积极宣传传染病防控知识，加强疫情监测，科学分析研判，为政府决策提供技术支持。

【计划免疫】按照《疫苗流通和预防接种管理条例》和《预防接种工作规范》的要求，扎实开展预防接种工作，确保扩大国家免疫规划各项措施的落实，积极促进全县预防接种工作规范化管理，不断提高预防接种覆盖面、更好的为人民群众提供便捷高效的预防接种服务。为进一步提升预防接种门诊规范化管理水平，为广大人民群众提供更加便捷、高效、安全和人性化的接种服务，根据市卫计委文件要求，全县20处预防接种门诊中，创建了19处数字化门诊，示范化门诊1处，全部实现了信息化管理，树立了预防接种服务品牌。建卡率、信息上传率100%，适龄儿童“八苗”全程接种率96.23%。为广大适龄儿童及其家长提供了安全、有序、有效的预防接种服务环境。

【卫生工作】 公共场所卫生　为进一步做好公共场所卫生监测工作，疾控中心新购了声级计、数位式照度计、便携式风速仪、温湿度计，加强了对公共场所卫生的监测力度。

职业卫生　开展职业危害因素监测，做好职业病防治工作。对产生有尘、有毒、有噪声等职业危害因素的企业进行了卫生学调查与评价。

学校卫生　按照《学校卫生工作条例》的要求，做好学校卫生工作，开展学生健康体检，建立健全学生卫生档案。对查出身体有异常的学生及时通知学校或家长，做进一步检查和治疗。

【艾滋病防治】 为普及广大人民群众艾滋病防治知识，深入开展宣传教育工作，编写印制了10余种宣传材料；在车站广场和文化广场设置了预防艾滋病宣传栏。教育部门将禁毒防艾知识纳入学校健康教育培训课程，对初、高中生开展培训，受益学生1万余人。通过以上多种形式的宣传教育，扩大了艾滋病防治知识覆盖面，提高了各类人群性病、艾滋病防治知识的知晓率。成功申请了艾防工作社会组织培育基地，发展“阳谷县彩虹小组”开展全县男男同性恋人群的预防干预工作，并圆满完成了目标任务。根据《第三轮艾滋病示范区工作方案》要求，将艾滋病纳入基本公共卫生服务项目管理。

【慢性病和精神病防治】 参与慢性病示范区的复审工作，制订慢性病防治计划及实施方案、重性精神病管理治疗工作规范、慢性病监测报告工作方案，指导实施省级慢性病示范区工作、慢性病宣传日活动、减盐防控高血压项目、脑卒中项目及全民健康生活方式工作等。

【应急处置】 创新应急值守，实现应急值守规范化。成立了疫情防控应急工作领导小组和疫情防控应急队，24小时待命，确保一旦发生疫情，第一时间赶赴现场，快速有效开展疫情处置工作。在备足消杀灭药品、器械、个人防护用品等物资的基础上，根据疫情防控工作的需要，积极做好防控应急物质储备，确保现场处置疫情所需。

【健康教育】 开展了一系列的传染病防治科普知识及健康教育宣传活动。通过设立电视专题片、电视游动字幕、宣传站、发放宣传折页、面对面咨询、摆放科普知识展牌等形式，向群众宣传常见传染病的防治知识，重点讲解传染病的传播途径、临床表现、预防方法和个人防护技巧等知识。

阳谷县妇幼保健院

【机构概况】 阳谷县妇幼保健院创建于1957年，是一所集妇女、儿童保健与临床相结合的医疗保健中心。2016年，有干部职工160人，其中卫生专业技术人员137人，副主任医师5人，主治医师61人。设有妇科、产科、儿科、内科、外科、乳腺科、不孕不育科、中医科等8个临床科室。设有儿童保健科、孕期保健科。设有化验室、B超室、乳透室、理疗室、乳腺治疗室、心电图室、放射科等7个医技科室。开设产科、妇科、儿科、外科、内科等病区，开放床位60张。医院拥有日立四维彩超、奥林巴斯全自动生化分析仪、Storz腹腔镜、奥林巴斯纤维胆道镜、遥控X光机、红外线乳腺诊断仪、乳腺动力治疗仪、微量元素分析仪、精液分析仪、微波治疗仪、理疗仪、母婴监护仪、心电监护仪、麻醉机、呼吸机等先进诊疗设备。至2016年12月底，业务收入1787万元，总资产达到了3690万元。

【基础设施建设】 医院新建病房保健综合楼已经完全投入使用，院内出资2万余元，对中央空调外部散热器放置地点进行了改建，有效屏蔽了噪音。投资14.5万元引进一套污水处理设备，对院内产生的医疗污水进行无害化处理，达到排放标准后才能排放。同时投入5万余元对医疗垃圾存放点进行改造，达到相关标准后已经投入使用。

【业务开展】 2016年，共举办新生儿肺炎、内镜技术、母婴保健技术、孕产期保健等院内培训8期、院外大型培训3期，累计培训人员达2100余人次。全年还选派了业务骨干8人到省、市级医院进行进修学习，引进了一些新的技术服务项目，提高了业务水平。

2016年，县保健院妇产科门诊接诊量4400人次，收入产妇1709人，其中顺产913人，剖宫产796人，剖宫产率46.57%，抢救危重病人56例，治疗不孕不育患者300余人。儿科接诊量3200余人次，住院治疗621人。我院内镜微创技术全面成熟。全年妇科、外科、内科共收治病人540例，其中外科内镜微创手术58例、妇科内镜微创手术71例、疝气微创手术421例。

为了减少先天缺陷儿出生，降低出生缺陷发生率，提高出生人口素质，县保健院规范了孕期检查流程。2016年共为3878名怀孕妇女提供了孕期检查服务。全年产前筛查722例，检测出高危孕妇70例。很大程度上降低了先天缺陷儿的出生率、规避和预防了生产风险。

为了更好为全县儿童服务，县保健院先后设置了婴幼儿洗澡、游泳、抚触、照相、听力筛查、视力筛查、新生儿疾病筛查等儿童疾病预防保健科室。对发现的疾病进行早期干预、早期治疗，使患儿的生长发育、智力发育达到同龄儿童的水平，提高了出生人口素质。全年累计为儿童洗澡12527人，游泳8494人，抚触6715人，照相8398人，听力筛查初筛4967人、复筛4552人、异常90人，视力筛查2863人，新生儿疾病筛查5057人次、查出先天性甲状腺功能低下症11例、先天性肾上腺皮质增生症5例、葡萄糖-6-磷酸脱氢酶缺乏症5例、苯丙酮尿症1例。

县保健院被山东省残联正式确定为山东省儿童脑瘫康复定点机构以来，采取运动疗法（PT）、作业疗法（OT）、言语疗法（ST）、中医推拿、中药熏蒸、多种理疗仪器等康复方法治疗脑瘫患儿，并免费提供脑瘫治疗咨询服务。特别困难的家庭可以申请减免康复费用，使更多的残疾儿童受益。2016年累计治疗脑瘫患儿30人，治疗发育落后患儿3600余人次，减免治疗费用19.8万余元。

2016年，县保健院《出生医学证明》首次签发人数7316人，医疗机构外出生357人，换发37人，补发49人，共7759人。全年共发放叶酸片22513瓶，有效降低了出生缺陷发生率，维护了广大孕产妇和新生儿健康。共发放农村孕产妇住院分娩补助5418人份，发放补助资金189.63万元，有效提高了农村孕产妇住院分娩率，保障了母婴安全。全年免费为全县孕产妇艾滋病病毒检测12143人、梅毒病毒检测12246人、乙肝病毒检测 12869 人，乙肝阳性活产数 200 人，免费接种乙肝免疫球蛋白 200 支。从而最大程度地减少因艾滋病、梅毒和乙肝母婴传播造成的儿童感染，改善妇女、儿童的生活质量及健康水平。农村适龄妇女“两癌”免费筛查 18818 人，筛查出乳腺癌 8 例，可疑乳腺癌 8 例，乳腺纤维瘤、囊肿、脂肪瘤等乳腺良性病变 1222 例；筛查出宫颈癌 7 例，宫颈液基细胞学（TCT）异常 756 例，其中宫颈癌前变 59 例，其他生殖系统疾病 4192 例。

阳谷

SHEHUI GUANLI

社会管理

阳谷

SHEHUI GUANLI

社会管理

陽穀藏鑒

阳谷县民政局

【机构概况】 阳谷县民政局位于县清河西路119号。2016年，民政局机关共下设办公室、人事科、财务科、党建办、信访科、优抚科、五保科、救灾科、基层政权科、农村救助科、城镇救助科、医疗救助科、临时救助科、福彩办、社会事务科、社团科、安置办、福利和慈善事业促进科、地名办、烈士陵园和殡葬服务中心、婚姻登记处、安全生产办公室22个职能科室；辖：军队离退休干部休养所、殡仪馆2个股级事业单位；代管县双拥办公室、县低保办公室、县慈善总会办公室3个正科级单位；行政编制13人，工勤人员2人，事业编制36人。各乡镇办事处设民政所，负责本乡镇办事处民政业务工作，接受县民政局业务指导。

【工作概述】 2016年，阳谷县民政局坚持“以民为本、为民解困”的宗旨，以惠民生、重管理为主线，秉承“民政爱民、民政为民，民政利民”的工作理念，着力改善民生重点项目，维护社会和谐稳定，推进民政事业快速发展。社会救助工作从完善城乡低保制度、落实医疗救助政策、妥善安排灾民生活、改善五保供养条件等工作入手，加强领导、规范管理、狠抓落实，使困难群众基本生活得到有效保障。社会福利和慈善事业落实残疾人两项补贴、失能老人、城镇“三无”人员、80岁以上低保老年人补贴、政府购买养老服务、困境儿童及孤儿基本生活费发放等各项社会福利政策，保障了特殊困难群众基本权益。积极应对人口老龄化，通过建设老年公寓、城市社区日间照料中心和农村幸福院，使社会养老服务体系建设得到长足发展。双拥工作牢筑基础，创新思路，推进了双拥工作社会化进程。优抚工作全面落实《山东省军人抚恤优待办法》及优抚对象抚恤补助自然增长机制，退役士兵安置改革不断深入。城乡社区管理和公共服务水平进一步提高，村（居）民自治和民主管理工作有序推进。正式实施社会组织“三证合一”统一代码制度，全县社会组织将逐步有序换发加载统一代码的社会组织登记证书，2016年底全部完成换证。婚姻登记、殡葬管理、区划地名等专项社会事务工作严格管理制度，全面提升服务水平，呈现良好发展态势。民政基础设施建设科学规划，不断加大资金投入，为民政事业可持续发展奠定扎实基础。县民政局先后获得“市级文明单位”“全市老龄工作先进单位”“全市民政工作优秀单位”“全市福彩销售总量优秀单位”“全市慈善工作先进单位”等荣誉称号。

【城乡低保】 积极贯彻落实《山东省最低生活保障管理办法》，根据“动态管理”的原则，按照应保尽保等工作要求，规范民主评议、审核审批等程序，对低保对象进行长期公示，定期进行入户调查，有效地促进了城乡低保工作的有序开展。按照省市提标的要求，为进一步保障全县城乡困难群众的基本生活。2016年，继续提高城乡低保标准，将城市低保标准由原来的每人每月380元提高到每人每月400元；农村低保标准由原来的年人均收入低于2600元提高到3402元。至2016年底，全县共保障城市低保对象1502人，农村低保对象17812人，累计发放低保资金4035万元。

【医疗救助】 落实医疗救助政策，深化医疗救助制度改革；规范门诊救助，完善重特大疾病医疗救助制度，拓宽医疗救助范围，实施分类救助，着力提高医疗救助实效。重点救助对象在定点医疗机构发生的政策范围内住院费用，经居民基本医疗保险、居民大病保险报销后的个人负担费用按70%的比例给予救助，年度救助金额10000元。2016年资助重点救助对象参加居民基本医疗保险19995人次，资助金额216万元；门诊救助困难群众8673人次，救助金额59万元；“一站式”医疗救助困难群众3932人次，救助金额217万元。

【五保供养】 认真贯彻执行《农村五保供养条例》及有关规定，切实保障五保对象合法权益，不断提高生活标准。集中供养标准由每人每年5000元提高到6060元，敬老院工作经费提高到每人每年1500元，分散供养标准提高到3900元。2016年，全县共有五保对象2206人，共发放五保供养资金1200余万元。

敬老院的建设与管理，全县共规划建设了城区、阿城、安镇、郭屯、大布、高庙王和寿张等七处中心敬老院，全部投入使用，有床位1800张，占地面积18.9万平方米，建筑面积4.46万平方米。在敬老院管理上，深入执行《阳谷县敬老院百分考核办法》《报帐规定》等规章制度，使敬老院在生活、卫生、安全、财务、生产等方面形成了制度化、规范化、精细化的管理模式。院民零花钱提高到每月40元，每天1个鸡蛋，两顿炒菜，隔天有牛奶，每周三次改善，每月过一次集体生日。在县医院成立了“特困人员救助中心”，通过农合报销和医疗救助，院民住院治疗全部免费。

【慈善捐助】 认真学习宣传贯彻《慈善法》，引导慈善事业加快发展。贯彻落实国家、省和市促进慈善事业健康发展意见的部署，培育发展慈善组织，落实税费优惠政策，吸引公众、企业、社会力量参与慈善事业发展。依托山东慈善信息平台，逐步实现慈善信息管理平台省、市、县三级互联互通，慈善信息面向全社会公开，提高慈善事业的透明度和公信力。2016年，全县累计接收善款420余万元，慈善社会公益捐赠1200余万元。为切实发挥慈善在保障和改善民生中的重要作用，助力阳谷科学跨越发展，助推精准扶贫，进一步打造“大爱民政·懿德慈善”服务品牌，实施了精准扶贫、朝阳助学、夕阳扶老、康复助医、爱心助残、情暖万家等六大工程。全年共发放救助金3251510元，救助困难群众12327人次。

【救灾救济】 全县主要自然灾害是洪涝，2016年共发生自然灾害4次，其中风雹灾害1次，洪涝灾害3次，全县18个乡镇不同程度受灾。经统计，受灾面积4290.7公顷，受灾人口共76366人，直接经济损失3098.1万元。为解决受灾群众生产生活中的困难，县民政局累计发放救灾款146万元、救济面粉5万公斤、救灾食用油600桶、大米600袋，全部及时发放到救灾群众手中，有效的保证了受灾群众的基本生活。开展了以“减少灾害风险，建设安全城市”为主题的防灾减灾日活动，积极推进防灾减灾知识，共发放宣传资料3000余份，定制8块防灾减灾知识宣传画和条幅，设立防灾减灾咨询台，解答群众问题130余条。2016年，对各乡镇灾害信息员进行培训并配发了北斗卫星专用报灾手机，提高了灾情上报的时效性。

【福利慈善】 2016年，中共阳谷县委办公室、阳谷县人民政府办公室下发《关于开展县级领导干部和县直单位负责人“一对一”联系孤儿活动的通知》，共有35名在职副县级以上领导和61名县直单位负责人联系孤儿96

名。11月份，阳谷县民政局、发改局、财政局、老龄办联合下发《关于政府购买养老服务工作的实施办法》，对87名经济困难老年人及重点孤老优抚对象实行了政府购买养老服务政策。通过加大社会养老服务体系建设力度，2016共建设完成了机构养老机构2处，床位140张；日间照料中心2处，床位26张；农村幸福院12处，床位249张。为139名孤儿和事实无人抚养儿童发放生活费110余万元；为851名低保老人发放高龄津贴90余万元；为全县151名困境儿童发放基本生活费90余万元；为400余名生活长期不能自理经济困难老人发放生活费30万元。

【福利彩票发行】 全县福利彩票销售额连年保持较好的增长势头，销量连创新高。2016年，全县共销售电脑彩票2479万元，销售即开型彩票369万元，为阳谷县争取福彩公益金256万元。

【流浪乞讨救助】 县民政局不断加大流浪乞讨人员救助工作力度，努力提高救助管理工作水平。2016年共救助各地流浪乞讨人员213余人次，切实保障了流浪乞讨人员的合法权益。

【双拥工作】 2016年，被山东省委、省政府、省军区评为“省双拥模范县”。9月30日，全县党政军民及烈军属代表在县烈士陵园隆重举行烈士纪念日公祭活动。10月份开展了“双拥法规宣传月”活动，悬挂横幅164幅、印发双拥法规宣传手册3000册、刷写墙体标语1530幅，集中宣传日设立咨询台30个。组织开展“八一”、春节拥军优属茶话会及社会各界的拥军活动。

【优待抚恤】 2016年度，按照国家规定标准共为各类优抚对象发放抚恤定补及生活补助金2745万元，发放义务兵优待金773万元，下拨解“三难”资金8万元。支付参保参合费用240万元，解决医疗费用20余万元。为1户困难优抚对象新建房屋3间，共补助资金1万元。按照省市有关加快推进零散烈士纪念设施集中管理保护工作要求，阳谷县于2012年在狮子楼街道办事处顺发社区开工新建阳谷县革命烈士陵园，占地面积35亩，截止2016年底，墓区、纪念堂、吊唁厅、纪念碑、纪念广场、附属楼、停车场及附属道路全部建成并投入使用，计划总投资1466万元。

【退伍安置】 2016年，全县接收324名退役士兵，安置退役士兵24人，其中转业士官19人，进藏大学生退役士兵4人，全部安置在事业单位，1名城镇退伍义务兵按政策安置到效益较好的企业。为提高阳谷县退役士兵社会就业竞争力，组织69名退役士兵去聊城市参加职业技能培训，参训合格率100%。2016年，县民政局认真做好自主就业士兵数据统计和发放对象的审批工作，共为230名自主就业退役士兵发放经济补助金443万余元。

【基层政权】 2016年，县民政局按照省、市关于基层政权和城乡社区建设的有关要求，不断加大对基层自治和城乡社区建设工作的指导力度，协同组织部对民主管理、民主决策、民主监督工作进行了统一和规范，全县856个行政村普遍建立了民主管理各项制度，各乡镇（街道）均调整充实了工作领导小组，县乡、村民自治体制更加完善，民主管理、民主决策、民主监督各项制度更加健全；加大对城乡社区建设工作的指导力度，健全并落实好各项工作制度，全县17个城市社区居委会充分发挥服务职能作用，建立健全了各项便民利民服务制度，各项工作正常开展。

【殡葬改革】 2016年，继续将殡葬改革工作纳入各乡镇办事处的目标考核，将火化指标对各乡镇办事处进行量化，实行指标管理；县民政局连年开展殡葬改革集中活动，将每年的4月份确定为全县殡葬改革宣传月。通过一系列措施，使全县殡葬管理工作取得显著成效，全县共化尸4862具。为进一步深化殡葬改革，协调指导村级红白理事会充分发挥作用，倡导婚丧事新风，狠刹婚丧事大操大办等违规现象。

【婚姻登记】 认真宣传贯彻《婚姻法》和《婚姻登记条例》，进一步完善新形势下的婚姻登记服务体制，坚持依法办事，文明热情服务，规范化运作。2016年，共办理结婚登记5484对，离婚登记1531对，合格率及补证、建档率均达100%。

【收养登记】 严格执行《收养法》，依法进行收养登记，弃婴公告在指定报刊公告，符合规范要求。2016年办理收养登记1例。

【民间组织和社团管理】 积极推进社会组织管理制度改革，加大社会组织监管力度，优化社会组织发展环境。至2016年底，全县共有依法注册登记的社会组织114个，其中社会团体85个，民办非企业单位29个。

【区划地名】 2016年，全面完成第二次全国地名普查第二阶段任务，完成地名普查内、外业和成果验收准备工作。联合台前县对鲁豫省级界线进行实地检查，完成省级界线年度联检任务。

撰稿人：李尚清　李国栋

县民族宗教局

【机构概况】 1996年7月，设置县民族宗教事务办公室，为副局级行政单位。2002年8月改设为县民族宗教局，为正科级行政单位。2009年年初，有工作人员3人。至2016年底，有工作人员3人。主要职责是贯彻执行党和国家的各项民族宗教政策，发展民族经济，促进民族团结，对宗教事务依法进行监督管理，引导宗教与社会义社会相适应。坚持独立自主自办原则。

【民族宗教概况】 至2016年底，阳谷县少数民族人口约3千人，回族人口占少数民族人口的95%以上，主要分布在全县四个镇9个行政村；现有天主教、基督教、佛教、伊斯兰教四大宗教，信教群众15000余人，宗教活动场所66处，其中基督教56处、天主教6处、佛教1处、伊斯兰教3处，成立爱国宗教团体3个，分别是县基督教三自爱国运动委员会、县天主教爱国会、县佛教协会。

【民族工作】 2016年，全县继续推进民族团结进步事业。争取政策资金，支持少数民族村经济社会事业发展。为民族村——十五里园镇杨武龙村争取省、市少数民族发展资金14万元，建设冬暖式大棚项目。

开展民族团结进乡村、进企业、进学校、进清真寺等活动。县民宗局把民族团结进步宣传教育作为重要内容，9月份集中开展了以“交往交流交融凝心聚力，团结和谐奋进共同发展”为主题的“民族团结进步宣传月”活动，开展了“六个一”：制定一个方案，及时进行安排，确保学习月活动有条不紊的开展；开展一次集中宣传。在少数民族聚居村悬挂宣传横幅20幅，印发宣传页1000余份、

民族团结进步进校园活动

印制宣传材料和民族团结知识应知应会50题各200余份，制作高标准永久性宣传栏20块，安装在三坊清真寺，营造了宣传月的舆论氛围；开展一次宣传教育进校园活动。在张秋镇回民小学开展了“民族团结进步知识有奖竞赛答题”活动，引导孩子们准确掌握党的民族理论和民族政策，牢固树立正确的民族观和国家观，让各族青少年“玩在一起，学在一起，成长在一起”，从小树立民族团结意识，共同维护社会和谐稳定。评选出一等奖5名，二等奖10名，三等奖15名，分别颁发了奖状和奖品。为回民小学争取10万元建立的微机室上半年投入使用，进一步增强了各民族师生民族团结氛围；开展一次民族工作进村庄活动。宣传党和国家的民族政策、法规，了解民族聚居村需要解决的生产、生活上的问题和困难，帮助理清发展思路；开展一次清真食品检查活动。对省、市伊斯兰教协会监制的8个清真食品企业进行了检查，维护少数民族合法权益；对少数民族困难群众进行一次走访慰问，送去慰问品。

积极为少数民族群众办实事。7月7日开斋节期间，县民宗局代表县委县政府为清真寺送去现金和面、油进行慰问并提前与有关部门和张秋镇、阿城镇政府沟通，全面做好各项工作，确保了开斋节安全。及时足额为3名驻清真寺阿訇发放生活补助每人每月300元，使阿訇充分感受到了党和政府的温暖，更好的发挥好宗教教职人员的作用。及时发放穆斯林群众春节牛羊肉价格补贴每户300元。共为27名符合条件的少数民族中考考生办理了审核上报手续，并将考生情况在县政府网站进行公示接受监督。

【宗教工作】 *充实完善宗教基础信息* 建立了宗教活动场所及教职人员信息录入查询系统；为2名基督教长老进行了主要教职人员备案；推荐市佛协成立会议4名代表并进行了政审，阳谷县推荐的释仁海被选为市佛协副会长；对阳谷宗教网站基本信息进行了统计备案；对阳谷基督教房产归属情况进行了统计备案；对阳谷县登记的宗教类社会团体信息统计备案；对全县民宗系统进行了地名普查，建立了查询系统；对阳谷县文物保护单位宗教活动场所情况进行了调研并形成报告。

加强宗教政策法规宣传 6月1日，在基督教阳谷教堂会议室举行了有各宗教团体负责人、各宗教活动场所负责人、宗教教职人员近百人参加的，以“学习贯彻全国宗教工作会议精神”为主题的“宗教政策法规学习月”活动启动仪式，并进行了全国宗教工作会议精神和宗教政策法规集中培训。启动仪式上，发放《宗教政策法规读本》200余册、《宗教教职人员行为规范》塑封卡片200余张、《宗教活动场所财务监督管理办法》《和谐宗教活动场所创建标准》等各类宣传资料300多份。学习月活动中共悬挂宣传横幅60条、印发宣传资料4000余份，还通过座谈会和礼拜日进场所解答问题等多种形式，认真开展

宗教法规政策进团体、进场所、进信众。多数宗教活动场所举办了一期板报专栏，宣传全国宗教工作会议精神和宗教法律法规。通过系列活动，宗教教职人员和信教群众的素质有新的提高。

加强宗教教职人员和宗教界人士培训 3月21日，召开了以“规范”为主题的创建“和谐宗教活动场所”工作会议，集中学习了省各宗教团体制定的《宗教教职人员行为规范》，对宗教教职人员进行了行为规范培训，增强了规矩意识。11月3日，举办了全县宗教界人士培训班，全县各宗教团体和活动场所主要负责人、宗教教职人员100余人参加培训。突出“新要求、新理念”的主题，集中学习了全国、全省宗教工作会议精神和“宗教政策法规”，围绕“依法管理宗教活动场所”、创建和谐宗教活动场所、识别抵制邪教等内容，对宗教界人士了进行全面培训，使宗教活动场所负责人及宗教教职人员进一步深刻了解了当前宗教工作面临的形势，统一了思想、理清了思路，增强了宗教界学法知法守法用法的意识。12月10日，召开会议对“和谐宗教活动场所”创建工作进行了总结，表彰了成绩突出的10个宗教活动场所并授予奖牌，增强了各场所参与创建活动的积极性和自觉性。

组织宗教教职人员宗教政策法规培训

【推动民品企业优惠政策落实】 分别为凤祥股份有限公司、鲁信清真食业有限公司两个民品企业争取到2016年民品企业贴息贷款额度5.9亿元、0.6亿元，有力促进了企业的发展。6月6日，省委统战部调研检查组到凤祥股份有限公司实地调研检查，对我县民品工作给予充分肯定。

【推进宗教公益慈善活动】 推进宗教公益慈善活动常态化和制度化。开展日常的宗教公益慈善活动。如佛教海会寺慈善门诊，雇请1名中医常年坐诊（海会寺发工资），以进价售药，对贫困病人免费诊疗。收留的残疾弃婴成长良好，筹集3万元为其安装了丹麦进口耳蜗。基督教探访组常年坚持对患病或者家庭出现重大变故的教徒以及教外群众进行探访慰问，并送上慰问品；节日期间集中开展宗教公益慈善活动。每年中秋节海会寺都为阿城敬老院送月饼、水果等。

腊八节在免费施粥的同时，为几个敬老院各送一桶腊八粥；春节前确定近百个贫困户，送上米、面、油等。基督教三自爱委会春节前在7个牧区各确定部分贫困户，送去慰问金和面粉、食用油等；天主教在自养相对困难的情况下，每年也挤出2～3千元慰问贫困教友；积极开展“宗教慈善周”活动。8月份的第3周是第五个“宗教慈善周”，各宗教积极响应民宗局号召，围绕“慈爱人间、五教同行、爱国爱教、服务社会”的主题，积极参与“宗教慈善周”活动，筛选确定5户贫困户为救助重点，每户救助了现金2000元和价值200元的面粉、食用油，总价值11000元。同时，县民宗局还指导各团体自行开展了宗教慈善活动。县基督教慰问资助了20个本教内贫困家庭，送去了总计8000元的慰问

宗教慈善周助学活动

金和慰问品；海会寺慈善门诊连续一周免费诊疗送药，继续对两名资助的贫困大学生予以资助。天主教慰问了10户贫困教友，送去慰问品达2000元，展示了宗教界服务社会、乐善好施、扶危济困的良好形象。阳谷县基督教三自爱国运动委员会被省宗教局评为“全省宗教公益慈善工作先进集体”。

县老龄办

【机构设置】 1988年，成立阳谷县老龄问题委员会，后更名为阳谷县老龄工作委员会办公室，为正科级参公管理的事业单位，归属党群口。老龄委办公室系县老龄工作委员会具体办事机构，统筹协调全县老龄工作和老龄事业发展等各项工作。至2016年，全县60岁以上老人15.18万人，占全县总人口的18.50%。2016年9月被中共聊城市委、聊城市人民政府表彰为“聊城市老龄工作先进单位”。

【老龄组织建设】 县委、县政府高度重视老龄工作，健全了县、乡、村三级老龄组织网络。县老龄工作委员会主任由县委副书记兼任，46个县直单位为老龄委成员单位；乡镇街道老龄委主任由书记兼任，党委组织委员兼任老龄办主任；全县864个行政村（居）全部建立了老年人工作委员会，村支部书记、主任兼任老工委主任。

【老年活动场所建设】 至2016年底，全县672个村（居）建设了老年人活动场所，占总村数的77%，基本实现了老年活动“有组织、有人员、有活动、有场地、有经费”的“五有”目标。

【老龄宣传工作】 县老龄办联合县广电中心开辟了《孝道阳谷》专题栏目，对涌现出来的孝亲敬老典型进行专题报导，2016年播出7期，在全市、全省都有一定影响；下发了《关于认真学习贯彻习近平总书记在中央政治局第三十二次集体学习时的重要讲话精神的通知》，认真学习贯彻习近平总书记关于老龄工作重要讲话精神；积极参加了省“十三五”老龄事业发展规划座谈会，对全省“十三五”老龄事业发展规划的制定提出了四条建议。

【“敬老月”庆祝活动】 出台了《关于开展2016年“敬老月”活动的通知》(阳办发〔2016〕22号)，对全县“敬老月”活动进行部署；开展走访慰问活动，县委、人大、政府、政协主要领导和分管领导于老年节前，走访慰问了养老服务机构和百岁老人。乡镇街道党委负责人走访慰问了辖区内的百岁老人和困难高龄老人，百岁老人专访实现了全覆盖；全县60多个县直部门、20余家爱心企业也开展了走访慰问活动，为老年人送去慰问品和慰问金，让他们感受到党和政府的关怀。10月9日在红星广场举行“庆祝九九老年节健身展演”，县委副书记崔新乐等出席。县电视台连续播发田中俊书记、何宪卓县长《致全县老年人和老龄工作者的慰问信》，副县长杨廷军代表县委、政府发表电视讲话，向全县老年人致以节日的祝贺。县广播电视台集中报导了阳谷县的“敬老月”各项活动，在全县营造了浓厚的尊老敬老氛围。

【老年人权益维护】 加强老年维权示范站创建工作，继2015年县公安局成功创建老年人权益维护示范站之后，2016年5月又申报了景阳冈中心法庭创建全省老年人权益维护示范站，推动维护老年人权益工作顺利开展。县司法局法律援助中心开通老年人维权绿色通道，成立老年人志愿律师团，设立小区老年人法律援助站，拓宽老年人法律援助管道。县法院和中心法庭均设立老年人维权合议庭，审理涉及老年人的财产、赡养、人身等纠纷的案件。对部分老年人到人民法院参加诉讼有困难的案件，采取现场开庭、巡回办案、就地办案等多种灵活方式进行审理，取得了良好的社会教育效果。加强敬老文明建设，积极开展国家和省“积极文明号”创建活动，2016年，齐鲁银行阳谷支行被国家老龄委命名为“全国敬老文明号”。至2016年底，全县获国家、省级颁发的“敬老文明号”的单位有四家。

【高龄津贴制度】 做好百岁老人和90～99周岁老人信息采集工作。按照“不漏报、不错报”要求，10月份，启动了90～99周岁老人摸底和信息采集工作。继续做好长寿补贴发放工作。2016年，全县90岁以上高龄老人共有2439人，财政补贴123.8万元，11月份通过县财局集中支付方式将高龄补贴款划拨到各乡镇财政所，由各乡镇按统计名单发放，百岁老人47人，百岁长寿补贴逐一送到老人手中，做到“发放到人、款项到月”。

【银龄安康工程】 8月23日，召开了“全县银龄安康工程工作会议”，县委副书记崔新乐、副县长杨廷军出席会议并做了重要讲话。2016年，全县投保金额249万元，完成市分配任务的231%连续两年位列全市第一名。全力做好协调理赔工作。出台了《关于做好银龄安康工程理赔服务工作的意见》，规范了理赔服务程序，协调、督促人寿公司做好理赔各项工作。8月至12月，银龄安康工程全县理赔案件123例，理赔金额37万余元。县老龄办被市老龄委评为2016年度全市银龄安康工程工作特等奖。

县残联

【机构概况】 2016年，阳谷县残疾人联合会（以下简称县残联）有在职职工18人，领导职数1正2副。内设办公室、教就部、组宣部、康复部。县残联在县委、县政府的领导下和上级残联的业务指导下，认真贯彻《中华人民共和国残疾人保障法》，中央7号文件精神，按照“人道、廉洁、服务、奉献”的要求，围绕全县工作重点，精心实施民生工程，认真完成残疾人事业“十二五”计划纲要的目标任务。2016年，阳谷县被省政府残工委授予“全省残疾人工作先进县”荣誉称号。

【康复工作】 以实现残疾人“人人享有康复服务”为目的，认真组织实施各项康复工程。实施重度精神病患者救助工程。2016年，累计为30名重度精神病患者实施三个月免费住院治疗救助，为66名贫困精神残疾人实施了服药救助。实施0～6岁残疾儿童抢救性康复救助工程。全年为19名残疾儿童争取到人工耳蜗手术救助，为68名残疾儿童争取到“0～6岁残疾儿童抢救性康复救助项目”“七彩梦行动计划”和“彩票公益金救助项目”

康复训练补贴。实施残疾人辅助器具适配救助工程。免费发放轮椅120辆，免费发放各类残疾人其他康复医疗功能训练、日常生活辅助器具120件（套）。

【教育和就业】 实施残疾大学生励志助学金项目。对新入学2名大学本科残疾学生进行救助。每生救助6000元，共计1.2万元；对12名0～6岁贫困残疾学前教育儿童实施救助，每生每年救助3000元。实施“千牵万•互联网+残疾人就业创业扶贫工程”。全年，共举办培训班2期，累计为57名残疾人免费开展了职业技能培训，为50余名农村残疾人进行了实用技术培训。实施省级“万名盲人按摩师培养工程”。2016年免费培训2名盲人按摩师，并对其自主开办按摩店进行扶持。

【扶贫与社会保障】 2016年，对贫困残疾人继续加大扶贫力度，以残疾人精准扶贫为抓手，推动残疾人同步小康。按照省、市、县精准扶贫和脱贫攻坚工作要求，全面推进落实了残疾人精准扶贫工作。认真制定了《阳谷县扶残脱贫助力行动的实施方案》（阳残联发〔2016〕18号），对全县残疾人脱贫攻坚工作进行了安排部署；开展了残疾人精准扶贫建档立卡工作，对精准扶贫数据库中残疾人情况进行了核实，确保不漏一户、不落一人。全县纳入精准扶贫建档立卡的残疾人有1555人；落实了精准措施。充分利用残疾人信息系统对纳入精准扶贫的残疾人各项数据进行了分析，根据他们的家庭状况和生产生活情况，制定了贫困残疾人口年度减贫计划。按照计划，对有就业能力和意愿的扶贫对象，重点帮助创业就业，通过发展经济增加收入。同时，结合他们的实际需求情况，采取兜底保障、产业扶贫、就业培训、教育医疗脱贫、结对帮扶等措施，分类施策，帮助他们增加经济收入。安排党员干部和职工积极与有从事产业发展意愿的贫困残疾人家庭“认亲”结对，并通过帮、包、带、扶等形式帮助残疾人增加收入，确保如期脱贫。

实施省、市“第一书记”帮包村助残扶贫项目和基层党组织助残扶贫工程。积极协助组织部门开展省、市“第一书记”帮包村助残扶贫项目。省“第一书记”帮包村助残扶贫项目每户残疾人家庭帮扶1300元，救助贫困残疾人家庭179户，其中李台镇47户，金斗营镇103户，十五里园镇29户，救助资金达23.27万元；市“第一书记”帮包村助残扶贫项目每户残疾人家庭帮扶1000元，救助残疾人家庭68户，救助资金达6.8万元。累计救助贫困残疾人家庭247户，资金达30.07万元。

全力配合民政部门做好残疾人两项补贴工作。按照上级统一部署，6月底残疾人两项补贴工作与民政部门顺利完成了交接。9月底，县残联对全县18个乡镇（街道）的所有享受残疾人两项补贴人员的的残疾人证完成了审核工作。

【信访维权】 充分发挥残疾人综合服务室办理二代残疾人证和接访残疾人功能，提升残疾人服务的能力。针对部分重度残疾人办证难问题。积极协调中医院，先后组织3次下乡上门办证活动。为近100名重度残疾人开展上门办证服务，深受残疾人和群众的好评。2016年，累计办理残疾人证1300余人次，接待、办理残疾人和家属来信来访200件次，对残疾人来信来访反映的所有问题和困难都给予积极答复和落实。实施残疾人家庭无障碍设施改造项目。争取省、市无障碍设施改造项目器材近300件次，为35户贫困肢体残疾人家庭进行了无障碍改造。另外发放沐浴凳、盲杖、闪光门铃等器具100余件次。

【组织建设】 全面完成阳谷县残疾人服务状况和信息数据动态更新工作。从2016年7月1日起正式开展动态更新工作，经过两个半月的积极努力，组织动员残疾人专职委员、乡镇（街道）办基层干部近900人组成的入户调查队伍，分别对13738名已核查持证残疾人进行入户调查，动态更新工作的顺利完成，为全县有针对性开展残疾人权益保障工作提供了技术支持。

【宣传教育】 县残联坚持“以宣传为重点，以活动为特点，以增强凝聚力为出发点”的工作思路，扎实开展宣传文体工作。认真组织开展了元旦春节慰问活动和“全国助残日”“爱耳日”等宣传咨询活动，并通过张贴标语、悬挂横幅、上电视台宣传报道，大力营造了全社会扶残助残的良好氛围。印制了《康复知识手册》500本，在爱耳日、爱眼日、扶贫日、法制宣传日等节日上组织残联机关全体干部职工上街散发，进行宣传活动，让全社会更深入的学习和了解有关残疾人康复、教育、就业、社会保障等方面的法律法规，增强维护残疾人合法权益的意识。以电视、报纸、信息为载体，大力宣传残疾人事业。全年共上报信息6期，编发活动简报8期。重视残疾人运动员选拔工作，报送运动员5名。

撰写人：张玉龙

阳谷

YUANQU XIANGZHEN JIEDAO

园区·乡镇·街道

阳谷

YUANQU XIANGZHEN JIEDAO

园区·乡镇·街道

陽穀年鑒

祥光经济开发区

【机构概况】 阳谷祥光经济开发区筹建于1998年11月，原名为阳谷县民营工业园区管理办公室，为县政府临时机构。2001年6月30日，更名为：阳谷县民营工业园区管理委员会，隶属县政府，为正科级事业单位。2002年3月3日，更名为：阳谷开发区管理委员会。2006年4月30日，通过国家发改委审核，省政府正式批准为：省级开发区。2010年7月，更名为：阳谷祥光经济开发区，负责开发区的规划建设、开发管理、引资招商、协调服务等，全权为项目引进、土地征用、项目建设、企业管理、优惠政策的落实等提供服务。

【经济发展】 2016年，开发区入区企业达102家，规模以上企业主营业务收入500亿元，增长10.09%；完成固定资产投资85亿元，增长19.3%；工业利税48亿元，同比增长9.01%。区内规模以上企业实现工业税收3.02亿元。

【园区建设】 *基础配套设施逐步完善* 重修了长江路道路、新修天盾路、三八渠西路道路；新建三八渠西路和B区二路东段雨水工程；启航路144盏路灯已安装完毕，现已投入使用；对聊阳路、齐南路、东信路等区内路灯进行了维修和管护；对三八渠西路、B区二路东段绿化带进行了绿化，对聊阳路、齐南路部分绿化苗木进行移植和补栽，绿化面积达51万平方米。

入区项目建设 开发区始终把项目建设作为经济发展的突破口，将项目建设纳入大督查机制，明确时间节点，倒排工期，挂图作战，确保新上项目早日投产达效。2016年，开发区重点工业项目7个。太平洋光纤光缆光纤拉丝二期、安泰单采血浆、同鑫电缆、青岛暖阳等在建项目建设顺利，其中同鑫电缆、青岛暖阳已建成并投入生产。贵合科技无人机、晟源防水材料、金蔡伦新型建材项目正在办理落地相关准备工作。

招商引资 开发区成立专业招商队伍，积极开展自主招商。成立了3个招商小组，将任务目标进行层层分解。定期考核，严格奖惩。围绕阳谷县五大主导产业招商。围绕产业目标，拓展产业渠道，了解产业情况，掌握投资动态，及时跟踪，有效推进。立足本土优势，开展精准招商，在产业招商上下功夫，精准分析产业上下游，以承接产业转移、完善产业链条为主攻方向，引进产业链前端、价值链高端的优质项目，实现光电信息产业向高端前沿提升、塑料化工产业向优化结构努力、轻纺及汽车饰品产业向做大做优转变。强化以商招商，加强与区内企业的联系，宣传招商政策，收集招商信息，充分调动企业招商引资的积极性。鼓励社会各界向开发区引进、推荐项目，鼓励有实力的大企业投资基础设施。通过招商引资，开发区2016年入驻青岛暖阳、晟源防水材料、安泰单采血浆等项目。

优化发展环境 优化发展环境优化工作流程，简化审批程序，提高审批效率，确保项目持续在最快时限内"一站式"完成。严格落实项目跟踪服务制度，对重点项目实行分工负责制度，从立项、供地、建设、投产实行跟踪服务，随时解决项目建设中出现的具体问题，全面提高服务水平。严格落实鲁政办〔2013〕36号文件规定，严格把控好入区项目亩投资强度、亩均产值税收几大关口，提高入区项目的贡献率。提高办事效率，强化监督措施，严肃查处"三乱"，维护开发区良好的投资环境和生产经营秩序。

学习贯彻《山东省经济开发区条例》《山东省经济开发区条例》（以下简称《条例》）于2016年7月22日经山东省第十二届人民代表大会常务委员会第二十二次会议通过，是山东省第一部调整全省经济开发区的地方性法规，开发区管委会高度重视、迅速行动，多级联动，层层抓落实。召开了全体干部大会，组织收看省政府召开《条例》解读电视电话会议视频，并就学习贯彻《条例》进行座谈研讨。将《条例》学习宣传作为“七五”普法的重要组成部分，充分利用广播、电视、网络等新闻媒体加大《条例》的宣传，并在开发区主要道路制作《条例》宣传广告栏。对照《条例》查找开发区自身存在的不足及差距，研究贯彻落实《条例》和促进开发区发展的政策措施。着力把开发区打造成“改革开放的先行区、经济转型升级的引领区、创新驱动和生态文明建设的示范区，带动地区经济发展”。

祥光生态工业园区

【机构概况】 山东阳谷祥光生态工业园区（以下简称“园区”）始建于2009年，是以祥光铜业为龙头规划的铜产业园区。2010年8月，省商务厅批准设立祥光铜业科技园；2012年2月，经县委、县政府批准，县编办发文（阳编发〔2012〕1号）设立山东阳谷祥光生态工业园区管理委员会，管委会作为县政府的派出机构，对园区实施统一领导、统一规划和统一管理；2012年12月，阳谷县人民政府办公室发文（阳政办发〔2012〕124号）设立阳谷祥光生态工业园发展服务中心，负责研究制订园区的发展规划和工作措施并组织实施；承担综合分析园区建设和发展情况，协调解决园区建设中的有关问题；维护园区企业的合法权益；负责园区内各项基础设施的开发建设和管理。

【发展概况】 园区以祥光铜业为龙头规划建设，是以铜冶炼、铜精深加工、铜再生资源利用为主的产业园区。2013年2月，园区被国家环保部、商务部、科技部联合批准为国家生态工业示范园区，成为我国县域经济和有色金属行业中第一家国家级生态工业示范园区，是国家级新型工业化产业示范基地，是山东省“城市矿产”示范园区。在全市重点工业园区考核中，连续两年获得一等奖。2016年，实现主营业务收入454.1亿元，利税17.5亿元（含进口增值税），上缴税金1.86亿元，进出口贸易总额达38.12亿美元。

【园区建设】 *基础设施趋于完善* 2016年，铺设富强大道南段、祥光南路东延等道路2.8公里，奥德燃气项目投入运行，解决了园区工业、生活用气问题。截至2016年底，园区先后建成祥光大道、祥瑞路、祥光路等道路，通车里程达到27.2公里，形成了“四纵四横”的路网格局，完成绿化44.5万平方米，排水管网46公里，供水管网9.1公里，建成日处理能力3万吨的污水处理厂1座，220千伏、110千伏变电站两座。

产业项目加快发展 园区龙头企业——祥光铜业是中国第一家、世界上第二家采用闪速熔炼和闪速吹炼工艺的生态铜冶炼企业，自主研发且具有自主知识产权的祥光超强化旋浮铜冶炼工艺等专有技术，在世界上第一个实现旋浮智能冶炼和自热冶炼，被国务院授予国家科技进步二等奖，获得第十六届中国专利奖金奖。祥光铜业建成后，园区围绕铜产业链条的延伸，利用阴极铜的原料优势，相继引进了祥瑞铜材、中大矿缆、绿灯行电器、鑫辉电缆、昊辉电缆等铜加工企业。同时入驻了机械制造、家用电器、农用机械、食品加工等企业，建设了医疗、教育、水库建设

等新城配套项目。2016年园区省市县重点项目8个，分别是联亿重工、西川食品、大唐瓷业、鲁西南医院、雨洪资源利用工程赵王河水库、昊锐钻具、6万吨冻品鸡肉深加工、食品研发中心等项目，总投资115亿元。其中，联亿重工项目北车间、昊锐钻具、食品研发中心等3个项目已完工，进入试生产阶段；其他几个项目正在进行紧张施工。截至目前，入园企业已达25家，主要产品有高纯阴极铜、铁路架空导线、铜杆、铜板带、精密铜线、电磁扁线、特种电缆、电器产品和机械设备等，涉及电力、铁路、家电、机械等多个行业，形成了年产60万吨阴极铜和40万吨铜精深加工产品的生产能力，铜产业链条逐步完善。

招商引资成效显著　2016年，按照县委、县政府的安排部署，园区充分发挥园区经合局的平台优势，在做好常规招商引资工作的同时，重点做好长三角地区的铜产业专题招商。组织专门队伍对筛选出的70余家铜深加工企业进行登门拜访，不断加大洽谈跟踪力度，与多家企业达成合作意向。通过招商引资工作的强力推进，投资1.2亿元的祥瑞铜材镀锡拉丝项目已建成；总投资10.5亿元的年产6万吨冻品鸡肉深加工项目和年产5万吨熟食加工项目相继落地建设；投资60亿元的华能祥光发电项目前期手续办理顺利，多个铜精深加工项目正在洽谈。

【祥光新城建设】 按照中央“五化同步”、产城融合的发展理念，根据县委、县政府“两城一带一区六园”的总体发展思路，依托有色金属和绿色食品两大产业的带动，正在全面推进祥光新城建设。2016年，在研发中心、凤栖湾一二三期、铜谷中小学、铜文化广场、景观水系等项目建成的基础上，新开工建设省级重点项目——鲁西南医院、省级雨洪资源利用工程赵王河水库、铜谷中小学扩建、祥光新城幼儿园、“如意公园”“石佛公园”、凤栖湾四期等项目，其中鲁西南医院建成运营后，将成为集医疗、康复、科研、教学、预防保健为一体的大型三级综合性医院，推动祥光新城医疗养生养老产业的发展，大幅度提升鲁西和鲁西南地区医疗健康的服务能力、服务质量和服务水平，一期工程2017年底可建成运营。雨洪资源利用工程赵王河水库建成后将为有色金属、绿色食品以及即将落地的热电联产等几大产业提供充足的水源保障，在祥光新城内形成城中有水、水中有城、城河湖一体的独特城市布局，与江北水城遥相呼应。新城框架将不断拉大，配套工程不断完善，园区承载力不断增强。计划通过几年的不懈努力，将祥光新城尽快打造成为阳谷经济社会发展的次中心和向聊城市区辐射发展的“桥头堡”，实现以产兴城、以城促产、产城互融。

侨润街道

【概况】 侨润街道办事处地处鲁西平原，黄河北岸，阳谷县城东北部，地势平坦，土层深厚，土质肥沃。由于地处黄河故道，泥沙淤积形成了缓岗、缓平坡和浅平洼地貌类型，地理位置优越，交通便利。总面积45.7平方公里，耕地面积2644公顷。辖32个行政村，总人口5.8万人。2016年12月29日，中国共产党阳谷县侨润街道第三次代表大会召开，选举产生了新一届党委领导班子和纪委班子。2016年获得主要荣誉有：省、市、县三级安全生产先进单位，全市招商引资工作先进乡镇（街道），全市平安聊城建设模范乡镇（街道），全县2016年科学发展综合考核二等奖，2016年度党建工作先进单位，2016年度城乡建设工作先进单位，全县宣传思想文化工作先进集体。

【国民经济】 全年实现公共财政收入1.25亿元，完成全社会固定资产投资28亿元；招商引资7.5亿元。2016年，城镇居民可支配收入27719元，农民人均纯收入达15125元。

【农业】 2016年，修缮农村生产桥2座，清挖沟渠6000米，新打机井14眼，危房改造26户。完成农业科技培训6550人次，发放科普资料2500余份，发展农民科技示范户40户。新增测土配方施肥1200亩，病虫害防治面积增加至14000亩。实施齐南路、聊阳路、阳张路等重要路段的路域提升工程，新增造林500余亩。做好了美国白蛾防控工作，有效遏制了美国白蛾蔓延。

【民营经济】 民营经济固定资产投资13亿元，企业700余户，个体工商户4202户；新增规模工业企业2户，达到20户，实现工业总产值41亿元，主营业务收入39亿元；新增限额以上贸易企业2家。完成工业投入10亿元，其中技改投资7.5亿元。

【城乡建设】 2月份，完成了城角孟住宅回迁分配的扫尾工作，全部城角孟拆迁居民圆满实现了回迁。和实力雄厚的河南融顺房地产开发有限公司签订合作建设协议，城角孟回迁商业顺利开工建设。完成了北三里小学、狮子楼小学、阳谷外国语学校和中学操场近300亩地的征地、迁占。五里庙、郭围子、北徐、辛菜郭4个村共计562户居民陆续实现回迁，极大改善了当地居民的居住生活条件。6月份，顺利完成了县社、棉麻、运输公司、小车队311户的棚户区拆迁，拆迁面积31388平方米。至年底，回迁楼主体已完工。7月份，完成了因聊阳路拓宽而需要拆除的杨庄村路段的拆迁任务。建筑面积100750平方米的新世界城市综合体，完成商住楼的建设并投入运营。城角徐、谷庄城中村改造稳步推进。城建重点工程完成顺利，建筑面积15万平方米的万和城一期8栋高层住宅楼已完工，二期正在建设施工中；建筑面积1.9万平方米的县中医院翡翠花园小区，已完成建设；城角孟临街门市回迁13000平方米，西区正负零已建设完毕，东区地下二层已浇筑。

【社会事业】 全年，共收缴城乡居民养老保险费4918200元，14560人。收缴城乡居民医疗保险费654.5万元，38500余人，实现了应保尽保。街道社区卫生服务中心累计门诊报销75.8603万元，34464人次，住院报销269.5271万元，1504人次，大大减轻了群众的看病就医负担。办事处组织社区卫生服务中心每年为65岁以上老年人免费体检，全年共计体检6200余名。每季度为辖区群众免费检测一次血糖，对高血压、糖尿病等重点人群随时跟踪服务，满足群众的基本医疗保障。

严格落实中央、省市县扶贫开发工作会议精神和工作部署，在精准施策上出实招，在精准推进上下实功，在精准解困上见实效。全年实现脱贫户数418户，1012人，完成脱贫任务的60%以上。推荐30多家企业、合作社进行金融扶贫生产贷款，至2016年底，贷款到位资金900万元，帮助125户贫困户实现就业或发展獭兔养殖；帮助46户贫困户建立信贷证信登记，其中3户已领到农户富民生产贷款11万元，用于发展种养殖业。对因病致贫的贫困户，在医疗保险报销的基础上，帮助申请二次报销；利用节假日组织侨润卫生院开展免费义诊扶贫活动，免费义诊100余人次；先后帮助4名患白内障贫困户免费治愈了眼疾。对无劳动能力的户，凡符合政策的全部纳入低保、五保救助。对贫困户有子女就读高职或大中专的，积极帮助他们申报国家“雨露计划”项目，为4个困难家庭申请发放专项补助资金9000元。争取上级资金60余万元对26户贫困户危房进行了改造，并为缺少家具的6户贫困户新购置了床、桌子、厨子和被褥，实现了稳定入住。

大力开展环境保护治理工作，关停取缔“土小”企业13家，治理黑臭水体9处，整顿取缔搅拌站、砂石料场、停车场18家，督促68家燃煤服务业全部改造为使用燃气、油、电，严禁垃圾、秸秆焚烧，开展散煤治理，推广使用清洁煤860余吨，辖区生态环境质量得到有效改善。

【人民生活】 完成东西焦海、门庄等六个村的美丽村庄连片整治，新建硬化道路32937平方米，新修排水沟9438米，新修路灯155盏，栽植乔木6694棵，栽植灌木草皮花池等33054平方米，粉刷及手绘文化墙47142平方米，真正达到了美化、亮化、绿化。完成9个村1600余户的旱改厕任务，改善了群众的人居环境。投资200万元，对西八等18个村办公室、文化广场进行升级完善；向上级争取图书7万余册发放到7个村庄，积极争取各种文艺器材，极大丰富了辖区居民的文化娱乐生活。

【特色产业】 特色产业为电缆、塑胶、纺织业、挂车零部件生产，特色产业对地方财政的贡献率达30%。代表企业有山东中通电缆有限公司、山东东信塑胶有限公司、山东亨博尔服饰有限公司和阳谷飞轮挂车有限公司。

山东太平洋电缆有限公司　成立于2012年12月，在各级领导及有关部门的大力支持和全体员工的共同努力下，公司规模不断壮大，筹建年产20000公里风能电缆项目，总投资2.3亿元，建筑面积47000平方米，占地面积100亩，现有职工300多人。公司现有风能电缆、电力电缆、矿用电缆、辐照电缆、特种电缆等产品，以“阳缆”牌为注册商标。

公司拥有生产设备68台（套）。建有导体、交联、混炼、动力四个车间、一个科学实验楼。引进德国特乐斯特公司全自动化生产线，采用世界上最先进的三层共挤技术。其主导产品矿用光用复合缆、辐照交联电缆、高分子聚合物等高端电缆具有良好的耐高温、耐紫外线、耐腐蚀性能，耐高温等级可达到200℃，使用寿命长达50年，均为普通电缆的两倍以上，广泛应用于煤矿开采、车辆船舶、航空航天等领域。

公司本着“创一流企业、造一流产品、送一流服务、高端品牌”的宗旨，以其雄厚的技术力量，先进的工装设备、齐全的检测手段，保证产品的可靠质量，本着优质的服务理念和合理的价格，把产品广泛应用于电力、水利、煤炭、石化、冶金、建筑、铁道、交通及城市基础设施建设领域。并不断优化资本结构、产业结构、组织结构、人才结构，全力推进行业发展。

山东东信塑胶有限公司　位于历史古城—山东阳谷（英雄武松打虎的故乡），公司是一家现代化股份制企业，项目总投资10亿元，占地面积400多亩，厂房面积60000多平方，员工400多人，现有阳谷和茌平两个生产基地、一处研发中心。拥有100多条塑料挤出机，50台大型精密注塑机，实现年产值达二十万吨。公司已通过ISO9001质量管理体系认证、ISO14001环境体系认证GB/T24001职业健康环境认证，被评为用户信得过企业，市级守合同、重信用企业，是中国塑料加工工业协会、中国水利企业协会、中国工程建设标准化协会会员单位和水利部农村饮水安全中心重点推广单位，并被评为全国建材系统质量信誉服务AAA级企业。

主要产品有公司主要生产“狩猎人”品牌PE、PVC、PPR、PERT管材管件，PVC

电工套管、塑钢型材、塑料检查井、塑料化粪池、大口径PVC供排水管道、一体化水处理集成装置等系列产品。产品广泛应用于水利工程、建筑房产、市政工程、城市给排水工程、工业制造、化工电解等领域。

东信特色。合作信发集团具有原料、自发电低成本的优势，打造规模生产为基础；合作山东建筑大学成立研发中心，建设国家级塑胶实验室，以技术创新为战略核心的发展目标；自行研发制造Φ2000毫米的管材，是世界上最大的PVC管道；现有注塑机6800吨锁模力，可生产管道配套产品，发明多项塑胶模具的专利技术，参与起草塑料检查井标准，形成了独具创新特色企业。

东信战略：公司以“创建塑胶行业加工厂打造最佳工程供应商”为发展基础，以“创所未想　智造管业”为技术创新核心战略目标，立信标秀，让东信“狩猎人”系列产品服务于社会，致力完成三年上市、树百亿战略目标的宏伟蓝图，铸就东信塑胶百年品牌企业。

阳谷东润建工集团有限公司　始建于2003年，坐落在打虎英雄武松的故乡——阳谷，公司共分两个办公区，集团公司总部位于阳谷县省级经济开发区166号，公司南区位于阳谷县振兴路5号。集团公司主要由东润建筑工程有限公司、东润机械有限公司、金城房地产开发有限公司、东润商务宾馆、金牌物业有限公司五个独立核算单位组成，现已形成多元化大型企业集团公司。集团公司注册资金6000万元，现有干部职工1200人，固定资产1.9亿元，大中型设备300台，年实现总产值10亿元，完成上交税金1900万元。

东润建筑工程有限公司、金城房地产开发有限公司和昌源置业有限公司为施工开发总承包贰级企业，近年来先后开发建设了阳谷县委党校办公区、住宅区、东润清华园小区、李台镇嘉和花园小区、东润云顶公馆小区、七级古镇开发工程、东润华庭小区、明珠嘉苑小区、金水嘉苑许庄新村建设工程、七级黄河沉沙池区移民工程、南水北调大型管网工程、教师新村10#楼及教育危改工程等典范工程共计110万平方米，多次被省市县评为优秀开发建设企业，并荣获省科技示范工程、市水城杯奖、双十佳优良工程10处，现已形成了自主开发、自主施工建设、自主物业管理的一条龙建设服务企业。

东润机械有限公司主要生产经营“武松”牌振动棒系列产品软轴、软管、塑钢窗，年产值1.5亿元，产品深受国内外客户的一致好评。

集团公司自成立以来，在董事长、总经理朱月成的带领下，积极投身于公益事业，几年来捐款、捐助慈善事业700余万元，公司多次被省市县评为先进企业、消费者满意单位、市级道德模范先进单位、省级文明单位、市工会工作先进集体、爱心捐赠企业；董事长、总经理朱月成当选为市、县人大代表，荣获富民兴聊劳动奖章、县爱心慈善大使、聊城市优秀企业家等荣誉称号。

山东亨博尔服饰有限公司　公司前身山东阳谷税务标志服装厂，始建于一九九二年，现有员工500多人，生产车间9600平方米。为扩大生产规模2012年投资2亿元，占地50余亩，新建生产车间及公用设施2.5万平方米。引进日本JUKI型高压定型流水线，美国CAD电脑打版系统及电脑载床，德国电脑程控上袖机，德国杜邦开袋机，锁眼机等半自动化高速缝纫设备650台，特种设备45台，其中包括日本高档裤腰成型机、撬边机、平头机、圆头机、之子机、临缝机、衬衫生产专用机等。

企业遵循“争天下先争人”的原则，从上海纺织学院服装系、山东服装研究所等地聘请了国内著名专业工程师做为该厂技术总监，现配有高级设计师6名，制版师6名，中级专业工艺师20多人，中等专业技术人员60多名。

公司主要生产“亨博尔”牌标志服、职业装、茄克、衬衫、西服等各类服饰三十多种。并在全国设有6个办事处，年生产加工能力保持在30万套，产品销往三十多个省、市、自治区。可实现销售收入118000万元，利税10000万元。

中通电缆有限公司（原山东阳谷中通电缆有限公司） 是集电线、电缆高新技术研究、设计、生产、销售于一体的现代化大型企业，公司西靠京九铁路，北临济邯铁路，德商高速公路贯穿南北，交通便利、通讯发达、环境优美、地理位置优越。

公司现有总资产一亿伍仟万元，建筑面积36000平方米，员工500余人，其中中高级专业技术人员80名。目前公司可生产6大类、600多种型号、18000多种规格的电线电缆，年综合生产能力达10亿元。

公司主要产品：220KV及以下聚氯乙烯电力电缆、特种电缆、矿用橡套电缆、控制电缆、耐火阻燃电缆、塑料绝缘电力电缆及铝绞线、钢芯铝绞线等系列产品，可广泛用于电力、矿山、石油、化工、冶金、建筑、航空、船舶、铁路、信息产品、军工等领域，市场前景广阔。

中通电缆有限公司先后从德国、日本、上海、白城、安庆等地引进和购进了具有国际先进水平的、自动化程度高的电缆生产、检测设备，拥有雄厚的技术力量。制造经验丰富，检测手段可靠，产品质量优良，管理体系完善，销售网络密集，资证齐全，使企业长久、持续、高效发展。

阳谷飞轮挂车有限公司 阳谷飞轮挂车有限公司与广东富华工程机械有限公司合资兴建的年产500万套挂车零部件生产项目，计划总投资10亿元，其中建设投资8.5亿元，铺底流动资金1.5亿元。该项目主要生产挂车零部件，主要分为两大类，一是罐体分仓分解片、罐体隔板、罐体封头、罐体托架、罐体大梁连接件等专用罐车零部件，二是车厢纵梁、横梁、底板、侧立板、立柱、安全撑杆等自卸车车厢零部件。该项目购置国内最先进的生产设备230台（套），设备自动化控制水平高，运行稳定可靠，能大大提高生产工艺水平，并且能够节约能源，保护环境，提高产品质量。该项目预计2013年3月建成投产，年可产各类零部件500万套，可实现销售收入41.6亿元，利税4亿元。

【特色产业村】 国庄村是远近闻名的传统手工红薯粉条加工专业村，该村通过发展红薯种植、淀粉生产和粉条加工，形成专业化生产、产业化经营、品牌化销售一条龙发展模式。该村的手工红薯粉条以“口感柔软滋润、绿色安全健康”著称，畅销全国各地，价格高出机械加工的三分之一。该人口1833人，从事粉条加工的215人，年产粉条90万公斤，实现销售收入1448万元。

齐庄村是一个板材加工专业村，人口339人，从事板材加工的有181人，年加工板材560万张，实现销售收入2300万元。

【名吃、名胜、名人】 **名吃** 刘家烧鸡。刘家烧鸡采用传统工艺制作，个头适中、瓷实，色香味俱佳，吃一口满口生香，让人忍不住胃口大开，既是一道美食，又是馈赠佳品。

名胜 迷魂阵位于阳谷县城北6公里处。有大、小迷魂阵之分，大迷魂阵在小迷魂阵之南，大迷魂阵村小，小迷魂阵村反大。相传小迷魂阵村是孙膑智斗庞涓的古战场。村东南部原建有孙膑阁，后颓废。众多学者专家与军事研究者称其为战国故垒，是中国军事文化的活化石，是当今保留最好最完整的军事旅游村。迷魂阵村建筑格局奇特，全村路径斜曲，由东西并列的两大块分成前后两街，中间折一个大弯，整个呈牛梭子形。房屋则随街道走向而建，斜度不一，定向各异，一条街的两旁都称堂屋（北屋）的，却正好差90度，犹如迷宫一般。外来人入村，不论空间感（方向感）还是时间感都会产生错觉，正所谓“进了迷魂阵，状元也难认；东西南北中，到处是胡同;好像把磨推，老路转到黑”。

名人 刘琰、赵凤升、刘福海、王震、杨万峰。

刘琰（1651～1711），字公琬，号介庵，又称黄山先生。清顺治八年（1651），刘琰出生在阳谷县城东八里营村一个贫苦的农民家庭里。七八岁时，他父亲去世了，家庭生活更加困难。刘琰幼即好学，爱读爱听古代圣贤的故事，暗中立定志向，要以他们为榜样。读起书来，有时废寝忘食，晚上点不起灯，常常就着火香照明来读书，赶上好月亮天，就映着月光来读，即使是三九严冬，冻得手脚皲裂也不间断。

康熙九年（1670），刘琰二十岁时参加童生试，顺利地通过了县试、府试、院试三关。第二年科试刘琰又首先被录为廪膳生员，月给银四两。提学称许他为仙才，刘琰文名也越来越传开，以至附近很多人来向他请教学业。刘琰也离家到东平、肥城一带设帐，授徒达数百人。

康熙二十六年（1687），刘琰参加乡试，高中第一名解元。典试官周清原阅刘琰考卷，大加赞赏，至有“如获拱璧”之语。第二年春，周清原以学政案临沂水岁试，曾邀请刘琰入幕。康熙三十年（1691），刘琰考中辛未科进士。考后刘琰去拜见房师许逊斋，许说：“按你的文章应名列第一，可惜非我力所能及不得荐为首选，但文章如金玉自有定评，不必因为不能抡元而憾恨。”在接下来的朝考中刘琰被选拔到翰林院，授为清书庶吉士；三年考满，再授翰林院检讨。不久又被选任三朝国史纂修官。书成后，皇帝赐给蟒服一套，作为奖励。

康熙三十九年（1700）庚辰科会试，刘琰任同考官，对私相请托概加拒绝，认真阅卷，客观公正地评选和推荐。当时舆论评价主持公道者，一致认为刘琰应是第一人，以至海内有“四君子”之称，刘琰列居其一。这一年十月，任命为江宁知府。

刘琰接受了江宁知府的任命，随即带一名年轻仆从上路，昼夜兼程，很快就到了江宁地界，也不向官府招呼，就在江宁府属各县先走了个遍，对当地习俗民情和官吏好坏作了大体了解。地方上派出迎接的吏役远迎到几百里以外，仍然不见新任知府的踪影，而新太守却已经在境内有两个月了。刘琰上任伊始，就遍发告示给各属县，褒扬善良，对虽有作恶但尚未构成犯罪的准许悔过自新，再犯加倍惩处。那些贪污受贿分子和地痞恶棍为害人民的家伙，闻风都纷纷逃避。

康熙四十一年（1702）冬，有几个省的学政出了空缺，主管部门两次草拟初步人选，都不大合乎皇帝的心意，康熙亲自写了刘琰的名字交给吏部，吏部拟派广西，康熙又亲笔勾换为江西。康熙四十二年（1703）春正月，康熙皇帝第四次巡幸江南，二月到达南京，刘琰接驾，随至皇帝寓所入见。康熙向刘琰询问地方利弊，刘琰一一奏对。

刘琰告别江宁那天，道路上拥满了送别的人群，有拉着车不让走表示挽留的有设宴饯送的，从早到晚，轿马都难得前行一步。只好又回到公馆住下，第二天一大早刘琰便自己骑了个马去长江岸边上船。等船开时，两岸鼓乐声和相送流泪不忍告别的，声音混杂，几十里地络绎不绝，准备乘船相送的有数百人。刘琰深受感动，即景赋诗三章，并再次坚决谢绝大家的盛情相送。

刘琰到江西学政任后，不忘康熙的殷殷嘱托，以兴利除弊、选拔真才为宗旨。

学政三年任内第一年进行岁考，第二年科捞。按照当时规定，岁科考试所录取生童都要造具清册，解送礼部，岁科考一等生正场卷也要咨送礼部磨勘，如复查发现错谬和作弊情事，除罚处生员外，严重的以至学政也被罚俸议处。

刘琰回乡在张秋杜门谢客，寄情诗酒，啸傲自豪。京城同僚好友多次给他来信，说当今皇帝好比尧舜再世，您老不可以隐退在野，劝他重新出仕，刘琰概不作答。康熙五十年（1711）去世，六十一岁。给他送葬参加追悼的有千馀人，即使路过不认识他的人也都表示惋惜。张伯行哭得尤其悲哀，说是老天不想让这人兴起啊，不然怎会这么早就从人间夺走介庵先生呢！并且亲自写诗文祭悼，其中有“斗山失韩，洙泗无曾”这样的句子。刘琰死后第二年，阳谷县和张秋都有将他列入乡贤祠，江西、江宁将他列入名宦，江右六君子祀，刘琰在其中之一。

刘琰是一个清官，他一生清介正直、坚守节操。刘琰又是一个文人，是一个诗人、书法家。他丰姿爽秀，天性旷放，气度豁达，富秉文人气质。好临池作草书，开始学习王右军，后来自成一家。人们得到他的片纸只字，都看得很宝重。所著传记词赋高古典雅，在翰林院十年，前后应制诗赋，多次得康熙皇帝赞赏，但并不以为重。平时所写文章，脱稿以后，被人家拿去，也不自留稿底，更不将诗文刊刻示人。所以著作虽多，但得行于世的却甚少。状元出身、官任礼部侍郎兼翰林院掌院学士的韩菼曾称许刘琰是“文章冠十五国之先，人望在数千载之上”。刘琰的为人为文足以名世，只因他性不狎世，一味强项，无视官场规则，身处政以贿成的封建官场，终于自己退离官场，而他又雅不好名，遂渐被湮没，但在阳谷家乡却流传着他的口碑遗闻，成为家喻户晓的历史人物。

刘琰墓在县城东八里营村西，现为第一批市级文物保护单位。

赵凤升（1897 ～ 1960），原名赵腾云。侨润办事处国庙村人。1936 年 2 月，加入中国共产党，在阳谷、寿张一带开展组织宣传工作。“七七”事变后，与其他同志一起成立了阳谷县抗日后援委员会，积极进行抗日活动。1938 年 4 月，任阳谷县委副书记。1939 年初至 1939 年 11 月，任中共阳谷县委书记。1940 年春末夏初，任运东地委民运部副部长、运东地区各界抗日救国会主任，同时兼任运东地区农民救国会会长。1940 年，曾代表运东地区赴临沂参加中共山东分局召开的会议，在这次会上被选为山东解放区抗日救国会农救会委员。1944 年，任阳谷抗日民主政府工商科科长。1947 年秋，在阳谷县东北部、东阿县西南部地区组建徐翼县（1949 年 8 月撤销），成立民主政府任县长。1948 年秋，调任冀鲁豫九区（濮范）专署税务局长。1949 年 8 月，冀鲁豫区建制撤销，任平原省聊城专署粮库主任。1951 年 1 月，任聊城专署监察处处长等职。1960 年病逝。

刘福海（1926 ～　），侨润办事处东八里营村人。早年参加国民党，任职于济南。1948 年，济南解放后去台湾。曾任台湾国民党军某部少将师长、台湾当局“国防部”办公室主任。

王震（1933 ～　），原名金山，号辉峰，曾用名王珍，笔名景阳岗等，斋名愚趣斋。侨润办事处刘海村人，中共党员。1960 年春进中华书局辞海编辑所（现上海辞书出版社）做资料工作，为图书馆副研究馆员。对中国近现代美术史、新闻史、出版史、民国人物、中国藏书史及中国地方志目录等学科和门类有较深的研究。发表杂文、知识小品、文史掌故二百余篇，人物传记、图书馆学等论文三十余篇。出版专著、编著有《中国十大出版家》《徐悲鸿》《艺术大师徐悲鸿》《徐悲鸿研究》《徐悲鸿在南洋》（合著）《徐悲鸿年谱》《徐悲鸿评集》《徐悲鸿的艺术世界》《徐悲鸿艺术文集》《徐悲鸿书信集》《汪亚尘艺术文集》《党政干部科技必读》（合著）《陆费逵年谱长编》等16个集子。系上海辞书学会会员、上海市图书馆学会会员、上海市徐悲鸿艺术研究协会理事兼理论研究部主任等。

杨万峰（1935.7～　），侨润办事处北街人。自幼读书，1961年，上海交通大学毕业，先后在上海交通大学、上海工业大学、上海大学任教师。1987年起兼任校长钱伟长的办学参谋。依次晋升为电子科学副教授、教授。在电子、电子计算机、仪表、自动化、高教研究、企业管理类全国性杂志和大学学报上发表论文四十余篇。专著有《微型计算机技术》《计算机使用手册》《近代集成电路彩色电视机分析》《彩色计算机应用》《钱伟长的高等教育思想》5本书，约160万字。曾荣获国家部级一等奖1项，上海市市级科研成果一等奖1项，省、市级二、三等奖4项，校级奖2项。系上海市电子学会、仪表学会、计算机学会、高教学会会员。

【居委会、村名录】 7个社区居委会　谷山社区居委会、谷北社区居委会、曙光社区居委会、顺达社区居委会、振阳社区居委会、振华社区居委会、景阳社区居委会。

32个行政村　辛菜郭、前杨、北徐、郭围子、五里庙、东焦海、西焦海、东八里营、西八里营、韩洼、国庄、国庙、刘海、东唐、门庄、付唐、秦海、孙庄、杜庄、李庄、大迷魂阵、后迷、东迷、西迷、杨庄、张海村、赵堂、郭海、王胡同、张胡同、亓庄、王楼。

博济桥街道

【机构概况】 博济桥街道办事处成立于2004年5月，座落于景阳路，位于阳谷县城东南部，因辖区内有明代古桥——博济桥而得名。北部与侨润街道交界，西部与狮子楼街道接壤，南部与高庙王乡、寿张镇毗邻，东部与阎楼镇、十五里园镇相连。人口8.5万人，耕地31012亩，面积52.9平方公里，辖4个社区居委会，31个行政村。办事处地处黄河冲击平原，地势平坦，土层深厚，土质肥沃，气候适宜，物产丰富。主要农作物有小麦、玉米、棉花、大豆、花生及蔬菜等。属于暖温带季风性气候区，春季干旱多风，夏季炎热多雨，秋季凉爽有旱涝，冬季干冷少雨雪。年均降水量为594.3毫米，蒸发量1960毫米。年平均气温13.3度，无霜期平均210天左右，霜冻期为155天左右。境内浅层淡水资源丰富，地下水补给充足，开采条件较好。沟渠纵横，北干渠贯穿全境，赵王河穿过东部，聊阳沟经过城区，紫汇湖改造已全面完工，复古式建筑群环绕在紫汇湖畔，金水湖已正式蓄水开放，金水湖公园向人民开放，日均接待游客达1000余人，水利设施配套齐全，水利条件较好。商坑、鲁坊、东马庄、岳海、后金海、郑庄等村坑塘密布，适宜养鱼、垂钓、游泳以及农业灌溉。

【民营经济】 2016年，实现地方财政收入7573.83万元，实现全社会固定资产投资29.7亿元。招商引资到位资金10.5亿元，规模以上工业企业22家，完成销售收入56.9亿元，同比增长21.5%，上交税收9136万元。

2016年，街道积极引导企业进行自主创新，不断巩固扩大品牌优势，实现产能升级。

谷丰源生物科技集团控释肥生产线项目已正式投入运营；丰源千亩生态示范园发展迅速，成为群众生态采摘、旅游休闲的首选之地；飞轮挂车新增新型铝合金罐体特种设备项目，已进入试生产阶段；山东果壳信息科技有限公司农业无人机项目一期已投入生产，二期核心芯片项目建设正在进行；恒昌电缆机场助航灯光电缆一次性通过国家权威检测机构检测，顺利投入运营；利用原中石药业厂区引进阳谷亚马松汽车饰品发展有限公司、福泰海绵厂等5家中小企业与石门宋中小企业创业园、前金海驭尚汽车座垫有限公司等座垫加工企业，正在形成全新的汽车座垫产业集群；大力发展电子商务，阿里巴巴农村淘宝入驻各村居，极大方便了特色农产品的买入卖出；利用阳谷县第二职业中专综合平台，与河南新华书店有限公司合作投资建设阳谷县云书网电子商务中心，现已正式投入运营。

【基础建设】 公路通车总里程198公里。2016年，新增公路通车里程25公里；水利设施258个，灌溉受益土地3460公顷；新建修复各种水利设施46个，新增灌溉受益土地690公顷。修缮生产桥10座，疏通沟渠18条共计15600余米；新修村主干道路7200余米，安装路灯222余盏，极大保障了群众的出行安全。

【社会事业】 2016年，城镇居民可支配收入28698元，农民人均纯收入15900元，人均居住面积55平方米。小学8所，教职工476人，在校生30800人，适龄儿童入学率达到100%。城乡居民医疗保险参保人数31441人，城乡居民社会养老保险参保18632人。卫生院1所，卫生室78所，床位385张，卫生技术人员285人。最低生活保障救助659人。

【特色产业】 *千亩农业示范园* 打造生态休闲观光现代农业。丰源千亩现代农业示范园是集生态养殖、设施蔬菜、生态餐饮、观光旅游为一体的现代化纯绿色农业项目。项目占地1000余亩，立足高起点、高档次、高品质，所有产品均达到无公害、绿色、有机产品标准，实行国家三品认证。和山东农科院共同研发培育新品种，开发种养新技术，种养过程实行全程监控，采用RFID物联网二维码电子标签技术，使产品具有电子身份证，实现从种养到餐桌的全过程质量可追溯，项目建成后将成为聊城市高端农产品生产地标。

特色养殖铺就致富“黄金”路 博济桥办事处龙虎寨狐狸养殖场成立于2000年，起初为家庭养殖，规模较小，2001年场主侯培磊通过各地考察逐渐扩大养殖规模，从芬兰等地引进原种，并采用先进的人工授精技术，对现有国产狐进行改良。在侯培磊的带动下，周边东齐坊、前金海等村的群众也逐渐走上特色养殖的致富路，规模日益扩大，并成立了特色养殖协会。目前，养殖场的养殖品种主要有蓝狐、银狐、雪狐、貉、貂等，数量在2000只以上，一年可实现收益200余万元。

石门宋百果园简介 百果园位于西宋村北，始建于1992年，占地40亩，由于原果园品种老化，年收入低，之后陆续砍伐。1999年，该果园被西宋村村民宋义峰同志承包后，他六下泰安、济南、冠县参观学习，于当年春天，从泰安农科院引进名优枣，现有冬枣、大白玲等品种，共20亩。由于他刻苦学习技术，加上勤于管理，果园已初具规模。果园的北部20亩，已栽植了用材林，用于对南部幼枣的防风，宋士峰同志讲，北部用材林长成后，将多数被采伐，果园将引栽丰水梨、红富士苹果、核桃等杂果，并和村委会达成初步协议，果园将向西、向北扩建到300亩，品种更加多样化。目前，百果园已对外开放，

成为人们参观、游玩、品果的旅游胜地。

金海村的珍禽养殖 山东阳谷农之春珍禽养殖场成立于2007年，持有国家林业部门颁发的《国家重点保护野生动物驯养繁殖许可证》，专业从事名优珍禽的驯养、繁殖与研究和鸟类标本的加工与制作，每年可向动物园、百鸟园、生态园、养殖场、工艺品经销商提供各类珍禽苗种及鸟类工艺标本，是集驯养繁殖、科学研究、生产加工、经营贸易于一体的综合性养殖场家。养殖的品种有：美国七彩山鸡、珍珠鸡、蓝孔雀、白孔雀、红腹锦鸡、白腹锦鸡、白鹇、白冠长尾雉、红腹角雉、黑天鹅、白天鹅、灰雁、斑头雁、赤麻鸭、翘鼻麻鸭、蓑羽鹤，野鸭、珍珠鸡、元宝鸡、贵妃鸡、野猪、鸳鸯、鹤类等各类野生水禽。

东国村的扫帚加工 该村扫帚加工大户有6家，年盈利2万元左右，普通户40余家，年营利7000～8000元，该项产业为该村年增加收入40余万元。

李楼村的养蜂业 李楼村民李安贞依托当地资源优势，引导扶持农民发展养蜂业，并在资金、技术、销售等方面搞好服务，带动发展起一批养殖专业户。

【名产】 *西宋冬枣* 西宋冬枣个大皮薄，脆甜可口。

龙虎寨核桃 龙虎寨核桃，品种优良，个大皮薄，方便食用，食之极香，深受广大消费者喜爱。

【名吃】 *布庄肉食* 布庄肉食，品种齐全，原料正宗，加工考究，味道鲜美。

谭庄豆腐 谭庄豆腐，原料地道，加工考究，味道纯正，久享盛名。

【名胜】 *博济桥* 博济桥位于阳谷县县城中心广场东南角，修建于明万历三十四年（1606），又叫“石牛拉石车桥”。桥身东西长10.18米，南北宽5.06米，通高3.70米，整体石砌，做工细致，手法精巧，古朴大方，结构严谨。博济桥有望柱12根，顶端雕有形态各异的狮子，望柱间两两镶嵌石栏板1块，共10块，栏板上嵌石条扶手，下亦对应1石条，共20根，上面均镌有浮雕图案，甚为可观。桥下有3个涵洞，桥洞顶端南雕龙首，北雕龙尾，蜿蜒透迤，上下曲回，形态活龙活现。桥的四周各雕一石虎，伏爪静卧，气势威严。为鲁西地区较为少见且保存完好的明代桥梁。现为省级文物保护单位。

【名村】 *龙虎寨村* 龙虎寨村位于阳谷县城南，390户，人口1448人，耕地1655.72亩，党员40名，9个生产小组。宋朝末年，该村有座大寺院，占地三十余亩，和尚百余名，相传院内左侧有石龙、右侧有石虎，故院名为龙虎寺。明朝迁民在寺院附近筑宅安家。为防盗护家，垒木为墙，俗称宅子。后龙虎寺毁于兵焚之中。村民改寺为寨，易村名为龙虎寨。该村有孙、刘、张、陈、王、魏、侯、杨等姓居住。由于人口众多，又分东、西龙虎寨。

近年来，龙虎寨村利用紧紧依靠靠近城区、省道蒙馆路穿村而过的优势，团结带领全体村民共同致富，逐步将龙虎寨村打造成为“生产发展、生活宽裕、乡风文明、村容整洁、管理民主”的社会主义新农村典范。现已形成以农业种植为基础、特色养殖为支柱的农业发展新格局。目前，该村建有三个大型狐狸养殖场，一个奶牛养殖场，两个种鸡养殖场。

为增加村集体收入，龙虎寨村加快土地流转，创造了良好的投资环境。曙光电缆、福泰化工、光明机械等企业落户龙虎寨村，不仅增加村集体收入，也实现了村民家门口就业。利用村庄道路旁、空闲宅基地、村头荒等边角地块种植经济作物，发展“边角经济”，不仅使群众生产生活环境得到极大改善，还极大的提升了群众的收益。

龙虎寨村作为博济桥办事处美丽乡村的重点村庄，正在进行美丽乡村规划建设，建成后将成为南部城区毗邻金水湖公园的又一休闲旅游场所。

西宋村　博济桥街道西宋村为原石门宋乡政府驻地，位于京九铁路线东。现有人口895人，231户，耕地面积805.66亩。

经济发展。西宋村北邻阳张路，阳石路穿村而过，便利的交通条件和发达的公共配套设施有力的推动了村级经济的发展，提高了村集体收入。村内中小企业遍地开花，博达座垫、嘉华木业、金泰塑料、海霸王食品等企业不断发展壮大，吸纳了本村及周边村庄近千名农村剩余劳动力就业，促进村民收入不断提高，目前，西宋村村民人均年收入可达1万5千余元，幸福指数不断提升。

历史文化。1956年，毛泽东主席亲自为石门宋养猪做出批示，号召全国上下学习石门宋养猪经验，支部书记宋长生被评为全国劳动模范，受到毛泽东主席、周恩来总理的接见。位于西宋村商贸核心区。2013年博济桥街道投资60余万元对西宋村老会议室、主席题词碑进行全面修缮，并在此成立中共博济桥街道委员会党校，成为全街道党员干部活动中心。

特色产业。西宋村在党支部带领下，积极调整产业结构，近年来，以冬枣种植为代表的特色种植业成为西宋村群众致富的又一新途径。冬枣园规模达四十亩以上，年收入十万余元。在冬枣园内，又散养笨鸡三百余只，年收入可达万元。去年，西宋村又引进了无籽石榴育苗，新品种的引进，必将为西宋带来巨大的经济效益。

【村庄(社区)名录】 石门宋社区：郑庄、苏楼、谭庄、鲁坊、后金海、前金海、东宋、西宋、官路唐、华佗庙；金水湖社区：岳海、许庄、南三里；龙虎管理区：商坑、龙虎寨、马庙、西海、魏海、段庄、王保玉、李楼、魏楼；赵庙管理区：前席、后李、前李、石楼、毛桃董、东国、赵庙、费楼、东齐坊；博济社区：张楼、柴庄；金谷社区：东街；谷南社区：南街、布庄；京九社区：东马庄。

供稿人：王一鸣　俞霈霈

狮子楼街道

【概况】 狮子楼街道地处阳谷县城区西部，东至狮子楼南北大街，西邻西二环路与西湖镇接壤，南靠南二环路与高庙王毗邻，北邻北二环路与大布乡和西湖镇相连。总面积33.35平方公里，共辖6个社区居委会，23个行政村，总人口为37171人。被市委、市政府授予“2016年度招商引资工作先进乡镇(街道)”。

【国民经济】 2016年，地方财政收入为7875万元。人均财政收入2118元；全社会固定资产投资26亿元，增长率12%。

【农业】 2016年，耕地面积2.23万亩，农林牧渔业总产值13339万元，其中种植业总产值11426万元；林果业总产值1056万元；畜牧业总产值806万元；渔业总产值48万元。

【民营经济】 2016年，规模以上工业企业24家，实现税收1.36亿元，增幅8.8%；全年引进项目3个，其中过亿元项目3个，招商引资额22亿元；民营经济固定资产投资17.2亿元，民营经济税收2.42亿元。

【财贸金融】 2016年，共有私营企业666家，新增31.36%，商业网点3518个，新增7.84%。2015年社会商品销售总额达36.28亿元；城乡集市贸易成交额达2.92亿元。

【镇村建设】 2016年，村镇建设投资2.4亿元，其中基础设施投资0.68亿元。启动棚户区改造工作，油棉一厂、城镇中学家属院、鞋厂、民政局家属院四个片区，共计310户。新建住宅16万平方米；新修道路公里，投资15万元，新建机井36眼，维修20眼，清挖35000米，灌溉受益土地355公顷；新增绿地面积20万平方米。城乡环境综合整治共投入200多万；人均居住面积45平方米，城镇居民人均使用面积40平方米，农民人均生活用房面积90平方米。

【社会事业】 2016年，幼儿园9所，其中公办3所，民办6所；小学2所，教职工128人，在校学生802人，适龄儿童入学率达到100%。农村文化大院24个，农家书屋6个，藏书10000余册。新型农村养老保险参保人数为8231人，参保完成率90%，参加新型农村合作医疗为26009人，参合率105%；2016年年末享受居民最低生活保障384户，534人。卫生院1所，床位86张，卫生技术人员98人；卫生室36所，卫生技术人员56人。

【人民生活】 2016年，城镇居民家庭人均可支配收入为15342元；城镇居民家庭人均消费性支出为9471.4元；农民人均纯收入11180元，年农民人均生活费支出6454元。

【特色产业】 工业产业 电缆产业。主要依托齐鲁电缆、太平洋光缆、国辉电缆等规模以上企业，具有矿用电缆、核电缆等各种产品生产范围，生产能力较强、覆盖范围较广，是较为成熟的产业集群。板材产业 形成了以森泉板业、鑫盛木业、广林木业等规模以上企业为基础的18家板材加工产业集群。

造纸产业。山东金蔡伦纸业有限公司，是国家最大的轻型印刷纸生产企业，成为狮子楼街道造纸产业的领军企业，并依托金蔡伦纸业形成现有造纸特色产业。

【特色村】 刘灿明村 刘灿明村的蜂蜜养殖，其规模可以达到13400箱，参与特色农户数达60户，带动农村剩余劳动力人数达130人，人均纯收入可达13200元，刘灿明蜜蜂养殖协会注册资金80万，会员达150人，获得“聊城市先进蜂业协会”荣誉称号。

俞楼村 俞楼、刘灿明等村的板材加工，年加工量达35000方，带动本村剩余劳动力150人，从事特色产业的农民人均纯收入达2.1万元，产品在东北、河南、四川、武汉、北京、日本、韩国、东欧等地区畅销。

【名吃 名胜】 名吃 武大郎烧饼，鲁西名吃。始源于北宋景佑年间。始称“炊饼”，后改称“武大郎烧饼”。因在《水浒传》《金瓶梅》两部古典名著中均有描述而名扬四海。

名胜 狮子楼旅游城，景区以《水浒传》《金瓶梅》故事为背景的主题景区，反映宋代民风民俗，占地30亩。主要景点有：王婆茶馆、武大郎家、冷酒馆、纸扎店、西门药店、盐店、绒线铺、绸缎庄、客栈、狮子大酒楼、棋社、戏台、玉皇庙等。节日期间举行大型的节庆和庙会等活动。日常娱乐项目有山东快书、武大郓哥大街表演、阳谷风情表演、舞狮子、踩高跷、老年秧歌表演、豫剧团演出、民间杂耍表演、糖人表演、书法表演，工艺品制作表演等。其中，武大郎与潘金莲的形象受到游客的普遍欢迎，成为景区最大的亮点。

【名人　名企】 **山东阳谷华泰化工股份有限公司**　山东阳谷华泰化工股份有限公司是中国橡胶助剂行业骨干企业、中国橡胶工业协会橡胶助剂专业委员会副理事长单位、国家橡胶助剂工程技术研究中心依托单位、国家高新技术企业。在北京设立了全资子公司阳谷华泰（北京）新材料科技有限公司、山东东营独资设立了山东戴瑞克新材料有限公司，公司主要产品为广泛应用于橡胶、轮胎、胶管、胶带等行业的防焦剂、促进剂、加工助剂、预分散体化学品等种类齐全的橡胶助剂产品。2010年9月公司在深圳证券交易所挂牌上市。2015年获中国石油和化工联合会科技进步二等奖和山东省科学技术进步奖。

山东金蔡伦集团公司　山东金蔡伦集团公司是聊城市重点民营企业、我国最早最大的轻型印刷纸专业生产企业。拥有固定资产10.9亿元，职工1400余人，占地面积66.7万平方米。2008年公司获得省造纸协会颁发的山东省“轻型印刷纸生产规模最大企业”证书。

山东阳谷齐鲁电缆有限公司　山东阳谷齐鲁电缆有限公司是集电线电缆高新技术研究、设计、生产、销售与一体的现代化大型电线电缆制造专业企业。总资产3亿元，建筑面积50000平方米，拥有职工300名，中高级专业技术人员120名，公司可生产6大类600多种型号18000多种规格得电线电缆，年综合生产能力达10亿元。

【自然村　行政村名录】 行政村23个（自然村34个）。刘灿明、贾庄、秦庄、王楼、孟宅、石海、俞楼、八里桥（八里桥、张楼、杨园）、刘坑、钟海、大门、董贤、南马庄、魏庄、陈集（前陈集、后陈集）、赵庄（赵庄、陈庄）、崔王（崔王庄、西王庄、西门庄）、刘华、东老董庄、西老董庄、苏庄（苏庄、张乾）、陈段俞（陈家庄、俞家楼、段桥）、石皋窑（石皋窑、胡家庄、刘立文）。

阎楼镇

【概况】 阎楼镇位于阳谷县中部，镇驻地在县城东9公里处，区位优势明显，是全县15个乡镇中距离县城最近的乡镇；交通便捷，324省道从镇中部穿过；总面积67.1平方公里，耕地面积4457公顷，辖52个行政村，总人口5.2万人，是全市经济强镇之一。近年来，把“坚持科学发展，共建和谐强镇”作为工作重点，阎楼镇逐步形成了塑化、钢铁、纺织三大主导产业，全镇经济和各项社会事业迅速发展，走在了全县的前列。

【财政税收】 2016年，实现工商税收5121万元，比去年增长11.4%。其中国税3000万元，同比增长20%；地税2121万元，同比增长8%。2016年财政收入任务3600万元，增幅5.5%，财政税收呈现稳步增长趋势。

【生态经济建设】 **综合经济**　2016年，阎楼镇全社会固定资产计划投资27.3亿元，比去年增长20%。发展私营企业户数340户，比去年同期增涨26%，其中规模以上企业20家；个体工商户1434户，比去年同期增涨23%。

工业经济　2016年，阎楼镇民营经济完成销售收入82.1亿元，实现利税7.1亿元，比去年同期增长21%。其中，规模以上工业企业完成销售收入52.2亿元，实现利税4.86亿元，比去年同期增长22%。

农业经济　扎实实施“农业龙头带动”战略，重点发展优质粮食、绿色蔬菜、优质畜禽、生态林果四大农产品生产基地，重点培育建设金银花、辣椒、竹笋、玫瑰等特色种植基地，大力推进万亩中低产田改造工程进展。2016年，全镇新增养殖场2家，农产品生产基地15家，全镇规模以上农业龙头企业销售收入4.83亿元，同比增长5%；积极引导农业合作社建设，流转土地达到2.27万亩；高效节水灌溉项目长效化管理运行良好，2016年新建提水加压泵站6座，新打维修配套机井429眼，安装变压器44台，新建生产桥18座，铺设PVC管道435公里，大大改善农民灌溉条件，为农业丰产丰收奠定了坚实的基础。全镇重大动物疫病防控率达到100%。

服务业　2016年，全镇服务业固定资产投资额达5.32亿元，实现工商税收320万元，同比增长15%。

【城镇化建设】 生态环境建设　认真贯彻执行国家环保政策，对工地扬尘、秸秆焚烧、污水直排等问题进行及时整改，取得显著效果，全镇没有使用锅炉的违法生产企业。工地料场大气污染防治措施得力，生态环境得到有效改善。林带、林网建设进展顺利，新植树木12万株，新增沿道路农田林网23公里，林带1150亩，经济林155亩。

生态文化建设　充分发挥文化书屋作用，新增图书6000余册，聘任52名专兼职图书管理员，保书屋的正常运转与良好发展；成立了“文化市场管理小组”，对全镇52个村进行了大排查、大整治，确保娱乐场所健康运营；加强文化大院和文化队伍建设，新增文化娱乐设施600余套，在全镇52个村建立了村级文化广场，组建了村级广场舞队伍，为更好的开展群体性娱乐活动打下了坚实的基础。加强文物保护，积极进行优秀文化申遗，冯楼村的根雕、熬盐厂的木制器具、旋碗、周庄村的烧伤、烫伤秘方等四项均被评为“县级非物质文化遗产”。2016年，我镇被授予“省级书香之乡”称号。

新农村建设　进一步推进张岩寨村土地资源集约化，新村建有两层别墅319栋，多层48户，周转房78户，腾出建设用地208亩。借助农村改造新增400余亩土地流转，每年实现合作社增收70余万元，畜牧养殖增收60余万元，村集体增收30余万元，村年人均收入达到1.2万余元，比改造前增收33%。

民生建设　社会保障得到有序推进。2016年，全镇农民人均可支配收入达11969元，同比增长3%。今年养老保险参保人数达19648人，金额615万元；扎实开展新农保资格认证；进一步完善镇、村两级基本公共卫生服务组织管理无缝隙全覆盖网络体系，医疗保险参保人数达45455人，金额773万元；优化整合教育资源，全面普及九年义务教育，全镇适龄儿童入园率及入学率全部达到100%；严格做好劳动监察及执法；认真开展阳光低保审议工作，做到了应保尽保；扎实推行移风易俗，降低农民负担。

公共服务得到大力推进。启动城乡居民12类免费基本公共卫生服务项目，形成了镇、村两级基本公共卫生服务组织管理无缝隙全覆盖的网络体系；扎实开展农村改厕工程，全镇已改造完成21个村2914户，改造率全部在80%以上；积极筹措资金，新建占地2700平方米的综合农业服务大厅，占地2400平方米的高标准新病房楼项目，占地140平方米的防保站服务大厅；筹集资金270万元，新修、新建公路10公里；扎实开展高标准基本农田建设项目，共涉及行政村22个，人口2.6万人，发展高标准基本农田3万余亩，建设土壤墒情监测站2处，修建4米宽田间道路316812米，过路涵洞60道，总投资达500万元，彻底解决群众灌溉难的问题，为丰产丰收打下坚实的基础。

群众精神生活得到全面丰富。大力推进“讲文明树新风”公益广告宣传，充分发挥公益广告在学习宣传贯彻十八大精神，加强精神文明建设，传播文明、引领风尚中的重要作用；在全社会大兴文明礼仪、读书学习、勤俭节约之风，继续开展文明交通、文明引导、文明餐桌和文明传播四项行动，推动良好社会风尚形成；多种渠道宣传道德模范和文明市民的感人事迹，在全社会培育善心和爱心，弘扬“好人有好报”的价值导向，切实使宣传、学习、关心道德模范转化为广大干部的自觉行动；精心组织“四德工程”，定期开展“道德讲堂”活动和“新农村新生活”的培训，广泛开展公民道德教育，全面提高公民道德素质。

人居环境得到整体改善。继续扎实开展城乡环卫一体化工作，按照“平、净、齐、绿、靓、美”的标准，定期开展卫生集中整治活动，完善对保洁公司的监管合作，做到了一月一检查，一次一评比，调动了基层干部服务群众的积极性。完善对保洁公司的监管合作，进一步完善长效化管理机制。将麦收防火及卫生整治工作齐抓共管，杜绝了秸秆进村现象，全面巩固了城乡环卫一体化工作劳动成果，受到了群众的一致好评。

精准扶贫得到纵深推进。为确保“真扶贫、扶真贫”，按照县委、县政府安排，1月份重新开展贫困户精准识别工作，共识别出贫困户372户809人，5月份对全镇现享受低保户进行精准识别，现全镇建档立卡贫困人口1398户、2849人；完善贫困户档案，由帮扶干部对其所帮扶的贫困户档案进行统一填写，对扶贫档案中信息及贫困户识别程序进行核实、完善；明确脱贫方式，依照全镇1398户贫困户家庭成员、收入，生产生活条件以及主要致贫原因等基本信息，由县直单位帮扶责任人、全体机关干部、村两委干部每人分别对接，全部制定了贫困户的脱贫计划和路径，2016年底实现脱贫1715人；成立了以镇长为组长的危房改造工作领导小组，推行了“日汇报，周调度”的工作机制，现全镇105户危房改造已全部完成；扎实做好雨露计划扶贫项目，全镇共摸底核查出12名雨露计划项目扶持对象，全部完成网上申报工作。

镇域功能得到全面提升。按照市、县两级的部署与要求，全面完成了新型城镇化建设。包括1.5万平方米真石漆喷刷，1800平方米造型设计，2400米广告牌制作，新式太阳能路灯更换，420米的文化墙建设，460米的房檐美化；2.2万平方米的道路清挖，1200米的机动车道、人行道、花池建设，2200米的给排水及弱点下移建设；1200米的道路绿化及一处娱乐化综合公园建设。全面实现了镇区功能提质增效，大大提升了群众的生产生活质量。

社会稳定 全力推进政法综治“一三六”工程实施，以服务经济社会发展为主线，以平安建设、法制建设、队伍建设为载体，全力做好严打整治、矛盾化解、规范执法、基层基础、天网工程、社会治安创新等工作；进一步加强和创新农村社会治安，全面推行网格化社会治安模式，建立完善四级网格组织，实行村级平安志愿者、镇巡防车辆和视频监控联合防范手段；对52个行政村粘贴瓷瓦式平安建设标语480幅；对全镇实行天网工程全覆盖，全面完成了52个村庄400余个摄像头的安置，并进一步固化好了长效管理机制；深入开展严打和重点整治消防和涉危涉爆安全专项工作；积极开展普法，调解，帮教，社区矫正工作；认真做好防范和处理邪教问题工作；全力做好国家重大会议节假敏感日期间维稳工作；建立安全生产长效机制和应急管理机制，开展了道路交通、人员密集、建筑施工、加油站隐患排查、输油气管道、“大快严”等专项整治活动，进行安全教育70余次，查处隐患900余处，现场整改

600余处，限期整改300处;强化食品、药品、安全生产监管;继续运行好“村帐镇管”机制，全镇52个行政村村务公开及时、透明，进一步化解了村内矛盾，维持了村级稳定。

【名企】 **山东华信塑胶股份有限公司** 山东华信塑胶股份有限公司位于北方的塑料制品生产基地有两个：阳谷阎楼工业区、阳谷县经济开发区，公司拥有现代化的标准厂房，现代化的管理机制，占地150多万平方米，注册资金1亿元人民币，总投资11亿元人民币，现有职工1200人，其中高中级工程技术人员304人。公司技术力量雄厚，居国内同行业先进水平，引进国际高科技生产线。公司拥有各类高速挤出生产线320条，高速注塑机102台，关键部件全部采用进口，设备自动化程度高，生产工艺全部采用电脑全自动控制。公司可年产PVC-M高抗冲管材4万吨，PVC-U塑胶管材16万吨，PP-R、PE-RT管材及管件4万吨、HDPE管材及管件10万吨，PVC-U塑料异型材10万吨，双壁波纹管4万吨，可以满足不同层次客户对各种产品的需求，为中国北方规模最大的塑胶管道专业制造商之一。

山东恒泰实业有限公司 山东恒泰实业有限公司是一家集塑料管材管件生产、研发、销售、服务于一体的现代化高新技术企业。系省级“守合同、重信用”企业、“聊城市高新技术企业”“山东省塑料行业协会理事单位”。公司目前占地面积180000平方米，厂房建筑面积60000平方米。现有干部职工320余人，高级工程师5名，工程师16名。公司拥有18条先进水平的PE管材生产线和8条PVC管材生产线，可生产各种规格型号PE、PVC管材及管件，年生产能力达8万吨，是国内规模较大的塑料管材专业生产厂家之一。公司先后获得“全国建材系统AAA级企业”、山东省塑料行业“优秀企业”。“二郎神”管材被评为“山东省塑料行业名优品牌；“二郎神”商标被认定为“山东省著名商标”。

【特色村】 **特色养殖** 胡马村位于阎楼镇政府驻地西部2公里处，地处齐南路两侧，距阳谷县城约6公里，全村总人口1087人、368户，耕地981亩。该村积极发展私营企业和狐狸养殖产业。现拥有私营企业6家，狐狸养殖25户。拥有10余个品种，约3万只，年销售额达1000余万元。

特色种植 辛庄村温室大棚特色种植超级小冬瓜，超高营养价值，深受市民热捧。

马庄村的芦笋基地，芦笋是“抗癌之王”，产品远销济南、上海、北京，小芦笋，大价值。樱桃被誉为“VC之王”，马庄村的樱桃园和位于胡马村的科技示范园是附近村们采摘的好去处。

【村名录】 辖52个行政村74个自然村。阎楼、汤庄、高门楼、王振扬（王振扬、柳庄）、辛庄（前辛庄、后辛庄）、王庄、张楼、三教寺（三寺、艾庄）、胡马、赵堂、周庄、柿子园、马庄、范庄、石堂、赵海、于便（于便、孟楼）、庄户、张岩寨（前张岩寨、侯岩寨）、陈堂、谷岩寨、任岩寨（任岩寨、王岩寨）、赵岩寨、吴海、姜庙（姜庙、夹河）、穆庄土囤、石虎、半楼、高庄、石狮子、前罗海、后罗海、北李、冯楼、陈庄（陈庄、伊庄）、关庄（关庄、赵园）、柳庙（柳庙、熬盐场）、白庄、高庙、勾庙（勾庙、苏楼）、岳海、曹庙（曹庙、小寒寨）、二朗庙、四合（许寨、张庄、小张庄、崔庄）、新四村（高楼、徐楼、后杨、前杨）、李庄、崔堂、骆驼巷（骆驼巷、赵庄、李寨）、双庙苏（后双庙苏、前双庙苏）阎胡同、郑杜（郑杜、张庄）。

阿城镇

【地理概貌】 阿城镇位于阳谷县东部，镇驻地距县城25公里，南与张秋镇、台前县吴坝乡为邻，西连闫楼镇，北接七级镇，东与东阿县关山乡、刘集镇毗连，东南隔黄河与东平县银山镇相望。南北长12.3公里，东西宽10.6公里，辖区面积115.4平方公里。

阿城镇地处黄河冲积平原，地势平坦，气候适宜，土地肥沃，物产丰富。黄河、金堤河流经镇东南部，小运河（即历史上的会通河）纵贯全境。境内沟渠纵横，水利设施配套齐全。土壤类型，以潮土、褐土化潮土为主，土壤质地绝大多数为轻壤土和中壤土，适宜于多种作物的生长。主要农产品有小麦、玉米、棉花、大豆、花生及蔬菜等。镇东南四铺一带实施稻改，稻谷产量增加较快。近年来，蔬菜生产发展迅速，冬暖式大棚已形成相当规模，是鲁西大棚生产第一镇，市蔬菜生产明星乡镇，鲁西著名的无公害蔬菜生产基地之一。

阿城镇交通便利。明清时期，镇为大运河所经，扼南北水运咽喉，处东西陆路要冲，水陆交通便利。镇东南部陶城埠为黄河重要渡口和客运码头，下通济南，上达郑州。齐（河）南（乐）公路横贯镇中部，聊（城）位（山）公路经镇东部。另有专线防汛公路贯通镇驻地和金堤。

【国民经济】 2016年，全镇干部群众以贯彻落实党的十八届四中、五中、六中全会精神为主线，深入开展“两学一做”学习教育活动，紧紧围绕县委、县政府的工作部署，按照年初制定的工作目标，立足镇情，主动适应新常态，牢牢守住发展、生态和安全生产三条底线，全面推动创新发展，协调发展、绿色发展、开放发展、共享发展，取得了经济稳步发展和社会全面进步的良好成绩。2016年，全镇完成固定资产投资12.3亿元，同比增长6.03%；新增工商户445户，达到2105户；共有企业210个，新增企业40个，其中规模以上企业21家，新增规模以上企业2家；完成工商完成税收1672.8万元，其中国税为1148.7万元，地税为524.1万元；居民储蓄余额为10.21亿元。

【农业】 着力用工业化理念谋划农业，用产业化思路改造农业，用机械化手段提升农业。紧紧围绕粮食生产，发展多种经济，推动绿色发展。蔬菜生产规模进一步膨胀，蔬菜大棚科技含量更高、现代技术应用更加广泛、棚体空间更加广阔，2016年全镇新建冬暖棚1600个，新建大拱棚800亩，蔬菜产量达30万吨以上，其中50亩以上的种植户有5户，单棚累计年效益3万元以上；新增渔业养殖面积1050亩，渔业科技示范户达65家，其中市级渔业先进单位3家；依托县电视台三农直通车栏目开展科技宣传4次，送科技到田间地头6次，推广种植技术5项，其中秸秆反应堆技术得到广泛应用，亩年增效20%以上。特色养殖不断发展，肉驴、中华鲟等养殖规模逐步扩大，效益不断提高，同富牧业肉驴养殖、黄河良种猪养殖被评为市级标准化生产基地。

基础设施进一步完善。实施了现代农业小农水项目，新建7个高效节水泵站、18座桥，铺设管道198公里，涉及26个村，23000人，惠及耕地2.3万亩；实施了0.5万亩高产创建开发项目，总投资560余万元，惠及我镇4个村，受益耕地5000亩，受益人口1万人；积极配合南水北调续建工程建设，该工程涉及7个村，我镇抽调精干力量成立工作组，及时清理地上附属物，确保了工程的顺利进行，现阿城段已全部完工；全年新打机井44眼，有效改善和扩大了灌溉面积。

【民营经济】 坚持全民创业，专班运作，采取定向招商、友情招商、以企招商等措施。2016年，新上项目5个：其中投资1.4亿元的岳家庄阿胶项目，目前16000平方米的厂房主体已完成，车间净化已做完，正在组装设备；投资2.6亿元的哈尔滨九州电器光伏项目，正在安装太阳能板；投资6000万元的润之堂阿胶项目已投产；投资3000万元的山东华牧农业科技有限公司已投产；投资2.3亿元的古阿井建材有限公司，目前已投产。

续建、扩建项目5个：即投资2.4亿元的东润阿胶项目、投资1.2亿元的华珍堂阿胶项目、投资0.8亿元的龙胶阿胶项目、投资2.4亿元的古阿井阿胶厂、投资4.3亿元的江北电缆项目。

【镇村建设】 坚持以人为本理念，努力让全镇人民享有更好品质的宜居宜业环境。

加快安居工程建设　积极稳妥推进东王庄、颜营农村新居建设，不断加快新村搬迁和旧村拆迁进度。东王庄村旧村占地407亩，原有院落396处；颜营村旧村占地303亩，原有院落366处。2016年，阿城镇党委、政府全力以赴做好东王庄村、颜营村的拆迁工作，取得了阶段性成果，东王庄村已拆迁370处院落，颜营村已拆迁352处院落。目前，东王庄村剩余26处院落，颜营村剩余14户院落，阿城镇的新农村建设拆迁总量及比例都是全县第一。

城乡环卫一体化形成长效机制　按照每50个人1个垃圾桶的标准进行配备，达到全覆盖；垃圾中转站运营正常，日吞吐垃圾量达35吨。垃圾清运、保洁员管理实行市场化运作，由专门的保洁公司负责，划分责任片区，保证每天及时清运，实现了村级生活垃圾的“户集、村收、镇运”。

加快建设美丽阿城　新增造林面积1700亩，新建和完善林网5000亩，组织引导24多个村庄利用房前屋后栽植核桃、柿子、樱花等经济林木2万余株。

【社会事业】 社会各项事业继续开创新局面，为阿城发展再攀新高奠定了扎实的基础。

基础设施不断完善　2016年，通过与上级有关部门积极协调，新修道路11条，共计18.7公里，惠及10个村，受益群众达1.5万余人；争取上级资金600万元，对我镇部分农村老化电路进行升级改造，改造10千伏线路绝缘化7.3公里，新增配电台区10个，变压器增容2300千伏安，更换集表箱156个，惠及20个行政村，2万余人；继续推进农村饮水安全工程，新安装自来水9个村，受益人口1.2万人。同时，投资10余万元为全镇444户贫困户免费安装自来水。

各项事业齐发展　进一步加大投入力度，完善教育基础设施，确保学校教学质量，增强教育技能。先后对杨尧小学、阿城中学、中心小学、杨尧完小、孙楼完小等校舍进行了建设和维修，新建2处省规范化幼儿园，新建4处教职工公租房；大力推进辖区“天网”工程建设，在镇派出所建成一级视频监控平台一个，在村级初步建立二级监控平台12个；共架设光缆130公里，新安装监控探头462个，单位和村民自行安装监控探头239个，达到全覆盖。

安全稳定局势好　通过扎实开展安全生产隐患排查治理和各项安全生产专项整治工作，始终保持打击非法生产的高压态势，实现了安全生产“零”事故的目标；通过制定预防和处置突发性事件的应急管理机制，配齐配强信访队伍，有效控制了各类突发事件事态的蔓延，做到了小事不出村，大事不出镇；扎实推进“一乡镇一团队，一村居一顾问”法律体系建设，达到全覆盖，共聘请专业律师19名。同时积极发挥其作用，切实加大法律普及力度，扭转了群众“信访”不“信法”的被动局面，信访工作日趋稳定。

【人民生活】 旱厕改造扎实开展　按照“试点先行、示范带动”的工作思路，全面完成全镇2782户的旱厕改造任务，有效的改善了群众的生产生活环境。

文化惠民成效显著　在全镇所有村实现文化广场全覆盖的基础上，全面提升文化广场水平，引导成立文体队伍20支，举办健身舞、腰鼓等培训10期，培育文化骨干100人，举办健身舞大赛等文体活动，不断丰富群众文化生活。

社会保障体系健全　健全基本养老保险体系，共有低保对象1253户、1743人；农村五保对象246人，其中分散供养137人，集中供养109人，达到了应保尽保；建立健全基本医疗保险及大病保险等制度；先后建成了东王庄、颜营、阿东等3个农村幸福院，正在建设东堤、中铺2个农村幸福院，可容纳孤寡老人120名；抓好农村危房改造，2016改造农村危房46户，让更多群众得到了实实在在的政策红利。

精准扶贫攻坚稳步推进　针对贫困户致贫原因、家庭实际及可利用资源，因人而异，选准帮扶措施，全力推进措施落实，同时利用党员活动日，组织各村党员积极对贫困户开展净院、冬日温暖、送学送智等一系列帮扶活动。目前，已稳步培育蔬菜种植、中华鲟养殖、鲁西黑头羊养殖、光伏发电等多个扶贫产业。经过镇村干部、帮扶单位、各界人士和贫困户的共同努力，富安镇、中铺2村已实现脱贫摘帽，2016年全镇脱贫1078户2133人，剩余贫困户441户919人。

【特色产业】 阿胶　阿城镇是阿胶的发源地和主产地，现阿城岳家庄一带仍保留着熬胶的传统工艺。《辞海》（1979年版）记载：“阳谷（县名）在山东省西部，东滨大运河，邻接河南省，秦为东阿县，隋析置阳谷县。……境内阿城为阿胶原产地。”

据历史名记记载，阿胶真谛的关键在于水。阿城所产的阿胶之所以与众不同，能够显现出“真胶不作皮臭，夏日也不湿软”的品质，就是因为古阿井的水质。用阿井水与黑驴皮熬制成胶，极易被人体渗透、吸收，迅速起到疗效。据《药性辞典》记载：“阿胶去风补虚和血养阴推为要药，然重在阿胶之水也。”中国现存最早的药物学专著《神农本草经》将阿胶列为“上品”，明代李时珍著《本草纲目》载：“阿胶本经上品。弘景曰：出阿城，故名阿胶。”可以这样说，只有用阿井水生产的驴皮胶才能称之为阿胶。

近年来，阿城镇党委、政府高度重视阿胶产业发展，采取多种措施促进阿胶特色产业发展，积极鼓励现有古阿井阿胶厂、东润胶业、阿城阿胶厂等规模以上阿胶企业膨胀规模，提升产品档次，延伸产业链条，把阿胶这一产业做大、做强，把阿胶这一品牌做优、做亮。目前，我镇阿胶及阿胶食品生产企业达到14家。

蔬菜　阿城镇是一个农业大镇，有耕地面积12万亩，蔬菜面积已达2万余亩，是鲁西乃至全国性的蔬菜生产基地。全镇现有高标准冬暖式大棚13600个，大拱棚面积近1万亩，已建成绿色食品基地2000亩和8000亩的绿色西葫芦食品生产基地，所生产的西葫芦、茄子、豆角、黄瓜、西红柿已获得无公害食品称号，其中西葫芦通过绿色食品认证；共有2个蔬菜品牌：奥德源、获康，地域名称标示1个：阳谷西葫芦。成功申报了阳谷西葫芦地域名称，冬暖棚和大拱棚全年总产量在1.2亿公斤以上，平均价格2.6元/公斤，仅蔬菜这一项全镇人均总收入达6000元以上，全镇人均超万元的高效村40余个，辐射带动了周边地区的农村经济。

民俗文化村庄　海会寺村因海会寺坐落该村而得名，村内有海会寺、刘公祠、运司会馆等典型清代古建筑群落，反映明清商铺建筑风格和繁荣景象的剪子巷横穿村落。日前，海会寺村成功入选第二批“山东省传统村落”。阎庄村于清康熙八年（1669）建村，古称“青龙街”。乾隆年间，阎庄是有名的粮棉交易市场，辐射黄河两岸，市面上商号林立、商贾云集、市招高挂、买卖兴隆，有一次集市就吃光了72家馍馍车子的传说。近年来，阎庄村因地制宜，大力发展民俗经济，建设了14个“乡村民俗文化”展厅，先后被评为中国特色特景名镇名村、山东省特色旅游村。

【**名胜**】阿城镇悠久的历史创造了丰富的文化遗产资源，如古阿邑、古阿井、运河上下闸、海会寺、盐运司等，这些构成了阿城独特而璀璨的文化景观。

海会寺　镇驻地南端的海会寺创建于清康熙年间，主体建筑大雄宝殿等落成于清康熙四十八年（1709年），为典型的清代古代建筑群落，总面积近百亩，为华北五大佛教寺院之一，是阿城镇佛教文化、商业文化发达的见证。分为刘公祠、佛寺和运司会馆3个自成体系的单元。原有殿宇房屋168间，全部为砖木结构。1999年11月经阳谷县委、县政府研究决定，将海会寺归还佛教界，并予以开放为宗教活动场所。在阳谷县民族宗教局及山东省佛教协会的大力支持协调下，仁修法师于2000年1月入住海会寺，展开了海会寺的修复工作，并于当年完成了大雄宝殿的修复工程。2000年，对海会寺进行重修，先后修复了山门、天王殿、千佛殿、大雄宝殿、地藏殿、大悲阁、方丈、僧舍等建筑，形成了三跨四进的建筑格局，重现了当年的辉煌景象。慕名而来烧香拜佛的人络绎不绝，年均接待游客8万余人次。每年春节期间，有2万人前来祈福。

古阿井　镇西北三华里处东阿县故城遗址中的古阿井（亦称阿胶井）乃海内外罕见古迹。有关此井的记载，最早见于成书于汉代的《本草》。北魏郦道元《水经注》称“东阿故城中央阜上有大井，其巨若轮，深六七丈，岁常煮胶以供天府”，即指此井。井以青砖砌成，上覆以石板。井侧原有接官厅、龙神庙等建筑，今仅存一石质碑亭。碑亭建于清光绪五年（1879），六角对称，结构紧凑，额题“济世寿人”四字，左右楹联为“圣代即今多雨露，仙乡留此好源泉”。亭下石碑高五尺，宽二尺余，上镌“古阿井”三字，篆刻完美，古朴自然。

古运河　至元二十六年（1289年），元世祖下令开凿会通河（即山东运河）。会通河的开通标志着京杭大运河正式形成，阳谷也由此纳入京杭大运河的航线。明清时期的阿城，扼南北水运咽喉，处东西陆路交通之要津，“士民辐辏、商贾云集”，繁盛一时，是当时闻名的盐运码头，有“金七级、银阿城”之说。清康乾时期，阿城相继建成了东南西北四个会馆，史称“四大运河会馆”。现存的阿城上、下闸、盐运司等，都是运河文化的珍贵遗存。2013年，阿城镇对运河阿城段实施了垃圾清理、疏浚清淤、河堤修整等一系列环境综合整治工程，对阿城上、下闸进行了保护修复。2014年，京杭大运河阳谷段被列入世界文化遗产名录，阿城上、下闸成为运河申遗点中的精品，被命名为国家重点文物保护单位。

东阿故城遗址　镇驻地西北三华里处为

东阿故城遗址，该遗址长、宽各约2000米、1500米，仰韶、龙山、春秋战国乃至西汉魏晋文化层厚约2.5米，常有陶质、青铜质、铁质及瓷质文物出土。

马湾遗址　镇驻地西南5华里处的马湾遗址分上下两层，上层为汉代古墓群，下层为战国文化层，厚约40厘米，具有较高的考古价值，至2008年底保存较完好。试掘时有黑陶、彩陶等古器物出土。

黑土坑遗址　常楼村南黑土坑遗址，距今已有4000多年历史，被列为县级重点文物保护单位。

【名人】 孙膑　战国时期阿邑（今阿城）人，是当时著名的军事家。其本名失传，因在魏国受过“膑”刑，故名孙膑。齐威王时任齐国军师，先为齐国田忌设“批亢捣虚”之计，围魏救赵，大败魏军于桂陵（今河南长垣），后又用“减灶”之计惑敌，再败魏军。魏军统帅庞涓势穷自杀。所著《孙膑兵法》久已失传。1972年临沂银雀山汉墓中出土其残编，经整理得440简，11000余字。

程昱　为三国时东阿（今阿城）人。先在兖州刺史刘岱部下任都尉。曹操据兖州，迁为寿张县令。后又升为中郎将，任济阳太守，督兖州。程昱长于谋略，屡为曹操献计献策，多为采纳，累迁至振威将军、安国亭侯。死后谥号车骑将军。

曹元用　字子贞，元代著名史学家，阿城镇人。少有才华，为阎复所重，荐入翰林，官至礼部尚书。曾参与撰修《元实录》，诠释《贞观政要》，有《超然集》四十卷传世。

【自然村、行政村名录】 阿城镇辖区内83个行政村、109个自然村。下设阿东、阿西(阿西、林庄)、皋门（皋门、邱海）、海会寺、东双庙（东双庙、田庄)、刘楼、古河、岳庄（岳庄、南翟、小城)、于庄（于庄、任庄)、吕场（吕场、翟庄、辛庄)、东王庄、朱楼、夏庄（夏庄、夏口、李庄)、夏堂、前熬、后熬、郭庄（郭庄、辛庄)、武台、魏庄、王楼、庞楼、杨尧（杨尧、孙庄)、义和（义和、高庄)、袁楼（袁楼、高坑)、北李村、魏黄、富安镇、陈庄、范海、汤海、十王庙、朱庄、杨庄、崔庄、真武庙（真武庙、翁庄)、肖庄、曹庄、石庄、薛庄、乔楼、常楼、古柳树、柴楼、武庄（武庄、张庄)、毛坊、前陈、闫庄、刘庄、苑井、徐庄、西王庄、西双庙、汤洼、张八、叠路头、季井、温碾、雷庄、寇庄、孙楼、李炉（李炉、白庄)、齐庄（西齐庄、东齐庄)、郭魏陈、殷坑、尤楼、南李、马湾、大洼里（大洼里、董庄)、小洼里、常庄、吴庄、宋庄（宋庄、王庄)、韩海、齐店（齐店、何庄、李庄)、颜营、东堤、赵店（前赵店、后赵店、连海、訾坊、小王庄)、刘什庄、东铺、西铺、中铺、后铺。

撰稿人：周　浩

十五里园镇

【概况】 十五里园镇位于阳谷县东南17公里，镇驻地西偏北距县城18公里。东接张秋镇，西邻寿张镇，北与阿城、闫楼镇毗连，南与河南省打渔陈乡接壤。总面积55.7平方公里，耕地面积2751公顷。辖53个行政村，11个自然村，总人口41695万人。

【经济概况】 2016年，全镇完成固定资产投资9.3亿元，实现税收642万元。国税完成480万元、地税完成162万元，分别完成全年任务的161%和164%。全年新发展招商引资项目8个，其中投资过亿元的项目3个（分别是：投资1.6亿元的畅锐锚固钎具项目；投资1.2亿元的鸿昌汽车配件项目；投资1.1亿元圣田电子项目)，过千万的项目5个（分别是：投资6000万元的十五里园镇医疗养护中心项目；投资7000万元的鑫隆工具加工项目；投资6000万元的阳谷县汇联蜡粉有限公司项目；投资4000万元的阳谷帅虎汽车座垫有限公司年产30000套汽车座垫项目；投资5000万元的阳谷鑫宇电缆有限公司年产100万米电线电缆项目）。扩建项目6个（分别是：投资9000万元的聊城恒信塑钢有限公司二期扩建项目；投资3000万元的山东三大食品有限公司扩建项目；投资5000万元年产4000吨钎具的世特工具有限公司扩建项目；投资9000万元的海途机械有限公司二期扩建项目；投资8000万元年产500万套套筒扳手的聊城阳工工具扩建项目。

【农业】 2016年，通过加强农业基础设施建设和推进农业产业化的方式，促农民增收，贫困户脱贫。省政府十万亩高产示范田项目。2016年实现了项目区内所有耕地的统一播种、喷药。项目区内投资240万元的高标准水泥生产路已完成招标正在施工中；顺利完成了投资3000万元的金堤河桥梁改造项目，改善了镇域交通环境。投资6000万的金堤衬砌和堤顶道路改造项目正在施工中；省级扶贫村实施了绿化、亮化工程。先后投资80余万元完成了8个扶贫村的村内绿化项目；6个扶贫村投资60万元太阳能路灯项目已安装完成。2016年，扶贫村投资180万元扶贫项目及肖店、王堤口投资200万元整村推进项目已进入招标程序；基地带动作用凸显。先后投资200万元新建农产品生产基地5个，农业龙头企业2个。流转土地3200亩，新增香瓜种植面积600亩，樱桃种植面积300亩，露地菜面积700亩，西瓜400亩，葡萄200亩；境内有全国最大的矮化大樱桃种植基——樱桃山庄，畅销二十多个省市的无公害西瓜，用黄河水浇灌的无公害大米，近千亩香瓜种植基地等。新增村级扶贫互助社3处，新建光伏发电专业村1个，农业产业化进程逐步加快；顺利推进土地确权工作。

【城镇建设】 筹集资金140万元对镇驻地的四环路进行了重修；投资15万元为西环修建了高标准下水道1500米；新建各类商住楼20栋；“鸿博园”居民区所有楼房全部交付使用；荣庄新农村建设进展顺利，目前完成搬迁98户，旧村拆迁复耕工作预计将在2017年底前完成，届时可腾出土地73.4亩。城乡环卫一体化：投资30余万元，在全镇范围内开展了存量垃圾清理活动，先后出动大型机械500台次，出动人工3000人次，清理各类存量垃圾200吨。路域环境提升：在阳张公路两侧成功流转土地450亩，栽植樱桃树2.3万余棵，清理废旧养殖场及违章建筑12处，有效提升了路域环境质量。重点开展了创森工作，实施了路域林带绿化、水系绿化、村镇绿化、农田林网建设等四项工程。在十里井-贾垓段两侧预留出40米、五四路（十里井-坡七路段）和南干渠两侧预留出30米绿化带，成功流转土地1500亩。

【社会事业】 2016年，城镇居民可支配收入21385元，农民人均纯收入9940元。认真开展了“平安十五里园”活动。全镇村庄“平安家园”险参保率达100%，农户参保率达到98%以上；充分发挥天网工程的监控作用，盗抢案件发案率明显下降。为了进一步提升天网工程的作用，镇自筹资金40万元在全镇范围内新安装监控摄像头150个，实现了镇区范围的全覆盖。进一步加大了对“法轮功”“实际神”等邪教的预防管控力度，确保了全镇无一处邪教据点，无一名邪教人员；认真开展各类矛盾纠纷排查，在矛盾纠纷排查中做到预警在前、控制在先，最大限度地减少了不和谐因素；进一步完善了农村低保救助、特困救助、新医保、新农保等制度，新农保、新农合的群众知晓率和参保率均达到100%。在镇北部投资6000万元新建十五里园镇医疗养护中心一处，解决了镇区北部近6000名群众就医和400名老年人养老问题；全镇共为25个村2300户群众实施了旱厕改造。全镇近1/4的群众用上了干净卫生的厕所，极大地改善了群众的生活现状。

【名胜】 蚩尤陵　位于叶街村东500米，原称“皇姑冢”。1973年，中国社科院派考古队试掘，发现新石器时期文物多件，鉴定为“仰韶文化”遗址。1978年，被确定为地级重点文物保护单位。1992年，被定为省级重点文物保护单位。1994年，再次考古时发现冢的周围为一座龙山文化城。2005年，该冢被有关专家确定为中华民族三大始祖之一的蚩尤冢。2006年10月，山东•阳谷首届蚩尤文化研讨会召开。2008年11月，举办山东•阳谷第二届蚩尤文化研讨会。2009年，聘请中央电视台总美工钱运选先生规划设计蚩尤陵园。同年，省文物局报省政府同意，将阳谷省级重点文物保护单位“皇姑冢遗址”更名为“蚩尤冢遗址”。2010年10月26日，举办蚩尤宝殿落成典礼及蚩尤铜像揭幕仪式。2012年，景区完成陵寝区、祭祀区大部分景点建设，文化展馆的主体工程建设完工。2013年，建设完成祭祀区和陵寝区。2014年，完成东夷文化展览馆与农耕文化展览馆的布展、游客服务中心、停车场等基础设施建设，完成水电管网铺设和绿化美化等工程。2014年5月1日，蚩尤陵旅游区正式对外开放，成为阳谷文化旅游的新亮点。

【村庄名录】 十五里园村（张桥村）、东汪村、西汪村、王天绪村、谢庄村、火炮王村、李社头村、程庄村、贾庄村、龙王庙村、郭家庄村、杨五龙村、王堤口村、孟堤口村（张堤口村）、贾垓村、田庄村、刘垓村、陈堤口村、葛堤口村、王坑村、刘大雪村（小阎楼村）、后王村、党店村、肖店村、闫庄村、朱万一村、枣棵李村、郑街村、张街村、叶街村、赵洼村、李寺亭村、杨庙村、北吕村、朱坊村（陆庄村）、石庄村、荣庄村、十里井村、胜利村、马楼村（小张庄村）、狮子阁村、前曾村、大碓臼村、玄庄村、大丰村、小营葛村、罗庄村、四合村（姬庄村、杨庄村、管庄村、吕庄村）、范庄村、孙关村（常庄村）、牛吴村（吴家楼村）、陈店村、八里庄村。

供稿人：丁　超

张秋镇

【概况】 张秋镇位于阳谷县东部。总面积52平方公里，耕地面积3066公顷。辖51个行政村。2016年，总人口5.13万人。2016年，张秋镇被阳谷县人民政府评为2016年度平安阳谷建设先进乡镇；张秋镇武装部被聊城市评为民兵基层建设先进单位；张秋镇工会被阳谷县总工会评为全县工会工作先进单位。

【经济发展】 2016年，张秋镇全年完成招商引资6.79亿元，固定资产投资12亿元，完成规模以上企业销售收入28.7亿元，实现利税1.903亿元；规模以上企业新增2家，总数达22家；私营小企业新增28个，总数达146个；个体工商户新增259户，总数达1028户。

【农业】 2016年，全镇共增加大型农业机械24台，小麦机割率达100%，并且为24台农机办理了证件，有力的促进了粮食增产和农民增收；兴修农田水利、促进丰产增收。通过实施堤南6000余亩中低田改造项目，解决了金堤河以南耕地旱不能浇，涝不能排的历史难题。积极开展10万亩大方创建项目，项目区内道路已建设完工，有力的促进我镇农业基础设施进一步完善。同时，今年新清挖沟渠7000余米，提高了土地排灌能力；今年新增造林面积1200余亩，全镇绿地面积1.5万亩，森林覆盖率达23%。

【社会事业】 2016年，投入90.3万元新安装了185盏高档太阳能路灯、32盏庭院灯、8盏警示灯、106盏壁灯，镇村庄街道实现了亮化，加强了道路交通安全保障；修建跨金堤河大桥3座、东街村运河桥1座，方便了群众的生产生活；投入120余万元，新修道路1万余米，方便了群众的生产生活；实施农村清洁工程和镇区保洁工程，2016年我镇先后投入40余万元，动用人力1200余人次，垃圾清运车辆1000台次，清理清运垃圾5000余方，村庄人居环境全面改善；投入50余万元，为五里营等15个村建设了文化健身广场，配备了篮球架及各种健身设施。为镇综合文化站配备了剧服等文娱设备，方便了群众参加活动。此外，还充分利用文化大院组织形式多样的文体娱乐活动，全镇49个活动站点坚持经常开展腰鼓、广场舞、扭秧歌等活动，既达到了强身健体的目的，又创建了交流平台，有效促进了和谐邻里关系的形成；全镇共有38166人参加新型农村合作医疗，参保率达98%，共有31055人参加新型农村养老保险，为老龄群体发放养老金1020万元。本着应保尽保、应退尽退的原则开展农村低保工作，全镇低保户达1260人。

【名企】 **山东阳谷达盛管业有限公司** 公司坐落于阳谷县张秋镇孟楼村，北邻济南公路，距京九铁路10公里，交通便利、地理位置优越。本厂始建于1996年，现占地13000余平方米，有员工60人、其中专以上学历的技术人员12人，年营业收入3000万元。

公司主要产品有：碳素管、PE管材、地理电缆护套管〈碳素纤维管〉、CPVC树脂电缆支架、新型滴灌带、微喷带等。中国知名的电力，通讯地理电缆护套管〈碳素纤维管〉是本厂引进先进的技术和设备研制并生产的高科技优质地理电缆护套管系列产品，经过各专业检测机构检验测试，各项性能均达标，铁道部指定在建设电气化铁路铺设电缆使用该产品，所生产的CPVC光电缆支架是专门为电力电网、通信网络地下工程设计开发的新产品。

阳谷县金诺清真肉制品有限公司 公司位于聊城市阳谷县张秋镇，张秋镇自古就有"南有苏（州）杭（州）北有临（清）张（秋）"之称，明清时期漕运盛行，商贾云集，外来穆斯林人员定居此处居多，目前张秋镇回民约3000余人，回汉聚居，和睦共处。

原公司"阳谷县清真肉联厂"成立于2000年，2012年改名为"阳谷县金诺清真肉制品有限公司"，注册资本3000万元，占地40亩，建筑面积16320平方米，现有员工120人，其中经理1人、副经理1人、车间（副）主任2人、供销科长1人、质检科长1人、保管员2人、化验员2人、关键岗位操作人员12人、公司现拥有回民35人。公司拥有一流的现代化牛羊屠宰加工生产线2条，日可屠宰羊1000只、牛200头。主营业务是清真肉制品的收购、加工、销售，主导产品为"金诺"牌清真牛羊冷冻分割产品。经发展由原产量2500吨发展到2014年4500吨，至今公司年生产肉制品能力可达9000吨。公司产品以优质低价占领市场销往国内各大城市，建立了公司食品质量安全管理体系，严格控制产品安全卫生质量，并先后通过 ISO9001 国际体系认证、SC 等系列认证。

山东绿源牧业有限公司 公司始建于 2008 年，占地 230 亩。注册资金 4000 万元，总资产 1.1 亿元。是集饲料加工、大豆榨油、种猪繁育、商品猪养殖、销售、技术服务及大型沼气发电为一体的重点农业产业化龙头企业。现存栏能繁母猪 2158 头，后备母猪 600 头。建有展览室、化验室、职工培训室、人工授精室、对外技术服务部、兽医诊疗室、引种隔离室等。有自动供水设备、自动供料设备、供暖设备、降温设备、保育床、限位栏 2300 余套。现有职工 83 人，管理人员 11 人，技术人员 13 人。公司是商务部“中央活畜储备基地”、农业部“无公害畜产品生产基地”、中国科协财政部授予“全国科普惠农兴村先进单位”“聊城市科普示范基地”“聊城市优秀种畜禽企业”“进京入沪供港活畜基地”、企业通过 ISO9001：2008、HACCP、GAP 质量管理体系认证。

【名胜】 历史文化遗迹遗址有：景阳冈、黑龙潭、运河上下闸、北海龙王故里、关帝庙、城隍庙、陈家大院、任仙庙、挂剑台等。

【名人】 汤洪高、张广智、王勇、马树强、陈光德、王乃锋、王衍诗、杨广平、孟晓磊。

【特色产业】 **文化旅游业** 以景阳冈旅游区、张秋运河古镇景点恢复与开发为龙头的文化旅游产业。

【名产　名吃】 **张秋炖鱼** 张秋炖鱼约起源于元末明初，兴盛于明、清。因史上运河、大清河和黄河在此多有交汇，支流众多，为鱼类滋生提供了优越的条件。黑龙潭鲫鱼就是当地特产之一。“张秋炖鱼”就是利用当地所产鲫鱼为原料，经油炸加佐料后炖制而成，肉嫩刺酥，香而不腻、味道鲜美。

煎包 平底煎包约起源于明、清。煎包首先是用发面包馅后蒸熟，然后再用平底铁锅加油煎烙。馅有猪肉韭菜、羊肉大葱，也可以素馅。平底煎包经加油煎制后，底部金黄，吃之脆香，深受远近人们喜爱。

张秋点心 张秋点心系回民制作的糕点，分“蜜果”和“炉果”。清后期曾是供应宫庭的贡品，又名“贡果”，已有 100 余年历史了，是一方名点。其原料主要有面、油、糖、蜜 4 样。分油炸货、吊炉货：油炸货是用油、水和好面团，采用油擀、刀切、手捏的方法，把面团加工成各种形状，再用食油炸熟，然后放入糖浆锅内，依次加甜，捞出冷却即成；吊炉货是用吊炉加热烘烤，烤出成品，脆香蜜甜。点心花色繁多，加之绿红彩饰，颇振食欲。点心多根据形状命名，如马蹄酥、荷花酥、盘酥、燕尾酥、李子酥、蜜三刀、套环、大金枣、杜花条、羊角蜜、芙蓉果、雪花饼、珍珠糖、蜜蜂糕等。回民祝寿、定亲、迎亲、过年过节均以此相赠。近代以来，汉族群众过年过节也往往以此作为礼品相互赠送。1978 年，聊城地区供销系统点心评比，张秋点心被评为全区第一名。张秋点心以东街马家比较有名，马怀珠（1900 ～ 1991）继承祖传糕点精艺，不仅创设了“德聚昶”号糕点铺，而且培养了多名徒弟，光大了糕点技艺。张秋清真点心以“福聚号”（邱家）为代表。20 世纪七八十年代，邱方振是代表，他制作点心形成规模，每年销售 2.5 万公斤。另外，还有南街的展长福等十余家。

香油果子 香油果子简称“香果子”，类似于油条，但制作方法、口感与油条不同。明、清时期，张秋的“香果子”已相当出名。其制作方法是用小麦细面粉，加水和一定比例的食盐水（要根据气温高低增减浓度）、白矾、食用碱，和面醒透后，切成连带双条，粘上少许干面粉（称面案，油条称油案），下油锅制作而成。炸好出锅后，外皮金黄而中空，趁热入口“香、脆、酥”。张秋街上传统炸“香油果子”的有七八家，以西街王家最为有名，王怀生在祖传技法上加以发扬光大，远近驰名。炸“香油果子”，常常兼做烤炭火烧饼，故“烧饼卷香油果子”成为张秋名吃。

【村名录】 全镇共有7个管理区，51个行政村，有51个村民委员会。其中：

张秋管理区（6个村）：东街、西街（冯庄）、南街（汤井、闸堤口）、北街、北海子、大阎楼；

董营管理区（4个村）：窦营、五里营、董营、王营；

沙窝管理区（8个村）：西孟海、东孟海、前沙窝、后沙窝、上闸、下闸、史塘、袁庄；

刘楼管理区（9个村）：孟楼、张庄、许楼、吴庙、陆海、刘楼、杨武岳、东义和、西义和；

景阳管理区（10个村）：梨园、姑女坟、小阎楼（孙庄）、西沙、景阳、赵盘炉、翁庄（姜庄）、花园（魏楼、土楼）、王庄、碧桃园；

翟庄管理区（5个村）：三里庄、桑营、姜营、翟庄、城坡；

窟窿石管理区（9个村）：曹堤口、钱楼、党街、李街、窟窿石街、前海子、杨堤口、李堤口、田堤口。

七级镇

【概况】 七级镇位于阳谷县东北部26公里处。总面积73万平方公里，耕地面积5492公顷，下辖50个行政村，总人口3.9万人。2016年，实现财政总收入3212万元。农林牧渔业总产值5.99亿元，其中种植业总产值45541万元；林果业总产值6651万元；畜牧业总产值7770万元；渔业总产值68.88万元。粮食平均亩产525公斤，总产量42200吨；棉花总产量280吨；蔬菜总产量279000吨。造林面积950亩。规模以上工业企业21家，实现利税2813万元。完成投资额12亿元，全年引进项目6个。招商引资5个，到位资金5亿元。2016年，七级镇获得山东省一村一品示范镇、聊城市文明村镇、聊城市国防教育工作先进集体、科学发展综合考核农业经济先进单位、科学发展综合考核党建工作先进单位、科学发展综合考核三等奖、科学发展综合考核脱贫攻坚先进单位、先进基层党组织、阳谷县“四无”先进乡镇、平安阳谷建设先进乡镇等荣誉称号。

【国民经济】 全年，完成全社会固定资产投资9.73亿元；完成工商税收2800万元；农民人均纯收入16115元，增长12%；全社会用电量3900万度；金融机构存款余额9.05亿元，比年初增加1.2亿元。经济社会发展稳中有进，进中向好。

【农业】 蔬菜产业蓬勃发展，蔬菜面积稳步增加。新增蔬菜种植面积4900亩，总面积达到4.2万亩；新增土地流转面积4500亩，达到26876亩，全年蔬菜种植面积在4万余亩，年产蔬菜20万吨以上。蔬菜种植呈现向西部扩展局面；主要种植菠菜、芹菜、油菜、香菜等叶类菜；蔬菜销往北京、黑龙江、吉林、辽宁、河南、江苏、上海等省市。全镇从事蔬菜种植的农户有5600余户，接近总户数的三分之二；在七级镇东部三里、张庄等村蔬菜种植户数占村户数的85%以上。镇有蔬菜收购点130余处，从事蔬菜收购、运输的人员450余人，车辆220余辆。

其他经济作物小具规模。在七级镇东北部发展了部分其他作物生产基地，主要有：陈庄村的金钱榆绿化苗木基地一处，面积

100余亩；三里村三体毛白杨种植基地，面积60余亩；三里村葡萄种植基地，面积100余亩；孙庄村桃树种植基地，面积70余亩；新丰村桃树种植基地，面积80余亩；新丰村苹果种植基地，面积80余亩；三里管区新造林600余亩，新建占地60余亩的育苗基地一处，主要栽植梨树、桃树等经济林木；后郎湾村樱桃种植基地，面积200亩。

【民营经济】 新型建材、再生耐火材料、机械加工三大产业逐步壮大。实施天马建材综合管廊生产项目，新建车间2万平方米，引进日本整装进口预制箱涵生产模具40余套，提高大口径箱涵生产能力，生产工艺达到国际先进水平；龙源新型建材致力于海绵城市建设，新建车间1万平方米，新增德国海斯透水砖成型机，所生产透水砖作为行业旗舰遥遥领先。推动泓昊门窗投资7000万元引进德国进口高端自动化生产线，在门窗产品节能与防火上下功夫，增加新产品研发投入。

信民耐火材料获得“一企一技术创新企业”称号；天盾矿用设备获高新技术企业、专精特新中小企业、聊城市企业技术中心、聊城市预埋槽道工程技术研究中心、聊城市预埋槽道工程实验室、阳谷县2016年度优秀企业奖、聊城市科学技术进步奖等称号；泓昊门窗获被聊城市住房和城乡建设局评为“先进集体”、被山东省建设机械协会评为“骨干企业”、山东省建筑门窗行业创新联盟“理事单位”“家居门窗优秀企业”等称号。

2016年，完成全社会固定资产投资9.69亿元；完成工商税收1399.4万；农民人均纯收入12903元；全社会用电量3900万度；金融机构存款余额9.05亿元，比去年增加1.2亿元。

【财贸金融】 2016年，镇财政保持收支平衡，略有结余。2016年实现财政收入3212万元。金融事业稳定发展，存款余额不断增长。镇设有农商行和邮政储蓄银行各1处。

【镇村建设】 2016年，七级镇实施了小城镇提升工程。实施建筑提升，注重新旧建筑的协调，建筑以灰砖白墙红窗为主，在现有建筑造型的基础上，适当增加造型，加入中国传统建筑符号，极大的改善了街区的镇容风貌。实施道路提升，实施聊位路主干道硬化16548平方米，聊位路慢车道硬化6780平方米，铺装人行道花砖24105平方米，建成区人均道路面积达到28.6平方米，在实现镇区道路美化、绿化的同时，为形成良好交通秩序奠定了基础。实施绿化提升，新植聊位路两侧绿化带9772平方米，新建聊位路入口花园1处，镇区绿地广场现已达到3处。在聊位路南北入口及红绿灯路口设置景观石及景观松小品7处，共栽种各类绿化苗木50000余株，镇区绿化率达到27%，园林化城镇品味初现。

【社会事业】 积极落实各项惠民政策，财政用于民生方面的支出不断提高，老百姓得到更多实惠。群众文化生活有声有色。新建三合、七二等村级标准化文化广场5处。全镇成立文体队伍40支，组织举办2次全镇广场舞大赛。新建1800平方米中学宿舍楼；前郎小学建设项目图纸规划已完成，正在筹备施工。镇中心幼儿园、三里小学教学楼等投入使用，中学开展的“国学”讲堂，提高学生综合素质，升入高中率居全县前列。投入120余万元的镇卫生院门诊楼投入使用，“国医堂”正式运营，医疗水平不断提高，高标准的梁庄卫生室已开工建设，地基打桩已完成。新修后郎湾、苑闫高等村级道路8.7公里，七个省定贫困村共修村级道路10.5公里。推进“天网工程”

建设，投资170万元在主要路口、村庄安装高清摄像头230个，建成了全面覆盖的监控网络，社会治安持续良好。

【人民生活】 2016年，随着全镇经济社会事业的发展，通过种植蔬菜、外出务工、自主创业等多种方式，农民收入持续增加。2016年，农民人均纯收入16115元。冰箱、空调、电脑等电器家庭普及率93%以上，汽车也成为普通农民家庭的消费品。

【特色产业】 七级镇七一村是七级镇政府所在地，全村822人，耕地776亩，古京杭大运河穿境而过，交通地理位置十分优越。2014年入围省级“乡村记忆工程”建设示范点，被山东省认定为省级传统村落。

七级镇七一村历史悠久，文化底蕴丰厚，历史遗迹颇多。根据《中国古今地名大词典》所载：“七级曾名毛镇，北魏时（386年～557年）因有古渡称七级渡，为航运码头，因渡口有七级石阶，故名七级。”自元代至元二十六年（1289）开挖会通河起，在此建闸，设官管理，并有兵营驻守，明清相沿。当时阳谷、东阿、莘县均于此设官仓转漕，货运繁忙，来往舟船颇多。南方士子进就赶考、官吏进京述职走运河都要经过此地，名士文人常在此路过停留并有吟咏，明代大文学家、戏剧家、诗人汤显祖客居七级，清朝康熙、乾隆皇帝南巡也曾幸此。镇城有六门四关和六纵八横十四条街巷，势如棋盘，铺面相连，生意颇盛。七级古渡在明代即被列为“阳谷八景”之一。七级和阿城、张秋并称为阳谷运河三镇。

【名胜】 *古街* 2013年，七级古街被山东省政府认定为“山东省重点文物保护单位”。2014年5月，被列为“山东省乡村记忆工程”试点单位。2016年，结合美丽乡村建设工程，对七一村进行升级改造，重点实施了8项工程，包括规划设计、街道硬化、亮化工程、美化提升、平安建设、环境整治、节点建设、绿化工程、排水工程、弱电入地等，努力打造“生态美、村容美、生活美、乡风美”的“美丽乡村”。七级古街集合了明清、民国、文革多个时期的建筑。古街有六纵八横十四巷，六门四关。六纵是双井街、老街、东顺河街、西顺河街、丁家街、幸福街；八横是兴隆街、石狮子街、东关街、北关街、大隅首、小隅首、夏家街、西街，统称为十四巷。经过历史上不同程度的破坏，六门四关已经损毁，但遗址存在。古街保存较为完整，是阳谷运河三镇古街现存最为完好的，具有历史价值，并于2004年列入聊城市重点文物保护单位。目前，保存较为完整的古街1100米。

古码头 七级古码头位于镇中桥北侧，2011年3月份，省文化考古所发掘出，在其《重修渡口石磴碑记》碑上记载，于乾隆十年（1745）重新修建，距今266年。此码头属民间集资修筑，乾隆年间，七级运河兴旺，其时运河一线的水工设施多有维修。同时，还发掘出土大量瓷器碎片，瓷器以青花瓷、青瓷为主，有少量的白瓷。

翟家祠堂 又叫翟家庙，位于七级中桥东约40米路南，建立明朝万历年间，座南朝北，正堂三间，飞檐抱柱式古建筑，东西配房各三间。占地600多平方米，抱柱飞檐，雕花窗帘，古朴典雅，雄伟壮丽。

狄家药铺 又名春和堂，建于清朝中期。当时的春和堂素有“南毛北狄”之称，是闻名全国的老中医狄大光的故居，有府台、县台所赐匾额，现已不知去处。门前肃立龟驮碑两座，现两龟犹在。隅首有“一碑担两间”茶馆，碑和另一物尚存。

【名企】 天马建材 山东天马新型建材有限公司成立于2005年3月，位于阳谷县七级镇西刘村阳七路北侧，注册资金10400万元。

天马建材公司主要生产符各种形式的钢筋混凝土排水管、预应力钢筒混凝土管（PCCP）、预制钢筋混凝土箱涵（预制综合管廊）、各种规格环保透水砖（海绵城市建设）及护坡砌块等各种混凝土制品。

天马建材公司设备先进，是鲁西最大的水泥预制品生产企业，聊城市建委定点生产企业，销售量和生产规模均位于山东省前三名。公司主导产品预制综合管廊、透水砖、花砖、路沿石，内径300毫米～3000毫米等不同规格的大中型号的钢筋混凝土排供水管、预应力钢筒混凝土管等。天马建材销售范围辐射聊城市及周边各市、县、区，纵横山东、河南、河北、山西等省市，产品质量达国标，多次荣获省、市建委奖励和认证。公司始终坚持质量第一、服务第一的宗旨，坚持质量就是生命，以人为本，事实就是，以信取人的经营理念，以实际开拓新的市场创更新的名牌。

该项目计划总投资6亿元，为年产10万米预制综合管廊、年产40万平方混凝土透水砖项目。2016年新建厂房60000平方米，引进日本丰田公司预制综合管廊模具及附属设备360台（套）；引进德国海斯集团透水砖产品全自动生产线两条，引进配套设施230台（套），完善水、电、管网等相关设施及办公设施。

该项目顺应国家推进城市地下综合管廊和“海绵城市”政策的要求，以最先进的设备生产预制综合管廊及透水砖产品。市场需求量在近几年会有激增，聊城市及周边地区都在加快管廊及海绵城市的建设步伐，需求量较大，市场前景广阔。

柯信新材料 山东柯信新材料有限公司成立于2010年2月5日，厂址位于山东省阳谷县七级镇驻地，注册资本1000万元。拥有自动配料线1条，高性能混合机5台，400吨～1000吨摩擦压力机7台。镁碳质耐火材料年产能2.5万吨，各种不定形耐火材料年产能3万吨。服务于钢铁、有色、铸造、建材等高温工业。2013年销售收入6500万元，被聊城市授予“高新技术企业”“聊城市科技型中小企业”“文明诚信民营企业”“先进民营企业”。

公司现有教授级高工2人、硕士2人、工程师6人。坚持“科技为先，质量为本，持续改进，追求完善”的质量方针，建立了完善的质量管理体系。设有与产品生产和研发配套的技术中心，配备了齐全的化验仪器和各种高低温试验炉、压力机和高温抗折炉等制品试验和性能检测设备。与武汉科技大学、洛阳耐火材料研究院、西安建筑科技大学、上海宝钢研究院、聊城大学等国内著名学术研究单位建立有紧密的合作关系。拥有“一种节能型钢包包衬及砌筑方法”、发明专利2项。鼎力的技术支撑、优良的产品和先进的现场使用、维护、维修技术，与用户共创解决节能、环保、降耗、降本的方案，承担炉窑耐火材料施工维护的总承包，实现双方价值共赢。

山东柯信新材料有限公司立足山东，面向全国，着力打造成国内具有较高知名度和极具竞争力的耐火材料企业。

【自然村、行政村名单】 七一、七二、七三、东辛、后郎湾（含后郎湾、上闸）、前郎、崔围子、前杨、后杨（含后杨、高庄）、韦铺（含韦铺、李庄）、郑庄、于庄、西刘（含西刘、东刘、清法寺）、高楼、南焦、前刘、姚皋（含大姚皋、小姚皋）、官口（含官口、孙沟、北焦）、三合、四合（四合、田楼）、西辛、周堂（含周堂、杨海、东田）、义和、东康（含东康、西康、沈庄）、梁庄、苑闫高（含苑庄、闫庄、高庄）、三里、大翟（含大翟、小翟）、张庄（含张庄、姚庄）、井庄（含井庄、彭庄）、桑庄、刘文堂（含刘文堂、陶庄）、陈庄、孙庄（含孙庄、齐庄）、新丰、郝林（含郝庄、林庄）、穆庄、西金、杨屯、东金、盛庄（含盛庄、南张）、贺庄、孙楼、前王（含前王、辛庄）、后王、簸箕柳、蒋庄、任庄、北张、崔庄。

撰稿人：付凌晨

安乐镇

【概况】 安乐镇位于阳谷县东北部，镇政府驻地西南距阳谷县城16公里。东与七级镇、阿城镇接壤，南与阎楼镇相邻，西与石佛镇接界，北与郭屯镇为邻。辖区南北长9.2公里，东西宽12.6公里，总面积66平方公里。全镇共辖45个行政村，总人口3.9万人。近年来，安乐镇借助区位优势、资源优势，对经济发展进行了积极探索，全镇初步构筑了以食品、塑编为主导，以机械、电子为补充的产业发展格局，形成了特色鲜明的镇域经济，活力凸显，后劲倍增。2016年，地方财政收入完成1751万元，全镇完成固定资产投资15.3亿元，规模以上企业发展至19家，招商引资到位资金5.9亿元；实现主营业务收入50.85亿元，增长12.4%，实现利税收入4.11亿元，增长11.4%。曾获国家级生态乡镇、山东省文明乡镇、山东省特色产业乡镇、山东省首届书香之乡、聊城市民营经济特色产业乡镇、聊城市农业结构调整先进乡镇、聊城市“四德”工程示范乡镇、聊城市民营经济工作争先进位奖、聊城市民营经济发展和利用外资先进乡镇等县级以上荣誉称号。

【历史沿革】 安乐镇原名老君堂，五代时后周世宗柴荣一度驻此养病，更名为安乐村。宋设安乐镇。元于此设巡检司。此地原为卢县地，属卢县移风乡。元代卢县撤并后归于阳谷。明代阳谷县丞驻此开衙理事。清末将全县划分为17个乡（自治区），安乐镇及其附近村庄为安乐乡。1933年，中共党员赵健民、孙锡恩（现名孙洪）在此开展党的工作，1934年2月成立中共安乐镇中心支部，领导阳谷及东阿、寿张等县的党组织。同年扩建为中共阳谷县委。1939年9月阳谷县抗日民主政府成立后，安乐镇设置为阳谷县第五区。1947年9月设徐翼县，县政府一度驻安乐镇。1949年徐翼县撤销后，安乐镇及所属村庄仍回属阳谷县，为阳谷县第五区。1958年4月改设为安乐镇乡，同年8月成立安乐镇人民公社。1984年8月，根据国务院《关于实行政社分开建立乡政府的通知》，安乐镇公社改为安乐镇。

【国民经济】 2016年，安乐镇紧紧围绕“坚持根本、把握方向、提高能力、创业富民、创新强镇、科学发展”这一总体工作思路，凝神聚力，发挥优势，实现了国民经济的又好又快发展。2016年实现财政总收入1751万元，完成固定资产投资18.73亿元；招商引资到位资金5.9亿元，超额完成了全年任务；完成税收1.4亿元，同比增长16.7%。

2016年，全镇农林牧渔业总产值13.1亿元，其中种植业总产值5.7亿元；林果业总产值6300万元；畜牧业总产值7.1亿元；渔业总产值560万元。粮食平均亩产485公斤，总产量4.97万吨；棉花总产量500吨；蔬菜总产量1.8万吨。完成造林面积670公顷。规模以上工业企业19家，总产值49亿元，实现利税13152万元。民营经济销售收入57亿元，实现利税31270万元。全年引进项目11个，形成了以食品、塑编产业为主导，机械、电子为补充的产业发展新格局。

【农业】 安乐镇突出抓好“三农”工作，现代农业稳步前进。狠抓农业基础设施建设。规划建设了万亩高产示范方，实施了5000亩农业开发项目，在全镇80%的村实施了土地综合整治项目，连通了各个地块之间道路45公里，累计清挖沟渠6万余米，衬砌沟渠3.2公里，维修加固桥梁涵洞60余座，使全镇农业抗防灾能力进一步提高，大大改善了农业生产条件。全力支持现代农业示范基地的建设，重点抓好土地流转，引导推动农业集约化、产业化经营发展。目前，仅凤祥已流转土地1.5万余亩，刘品村、刘铺村、肖坑村、董营村的土地流转成效明显。积极推进“无公害农产品（蔬菜）生产示范基地”建设。全镇蔬菜种植面积达到5000余亩，新建种植示范基地5处。大力发展苹果等林果业，依托经济林基地标准化建设，已建成1500亩的现代化生态示范林果种植基地1处，今后3年内将有效带动周边新增万亩以上，大大提高农民收入。积极发挥龙头企业带动作用，坚持发展现代畜牧业。以打造全镇畜牧强镇为目标，重点支持以畜牧为主的特色产业，创办农民专业合作社。目前，全镇建成现代化养殖场11个，年出肉鸡1500万只以上；发展养猪大户36户，其中千头种猪场3处。

【民营经济】 坚持围绕优势产业抓招商、上项目，以项目建设扩大产业规模，聚集产业优势。2016年共引进在建、待建、在谈项目14个，其中过亿元项目6个，在建项目2个，完成固定资产投资15.3亿元，规模以上企业发展至19家，实现主营业务收入50.85亿元，增长12.4%，实现利税收入4.11亿元，增长11.4%。现拥有国家级龙头企业1家，省级龙头企业1家，国家级创业辅导基地1家，省级科研中心1家、上市企业1家，逐步了形成了以食品、塑编产业为主导，机械、电子为补充的产业发展新格局，构筑了特色鲜明的镇域经济。立足长远，打好基础，突出抓好园区发展。一方面，围绕县委、县政府确定的北部新城区全力抓服务，重点推进了雨洪蓄水水库、道路等基础设施建设迁占工作，全长7.4千米占地889亩的南水北调管线工程也已顺利完成，大力营造了良好的环境。另一方面，加快推进了千亿绿色食品产业园建设，充分发挥凤祥集团的龙头主导作用，先后上马了一批食品加工项目，抓好了凤祥酵劲、东大食品、晟源食品扩建后的市场运作，使企业进一步做大做强，为食品产业的发展奠定了良好基础。切实贯彻落实全民创业的各项政策措施，启动内力。出台了《安乐镇关于大力发展镇域经济的工作意见》，实施“能人创业”工程，激活民间资本，激发创业热情，鼓励在外人员返乡创业，形成了能人带动、干部带头、浓厚创业氛围。至2016年，全镇个体工商户数达到1290户，私营企业户数达到173户。

【经贸金融】 2016年，镇财政在增支因素逐年增多的情况下，实现了收支平衡。全年实现财政收入5492万元。各项医疗保险补助都能及时足额发放。金融事业稳步发展，存款余额不断增长，贷款投入也相继增加。

【镇村建设】 2016年，安乐镇稳步推进城乡建设，全力打造宜居宜业新安镇。积极稳妥地推进土地“增减挂”工作。按照安乐镇农村社区总规划，重点抓好刘品和崔葛新农村建设，两个新农村已经基本完成，已复垦土地230.7亩。新村内设施齐全，村容焕然一新。农村环境综合整治工作卓有成效。大力开展路域环境综合整治活动，不断提高辖区内公路维护质量，新修、改善乔崔路、安石路等公路10余公里，整理路段累计达到70余公里。持续开展城乡环卫一体化工作，对全镇45个行政村坚持开展垃圾清运工作，全镇环境面貌焕然一新。在多次环卫一体化考核和群众满意度调查中均名列前茅，得到了市县领导充分肯定。快速推进旱改厕工作。通过示范引领、以点带面，实施第一批旱改厕8个村，全部按标准要求完成，速度及质量居全县前列，聊城电视台对此专门做了报道。农村精神文明建设成果显著。全镇45个行政村全部建成文化广场，已安装健身器材的村达到35个，村村有广场舞队伍，成功举办了第二届广场舞大赛。扎实开展“四德工程”和“乡村文明行动”，促进乡风文明，打造敬老爱老、邻里和睦的社会氛围，在全镇开展了“好媳妇、好婆婆”评选工作，社会风气明显好转。安乐镇被评选为山东省“省级文明乡镇”，刘庙村被评为国家级文明村，蒿铺、董营、袁庄被评为“省级文明村”。全力打造富强宜居新安乐镇。编制了《小城镇提升工程规划》，确定了简欧式风格设计。围绕增强载体城镇功能，打造雅致宜居的镇区风貌，重点做好四个提升：建筑提升。按照规划方案，对320间镇区临街楼房建筑立面进行了综合改造，喷涂墙面真石漆1.01万平方米，统一更换了商铺广告牌匾160块，在祥泰路建设了500米的传统文化墙，达到了建筑风格统一、色彩造型协调的整体效果。道路提升。对镇区祥泰路、黄山路、中心街等道路进行了重新修建，铺设路面3.1万平方米、人行道1.4万平方米、路沿石5578米，完善给水管道4091米、排水管道2714米，安装路灯108盏。绿化提升。建设了天心花园一处，配套安装了各种文体设施，与传统文化墙相辉映，形成了文化氛围浓郁的小城文化圈。镇区绿化面积大幅度增加，人均绿地面积达到8.3平方米。管理提升。建设弱电地下管道2600米、弱电井50眼，下移弱电线路1.2万米，治理街面散乱的通讯线网1.3万米。深化城乡环卫一体化工作，制定了管理制度，逐级签订责任书，进一步提高城镇管理水平，提升百姓生活幸福指数。

【社会事业】 2016年，安乐镇在教育医疗、生态环境、社会治安、文化事业等方面都取得了持续改善。

医疗卫生有了显著改变 投入到位。持续投资290万元改造的卫生院门诊综合楼暨安乐镇卫生院刘庙分院已投入使用，改善了镇域医疗卫生条件，方便群众就近就医。

教育事业快速发展 近年来，不断完善教育基础设施建设，新建蒿铺小学、镇中心幼儿园等3处学校，形成了以刘庙中心小学、安镇中心小学、蒿铺中心小学东、中、西合理布局的教育新格局，大大方便了周边群众。

生态环境明显改善 抓生态优化。把改变群众的生产生活环境作为百年大计，下决心推进城乡环卫一体化和全镇的绿化美化。建环卫设施，成立保洁队伍，着力形成村镇环卫长效机制。抢抓机遇大面积植树造林，已经栽种各类树木20万余株，全镇新增绿化面积居全县首位。全镇生态环境得到持续优化。

社会更加和谐稳定 建成了覆盖全镇主干公路及村级交通要道的“天网工程”。充分发挥社会管理服务中心的职能，对养老保险、民政救济等，实行“一站式”和“柜台式”服务，为群众办事提供便利。

【人民生活】 近年来，安乐镇经济蓬勃发展，人民生活水平稳步提高，农民收入逐年增加。全镇人均可支配收入达到13126元。农民消费水平提高、消费结构也发生了很大变化，饮食结构由温饱型向营养型转变。多数村庄正在按照新农村建设的要求，规划建设新村，群众的居住条件将更加完善，人民生活会更加幸福。

【特色产业】 安乐镇的传统特色产业是畜禽养殖和宰杀，1991 年 10 月，山东凤祥集团以刘庙村为依托开始了食品产业化的历程，在创业之初仅仅有一个养鸡场，经过 20 余年的艰苦努力，截至 2016 年，凤祥集团成为集肉种鸡饲养、商品鸡孵化、宰杀冷藏、肉鸡分割、禽肉熟制品、调味品、生物保健品、畜禽饲料、植物油、纺织品、乳制品、包装制品、对外贸易、热电联产等相关产业的生产经营等业务为一体的大型企业集团，是中国最大的肉鸡生产加工出口企业之一。集团公司下辖 30 多个生产经营实体，总资产达到 20 亿元，员工 12000 人。集团以公司 + 合作社 + 农场为基本运行模式，形成了贸工农一体化、养加销一条龙的农业产业化经营格局。安排农村剩余劳动力和下岗职工就业达 1 万余人，带动肉鸡饲养户 12000 余户，每年创造直接效益 7 亿多元，带动种植面积达 68 万亩，引领山东、河南、河北三省的数十万农民走上了脱贫致富之路；转移农村剩余劳动力 5 万人，促进了农村二三产业的发展。在凤祥集团的带动下，我镇已有凤祥集团、聊城东大食品、晟源食品等规模以上企业。食品加工产业实现主营业务收入 52 亿元，利税 4.1 亿元，税收 4000 万元。我镇刘庙、辛庄、袁楼、王庄、胡楼等村成为畜禽养殖特色产业村。

安乐镇的汽车座垫编织产业经过近 10 年的发展，从无到有，从少到多，从张平车饰、鲁冰花、心怡汽车饰品等几家企业，到 08 年上半年，全镇汽车座垫生产企业发展到 12 家，09 年增加到 27 家。2010 年，成立阳谷汽车坐垫行业协会，制定协会章程，明确了行规、行约，为规范会员企业生产经营行为奠定了良好的组织基础。2012 年已发展到 45 家左右，产业迅速膨胀。目前，产业年产值近亿元，利税过百万元。涌现了巾帼宝丽幔、鲁冰花、天龙、丝美达、欧顺等十几个全国知名畅销品牌，占据全国汽车坐垫市场的 1/10，形成从原料、辅料、半成品、到成品配套相对完整的产业链。针对全国同行业没有产品生产标准的实际，在全国率先完成汽车坐垫企业联盟标准制定，并通过国家省市专家评审认定，使企业生产做到有标准可依，促使产业管理逐步规范，产品不断创新提升。下一步，安乐镇将充分发挥省级创业辅导基地“孵化器”作用，着力培育壮大汽车坐垫产业，依托现有的产业优势，与高校结合，不断开发新的品种和花色。同时借助于互联网 +，以电商和微商为销售手段，不断扩大市场占有份额。在汽车坐垫行业不断壮大的带动下，我镇蒿铺、南街、肖刘等村成为汽车坐垫特色产业村。

【名产　名吃】 八百年的好味道——五更炉熏鸡。“五更炉熏鸡”始于明朝洪武年间。现为鲁西阳谷地方特色食品，它以独特的配料和特制的熏制工艺，赢得了社会各界的好评，享誉大江南北。它首选当年雏鸡，以传统地方名吃梨木熏鸡工艺为基础，结合现代科学技术，精心研制而成。不含任何激素，安全卫生。2004 年 5 月“五更炉熏鸡”在山东省名优食品大赛中荣获优秀产品称号，被山东省经贸委评为优秀地方名吃。“凤祥”牌肉鸡系列产品已相继被国家认证为“绿色食品”“中国驰名商标”“中国名牌”产品。

明朱洪武年间，黄河发水，连年战乱，全国各地灾荒连连、人烟稀少，尤以山东等地更甚。于是官府决定从没有遭受战乱的山西洪桐县等地移民，集结到老鸹窝大槐树下迁往山东、河南、安徽等地。有张姓兄弟也在迁徙之列，由于官府规定同族同姓不得迁往同一地方，于是弟弟改姓刘，并如愿一同迁往山东阳谷。次年仲秋，弟弟五更起床打算煮只鸡去看望十里之外的兄长，后忽见厨房有梨木，顿生想法，用梨木做柴支炉生火将鸡熏蒸起来，以寄离乡之情、思亲之苦。结果到兄长处吃将起来别有一番风味。这一做法逐渐被人们仿效起来，将梨木熏鸡作为走亲访友的礼物，以示思亲之情，大吉大利之意，后来当地渐渐演变成了仲秋节送熏鸡的风俗。后人在此基础上改进工艺和配方，演变成了一种地方名吃。

五更炉系列熏鸡，秉承传统工艺，八百年的熏制秘方，采用现代先进的食品加工工艺，使传统食品达到工业化生产，既保持了传统熏鸡的独特风味，又营养卫生，是现代人时尚新型的食品。五更炉熏鸡，以优质的乡村草鸡为原料，精选20种天然中草香辛料腌制，烟熏，真空包装，杀菌等工序精制而成。鸡肉质细腻，色泽金黄、味道芳香入骨，闻之熏香浓郁，食之颊齿留香，实为自食或馈赠之佳品。

【名企】 山东凤祥集团　山东凤祥集团创建于1991年10月，公司是集肉种鸡饲养、商品鸡孵化、宰杀冷藏、肉鸡分割、禽肉熟制品、调味品、生物保健品、畜禽饲料、植物油、纺织品、乳制品、包装制品、对外贸易、热电联产等相关产业的生产经营等业务为一体的大型企业集团，是中国最大的肉鸡生产加工出口企业之一，是第一批151家农业产业化国家重点龙头企业之一、全国食品安全示范单位十强企业、全国食品重点龙头企业、中国肉类食品50强企业、国家扶贫龙头企业、农业标准化国家示范区重点龙头企业、全国外经贸进出口先进企业，是山东省计划单列企业、省百强企业集团，山东省农行AAA级信用企业，公司建有国家博士后科研工作站和省级技术开发中心。

集团公司下辖30多个生产经营实体，总资产达到20亿元，员工12000人。1997年与法国LDC公司合资后，引进了居国际先进水平的全自动屠宰肉鸡生产线、熟食品加工生产线、雏鸡繁育生产线、饲料加工生产线，建立了HACCP（危害分析和关键控制点）管理体系和ISO9001产品质量保证体系，通过了国际权威认证。集团建有博士后科研工作站和达到省级标准的技术开发中心，大大提高了产品的研发能力，分割鸡品种达到200余个，熟食品品种达到160余个，调味品、生物制品品种20余个。

凤祥牌肉鸡系列产品荣膺中国名牌称号，产品远销日本、马来西亚、俄罗斯、新加坡、中东等20多个国家和地区，是麦当劳、肯德基等国际快餐集团以及沃尔玛、百佳、好又多、家乐福等大型超市连锁集团在东南亚各国以及我国境内最大的鸡肉供应商之一。

【名人】 刘学景　中共党员，高级经济师，现任山东凤祥（集团）有限责任公司董事长兼总裁，阳谷祥光铜业有限公司董事长，新凤祥控股集团有限责任公司董事长，山东省十大杰出青年，全国优秀企业厂长，全国农村青年星火带头人标兵，全国劳动模范，第九、十、十一、十二届全国人大代表。

【强村】 刘庙村　现有326户，1369人，1300亩耕地，村党支部一个。

刘庙村紧紧抓住村党支部建设这一关键环节，以经济建设为中心，全面发挥村内党员的先锋模范作用，多方引导他们学科技、用科技，共同“领跑”村民的致富路。支部一班人意识到无工不富、无商不活、无农不稳的道理，要想带领群众尽快富起来，必须办企业。1991 年 10 月党支部书记刘庆安从报纸上看到国家扶贫开发政策，将扶持一批立足资源优势，投资少，见效快的农牧业深加工项目，支部讨论后马上意识到这是一个千载难逢的良机，必须紧紧抓住。经过一番外出考察和反复论证，认为搞种鸡饲养和雏鸡孵化是一个周期快，风险小的致富项目。他们请回了在外做生意的共产党员刘学景，筹资 300 万元建起了一个良种鸡场，一道迈出了创办企业的第一步。次年创产值 500 万元，实现利税 40 万元，社会效益 80 万元，带动了周边养鸡户致富。他们没有小富即满，而是制定长远发展规划，将原鸡场更名为山东凤祥集团。推广“企业 + 合作社 + 农户”的运行模式，走出了一条贸工农一体化，养加销一条龙的农业产业化经营的新路子，带动了山东、河南、河北三省一万多户农民走上了脱贫致富之路。企业安排农村剩余劳动力和下岗职工达 13000 人。凤祥集团已发展成拥有 30 多亿资产，集种鸡饲养、雏鸡孵化、肉鸡宰杀、熟制品加工、饲料加工、奶牛饲养、乳制品加工、生物制品于一体的跨行经营的大型企业集团。在龙头企业凤祥的带动辐射下，9 家投资过百万元的工业项目在刘庙相继建成投产。

随着企业的不断发展壮大，也给刘庙村服务业的发展带来了前所未有的机遇。刘庙党支部高瞻远瞩，投资 1000 万元建起综合大市场和商业街，2009 年又建成了大型超市，街道商业区实现了美化、绿化、亮化、净化。已有 300 多家商户经营，每年上缴各项税费 30 多万元。刘庙已从 1989 年的人均纯收入 500 元，发展到 2016 年人均可支配收入 21000 多元。

全村投资 2000 多万元规划改造了村庄，家家住上了高标准的住房。投资 400 万元建起了中小学教学楼，投资 100 万元硬化了村里所有街道和胡同路面；投资 20 多万元改架了用电线路，安上了路灯，投资 50 多万元，让家家用上了自来水，看上了有线电视；投资 40 万元用于补贴农户购置家电，把刘庙建成电气化村。这一串鲜活的数字，折射出了刘庙高速发展的轨迹，呈现出全村人在支部领导下团结实干的奋斗历程。

2003 年 12 月 13 日，中共中央总书记、国家主席胡锦涛考察了刘庙村的基层组织建设和企业发展，对这里的全面协调发展给予了充分肯定。2008 年 4 月 21 日，山东省委书记姜异康同志到刘庙视察工作时，称赞刘庙村是山东新农村建设一个好的典型。

刘庙村的发展得到各级领导的肯定。2003 ～ 2008 年中共中央总书记、国家主席胡锦涛同志、中纪委书记、原山东省委书记吴官正，原中央组织部长张全景，原国务院副总理田纪云同志、山东省委书记姜异康、省长姜异康曾先后到刘庙村视察指导工作。村总支连续被市、县评为先进党支部，先后荣获“山东省先进基层党组织”“全国先进基层党组织”等荣誉称号，刘庙村先后荣获“小康模范村”“中国特色经济村”“计划生育先进单位”“民主法制示范村”“山东省精神文明建设先进单位”“全国创建文明村镇工作先进单位”等荣誉称号。

中国百强村庄排名第 80 名。

【行政村名录（45 个）】 西街、南街、北街、薛寨、张党、肖刘、崔葛、姜屯、袁庄、邢庄、西李楼、肖坑、刘铺、后屯、前屯、马庄、刘庙、董营、王庄、袁楼、左洼、刘子英、郭庄、辛庄、丁庄、红旗、东李楼、胡楼、王铁匠、周庄、大申、周英、刘品、东刘、七里河、蒿铺、孙孟刘、东雷、三官庙、范庄、范楼、于营、孟洼、张庄、蒋庄。

郭屯镇

【概况】 郭屯镇位于阳谷县北部，镇政府驻地距阳谷县城25公里，位居聊阳路东侧。东与七级镇交界，南与石佛镇、安乐镇接壤，西与定水镇、聊城市沙镇毗连，北与聊城市朱老庄乡、李海务乡为邻。辖区南北长5.6公里，东西宽12公里，总面积56.5平方公里，占全县面积的5.3%，耕地面积3070公顷。辖53个行政村，60个自然村，总人口3.14万人。

郭屯镇因镇机关驻村而得名。郭屯原名过店屯，历史上地处交通要冲，村民多经营客店，过往客商多于此食宿、贸易，故名过店屯，后讹传为郭店屯。郭屯现属村庄1949年属阳谷县第三区，区公所设九都杨村。1957年设置郭店屯乡。1958年8月并入安乐镇人民公社。1961年改属安乐镇区。1971年撤区并社，成立郭屯人民公社。1984年改设为郭屯乡，2010年7月撤乡设镇，改为郭屯镇。

【国民经济】 2016年，全镇固定资产投资完成15.2亿元，同比增长26%；招商引资完成10.3亿元，同比增长31%；全镇民营经济实现销售收入56.9亿元，利税6.4亿元，实现增加值47亿元，同比分别增长25.3%、25.2%、26%；规模企业实现销售收入44.2亿元，利税5.7亿元，实现增加值36.7亿元，同比分别增长26.1%、27%、27.3%；工商税收完成2082万元。至2016年，全镇拥有过千万的企业15家，投资500万以上的企业21家。

【农业】 紧紧围绕农业增效、农民增收的目标，以农民专业合作社为依托，按照“发挥优势，突出特色，因地制宜、示范引导、搞好服务”的总体思路，加快农业产业调整振兴计划的实施，取得明显效果。2016年，实施了农业综合开发项目，占地7800亩，涉及8个村，新修砂石路12.5公里、水泥路3.25公里，新打机井60眼，修桥40座，开挖沟渠9000米，大大改善了镇东部农田水利条件，有效促进了农业增产增收。持续壮大合作组织大力发展种植、养殖业，以金鑫、明翠园蔬菜种植专业合作社为带动，引导广大农户大力发展大棚、大拱棚蔬菜种植，逐步形成规模发展，成为农民的主要收入来源。坚持农企对接持续推进粮食增产，采取“公司+农户”的模式，以杨皋、赵元、丰徐等村为基础，不断强化与农信种业公司合作，发展小麦良种繁育3000余亩，亩均增产达到50余公斤。

【民营经济】 牢固树立“工业强镇”发展理念，继续实行项目建设帮包责任制，真正做到“在谈项目抓签约、签约项目抓建设、建设项目抓投产、投产项目抓达效”。2016年，阳谷华怡纺织有限公司印染项目投资3000万元，年加工成品30万件，实现年销售收入4000万元。聊城市新恒基生物科技有限公司年产5000吨的复合调味料项目2016年元月正式投产，年销售收入实现了1亿元，实现利润3000万元，实现税金近千万元。山东东大塑业有限公司2016年新上年加工5万吨的PO膜项目，引进了国内农膜行业最先进的设备，实现销售收入3亿元，实现利润9000万元，实现税金100万元。民营经济发展迅速，规模不断扩大，在国民经济中的比重不断上升，有效支撑了全镇经济的快速健康发展。

【镇村建设】 新型农村社区建设　全镇规划建设为六个新型农村社区，其中镇中心社区占地面积2000亩，集聚23个村庄，总人口将达到1.6万人，同时配套建设中心小学、幼儿园、供排水、供电、供暖、燃气、通讯、绿化、硬化、亮化等基础设施。至2016年，镇中心社区建设已开工的村9个，主体工程全部完工，已入住1068户。其中，姜邢、后刘、前梨园、杨庙4个村庄620亩已完成复垦并通过验收。张刘、王营等5个新村建设已全部达到入住条件，正在陆续搬迁、拆迁之中。

城乡环卫建设 2016年，各村按照每100户配备1名保洁员的标准聘任村级保洁员，并设立环境卫生专管员，加强了领导，健全了组织，为开展城乡环卫一体化工作奠定了基础。建立了“户集、村收、镇运、县处理”的农村垃圾集中处置长效运转机制。按照方便群众投放的原则，郭屯镇共配备垃圾桶1998个，其中2016年新增垃圾桶800个。全镇为每名保洁员配备了清洁车、夹子等全套清洁工具，并及时更新。按照每万人1辆垃圾转运车的标准，配备了三辆侧装式垃圾挂桶车。在张刘村东建设了垃圾转运站，设施配套完善，运转正常，生活垃圾达到“日产日清”的作业要求。

【社会事业】 **全面推进计划生育新机制建设** 扎实做好基础性工作，加强流动人口计划生育管理和服务，稳定低生育水平。

抓好农田水利基本建设 对辖区内的所有沟渠进行了清挖，动用土方30万立方米；新打机井60眼，修桥40座，确保旱能浇、涝能排；并成立了专门防汛队伍，有专门值班人员，储备了大批防汛物质。

注重学校校舍投入 投资267万元用于中学教学楼加固、联校校舍修缮和新建中学宿舍楼。不断加强教育事业发展，小学正常适龄儿童入学率达100%，初中巩固率达98%以上，教育水平不断提高。

城乡环卫一体化工作成效显著 按照县城乡环卫一体化工作的统一部署，切实加强工作领导、不断创新管理模式，扎实做好城乡环卫一体化工作，大街小巷、房前屋后、沟边、壕沿、水面、道路两侧等均达到“五净”“四无”的标准，镇、村面貌得到明显改观。

社会管理和治安水平进一步提高 至2016年，共安装277个监控摄像头，通过充分利用“天网”工程，大大提升了综合治理社会管理工作水平；持续抓好综合治理网格化建设，完善了社会治安防控体系，加强排查调处矛盾纠纷，社会管理和基层基础建设不断改进。

【人民生活】 认真贯彻落实习近平总书记“六个精准”的指示要求，全面开展精准识贫，精准识别出贫困户759户，贫困人口1597人，对贫困村、贫困户和贫困人口建档立卡，逐村逐户找致贫原因，量身制定了精准扶贫、精准脱贫方案。同时，市、县帮扶单位积极向上级争取项目资金，为省定贫困村实施扶贫项目，目前，果树种植、蔬菜大棚建设、光伏发电等项目已实施完毕，效益显著，2016年助推了491户1023名贫困人口脱贫。

按照以人为本、推进城乡一体化建设的要求，统筹规划农村民居建设，认真落实各项优惠扶持政策，推动农村基本住房安全保障建设，2016年开展了贫困户危房改造工作，全年完成58户危房改造任务，使58户困难群众全部脱离危房，切实改善了部分农村困难群众的生活条件。

2016年顺利开展了无害化卫生旱厕改造工作，完成了21个村共计2328户旱厕改造任务，极大改善农村环境面貌和农民生活条件，加快推进生态文明乡村建设。

【名吃】 **王家炖鸡** 阳谷郭屯“王家炖鸡店”

自清末祖辈开店始，流传至今。该店食品历史悠久，风味独特，已成为聊城一大地方名吃，是聊城最早注册商标的餐饮绿色食品之一。

清末，王氏祖先因躲避战乱迁居于郭店屯。因祖传厨师技艺，遂以开设饭铺客栈为生计，“王家店”在当时是当地较有名气的店铺之一。到20世纪三四十年代，王德茂先生烹制的鸡肉味道鲜美，并且为人厚道，因此深受过往路人的赞誉。上世纪70年代，王德茂将烹鸡技艺传授三子王金亭。王金亭先生在继承祖传烹鸡技艺的基础上大胆创新，发掘民间传统，结合运河地区风俗，创制出了远近闻名的“王金亭炖鸡”。1984年，王金亭承继祖传技艺，以“郭屯王家炖鸡”为店号正式开业。他秉承“诚实做人，诚信立业”祖训，精心经营，经过几年发展，郭屯“王家店”获得了良好的声誉。1997年，王金亭向国家商标局申请了郭屯王家炖鸡店“王金亭”商标。2002年，在聊城市江北水城文化旅游节上，参加“江北水城美食节”获得“江北水城名优菜品”；2005年在山东省经贸委组织的“山东名小吃”评选活动中，荣获“山东名小吃”的称号；2013年在首届“味道聊城”国际美食节上，获得“金牌小吃”；还被聊城市消费者协会评为“十佳名优食品”。2013年，郭屯炖鸡店新店开张，经营面积1000余平方米。面对顾客不同口味的需求，不断研究创新，推出具有当代特色的“炖鸡”和“炒鸡”。

王金亭炖鸡，选用本地农家散养的上等笨公鸡，辅以白芷、丁香、茴香等20余种纯天然中草药香料，添加食用油、盐、酱油、面酱等精制而成。肉质香嫩，味道鲜美，口味纯正，营养丰富，老幼皆宜。“选好鸡，用好料，做最好的味道”，是郭屯炖鸡店对菜品质量永远的要求；为顾客提供“绿色、健康、安全”的食品，是其永恒的宗旨。

【名人】 郭屯镇人民有着光荣的斗争传统。1926年初，在济南求学并经关向应同志介绍加入中国共产党的杨耕心烈士在其家乡九都杨村发展党员数人，建起了全县第一个党的基层组织中共九都杨支部委员会，该支部也是全鲁西第一个农村党支部。1929年1月，王寅生、杨耕心等在上级党组织的领导下，发动了著名的“坡里暴动”，建立了中国共产党领导下的山东省第一支农民革命武装。

1938年，共产党员王筱湖（梨园村人）、王伯瑾（王营村人）组织了鲁西第一个抗日区政权，并成立了抗日游击队，率先拉开了阳谷抗日战争的序幕。阳谷三区后来成为聊阳阿抗日根据地的核心地带，当地人民群众对抗日战争、解放战争的最后胜利做出了巨大贡献。

【村名录】 郭屯镇辖53个行政村，60个自然村：王营、王顶、赵元、苑店、郭屯、陈堂（陈堂、白庄）、西朱、南葛、东李、张堂、姜邢、邓楼（前邓楼、后邓楼）、张刘、南李、辛集、杨庄、北葛、于庄（于庄、白庄、岳庄）、邵楼、李屯、丰徐、王屯、孟屯、李家（前李、后李）、西韩、洪刘、杨皋、东韩、黄庄、后刘（后刘、蔡庄）、张寨、段庄、孟庄、姜屯、前刘、杨庙（杨庙、郑庄）、曹庄、候堂、冯集、梁庄、焦集、前宋、葛集、前梨园、东朱、赵庄、丁庄、后宋、邢庄、后梨园、侯海、九杨东、九杨西。

石佛镇

【概况】 石佛镇位于阳谷县域的北部，镇政府驻地南距阳谷县城15公里，北距聊城江北水城旅游度假区8公里，东临安乐镇，西靠定水镇，南与大布乡毗连，北与郭屯镇接壤，辖区南北长5.6公里，东西宽12.5公里，总面积56平方公里。京九铁路纵贯南北，并在镇内设有客站。254省道、寿郭公路、阳定公路与安石公路、定石公路在镇内交汇，形成三纵两横的交通格局。羊角河、韩庄干渠、聊阳干渠和五四青年渠均流经该镇，水利条件优越。全镇辖42个行政村，55个自然村，总人口37767人，耕地面积54537亩。2015年1月，石佛镇被授予山东省“基层双拥创建模范单位”，被山东省安全生产监督管理局、山东省安全生产管理协会授予石佛镇“2015年至2017年省级安全社区”，被中共聊城市委、聊城市人民政府授予“2016年度敬老模范单位、2016年度招商引资工作先进乡镇”，被中共阳谷县委、阳谷县人民政府授予“2016年度科学发展综合考核一等奖、党建工作先进单位、招商引资先进单位”等多项荣誉。

【经济发展】 2016年，石佛镇依托国家级祥光生态工业园区，招商引资、项目建设取得新成效，镇域经济实力进一步提升。至2016年底，全镇共有规模以上企业18家，实现公共预算财政收入1.9亿元，实现主营业务收入124亿元，完成全社会固定资产投资33亿元，实现民营经济税收2.95亿元，招商引资到位资金9.3亿元，全镇经济实现了快速健康发展。石佛镇坚持把项目建设作为经济工作的总抓手，积极推进项目建设。2016年，共有4个项目被列入市县重点项目，目前进展顺利，澳林五金建材装饰城一期商业主体已全部投入使用；东方电缆有限公司铜丝和电缆生产线已正式生产运营；明杰环保科技有限公司正在积极申请纳入国家废旧家电拆解资质名录。石佛镇把招商引资作为重点工程强势推进，按照招大引强、产业对接的标准，围绕国内外500强和行业龙头企业开展了扎实有效的招商活动，先后引进了祥瑞铜材、鑫辉电缆、昊辉电缆、东方电缆、大金铜业、太平洋幕墙铜铝制品、大唐新材料产业园等符合产业发展规划的铜精深加工项目。总投资170亿元。

【园区建设】 石佛镇作为园区所在地，始终把服务好园区建设作为义不容辞的责任和义务，坚持“园区强则石佛强，园区兴则石佛兴”的发展理念。在园区基础设施建设和项目落地上，积极主动地抓好了征地拆迁和社会协调服务工作。2016年，为修建富强大道、祥光南路东延、祥光北路东延等园区道路及大唐瓷业等新落地企业提供土地1000余亩，保障了园区的快速发展，阳谷县雨洪资源利用工程赵王河水库项目征地迁占的工作正在顺利推进。至2016年底，园区修建道路30余公里，铺设各类管网58.05公里，完成绿化31万平方米，建成了较为完善的道路、供水、供电、供气、通讯等基础设施，形成了7平方公里的核心框架，进一步提升了园区服务功能和项目承载力，目前，入园企业23家，铜产业集群初具规模，铜产业链条逐步完备。

【农业】 石佛镇地处温带季风区大陆性半干旱气候区，四季分明，光照充足，无霜期较长，气候适宜。全镇地势平坦，土质肥沃，适合多种农作物生长，主要农产品有小麦、玉米、花生、大豆等，杂果和蔬菜种植面积也逐年扩大。

2016年，石佛镇加快推动农业示范创建，进一步加大基础投入，实现农业增效、农民增收。进一步做好农业万亩示范方建设，推广深耕深松、宽幅精播、秸秆还田等技术，全镇粮食总产达4.9万吨。大力推进产业结构调整，充分发挥西孙杭白菊种植基地、陈集蔬菜种植基地、方庄香瓜种植等基地示范带动作用，群众收入明显增加。全镇建有防护用材林基地面积5000余亩。农村土地确权登记工作进度已近尾声，土地流转4362亩。动物防疫全面开展。全镇共防疫生猪0.6万头，牛800头，羊3000只，家禽4.6万只，建立了防疫档案。农民培训创新升级。推广多项农业新技术，培训农民4场1900人次。新型主体发展壮大，全镇新建农业产业化基地16个，50亩以上种粮大户3户，引导成立69家农民专业合作社，其中县级示范社3个。农田水利建设三年会战深入开展。清挖青杨李沟、王皋如沟、东柿园沟、前虎沟、贾庄沟、前洪沟等沟渠14条，8800米，动用土方57000立方米。新打机井98眼，维修旧机井64眼，位列全县前茅；新建生产桥8座，维修旧桥11座，农业发展基础不断巩固。

【城镇化建设】 2016年，完成城镇建设投资2.74亿元，城镇化率达到51.6%。祥光新城初具规模，社区建设稳步推进，一大批水、电、气、暖、路和污水处理、垃圾处理等项目投入使用。在城镇化建设中，石佛镇坚持“以产兴城、以城促产，以工促农、以城带乡”的工作思路，努力探索走出一条产城融合、四化同步的新路子。2012年以来，累计硬化道路近30公里，全镇已形成了“四纵四横”的道路框架，相继新建80万平方米的凤栖湾商住小区、50万平方米的康居嘉苑社区、10万平方米的新城水系、4.2万平方米的铜文化广场、3.4万平方米的研发中心、3.9万平方米的铜谷中小学及垃圾处理站、污水处理厂等一大批配套设施。2016年，新开工建设鲁西南医院、祥光新城幼儿园等项目。计划通过几年的不懈努力，把石佛镇建设成为宜居乐业的生态产业新城，打造国家新型城镇化的样板。

【科教文卫】 教育事业实现蓬勃发展。2016年，石佛镇累计投入30万元资金，进行石佛中学规范化基础建设，顺利通过了“山东省规划化学校”的验收，2016年6月份，教师公寓楼投入使用，解决了教工们的住宿问题；投资56万元对镇中心小学、廉庄小学、陈集幼儿园、王皋如幼儿园的基础设施进行改造，大大改善了育人环境；至2016年底，投资200万元的祥光新城幼儿园和投资150万元的石佛镇第二中心幼儿园即将开工。文化事业不断发展繁荣。42个行政村全部建成了健身广场、文化大院，全镇建有50支舞蹈队、5支腰鼓队、3支秧歌队、2支门球队、1支戏曲演唱队、1个书画协会，2016年9月份，石佛镇隆重举办了首届“康居杯”健身舞大赛，满足了群众对精神文化生活的期盼。城乡居民医疗保险参保27557人，缴费413万元，兑付医疗保险289万元。

【民生事业】 石佛镇牢牢把握保障和改善民生这一根本目的，在抓好园区建设、经济建设、城镇化推进的同时，坚持惠民生、保稳定、促和谐。严格落实保障民生政策。至2016年底，全镇存款额达到6.94亿元，年增加0.76亿元；城乡居民养老保险完成12845人，缴费426万元，享受居民养老保险待遇人数6234人，发放643万元；对全镇770户低保开展专项整治清查活动，确保低保工作阳光运行。宜居环境持续推进。大力推进城乡环卫一体化工作，全镇配备了1067个垃圾桶、4辆中型清运车，建立了稳定的保洁队伍（共有135名保洁员），并为每位保洁员配备了环卫马甲、三轮车、扫帚和垃圾钳等保洁工具，确保环卫工作运行规范。在夏收、秋收期间，针对秸秆进村进行了集中清理，开展环境卫生专项治理，村容村貌大为改观。综治计生等社会事业全面进步。综治大巡防工作开展扎实有效，“天网工程”覆盖全镇；通过抓制度、抓队伍、抓督导等措施，提升计生工作质量，

2016 年，副省长王随莲来我镇调研计生工作，给予了充分肯定；强化了对食品药品、安全生产的监管，切实解决了一批涉及群众切身利益的问题，群众的安全感和满意度明显增强。

【名人】 蔡伦　阳谷是我国古代造纸术的鼻祖蔡伦曾经生活过的地方。据《汉书》记载，东汉元兴元年（105 年），宦官蔡伦在谷城（今阳谷城）传授造纸技术，后人称其纸为“蔡侯纸”“谷纸”（“蔡伦井”至今仍在阳谷城北鲁庄保存完好）。自此，聊城地区的人们尊奉蔡伦为祖师，沿用蔡伦的传统工艺抄纸。

石佛镇鲁庄也叫蔡伦村与迷魂阵相距不远，是一个造纸村。村里有碑记载，蔡伦于两千年前发明造纸法，便是在该村造纸。至今，阳谷县石佛乡鲁庄一带至今仍保存着蔡伦的抄纸传统工艺，在这里几乎家家都会抄纸，只是在原料方面由从前的桑、谷皮改为用破绳头和废纸边为主要原料，用大铁锅蒸料、煮料、用牲口拉石碾轧浆。造出的纸透明度好，韧性强，隔风避寒，最宜做糊窗纸和棉衣内衬。这一带的造纸工匠，自古以来供奉蔡伦。蔡伦村的房子，皆有半腰石灰墙，约一米五宽，沿墙一周，是贴纸晾晒用的。村头，巨大的石碾及抽水井仍在，它记录着当年造纸的盛况。

【村名录】 石佛、温庄、前刘园、后刘园、高庄、鲁庄、陈集、刘窑、宋庄、刘庄、平房、周白（周庄、白庄、佟庄、王营）、赵庄、陶楼（陶楼、后赵庄）、东柿子园（东柿子园、小雷庄）、西柿子园、尹庄、朱庄（朱庄、魏庄、吴庄）、东范、东孙、廉庄（廉庄、赵庄）、葛海（葛海、郗海）、魏海、青杨李、西孙庄、方庄、董庄、雷庄、贾庄、王皋如（王皋如、杜庄）、徐楼、韩庄、前陈海、后陈海、沙土集、冯营、后洪、前洪（郭庄、前洪）、南范、王楼（王楼、马庄、陈庄）后睡虎、前睡虎。

定水镇

【地理概况】 定水镇位于阳谷县西北部，镇政府驻地距阳谷城区 20 公里，与东昌府区、莘县交界，东邻郭屯镇、石佛镇，北接东昌府区沙镇，西隔金线河和莘县莘亭街道办事处相望，南与大布乡为邻。辖境东西宽 12 公里，南北长 5.25 公里，总面积 58 平方公里。全镇共辖 45 个自然村，其中包括 39 个行政村，总人口 29606 人，其中农业人口 28146 人。

定水镇地处鲁西平原，地势平坦，土质肥沃，交通便利。徒骇河流经镇北部，金线河流经镇西部，水利条件较好。主要农产品有小麦、玉米、棉花、花生、大豆等。

定水镇属暖温带大陆性季风气候区，气候温暖，四季分明，光照充足。年平均降水 539.5 毫米，气温 13.3℃，日照 2546.1 小时，无霜期 200 天左右。

【历史述要】 定水镇因镇机关驻村而得名。因所处地势高亢，旧称龟山，历史上为黄河所经，夏秋间河水漫涨，每至此而止，故名定水。金代于此设镇（军事驻防机构），故又名定水镇。民国初年，划全县为 17 个乡（又称选举区），今定水镇及其附近村庄分属于灵王、定水两乡。1929 年划属阳谷县第三区，区部驻石佛村；1949 年属阳谷县第八区，区部驻青杨李村；1958 年成立人民公社，属石佛公社；1961 年设置定水区，辖定水镇、石佛、陶楼、雷庄、鲁庄、王庄 6 处人民公社；1971 年 3 月撤区并社，成立定水镇人民公社；1984 年 8 月改设为定水镇乡；1995 年 6 月 20 日经山东省人民政府批准，撤消定水镇乡，设立定水镇。

【国民经济】 全镇工商税收完成700万元，社会固定资产投资实现12亿元，同比增长38%。工业企业主营业务收入30亿元，利税3.2亿元，同比分别增长12%和10%。全镇个体工商户达到748户，企业发展到90家，其中规模以上工业企业达到17家。

【项目建设】 新上和扩建过千万项目10个，总投资10亿元，其中列入县重点项目盘子2个，总投资3.65亿元。投资2.6亿元的阳谷鲁发集团年产3000台（套）油田节能阳谷鲁发新材料有限公司投资3亿元年产20万千米电线、电缆项目已试生产，年可实现销售收入5亿元、利税6000万元。围绕电缆制造、塑编加工、新能源新材料等重点产业，外出招商4次，达成初步意向项目6个，爱心面业项目已投产运营。

【农业】 坚持按照“夯实基本面，增进新动能，打造增长点”的新要求，不断提高农业发展的质量效益和竞争力，促进农民持续稳定增收。

着力强基固本 全镇实现农业总产值3.2亿元，小麦顺利实现丰产丰收。水产养殖规模进一步扩大，新增水产养殖基地3个。畜牧生产稳步提升，发挥“雪龙肉羊”龙头企业带动辐射作用，不断实现规模化生产养殖。积极做好动物防疫，建立健全畜禽防病机制。产业结构调整成效显著，蔬菜种植面积达到2.2万亩，同比增长12%，全镇大蒜种植面积超过8000亩，稳居全县首位。同时，积极推进“三品”认证工作，强化农产品质量安全，加快“净菜进京”对接步伐，倾力打造放心“菜篮子”生产基地。

基础设施更加完备 投资7000万元，涉及32个村、4.2万亩耕地的小农水项目在定水镇顺利实施。新打机井280眼，铺设管道35万米，新建桥梁15座，安装变压器22台，架设高压电缆1.1万米，铺设低压电线10.7万米，有力改善定水镇农田水利条件，助推群众致富。

林业基地亮点凸显 大力开展德商高速路域环境提升工程，流转高速两侧各100米土地1280多亩，高标准种植白蜡、法桐、雪松等15万株，现已形成2000多亩的绿化苗木基地，成为带领群众致富的“绿色银行”。

全力保障粮食安全 政策性农业保险工作全面覆盖，有效减少“因灾致贫”现象。在去年率先完成农村土地确权工作的前提下，5月底，全面完成土地确权证的发放工作，全镇2.9万群众吃上了“定心丸”。

【服务业】 服务业发展日新月异。总投资1000万元的潍坊银行阳谷县支行已正式营业，为全县有效防范和化解企业流动性风险提供了坚强保障。山东绿灯行生态农业有限公司新增1200余亩园林项目，上半年已全面完成，实现了经济效益和生态效益的双赢。新增规模以上贸易企业1个，投资100万元的阳谷创辉教育装备有限公司已试生产，年可实现销售收入1000万元，利税80万元。

【镇村建设】 坚持以人为本理念，努力让全镇人民享有更好品质的宜居宜业环境。

加快安居工程建设 积极稳妥推进孟庄农村新居建设，不断加快新村搬迁和旧村拆迁进度。持续加快莲苑小区安居工程建设，建筑面积3.9万平方米的6栋住宅楼预计年底前竣工。镇区新修下水道1500米，新安路灯90盏，对镇区进行绿化、亮化、净化，小城镇承载力得到全面提升。突出精细化管理，强化对镇容镇貌的集中整治，治理门市牌匾和乱搭乱建，整治废品收购点2处，提升了镇区“颜值”。

加快建设美丽定水 新增造林面积1780亩，新建和完善林网2000亩，组织引导20多个村庄利用房前屋后栽植核桃、海棠等经济林木1800余株。持续完善城乡环卫一体化长效机制，巩固和扩大城乡环卫一体化成果，进一步提升了群众满意度。

【社会事业】 始终坚持把改善民生工作作为工作的出发点和落脚点，加大民生投入，不断提升群众的幸福指数和获得感。

完善德商高速附属工程建设 投资34万元，稳步推进德商高速公路排水沟、天桥排水沟等附属工程建设。

不断夯实基础设施 在小农水项目之外，全镇新修公路9公里，新安路灯120余盏，新建桥梁12座，维修旧桥5座，新打机井84眼，维修旧井26眼，铺设下水道3800米，为全镇经济社会发展打下了良好基础。

社会管理助力和谐 完善“四级”网格化社会管理网络，充分利用新建的社会管理服务中心，通过争创“四个一流”，努力打造“服务最优、便捷高效、群众满意”的高效服务平台。全镇高清监控摄像头达到249个，镇、村视频监控平台更加完善，织就了覆盖全镇的“平安天网”。

筑牢农产品质量“安全网” 举办农产品质量安全知识培训班6次，发放明白纸2万余份，刷新永久性标语100余幅，坚持每月到生产基地和种植户地头4次以上。同时，加大农产品检测力度，截至目前已检测样品1100多个，合格率98%以上，有效确保了群众“舌尖上”的安全。

麦收防火助民丰收 加强对麦收防火工作的领导，将每个村的防火责任落实到人、到地块，今年麦收期间全镇未发生一起火灾，确保了群众的丰产丰收。

安全监管护航发展 通过积极构建横到边、纵到底的责任体系，全面落实安全生产责任，全镇安全生产形势稳定。

【人民生活】 **旱厕改造全面完成** 按照“试点先行、示范带动”的工作思路，全面完成1267户的旱厕改造任务，有效的改善了群众的生产生活环境。

文化惠民成效显著 在全镇所有村实现文化广场全覆盖的基础上，全面提升文化广场水平，引导成立文体队伍20支，举办健身舞、腰鼓等培训10期，培育文化骨干100人，举办健身舞大赛等文体活动，不断丰富群众文化生活。

健全社会保障体系 健全基本养老保险体系，实现应保尽保。建立健全基本医疗保险及大病保险等制度。抓好农村危房改造，除贫困户危房改造外，改造农村危房41户，让更多群众得到了实实在在的政策红利。

【名胜】 **坡里天主教堂** 坡里村，坐落在鲁西平原中部阳谷、聊城、莘县三县交界处的坡里大洼底部。奔腾千里，独注东海的徒骇河从村北流过。坡里教堂建成后，这里成了阳谷教区主教府，辖阳谷、梁山，范县、朝城；观城诸县各堂口；管理着胶州，沂州、青州、兖州和曹州的教务。巨野教案发生后，德国出兵攻占了青岛后，青岛的天主教也由坡里代牧。在天主教内，权力遍及半个山东省。1928年1月14日，共产党领导的农民暴动攻占了天主教堂，震撼了长江以北的半个中国。1947年共产党政府接管教堂后，先后在教堂内办过晋冀鲁豫边区建国学院，平原省立第一师范学校、绷东省立第一师范学校、聊城行署第一师范学校，遂使坡里名声大振，成了鲁西平原上一颗璀璨明珠。

坡里天主教堂是全国著名寺观教堂，欧州哥特式风格，砖木结构，坐北朝南，是由

8栋两层西式洋楼和5座三层碉堡楼相互连接而成。礼拜堂白铁皮覆顶，建筑规模宏伟壮观。室内弯顶高拱壁画辉煌，连同南端的2层楼，同时可容纳千余人活动。礼拜堂最南端的钟楼，突地拔起，直刺苍穹，半耸云端。自鸣钟的报时器为一口千斤青铜巨钟鸣响时，钟声雄浑悠扬，可闻十里。二环以口字形的圈楼把主教区围了起来。代替了垣墙。圈楼临街的墙上，按不同角度配置了枪眼。整个院墙东、北、西面挖有很宽很深的护院河。群楼区的群楼上，每个房间都有壁门相通。从任何一个地方上去，不用下楼即可转遍一周。计有自成体系的院落19座，房间300余间。走进楼区，真可谓群楼特立，花木竟秀，环境幽美。坡里天主教堂是山东西部规模最大、结构完善、功能齐全、建筑精美的楼的群体。教堂内的仓库里存有上千亩地的存粮，百货部里有充足齐全的百货和各种布匹，有酿酒房、有诊所、有奶牛、有肥猪、有自产的水果蔬菜……

1947年，政府对坡里教堂进行了全面接管。1947年下半年，“晋冀鲁豫边区建国学院”由朝城迁到坡里教堂。1948年学院迁走后在教堂建起了“平原省立第干师范学校”。平原省区规划撤销后，聊城重归山东省。学校大门口换上了“山东省立第丁师范学校”的牌子。十几年中，由省立第一师范学校改为聊城行署第五师范又改为阳谷县第师范，1957年下半年改为阳谷三中。为党和国家培养了一大批知识分子，为祖国各条战线输送了大批人才。几十年来，做为载体的坡里教堂，也做出了应有的贡献。

【名吃】 绿灯行“笨鸡蛋”。

【名人】 张地　山东省聊城市阳谷县定水镇五杨村人。创作型音乐人、歌手，星光大道年度六强。2009年，在央视三套的《梦想剧场》中荣获冠军。同年，原创歌曲《新杨过与小龙女》推广，并陆续推出《祝福你我的朋友》《秋风谣》《新牛郎织女》《绿灯行》《千万里我要回家》《我是堂堂正正的中国人》等原创代表作品。2014年，参加《星光大道》荣获年度六强。2015年，参与拍摄数字电影《太阳在这里升起之遗失》。2016年，发行原创新作《我是堂堂正正的中国人》。

【行政村（自然村）】 定水、东崔、店东张、炉里宋、孟庄、大坑王、小坑王、双楼、李丙东、王庄集、草寺、李八堤口、坡里、王把势、张大庙、杨王李、杨皋、徐庄、石海、房海、宋庄、薛庄、郑庄、郭庄、安庄、武堤口、曹楼、郭房、五杨、西崔、张八堤口、殷坡、蒲庄、李庄（楼里）、孙胡同、康泓、前泓（桓庄、王家泓、杨家泓）、吴楼、童庄（小常家、念窑）。

西湖镇

【概况】 西湖镇位于阳谷县域西部，镇驻地东距县城8公里。西隔金线河与莘县十八里铺、王铺、徐庄乡相望，南与高庙王乡毗连，北与大布乡接壤，东与狮子楼办事处相邻。南北长18公里，东西长11.5公里，总面积78.6平方公里。辖48个行政村，72个自然村。有汉、回、壮三个民族，总人口39886人，其中城镇人口15832人，乡村劳动力24054人。全镇人口自然增长率保持在5‰以下。2016年，全镇计有耕地63275亩，农业人口人均1.93亩。主要农产品有小麦、玉米、大豆、大蒜、韭菜及各类冬暖式大棚蔬菜和露地蔬菜，大棚蔬菜以芸豆和黄瓜尤为著名。主要工业产品有电缆、光缆、钎具、光电线缆附件等。

西湖镇属暖温带大陆性季风气候区，气候温暖，四季分明。春季干旱多风，夏季炎热多雨，秋季干爽间有旱涝，冬季寒冷干燥。年平均气温 13.30C，降水量 596 毫米，无霜期 260 天左右，日照 2548 小时。地处黄河冲积平原，地势低洼，土地肥沃。新老金线河流经全镇，引黄、引金干渠贯通全镇，水利条件优越。

2016 年获山东省卫生乡镇、聊城市民营经济明星乡镇、聊城市招商引资工作先进单位、聊城市民兵基层组织建设先进单位、聊城市城镇化工作先进单位。

【经济发展】 2016 年，西湖镇在县委、县政府的正确领导下，紧紧依靠全镇干部群众，坚持“创新、协调、绿色、开放、共享”发展理念，统一思想、攻坚破难，镇域经济稳步发展，推动全镇基础设施不断完善，民生持续改善，社会环境和谐稳定，社会各项事业不断进步。

全年完成社会固定资产投资 12 亿元，较去年同期增张 20%；规模以上企业主营业务收入完成 28 亿元，较去年同期增长 16%；招商引资实际到位资金 6.2 亿元，完成全年任务的 110%；私营企业个数达到 183 家，比去年增加 13 家；个体工商户达 1248 户，比去年增加 122 户。社会用电总量达到 5.8 万度，比去年增长 11%；农村储蓄总额达到 7.1 亿元，比去年上半年同期增长 0.53 亿元，几项主要经济指标全部完成或超额完成。

西湖镇始终把发展镇域经济作为全年工作的主战场，通过步拓展招商渠道，创新招商措施，突出产业招商、企业招商、资源招商，招商引资工作成绩斐然。2016 年引进项目 9 个，总计划投资 26.6 亿元。其中过亿元的项目 5 个：1、山东华太光纤通信有限公司总投资 12 亿元的年产 400 吨光钎预制棒项目 2、太平洋光纤光缆有限公司总投资 4 亿元的年产 750 万芯公里通信光钎项目。3、三山集团总投资 3.5 亿元的年产 12 万吨特种中空型材项目。4、耐克森（阳谷）新日辉集团总投资 3 亿元的拉丝、交联、护套生产线项目。5、总投资 1.3 亿元的泽通汽贸物流项目。

【农业】 2016 年，全镇粮食种植面积 10.2 万亩，年产粮食 0.58 亿公斤，其中小麦 2715.5 万公斤，玉米 3092 万公斤。蔬菜种植面积 1.3 万亩，产量 0.95 亿公斤，主要品种为芸豆、黄瓜。畜牧产业以生猪、家禽为主，猪、禽、牛、羊存栏量分别为 4.62 万头、147 万只、430 头、8500 只；出栏量分别为 7.4 万头、500 万只、350 头、1.42 万只，肉蛋奶总产 2.1 万吨。围绕农业提质增效，该镇大力发展合作经营、规模经营，全镇流转土地农户达到 4067 户，面积达 1.75 万亩，占总承包地面积的 29.5%；种养专业村达到 23 个，农民专业合作社达到 62 个，全年新建大棚、大拱棚 700 余个。

西湖镇以促农增收为目标，统筹推进农业农村发展。农业经济发展坚持走精细化的路子，充分利用好上级政策，提前谋划、搞

西湖蔬菜交易市场

好对接。结合西湖镇实际，统筹调动各方面的资源，把抓龙头、带基地、创品牌等工作串接起来，形成强大工作合力。一是发挥震达现代农业仓储物流、鑫源食品、宇航食品等企业的示范龙头作用，通过帮带促进农民增收。通过龙头企业的带动，新增种养专业户143户，为周边群众提供就业岗位200余个。二是积极推广精品农产品。张海龙、月堤一带的大棚蔬菜，翟庄、仓子一代的园林育苗基地、杜庄、刘庄、关庄一带的肉鸡养殖基地，都在追求高效和精品有所突破，进一步延伸产业链条，扩大了农产品利益空间。2016年种养户平均增收1300余元。三是完善农业基础设施建设。全面完成皂刘灌溉区智能刷卡灌溉项目，完成门坊灌溉区电网改造；淘淤、整治老金线河、北干渠等沟渠6000多米；硬化村社道路17.5公里，新打、维修抗旱机井63眼，修理涵闸8处，桥涵5座。

【服务业】 西湖镇商贸基础优越，区位交通便利。省干道齐南路、蒙馆路穿越全境，与县干道西外二环路、金大路构成两纵两横“黄金井字”；德商高速建成投入使用，西湖邻近高速出口，进一步扩大了该镇交通优势。西湖镇由原翟庄乡、西湖乡两个乡镇组成，具有两条商贸主街，形成了镇驻地、翟庄两大商业区，且每个商业区均由省道穿过，群众发展商贸产业的优势较为突出。2016年新发展个体工商户246户，总数达到1342户，主要涉及副食百货零售、餐饮饭店、农机维修、种植养殖、居民服务等。

【镇村建设】 2016年，西湖镇在完成小城镇提升工程的基础上，继续加强城镇基础设施建设。投资100余万元重点对道路、绿化、环保等基础设施实施提升，栽植樱花、垂柳等绿化树木4000余棵，建设绿化带1万余平方米，主干道路新栽路灯60余盏，镇区计划建设的几条道路已经建设完成。文体广场已经完成建设规划设计，下一步将按照建设计划，加快工作进度，争取各项工程早日完工。

大力开展路域环境提升和农村环境整治。完满完成了省道两侧50米绿化带栽植任务，栽植杨树、核桃等经济树木4万余株，流转土地1000余亩。拆除省道两侧废弃鸡房、破旧房屋40余处，整个路域环境面貌有了极大改观。今年投入资金160余万元，用于全镇垃圾清运和村容保洁，开展集中整治行动4次，出动干部群众2万余人次，动用铲车挖掘机等大型机械7000余辆次，对村庄存量垃圾进行了全面清理。通过各种方式强化宣传引导，培养广大群众良好的文明卫生习惯。城乡环境卫生状况得到了极大改观。

【社会事业】 2016年，西湖镇“两基”教育工作水平稳步提高，“两基”工作位居全县首位。投资485万元开工建设西湖中心小学第二教学楼、投资170万元开工建设大刘幼儿园、大王楼幼儿园、投资260余万元开工建设西湖中学体育馆。为各中小学完善道路、排水等基础配套设施，培全配齐了图书和教学仪器，对校园建筑进行了粉刷、美化，给广大师生提供了优美的教学环境。推进医疗体制改革，镇卫生院投资70余万元新上了彩超、全自动生化仪、三维牵引医疗系统等高科技设备，医疗水平大幅度提高。严格实行药品零差额销售，取消药品加成，让利群众。相继开展了60岁以上老人免费查体、贫困白内障患者复明、高血压等慢性病随访、孕妇儿童免费体检等一系列惠民医疗项目。深化“天网工程”建设，对前期安装监控探头进行了巡检维修。确保了视频监控无缝隙、全覆盖，并24小时专人值守，发现问题，做到及时汇报处置；加强综治大巡防，化对治安负责区域、案件多发地段的巡逻；建设四级网格化管理机制，推进平安西湖建设，治安案件、刑事案件发案率明显下降，有效的维护了社会稳定，保障了人民群众的生命、财产安全。文化设施不断完善，实现村村有群众文化活动场所，积极组织各村引导群众开展文体活动，举办广场舞、腰鼓等多种形势的文体比赛。开展移风易俗、敬老爱好先进评选活动，倡导文明和谐的家风、村风、社风。利用人才交流会、招聘会、劳动力资源交流等方式，为群众提高更多的就业机会。一年来共组织召开人才交流会 9 次。

【特色产业】 西湖镇的特色产业以电缆、钎具为主。2016 年，西湖镇以两大特色产业为主导，加大招商引资和项目建设力度。依托以太平洋光缆有限公司、耐克森阳谷新日辉有限公司、阳谷电缆集团三大骨干企业为主体的百亿光电产业园区，快速膨胀电线光缆上下游项目规模和技术革新。

电缆产业 西湖镇现有各类电线电缆企业 23 家，从业人员 7348 人，其中规模以上企业 7 家，形以电缆集团为中心的沿齐南路分布的产业集群，新办线缆企业或企业增资扩模，线缆产值不断创下新高，据统计，电缆行业占全镇总产值的 83%。企业的生产规模也在迅速扩张，产值超亿元企业 6 家，形成耐克森阳谷新日辉电缆、太平洋光缆和电力电缆等几家骨干企业。现有各类电缆产品规格千余种，“日辉”电缆产品为中国名牌、国家免检产品，5 家企业 75 个产品获得 3c 认证，127 个产品获得采用国际标准证书。西湖镇已成为全省电线电缆重点产业基地之一。

【重点企业】 **阳谷电缆集团** 阳谷电缆集团是西湖镇电缆行业的龙头企业，始建于 1986 年，系从事电线电缆高新技术研究和生产经营的技术密集型、高效益的国家大型企业，全国最大的橡套电缆生产基地。下辖 7 个分公司，可生产 7 大类 800 多种型号 21000 多种规格的电线电缆，年综合生产能力达 50 亿元。2012 年 8 月，阳谷电缆集团与世界第二大电缆生产企业——法国耐克森集团成功合资，组建了耐克森（阳谷）新日辉电缆有限公司，引进世界上最先进的高压、超高压交联生产线及检测设备，上马 750 千伏交联生产线，一举打破了跨国企业垄断高端交联电缆的局面，填补了国内空白；新上高压电缆附件项目进入试生产阶段，打破了原来“只有电缆没有接头”的格局。

太平洋光缆有限公司 山东太平洋光缆有限公司（SPFO）是台湾太平洋电线电缆股份有限公司和山东阳谷电缆集团有限公司于 1999 年共同投资兴建的一家高新技术企

电缆车间一角

太平洋光缆车间

业。公司具有国内先进的光缆生产设备和检测设备，引进芬兰 NEXTROM、奥地利 MS 公司、ROSSENDAHL 公司的全套生产线、采用台湾太平洋电线电缆生产技术，能够生产层绞式、中心束管式、ADSS、带状、室内光缆等系列产品。公司 2000 年通过 ISO9001-2000 质量管理体系认证，2007 年 1 月通过了 ISO14001-2004 环境管理体系认证。2013 年 12 月，太平洋光纤光缆与全球第二、国内最大的光纤制造企业——武汉长飞集团全面合作，引进了“一塔四线”光纤拉丝生产工艺，生产光纤优于同行业标准，国内外市场占有率大幅增长，带动企业发展实现质的提升。2015 年，太平洋光缆年产值达到 17.9 亿元，实现利税 1.76 亿元，较 2014 年分别增长 87.4% 和 47.2%。

【钎具产业】 西湖镇钎具生产企业有 14 家，规模较大的有：山东凿岩钎具有限公司、山东五岳钻具有限公司、阳谷县信和钎具厂等。有 5 种钎具产品被列为“国家级重点新产品”，并填补国内空白，拥有 35 项国家专利技术，产品质量达到国际先进水平，在国内同行业处于领先水平。“三山”牌商标被认定为“山东省著名商标”，“三山”钎具被认定为山东名牌产品。

重点企业　三山集团。三山集团组建于 2003 年，是集特钢生产加工、凿岩钎具、矿用机具设计、生产、销售、金属回收、天然气经营于一体的企业集团公司，2012 年与瑞典阿特拉斯科普集团合资成功，在西湖钎具产业中起到领头羊的作用。

山东五岳钻具有限公司。该公司是从事凿岩钎具、潜孔钻具和矿用机工具研究和生产的专业企业。该公司集科研、设计、生产、经营于一体，生产的“众山”牌凿岩钎具、潜孔钻具、矿用机工具、工程用工具，广泛应用于开山、采矿、铁路、公路、水电等基础能源建设工程。企业有先进的科研和生产经验，所生产的产品能与阿特拉斯、山特维克等世界著名制造公司生产的产品相配套，部分产品已达到国际先进水平。公司已通过 ISO9001 质量认证，目前产品已远销美国、澳大利亚、瑞典、法国、日本、巴西、印度、哈萨克斯坦等国。

【行政村和自然村名录】 孔桥村、张岱村（曹庄）、任伍村（雷庄）、蒋墩村、赵王楼村、西聂村、东聂村武海村、胥庄村、曹集村（门庄）、皂角刘村、郑庄村、庄海村、白庙村、关庄村、范庄村、席庄村、刘庄村、马庄村（雷庄、贺庄）、辛庄村（张庄、费庄）、俞楼村、西孙村（东孙村、田王楼）、杜庄村、门坊村、孙楼村（郭寨，李店，赵庄）、苏王董村、赵伯升村、齐庄村、岳庄村、尹洼村、月堤村、张海龙村、东干村 、西干村、大刘村、小刘村、红卫村、代李村（李庄村）、许庄村（后干河营村、小楼村）、翟庄村（徐庄村、桥口村、王胡同村、皋庄村）、斜店村、仓子村（西海子村）、东老村、西老村、胡庄村、张庄村（王庄村、洼俞村）、大王楼村（后郭石村）、汪庄村。

撰稿人：闫召辉

李台镇

【概况】 李台镇位于阳谷县域的南部，镇驻地北距阳谷 12 公里，东临寿张镇，西接金斗营乡，北与高庙王乡相连，南与河南省台前县接壤。辖区南北长 6.5 公里，东西宽 7.5 公里，总面积 42.1 平方公里，现有耕地 35570 亩。2016 年底，全镇辖 35 个自然村，54 个行政村，10372 户，总人口 38409 人，均为汉族。人口密度为 912 人 / 平方公里，2016 年全镇人口自然增长率为2.56‰。

李台镇属暖温带季风气候区，为半干旱大陆性气候。四季分明，干湿季变化明显。春季干旱多风，夏季炎热多雨，秋季凉爽间有旱涝，冬季干冷少雨雪。年平均降水693.4毫米，年平均气温13.2℃。日照2546小时，无霜期200天。

【国民经济】 2016年，李台镇党委、政府从本地实际出发，全党动员，全民发动，狠抓招商引资，强力推进项目建设，加快发展民营经济，大力调整农业及农村经济结构，使全镇经济建设和各项社会事业得到持续、稳定、快速发展。2016年，全镇完成工农业总产值194798万元，其中工业总产值110905万元，农业总产值83893万元，全镇农民人均纯收入9605元，较2015年增加1015元。

【农业】 2016年，李台镇党委、政府在稳定粮田面积，确保粮食生产安全的基础上，不断加大工作力度，制定优惠政策，强化服务措施，引导全镇农民围绕市场办农业，农、林、牧、副、渔五业并举，种、养、加全面发展，产销渠道不断拓宽，规模日趋膨胀，取得了明显的增产、增收效果。强力推进基础设施建设，夯实农业快速发展基础。水利工程三年会战持续推进，进一步改善了辖区灌溉条件。赵台、王集、魏老楼等未综合改造的约万亩分散地块，全部列入土地改造计划。大力发展现代农业，大棚蔬菜稳产增效。土地经营权确权登记工作全面完成，新证下发到户，为大规模土地流转夯实基础。在前期武堤口、甄台、赵台蔬菜大棚种植成功的基础上，引导群众继续扩大规模，并新发展冬暖式大棚、双孢菇大棚、蔬菜大拱棚200余亩。2016年全镇粮食总产量达到34490吨。

大力发展畜牧养殖，拓宽农民致富增收之路。在抓好蛋鸡、猪等传统养殖的同时，大力引导发展肉驴养殖1户，发展养鹅场2个、养鸭场1个。

“创森”工作稳步推进。根据县创森工作推进会的部署，积极行动，强化责任落实，一手抓硬件建设，一手抓软件建设，通过挂宣传横幅、张贴及发放创森宣传倡议书等措施，全面宣传创森工作，让全镇人民了解并支持“创森”工作。截至目前，寿李路土地流转面积410亩，界沟开挖长度8000米，路肩培土20000方，创森工作已经取得了实实在在的效果。

种植业结构进一步优化。祝家庄蔬菜大棚通过成立的阳谷县卫援蔬菜种植专业合作社，与北京首农集团合作洽谈，将该基地列为首农集团蔬菜采摘基地之一，种植的无公害芸豆、黄瓜，经过净加工直销北京。合作社正在筹备建设蔬菜分拣车间及恒温库，下一步，通过和北京首农集团合作，发展绿色蔬菜。在武堤口、赵台流转土地发展山药、芦笋种植400多亩，苗台发展土豆种植45亩，明堤发展小米、大蒜种植210亩，实现年收益700余万元，带动200余户群众及贫困户增收致富。

不断加大农业基础设施投入。投入20万元，开展了公路路肩集中整治和公路养护工作。争取公路指标12公里并完成了配套资金筹集，修复商业街至中心小学主干路，新修赵台、明堤等6个村村级路。

【民营经济】 2016年，李台镇党委、政府认真落实各项推进措施，想企业之所想、急企业之所急，不断创优环境，积极协调解决项目建设中遇到的困难和问题，重点项目建设稳步推进。一方面优化投资环境，培植税源，在占地、办证、减费等方面出台优惠政策，大力发展了泰康建材、聊城安泰单采血浆、腾达化工、兴宇化工等一批规模以上企业，2016年末，规模以上工业企业5家，职工420人，实现工业增加值9.3亿元，比2015年增加14.8%，销售达到亿元以上的企业4家。另一方面发挥镇区内小企业的群体效益，加强了环保材料厂、家具厂、酒厂、座垫厂等企业的联合，形成了化工、酿酒、家具、座垫四大主导产业。2016年，全镇完成全社会固定资产投资7.73亿元，同比增长12.1%；完成招商引资到位资金4.67亿元，同比增长20.8%；实现公共财政预算及转移支付收入1888.1万元，同比增长12.5%；新增个体工商户37户，新上亿元以上项目1个、千万元以上项目3个，即将落地亿元项目1个。

【财贸金融】 2016年，随着经济建设事业的发展和经济的逐步繁荣，镇财政收入不断增加，2015年底实现了1888万元。在增支不断加大等诸多不利因素下，确保了收支平衡和教师、机关干部工资的正常发放。商贸市场日益繁荣，2016年全镇共有大型集市3处，辟有蔬菜、服装、布匹、木器木材、农贸、牲畜、家畜等专业市场，社会商品销售总额达18.2亿元，有商业网点1200余个，大型超市、购物广场5家，从业人员5200人，是阳谷城南最大的商贸中心、家具制造、销售集散地。

着力防控金融风险。强化日常排查，每季度重点对辖区内小额贷款公司进行排查一次，每半年对全镇120余家农业合作社进行逐一排查，未发现有利用合作社非法集资和吸储现象。2016年末，有金融机构2家，为山东农村信用社和邮政储蓄银行，各类存款余额2.65亿元，比2015年增加14.6%。

【镇村建设】 *环保工作成效明显* 2016年，镇党委、政府高度重视环境保护工作。继续加大镇村生态环境保护修复和综合治理力度，改进农村清洁工程运转模式，村庄及集镇垃圾处理全部由镇垃圾转运站负责，效果良好、环境整治取得明显实效，基本实现了村庄清洁、河道清爽、田园清新的目标。同时全面推进农村改厕，已完成改厕1855户，7月底前第一批整村推进全面完成。下大力气抓好大气污染防治和农业面源污染治理，关停落后产能企业；严把环保门槛，坚决不上高污染高能耗项目。以营造崇尚自然、追求健康、生态消费的良好社会氛围。

村级基础设施建设逐步完善 开展道路硬化和修复，修复公路6公里；6个村新配备了农家书屋、文化大院、健身场所等；明堤、赵台等6个村安装太阳能路灯；村内树木葱茏，树林绕村，绿化覆盖率都达到45%以上；村内主要街道都粉刷了涂料，部分村制作了精美的道旗，正在逐步美化。

【社会事业】 2016年，李台镇党委、政府全面贯彻落实党的十八大四中、五中、六中全会精神，以“三严三实”专题教育为契机，抓重点，攻难点，树亮点，社会各项事业健康发展的良好态势。

社会保障体系持续完善 通过加强宣传等措施，鼓励农民加入新农保。完善养老保障体系。统筹推进各项民生改善实事工程，不断创新社会管理，认真落实社会保障各项政策，使群众幸福感和满意度大幅提高。今年城乡居民医疗保险参保征缴任完成率104.5%，超额完成任务。城乡居民社会养老保险基金征缴完成率达100%。同时加大了孤儿、残疾人救助，镇党政领导班子成员包联孤儿，为每个孤儿发放救助金2000元。

文体活动丰富多彩 积极开展学道德模范、学雷锋、“讲文明、树新风、除陋习”等活动，村级图书室总存储图书30000册以上；加强农村职业技术培训力度，今年共组织培

训 7 次，培训技术人员 2000 人次，让农户掌握 1 ～ 2 门农业实用技术；顺应群众幸福生活新需要，新建文化书屋 8 个，文化广场 18 处，群众文化生活形式多样，丰富多彩，全镇 54 个行政村已有 80% 的村有了自己的文化广场，有的村文化广场已达到了三处，成为群众开展健身操、扭秧歌等文体活动、休闲娱乐的重要场所。

民生保障不断加强 大力开展全国中医药示范基地建设和市级卫生乡镇创建工作，新建了全市最高标准的卫生院综合楼，兴建多栋高标准教学楼和一座标准化中心幼儿园。同时，不断强化社会管理综合治理，全面推进安全防范体系建设，全力保障群众安居乐业，在重要卡口和路段共安装高清摄像头 280 个，进一步完善了“天网工程”，为平安李台打下坚实的技防基础。

【人民生活】 2016 年，随着镇党委、政府各项富民工程的实施，全镇居民收入逐年增加，生活水平明显提高，消费层次、膳食结构日趋合理。全年全镇人均纯收入达到了 9605 元，较 2015 年增加了 1015 元，绝大部分农户达到了小康水平。2016 年，电冰箱、电脑、微波炉、空调、太阳能等电器已普遍进入普通居民家庭，购买汽车的农村家庭日益增多。

【特色产业】 **家具制造加工产业** 镇党委、政府采取支持技术创新，提高产品档次，积极为家具制造企业排忧解难等多项扶持政策，带领更多群众加入到这一行业中来，发家致富。至 2016 年，全镇现有大型家俱加工厂 17 家，小型家庭木器加工作坊数 10 家，从业工人 800 多人，年可实现销售收入 1.2 亿元。其中规模较大的有阳谷福威木业有限公司、凡明家具厂等。同时在李台镇驻地建有现代化风格的家俱展厅十余处，总面积 6000 多平方米，吸引了阳谷及其周边县市的经销商前来订货，所制实木家俱在中小城市乃至上海等大都市都广受欢迎。

大棚蔬菜产业 自 2012 年始，筹资 800 余万元在甄台村、武堤口村、苗台村、路庄村共流转土地 1000 余亩，初步发展了大棚蔬菜产业。大棚蔬菜种植生产中，每户都雇佣 2 名以上的当地贫困百姓管理蔬菜和采摘，每天工资 30 元左右，也为贫困户增加了收入。同时，大棚蔬菜种植产业能有效发挥平台效应，影响和带动群众的致富观念，提高贫困群众脱贫致富的积极性、主动性，潜在的社会效益和对大棚蔬菜种植产业的带动作用十分巨大。2016 年，通过成立的阳谷县卫援蔬菜种植专业合作社，与北京首农集团合作洽谈，将该基地列为首农集团蔬菜采摘基地之一，种植的无公害芸豆、黄瓜，经过净加工直销北京。合作社正在筹备建设蔬菜分拣车间及恒温库，下一步，通过和北京首农集团合作，发展绿色蔬菜。

食用菌菌种生产及种植加工产业 2015 年，山东众诚食用菌科技有限公司投资 5500 万元食用菌项目，占地 40 亩，利用当地丰富的秸秆、酒糟、牲畜粪便、玉米芯、棉籽壳、锯沫等资源工厂化生产食用菌、食用菌菌棒、食用菌腐熟料，集原料收集、工厂化发菌、标准化种植示范、分散种植、回收、加工、销售于一体。项目投产后，年可产食用菌 5000 余吨、菌棒 180 余万只、腐熟料 4000 余吨，年可实现销售收入 9000 万元，实现税收 60 余万元，新增就业岗位 150 个，可带动 3000 余户养殖户致富，创造社会效益 8000 余万元，可使全镇有劳动能力的贫困户全部脱贫。

线圈加工产业 主要集中在沿金堤河的大寺一、明堤、凤凰台等村，现有从事线圈初步加工的妇女 700 余名，全部为照顾家庭无法外出人员，利用闲暇零碎时间从事线圈加工，每天收入12～30元不等。线圈由定点收购户供料、回收，送往二级加工厂，点锡加工后送往苏州等地电子厂。

【名吃】 李台烧鸡　阳谷名吃，烧鸡需宰鲜嫩肥鸡，以芝麻香油烹炸，以陈年原汁鸡汤卤煮，鸡形完整，金黄绛红，油明发亮，肉烂骨离，色鲜味美、余味无穷，具有消食化气，开胃健脾，强筋健骨，养颜美容之功效，为设宴摆席时的佳肴，走朋访友时的佳品，风味独特，远近闻名，供不应求。

桂花“五谷”馓子　阳谷名吃，原称“丁氏传统馓子”，创始于清朝末年，距今已有100余年历史，“丁氏传统馓子”第三代传人“桂花”女士在继承祖父传统工艺的基础上，融入了新的工艺理念，研制出独具特色的桂花“五谷”馓子，制作原料在传统小麦的基础上，又增加了玉米、大豆、芝麻、高粱等杂粮。“五谷馓子”经均匀调和、搓条炸制而成，产品色泽金黄、香酥可口、色味俱佳、营养齐全，具有养生保健之功效，深受广大群众喜爱。

【名节】 李台抵羊节　李台镇一年一度的群众性的、弘扬传统文化的盛大节日，由四连村、五连村村委会承办，每年吸引菏泽、郓城、莘县、庆丰、滑县、梁山等地的抵羊协会的一百多头抵羊参加比赛，参观群众达2000多人，对于丰富民族文化的内涵，激发群众的发展活力具有重要意义。

【名村】 祝家庄　是《水浒》所传祝家庄旧址，至今村中有盘陀路、凤凰台和时迁盗鸡塔等古迹遗址。相传北宋时这里是繁华之地，右傍大溪，左临官道，为济州到大名府必经之地。庄前林木葱郁，庄后石塔耸立，庄内盘陀路布局奇特，是一军事阵地天然地势。《水浒》从第四十六回至五十回写祝家庄富户因与梁山作对，所以招致宋江领兵来打。梁山英雄在人们心目中自然受崇敬，因此当地人忌说三打祝家庄，后改称祝家庄为竹口或祝口。

【名人】 李应　小说《水浒传》人物，梁山泊第十一位好汉，同柴进一起掌管钱粮财物。原是李家庄庄主，江湖人称“扑天雕”，使一条浑铁点钢枪，背后藏有五口飞刀，能够百步以内伤人。时迁偷吃了祝家庄一只公鸡，惹出事来，被祝家庄人马捉拿。杨雄、石秀求李应搭救时迁，李应写信给祝家庄的祝彪，想要祝彪释放时迁，可是祝家庄祝彪不给李应面子，李应和祝彪交战，被暗箭所伤。宋江攻下祝家庄，李应却不肯投奔梁山。后宋江派人假扮知府捉拿李应，又亲率兵马相救，把李应并一家老小全部骗上山，李应终于上了梁山。招安后，被封为中山府郓城都统制。

【名企】 山东泰康建材股份有限公司　公司位于阳谷县城西外环工业园区，占地69.3亩，是以化工废料—磷石膏为主要原料的环保型纸面石膏板生产企业。公司的“年产3500万平方米环保型纸面石膏板项目”纳入国家发改委认定的“2013年度资源节约和环境保护重点项目”，现已在齐鲁股权托管中心挂牌，正在逐步开展上市事宜。

聊城安泰单采血浆有限公司　公司原名为阳谷县单采血浆站，2006年9月由山东米歇尔生物制品有限公司全资将浆站进行了收购，改制为聊城安泰单采血浆有限公司，现有职工60人。2016年6月迁建及扩建项目开工，占地30亩，总投资1亿元，建筑面积8000平方米，其中业务用房5000平方米，设有采浆、血源管理、检验、体检、X光、质量控制、冻存、生物制剂生产、后勤等科室。项目达产后，年可实现销售收入1.1亿元，税收600余万元。

山东阳谷巨龙新型材料有限公司 公司创建于2002年，是超高分子量聚乙烯新材料应用开发、生产、销售、服务一体化的高新 技术企业。经过十年运作，已具备丰富的生产经验，雄厚的技术力量，先进的设备和检测手段，公司主营超高分子量聚乙烯管材、板材、棒材、异型件及各种工程塑料产品，已畅销全国十多个省、市、自治区，深受用户的好评。

阳谷二郎春酒业有限公司 公司位于李台镇八连村，始建于1998年，现有员工30余人，厂区占地面积30000平米，建筑面积15000平米。2016年新上年产3000吨酱香型、芝麻香型白酒项目，总投资1亿元，该公司2万平方米的厂房及办公区已竣工，建有地下藏酒窖池2个，酿造池150个，灌装生产线两条，储存罐40余个。达产后，年可实现销售收入1.5亿元，利税400万元。

【自然村、行政村名录】 李台村（三连村、四连村、五连村、六连村、七连村、八连村）、西孟楼村、前孟楼村、杨店村、张店村、王堤村、前李村、后李村、王集村、赵庄村、贾海村、白楼村、刘海村、谭庄村、梁庄村、魏老楼村、东孟楼村、石楼村、马庄村、赵台村、苗台村、路庄村、凤凰台村、西台村、明堤村、李街村、东柿子园村、西柿子园村、王申楼村、何垓村（何一村、何二村、何三村、何四村）、李炉村（李炉一村、李炉二村）、大寺村（大寺一村、大寺二村）、武堤口村（武一村、武二村、武三村）、关门口村（关一村、关二村、关三村、关四村）、临河村（临河一村、临河二村）、甄台村（甄一村、甄二村、甄三村）。

寿张镇

【概况】 寿张镇位于阳谷县东南部，东西最大距离13.34千米，南北最大距离13.57千米，总面积68.7平方千米，现有耕地53386亩。东接十五里元镇，南邻台前县，西连李台镇、高庙王乡，北与博济桥办事处接壤，地处赵王河上游，河南、山东两省（台前、阳谷两县）交界处。2016年，全镇共辖89个自然村，67个行政村，总人口73914人，农业人口72802人。全镇地势平坦，土层深厚，土质肥沃，土壤类型以潮土和褐土化潮土为主，适合多种农作物生长。

寿张原名王陵店，明洪武十三年（1380）年县治迁于此地，古随县更名为寿张。寿张原名“寿良”，始置于西汉初年，因境内有寿聚城和良山（今梁山）而得名，东汉初年因避光武帝叔父刘良名讳，且有思慕还念汉相张良之意，更名寿张。1949年8月，属平原省聊城专区。1952年11月，改属山东省聊城地区(今聊城市)。1964年11月，撤寿张县，设寿张区，属阳谷县。1971年3月，撤区并社，改为寿张人民公社。1982年，改为寿张镇。2001年3月，四棚镇并入。2016年，寿张镇荣获聊城市委、市政府颁发的“招商引资工作先进乡镇”；荣获阳谷县委、县政府颁发的“科学发展综合考核一等奖”“公路交通工作先进单位”“农业工作先进单位”“招商引资二等奖”“政法系统先进集体”“人口和计生目标完成一等奖”“宣传思想文化工作先进集体”“防范和处理邪教先进单位”及阳谷县委、县政府、县人武部颁发的“军事训练先进单位”；聊城市妇女联合会颁发的“三八红旗集体”；县财局颁发的“财政工作先进集体”；团县委颁发的“五四红旗团委”；县妇联颁发的“全县优秀妇女组织”；县司法局颁发的“优秀司法所”；县委办、县政法委、宣传部颁发的“信访条例知识竞赛组织奖”；县总工会、团县委、广电局颁发的“宣传和思想工作先进集体”；县文广新局颁发的“文化工作先进单位”；县农机局颁发的“农机化工作先进单位”等。

【国民经济】 2016年，寿张镇紧紧围绕“农业稳镇、工业强镇、城建靓镇、三产活镇、生态立镇、文明兴镇，打造富美寿张”的发展思路，胸怀“见第一就争，见红旗就扛”的气魄，雷厉风行改作风，扎扎实实抓落实，时时刻刻做表率，凝聚起推动发展的正能量。2016年，全镇实现公共预算财政收入1040万元，实现税收870万元。全社会固定资产投资45亿元，同比增长25.3%。工业总产值50.6亿元，同比增长8.6%，工农业总产值为55.2亿元，同比增长7.9%，其中：工业总产值49.9亿元，同比增8.0%，农业总产值5.3亿元，同比增长13.2%，新增造林面积2205亩，包括：防护林1260亩、经济林945亩、育苗100亩。新建林网17950米，绿化村庄47个。

【农业】 重视农业基础建设，实施农业综合开发项目，新建变压器12台，新打机井58眼，埋设地下管道28.8公里，配套可升降、能隐藏管道给水栓580个，架设高压线路6.4公里，铺设低压线路28.8公里，新建3米跨石拱桥13座、5米跨石拱桥2座、6米跨石拱桥2座，铺设水泥路5公里。新建高标准省级规范化水管站旧机井改造26眼，小水源工程新打机井12眼，三年会战清挖沟渠13285米；投资29万元新建李皮匠闸；扎实做好防汛人员训练、物料筹备和各项措施落实工作。新增万亩示范大方1处，实施免费供种17229亩，142717.5公斤，免费宽幅播种25450亩；创建百亩示范大方1处，实现全免费种植小麦，深松深耕、宽幅精播；实施了飞机防治病虫害工作，完成小麦“一喷三防”4.8万亩，玉米“一防双减”4.8万亩，配方施肥3.3万亩；积极开展农产品质量监测，完成监测点500个，认证合格率99.9%；完成玉米保险42962.25亩，保险率100%。蔬菜种植面积20500亩，其中：露地蔬菜面积达到14580亩，小棚蔬菜面积达到260亩，大中棚蔬菜面积达到4640亩，温室蔬菜面积1020亩；棉花种植630亩。鱼塘面积236亩，年产鱼90800公斤。禽流感防疫27万只，猪牛羊口蹄疫防疫4.52万头，猪兰耳防疫3.6万头，猪瘟防疫3.6万头，加强档案化管理，落实了防疫经费，做好了日常监管。新增大型农机具52台套，补贴资金135.02万元，农机挂牌75辆、办证60台套、年检262辆；保护性耕作面积50400亩，达91%，秸秆还田达100%;新增农机合作社1个,总数达到5个。

【民营经济】 民营经济固定资产投资13.22亿元，同比增长17.6%，招商引资到位资金10.7亿元，新建和改扩建企业8个，新增规模以上企业2个，达到16家，新增限额以上贸易企业1个。民营经济税收450.2万元，增幅16.6%，规模以上工业企业实现税收380万元，同比增长10.3%增幅6.6%。进出口总额87万美元，出口12万美元，较去年同期增长400%。实际利用外资22万美元。

【村镇建设】 不断加强小城镇建设力度，完成了寿张商业街建筑面积14万平方米，四棚商业街建筑面积5万平方米；开发清挖了护城河5.5公里，绿化树木1830棵，衬砌400米，新建桥梁8座，硬化城区主干道路；新建了陈街村、荣街村、王楼村、赵白村、吕街村光伏扶贫项目，西门村、河东赵、河西赵、东纸坊、西纸坊、孙庄、谢庄、潘庄、吕街等12个村村级办公场所；完成了西环路衬砌工程；完成了农村危房改造115户，农村户厕改造3801户；极力打造了王楼民俗旅游村、冀王生态林果观光村、沙河崖红色教育基地和西部旅游观光圈；修建了村级道路126公里。

【社会事业】 新建了四棚大街公共厕所，沙河崖防雹增雨炮台，桃源农家乐，南徐小公牛文化体验馆，寿张中学安置楼二期，王楼村、赵白村、三支王村、河西赵村4处集中供养点，大杜村、马庙村2处幸福院，村级文化广场20处；安装了冀王村路灯180盏；实施了九村连片治理工程；新修了河东赵村下水道，河旅店村下水道，阎堤村村内道路，孙庙村村内道路，陈街闸口。不断加强镇域治安防范密度和精度，在镇主要街道路口和重点部位新安装高清红外线电子监控和夜间补光设备228套，认真开展了“警灯闪烁”治安大巡防活动巡防大队分片区在主次干道及各村庄进行不间断巡防车巡防，安定和谐社会氛围进一步稳固。社会保险金收缴额2801.68万元，包括：农业保险1482.68万元（新农保697.28万元，23820人；新农合785.4万元，52360人）29号文执行、自由择业和机关事业1319万元。全镇各村全部配备食品协管员，负责农村红白喜事等群体性聚餐上报及安全监督。切实落实低保制度，全镇1258户低保户，1706人，每月申领保障金291576元；新建低保户集中供养点2个；建成高标准幸福院4处，全镇五保老人209人，集中供养92人，分散供养117人；抓好财政救灾资金的落实，发放受灾资金11.8万元、面粉5000公斤、油40桶，临时救助164户、94080元，6月份暴风雨使全镇50户大棚受损，向民政局申请救灾资金6万元；积极配合县民政局搞好双拥工作，对全镇645名优抚对象及时落实各项政策；做好慈善事业，对17名贫困大学生进行救助，救助金5.5万元，对5位重度病人进行了救助，救助金2万元，对360位重度残疾人发放护理补贴每人每月80元，对324位生活困难残疾人发放生活补贴每人每月80元。完成火化462具，占全年任务的100.22%。加强对中小学生视力、肥胖、龋齿的防治；对65周岁以上老人规范健康管理率80%，积极开展了各项爱国卫生运动。全年共受理群众来访3件，办结3件，满意率100%，办理上级转来信访案件14件，办结14件，信访程序办结满意率100%。

【人民生活】 完成村级坑塘治理，对蒙馆路路域环境进行集中整治，城乡环卫一体化实行市场化运作，日常保洁走向常态化。上报县级道德模范14名，上报市级最美乡村2个，向市文明办提供好人线索234条，向《聊城日报》投稿450篇，采用138篇，向县委宣传部提供舆情信息4140条，被省委宣传部采用89条，中宣部采用11条；认真做好四德工程评选，上传到省四德平台。新建1850平方米人民广场1处，成功举办了寿张镇第三届“庆五一”民间舞蹈大赛，开展了老年书法协会送书画进村入户活动，积极配合县文广新局搞好送戏下乡活动，新建农家书屋4个，每个书屋购置2万元图书。

【特色产业】 极力打造了王楼民俗旅游村、冀王苹果旅游观光村、沙河崖刘邓大军强渡黄河战役红色旅游村、侯庄500亩景观园林、三支王600亩景观园林、寿张西部生态农业观光带、孙庙草莓自由采摘园、南台鲁华生态观光园、南徐小公牛体验馆。

【名吃】 *寿张肉旋子* 迄今有200多年历史，操作工艺以传统工艺为基础，黄中透红，外焦里嫩，香酥可口。

香油果子　旧时，乡下人走亲戚，常买一二斤香油果子当礼品，用一根长长的细柳条串成一串，提在手里，非常体面。

四棚辣子鸡　辣子鸡因缘于重庆歌乐山而得名。此菜色泽棕红油亮，质地酥软，麻辣味浓，咸鲜醇香，略带回甜。一般以鸡为主料，加上葱、干辣椒、花椒、盐、胡椒、味精等多种材料精制而成，营养丰富，味道鲜美。上世纪九十年代传入四棚，经不断改进，成为地方一大特色。

四棚地锅鸡　将鸡腌制后炒炖，宽粉收汁，粉借鸡味，口味鲜醇，软滑与干香并存。

煸煎丸子　将肉剁成肉沫，与用水泡过的馒头调匀，油煎成圆饼状，再用高汤温制，味道鲜美，营养丰富。

尹家丸子汤　萝卜剁馅与绿豆面加料调制，用油炸成金黄色丸子，加入秘制调料冲汤，口感劲道，滋味十足。

红、白肉丝　以精选猪肉里脊为主料，分别加之蒜苔、绿豆芽、西葫芦、笋丝等炒制而成，两菜同吃，堪称绝配。相传乾隆下江南时路过寿张，寿张县令便为其准备这两道菜，乾隆吃后，倍加赞许，由此，此工艺流传至今。

寿张馒头　秘制酵母自然发酵，不添加任何辅料，工艺独特，散发出醇厚、绵甜、甘冽的麦香味。

【文物古迹】省级文物保护单位：刘邓大军强渡黄河战役纪念馆。市级文物保护单位：殷云霄墓、龙山文化遗址。县级文物保护单位：唐代古槐、王公祠遗址、武公祠遗址、张公祠遗址、南台遗址、王灵官庙。

【名人】张公艺（578—676）　寿张人，历北齐、北周、隋、唐四代。家族九辈同居，和睦相处，成为历史上治家有方的典范。

王彦章（863—923）　字贤明，寿张人，五代时期后梁名将，每战常为先锋，持铁枪驰突，号称王铁枪。历迁刺史、防御使至节度使。

王灵官　名王善，寿张东街人，北宋时期得道成仙，玉皇大帝封之为四大灵官之一。因擒杀蚩尤有功，黄帝为其修建灵官殿并塑金身，保护天下太平。

殷云霄（1480—1516）　字近天，寿张北台村人，公元1048—1516年，明代官员、诗人，因才情富赡，为“十才子”之一。曾任靖江知县、浙江青田县令，工科给事中等职，以理学知名。弘治十八年（公元1505年）考中进士，1511年，因招进京候选，被授予南直隶靖江县县令，在靖江任上，兢兢业业，安定地方，修缮、改建城墙，学宫、社学、演武场。并主持纂就《靖江县志》，受到士民好评。公元1513年，调任浙江青田县任县令，此间，依然勤劳任事，政绩卓然，去任时，“父老儿童攀马号泣，脱靴建亭”。正德十年，进京考绩，授予南京工科给事中，第二年，一病不起，享年仅仅37岁，葬于寿张城东北半里处，后因建设寿张中学，迁坟到沙河崖村南。撰有《石川集》《四库总目》《明道录》。

王大年　寿张镇武堂村人，出身于书香门第，明万历十一年殿选进士，监察御史，五省巡按，政绩颇著。王大年为官清正，天启五年（1625），奉旨监察陕西、四川、湖北、甘肃等省，为五省巡按，告老返乡后，役义田，建学堂，义务兴学，造福乡亲，树起了寿张教育史上的精神文明丰碑，成为历代人民歌颂的慈善家。

【古迹】刘邓大军强渡黄河战役纪念馆　位于寿张镇沙河崖村。1947年6月下旬，刘伯承、邓小平率12万大军强渡黄河，指挥部就设在该村村民孔月仙家中。

寿张县农业展览馆 于1958年秋建成开馆，为当时聊城地区唯一一处农业展览馆，前苏联、朝鲜、日本等国家和一些国际组织慕名前来参观学习。主体建筑目前保护完好，待开发。

寿张师范 始建于1948年，为新中国培养了大批教育人才和党政干部，见证了新中国成长的风雨历程。现旧址仍保留原房屋46间，并修葺保护。

【重点企业】 **寿张绿彩园林景观基地** 该基地位于寿张镇西部，金堤以南，由阳谷绿彩苗木种植专业合作社承建。成立于2012年，现有管理人员16名，技术人员8名，专业种植高档园林苗木和彩叶树种，现有加拿大红缨、美国红缨，挪威红缨、宝石李、丝绵木、北美海棠等品种，远销天津、北京、青岛等地。2013年，基地孔祥凯经理多次到日本研究学习树木造型技术，经多次实践、创意改进，拥有了一整套成熟的快速人工培育造型树技术。这种连体造型、快速成型的景观树种，为国内首创，有很高的经济价值和市场价值。已被国家林业部授予全国林业国家级示范社，具有雄厚的经济实力和技术实力。

为适应市场需求，再次扩大生产规模，结合寿张镇西部赵白、侯庄、王楼等村金堤以南耕地集中连片优势和土地状况，经协商进行合作，兴建寿张绿彩园林景观基地，一期流转土地430亩，土地承包费每亩每年700元。该基地每亩用工平均2人、年出工量在180天以上，日工资最低50元，多的达到70～80元，年人均收入达9000元以上，可解决剩余劳动力800余人。

【自然村、行政村名录】 寿张镇辖67个行政村，89个自然村。

西门（西门、满坑）、北门、南门（南门、南台）、东门（东门、许堤）、武堂、烟墩（烟墩、朱庄、张庄）、东纸坊、西纸坊、曹庄（曹庄、李美韶）、杨庄、刘虎山、陈街、赵梦俭、冯街、荣街、吕街、毛庙（毛庙、北徐）、三支王、辛庄（辛庄、郭楼）、孙庄、谢庄、双庙杜、河东赵（河东赵、宁坑）、阎集、魏台、雷海、陈庄、郭庄、沙河张、薛王（薛庄、王庄）、阎兴鲁、大雷、大郭、大杜、大段、四棚、后街、河西赵、杨松林、周庄、田庄、许庄、丁集、北方、刘庄、冀王（冀庄、王庄）、孙庙、刘堂、沙河崖（沙河崖、李向杨）、管庄、张湾、潘庄、河旅店（河旅店、李堂）、殷黄（殷庄、黄庄）、吕庄、北崔（北崔、王庄、寇庄、豆腐赵）、北台、史胡同、南徐、阎堤（阎堤、陈窑）、蒋海、侯庄（侯庄、北石）、王楼（王楼、李成谷、炉里）、马庙（马庙、仝堤）、北孟、赵白东、赵白西。

撰稿人：赵际良

高庙王镇

【机构概况】 高庙王镇位于阳谷县西南部，镇驻地北偏东至县城9公里。辖区南北长10.8千米，东西宽9.9千米，全镇总面积61.58平方千米，占全县总面积的5.78%。全镇地理位置优越，交通方便。东与寿张镇接壤，南与李台镇、金斗营镇毗邻，西与莘县古城镇、本县西湖镇交界，北与狮子楼、博济桥办事处相连；阳金路、西金路、张仓路、邵高路等道路贯穿全镇。2016年底，全镇共辖58个行政村，72个自然村，总人口4.25万人，人口密度为690人/平方公里。

【历史沿革】 高庙王镇历史悠久，因机关驻高庙王村而得名。高庙王村原名永康寨，因明初在村东南高地建庙宇一座，且村中王姓居多，更名为高庙王。民国初年，阳谷县划分为17个乡，高庙王及其附近村庄为高庙王乡，乡公所驻高庙王村。1930年，划归第一区，建国初期仍为第一区；1953年郎集、中孔以南村庄划归寿张县；1964年11月原寿张县撤销，今高庙王镇所属村庄分属西湖、李台两个区；1971年3月撤区并社，以原属西湖区的高庙王、朱施董两社，原属李台区中孔、徐集、秦楼三社合并成立高庙王人民公社。1984年7月设高庙王乡。2013年12年，高庙王乡实行撤乡设镇，全镇迎来新的发展机遇。

【国民经济】 2016年底，全镇实现公共预算财政收入1895万元，全社会实现主营业务收入55亿元；固定资产投入10亿元，同比增长25%。全镇规模以上工业企业11个，其中公司改制2个；新增服务项目70个，同比增长32%；私营企业户数105个，同比增长40%；个体工商户数850个，同比增长10.4%。

【工业】 高庙王镇紧紧围绕全年招商引资目标任务，积极实施工业突破工程。全镇新招商引资项目5个。其中，引进亿元以上项目2个；引进5000万元以上项目3个；续建、扩建项目3个；拟签约项目2个。

【农业】 2016年，高庙王镇围绕“农业富民”的发展目标，在做好传统农作物的基础上，将发展特色农业放在发展农业产业化过程中的重中之重，通过规划引领，扎实推进农业产业化经营，以特色农业推进农业产业化建设，初步形成了众多特色产业竞相发展的农业发展新格局。

辣椒产业实现规模化发展 积极引导合作社和种植大户进行土地流转，充分利用“大户+家庭农场+合作社”的新型产业化经营的辐射作用，推动辣椒种植逐步走上专业化分工、规模化生产、产业化经营、企业化管理的发展道路，着力加快培植辣椒产业、发展大规模经营的进程。

特色农业形态竞相绽放 特色农业助推农民增收致富。高庙王镇紧紧围绕市场，积极引导农民发展特色高效农业。从美国引进“格兰德”优质芦笋品种，采用纯绿色无公害生产管理技术，生产出质优的有机芦笋，以优势价格销往美国、日本、新加坡等市场。芦笋种植规模达到200亩，采收期可以长达15年，按照每年收获春、夏、秋三季芦笋的产量计算，亩产可达到1500公斤，亩效益在12000～16000元之间，带动农民增收400多万元。

农业休闲旅游成效初显 依托仓上旧村复耕的土地，深入挖掘三国文化，投资1.2亿元开发建设了占地1200亩的仓亭津休闲旅游度假项目。项目完成了一期500亩的四季采摘区的建设，园区内的假山、人工湖、景观河、荷花池、草莓园等已基本完工，望梅亭、闭月羞花亭等“十亭”和仓亭津古渡码头正在修建之中，项目建成后将成为鲁西农业休闲旅游度假的新亮点。

【镇村建设】 2016年，高庙王镇围绕“全域城镇化”的发展战略，深入推进城镇化建设，实施美丽乡村建设工程，提升小城镇在服务经济社会发展中的带动作用。

城镇化建设步伐加快 重点完成了镇驻地和邵高路、阳金路地段城镇建设，着力加快镇驻地西扩东展和镇内主要干线城镇建设的延伸开发，新建临街门市21处、168间，进一步提升了镇驻地承载能力和辐射能力。

城乡环卫一体化形成果持续巩固 对镇垃圾转运站压缩机进行技术升级，扩大了生活垃圾的压缩能力，提升了生活垃圾处理效

率；新增200个垃圾桶，对破损的垃圾桶进行及时更换、配齐保洁设备，生活垃圾处理实现了“户集、村收、镇运”的一体化格局。

生态文明乡村建设工作稳步推进 高庙王镇以群众素质全面提升、村容村貌整体变靓、基层基础不断夯实为目标，对杨庄村、高里圈村等20个村庄的主要街道进行有效绿化，共种植柿子树、榕树、柳树等树种2700余棵，绿化里程7800米，极大改善了村内环境。

【民生事业】 高庙王镇坚持发展依靠人民，发展成果让人民共享的理念，积极围绕群众最关心、最直接、最现实的利益问题，加大投入，大力实施深受群众欢迎的民心建设工程。

农业基础设施建设不断完善 重点实施了农田水利建设项目，为范庄、孔盛等6个村880户群众全部安装上自来水，到户总管网8.25万米。

农村家居卫生环境大幅改观 镇、管理区、村三级抽调人员接受技术培训，掌握厕所配件动能及安装要领，对全镇43个行政村2801户农村家庭进行旱厕改革，极大改善了群众的家居卫生环境。

卫生事业不断进步 投资15万元新建五星级防疫接种门诊，提高了群众疫苗接种安全指数。对全镇65岁以上老人进行了免费查体，受益群众多达3800余人。卫生院、卫生室每两月换一次健康宣传栏，印刷发放健康教育资料12793册，包含12大种类，覆盖率90%以上。开展健康讲座，派遣临床医师下村讲座165次，跟老百姓面对面的讲课，回答老百姓最需要的健康知识，与老百姓一对一的解答问题，累计2950人次参加讲座，并做好通知、签到、照片、讲稿及小结资料存档。

移风易俗之风吹遍乡里 通过村规民约的制定，提倡节俭办红白事，转变了观念，进一步提升精神文明建设水平。

平安乡镇建设持续加强 为每村配备一名法律顾问，实现农村法律顾问全覆盖。有效发挥律师、基层法律服务工作者的专业优势通过，引导村干部依法治村，村民学法守法、依法表达诉求，化解疑难纠纷，助力平安高庙王建设。

【党建工作】 高庙王镇认真贯彻中央、省委、市委和县委的部署和要求，精心组织、强化督导、创新做法，坚持立足“学”的基础、抓住“做”的关键，将学习教育融入日常，严在经常并持之以恒，确保全镇“两学一做”学习教育高标准开局、高质量推进。

以“高”的标准为学习教育开好局 4月29日，全镇召开“两学一做”学习教育座谈会，机关党员、支部书记、镇直部门负责人共同参加。镇党委将开展“两学一做”学习教育纳入重要日程，把“两学一做”学习教育列入全年党建工作的首要任务，专门作出重点部署、明确全镇党员开展学习教育的总体要求、学习教育内容、主要措施以及相关责任，确保开展学习教育起好步、开好局。

以“严”的要求为学习教育掌好舵 为确保学习教育不走偏差，高庙王镇专门抽调3名责任心强、工作能力高的同志成立了全镇“两学一做”协调小组，具体负责“两学一做”学习教育的协调、宣传、联络等工作。镇纪委、组织办联合成立全镇“两学一做”学习教育督导组，对全镇各基层党组织、党员学习情况进行督导，及时了解掌握各党支部学习教育进展情况，发现和解决存在的问题，做好工作情况汇总、问题反馈、政策解释等工作。

以“广”的形式保学习教育求实效 合理制定各党支部全年学习安排，采取集中学

习和个人自学的学习方式，认真做好学习笔记，定期围绕研讨问题进行积极讨论；为全镇58个村逐一配备一名党建指导员，要求党建指导员定期为本村党员上党课，并负责学习教育的开展情况。

【行政村、自然村名录】 2016年，高庙王镇辖58个行政村、72个自然村。高庙王、刘化育、孔盛（孔庄、盛庄）、胡庄、满庄、臧庄、苦水王、孟刘庄、魏楼（东魏楼、西魏楼）、关庄、乔庄、席桥、朱施董（朱庄、施庄、董庄）、刘泗河、北彭（北彭、尚井）、北新、李楼、毕炉、苗庄（东苗庄、西苗庄）、郭庄（郭庄、刘庄）、东孙、前仓、后仓、王楼、中孔（中孔、赵庄）、南新（中新、南新）、孙集（孙集、龙王庙）、三官庙、孔寨、席庄、吕庄、柴庄（柴庄、刘庄）、杨元、邵楼、塘坊（东塘坊、西塘坊）、石碴张、孟楼、南彭、袁楼、范庄、吴堂、秦楼、前马尔、后马尔、许楼、郎集、钟楼、周庄、张庄、徐集、高里圈、李寨、前薛、杨庄、马庄（马庄、刘集）、曹集、后薛、徐山斗（徐山斗、王怀）。

金斗营镇

【概况】 金斗营镇位于阳谷县域的西南部，因镇机关所驻村而命名。东北至阳谷县城18公里，地处两省（山东、河南）四县（阳谷、台前、范县、莘县）交界处，南临台前县侯庙乡、范县高码头乡，西连莘县古城镇，北接高庙王镇，东与李台镇相邻。荣获全市2016年度扶贫开发工作先进乡镇，镇党委书记董经成荣获全市2016年度招商引资工作二等奖。

【历史沿革】 金斗营村始建于东汉光武年间，有关谱牒碑文记载，光武年间黄河水由阳谷境内穿过，此地为水旱码头，商贾云集，车马喧嚣，帆樯如林，货积如山，财源茂盛，经济昌盛，人们的生计道路宽广，收益颇丰，有日进斗金之称。此地又是官家兵营所驻之地，该地便以金斗营为名。然而，1128年黄河南移，脱离山东，金斗营失去了依水而发展经济的重要支撑，这里的商贾逐渐偏少，经济开始衰退，金斗营这个富裕之乡远离了黄河水带来的殷实和辉煌。黄河留下一片荒芜的贫瘠土壤，仅产荆棵棉柳，群众只能以编织簸箕为生计。自此，村名便变更为“簸箕营”。1945年，阳谷县解放之后，金斗营的经济得到发展，群众的生活提高，簸箕营之名复为“金斗营”。1988年阳谷实施引黄供水之后，金斗营乡得以黄河水的灌溉，经济得到了突飞猛进的大发展。黄河，让金斗营再次实现日进斗金的辉煌时期。1957年设金斗营乡，1958年8月，同李台乡、关门口乡合并成立寿张县关门口人民公社。1963年1月改设为李台区。1964年11月原寿张县撤销后划归阳谷县，仍属李台区。1971年3月撤区成立金斗营公社，1984年6月改设为设金斗营乡。2015年12月24日，经山东省人民政府批复，金斗营撤乡设镇。

【经济发展】 2016年，金斗营镇党委、政府团结和带领全乡人民，紧紧围绕“抓党建 促发展 保稳定 惠民生”的工作思路，解放思想、干事创业、攻坚克难，扎实有效地开展各项工作。全年实现财政收入1400万元，比2015年增长7.7%，其中地方财政收入1000万元，比2015年增加4.2，实现税收1200万元，比2015年增长20%。从各主要税种看，完成营业税890万元，增值税140万元，企业所得税800万元，人均财政收入9630元，比2015年增加11.5%。全镇完成工业总产值13亿元，占国内生产总值的78%，比2015年增长8.3%，其中规模企业增加值完成7600万元，比2015年增长5.6%，完成主营业务收入11亿元，比2015年增长10%。规模以上工业企业上缴税金600万元，比2015年增长20%。固定资产投入8.8亿元，其中规模企业投入1.8亿元，比2015年增长12.5%。农业总产值达3.4亿元，占国内生产总值的比重为20.5%。民营经济销售收入10亿元，实现利税9100万元。至2016年底，境内共有中国邮政储蓄银行、农商银行等2家银行，各类存款余额3亿元，比上年增加，15.4%，各项贷款余额1.5亿元，比2015年增加25%。

【农业】 全镇耕地面积2.8万亩，人均0.93亩，全部为水浇地，以种植小麦、玉米、蔬菜为主。2015年，农业总产值达3.4亿元，占国内生产总值的20.5%。全镇继续加快农业结构调整：发展800亩杂果种植基地、发展生态农业种植示范基地2800亩、刘堤村露天蔬菜扩展至900亩、扩大子中村双孢菇种植基地30亩，达90亩、莲花池莲藕种植扩大至400亩，西金村皂角种植扩大至200亩，以新村、吴台一村、斗东村、东金一村为代表的4个行政村，新增养鹅户10户，年出栏量达到120万只。做好优势特色产业。实施林果、药材、畜牧、生态农业等产业振兴计划。林果生产以子北一村苹果，胡沙沃村、王沙沃村杏树种植为重点，逐步形成名、特、优果品基地。抓好土地流转工作。结合农业产业调整振兴计划，围绕林果种植、畜牧、生态农业、蔬菜等主导产业，鼓励和引导农民以转包、出租、互换等形式流转土地承包经营权，发展多种形式的适度规模经营。

2016年，全镇生产粮食2.6万吨，人均867千克，其中小麦1.6万吨，玉米0.8万吨。蔬菜种植面积达到2800亩，产量1.4万吨，主要品种有黄瓜、西红柿、蒜苗、双孢菇、莲藕等。畜牧业以驴、猪、羊、家禽为主，年生猪饲养量12000头，年末存栏6000头，羊饲养量7000只，年末存栏3000只，家禽年饲养量30万羽。林业以速生杨为主，林木栽植面积1500公顷，森林覆盖率39.2%。

【民生事业】 2016年，金斗营镇实施了一系列民生项目，堤北土地整改项目，新修刘堤村——吴台村水泥路5公里，新建生产桥4座，新打机井22眼；四是水利基础设施维修项目，在莲花池四村、七村新打机井6眼，铺设地下电缆1500米；省选派“第一书记”村内公路项目，在子路堤等村新修水泥路14公里，工程造价300多万元；四是全国千亿斤粮食项目，投资近1500万元，对子路堤、斗虎店等近万亩耕地开发改造。至6月底，该项目一期建设已完成，共新修生产桥30桥、新建混凝土机耕路1700米，碎石机耕路15500米，新打机井47眼，清淤整修排水沟渠11000米，安装变压器11台，铺设PVC低压灌溉管道5000余米；中小学基础设施提升项目，在子路堤小学新建教学楼1座，幼儿园1处，操场1座，投资260万元，这些惠民举措赢得广大群众的一致好评。城乡环卫一体化公司化运营进一步成熟，由保洁公司专门管理。社会管理服务有所创新，加强了网格化管理和特殊人群的服务管理，继续强化天网工程建设，对新安装的134个摄像头进行长期维护，极大地压缩了犯罪分子的犯罪空间，震慑了违法犯罪，增强了预防和打击违法犯罪的能力，治安状况明显好转。

小城镇建设 镇驻地建设，按照功能分区明确，主街道建筑规模和造型美观实用，空间结构协调，同时保证规模档次，环境适宜居住的原则，主要建设工程有：投资230万元，在信用社原址上新建办公楼1座，建筑设计为3层，建筑面面积2800平方米；投资300万元，在原综治维稳中心，规划建设居民住宅楼，建筑面积2500平方米；对仁和路和民生路街道实施拓宽为30米，并进行硬化，街道两侧实行亮化、绿化工程，安装路灯，种植绿化树木，改善居民生活环境。

新农村建设　新农村建设坚持“科学规划、典型带动、分类推进、整体提高”的思路，因村制宜，区别对待，加快推进村庄建设和管理。张堤村新农村建设完成，新居占地49.9亩，可容纳100户，总投资1600万元；胡沙沃新农村建设基本完成，新居总建筑面积51.7亩，可容纳116户，总投资1700万元。

扶贫开发　积极向上级争取扶贫资金670万元，利用财政资金撬动信贷560万元，新增菌菇蔬菜基地、农机合作社、光伏发电、双孢菇高效温室大棚、乡村旅游、汽车座垫等扶贫项目10个，目前10个项目已全部建设完成。危房改造工作进展顺利，完成子路堤3处集中危房改造试点工程。扶贫大通道建设拉开帷幕。

【社会事业】 文化艺术　至2016年底，有镇文化站1处，有村级文化活动中心27处，各类文化专业户16户，各类图书室29个，藏书15余万册，音乐、美术、书法、及文学业余创作队伍达28人。

教育　至2016年底，有幼儿园11所，在园幼儿900人，专任教师35人。有小学7所，在校学生1850人，专任教师135人，小学适龄儿童入学率100%。有初中1所，初中在校学生492人，专任教师66人，适龄人口入学率100%，小升初升学率100%，九年义务教育覆盖率达100%。

财政　预算内教育经费稳步提升，占财政总支出比例为30%，比2015年提高10%。

医疗卫生　至2014年底，有医疗卫生机构1个，卫生室27个，有27个村实行合作医疗，有床位18张，专业卫生人员45名，其中：执业医师23人，执业助理医师12人，注册护士10人。2016年，医疗机构完成诊疗4.1万人次。

体育　至2016年底，先后建成学校体育场3个。100%的村安装了健身器材，经常参加体育活动的人员占常住人口的40%。体育健儿累计取得全运会金牌1枚、亚运会金牌1枚。

广播电视　2016年，有线电视用户5866户，入户率达80%。

社会保障　2016年，全镇新型农村合作医疗保险参合率为92%，农村最低生活保障户数628户，人数906人，支出140万元，月人均90元，比上年增长6.4%。收养农村五保人员51人。国家抚恤、补助各类优抚对象245人，抚恤事业费支出40万元，比上年增长33.3%。有慈善分会1个，全年接受社会捐款3万元，使150人（次）困难群众受益。

【特色产业】 种植业　蔬菜种植　蔬菜种植是该镇刘堤村的传统种植模式，主要以栽种黄瓜、蒜菜、西红柿为主。20世纪九十年代，该村就已普遍种植，后来发展到以小拱棚种植为主，至2016年，种植面积达900余亩。花六村、斗西村、子北一村、子北二村的冬暖式大棚也已形成规模。西金村的蘑菇养殖起步于上世纪八十年代，后来发展较快，到2000年时，达到8个大棚，辐射到周边莘县、范县、台前等地，效益可观。2011年，由于金堤河涨水，将堤南的6个棚全部淹毁。2014年经过重建，恢复到8个棚，2016年增加至16个棚。该蘑菇基地主要以销售菌种和蘑菇为主。2013年，在县、镇扶贫部门的积极引导和大力支持下，子路堤中村开始发展双孢菇种植，至2016年底，累计投资324万元，建成双孢菇棚90座，发展种植户90余户，年产值450余万元。2014年，花五村、花六村传承莲花池种藕传统，再次发展莲藕种植，当年种植面积达100亩，效益良好，2016年，种植面积扩大至400亩。东金一、二村建成现代化蔬菜种植基地一处，建设食用菌棚20座、冬暖式蔬菜棚7座。杂果种植　主要以金太阳杏、凯特杏、苹果为主，分布在胡沙沃、子北一村。上世纪九十年代，胡沙沃村、王沙沃、东金村群众响应政府产业调整的号召，引进种植杏树，规模一度达到2000亩。后来由于受市场影响，销路不畅，再加上杏不易保存，老百姓的种植积极性降低，导致面积逐步萎缩，杏树面积仅存300余亩。近几年，受市场需求影响，价格逐年攀升，群众种杏的积极性再次提高，规模有进一步扩大的趋势。子路堤各村的苹果规模种植近400亩。中药种植 2014年，西金村在省委选派“第一书记”带领下，开始发展药用皂角。2016年，种植面积达200亩，收益可观。生态农业种植　吴台村建起300亩的生态农业基地，以种植高效、生态的小麦、玉米为主，已注册成立为燕飞农场。其他　花四村的铁棍山药种植、花五村的苗圃正在由小到大，逐步发展。

养殖业　以驴、猪、羊、鹅养殖为主。2016年，东金一村猪养殖规模继续扩大，新村、吴台一村、东金一村、斗东村的鹅养殖规模继续扩大，年出栏量达100万只。子北一村、东金一村养驴存栏量200头，东金一村肉牛存栏量400头。

加工业　服装加工　2013年，该镇引进青岛即发集团分公司——阳谷即发华欣针织有限公司，投资5.3亿元，占地50亩，年可加工1000万套服装，可用工800余人，年人均增加收入2万元，解决了附近部分劳动力的就业，增加了群众收入。2016年，该镇引进山东阳谷天地和汽车座垫有限公司，该公司具备年产10万套汽车座垫的生产能力，可解决120名劳动力就业。

【名产　名吃】 *名产*　双孢菇、莲花池藕。*名吃*　坛子鸡。

【名企】 *聊城蓝威食品有限公司*　该公司是2016年金斗营镇新引进的重点招商引资项目，是一家集生产、腌渍、调理、熟食深加工于一体的肉食加工企业，主要经营成品鸡、成品鸭、分割鸡、分割鸭和鸡鸭腌制、熏蒸、调理熟食品及鸡鸭头、翅、脖、掌、胸等系列分割熟品美食，年生产能力1100万只鸡、鸭。该项目占地60余亩，总投资约1.6亿元，其中固定资产投资约1.2亿元。目前项目已于今年7月底正式投产，可实现年产值6亿元人民币，实现税收300万元以上，可直接安排600余名劳动力就业，能带动近万户农民家庭增收致富。

青岛暖阳阳羽绒制品有限公司　公司总投资3.2亿元，占地66亩，拥有国内最先进的6条粗洗羽绒生产线、6条精洗羽绒生产线，及全套羽绒产品质量检验设备，同时配备了国内外先进的污水处理设备和节能设备。至2016年，该项目已建成投产，具备年加工原毛60000吨，出产高绒6000吨和制作400万件家纺制品的生产能力，可根据不同客户的需求生产国标、台标、日标、欧标、美标等各类标准产品，年销售收入能达到12亿元，今年能实现税收1000万元，可吸纳300余名劳动力就业。

阳谷即发华欣针织有限公司　即发华欣针织有限公司，是青岛即发集团向内地推进的先锋，该企业占地60亩，总投资1.2亿元，于2013年3月建成投产，企业现拥有德乐圆筒针织机系列28台，香港立信染色机系列30台，计划投资规模32条缝纫流水生产线，具备织造年产量1896吨，染色年产量4320吨的生产能力。年产1000万套高档服装，产品远销日本、法国、欧洲等国家和地区。至

2016年，公司已开工16条生产线，有400多名员工，每名员工平均工资2500元左右。2016年税收达到350万元。

山东阳谷县清华羽绒制品有限公司 公司成立于2004年6月，是集羽毛收购、羽绒精洗加工、羽绒制品销售、羽绒出口为一体的民营企业。公司总资产达2.6亿余元人民币，年产值可达5亿元人民币。2012年，被山东省政府授予八年无不良信用记录优秀企业，并多次获得市、县政府和银行的授予的荣誉称号。

阳谷状元红家具有限公司 阳谷县状元红家具有限公司始创于1995年，现位于阳谷县经济开发区，本项目计划总投资1.2亿元，总建筑面积10955.5平方米，其中，展示厅4800平方米，技术公寓2200平方米，车间等其他附属设施面积3876平方米。该项目正常运营期间，年营业收入1.32亿元，年创利税468万元，为国家创造税收200余万元，可解决190余人就业，可以延伸当地的产业链，优化产业结构，带动当地经济的发展。

阳谷三和工具有限公司 阳谷三和工具有限公司钎具加工项目，坐落于阳谷祥光工业园区，占地30亩，主要生产煤矿用镐型劫齿、齿座、齿套、工程用旋挖齿等产品，用于开山、煤矿、铁路、涵洞、公路建设等，主要销往全国及东南亚等国家和地区。2014年，该项目新建生产车间、办公楼等8600平方米，购置并安装设备90台（套），建设配套的供排水，项目投产后，年可生产3万吨钎具系列产品，产值7000万元，利税690万元。

阳谷天祥包装制品有限公司 阳谷天祥包装制品有限公司坐落于阳谷县金斗营镇斗西村，占地面积26亩，计划总投资5000万元，年产500万套包装制品，是鲁西地区最具规模的包装加工企业之一。该公司成立于2013年5月份，购置设备30台（套），组成一条包装制品生产线，新建生产车间及附属设施面积8000平方米，12月份开始生产运营，是一家集产品策划、包装设计、标志设计、画册设计等全案类型设计公司。项目正常年份预计销售收入8600万元，年创利税780万元，为国家上缴税金200万元，可解决300余人就业。

阳谷驰达汽车用品有限公司 该项目总投资4553万元，坐落于阳谷祥光工业园区，设计规模为年产20万套汽车坐垫，占地面积23365平方米，生产厂房建筑面积8150平方米，主要生产设备为编制生产线、圆盘机、钩针机、编织机，主要产品为丙纶长丝及其系列产品。2013年该项目建成后，年生产20万套汽车坐垫，可实现主营业务收入8060万元，年创利税1600万元，利润700万元。

【村名录】 **自然村名单**（13个） 斗虎店村（下辖斗虎店西村、斗虎店东村）、小曹庄村、子路堤村（下辖子路堤南一村、子路堤南二村、子路堤中村、子路堤北一村、子路堤北二村）、金斗营村（下辖金斗营西村、金斗营东一村、金斗营东二村）、吴台村（下辖吴台一村、吴台二村、吴台三村）、新村、王沙沃村、胡沙沃村、张堤村、闫堤村、刘堤村、林炉村、莲花池村（下辖莲花池一村、莲花池二村、莲花池三村、莲花池四村、莲花池五村、莲花池六村、莲花池七村）。

行政村名单（27个） 斗虎店西村（小曹庄并入斗西村）、斗虎店东村、子路堤南一村、子路堤南二村、子路堤中村、子路堤北一村、子路堤北二村、金斗营西村、金斗营东一村、金斗营东二村、、王沙沃村、胡沙沃村、张堤村、闫堤村、刘堤村、林炉村、莲花池一村、莲花池二村、莲花池三村、莲花池四村、莲花池五村、莲花池六村、莲花池七村。

撰稿人：刘怀宇

大布乡

【概况】 大布乡位于阳谷县城北部，乡驻地距县城4公里。东与安乐镇、阎楼镇接壤，西与西湖镇、莘县东鲁办事处为邻，北与石佛镇、定水镇接界，南与侨润办事处、狮子楼办事处毗连。辖区南北长7.56公里，东西宽13.16公里，总面积57.6平方公里。

1930年，阳谷县划为6区284个乡（镇），今大布乡现属村庄南部属第一区，北部属第三区。1946年，阳谷县划为8个区，大布乡现属村庄分属于第六、七两个区。1957年撤区并乡，大布现属村庄分设为大布乡、鹅鸭坡乡。1958年8月，两乡合并成立大布人民公社。1984年改社为乡，原大布公社分为大布乡和杨庄乡。2001年3月，大布乡、杨庄乡合并为大布乡。2004年5月，大布乡有19个行政村划归为侨润办事处。至2016年底，大布乡辖58个自然村，48个行政村，人口11830户，计38165人。

【经济发展】 2016年，大布乡党委政府坚持以党的十八届三中、四中、五中全会和习总书记系列重要讲话精神为指导，坚持以经济发展为中心，大力开展招商引资，抓好重点项目建设。全乡招商引资到位资金5.5亿元，一批重工业项目在大布乡落地并开工建设，填补了大布乡无重工业项目、无园区项目的空白。总投资8.5亿元、占地面积242.16亩的联亿重工年产7万台重型车桥箱总成项目；计划投资9.3亿元、占地300亩的西川食品有限公司大豆拉丝蛋白、素肉及附属产品生产项目；计划总投资1.5亿元、占地35亩的聊城奥德能源有限公司天然气综合利用项目；计划总投资4亿元的阳谷蓝海水务有限公司平原水库建设项目；涉及大布乡两条管道，共计24.3千米的南水北调工程。另外，阳谷景阳冈木业、景华机械建材、力升铜业等企业的二期扩建工程也进展顺利。2016年，全乡共完成固定资产投资10.5亿元；新增规模以上企业5家；新注册企业30家；新注册工商户280户；新建标准化厂房10万平方米；实现工商税收3260.1万元，比去年同期增长59.1%；地方财政收入1931.95万元，比去年同期增长118.8%，实现了历史性的突破。

【农业】 2016年，全乡耕地面积4.99万亩，人均1.46亩，全部为水浇地，以种植小麦、玉米、蔬菜为主。全年全乡共种植小麦44075亩，平均亩产538公斤，种植玉米36500亩，平均亩产535公斤，种植大豆、薯类、花生、棉花等经济作物8668亩，种植蔬菜13114亩。冬暖式大棚已发展到2450个，规模鸡舍已发展到400座。家畜存栏6万头，出栏4万头；家禽存栏180万只，出栏327万只。新增农产品生产基地10个，新注册家庭农场和农业专业合作社6个，实现土地流转1.5万余亩。畜牧业以猪、羊等家畜为主。年生猪饲养量6.3万头，年末存栏2.2万头。羊饲养量2.3万只，年末存栏1.02万只。家禽饲养量341.3万羽。生产肉类6906.5吨，其中猪肉2687.2吨，羊肉147.6吨。禽蛋3465.8吨。全年农业总产值5.8亿元，占国民生产总值的28%。至2016年底，累计造林6.88万亩，其中防护林4.99万亩，经济林1.59万亩，农民住宅四旁树木60万株，林木覆盖率30%，活立木蓄积量44万立方米。

【乡村建设】 大布乡党委、政府始终把城镇建设作为塑造良好大布乡形象、改善居住和投资环境、提升小城镇品位的重要措施来抓，乡驻地中心街南北长1600米，有800间二层商住楼，600户商家落户此地经商，一座经济发达、功能齐全的小城镇已经初步形成，实现了小城镇的硬化、亮化、绿化、美化，提升了城镇功能。加快乡村基础设施建设，借助上级“村村通油路”的政策，加大村级投入力度，使全乡48个行政村全部实现村村通油路；48个村庄及乡驻地居民全部吃上了城区自来水。大力开展城乡环卫一体化活动，规范沿路沿街牌匾315处，拆除乱搭乱建120余处，清理三大堆、垃圾、杂草19万余方，粉刷立面30余万平方米，规范废品收购站5处，涂白村道两旁树木6万余棵，整修路肩84公里，乡容村貌焕然一新。截至2015年底，全乡48个村已全部吃上城区自来水；新建、翻建公路15公里；新修桥梁10座、新打机井70眼、清挖沟渠7600米。

【社会事业】 文化艺术　至2016年底，有乡文化站、数字广播电视站各1处，有村级文化大院48处，各类文化专业户18户，各类图书室56个，藏书30余万册，音乐、美术、书法、摄影及文学业余创作队伍达36支。有线电视用户8760户，其中数字电视用户4560户，综合覆盖率达100%。

教育　2016年，教育经费达1808万元，国家财政性教育经费1398万元，财政预算内教育经费339万元，预算内教育事业费71万元，分别比上年增长10.2%、10.8%、9.9%、9.5%。至2016年底，有小学6所，专任教师180人，在校生1600人，小学适龄儿童入学率达到100%。初中1所，在校生636人，专任教师88人，初中适龄人口入学率100%，九年义务教育覆盖率达100%。

医疗卫生　2016年，医疗机构（门诊部以上）完成诊疗3万余人次，住院手术26台次，出院病人633人次。新型农村合作医疗参保人数3.8万人，参保率99%；居民人口平均期望寿命80岁，其中男性79岁，女性82岁。至2016年底，各级各类医疗卫生机构49个，其中卫生院1所，有专业卫生人员110人，其中执业医师3人，执业助理医师6人，注册护士7人，平均每千人拥有卫生技术人员1人。

社会保障　2016年，农村最低生活保障户数784户，人数1109人。国家抚恤、补助各类优抚对象395人。农村五保分散供养80人，支出14000元，比上年增长12%。中心敬老院1处，床位130张，收养农村五保人员130人。社区服务站11个。五项社会保险基金收入合计63万元，比上年增长18%；基金支出合计63万元。参加新型农村养老保险29251人，参保率75%。

【特色产业】 板材加工这一产业在该乡起始于1997年，乡党委政府通过采取确立发展思路、坚定发展信心、培育发展基地、壮大产业龙头、摘好服务搭建发展平台、营造绿色企业发展环境等一系列措施，经过十几年的发展，至2016年底，全乡板材加工业户有1000余家，其中注册企业36家，从业人员超过万人，产品远销山东临沂，河北邢台，江苏邳州、常州，上海等地。这一产业也成为该乡的特色产业和支柱产业。该乡被市委、市政府授予“聊城市小企业创业辅导基地”“民营经济木材加工特色产业乡镇”“一乡一业专业乡镇”等荣誉称号。大布乡也成为江北著名的“板材加工之乡”。

【传统名吃】 大布驴肉　这一特色名吃已有百余年的历史。俗话说“天上龙肉，地下驴肉”，据《本草纲目》记载：“驴肉补血、治远年老损，煮之饮、固本培元。”驴肉的营养极为丰富，科学测定，驴肉“两高两低”：高蛋白，低脂肪；高氨基酸，低胆固醇。其对动脉硬化、冠心病、高血压有着良好的保健作用。另外，驴肉中还含有动物胶、骨胶原和钙酸等成分，能为老人、儿童、体弱和病后调养的人提供良好的营养补充。乡驻地有一老店—大布驴肉馆，所用毛驴全部为户外放养，利用祖传秘方煮制驴肉，因“肉味鲜嫩，入口富有弹性”而驰名，前来品尝的人络绎不绝。2010年，被聊城市评为“水城特色小吃”，其分店遍布阳谷、聊城等地，全部以“大布驴肉”命名。

【名人】 蒋作华　男，1961年10月出生，大学文化，中共正式党员，高级经济师，阳谷县大布乡蒋孟楼村人，为聊城市第十五届、十六届人大代表、苏鲁皖密度板企业行业协会秘书长、聊城市个体私营企业协会副会长、阳谷县工商联副主席、阳谷景阳岗木业有限公司董事长兼总经理、山东景阳岗化肥有限公司董事长、阳谷金华甲醛厂厂长。先后被评为聊城市优秀共产党员、乡村优秀科技人才、县劳动模范、乡村科技大王、乡村之星等。

【名企】 阳谷景阳岗木业有限公司　该公司始建于2001年7月，位于阳谷大布工业区，占地5.6万平方米，有干部职工145人。公司有年产6万立方米的中高密度板生产线一条，主要生产各种规格的中、高密度纤维板，该生产线采用以计算机技术为主体的机电一体化的最新技术工艺。所需的主要原料为林区三剩物和次小薪材，公司按产量6万立方米计算，年可消化利用9万吨次小薪材和三剩物，这不仅使资源得到充分利用，还每年为社会创收1800万元，同时，可解决社会劳动力就业180余人。年可实现销售收入8800万元，利税520万元。公司与大布乡、石佛镇、七级镇等6000余家农户签订了丰产林原料种植的购销合同，种植面积达30000余亩，同时带动其他林业种植农户达7000余户，每年可使每户农民的纯收入增加6200元。公司先后被县委、县政府评为“优秀民营企业”“财源贡献奖”“先进龙头企业”；被市委市政府评为“文明诚信民营企业”“农业产业化重点龙头企业”等荣誉称号。

阳谷县力达电线有限公司　该公司位于大布乡郝楼工业区，项目计划总投资2.2亿元，主导产品为直径8毫米和17毫米的无氧铜杆、直径0.08至3毫米各种规格的裸铜线、直径0.5至2.5毫米各种规格的漆包线等，其原材料为电解铜板。该项目共分两期完成，其中一期工程投资1.2亿元，于2012年6月开工，二期工程计划投资1亿元，将于2013年进行建设。年可实现销售收入10亿元，创利税近亿元。

阳谷鑫饰丽化纤有限公司　该公司是一家集生产中空丙纶丝、纺织丙纶丝线、绳、带以及机械化生产汽车座垫为一体的综合性企业，位于大布乡丁庄村，2012年8月开始建设。该项目总占地近20亩，计划总投资4500万元，共分为两期建成。一期完成投资2500万元，建设丙纶丝生产线车间3500平方米，安装了4条国内技术水平最先进的高强度中空丙纶丝生产线。

【布姓钩沉】 大布乡因驻地周围有8个布姓村密集分布而得名。明初有浙江宁海人方孝儒，博学强记，通晓经史，文章盖世。明建文帝朱允招其辅佐治国治军，方对建文帝更是赤胆忠心。建文帝实行削藩政策，遭到以燕王朱棣为首的诸王反对。方孝儒替建文帝起草了一系列征讨燕王的诏书和檄文。后朱棣篡得大明皇位。迫令方孝儒为他起草即位诏书。方宁死不从，掷笔于地：“死即死耳，诏书不草！”燕王大声说：“诏不草，灭汝九族！”方针锋相对:“莫说九族，十族何妨！”朱棣又反复劝说方：“不要自找苦吃，我欲效法周公辅佐成王”。方依然不屈，说：“好，我写！”即从地上拾起笔来，大书“燕贼篡位”四字。朱棣大怒，命人用刀从方嘴角直割到耳，并将他投入监狱。后朱棣见方孝孺仍不屈服，就下令把方在午门内凌迟处死。随又下令灭其“十族”。方孝孺之门生、弟子计入第“十族”，加其九族共873人全部处死，行刑7日。布氏先祖步（布）臣，大梁（今开封）小沟人，时任湖广四省巡按，因是方门生，亦被杀害，所幸老夫人卢氏携三子星夜出逃，途中改“步”姓为“布”。所携三子中长子布节落户于山东阳谷大布、次子布奔落户于山东肥城，三子布建落户于成武。布氏祠堂即在阳谷大布乡家庙布村。居住于大布的布氏家庭人丁兴旺，繁衍众多，自七世始分别建立村舍，布姓在此周围分居成双庙布、前楼布、前海子布、东布、后布、新布等村落。

【自然村、行政村名录】 大布管理区（15个） 大布村（羊皮店布村、前楼布村、双庙布村）、前海子布村、家庙布村、东布村、后店布村 新布村（孙庄村）、蒋孟楼村、王元村、四都村（董胡同村）、司庄村。

李楼管理区（11个） 高庄村（红庙村）、东张村、后排张村、张董村、丁庄村、李楼村、赵庄村、土山寺村、冉庙村、宁仓村。

吕超凡管理区（11个） 吕超凡村、王庄村、任海村、惠庄村、灵王庙村、郭子洛村、訾海村、魏庄村、胥庄村（訾庄村、王海滨村）。

李堂管理区（14个） 王大夫村（杨庄村）、朱庙村、魏村、鹅鸭坡村、郝楼村、李村、李堂村（吴庄村）、穆庄村、武堤口村、李化真村、薛楼村、董庄村。

刘胡同管理区（7个） 苏海村、刘胡同村、王子仪村、渔林赵村、姜庄村、熬盐场村、徐良府村。

撰稿人：张友忠　刘仲甫

阳谷

REN WU

人物

阳

REN WU

人 物

陽穀人鑑

谷

田中俊　男，汉族，1962年12月出生，山东高唐县人，大学学历，工学学士。1979年9月至1983年7月，山东建筑工程学院（山东建筑大学）机电系建筑机械专业学习。1983年7月参加工作，1986年9月加入中国共产党。1983年7月至1985年1月，聊城地区建筑公司任技术员。1985年1月至1998年1月，聊城地区计委投资科科员、副科长、科长。1998年1月至2003年1月，任聊城市东昌府区副区长、党组成员。2003年1月至2007年1月，任中共东阿县委副书记、副县长。2007年1月至2007年11月，任中共东阿县委副书记。2007年11月至2007年12月，任中共阳谷县委副书记、副县长、代县长。2007年12月至2011年11月，任中共阳谷县委副书记、县长。2011年11月至2012年1月，任中共阳谷县委书记、县委党校校长。2012年1月至2016年12月，任中共阳谷县委书记、县人大常委会主任、县委党校校长。

毕黎明　男，汉族，1969年12月出生，东阿县大桥镇人，研究生学历。1991年7月参加工作，1993年12月加入共产党。历任聊城地区一轻局企业管理科科员、办公室副主任，聊城市一轻总会办公室副主任、主任科员，市委办公室主任科员、副主任等职。2007年1月，任中共东昌府区委常委、副区长。2011年3月，任中共东昌府区委副书记。2012年1月，任中共东昌府区委副书记，兼任东昌府区政协主席。2015年12月，任中共东昌府区委副书记、区政协主席、代区长。2016年3月，任中共东昌府区委副书记、区长。2016年12月至2017年1月，任中共阳谷县委副书记、代县长。2017年1月起，任中共阳谷县委副书记、县长。

何宪卓　男，汉族，1971年10月出生，山东省定陶县人，研究生学历。1991年6月加入中国共产党。1993年7月毕业于聊城师范学院政治系。1993年7月至1997年12月，任聊城市东昌府区阎寺镇党委干事、党委委员、组织委员。1997年12月至2000年8月，任聊城市委组织部副主任科员（1998年9月至2001年7月中央党校攻读硕士研究生学位）。2000年8月至2002年6月，任阳谷县政府党组成员、县长助理。2002年6月至2007年1月，任聊城市人事局党组成员、副局长。2007年1月至2011年11月，任中共阳谷县委常委、常务副县长。2011年11月至2012年1月，任中共阳谷县委副书记、代县长。2012年1月至2016年12月，任中共阳谷县委副书记、县长。

崔新乐　男，汉族，1970年1月出生，山东莘县人，大学学历，文学学士。1993年7月，聊城师范学院汉语言文学专业毕业。1997年12月加入中国共产党。1993年9月至2004年7月，历任聊城日报社编辑、记者、理论部主任、总编助理等职。2004年7月至2011年11月，历任中共聊城市委办公室副主任、副秘书长（正县）。2011年11月至2016半年12月，任中共阳谷县委常委、县委副书记（正县）。

丁洁清 女，汉族，1969年11月出生，山东省梁山县人，研究生学历，1991年10月参加工作，1993年12月加入中国共产党。1989年9月至1991年7月，聊城师范学院中文系汉语言文学专业学习；1991年7月至1991年10月，待安排；1991年10月至1999年12月，聊城市广播电视局宣传科科员、总编室编辑（其间：1993年9月至1996年7月，参加聊城师范学院英语系英语专业在职本科班学习）；1999年12月至2002年6月，聊城市广播电视局总编室副主任（2002年4月参加聊城市公开选拔副县级领导干部考试，取得笔试第一名、面试第二名的优异成绩）；2002年6月至2002年12月，聊城市广播电视局总编室主任；2002年12月至2007年1月，任中共莘县县委常委、宣传部长（其间：2004年9月至2007年7月，参加山东省委党校经济管理专业在职研究生班学习）；2007年1月至2011年11月，任中共莘县县委常委、纪委书记。2011年11月至2016年12月，任中共阳谷县委常委、常务副县长。2016年12月起，任中共阳谷县委副书记。

王守柱 男，1963年4月出生，汉族，山东阳谷人，中共党员，研究生学历。1981年9月至1984年10月任范海公社畜牧干部，1984年10月至1989年10月，任阎楼乡团委书记。1989年10月至1995年3月，任阎楼乡党委委员、副乡长、副书记。1995年3月至1998年1月，任阎楼镇党委副书记、镇长。1998年1月至2001年3月，任郭店屯乡党委书记。2001年3月至2003年1月，任安乐镇党委书记。2003年1月至2011年3月，任中共阳谷县委党校党委书记、常务副校长。2011年3月至2011年12月，任中共阳谷县委常委。2011年12月起，任中共阳谷县委常委、县委办公室主任。2016年12月起，任中共阳谷县委常委、县政府常务副县长。曾获聊城市"优秀党务工作者"、省委党校系统"先进工作者"。聊城市第十届党代表和市第十三届、十六届、十八届人大代表。

王同章 男，1964年9月出生，山东省冠县人，大学学历，1984年7月参加工作，1989年12月加入中国共产党。历任冠县店子乡党委委员、副书记，冠县辛集乡党委书记。2006年1月，任阳谷县人民政府副县长。2012年1月，任阳谷县委常委、副县长。2016年12月起，任聊城市经济技术开发区管委会副主任。

王志国 男，汉族，1977年12月出生，山东省茌平县人，大学学历。1998年7月参加工作，2000年12月加入中国共产党。历任聊城师范学院化学化工学院团总支副书记，聊城大学党委组织部组织科副科长、科长、

干部科科长、副处级组织员。2008 年 8 月，任中共阳谷县委常委、副县长（挂职）。2011 年 3 月，任中共阳谷县委常委。2011 年 11 月起，任中共阳谷县委常委、组织部长。

刘凡成　男，1967 年 11 月生人，汉族，聊城市东阿县人，1987 年 7 月参加工作，1989 年 12 月加入中国共产党，大学学历。历任东阿县关山乡团委书记，单庄乡党委副书记，铜城镇党委副书记、镇长，东阿县大桥镇党委书记，东阿县工业园区管委会党委书记。2011 年 12 月，任中共阳谷县委常委、政法委书记。2012 年，被省政府评为“全省政法维稳系统先进工作者”。

马　颖　女，汉族，山东省茌平县人。1973 年 1 月出生，研究生学历，1995 年 6 月入党。1992 年 9 月至 1996 年 7 月，聊城师范学院政治系学习。1996 年 7 月，聊城师范学院政治系毕业，同年，被省委组织部选调至阳谷县阳谷镇工作，历任阳谷县阳谷镇政府文书、党委秘书。2000 年 11 月通过领导干部公开选拔，任阳谷镇党委委员。2003 年 3 月，任共青团阳谷县委书记、党组书记。2006 年 3 月，任阳谷县安乐镇党委副书记、镇长（2007 年 9 月至 2010 年 6 月在山东省委党校经济管理专业在职干部研究生班学习）。2008 年 1 月，任阳谷县大布乡党委书记。2011 年 12 月，任中共阳谷县委宣传部部长。2012 年 1 月起，任中共阳谷县委常委、宣传部部长。2014 年 8 月，任中共阳谷县委常委、宣传部长、统战部长。2016 年 12 月起，任中共阳谷县委常委、宣传部长。

贾天强　男，汉族，山东茌平人，1967 年 11 月生人，全日制专科毕业，在职大学学历。1992 年 11 月加入中国共产党，1988 年 8 月参加工作；历任聊城地区供销社科员，聊城地区广播局科员，聊城市委组织部科员，聊城市委组织部副主任科员、主任科员，聊城市委组织部干部调配科副科长、主任科员，聊城市委组织部干部调配科副科长、主任科员（主持工作），聊城市委组织部干部调配科科长，聊城市委组织部副调研员。2016 年 5 月，任中共阳谷县委常委、县纪委书记。

张玉清　男，汉族，1971 年 11 月出生，山东滨州人，1990 年 12 月参加中国人民解放军，1993 年 4 月加入中国共产党，大学学历，上校军衔。历任兰州军区后勤部战士、兰州军区干部训练队学员、兰州军区某部汽车排排长、教导队教员、司令部参谋、教导队中队长、山东省无棣县人武部军事科参谋、滨州军分区司令部参谋、沾化县人武部政工科科

长、博兴县人武部副部长兼军事科科长等职务。个人多次受到上级表彰，荣立三等功两次。2015年6月起，任阳谷县人民武装部政委。

李　超　男，1971年3月出生，汉族，阳谷县安乐镇人，研究生学历，省委组织部选调生，1992年6月入党。1990年9月至1994年7月，聊城师范学院数学系数学教育专业学习。1994年7月至1994年8月，待业。1994年8月至1998年11月，任东阿县刘集镇管区书记、党委秘书。1998年11月至2000年4月，任东阿县原关山乡党委副书记。2000年4月至2001年3月，任东阿县原关山乡党委书记。2001年3月至2003年2月，任东阿县陈集乡党委书记。2003年2月至2009年7月，任东阿县高集镇党委书记。2009年7月至2011年11月，任东阿县委党校党委书记、常务副校长（2008年9月至2011年6月山东省委党校经济管理专业学习）。2011年11月至2016年12月，任阳谷县人民政府副县长、党组成员。2016年12月至2017年1月，任中共阳谷县委统战部部长。2017年1月起，任中共阳谷县委常委、统战部部长。

郭振光　男，汉族，1974年11月出生，阳谷县侨润街道老唐村人，大学文化。1993年7月参加工作，1998年1月加入中国共产党。历任阳谷县财政局科员、国资局副局长，财政局纪检组长、财政监督办主任，财政局副局长、国资办主任，财政局局长等职。2008年6月，任阳谷县财政局局长。2011年12月，任阳谷县政府副县长、财政局局长，分管的财税、市场监管、食品药品安全等各项工作。2014年1月起，任阳谷县人民政府副县长。2016年12月，任中共阳谷县委办公室主任。2017年1月，任中共一个县委常委、县委办公室主任。阳谷县劳动模范。2010年12月，被评为“全省财政系统先进工作者”、记三等功。

周素霞　女，汉族，1963年4月出生，阳谷县人，1984年6月加入中国共产党，1984年7月参加工作，研究生学历。1980年9月至1984年7月，曲阜师范学院化学系学习。1984年7月至1987年4月，任东阿县顾官屯乡政府文书。1987年4月至1988年4月，任东阿县顾官屯乡副乡长。1988年4月至1989年1月，任东阿团县委副书记。1989年1月至1998年1月，任阳谷团县委副科级干部、副书记、书记（其间：1995.09～1997.12在省委党校经济管理专业研究生班学习）。1998年1月至1998年11月，任阳谷县阎楼镇党委副书记、镇长。1998年11月至2001年3月，任阳谷县高庙王乡党委书记。2001年3月至2003年1月，任阳谷县阎楼镇党委书记。2003年1月至2007年12月，任中共阳谷县委常委、宣传部部长。2007年12月至2017年1月，任阳谷县人大常委会党组书记、第一副主任。2017年1月起，任阳谷县人大常委会党组书记、主任。

赵云才 男，汉族，1961年9月出生，东阿县人。1977年12月参加工作，1985年9月加入中国共产党，研究生学历。1977年12月至1984年9月，在东阿县五金公司、阳谷县生资公司工作。1984年9月至1985年9月，阳谷县七级镇供销社副主任。1985年9月至1987年7月，在聊城地委党校学习。1987年7月至1994年2月，阳谷县油棉二厂副厂长、油棉四厂厂长、支部书记。1994年2月至1995年8月，阳谷县棉麻公司副经理、总支委员兼油棉四厂厂长、支部书记。1995年8月至2001年11月，阳谷县供销社主任、党委书记，棉麻公司经理。2001年11月至2001年12月，阳谷县计划委员会主任、党组书记。2001年12月至2002年8月，阳谷县计划委员会主任、党组书记、招商局局长。2002年8月至2003年1月，阳谷县发展计划局局长、党组书记、招商局局长、县长助理、县政府党组成员。2003年1月至2011年12月，阳谷县政府副县长、党组成员。2011年12月至2017年1月，阳谷县人大常委会副主任。

程仁国 男，汉族，1966年5月出生，阳谷县人。1989年7月参加工作，无党派，大学学历。1984年9月至1989年7月，聊城师范学院物理专业学习。1989年7月至1990年7月，阳谷县张秋镇中学教师。1990年7月至2001年12月，阳谷县计委科员、办公室主任。2001年12月至2004年5月，阳谷县驻京办副主任。2004年5月至2006年9月，阳谷县驻京办主任。2006年9月至2007年12月，阳谷县政府办公室副主任、驻京办主任。2007年12月起，任阳谷县人大常委会副主任。

张宪锋 男，汉族，1963年4月出生，莘县人。1982年7月参加工作，1985年7月加入中国共产党，大学学历。1982年7月至1983年9月，莘县妹塚中学教师；1983年9月至1985年11月，阳谷县第一农业技术中学教师；1985年11月1990年9月，阳谷县教育局科员；1990年9月至1998年1月，中共阳谷县委办公室秘书、副科级秘书；1998年1月至2001年3月，阳谷县四棚乡乡长、镇长、党委副书记；2001年3月至2001年11月，阳谷县阿城镇镇长、党委副书记；2001年11月至2008年2月，阳谷县阿城镇党委书记；2008年2月至2011年12月，阳谷县西湖镇党委书记（2009年6月起，任阳谷县副县级干部）；2011年12月起，任阳谷县人大常委会副主任。

万开义 男，汉族，1963年4月出生，1981年7月参加工作，1987年加入中国共产党，大学学历。1981年7月至1987年10月，阳谷县水利局技术员。1987年10月至1998年11月，阳谷县政府办公室秘书、副科级秘书、办公室副主任。1998年11月至2001年3月，阳谷县阎楼镇党委副书记、镇长。2001年3月至2001年11月，阳谷县郭屯乡党委书记。2001年11月至2003年3月，阳谷县顺发热电厂厂长。2003年3月至2004年3月，阳谷县多种经营办公室党组书记、主任。2004年3月至2006年1月，阳谷县卫生局党组副书记、副局长兼疾控中心主任、党支部书记。2006年1月至2011年12月，阳谷县卫生局党组书记、局长。2011年12月起，任阳谷县人大常委会副主任。

张文芳 男，汉族，1964年9月出生，1984年7月参加工作，1987年1月加入中共党员，大学学历。1984年7月至1998年5月，历任阳谷县西湖乡水利站技术员、政府文书、组织委员、副乡长、乡党委副书记。1998年5月至2003年7月，历任阳谷县定水镇党委副书记、镇长、党委书记。2003年7月至2017年1月，任阳谷县教育局党委书记、局长。2017年1月起，任阳谷县人大常委会副主任。

李贵才 男，汉族，1967年5月出生，1987年7月参加工作，1989年11月加入中国共产党，大学学历。1984年8月至1987年8月，在阳谷师范学习。1987年8月至1989年2月，任阳谷县西湖乡小学教师。1989年2月至1993年3月，任阳谷县西湖乡政府文书。1993年3月至1995年11月，任阳谷县翟庄乡党委委员（1991.08～1994.06中央党校政治专业学习）。1995年11月至1998年11月，任阳谷县张秋镇党委委员、纪委书记（1994.09～1996.12山东省委党校经济管理专业学习）。1998年11月至2001年12月，任阳谷县张秋镇政协工委主任。2001年12月至2003年3月，任阳谷张秋镇党委副书记（正科级）。2003年3月至2008年1月，任阳谷县郭屯乡党委副书记、乡长。2008年1月至2009年9月，任阳谷县李台镇党委书记。2009年9月至2011年12月，任阳谷县定水镇党委书记。2011年12月至2017年1月，任阳谷县狮子楼街道党委书记。2017年1月起，任阳谷县人大常委会副主任。

杨廷军 男，汉族，1967年2月出生，阳谷县安乐镇西街人，研究生学历，非党人士。1987年7月参加工作。历任阳谷县油棉一厂技术员、阳谷一中印刷厂厂长、阳谷县第一中学副校长、阳谷县政协副主席、阳谷县政协副主席兼任阳谷一中校长等职务。2012年1月起，任阳谷县人民政府副县长。先后被授予山东省八十年代优秀毕业生、山东省校办产业工作先进个人、聊城市“富民兴聊”劳动奖章等荣誉称号。

王守良 男，汉族，1964年3月出生，阳谷县狮子楼街道王庄村人。1981年12月参加工作，1985年11月加入中国共产党，研究生学历。历任翟庄乡团委书记，县计生委办事员、办公室主任，县计生委副主任，七级镇党委书记等职。2003年1月当选为县

政协副主席、县委统战部部长；2007年5月兼任县计生局局长。2011年4月至2016年12月，任阳谷县人民政府副县长。2016年12月起，任政协聊城市委员会委员活动工作室副主任。先后被评为全国计生工作优秀调查员，全省先进工作者，全省基层统战工作基础建设先进个人，全市优秀共产党员，全市社会治安先进个人等荣誉称号。

于俊海　男，汉族，1966年8月出生，高唐县三十里铺镇人，1989年7月参加工作，1994年12月加入中国共产党，大学学历。历任聊城地区公安处刑警大队办事员、聊城市公安局刑警支队三大队科员、副大队长、刑警支队副支队长兼三大队大队长、副支队长。2008年11月，任聊城市公安局刑警支队副调研员。2010年1月，任聊城市公安局刑警支队二级警长。2016年5月，任阳谷县政府党组成员、县公安局党委书记、局长、督察长。2017年3月起，任阳谷县政府副县长、县公安局党委书记、局长、督察长。先后被评为优秀共产党员、全市防非典先进个人、全市打拐先进个人，3次被聊城市公安局荣记“个人三等功”，2003年7月被聊城市政府荣记“全市严打斗争二等功”，2012年被聊城市政府荣记“二等功”，2013年被山东省公安厅荣记“个人二等功”。

韩　刚　男，1976年2月出生，聊城韩集乡人，大学学历。1997年7月参加工作。1999年10月，加入中国共产党。历任山东省茌平县人大办公室科员、副主任、主任；山东省茌平县冯屯镇政府党委副书记、镇长，党委书记；2016年12月，任阳谷县人民政府副县长。2009年9月，经山东省人大常委会办公厅批准评为《人民权利报》宣传工作先进个人，2014年1月，被山东省人民政府安全生产委员会评为2013年度全省安全生产工作先进个人。

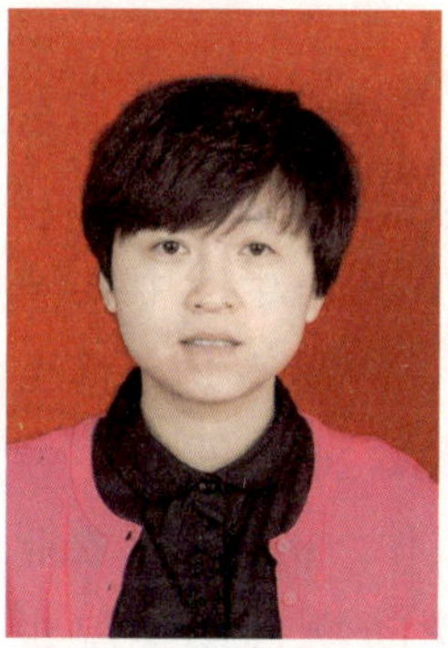

王　霞　女，汉族，1981年10月出生，山东冠县人。2002年9月参加工作，2003年6月加入中国共产党，省委党校研究生。历任冠县招商局科员、工会主席；2009年9月至2011年4月，任冠县范寨乡党委副书记；2011年4月至2015年1月，任冠县清水镇党委副书记、镇长（2014年4月至2015年1月主持全面工作）；2015年1月至2016年12月，任冠县清水镇党委书记；2016年12月起，任阳谷县人民政府副县长。2010年3月，被聊城市妇联授予市“巾帼建功”标兵称号；2011年9月，被评为聊城市第六次人口普查先进个人；2012年3月，被聊城市委、市政府评为全市防范和处理邪教工作先进个人，给予记三等功奖励；2016年2月，因招商引资工作突出，被聊城市委、市政府给予记二等功奖励。

周海洋 男，山东省青岛市人，1976年11月出生，中共党员，研究生学历，硕士学位。2003年7月参加工作，历任山东省质量技术监督局总工程师办公室副主任科员、组织人事处副主任科员、主任科员、人事处副处长等职。2016年12月起，任阳谷县人民政府副县长（挂职）。先后荣获全省质监系统信息化工作先进个人、山东省省直机关杰出青年工作者、山东省省直机关五四荣誉奖章和山东省青年文明号20年突出贡献个人等荣誉称号。

宋志刚 男，山东省烟台市莱州人，1975年10月出生，中共党员，研究生学历，博士学位。2005年7月参加工作，历任山东农业大学动物科技学院讲师、副教授、教授、博士生导师等职；2013年12月至2014年9月，任山东凤祥股份有限公司总经理助理；2016年5月，任比利时天主教鲁汶大学客座教授；2016年12月起，任阳谷县人民政府副县长（挂职）。

崔福臻 男，1962年9月出生，阳谷县张秋镇上闸村人。1980年12月参加工作，1989年5月加入中国共产党，研究生学历。历任阳谷县商业局干事，县委党史办秘书，县委办公室秘书；1993年2月至1995年11月，任十五里园乡党委副书记；1995年11月至2003年3月，任金斗营乡党委副书记、乡长、书记；2003年3月至2004年5月，任阳谷镇党委书记；2004年5月至2007年1月，任博济桥街道党委书记；2007年1月，任阳谷县政府党组成员、祥光经济开发区管委会主任；2011年11月起，任阳谷县政府党组副书记（2011年11月至2016年12月，主持祥光经济开发区全面工作。2016年12月起，按照县政府领导分工，分管广电、老龄、史志、科技及有线电视、通讯部门等工作）。阳谷县劳动模范。2011年3月，被市政府授予全市招商引资工作先进个人并记个人二等功；2012年，被山东省商务厅授予“开发区建设特殊贡献”荣誉称号，同年被选为第四届山东省开发区协会理事。

谭福清 男，汉族，1965年2月出生，阳谷县阿城镇人，1982年7月参加工作，1985年9月加入中国共产党，大学学历。先后担任阎楼公社技术站技术员，十五里园乡团委书记、秘书、管区书记，阿城镇党委委员、副镇长，李台镇党委副书记，金斗营乡党委副书记、乡长，石佛镇党委副书记、镇长，李台镇党委书记，石佛镇党委书记等职务。2011年12月，任阳谷县人民政府党组成员、祥光经济开发区党委书记。先后被评为全市平安建设先进个人、平安聊城建设先进个人、平安山东建设先进个人、全市招商引资工作先进个人，多次受到上级记功奖励。

袁广斌　男，汉族，1970年1月出生，阳谷县安乐镇人，1994年7月毕业于山东农业大学农学系作物专业，研究生学历。1994年9月参加工作。1997年5月加入中国共产党。历任阳谷县阳谷镇武装干事、管理区副书记、党委委员，范海镇党委副书记、镇长，定水镇党委副书记、镇长，张秋镇党委副书记、镇长，阎楼镇党委副书记、镇长、党委书记等职。2011年11月，任阳谷县祥光经济开发区管委会主任。2011年12月起，任阳谷县政府党组成员、祥光经济开发区管委会主任（2011年11月至2016年12月，参与县政府领导分工，主要分管文化、旅游、科技、体育、商务、商贸等工作。2016年12月起，主持祥光经济开发区全面工作，分管文化、旅游、体育、市场监管等部门工作）。2012年，获“全市利用外资工作先进个人”（记个人二等功）。

李庆峨　男，汉族，1962年12月出生，阳谷县高庙王镇李楼村人。1978年7月参加工作，1981年1月加入中国共产党，本科学历。历任高庙王乡公社干事，县政府办公室行政科科长、机要科科长、办公室主任。2016年12月起，任县政府党组成员，祥光生态工业园发展服务中心党委书记、主任。阳谷县劳动模范。被市政府授予记大功奖励，被县委、县政府授予记三等功奖励。先后荣获全市创建全国双拥模范城工作先进个人、国家海河流域考核工作先进个人、全市社会治安综合治理先进个人、全县人口和计划生育工作先进个人等荣誉称号。

朱炳立　男，汉族，1963年8月出生，山东省阳谷县高庙王镇朱施董村人，研究生学历，中共党员。1982年7月参加工作，历任乡林业技术员、文书、党委秘书、县监察局举报中心主任、副局长，县纪委常委、监察局副局长、乡镇党委书记等职。2006年1月至2006年3月，任中共阳谷县委常委。2006年3月至2007年1月，任中共阳谷县委常委、县直机关工委书记。2007年1月至2011年12月，任中共阳谷县委常委、县委办公室主任。2011年12月至2012年1月，任中共阳谷县委常委、县政协党组书记。2012年1月起，任阳谷县政协主席、党组书记。

潘景会　男，汉族，1963年8月出生，山东省阳谷县人。1984年7月，毕业于山东医科大学医疗系，大学学历，无党派人士。阳谷县医院主任医师。2000年9月至2003年1月，任阳谷县医院副院长（院长聘任）。2003年1月至2006年9月，任阳谷县政协副主席、阳谷县医院副院长。2006年9月至2010年1月，任阳谷县政协副主席、卫生局副局长。2010年1月至2015年9月，任阳谷县政协副主席、县食品药品监督管理局局长。2015年9月起，任阳谷县政协副主席。

孙兰华 男，汉族，1960年11月出生，山东省阳谷县人，大学学历，1980年7月参加工作，1983年11月加入中国共产党。历任县工业综合公司科员、办公室主任、副经理，县工业总公司副总经理，县经委副主任，县城市信用社副主任、主任，县政府办公室副主任，县体改办主任，县交通局局长等职。2012年1月～2014年8月，任阳谷县政协副主席、党组成员。2014年8月起，任阳谷县政协副主席、党组副书记。

史晓莉 女，汉族，1966年7月出生，山东省莘县人，聊城师范学院中文系毕业，大学学历，1985年8月参加工作，1989年5月加入中国共产党。历任阳谷县委党校教师，县委统战部办公室主任，翟庄乡、西湖乡党委副书记，西湖乡乡长，十五里园镇党委书记等职。2012年1月起，任阳谷县政协副主席、党组成员。

阎邦一 男，汉族，1959年9月出生，山东省阳谷县人，华北水利水电学院水工建筑专业毕业，大学学历，高级工程师，无党派人士，1980年12月参加工作。历任东阿黄河河务局技术员，阳谷县水务局科长、副局长等职，第十届阳谷县政协委员，第十四届、十五届聊城市人大代表。2012年1月至2014年12月，任阳谷县政协副主席、县水务局副局长。2014年12月起，任阳谷县政协副主席。

冯继勇 男，汉族，1965年9月出生，山东省阳谷县人，大学学历，无党派人士，1986年7月参加工作。历任阳谷县农机办科员，农机综合开发服务站副站长、站长，县农业机械管理局副局长等职。2012年1月至2012年9月，任阳谷县政协副主席、县农业机械管理局副局长。2012年9月至2016年4月，任阳谷县政协副主席、县监察局副局长。2016年4月起，任阳谷县政协副主席。

魏庆银 男，汉族，1965年11月出生，山东省阳谷县阿城镇人，研究生学历，1987年7月参加工作，1991年9月加入中国共产党。历任东昌府区新区办事处农技员，阳谷县郭屯乡政府会计、党委委员、纪委书记、党委副书记，石佛镇镇长，安乐镇镇长、党委书记等职。2013年8月至2013年10月，任阳谷祥光生态工业园发展服务中心党委书记、主任。2013年10月至2015年3月，任阳谷县政府党组成员，祥光生态工业园发展服务中心党委书记、主任。2015年3月起，任阳谷县政协副主席、党组成员。

王凌峰 男，汉族，1980年5月出生，

山东阳谷人，大学学历，中国民主建国会会员。2000年9月至2002年7月，聊城大学国际贸易专业学习。2002年7月至2004年5月，阳谷创英化工有限公司任技术员。2004年5月至2012年3月，历任阳谷县招商局科员、招商科科长、工会主席、副局长（其间：2005年3月至2008年1月，在聊城大学英语教育专业业余本科学习）。2012年3月至2013年5月，任阳谷县外侨办副主任（主持工作）。2013年5月至2017年1月，任阳谷县外侨办主任。2017年1月起，任阳谷县政协副主席、县外侨办主任。

朱宪龙　男，张秋镇吴庙村人，1965年3月出生。1986年7月，参加工作。1991年12月，加入中国共产党，大学文化。历任县水产局、县人大秘书，县人大财经委副主任、联络工委主任，金斗营乡政府乡长、党委书记，狮子楼街道党委书记。2011年3月，任中共阳谷县委党校党委书记、常务副校长。多次获得市、县优秀共产党员、先进工作者荣誉称号和记功等奖励。

马　涛　男，汉族，山东梁山县人。1965出生，1984年参加工作，1986年加入中国共产党，省委党校研究生。历任石门宋乡农业技术员，杨庄乡团委书记、党委秘书、组织委员、党委副书记，范海乡党委副书记，高庙王乡党委书记，四棚乡党委书记，寿张镇党委书记，阳谷县政府党组成员、阳谷经济开发区管委会主任、书记等职。2011年12月起，任阳谷县委特邀顾问、总工会主席、党组书记。2012年，被评为全国工会优秀积极分子，被授予聊城市“富民兴聊”劳动奖章。

付　坤　男，汉族，大专文化，中共党员，1964年5月出生，1980年10月参加工作，1987年8月加入中国共产党，东阿县牛角店人。历任聊城市公安局交通民警中队民警、预审科预审员、梁水镇派出所所长、东昌府区火车站公安分局副局长、看守所政委、开发区东城办事处常务副书记、公安分局常务副局长、东城办事处李太屯村支部书记、聊城市公安局看守所副所长（副县级侦察员）、阳谷县公安局党委副书记、政委（副县级侦察员），2008年11月至2016年5月，任阳谷县公安局党委书记、局长（副县级干部）。

牛廷彪　男，汉族，1965年11月出生，山东临清人，中共党员，大学学士学位。1985年9月至1989年7月，山东省政法管理干部学院法律专业学习；1989年7月至1993年4月，聊城地区中级法院书记员；1993年4月至2000年1月，聊城市（地区）中级法院助审

员；2000年1月至2003年4月，聊城市中级法院审判员、经一庭副庭长；2003年4月至2006年8月，聊城市中级法院民二庭副庭长；2006年8月至2008年11月，聊城市中级法院审监庭庭长；2008年11月至2008年12月，聊城市中级法院审监庭庭长（副县级）；2008年12月至2011年12月，聊城市中级法院审监庭庭长（副县级）、审委会委员；2011年12月至2016年12月，聊城市检察院副县级检察员；2016年12月至2017年1月，阳谷县检察院副检察长、党组书记；2017年1月起，任阳谷县检察院检察长、党组书记。

周公法 男，汉族，1972年11月生，浙江天台人，中共党员，四级高级法官，民商法学硕士。1994年7月西北政法学院毕业后到聊城市中级人民法院工作，先后任中院行政审判庭副庭长、庭长、涉外民商事审判庭庭长、中院审判委员会委员等职务。2011年11月起，任阳谷县人民法院院长、党组书记。曾先后被省法院授予“全省法院办案能手”“全省法院人民满意的好法官”“全省法院优秀审判人才”等荣誉称号。被最高人民法院授予“人民法院行政审判先进个人”。

冯特立 男，汉族，1964年11月生，山东菏泽人。1986年8月参加工作，1991年12月加入中国共产党，中共山东省委党校经济管理专业毕业。1996年，被黄河委员会评为劳动模范。1997年，为黄河委员会十大杰出青年之一。2001年3月至2015年10月，任牡丹黄河河务局副局长；2015年4月至10月，主持牡丹黄河河务局工作；2015年10月起，任阳谷黄河河务局局长、党组书记。

葛克军 男，汉族，1968年8月出生，山东微山县人，1987年11月参加中国人民解放军，1991年5月加入中国共产党，大学学历，上校军衔。1990年9月考入石家庄陆军学院学习。1992年7月毕业。历任某集团军侦察营侦察连排长，济南军区某特种大队特战营副连长，济南军区某特种大队特战营连长，济南军区某特种大队教导队正连职教员，济南军区某特种大队无人机侦察队副队长，济南军区某特种大队司令部作训股副营职参谋，济南军区某特种大队副参谋长，某集团军特种大队副参谋长，某集团军特种大队副大队长等职务。2010年4月至2016年7月，任山东省阳谷县人民武装部部长。

SUO YIN

索　引

阳谷

SUO YIN

索 引

说明：

本索引是将书首目录中的条目简化成的索引条目。索引条目按汉语拼音顺序排列，同一字母条目的次序按原目录前后顺序排列。条目后的阿拉伯数字表示内容所在的页码。

D

E

F

G

H

K

L

M

N

P

T

W

X

Y

Z